国家出版基金项目
NATIONAL PUBLICATION FOUNDATION

國家出版基金項目

教育部哲學社會科學研究重大課題攻關項目

「十一五」國家重點圖書出版規劃項目·重大工程出版規劃

國家社會科學基金重大項目

北京大學「九八五工程」重點項目

儒藏

精華編九六册
經部孝經類
經部群經總義類

儒藏

精華編

北京大學《儒藏》編纂與研究中心

#《儒藏》精華編第九六册

首席總編纂　季羡林

項目首席專家　湯一介

總　編　纂　湯一介　龐　樸　孫欽善　安平秋　（按年齡排序）

本 册 主 編　朱維錚

《儒藏》精華編凡例

一、中國傳統文化以儒家思想爲中心。《儒藏》爲儒家經典和反映儒家思想、體現儒家經世做人原則的典籍的叢編。收書時限自先秦至清代結束。

二、《儒藏》精華編爲《儒藏》的一部分，選收《儒藏》中的精要書籍。

三、《儒藏》精華編所收書籍，包括傳世文獻和出土文獻。傳世文獻按《四庫全書總目》經史子集四部分類法分類，大類、小類基本參照《中國叢書綜録》和《中國古籍善本書目》，於個别處略作調整。凡單書已收入入選的個人叢書或全集者，僅存目録，並注明互見。出土文獻單列爲一個部類，原件以古文字書寫者一律收其釋文文本。韓國、日本、越南儒學者用漢文寫作的儒學著作，編爲海外文獻部類。

四、所收書籍的篇目卷次，一仍底本原貌，不選編，不改編，保持原書的完整性和獨立性。

五、對入選書籍進行簡要校勘。以對校爲主，確定内容完足、精確率高的版本爲底本，精選有校勘價值的版本爲校本。出校堅持少而精，以校正誤爲主，酌校異同。校記力求規範、精煉。

六、根據現行標點符號用法，結合古籍標點通例，進行規範化標點。專名號除書名號用角號（《》）外，其他一律省略。

七、對較長的篇章，根據文字内容，適當劃分段落。正文原已分段者，不作改動。千字以内的短文一般不分段。

八、各書卷端由整理者撰寫《校點説明》，簡要介紹作者生平、該書成書背景、主要内容及影響，以及整理時所確定的底本、校本（舉全稱後括注簡稱）及其他有關情況。重複出現的作者，其生平事蹟按出現順序前詳後略。

九、本書用繁體漢字豎排，小注一律排爲單行。

《儒藏》精華編第九六册

經部　孝經類

經部　群經總義類

孝經注疏

〔唐〕玄宗李隆基　注
〔北宋〕邢昺　疏
趙四方　校點

目録

校點説明

《孝經注疏》九卷，唐玄宗李隆基注，北宋邢昺疏。

有關《孝經》作者，聚訟紛紜，或以爲孔子、曾子，或以爲曾子弟子，至有學者以爲漢儒僞作。《四庫全書總目》謂：「今觀其文，去二戴所録爲近，要爲七十子之徒之遺書。使河間獻王採入一百三十一篇中，則亦《禮記》之一篇，與《儒行》、《緇衣》轉從其類。」可稱平實。

《孝經》有今、古二本。《漢書·藝文志》著録「《孝經》一篇十八章」，又著録「《孝經》古孔氏一篇二十二章」。今文有鄭氏注，古文舊傳有孔安國傳。孔安國本亡于梁亂，經隋王劭訪得，送至劉炫處，「後遂著令，與鄭氏並立」（《隋書·經籍志》）。及至唐玄宗開元七年（七一九），詔令群儒質定今古；開元十年，玄宗御注頒行天下；天寶二年（七四三），玄宗又重注頒行並御製序文。御注以今文十八章爲定，鄭、孔二家傳注此後遂逐漸消亡。唐元行沖曾爲御注作疏三卷，後世通行的北宋邢昺疏即在元疏基礎上增損而成。

現存《孝經注疏》最早版本當爲元泰定本。此本半葉十行，行約十七字，注疏小字雙行，行約二十三字。疏文冠以大「疏」字，有書耳，内題章名。汪紹楹先生指出這種十行本「蓋原出宋建刻附音本，其後迭經坊肆翻刻。而明閩中李元陽刻本、萬曆北監本、汲古閣毛氏本注疏，皆輾轉相承。故爲閩、監、毛各本之祖」（《阮氏重刻宋本十三經注疏考》，《文史》第三輯）。十行本在明代遞有修補，阮元整理《孝經注疏》即以元刻明修十行本爲底本。

此次校點以《中華再造善本》影印中國國家圖書館藏元泰定本爲底本。此本爲元刻元印本，較阮刻底本刷印時間早。校以中華書局影印阮元本

《十三經注疏》(附校勘記)之《孝經注疏》(簡稱「阮本」)。經文與注文又校以《中華再造善本》影印元相臺岳氏荆谿家塾刻本《孝經》(簡稱「岳本」)、日本昭和七年(一九三二)日本書誌學會珂羅版影印北宋刻本《御注孝經》(簡稱「狩谷本」)。狩谷本卷首鈐白文「狩谷望之」印,卷末鈐朱文「狩谷望之審定宋本」印,並附有日文《北宋刊本御注孝經解説》,内引狩谷望之跋語,以「敬」、「匡」、「胤」、「恒」、「竟」、「炫」、「通」七字缺筆推定原本爲北宋天聖、明道間刻本。此本校勘價值極高,若比勘阮元《孝經注疏校勘記》,則可知此本與石臺《孝經》、唐石經多相符合。

此外,此次校點參考相關典籍,並酌採浦鏜《孝經正誤》(即《四庫全書》中《十三經注疏正字》卷七十五《孝經》,臺灣商務印書館影印文淵閣《四庫全書》本)與阮元《孝經注疏校勘記》(中華書局影印阮元本《十三經注疏》(附校勘記))意見。校勘記中「浦云」内容即指《孝經正誤》,「阮云」及「阮是之」内容即指《孝經注疏校勘記》。因元泰定本誤刻現象較爲明顯,故不避繁瑣,充分吸收浦、阮意見。純屬理校者基本不改,有版本依據、能判定是非者則予以訂正,然而必存底本舊貌。此前金良年先生整理《孝經注疏》(上海古籍出版社二○○九年版),亦採用元泰定本爲底本進行校點,成果堪稱精善。此次校點較多參考金先生整理成果,並覆核所引文獻。底本卷三至八署「邢昺注疏」,他卷不署,今統一删除卷端題署。底本原無目録,今依據卷次及章題擬定。不當之處,祈請方家指正。

校點者　趙四方

孝經注疏序

《孝經》者，百行之宗，五教之要。自昔孔子述作，垂範將來，奧旨微言，已備解乎注疏，尚以辭高旨遠，後學難盡討論。今特剪截元疏，旁引諸書，分義錯經，會合歸趣，一依講說，次第解釋，號之爲講義也。

翰林侍講學士朝請大夫守國子祭酒上柱國
賜紫金魚袋臣邢昺等奉勑校定注疏
成都府學主鄉貢傳注奉右撰

夫《孝經》者，孔子之所述作也。述作之旨者，昔聖人蘊大聖德，生不偶時，適值周室衰微，王綱失墜，君臣僭亂，禮樂崩頹，居上位者賞罰不行，居下位者褒貶無作。孔子遂乃定禮、樂，刪《詩》、《書》，讚《易》道以明道德仁義之源，修《春秋》以正君臣父子之法。又慮雖知其法，未知其行，遂說《孝經》一十八章，以明君臣父子之行所寄。知其法者修其行，知其行者謹其法。故《孝經緯》曰：「孔子云：『欲觀我褒貶諸侯之志在《春秋》，崇人倫之行在《孝經》。』」是知《孝經》雖居六籍之外，乃與《春秋》爲表矣。先儒或云「夫子爲曾參所說」，此未盡其指歸也。蓋曾子在七十弟子中孝行最著，孔子乃假立曾子爲請益問答之人，以廣明孝道。既說之後，乃屬與曾子。洎遭暴秦焚書，並爲煨燼；漢膺天命，復闡微言。《孝經》河間顏芝所藏，因始傳之于世。自西漢及魏，歷晉、宋、齊、梁，注解之者迨及百家。至有唐之初，雖備存祕府，而簡編多有殘缺，傳行者唯孔安國、鄭康成兩家之注，并有梁博士皇侃《義疏》播於國序。然辭多紕繆，理昧精研。至唐玄宗朝，乃詔羣儒學官，俾其集議。是以劉子玄辨鄭注有十謬七惑，司馬堅斥孔注多鄙俚不經。其餘諸家注解，皆榮華其言，妄生穿鑿。明皇遂於先儒注中，採摭菁英，芟去煩亂，撮其義理允當者，用爲注解。至天寶二年注成，頒行天下，仍自八分御扎，勒于石碑，即今京兆石臺《孝經》是也。

孝經正義

翰林侍講學士朝請大夫守國子祭酒上柱國
賜紫金魚袋臣邢昺等奉勅校定

御製序并注

疏 正義曰：《孝經》者，孔子爲曾參陳孝道也。漢初長孫氏、博士江翁、少府后倉、諫大夫翼奉、安昌侯張禹傳之，各自名家，經文皆同，唯孔氏壁中古文爲異。至劉炫遂以《古孝經·庶人章》分爲二，《曾子敢問章》分爲三，又多《閨門》一章，凡二十二章。桓譚《新論》云：「《古孝經》千八百七十二字，今異者四百餘字。」孝者，事親之名。經者，常行之典。按《漢書·藝文志》云：「夫孝，天之經，地之義，民之行也。舉大者言，故曰《孝經》。」又按《禮記·祭統》云：「孝者，畜也。」畜，養也。《釋名》云：「孝，好也。」《周書·謚法》：「至順曰孝。」總而言之，道常在心，盡其色養，中情悦好，承順無怠之義也。《爾雅》曰：「善父母爲孝。」皇侃曰：「經者，常也，法也。此經爲教，任重道遠，雖復時移代革，金石可消，而爲孝事親常行，❶存世不滅，是其常也。爲百代規模，人生所資，是其法也。」言孝之爲教，使可常而法之。《易》有《上經》、《下經》，《老子》有《道經》、《德經》。孝爲百行之本，故名曰《孝經》。經之創制，孔子所撰也。前賢以爲曾參雖有至孝之性，未達孝德之本，偶於閒居，因得侍坐。參起問於夫子，夫子隨而答，參是以集録，因名爲《孝經》。尋繹再三，將未爲得也。何者？夫子刊緝前史而修《春秋》，猶云筆則筆，削則削，四科十哲莫敢措辭。按《鉤命決》云：「孔子曰：『吾志在《春秋》，行在《孝經》。』」斯則脩《春秋》、撰《孝經》，孔子之志、行也。何爲重其志而自筆削，輕其行而假他人者乎？按劉炫《述義》，其略曰：「炫謂孔子自作《孝經》，本非曾參請業而對也。士有百行，以孝爲本，本立而後道行，道行而後業就。故曰『明王之以孝治天下也』。然則治世之要，孰能非乎？❷徒以教化之道因時立稱，經典之目隨事表名。至使威儀禮節之餘盛傳

❶「爲孝」，浦云：「『孝爲』字誤倒。」阮是之。

❷「非」，浦云：「當『外』誤『非』。」

當代，孝悌德行之本隱而不彰。夫子運偶陵遲，禮樂崩壞，名教將絶，特感聖心，因弟子有請問之道，師儒有教誨之義，故假曾子之言，以爲對揚之體，乃非曾子實有問也。若疑而始問，答以申辭，則曾子應每章一問，仲尼應每問一答。按經，夫子先自言之，非參請也；諸章以次演之，非待也。❶且辭義血脉，文連旨環，而開宗題其端緒，餘章廣而成之，非一問一答之勢也。理有所極，方始發問，又非請業請答之事。首章言『先王有至德要道』，則下章云『此之謂要道也』，『非至德其孰能順民』，皆遥結道本，❷答曾子也。❸舉此爲例，凡有數科。必其主爲曾子言，❹首章答曾子已了，何由不待曾子問，更自述而脩之？❺且三起曾參侍坐與之别，❻二者是問也，一者歎之也。故假言乘間曾子坐也，與之論孝，開宗明義，上陳天子，下陳庶人，語盡無更端，於曾子未有請，故假參歎孝之大，又説以孝爲理之功；説之以終，欲言其聖道莫大於孝，又假參問乃説聖人之德不加於孝；在前論敬順之道，未有規諫之事，慇懃在悦色，不可頓説犯顔，故須更借曾子言陳諫争之義。此皆孔子須參問，非參須問孔子也。莊周之斥鷃笑鵬、罔兩問影，屈原之漁父鼓枻、大卜拂龜，馬卿之烏有、無是，楊雄之翰林、子墨，寧非師祖製作以爲楷模者乎？若依鄭注，實居講堂，則廣延生徒，侍坐非一，夫子豈凌人侮衆，獨與參言邪？且云『汝知之乎』，何必直汝曾子而參先避席乎？必其徧告諸生又有對者，當參不讓儕輩而獨答乎？假使獨與參言，言畢參自集録，豈宜稱師字者乎？由斯言之，經教發極，❼夫子所撰也。而《漢書·藝文志》云：『《孝經》者，孔子爲曾子陳孝道也。』謂其爲曾子特説此經，然則聖人之有述作，豈爲一人而已？斯皆誤本其文，致兹乖謬也。所以先儒注解，多所未行。唯鄭玄之《六藝論》曰：『孔子以六藝題目不同，指意殊别，恐道離散，後世莫知根源，故作《孝經》以總會之。』其言雖則不然，其意頗近之矣。然入室之徒不，❽獨假曾子爲言，以參偏得孝名也。《老子》曰：『六親不和有孝慈。』然

❶「待」下，浦云：「脱『問』字。」阮是之。
❷「道本」，浦云：「『首章』誤『道本』。」
❸「答」上，浦云：「疑脱『非』字。」
❹「主」，原作「王」，據阮本改。
❺「脩」，浦云：「『明』誤『脩』。」
❻「别」，浦云：「『言』誤『别』。」
❼「極」，浦云：「『抒』誤『極』。」
❽「不」下，阮云：「脱『一』字。」

則孝慈之名，因不和而有，若萬行俱備，稱爲人聖，則凡聖無不孝也。而家有三惡，舜稱大孝；龍逢、比干，忠名獨彰，君不明也；孝以、❶伯奇之名偏著，❷母不慈也。曾子性雖至孝，蓋有由而發矣。藜蒸不熟而出其妻，家法嚴也；耘瓜傷苗幾殞其命，明父少恩也。曾子孝名之大，其或由茲，固非參性遲朴，躬行匹夫之孝也。」審攷經言，詳稽炫釋，貴藏理於古而獨得之於今者與。元氏雖同炫説，恐未盡善。今以《藝文志》及鄭氏所説爲得。其作經年，先儒以爲魯哀公十四年西狩獲麟而作《春秋》，至十六年夏四月己丑孔子卒爲證，則作在魯哀公十四年後、十六年前。案《鉤命決》云：「孔子曰：『吾志在《春秋》，行在《孝經》。』」據先後言之，明《孝經》之文同《春秋》作也。又《鉤命決》云：「孔子曰：『《春秋》屬商，《孝經》屬參。』」則《孝經》之作在《春秋》後也。○「御」者，按《大戴禮·盛德》篇云：「德法者，御民之本也。古之御政以治天下者，冢宰之官以成道，司徒之官以成德，宗伯之官以成仁，司馬之官以成聖，司寇之官以成義，司空之官以成禮。故六官以爲轡，司會均入以爲軜，故曰御四馬者執六轡，御天地與人與事者亦有六政。是故善御者正身同轡，均馬力，齊馬心，唯其所引而之，以取長道，遠行可以之，急疾可以御。天地與人事，此四者聖人之所乘也。是故天子御者，內史、太史，左右手也，六官亦六轡也。天子、三公合以執六官，均五政、齊五法，以御四者，故亦唯其所引而之。以之道則國治，以之德則國安，以之仁則國和，以之聖則國平，以之義則國成，以之禮則國定，此御政之體也。」然則御者治天下之名，若柔轡之御剛馬也。《家語》亦有此文，是以秦、漢以來，以御爲至尊之稱。又蔡邕《獨斷》曰：「御者，進也。凡衣服加於身、飲食入於口、妃妾接於寢，皆曰御。」至於器物製作，亦皆以御言之，故此云御也。○「製」者，裁剪述作之謂也。故《左傳》曰：「子有美錦，不使人學製焉。」取此美名，故人之文章述作皆謂之製。以此序唐玄宗所撰，故云御製也。玄宗，唐第六帝也，諱隆基，❸睿宗之子，以延和元年即位，時年三十三。在位四十五年，年七十八登遐，謚曰明孝皇帝，❹廟號玄宗。開元十年製

❶「以」，阮云：「監本、毛本『以』作『已』，案當作『已』。」

❷「之」，浦云：「『之』當『孝』字誤。」阮是之。

❸「基」，原作「著」，阮云：「閩本、毛本『著』作『基』，不誤。」據改。

❹「明」，原爲空格，據阮本補。

經序并注。○「序」者，按《詩・頌》云「繼序思不忘」，毛傳云：「序，緒也。」又《釋詁》云：「叙，緒也。」是序與叙音義同。郭璞云：「又爲端緒。」然則此言序者，舉一經之端緒耳。○「并注」者，并，兼也；注，著也。解釋經指，使義理著明也。言非但製序，兼亦作注，故云并也。案今俗所行《孝經》題曰「鄭氏注」，近古皆謂康成，而晉、魏之朝無有此說。晉穆帝永和十一年及孝武太元元年，再聚羣臣共論經義，有荀昶者撰集《孝經》諸說，始以鄭氏爲宗。晉末以來多有異論，陸澄以爲非玄所注，請不藏於祕省，王儉不依其請，遂得見傳。至魏、齊則立學官，著作律令。❶蓋由虜俗無識，故致斯訛舛。然則經非鄭玄所注，其驗有十二焉。據鄭自序云「遭黨錮之事逃難，至黨錮事解，注古文《尚書》、《毛詩》、《論語》，爲袁譚所逼，來至元城，乃注《周易》」，都無注《孝經》之文，其驗一也。鄭君卒後，其弟子追論師所注述及應對時人，謂之《鄭志》，其言鄭所注者，唯有《毛詩》、三禮、《尚書》、《周易》，都不言注《孝經》，其驗二也。又《鄭志》目録記鄭之所注，五經之外有《中候》、《大傳》、❷《七政論》、《乾象曆》、《六藝論》、《毛詩譜》、❸《答臨碩難禮》、《許慎異議》、❹《釋廢疾》、《發墨守》、《箴膏肓》、《答甄守然》等書，寸紙片言，莫不悉載，若有《孝經》之注，無容匿而不言，其驗三也。鄭之弟子分授門徒，各述所言，更爲問答，編録其語，謂之《鄭記》，唯載《禮》、❺《易》、《論語》，其言不及《孝經》，其驗四也。趙商作鄭玄碑銘，具載諸所注箋驗論，❻亦不言注《孝經》。《晉中經簿》「《周易》、《尚書》、《中候》、《尚書大傳》、《毛詩》、《周禮》、《儀禮》、《禮記》、《論語》」凡九書，皆云「鄭氏注，名玄」，至於《孝經》則稱「鄭氏解」，無「名玄」二字，其驗五也。《春秋緯演孔圖》注云：「康成注三禮、《詩》、

❶「作」，阮云：「《文苑英華》、《唐會要》『作』作『在』，是也。」

❷「大傳」，阮云：「《文苑英華》、《唐會要》作『書傳』，是也。」

❸「譜」，原作「謂」，阮云：「閩本、監本、毛本『謂』作『譜』，是也。」據改。

❹「許慎異議」，阮云：「《文苑英華》、《唐會要》『許』上有『駁』字，『議』作『義』，是也。」

❺「載」下，阮云：「《文苑英華》、《唐會要》『載』下有『詩』、『書』二字，是也。」

❻「驗」，阮云：「《文苑英華》、《唐會要》『驗』作『駁』，是也。」

《易》、《尚書》、《論語》，其《春秋》、《孝經》則有評論。」宋均《詩譜序》云「我先師北海鄭司農」，則均是玄之傳業弟子，師有注述，無容不知，而云《春秋》、《孝經》唯有評論，非玄所注特明，❶其驗六也。又宋均《孝經緯注》引鄭《六藝論》叙《孝經》云：「玄又爲之注，司農論如是而均無聞焉。有義無辭，令予昏惑。」舉鄭之語而云「無聞」，其驗七也。宋均《春秋緯注》云「爲《春秋》、《孝經》略説」，則非注之謂，所言「又爲之注」者，汎辭耳，非事實。其叙《春秋》亦云「玄又爲之注」，寧可復責以實注《春秋》乎？其驗八也。後漢史書存於代者，有謝承、薛瑩、司馬彪、袁山松等，其所注皆無《孝經》，唯范曄書有《孝經》，其驗九也。王肅《孝經傳》首有司馬宣王奉詔令諸儒注述《孝經》，以肅説爲長。若先有鄭注，亦應言及，而不言鄭，其驗十也。王肅注書，好發鄭短，凡有小失，皆在《聖證》，若《孝經》此注亦出鄭氏，被肅攻擊最應煩多，而肅無言，其驗十一也。魏、晉朝賢辯論時事，鄭氏諸注無不撮引，未有一言《孝經》注者，其驗十二也。以此證驗，易爲討覈，而代之學者不覺其非，乘後謬説，❷競相推舉，諸解不立學官，此注獨行於世。觀言語鄙陋，義理乖謬，固不可示彼後來，傳諸不朽。至古文《孝經》孔傳，本出孔氏壁中，語其詳正，❸無俟商榷，而曠代亡逸，不被流行。隋開皇十四年，祕書學生王逸於京市陳人處買得一本，❹送與著作王劭，❺以示河間劉炫，仍令校定。而此書更無兼本，難可依憑，炫輒以所見率意刊改，因著《古文孝經稽疑》一篇。故開元七年勑議之際，劉子玄等議，以爲孔、鄭二家雲泥致隔，今綸旨焕發，校其短長，必謂行孔廢鄭，於義爲允。國子博士司馬貞議曰：「今文《孝經》是漢河間王所得顔芝本，至劉向以此參校古文，省除繁惑，定此一十八章。❻其注相承云是鄭玄所作，而《鄭志》及目録等不載，故往賢共疑焉。唯荀昶、范曄以爲鄭注，故昶集解《孝經》，具載此注爲優。且其注縱非鄭玄，而義旨敷暢，將爲得所，雖數處

---

❶「特」，原作「時」，阮云：「監本、毛本『時』作『特』，《文苑英華》亦作『特』。」據改。

❷「後」，阮云：「《文苑英華》、《唐會要》『後』作『彼』，是也。」

❸「其」，浦云：「『甚』誤『其』。」

❹「學生王逸」，阮云：「《文苑英華》『王』下有『孝』字，又注云一本『生』作『士』。案《唐會要》作『士』。」

❺「劭」，原作「邵」，據阮本改。以下逕改，不再出校。

❻「此」，原作「比」，據阮本改。

小有非穩，實亦未爽經旨。其古文二十二章無出孔壁。❶先是安國作傳，緣遭巫蠱，未之行也。昶集注之時，尚未見孔傳，❷中朝遂亡其本。近儒欲崇古學，妄作傳學，假稱孔氏，輒穿鑿改更，又僞作《閨門》一章，劉炫詭隨，妄稱其善。且《閨門》之義，近俗之語，必非宣尼正説。案其文云『閨門之内具禮矣，嚴親嚴兄，妻子臣妾繇百姓徒役也』，是比妻子於徒役，文句凡鄙，不合經典。又分《庶人章》從『故自天子』已下别爲一章，仍加『子曰』二字。然故者建下之辭，❸既是章首，不合言『故』，是古人既没，❹後人妄開此等數章，以應二十二之數。非但經文不真，❺抑亦傳文淺僞。又注『用天之道，分地之利』，其略曰：『脱之應功，❻暴其肌體，朝暮從事，露髮徒足，少而習之，其心安焉。』此語雖旁出諸子，而引之爲注，何言之鄙俚乎？與鄭氏所云『分别五土，視其高下，高田宜黍稷，下田宜稻麥』，優劣懸殊，曾何等級。今議者欲取近儒詭説而廢鄭注，理實未可，請准令式，《孝經》鄭注與孔傳依舊俱行。」詔鄭注仍舊行用，孔傳亦存。是時蘇、宋文吏拘於流俗，不能發明古義，奏議排子玄，令諸儒對定，司馬貞與學生郗常等十人盡非子玄，卒從諸儒之説。至十年上自注《孝經》，頒于天下，卒以十八章爲定。

孝經正義終

❶「無」，阮云：「《唐會要》、《文苑英華》並作『元』。」

❷「尚未見孔傳」，阮云：「《文苑英華》、《唐會要》『尚未』作『有』字，是也。」案《文苑英華》、《唐會要》作「尚有孔傳」。阮校「未見」誤「尚未」。

❸「建下」，阮云：「『建下』，閩本、監本、毛本作『逮下』，亦非。《文苑英華》、《唐會要》作『連上』，是也。」

❹「古人」，阮云：「《文苑英華》、《唐會要》並作『古文』。」

❺「文」，原作「久」，阮云：「監本、毛本『久』作『文』。」據改。

❻「脱之應功」，阮云：「《文苑英華》、《唐會要》及日本所刻僞《孝經》孔傳並作『脱衣就功』。」

孝經序

朕聞上古，其風朴略，疏「朕聞上古」至「德之本歟」 正義曰：自此以下，至於序末，凡有五段明義，當段自解其指，於此不復繁文。今此初段序孝之所起，及可以教人而爲德本也。 朕者，我也。古者尊卑皆稱之，故帝舜命禹曰「朕志先定」，禹曰「朕德罔克」，皋陶曰「朕言惠可底行」。❶ 又屈原亦云「朕皇考曰伯庸」，是由古人質，故君臣共稱。至秦始皇二十六年，始定爲天子之稱。聞者，目之不覩，耳之所傳曰聞。 上古者，經典所説不同。案《禮運》鄭玄注云「中古未有釜甑」，❷則謂神農爲中古；若《易》歷三古，❸則伏犧爲上古，文王爲中古，孔子爲下古；若三王對五帝，則五帝亦爲上古，故《士冠記》云「大古冠布」，下云「三王共皮弁」，則大古五帝時也，大古亦上古也。以其文各有所對，故上古、中古不同也。此云上古者，亦謂五帝以上也。 知者，以下云「及乎仁義既有」，以《禮運》及《老子》言之，仁義之盛在三王之世，則此上古自然當五帝以上也。云「其風朴略」者，風，教也；朴，質也；略，疏也。言上古之君貴尚道德，其於教化則質朴疏略也。

雖因心之孝已萌，而資敬之禮猶簡。疏正義曰：因，猶親也。資，猶取也。言上古之人有自然親愛父母之心，如此之孝，雖已萌兆，而取其恭敬之禮節，猶尚簡少也。《周禮·大司徒》教六行云「孝、友、睦、婣、任、恤」，注云「因，親於外親」，是因得爲親也。《詩·大雅·皇矣》云：「維此王季，因心則友。」《士章》云：「資於事父以事君而敬同。」此其所出之文也，故引以爲序耳。

及乎仁義既有，親譽益著，疏正義曰：及乎者，語之發端，連上逮下之辭也。仁者，兼愛之名；義者，裁非之謂。仁義既有，謂三王時也。案《曲禮》云「太上貴德」，鄭注云：「大古帝皇之世。」❹又《禮運》云「大道之行也」，鄭

❶「底」，阮云：「案當作『底』。」
❷「未」，原作「末」，阮云：「閩本、監本、毛本『末』作『未』，是也。」據改。
❸「歷」，原作「曆」，據阮本改。
❹「古」，浦云：「『上』誤『古』。」

注云：「大道謂五帝時。」《老子・德經》云：「失道而後德，失德而後仁，失仁而後義。」是道德當三皇五帝時，則仁義當三王之時可知也。慈愛之心曰親，聲美之稱曰譽，謂三王之世，天下爲家，各親其親，各子其子，親譽之道，日益著見，故曰「親譽益著」也。**聖人知孝之可以教人也，**疏正義曰：聖人，謂以孝治天下之明王也。孝爲百行之本，至道之極，故經文云「聖人之德，又何以加於孝乎」。**故「因嚴以教敬，因親以教愛」，**疏正義曰：引下經文以證義也。**於是以順移忠之道昭矣，立身揚名之義彰矣。**疏正義曰：經云「君子之事親孝，故忠可移於君」，又曰「立身行道，揚名於後世」，言人事兄能悌，以之事長則爲順；事親能孝，移之事君則爲忠。然後立身揚名，傳於後世也。昭，彰，皆明也。**子曰：「吾志在《春秋》，行在《孝經》。」**疏正義曰：此《鉤命決》文也。言褒貶諸侯善惡志在於《春秋》，人倫尊卑之行在於《孝經》也。**是知孝者德之本歟。**疏正義曰：《論語》云：「孝弟也者，其爲仁之本歟。」今言「孝者德之本歟」，歟者，歎美之辭。舉其大者而言，故但云孝。德則行之總名，故變「仁」言「德」也。**經曰：「昔者明王之以孝理天下也，不敢遺小國之臣，而況於公、侯、伯、子、男乎？」**疏「經曰」至「形於四海」❶正義曰：此第二段，序己仰慕先世明王，欲以博愛廣敬之道被四海也。○「經曰」至「男乎」此《孝治章》文也，故言「經曰」。言小國之臣，尚不敢遺棄，何況於五等列爵之君乎。公、侯、伯、❷子、男，五等之爵也。《白虎通》曰：「公者，通也，公正無私之意也，《春秋傳》曰『王者之後稱公』。侯者，候也，候順逆也。伯者，長也，爲一國之長也。子者，字也，常行字愛於人也。男者，任也，常任王事也。」《王制》云：「公、侯地方百里，伯七十里，子、男五十里。」至於周公時，增地益廣，加賜諸侯之地。公五百里，侯四百里，伯三百里，子二百里，男一百里。公爲上等，侯、伯爲中等，子、男爲下等。言「小國之臣」，謂子、男之臣也。**朕嘗三復斯言，景行先哲，**

❶「形」，原作「刑」，據阮本改。

❷「伯」，原作「百」，阮云：「閩本、毛本『百』作『伯』，是也。下『百七十里』同。」據改。

疏正義曰：復，猶覆也。斯，此也。景，明也。哲，智也。言每讀經至此科，三度反覆重讀，庶幾法則此有明行者，先世聖智之明王也。《論語》云「南容三復白圭」，《詩》云「高山仰止，景行行止」，是其類也。**雖無德教加於百姓，**疏正義曰：上遜辭也。**庶幾廣愛形于四海。**疏正義曰：此上意思行教也。庶幾，猶幸望。既謙言無德教加於百姓，唯幸望以廣敬博愛之道著見於四夷也。案經作「刑」，刑，法也。今此作「形」，則形猶見也。義得兩通，無繁改字。四海即四夷也。又經別釋。**嗟乎！夫子没而微言絶，異端起而大義乖。**

疏「嗟乎」至「樞要也」　正義曰：此第三段，歎夫子没後，遭世陵遲，典籍散亡，傳注踳駁，所以撮其樞要而自作注也。嗟乎，上歎辭也。夫子，孔子也。以嘗爲魯大夫，故云夫子。案《史記》云：孔子生魯國昌平陬邑，魯襄公二十二年生，年七十三，以魯哀公十六年四月己丑卒，葬魯城北泗上。「而微言絶」者，《藝文志》文。李奇曰：「隱微不顯之言也。」顔師古曰：「精微要妙之言耳。」言夫子没後，妙言咸絶，七十子既喪，而異端並起，大義悉乖。**況泯絶於秦，得之者皆煨燼之末；**疏正義曰：泯，滅也。秦者，隴西谷名也，在雍州鳥鼠山之東北。昔皋陶之子伯翳佐禹治水有功，舜命作虞，賜姓曰嬴。其末孫非子爲周孝王養馬於汧、渭之間，封爲附庸，邑于秦谷。及非子之曾孫秦仲，周宣王又命爲大夫。仲之孫襄公，討西戎救周，周室東遷，以岐、豐之地賜之，始列爲諸侯。春秋時稱秦伯，至孝公子惠文君立，是爲惠王。及莊襄王爲秦質子於趙，見呂不韋姬，説而取之，生始皇，以秦昭王四十八年正月生於邯鄲，及生，名爲政，姓趙氏。年十三，莊襄王死，政代立爲秦王。至二十六年，平定天下，號曰「始皇帝」。三十四年，置酒咸陽宫，博士齊人淳于越進曰：「臣聞殷、周之王千餘歲，封子弟，立功臣，自爲枝輔。今陛下有海内，❶而子弟爲匹夫，卒有田常、六卿之臣，無輔拂何以相救哉？」丞相李斯曰：「五帝不相復，三代不相襲。非其相反，時變異也。今陛下創大業，建萬世之功，固非愚儒之所知。臣請史官非秦記皆燒之，非博士官所職，天下敢有藏《詩》、《書》、百家語者，悉詣守尉雜燒之。」制曰：

❶「今」，原作「令」，據阮本改。

「可。」三十五年，以爲諸生誹謗，乃自除犯禁者四百六十餘人，皆阬之咸陽。是經籍之道滅絶於秦。《説文》云「煨，盆火也」，「燼，火餘也」。言遭秦焚阬之後，典籍滅亡，雖僅有存者，皆火餘之微末耳。若伏勝《尚書》、顔貞《孝經》之類是也。**濫觴於漢，傳之者皆糟粕之餘。**疏正義曰：案《家語》：孔子謂子路曰：「夫江始於岷山，其源可以濫觴。及其至江津也，不舫舟，不避風雨，❶不可以涉。」王肅曰：「觴，所以盛酒者，言其微也。」又《文選》郭景純《江賦》曰：「惟岷山之導江，初發源乎濫觴。」臣翰注云：「濫，謂汎濫，小流貌。觴，酒醆也。謂發源小如一醆。」漢者，巴、蜀之間地名也。二世元年，諸侯叛秦，沛人共立劉季以爲沛公。二年八月入秦，秦相趙高殺二世，立二世兄子子嬰。冬十月，爲漢元年。子嬰二年春正月，項羽尊楚懷王爲義帝，羽自立爲西楚霸王，更立沛公爲漢王，王巴、蜀、漢中四十一縣，都南鄭。五年，破項羽，斬之。六年一月，❷即皇帝位于汜水之陽，遂取「漢」爲天下號，若「商」、「周」然也。漢興，改秦之政，大收篇籍。言從始皇焚燒之後，至漢氏尊學，初除挾書之律，有河間人顔貞出其父芝所藏，凡一十八章，以相傳授。言其至少，故云「濫觴於漢」也。其後寖盛，則如江矣。《釋名》云「酒滓曰糟」，「浮米曰粕」。既以濫觴況其少，因取糟粕比其微，言醇粹既喪，但餘此糟粕耳。**故魯史《春秋》，學開五傳；**疏正義曰：故者，因上起下之語。夫子約魯史《春秋》，「學開五傳」者，謂各專己學，以相教授，分經作傳，凡有五家。開則分也。「五傳」者，案《漢書·藝文志》云：《左氏傳》三十卷，左丘明，魯太史也。《公羊傳》十一卷，公羊子，齊人，名高，受經於子夏。《穀梁傳》十一卷，名赤，魯人糜信云「與秦孝公同時」，《七録》云「名俶，字元始」，❸《風俗通》云「子夏門人」。《鄒氏傳》十一卷，《漢書》云「王吉善《鄒氏春秋》」。《夾氏傳》十一卷，有録無書。其鄒、夾二家，鄒氏無師，夾氏未有書，故不顯于世，蓋王莽時亡失耳。**《國風》、《雅》、《頌》，分爲四詩。**疏正義曰：《詩》有《國風》、《小雅》、《大

❶ 「雨」，浦云：「『則』誤『雨』。」《孔子家語》作「則」，屬下讀。

❷ 「一月」，《史記》、《漢書》作「二月」。

❸ 「七」，原作「十」，阮云：「案『十』當作『七』。」據改。

雅》、《周頌》、《魯頌》、《商頌》，故曰「《國風》、《雅》、《頌》」。「四詩」者，《毛詩》、《韓詩》、《齊詩》、《魯詩》也。《毛詩》自夫子授卜商，傳至大毛公，名亨，❶大毛公授毛萇，趙人，爲河間獻王博士。先有子夏《詩傳》一卷，萇各置其篇端，存其作者，至後漢大司農鄭玄爲之箋，是曰《毛詩》。《韓詩》者，漢文帝時博士燕人韓嬰所傳，武帝時與董仲舒論於上前，仲舒不能難，至晉無人傳習，是曰《韓詩》。《齊詩》者，漢景帝時博士清河太傅轅固生所傳，號《齊詩》，傳夏侯始昌，昌授后蒼輩，門人尤盛，後漢陳元方亦傳之，至西晉亡，是曰《齊詩》。《魯詩》者，漢武帝時魯人申公所述，以經爲訓詁教之，無傳，疑者則闕，號爲《魯詩》。

去聖逾遠，源流益別。 疏 正義曰：逾，越也。百川之本曰源，水行曰流，增多曰益。言秦、漢而下，上去孔子聖越遠，《孝經》本是一源，諸家增益，別爲衆流，謂其文不同也。

近觀《孝經》舊注，踳駁尤甚。 疏 正義曰：《孝經》今文稱鄭玄注，古文稱孔安國注，先儒詳之，❷皆非真實，而學者互相宗尚。踳，乖也。駁，錯也。尤，過也。今言觀此二注乖錯過甚，故言「踳駁尤甚」也。

至於迹相祖述，殆且百家； 疏 正義曰：「至於」者，語更端之辭也。迹，蹤迹也。祖，始也。因而明之曰述。言學者蹤迹相尋，以在前者爲始，後人從而述脩之，若仲尼祖述堯、舜之爲也。殆，近也。言近且百家，目其多也。案其人，今文則有魏王肅、蘇林、何晏、劉卲，❸吴韋昭、謝萬、徐整，晉袁宏、虞槃佐，❹東晉楊泓、殷仲文、車胤、孫氏、庾氏、荀昶、孔光、何承天、釋慧琳，齊王玄載、明僧紹，及漢之長孫氏、江翁、翼奉、后蒼、張禹、鄭衆、鄭玄所説，各擅爲一家也。其梁皇侃撰《義疏》三卷，梁武帝作《講疏》，賀瑒、嚴植之、劉貞簡、明山賓咸有説，隋有鉅鹿魏真克者亦爲之訓注。其古文出自孔氏壞壁，本是孔安國作傳，會巫蠱事，其本亡失。至隋，王劭所得，以送劉炫，炫叙其得喪，述其義疏議之。劉綽亦作疏，與鄭義俱行。又

❶「亨」，原作「享」，阮云：「閩本、監本『亨』作『享』，案當作『亨』。」據改。

❷「先」，原漫漶不清，據阮本補。

❸「卲」，原作「邵」，《四庫全書總目》卷一百十七子部雜家類《人物志》提要引宋庠考證應作「卲」，據改。以下「劉卲」之「卲」皆逕改。

❹「佐」，原作「佑」，浦云：「『佐』誤『佑』，從《隋·經籍志》及《唐志》校。」據改。

馬融亦作《古文孝經傳》，而世不傳。此皆祖述名家者也。**業擅專門，猶將十室。**疏 正義曰：上言「百家」者，大略皆祖述而已，其於傳守已業，專門命氏者，尚自將近十室。室則家也，《爾雅·釋宫》云：「宫謂之室，室謂之宫，其内謂之家。」但與上「百家」變文耳，故言「十室」。其「十室」之名，序不指摘，不可强言，蓋后蒼、張禹、鄭玄、王肅之徒也。**希升堂者必自開户牖，**疏 正義曰：希，望也。《論語》云：「子曰：『由也升堂矣，未入於室。』」夫子言仲由升我堂矣，未入於室耳。今祖述《孝經》之人，望升夫子之堂者，既不得其門而入，必自擅開門户牕牖矣。言其妄爲穿鑿也。**攀逸駕者必騁殊軌轍。**疏 正義曰：攀，引也。逸駕謂奔逸之車駕也。案《莊子》：「顔淵問於仲尼曰：『夫子步亦步，夫子趨亦趨，夫子馳亦馳，夫子奔逸絶塵而回瞠若乎後耳。』」言夫子之道，神速不可及也。今祖述《孝經》之人，欲仰慕攀引夫子奔逸之駕者，既不得直道而行，必馳騁於殊異之軌轍矣。言不知道之無從也。兩轍之間曰軌，車輪所轢曰轍。**是以道隱小成，言隱浮僞。**疏 正義曰：道者，聖人之大道也。隱，蔽也。小成，謂小道而有成德者也。言者，夫子之至言也。浮僞，謂浮華詭辯也。言此穿鑿馳騁之徒，唯行小道華辯，致使大道至言皆爲隱蔽，其實則不可隱。故《莊子·内篇·齊物論》云：「道惡乎隱而有真僞，言惡乎隱而有是非。道惡乎往而不存，言惡乎存而不可。道隱於小成，言隱於榮華。」此文與彼同，唯「榮華」作「浮僞」耳，❶大意則不異也。**且傳以通經爲義，義以必當爲主。**疏 正義曰：且者，語辭。「傳」者，注解之别名。博釋經意，傳示後人則謂之傳。注者，著也，約文敷暢，使經義著明則謂之注。作得自題，不爲義例。或曰：前漢以前名傳，後漢以來名注。蓋亦不然，何則？馬融亦謂之傳，知或説非也。此言傳注解釋，則以通暢經指爲義，義之裁斷，則以必然當理爲主也。**至當歸一，精義無二，**疏 正義曰：至極之當，必歸於一，精妙之義，焉有二三？將言諸家不同，宜會合之也。**安得不翦其繁蕪而撮其樞要也？**疏 正義曰：安，何也。諸家之説既互有得失，何得不翦截繁多蕪穢，而撮取其樞機要

❶「浮」，原脱，阮云：「閩本、監本、毛本『作』下有『浮』字，案序文當有。」據補。

道也？**韋昭、王肅，先儒之領袖；虞翻、劉卲，抑又次焉。**疏正義曰：自此至「有補將來」爲第四段，序作注之意。舉六家異同，會五經旨趣，敷暢經義，望益將來也。《吴志》曰：「韋曜，字弘嗣，吴郡雲陽人，本名昭，避晉文帝諱，改名曜。事吴，❶至中書僕射、侍中，領左國史，封高陵亭侯。」《魏志》曰：「王肅，字子雍，王朗之子。仕魏，歷散騎黄門侍郎、散騎常侍，兼太常。」《吴志》：「虞翻，字仲翔，會稽餘姚人。漢末舉茂才，曹公辟不就。仕吴，以儒學聞，爲《老子》、《論語》、❷《國語》訓注，傳於世。」《魏志》：「劉卲，字孔才，廣平邯鄲人。仕魏，歷散騎常侍，賜爵關内侯。著《人物志》百篇。」此指言韋、王所學，在先儒之中，如衣之有領袖也，虞、劉二家亞次之。抑，語辭也。**劉炫明安國之本，陸澄譏康成之注。**❸疏正義曰：《隋書》云：「劉炫，字光伯，河間景城人。炫左畫方、右畫圓，口誦、目數，耳聽，五事並舉，無所遺失。仕後周，直門下省，竟不得官。縣司責其賦役，炫自陳於内史，乞送吏部。吏部尚書韋世康問其所能，炫自爲狀曰：『《周禮》、《禮記》、《毛詩》、《尚書》、《公羊》、《左傳》、《孝經》、《論語》，孔、鄭、王、何、服、杜等注凡十三家，雖義有精麤，並堪講授。《周易》、《儀禮》、《穀梁》，用功頗少。子史文集，嘉言美事，咸誦於心。天文律歷，窮覈微妙。公私文翰，未嘗舉手。』吏部竟不詳試，除殿内將軍。仕隋，歷太學博士，罷歸河間，賊中餓死，謚宣德先生。」初，炫既得王劭所送古文孔安國注本，遂著《古文稽疑》以明之。蕭子顯《齊書》曰：「陸澄，字彦淵，吴郡吴人也。少學博覽，無不知。起家仕宋，至齊，歷國子祭酒、光禄大夫。」初，澄以晉荀昶所學爲非鄭玄所注，請文藏秘書，❹王儉違其議。**在理或當，何必求人？**疏正義曰：言但在注釋之理允當，不必譏非其人也。求猶責也。**今故特舉六家之異同，會五經之旨趣，**疏正義曰：六家即韋昭、王肅、虞翻、劉卲、劉炫、陸澄也。言舉此六家，而又會合諸經之旨趣耳。**約文敷暢，義則昭然；**疏正義曰：約，省也。敷，布也。暢，通也。言作注之體，直約省其文，不假繁多，能偏布通暢經義，使之

❶「事」，阮云：「閩本、監本、毛本『事』作『仕』，是也。」

❷「論」，原作「命」，阮云：「案『命』當作『論』。」據改。

❸「譏」，原作「機」，據狩谷本、岳本、阮本改。

❹「文藏秘書」，阮云：「案《齊書》本傳，『文』作『不』，『書』作『省』，是也。」

昭明也。然，辭也。**分注錯經，理亦條貫。**疏正義曰：謂分其注解，間錯經文也。經注雖然分錯，其理亦不相亂而有條有貫也。《書》云：「若網在綱，有條而不紊。」《論語》：「子曰：『參乎，吾道一以貫之。』」是條之理也。**寫之琬琰，庶有補於將來。**❶疏正義曰：案《考工記·玉人》職云：「琬圭九寸，而繅以象德。」注云：「琬猶圜也，王使之瑞節也。諸侯有德，王命賜之，使者執琬圭以致命焉。繅，藉也。」又云：「琰圭九寸，判規以除慝，以易行。」注云：「凡圭，琰上寸半。琰圭，琰半以上，又半爲瑑飾。諸侯有爲不義，使者征之，執以爲瑞節也。除慝，誅惡逆也。易行，止繁苛。」❷今言以此所注《孝經》寫之琬圭、琰圭之上，若簡策之爲，庶幾有所裨補於將來學者。或曰：謂刊石也，而言「寫之琬琰」者，取其美名耳。**且夫子談經，志取垂訓，**疏正義曰：自此至序末爲第五段，言夫子之經言約意深，注繁文不能具載，仍作疏義以廣其旨也。且夫子所談之經，其志但取垂訓後代而已。**雖五孝之用則別，而百行之源不殊。**疏正義曰：「五孝」者，天子、諸侯、卿大夫、士、庶人五等所行之孝也。言此五孝之用雖尊卑不同，而孝爲百行之源，則其致一也。**是以一章之中，凡有數句，一句之內，意有兼明，**疏正義曰：積句以成章，章者，明也，總義包體，所以明情者也；句必聯字而言，句者，局也，聯字分强，❸所以局言者也。言夫子所脩之經，志在殷勤垂訓，所以「一章之中，凡有數句，一句之內，意有兼明」者也，若移忠移順、博愛廣敬之類皆是。❹**具載則文繁，略之又義闕，**疏正義曰：言作注之體，意在約文敷暢，復恐太略，則大義或闕。**今存於疏，用廣發揮。**疏正義曰：此言必順作疏之義也。❺發，謂發越。揮，謂揮散。若其注文未備者，則具存於疏，用此義疏，以廣大、發越、揮散夫子之經旨也。

孝經序終

❶「於」，狩谷本無。
❷「止」，阮云：「案《周禮》鄭注作『去』。」
❸「强」，浦云：「『疆』誤『强』。」
❹「愛」，原作「慶」，據阮本改。
❺「順」，浦云：「『順』當『須』字誤。」阮是之。

孝經注疏卷第一

開宗明義章第一

疏正義曰：開，張也。宗，本也。明，顯也。義，理也。言此章開張一經之宗本，顯明五孝之義理，故曰「開宗明義章」也。第，次也。一，數之始也。以此章總標，諸章以次結之，故爲第一，冠諸章之首焉。案《孝經》遭秦坑焚之後，爲河間顔芝所藏，初除挾書之律，芝子貞始出之。長孫氏及江翁、后倉、翼奉、張禹等所説皆十八章，及魯恭王壞孔子宅，得古文二十二章，孔安國作傳。劉向校經籍，比量二本，除其煩惑，以十八章爲定而不列名。又有荀昶集其録及諸家疏，並無章名，而《援神契》自《天子》至《庶人》五章，唯皇侃標其目而冠於章首。今鄭注見章名，豈先有改除，近人追遠而爲之也？御注依古今，集詳議，儒官連狀題其章名，重加商量，遂依所請。章者，明也，謂分析科段，使理章明。《説文》曰：「樂歌竟爲一章。」章字，從音，從十，謂從一至十，十，數之終。諸書言章者，蓋因《風》、《雅》凡有科段，皆謂之章焉。言天子、庶人雖列貴賤，而立身行道無限高卑，故次首章先陳天子，等差其貴賤以至庶人。次及《三才》、《孝治》、《聖治》三章，並叙德教之所由生也。《紀孝行章》叙孝子事親爲先，與《五刑》相因，即「夫孝始於事親」也。《廣要道章》、《廣揚名章》即「先王有至德要道」，「揚名於後世」也。「揚名」之主因「諫争」之臣，從諫之君必有「應感」，三章相次，不離於「揚名」。《事君章》即「忠於事君」也，❶《喪親章》繼於諸章之末，言孝子事親之道紀也。❷皇侃以《開宗》及《紀孝行》、《喪親》等三章通於貴賤，今案《諫争章》大夫已上皆有争臣，而士有争友，父有争子，亦該貴賤，則通於貴賤者有四焉。

仲尼居，仲尼，孔子字。居，謂閒居。**曾子侍。**

❶「忠」，阮云：「案『忠』當作『中』。」

❷「紀」，浦云：「『終』誤『紀』。」

曾子，孔子弟子。侍，謂侍坐。**疏**「仲尼居曾子侍」　正義曰：夫子以六經設教，隨事表名，雖道由孝生而孝綱未舉，將欲開明其道，垂之來裔。以曾參之孝先有重名，乃假因間居，爲之陳説。自標己字稱「仲尼居」，呼參爲子，稱「曾子侍」。建此兩句，以起師資問答之體，似若别有承受而記録之。○注「仲尼」至「間居」　正義曰：云「仲尼，孔子字」者，案《家語》云：「孔子父叔梁紇娶顔氏之女徵在。徵在既往廟見，以夫年長，懼不時有男，而私禱尼丘山以祈焉。孔子故名丘，字仲尼。」夫伯、仲者，長幼之次也。仲尼有兄字伯，故曰仲。其名則案桓六年《左傳》申繻曰名有五，其三曰「以類命爲象」，杜注云：「若孔子首象尼丘。」蓋以孔子生而汙頂，象尼丘山，故名丘，字仲尼。而劉瓛述張禹之義，以爲仲者中也，尼者和也，言孔子有中和之德，故曰仲尼。殷仲文又云：「夫子深敬孝道，故稱表德之字。」及梁武帝又以丘爲聚，以尼爲和。今並不取。仲尼之先，殷之後也。案《史記·殷本紀》曰：帝嚳之子契爲堯司徒，有功，堯封之於商，賜姓子氏。契後世孫湯滅夏而爲天子，至湯裔孫有位無道，周武王殺之，封其庶兄微子啓於宋。案《家語》又《孔子世家》皆云：孔子，其先宋人也。宋閔公有子弗父何，長而當立，讓其弟厲公。何生宋父周，周生世子勝，勝生正考父，正考父受命爲宋卿，生孔父嘉，嘉别爲公族，故其後以孔爲氏。或以爲用乙配子，或以滴溜穿石，其言不經，今不取也。孔父嘉生木金父，木金父生皐夷父，皐夷父生防叔，避華氏之禍而奔魯。防叔生伯夏，伯夏生叔梁紇，紇生孔子也。云「居，謂間居」者，古文《孝經》云「仲尼間居」，蓋爲乘間居而坐，與《論語》云「居，吾語汝」義同，而與下章「居則致其敬」不同。○注「曾子」至「侍坐」　正義曰：云「曾子，孔子弟子」者，案《史記·仲尼弟子傳》稱：「曾參，南武城人，字子輿，少孔子四十六歲。孔子以爲能通孝道，故授之業，作《孝經》，死於魯。」故知是仲尼弟子也。云「侍，謂侍坐」者，言侍孔子而坐也。案古文云「曾子侍坐」，故知「侍，謂侍坐」也。卑者在尊側曰侍，故經謂之侍。凡侍有坐有立，此「曾子侍」即侍坐也，《曲禮》有「侍坐於先生」、❶「侍坐於所尊」、「侍坐於君子」。據此而言，明侍坐於夫子也。**子曰：「先王有至德要道，以順天下，民用和睦，上下無怨。**孝者，德之至，道之要也。言先代聖

❶「先」，原漫漶不清，據阮本補。

德之主能順天下人心，行此至要之化，則上下臣人和睦無怨。**汝知之乎？」曾子避席曰：「參不敏，何足以知之？」**參，曾子名也。禮，師有問，避席起答。敏，達也。言參不達，何足知此至要之義。**子曰：「夫孝，德之本也，**人之行莫大於孝，故爲德本。**教之所由生也。**言教從孝而生。**復坐，吾語汝。**曾參起對，故使復坐。疏「子曰」至「語汝」　正義曰：子者，孔子自謂。案《公羊傳》云：「子者，男子通稱也。」古者謂師爲子，故夫子以子自稱。曰者，辭也。言先代聖帝明王，皆行至美之德、要約之道，以順天下人心而教化之，天下之人被服其教，用此之故，並自相和睦，上下尊卑無相怨者。參，汝能知之乎？又假言參聞夫子之説，乃避所居之席，起而對曰：「參性不聰敏，何足以知先王至德要道之言義？」❶既叙曾子不知，夫子又爲釋之曰：「夫孝，德行之根本也。」釋「先王有至德要道」，謂至德要道元出於孝，孝爲之本也。云「教之所生也」者，❷此釋「以順天下，民用和睦，上下無怨」，謂王教由孝而生也。孝道深廣，非立可終，故使「復坐，吾語汝」也。○注「孝者」至「無怨」　正義曰：云「孝者，德之至、道之要也」者，依王肅義。德以孝而至，道以孝而要，是道德不離於孝。殷仲文曰：「窮理之至，以一管衆爲要。」劉炫曰：「性未達，何足知？」然性未達，何足知至要之義者，謂自云性不達，何足知此先王至德要道之義也。○注「人之」至「德本」　正義曰：此依鄭注引其《聖治章》文也。言孝行最大，故爲德之本也。德則至德也。○注「言教從孝而生」　正義曰：此依韋注也。案《禮記·祭義》稱曾子云「衆之本教曰孝」，《尚書》「敬敷五教」，解者謂教父以義、教母以慈、教兄以友、教弟以恭、教子以孝。舉此則其餘順人之教皆可知也。○注「曾參」至「復坐」　正義曰：此義已見於上。**身體髮膚，受之父母，不敢毁傷，孝之始也；**父母全而生之，己當全而歸之，故不敢毁傷。**立身行道，揚名於後世，以顯父母，孝之終也。**言能立身行道，自然名揚後世，光顯其親，❸故行孝以不毁爲先，揚名爲後。

❶「道」，原作「約」，據阮本改。
❷「所」下，浦云：「脱『由』字。」
❸「顯」，狩谷本作「榮」。阮云：「石臺本、岳本『顯』作『榮』，案《正義》亦作『榮』。」

疏「身體」至「終也」　正義曰：身，謂躬也。體，謂四支也。髮，謂毛髮。膚，謂皮膚。《禮運》曰「四體既正，膚革充盈」，《詩》曰「鬒髮如雲」，此則「身體髮膚」之謂也。言爲人子者常須戒慎，戰戰兢兢，恐致毀傷，此行孝之始也。又言孝行非唯不毀而已，須成立其身，使善名揚於後代，以光榮其父母，此孝行之終也。若行孝道不至揚名榮親，則未得爲立身也。○注「父母」至「毀傷」　正義曰：云「父母全而生之，己當全而歸之」者，此依鄭注引《祭義》樂正子春之言也。言子之初生，受全體於父母，故當常自念慮，至死全而歸之，若曾子啓手、啓足之類是也。云「故不敢毀傷」者，毀，謂虧辱。傷，謂損傷。故夫子云「不虧其體，不辱其身，可謂全矣」，及鄭注《周禮》「禁殺戮」云「見血爲傷」是也。○注「言能」至「爲後」❶　正義曰：云「言能立身行此孝道」者，謂人將立其身，先須行此孝道也。其行孝道之事，則下文「始於事親，中於事君」是也。云「自然名揚後世，光榮其親」者，皇侃云：「若生能行孝，没而揚名，則身有德譽，乃能光榮其父母也。」因引《祭義》曰：「孝也者，國人稱願然，曰：『幸哉！有子如此。』」又引《哀公問》稱：「孔子對曰：『君子也者，人之成名也，百姓歸之名，謂之君子之子，是使其親爲君子也。』」此則揚名榮親也。云「故行孝以不毀爲先」者，全其身爲孝子之始也。云「揚名爲後」者，謂後行孝道爲孝之終也。夫不敢毀傷，闔棺乃止，立身行道，弱冠須明。經雖言其始終，此略示有先後，非謂不敢毀傷唯在於始，立身獨在於終也，明不敢毀傷、立身行道，從始至末，兩行無怠。此於次有先後，非於事理有終始也。

夫孝，始於事親，中於事君，終於立身。言行孝以事親爲始，事君爲中，忠孝道著，乃能揚名榮親，故曰「終於立身」也。疏「夫孝」至「立身」　正義曰：夫爲人子者，先能全身而後能行其道也。夫行道者，謂先能事親而後能立其身。前言立身，未示其迹，❷其迹，始者在於内事其親也，中者在於出事其主，忠孝皆備，揚名榮親，是「終於立身」。○注「言行」至「身也」　正義曰：云「言行孝以事親爲始，事君爲中」者，此釋「始於事親，中於事君」也。云「忠孝道著，乃能揚名榮親，故曰『終於立身』也」者，此釋「終於立身」也。

❶「爲」，原作「其」，阮云：「閩本、監本、毛本『其』作『爲』，案注當作『爲』。」據改。

❷「未」，原作「末」，阮云：「閩本、監本、毛本『末』作『未』，是也。」據改。

然能事親、事君，理兼士庶，則終於立身，此通貴賤焉。鄭玄以爲「父母生之，是事親爲始；四十强而仕，是事君爲中；七十致仕，是立身爲終也」者，劉炫駁云：「若以始爲在家，終爲致仕，則兆庶皆能有始，人君所以無終。若以年七十者始爲孝終，不致仕者皆爲不立，則中壽之輩盡曰不終，顔子之流亦無所立矣。」《大雅》云：『無念爾祖，聿脩厥德。』」《詩·大雅》也。無念，念也。聿，述也。厥，其也。義取恒念先祖，述脩其德。**疏**「大雅」至「厥德」 正義曰：夫子叙述立身行道揚名之義既畢，乃引《大雅·文王》之詩以結之。言凡爲人子孫者，常念爾之先祖，常述脩其功德也。○注「詩大」至「其德」 正義曰：云「無念，念也」，「聿，述也」，此並毛傳文。「厥，其也」，《釋言》文。云「義取常念先祖，述脩其德」者，此依孔傳也，謂述脩先祖之德而行之。此經有十一章引《詩》及《書》，劉炫云：「夫子叙經，申述先王之道，《詩》、《書》之語，事有當其義者，則引而證之，示言不虚發也。七章不引者，或事義相違，或文勢自足，則不引也。五經唯傳引《詩》，而《禮》則雜引。《詩》、《書》及《易》並意及則引。若汎指，則云『《詩》曰』、『《詩》云』；若指四始之名，即云《國風》、《大雅》、《小雅》、《魯頌》、《商頌》；若指篇名，即言『《勺》曰』、❶『《武》曰』，皆隨所便而引之，無定例也。」鄭注云：「雅者，正也。方始發章，以正爲始。」亦無取焉。

天子章第二

疏正義曰：前《開宗明義章》雖通貴賤，其迹未著，故此已下至於《庶人》凡有五章，謂之「五孝」，各説行孝奉親之事而立教焉。天子至尊，故標居其首。案《禮記·表記》云「惟天子受命於天」，故曰天子。《白虎通》云「王者父天母地」，亦曰天子。虞、夏以上，未有此名，殷、周以來始謂王者爲天子也。

子曰：「愛親者不敢惡於人，博愛也。敬親者不敢慢於人。廣敬也。愛敬盡於事親，而德教加於百姓，刑于四海，刑，法也。君行博

❶「勺」，原作「句」，阮云：「監本、毛本作『勺』，是也。」據改。《詩經》爲「酌」。

愛、廣敬之道，使人皆不慢惡其親，則德教加被天下，當爲四夷之所法則也。蓋天子之孝也。蓋，猶略也。孝道廣大，此略言之。疏「子曰」至「孝也」　正義曰：此陳天子之孝也。所謂「愛親」者，是天子身行愛敬也。「不敢惡於人」、「不敢慢於人」者，是天子施化，使天下之人皆行愛敬，不敢慢惡於其親也。親，謂其父母也。言天子豈唯因心内恕，克己復禮，自行愛敬而已，亦當設教施令，使天下之人不慢惡於其父母，如此則至德要道之教加被天下，亦當使四海蠻夷慕化而法則之，此蓋是天子之行孝也。《孝經援神契》云「天子孝曰就」，言德被天下，澤及萬物，始終成就，榮其祖考也。五等之孝，惟於《天子章》稱「子曰」者，皇侃云：「上陳天子極尊，下列庶人極卑，尊卑既異，恐嫌爲孝之理有别，故以一『子曰』通冠五章，明尊卑貴賤有殊，而奉親之道無二。」○注「博愛也」　正義曰：此依魏注也。博，大也。言君愛親，又施德教於人，使人皆愛其親，不敢有惡其父母者，是博愛也。○注「廣敬也」　正義曰：此依魏注也。廣，亦大也。言君敬親，又施德教於人，使人皆敬其親，不敢有慢其父母者，是廣敬也。孔傳以人爲天下衆人，言君愛敬己親，則能推己及物，謂有天下者愛敬天下之人，有一國者愛敬一國之人也。不惡者，爲君常思安人，爲其興利除害，則上下無怨，是爲至德也。不慢者，則《曲禮》曰「毋不敬」，《書》曰「爲人上者奈何不敬」，君能不慢於人，脩己以安百姓，則千萬人悦，是爲要道也。上施德教，人用和睦，則分崩離析無由而生也。案《禮記·祭義》稱「有虞氏貴德而尚齒，夏后氏貴爵而尚齒，殷人貴富而尚齒，周人貴親而尚齒。虞、夏、殷、周，天下之盛王也，未有遺年者，年之貴乎天下久矣，次乎事親也」，斯亦「不敢慢於人」也。所以於《天子章》明愛敬者，王肅、韋昭云：「天子居四海之上，爲教訓之主，爲教易行，故寄易行者宣之。」然愛之與敬，解者衆多。沈宏云：❶「親至結心爲愛，崇恪表迹爲敬。」劉炫云：「愛惡俱在於心，敬慢並見於貌。愛者隱惜而結於内，敬者嚴肅而形於外。」皇侃云：「愛敬各有心、迹，烝烝至惜是爲愛心，温凊搔摩是爲愛迹；❷肅肅悚慄是爲敬心，拜伏擎跪是爲敬迹。」舊説云：「愛生於真，敬起自嚴，孝是真性，故先愛

❶「沈宏」，浦云：「當『袁宏』之誤。」

❷「凊」，原作「清」，阮云：「閩本、監本、毛本『清』作『凊』，是也。」據改。

後敬也。」舊問曰：「天子以愛敬爲孝，及庶人以躬耕爲孝，王者並相通否。」❶梁王答云：「天子既極愛敬，必須五等行之，然後乃成。庶人雖在躬耕，豈不愛敬及不驕、不溢已下事邪？以此言之，五等之孝，反相通也。」❷然諸侯言保社稷，大夫言守宗廟，士言保其禄位而守其祭祀，以則言之，天子當云保其天下，庶人當言保其田農，此略之不言，何也？《左傳》曰「天子守在四夷」，故「愛敬盡於事親」之下，而言「德教加於百姓，刑于四海」，保守之理已定，不煩更言保也。庶人用天之道，分地之利，謹身節用，保守田農，不離於此，既無守任，不假旨保守也。❸○注「刑法」至「則也」　正義曰：「刑，法也」，《釋詁》文。云「君行博愛、廣敬之道，使人皆不慢惡其親」者，是天子愛敬盡於事親，又施德教，使天下之人皆不敢慢惡其親也。云「則德教加被於天下」者，釋「刑于四海」也。百姓，謂天下之人皆有族姓，言百舉其多也。《尚書》云「平章百姓」，則謂百姓爲百官，爲下有「黎民」之文，所以百姓非兆庶也。此經「德教加於百姓」，則謂天下百姓，爲與「刑于四海」相對。「四海」既是四夷，則此「百姓」自然是天下兆庶也。經典通謂四夷爲「四海」。案《周禮》、《記》、❹《爾雅》皆言東夷、西戎、南蠻、北狄謂之四夷，或云「四海」，故注以四夷釋「四海」也。孫炎曰：「海者，晦暗無知也。」○注「蓋猶」至「略言之」　正義曰：此依魏注也。案孔傳云：「蓋者，辜較之辭。」劉炫云：「辜較猶梗概也。」❺孝道既廣，此纔舉其大略也。」劉瓛云：「蓋者，不終盡之辭。明孝道之廣大，此略言之也。」皇侃云「略陳如此，未能究竟」是也。鄭注云「蓋者，謙辭」，據此而言，蓋非謙也。劉炫駁云：「若以制作須謙，則庶人亦當謙矣；苟以名位須謙，夫子曾爲大夫，於士何謙而亦云蓋也？斯則卿士以上之言蓋者，並非謙辭可知也。」

《甫刑》云：『一人有慶，兆民賴之。』」《甫刑》即《尚書·吕刑》也。一人，天子也。慶，善也。十億曰兆。義取天子行孝，兆人皆賴其善。

疏「甫刑」至「賴之」　正義曰：夫子述天子之行孝既畢，乃引《尚書·甫刑》篇之言以結成其義。慶，善也。言天

---

❶「王」，阮云：「『王』宜作『五』。」
❷「反」，浦云：「『互』誤『反』。」
❸「旨」，浦云：「『旨』疑『言』字誤。」阮云：「案當作『言』。」
❹「記」上，浦云：「脱一『禮』字。」
❺「梗」，原作「便」，據阮本改。

子一人有善，則天下兆庶皆倚賴之也。善則愛敬是也。「一人有慶」，結「愛敬盡於事親」已上也；「兆民賴之」，結「而德教加於百姓」已下也。○注「甫刑」至「其善」　正義曰：云「《甫刑》即《尚書·吕刑》也」者，《尚書》有《吕刑》而無《甫刑》也。案《禮記·緇衣》篇，孔子兩引《甫刑》辭，與《吕刑》無別，則孔子之代以「甫刑」命篇明矣。今《尚書》爲「吕刑」者，孔安國云：「後爲甫侯，故稱『甫刑』。」知者，以《詩·大雅·嵩高》之篇宣王之詩，云「生甫及申」，《揚之水》爲平王之詩，「不與我戍甫」，❶明子孫改封爲甫侯，不知因吕國改作「甫」名，不知別封餘國而爲「甫」號。然子孫封甫，穆王時未有「甫」名，而稱爲「甫刑」者，後人以子孫之國號名之也，猶若叔虞初封於唐，子孫封晉，而《史記》稱《晉世家》也。劉炫以爲「遭秦焚書，各信其學，後人不能改正而兩存之也」者，非也。諸章皆引《詩》，此章獨引《書》者，以孔子之言布在方策，言必皆引《詩》、《書》證事，示不馮虚説，義當《詩》意則引《詩》，義當《易》意則引《易》。此章與《書》意義相契，故引爲證也。鄭注以《書》録王事，故證《天子》之章，以爲引類得象。然引《大雅》證《大夫》、引《曹風》證《聖治》，豈引類得象乎？此不取也。云「一人，天子也」者，依孔傳也。舊説：「天子自稱則言『予一人』，予，我也。言我雖身處上位，猶是人中之一耳，與人不異，是謙也。若臣人稱之則惟言『一人』，言四海之内惟一人，乃爲尊稱也。」天子者帝王之爵，猶公、侯、伯、子、男五等之稱。云「慶，善也」，書傳通也。❷云「十億曰兆」者，古數爲然。云「義取天子行孝，兆人皆賴其善」者，釋「一人有慶，兆民賴之」也。姓言百、民稱兆，皆舉其多也。

孝經注疏卷第一

❶「戍」，原作「戌」，據阮本改。

❷「通」下，浦云：「當脱『訓』字。」

孝經注疏卷第二

諸侯章第三

疏 正義曰：次天子之貴者，諸侯也。案《釋詁》云：「公、侯，君也。」不曰諸公者，嫌涉天子三公也，故以其次稱爲諸侯，猶言諸國之君也。皇侃云「以侯是五等之第二，下接伯、子、男，故稱諸侯」，今不取也。

「**在上不驕，高而不危；**諸侯，列國之君，貴在人上，可謂高矣，而能不驕，則免危也。**制節謹度，滿而不溢。**費用約儉謂之制節，慎行禮法謂之謹度。無禮爲驕，奢泰爲溢。**高而不危，所以長守貴也；滿而不溢，所以長守富也。富貴不離其身，然後能保其社稷而和其民人，**列國皆有社稷，其君主而祭之。言富貴常在其身，則長爲社稷之主，而人自和平也。**蓋諸侯之孝也。**

疏「在上」至「孝也」 正義曰：夫子前述天子行孝之事已畢，次明諸侯行孝也。言諸侯在一國臣人之上，其位高矣，高者危懼，若能不以貴自驕，則雖處高位終不至於傾危也。積一國之賦税，其府庫充滿矣，若制立節限，慎守法度，則雖充滿而不至盈溢也。滿謂充實，溢謂奢侈。《書》稱「位不期驕，禄不期侈」，是知貴不與驕期而驕自至，富不與侈期而侈自來。言諸侯貴爲一國人主，富有一國之財，故宜戒之也。又覆述不危、不溢之義，言居高位而不傾危，所以常守其貴；財貨充滿而不盈溢，所以長守其富。使富貴長久，不去離其身，然後乃能安其國之社稷，而協和所統之臣人，謂社稷以此安，臣人以此和也。言此上所陳，蓋是諸侯之行孝也。皇侃云：「民是廣及無知，人是稍識仁義，即府、史之徒，故言『民人』，明遠近皆和悦也。」《援神契》云「諸侯行孝曰度」，言奉天子之法度，得不危溢，是榮其先祖也。○注「諸侯」至「危也」 正義曰：云「諸侯，列國之君」者，經典皆謂天子之國爲王國，諸侯之國爲列國。《詩》云「思皇多士，生此王國」，則天子之國也；《左傳》魯叔孫豹云「我列國也」，鄭子産云「列國一同」，是諸侯之國也。列國者，言其國君皆以爵位尊卑及土地大小而叙列焉，五等皆然。云「貴在人上，可謂高矣」者，言諸侯貴在一國臣人之上，其位高也。云「而能不驕，則免危也」者，言其爲國以禮，能不陵上慢下，則免傾危也。○注「費用」至「爲溢」　正義曰：云「費用約儉謂之制節」者，此依鄭注釋「制節」也。謂費國之財以供己用，每事儉約，不爲華侈，則《論語》「道千乘之國」云「節用而愛人」是也。云「慎行禮法謂之謹度」者，此釋「謹度」也。言不可奢僭，當須慎行禮法，無所乖越，動合典章。皇侃云：「謂宫室車旗之類，皆不奢僭也。」「無禮爲驕，奢泰爲溢」者，皆謂華侈放恣也。前未解「驕」，今於此注與「溢」相對而釋之，言「無禮」謂陵上慢下也。皇侃云：「在上不驕以戒貴，應云居財不奢以戒富；若云制節謹度以戒富，亦應云制節謹身以戒貴。此不例者，互其文也。」但驕由居上，故戒貴云「在上」，溢由無節，故戒富云「制節」也。○注「列國」至「平也」　正義曰：列國，已具上釋。云「皆有社稷」者，《韓詩外傳》云：「天子大社，東方青，南方赤，西方白，北方黑，中央黄土。若封四方諸侯，各割其方色土，苴以白茅而與之。❶諸侯以此土封之爲社，明受於天子也。」社則土神也。經典所論，社稷皆連言之。皇侃以爲稷五穀之長，亦爲土神，據此稷亦社之類也。言諸侯有社稷乃有國，無社稷則無國也。云「其君主而祭之」者，案《左傳》曰「君人者，社稷是主」，社稷因地，故以「列國」言之；祭必由君，故以「其君」言之。云「言富貴常在其身」者，此依王注釋「富貴不離其身」也。「則長爲社稷之主」者，釋「保其社稷」也。云「而人自和平也」者，釋「而和其民人」也。然經上文先貴後富，言因貴而富也；下覆之富在貴先者，此與《易·繫辭》「崇高莫大乎富貴」，《老子》云「富貴而驕」，皆隨便而言之，非富合先於貴也。經傳之言社稷多矣，案《左傳》曰「共工氏之子曰勾龍，爲后土，后土爲社；有烈山氏之子曰柱，爲稷，自夏以上祀之。周棄亦爲稷，自商以來祀之」，言勾龍、柱、棄配社稷而祭之，即勾龍、柱、棄非社稷也。又《條牒》云「稷壇在社西，俱北鄉並列，同營共門」，並如《條》之説。

《詩》云：『戰戰兢兢，如臨深淵，如履薄冰。』」戰戰，恐懼。兢兢，戒慎。臨深

❶「茅」，原作「苴」，阮云：「監本、毛本下『苴』字作『茅』，是也。」據改。

恐墜，履薄恐陷，義取爲君恒須戒慎。❶ 疏「詩云」至「薄冰」 正義曰：夫子述諸侯行孝終畢，乃引《小雅·小旻》之詩以結之。言諸侯富貴不可驕溢，常須戒懼，故戰戰兢兢，常如臨深履薄也。○注「戰戰」至「戒懼」 正義曰：此依鄭注也。案《毛詩》傳云：「戰戰，恐也。兢兢，戒也。」此注「恐」下加「懼」，「戒」下加「慎」，足以圓文也。云「臨深恐墜，履薄恐陷」者，亦《毛詩》傳文也。恐墜，謂墜入深淵不可復出。恐陷，謂没在冰下不可拯濟也。云「義取爲君常須戒慎」者，引《詩》大意如此。

卿大夫章第四

疏 正義曰：次諸侯之貴者，即卿大夫焉。《説文》云：「卿，章也。」《白虎通》云：「卿之爲言章也，章善明理也。大夫之爲言大扶，扶進人者也。故傳云：進賢達能謂之卿大夫。」《王制》云「上大夫，卿也」，又《典命》云「王之卿六命，其大夫四命」，則爲卿與大夫異也，今連言者，以其行同也。

「非先王之法服不敢服，服者身之表也，先王制五服，各有等差。言卿大夫遵守禮法，不敢僭上偪下。非先王之法言不敢道，非先王之德行不敢行。法言，謂禮法之言。德行，謂道德之行。若言非法、行非德，則虧孝道，故不敢也。是故非法不言，非道不行。言必守法，行必遵道。口無擇言，身無擇行，言、行皆遵法、道，所以無可擇也。言滿天下無口過，行滿天下無怨惡。禮法之言，焉有口過？道德之行，自無怨惡。三者備矣，然後能守其宗廟，三者，服、言、行也。禮，卿大夫立三廟，以奉先祖。言能備此三者，則能長守宗廟之祀。蓋卿大夫之孝也。疏「非先王」至「孝也」 正義曰：夫子述諸侯行孝之事終畢，次明卿大夫之行孝也。言大夫委質事君，學以從政，立朝則接對賓客，出聘則將命他邦，服飾、言、行須遵禮典。非先王禮法之衣服，則不敢服之於身。若非

❶「戒慎」，金良年校云：此本及阮本僅標起止作「戒懼」，閩本、毛本、殿本則注亦作「戒懼」。楊守敬以爲作「戒懼」是，金校從之。

先王禮法之言辭，則不敢道之於口。若非先王道德之景行，亦不敢行之於身。就此三事之中，言、行尤須重慎。是故非禮法則不言，非道德則不行。所以口無可擇之言，身無可擇之行也，使言滿天下無口過，行滿天下無怨惡。服飾、言、行三者無虧，然後乃能守其先祖之宗廟，蓋是卿大夫之行孝也。《援神契》云「卿大夫行孝曰譽」，蓋以聲譽爲義，謂言、行布滿天下，能無怨惡，遐邇稱譽，是榮親也。舊説云「天子、諸侯各有卿大夫」，此章既云言、行滿於天下，又引《詩》云「夙夜匪懈，以事一人」，是舉天子卿大夫也。天子卿大夫尚爾，則諸侯卿大夫可知也。○注「服者」至「偪下」　正義曰：「服者身之表也」者，此依孔傳也。《左傳》曰「衣，身之章也」，彼注云「章貴賤」，言服飾所以章其貴賤，章則表之義也。云「先王制五服，各有等差」者，案《尚書·臯陶》篇曰「天命有德，五服五章哉」，孔傳云：「五服，天子、諸侯、卿、大夫、士之服也，尊卑采章各異。」是有等差也。云「言卿大夫遵守禮法，不敢僭上偪下」者，僭上，謂服飾過制，僭擬於上也。偪下，謂服飾儉固，偪迫於下也。卿大夫言必守法，行必遵德，服飾須合禮度，無宜僭偪。故劉炫引《禮》證之曰「君子上不僭上，下不偪下」是也。又案《尚書·益稷》篇稱命禹曰「予欲觀古人之象，日、月、星辰、山、龍、華蟲，作會宗彝，藻、火、粉、米、黼、黻，絺繡，以五采章施于五色，作服，汝明」，孔傳曰：「天子服日、月而下，諸侯自龍衮而下，至黼、黻，士服藻、❶火，大夫加粉、米。上得兼下，下不得僭上。」此古之天子冕服十二章，以日、月、星辰及山、龍、華蟲六章畫於衣，衣法於天，畫之爲陽也；以藻、火、粉、米、黼、黻六章繡之於裳，裳法於地，繡之爲陰也。日、月、星辰取照臨於下，山取興雲致雨，龍取變化無窮，華蟲謂雉，取耿介，藻取文章，火取炎上，以助其德，粉取絜白，米取能養，黼取斷割，黻取背惡鄉善，皆爲百王之明戒，以益其德。諸侯自龍衮而下八章也，四章畫於衣，四章繡於裳。大夫藻、火、粉、米四章也，二章畫於衣，二章繡於裳。孔安國蓋約夏、殷章服爲説，周制則天子冕服九章，象陽之數極也。案鄭注《周禮·司服》稱「至周而以日、月、星辰畫於旌旗，所謂三辰旂旗，昭其明也」，又云「登龍於山，登火於宗彝，尊其神明也」。古文以山爲九章之首，火在宗彝之下；周制以龍爲九章之首，火在宗彝之上，是「登龍於山，登火於宗彝」也。又案《司服》云「王祀昊天上帝則服大裘而冕，

❶「士」，原作「七」，阮云：「案『七』當作『士』。」據改。

祀五帝亦如之。享先王則袞冕，享先公、饗、射則鷩冕，祀四望、山川則毳冕，祭社稷、五祀則絺冕，羣小祀則玄冕」，而冕服九章也。又案鄭注：「九章，初一曰龍，次二曰山，次三曰華蟲，次四曰火，次五曰宗彝，皆畫以爲繢；次六曰藻，次七曰粉米，次八曰黼，次九曰黻，皆絺以爲繡，則袞之衣五章，裳四章，凡九也。鷩畫以雉，謂華蟲也，其衣三章，裳四章，凡七章。❶毳畫虎蜼，謂宗彝也，其衣三章，裳二章，凡五也。絺刺粉米，無畫也，其衣一章，裳二章，凡三也。玄者衣無衣，❷裳刺黻而已，是以謂玄焉。凡冕服，皆玄衣纁裳。」又案《司服》「公之服自袞冕而下，如王之服；侯、伯之服自鷩冕而下，子、男之服自毳冕而下，卿大夫之服自玄冕而下，士之服自皮弁而下，如大夫之服」，則周自公、侯、伯、子、男，其服之章數又與古之象服差矣。

○注「法言」至「敢也」　正義曰：「法言，謂禮法之言」者，此則《論語》云「非禮勿言」是也。云「德行，謂道德之行」者，即《論語》云「志於道，據於德」是也。「若言非法、行非德」者，即《王制》云「言僞而辯，行僞而堅」是也。云「則虧孝道，故不敢也」者，釋所以不敢之意也。○注「言必」至「遵道」　正義曰：此依正義，釋「非法不言，非道不行」也。○注「言行」至「擇也」　正義曰：言不守禮法，行不遵道德，皆已而法之。經言「無擇」，謂令言、行無可擇也。○注「禮法」至「怨惡」　正義曰：口有過惡者，以言之非禮法；行有怨惡者，以所行非道德也。若言必守法，行必遵道，則口無過，怨惡無從而生。○注「三者」至「之祀」　正義曰：云「三者，服、言、行也」者，此謂法服、法言、德行也。然言之與行，君子所最謹，❸出己加人，發邇見遠，出言不善，千里違之，其行不善，譴辱斯及。故首章一叙不毀而再叙立身，此章一舉法服而三復言、行也。則知表身者以言、行，不虧、不毀猶易，立身難備也。皇侃云：「初陳教本，故舉三事。服在身外可見，不假多戒；言、行出於內府難明，必須備言。最於後結，宜應總言。」謂人相見，先觀容飾，次交言辭，後謂德行，故言三者以服爲先，德行爲後也。云「禮，卿大夫立三廟」者，義見末章。云「以奉先祖」者，謂奉事其祖考也。云「言能備此三者，則能長守宗廟

❶ 「章」，浦云：「『也』誤『章』。」阮云：「案上下文作『凡幾也』，此處亦不應作『章』。」

❷ 下「衣」，浦云：「『文』誤『衣』。」阮是之。

❸ 「謹」，原作「謂」，據阮本改。

之祀」者，言卿大夫若能備服飾、❶言、行，故能守宗廟也。

《詩》云：『夙夜匪懈，以事一人。』」夙，早也。懈，惰也。義取爲卿大夫能早夜不惰，敬事其君也。

疏「詩云」至「一人」 正義曰：夫子既述卿大夫行孝終畢，乃引《大雅·烝民》之詩以結之。言卿大夫當早起夜寐，以事天子，不得懈惰。匪，猶不也。○注「夙早」至「君也」 正義曰：「夙，早也」，《釋詁》文。❷「懈，惰也」，《釋言》文。云「義取爲卿大夫能早夜不惰」者，引《詩》大意如此。云「敬事其君也」者，釋「以事一人」，不言天子而言君者，欲通諸侯、卿大夫也。

士章第五

疏正義曰：次卿大夫者，即士也。案《説文》曰：「數始於一，終於十。孔子曰：『推一合十爲士。』」❸《毛詩》傳曰：「士者，事也。」《白虎通》曰：「士者，事也，任事之稱也。」故《禮辨名記》曰：「士者，任事之稱也。傳曰：通古今、辨然不然謂之士。」

「資於事父以事母而愛同，資於事父以事君而敬同，資，取也。言愛父與母同，敬父與君同。故母取其愛而君取其敬，兼之者父也。言事父兼愛與敬也。故以孝事君則忠，移事父孝以事於君，則爲忠矣。以敬事長則順。移事兄敬以事於長，則爲順矣。忠順不失，以事其上，然後能保其禄位而守其祭祀，能盡忠順以事君長，則常安禄位、永守祭祀。蓋士之孝也。

疏「資於」至「孝也」 正義曰：夫子述卿大夫行孝之事終，次明士之行孝也。言士始升公朝，離親入仕，故此叙事父之愛敬，宜均事母與事君，以明割恩從義也。資者，取也。取於事父之行以事母，則愛父與愛母同；取於事父之行以事君，則敬父與敬君同。母之於子，先取其愛；君之於臣，先取其敬，皆不奪

❶「言」，阮本作「謂」。

❷「詁」，原作「古」，阮云：「閩本、監本、毛本『古』作『詁』，是也。」據改。

❸「推一合十」，原作「惟一答十」，阮云：「毛本『惟』作『推』、『答』作『合』。案毛本是也。」據改。

其性也。若兼取愛、敬者，其惟父乎。既説愛、敬取捨之理，遂明出身入仕之行。故者，連上之辭也。謂以事父之孝移事其君，則爲忠矣；以事兄之敬移事於長，則爲順矣。長，謂公卿大夫，言其位長於士也。又言事上之道在於忠順，二者皆能不失，則可事上矣。上謂君與長也，言以忠順事上，然後乃能保其禄秩官位，而長守先祖之祭祀，蓋士之孝也。《援神契》云「士行孝曰究」，以明審爲義，當須能明審資親事君之道，是能榮親也。《白虎通》云：「天子之士獨稱元士，蓋士賤，不得體君之尊，故加『元』以別於諸侯之士也。」此直言士，則諸侯之士。前言大夫是戒天子之大夫，諸侯之大夫可知也。此章戒諸侯之士，則天子之士亦可知也。○注「資取」至「君同」　正義曰：云「資，取也」，此依孔傳也。案鄭注《表記》、《考工記》並同訓「資，取也」。云「言愛父與母同，敬父與君同」者，謂事母之愛、事君之敬，並同於父也。然愛之與敬俱出於心，君以尊高而敬深，母以鞠育而愛厚。劉炫曰：「夫親至則敬不極，此情親而恭少；尊至則愛不極，此心敬而恩殺也。故敬極於君，愛極於母。」梁王云：「《天子章》陳愛敬以辨化也，此章陳愛敬以辨情也。」○注「言事」至「敬也」　正義曰：此依王注也。劉炫曰：「母親至而尊不至，豈則尊之不極也；君尊至而親不至，豈則親之不極也。惟父既親且尊，故曰兼也。」劉瓛曰：「父情天屬，尊無所屈，故愛敬雙極也。」○注「移事」至「忠矣」　正義曰：此依鄭注也。《揚名章》云「君子之事親孝，故忠可移於君」是也。舊説云：「入仕本欲安親，非貪榮貴也。若用安親之心則爲忠也，若用貪榮之心則非忠也。」嚴植之曰：「上云君父敬同，則忠孝不得有異。」言以至孝之心事君必忠也。○注「移事」至「順矣」　正義曰：此依鄭注也。下章云「事兄悌，故順可移於長」，注不言悌而言敬者，順經文也。《左傳》曰「兄愛弟敬」，又曰「弟順而敬」，則知悌之與敬，其義同焉。《尚書》云「邦伯師長」，安國曰「衆長，公卿也」，則知大夫已上皆是士之長。○注「能盡」至「祭祀」　正義曰：謂能盡忠順以事君長，則能保其禄位也。禄，謂廪食。位，謂爵位。《廣雅》曰「位，涖也」，涖下爲位。《王制》云「上農夫食九人」，謂諸侯之下士視上農夫，中士倍下士，上士倍中士。祭者，際也，人神相接，故曰際也。祀者，似也，謂祀者似將見先人也。士亦有廟，經不言耳。大夫既言宗廟，士可知也。士言祭祀，則大夫之祭祀亦可知也。皆互以相明也。諸侯言「保其社稷」，大夫言「守其宗廟」，士則「保」、「守」並言者，皇侃云：「稱保者安鎮也，守者無近也。」

社稷、禄位是公，故言保；宗廟、祭祀是私，故言守也。士初得禄位，故兩言之也。」《詩》云：『夙興夜寐，無忝爾所生。』」忝，辱也。所生，謂父母也。義取早起夜寐，無辱其親也。 疏「詩云」至「所生」 正義曰：夫子述士行孝畢，乃引《小雅·小宛》之詩以證之也。言士行孝，當早起夜寐，無辱其父母也。○注「忝辱」至「親也」 正義曰：云「忝，辱也」，《釋言》文。「所生，謂父母也」，下章云「父母生之」是也。云「義取早起夜寐，無辱其親也」者，亦引《詩》之大意也。

孝經注疏卷第二

孝經注疏卷第三

庶人章第六

疏正義曰：庶者，衆也，謂天下衆人也。皇侃云：「不言衆民者，兼包府、史之屬，通謂之庶人也。」嚴植之以爲士有員位，人無限極，故士以下皆爲庶人。

「用天之道，春生、夏長、秋斂、❶冬藏，舉事順時，此用天道也。分地之利，分別五土，視其高下，各盡所宜，此分地利也。謹身節用以養父母，身恭謹則遠恥辱，用節省則免飢寒，公賦既充則私養不闕。此庶人之孝也。庶人爲孝，唯此而已。**疏**「用天」至「孝也」❷　正義曰：夫子陳述士之行孝已畢，次明庶人之行孝也。言庶人服田力穡，當須用天之四時生成之道也，分地五土所宜之利，謹慎其身，節省其用，以供養其父母，此則庶人之孝也。《援神契》云「庶人行孝曰畜」，以畜養爲義，言能躬耕力農，以畜其德而養其親也。○注「春生」至「道也」　正義曰：云「春生、夏長、秋斂、冬藏」者，此依鄭注也。《爾雅·釋天》云：「春爲發生，夏爲長毓，秋爲收成，冬爲安寧。」安寧即藏閉之義也。云「舉事順時，此用天之道也」者，謂舉農畝之事，順四時之氣，春生則耕種，夏長則耘苗，秋收則穫刈，冬藏則入廪也。○注「分別」至「利也」　正義曰：云「分別五土，視其高下」者，此依鄭注也。案《周禮·大司徒》辨五土，一曰山林，二曰川澤，三曰丘陵，四曰墳衍，五曰原隰。謂庶人須能分別，視此五土之高下，隨所宜而播種之，則《職方氏》所謂青州「其穀宜稻麥」、雍州「其穀宜黍稷」之類是也。云「各盡其所宜，此分地利也」者，此依孔傳也。劉炫云：「黍稷生於陸，菰稻生於水。」○注「身恭」至「不闕」　正義曰：云「身恭謹則遠恥辱」者，《論語》曰：「恭近於禮，遠恥辱也。」云「用節省

❶「斂」，狩谷本作「收」。

❷「天」，原作「人」，阮云：「閩本、監本、毛本『人』作『天』，不誤。」據改。

則免飢寒」者，用，謂庶人衣服、飲食、喪祭之用，當須節省。《禮記》曰「食節事時」，又曰「庶人無故不食珍」及「三年之耕必有一年之食，九年耕必有三年之食，以三十年之通，雖有凶旱水溢，民無菜色」，是「免飢寒」也。云「公賦既充則私養不闕」者，❶賦者，自上稅下之名也。謂常省節財用，公家賦稅充足，而私養父母不闕乏也。《孟子》稱「周人百畝而徹，其實皆什一也」，劉熙注云「家耕百畝，❷徹取十畝以爲賦也」，又云「公事畢，然後敢治私事」是也。○注「庶人」至「而已」　正義曰：此依魏注也。案天子、諸侯、卿大夫、士皆言「蓋」，而庶人獨言「此」，注釋言「此」之意也。謂天子至士，孝行廣大，其章略述宏綱，❸所以言「蓋」也；庶人用天分地，謹身節用，其孝行已盡，故曰「此」，言惟此而已。《庶人》不引《詩》者，義盡於此，無贅詞也。❹

故自天子至於庶人，孝無終始，而患不及者，未之有也。」始自天子，終於庶人，尊卑雖殊，孝道同致，而患不能及者，未之有也。言無此理，故曰未有。

疏「故自」至「有也」　正義曰：夫子述天子、諸侯、卿大夫、士、庶人行孝畢，於此總結之，則其五等尊卑雖殊，至於奉親，其道不別，故從天子已下至於庶人，其孝道則無終始，貴賤之異也。或有自患己身不能及於孝，未之有也，自古及今未有此理，蓋是勉人行孝之辭也。○注「始自」至「未有」　正義曰：云「始自天子，終於庶人」者，謂五章以天子爲始、庶人爲終也。云「尊卑雖殊，孝道同致」者，謂天子、庶人尊卑雖別，至於行孝，其道不殊。天子須愛親敬親，諸侯須不驕不溢，卿大夫於言、行無擇，士須資親事君，庶人謹身節用，各因心而行之斯至，豈藉創物之智、扛鼎之力？若率强之，無不及也。云「而患不能及者，未之有也」者，此謂人無貴賤尊卑，行孝之道同致，若各率其己分則皆能養親，言患不及於孝者未有也。說孝道包含之義廣大，❺「塞乎天地」，「横乎四海」。經言「孝無終始」，謂難備終始，但不致毀傷、立身行道，安其親，忠於君，一事可稱，則行成名立，不必終始皆備也。此言行孝甚易，無不及之理，故非孝道不終始致必及之患

❶「闕」，原作「聞」，據阮本改。
❷「劉熙」，浦云：「『趙岐』誤『劉熙』。」
❸「綱」，原作「網」，據阮本改。
❹「贅詞」，原作「贊諸」，阮云：「閩本、監本、毛本『贊諸』作『贅詞』，不誤。」據改。
❺「説」上，浦云：「當脱『禮記』二字。」

也。云「言無此理，故曰未有」者，此釋「未之有」之意也。謝萬以爲「無終始」，恒患不及；「未之有」者，少賤之辭也。劉瓛云：「禮不下庶人。若言我賤而患行孝不及己者，未之有也。」此但得憂不及之理，而失於歎少賤之義也。鄭曰：「諸家皆以爲患及身，今注以爲自患不及，將有説乎？」答曰：「案《説文》云：『患，憂也。』《廣雅》曰：『患，惡也。』又若案注説，❶釋『不及』之義凡有四焉，大意皆謂有患貴賤行孝無及之憂，非以患爲禍也。經傳之稱『患』者多矣，《論語》『不患人之不己知』，又曰『不患無位』，又曰『不患寡而患不均』，《左傳》曰『宣子患之』，皆是憂惡之辭也。惟《蒼頡篇》謂患爲禍，孔、鄭、韋、王之學引之以釋此經，故皇侃曰：『無始有終，謂改悟之善，惡禍何必及之。』則無始之言已成空設也。《禮·祭義》曾子説孝曰：『衆之本教曰孝，其行曰養。養可能也，敬爲難；敬可能也，安爲難；安可能也，卒爲難。父母既没，慎行其身，不遺父母惡名，可謂能終矣。』夫以曾參行孝，親承聖人之意，至於能終孝道，尚以爲難，則寡能無識，固非所企也。今爲行孝不終，禍患必及。此人偏執，詎謂經通？」鄭曰：「《書》云『天道福善禍淫』，又曰『惠迪吉，從逆凶，惟影響』，斯則必有灾禍，何得稱無也？」答曰：「來問指淫凶悖慝之倫，經言戒不終善美之輩。《論語》曰『今之孝者，是謂能養』，曾子曰『參，直養者也，安能爲孝乎』，又此章云『以養父母，此庶人之孝也』。儻有能養而不能終，只可未爲具美，無宜即同淫慝也。古今凡庸詎識孝道？但使能養，安知始終？若今皆及於灾，便是比屋可貽禍矣。而當朝通識者以爲鄭注非誤，故謝萬云：『言爲人無終始者，謂孝行有終始也。患不及者，謂用心憂不足也。能行如此之善，曾子所以稱難，故鄭注云：善未有也。』諦詳此義，將謂不然。何者？孔聖垂文，包於上下，盡力隨分，寧限高卑？則因心而行，無不及也。如依謝萬之説，此則常情所昧矣。子夏曰：『有始有卒者，其惟聖人乎！』若施化惟待聖人，千載方期一遇，❷『加於百姓』、『刑於四海』乃爲虚説者與？」《制旨》曰：「嗟乎！孝之爲大，若天之不可逃也，地之不可遠也。朕窮五孝之説，人無貴賤，行無終始，未有不由此道而能立其身者。然則聖人之德豈云遠乎？我欲之而斯至，何患不及於己者哉。」

❶「注」，原作「主」，據阮本改。
❷「千」，原作「十」，阮云：「閩本、監本、毛本『十』作『千』，是也。」據改。

三才章第七

疏 正義曰：天地謂之二儀，兼人謂之三才。曾子見夫子陳説五等之孝既畢，乃發歎曰：「甚哉！孝之大也。」夫子因其歎美，乃爲説天經、地義、人行之事，可教化於人，故以名章，次五孝之後。

曾子曰：「甚哉！孝之大也。」參聞行孝無限高卑，始知孝之爲大也。子曰：「夫孝，天之經也，地之義也，民之行也。經，常也。利物爲義。孝爲百行之首，人之常德，若三辰運天而有常，五土分地而爲義也。天地之經而民是則之，天有常明，地有常利，言人法則天地，亦以孝爲常行也。則天之明，因地之利，以順天下，是以其教不肅而成，其政不嚴而治。法天明以爲常，因地利以行義，順此以施政教，則不待嚴肅而成理也。疏「曾子曰」至「而治」 正義曰：夫子述上從天子、下至庶人五等之孝，後總以結之，語勢將畢，欲以更明孝道之大，無以發端，特假曾子歎孝之大，更以彌大之義告之也，曰：「夫孝，天之經，地之義，民之行。」經，常也。人生天地之間，禀天地之氣節，人之所法，是天地之常義也。聖人司牧黔庶，故須則天之常明，因依地之義利，以順行於天下。是以其爲教也，不待肅戒而成也；其爲政也，不假威嚴而自理也。○注「參聞」至「大也」 正義曰：高，謂天子；卑，謂庶人。言曾參既聞夫子陳説天子、庶人皆當行孝，始知孝之爲大也。○注「經常」至「義也」 正義曰：云「經，常也。利物爲義」者，「經，常」，即書傳通訓也。《易·文言》曰「利物足以和義」，是「利物爲義」也。云「孝爲百行之首，人之常德」者，鄭注《論語》云：「孝爲百行之本，言人之爲行，莫先於孝。」案《周易》曰「常其德，貞」，孝是人所常德也。❶ 云「若三辰運天」，謂日、月、星以時運轉於天。《釋名》云：「土者吐也，言吐生萬物。」《周禮》五土十地之利。言孝爲百行之首，是人生有常之德，若日月星辰運行於天而有常，山川原隰分别土地而爲利，則知貴賤雖别，必資孝以立身，皆貴法則於天地。然此經全與《左傳》鄭子大叔答

❶ 「所」，浦云：「『之』誤『所』。」

趙簡子問禮同，其異一兩字而已，明孝之與禮，其義同。○注「天有」至「行也」　正義曰：云「天有常明」者，謂日月星辰明臨於下，❶紀於四時，人事則之，以「夙興夜寐，無忝爾所生」，故下文云「則天之明」也。云「地有常利」者，謂山川原隰，動植物産，人事因之，以晨羞夕膳也，❷色養無違，故下文云「因地之利」也。此皆人能法則天地以爲孝行者，故云「亦以孝爲常行也」。上云「天之經，地之義」，此云「天地之經」而不言「義」者，爲地有利物之義，亦是天常也，若分而言之則爲義，合而言之則爲常也。○注「法天」至「理也」　正義曰：云「法天明以爲常，因地利以行義」者，上文云「夫孝，天之經，地之義」者，故云「法天明以爲常」，釋「天之明」也；「因地利以爲義」，釋「地之利」也。云「順此以施政教，則不待嚴肅而成理也」者，經云「其教不肅而成，其政不嚴而治」，注則以政教相就而明之，嚴肅相連而釋之，從便宜省也。《制旨》曰：「天無立極之統，無以常其明；地無立極之統，無以常其利；❸人無立身之本，無以常其德。然則三辰迭運而一以經之者，天利之性也；❹五土分植而一以宜之者，大順之理也；百行殊塗而一致之者，大中之要也。天愛始於和而敬生於順，是以因和以教愛，則易知而有親；因順以教敬，則易從而有功。愛敬之化行而禮樂之政備矣。聖人則天之明以爲經，因地之利以行義，故能不待嚴肅而成可久、可大之業焉。」

先王見教之可以化民也，見因天地教化人之易也。是故先之以博愛而民莫遺其親，君愛其親，則人化之，無有遺其親者。❺陳之以德義而民興行，陳説德義之美，爲衆所慕，則人起心而行之。先之以敬讓而民不争，君行敬讓，則人化而不争。導之以禮樂而民和睦，禮以檢其迹，樂以正其心，則和睦矣。示之以好惡而民知禁。示好以引之，示惡以止之，則人知有禁令，不敢犯也。疏「先王」至「知禁」

正義曰：言先王見因天地之常，不肅、不嚴之政教可以率先化下人也，故須身行博愛之道以率先之，則人漸其風教，無有遺其親者。於是陳説德義之美，以順教誨人，則

❶「明」，浦云：「『照』誤『明』。」阮是之。
❷「也」，浦云：「『而』誤『也』。」
❸「其」下，原空十一字，阮云：「空十一字，非也。」據删。
❹「天」，阮云：「毛本作『大』。」
❺「遺」，原作「遣」，據狩谷本、岳本、阮本改。

人起心而行之也。先王又以身行敬讓之道以率先之，則人漸其德而不争競也。又道之以禮樂之教，正其心迹，則人被其教，自和睦也。又示之以好者必愛之，惡者必討之，❶則人見之而知國有禁也。○注「見因」至「易也」　正義曰：此依鄭注也。言先王見天明、地利有益於人，因之以施化，行之甚易也。○注「君愛」至「親者」　正義曰：此依王注也。言君行博愛之道則人化之，皆能行愛敬，無有遺忘其親者，即《天子章》之「愛敬盡於事親，而德教加於百姓」是也。○注「陳說」至「行之」　正義曰：《易》稱「君子進德脩業」，又《論語》云「義以爲質」，又《左傳》說趙衰薦郤縠云：「說禮樂而敦《詩》、《書》。《詩》、《書》，義之府也。禮樂，德之則也。德義，利之本也。」且德義之利是爲政之本也。言大臣陳說德義之美，是天子所重，爲羣情所慕，則人起發心志而效行之。○注「君行」至「不争」　正義曰：此依魏注也。案《禮記·鄉飲酒義》云：「先禮而後財，則民作敬讓而不争矣。」言君身先行敬讓，則天下之人自息貪競也。○注「禮以」至「睦矣」　正義曰：此依魏注也。案《禮記》云「樂由中出，禮自外作」，中，謂心在其中也；外，謂迹見於外也。由心以出者，宜聽樂以正之；自迹以見者，當用禮以檢之。❷檢之，謂檢束也。言心迹不違於禮樂，則人當自和睦也。○注「示好」至「犯也」　正義曰：云「示好以引之，示惡以止之」者，案《樂記》云：「先王之制禮樂也，將以教民平好惡而反人道之正也。」故示有好必賞之，令以引喻之，使其慕而歸善也；示有惡必罰之，禁以懲止之，使其懼而不爲也。云「則人知有禁令，不敢犯也」者，謂人知好惡而不犯禁令也。❸

《詩》云：『赫赫師尹，民具爾瞻。』」赫赫，明盛貌也。尹氏爲太師，周之三公也。義取大臣助君行化，人皆瞻之也。

疏「詩云」至「爾瞻」　正義曰：夫子既述先王以身率下，先及大臣助君行化之義畢，乃引《小雅·節南山》詩以證成之。赫赫，明盛之貌也，是太師尹氏也。言助君行化，爲人模範，故人皆瞻之。○注「赫赫」至「之也」　正義曰：「赫赫，明盛貌也。尹氏爲太師，周之三公也」者，此毛傳文。太師、太傅、太保，是周之三公。尹氏時爲太師，故曰尹氏也。云「義取大臣助君行化，人皆瞻之也」者，引《詩》

❶「討」，原作「計」，據阮本改。
❷「之」下，原空一字，阮云：「空一字，非也。」據删。
❸「謂」，原作「請」，據阮本改。

大意如此。孔安國曰：「具，皆也。爾，女也。」古語或謂「人具爾瞻」，則人皆瞻女也。此章再言「先之」，是吾身行率先於物也；「陳之」、「道之」、「示之」，是大臣助君爲政也。案《大戴禮》云：「昔者舜左禹而右皋陶，不下席而天下大治。夫政之不中，君之過也；政之既中，令之不行，職事者之罪也。」後引《周禮》稱三公無官屬，與王同職，坐而論道。又案《尚書·益稷》篇稱帝曰：「吁！臣哉鄰哉，鄰哉臣哉。」又曰「臣作朕股肱耳目」，孔傳曰「言君臣道近，相須而成」，「言大體若身」，君任股肱，臣戴元首之義也。故《禮·緇衣》稱「上好是物，下必有甚者矣。故上之好惡不可不慎也，是民之表也。《詩》云：『赫赫師尹，民具爾瞻。』《甫刑》曰：『一人有慶，兆民賴之。』」《緇衣》之引《詩》、《書》，是明下民從上之義。師尹，大臣也；一人，天子也。謂人君爲政，有身行之者，有太臣助行之者。人之從上，非唯從君，亦從論道之大臣，故并引以結之也。此章上言先王，下引師尹，則知君臣同體，相須而成者，謂此也。皇侃以爲無先王在上之詩，故斷章引大師之什，今不取也。

孝經注疏卷第三

孝經注疏卷第四

孝治章第八

疏正義曰：夫子述此明王以孝治天下也。❶前章明先王因天地、順人情以爲教，此章言明王由孝而治，故以名章，次《三才》之後也。

子曰：「昔者明王之以孝治天下也，言先代聖明之主以至德要道化人，❷是爲孝理。不敢遺小國之臣，而況於公、侯、伯、子、男乎？小國之臣，至卑者耳，主尚接之以禮，況於五等諸侯，是廣敬也。故得萬國之懽心，以事其先王。萬國，舉其多也。言行孝道以理天下，皆得歡心，則各以其職來助祭也。疏「子曰」至「先王」 正義曰：此章之首稱「子曰」者，爲事訖，更別起端首故也。言昔者聖明之王能以孝道治於天下，大教接物，故不敢遺小國之臣，而況於五等之君乎？言必禮敬之。明王能如此，故得萬國之懽心，謂各脩其德，盡其懽心而來助祭，以事其先王。經「先王」有六焉，一曰「先王有至德」，二曰「非先王之法服」，三曰「非先王之法言」，四曰「非先王之德行」，五曰「先王見教之」，此皆指先代行孝之王。此章云「以事其先王」，則指行孝王之考祖。❸〇注「言先」至「孝理」 正義曰：此釋「孝治」之義也。《國語》云：「古曰在昔，曰先民。」❹《尚書·洪範》云：「睿作聖。」《左傳》：「照臨四方曰明。」昔者，非當時代之名。明王則聖王之稱也，是汎指前代聖王之有德者。經言明王，還指首章之先王也。❺以代言之謂之先王，以聖明言之則爲明王，事義相同，故注以「至德要道」釋之。〇注「小國」至「敬也」 正義曰：此依王注義

❶「此」，原作「比」，據阮本改。

❷「主」，原作「王」，狩谷本作「主」。阮云：「石臺本『王』作『主』。」據改。

❸「考祖」，浦云：「『祖考』字誤倒。」

❹「曰」上，浦云：「脱一『昔』字。」

❺「指」，原作「有」，據阮本改。

也。五等諸侯，則公、侯、伯、子、男，舊解云：「公者，正也，言正行其事。侯者，候也，言斥候而服事。伯者，長也，爲一國之長也。子者，字也，言字愛於小人也。男者，任也，言任王之職事也。」爵則上皆勝下，若行事亦互相通。《舜典》曰「輯五瑞」，孔安國曰：「舜斂公、侯、伯、子、男之瑞圭璧。」斯則堯、舜之代已有五等諸侯也。《論語》云：「殷因於夏禮，周因於殷禮。」案《尚書・武成》篇云：「列爵惟五，分土惟三。」鄭注《王制》云：殷所因夏爵，三等之制也，是有公、侯、伯而無子、男。武王增之，總建五等，時九州界狹，故土惟三等，則《王制》云「公、侯方百里，伯七十里，子、男五十里」。至周公攝政，斥大九州之界，增諸侯之大者地方五百里，侯四百里，伯三百里，子二百里，男百里。然據鄭玄，夏、殷不建子、男，武王復增之也。案五等，公爲上等，侯、伯爲次等，子、男爲下等，則「小國之臣」謂子、男卿大夫，況此諸侯則至卑也。《曲禮》云「列國之大夫，入天子之國，曰某士」，諸侯言「列國」者，兼小大，是小國之卿大夫有見天子之禮也。言雖至卑，盡來朝聘，則天子以禮接之。案《周禮・掌客》云：王公饔餼九牢、❶飧五牢，侯、伯饔餼七牢、飧四牢，子、男饔餼五牢、❷飧三牢，三等。其五等之介、行人、宰、史皆有飧、饔餼，唯上介有禽獸。❸其卿大夫、士有特來聘問者，則待之如其爲介時也。是待諸侯及其臣之禮，是皆廣敬之道也。○注「萬國」至「祭也」 正義曰：云「萬國，舉其多也」者，此依魏注也。《詩》、《書》之言萬國者多矣，亦猶言萬方，是舉多而言之，不必數滿於萬也。皇侃云：「《春秋》稱『禹會諸侯於塗山，執玉帛者萬國』，言禹要服之内，地方七千里而置九州。九州之中，有方百里、七十里、五十里之國，計有萬國也。」因引《王制》殷之諸侯有千七百七十三國也，❹《孝經》稱周諸侯有九千八百國，❺所以證萬國爲夏法也。信

❶「王」，阮云：「案《周禮・掌客》『王』作『上』。」

❷「五」上，阮云：「案『五』上脱『飧』字，當依《周禮》補。」

❸「獸」，阮云：「案《周禮》『獸』作『獻』。」

❹「百」，原作「伯」，阮云：「閩本、監本、毛本『伯』作『百』，案《禮記》作『百』。」據改。

❺金良年校云：《禮記・王制》鄭注「《孝經説》曰『周千八百諸侯，布列五千里内』」，孔疏：「云『《孝經説》曰周千八百諸侯，布列五千里内』者，此《孝經緯》文。」《漢書・地理上》亦謂「周爵五等而土三等，公侯百里，伯七十里，子、男五十里，不滿爲附庸，蓋千八百國」。金校據以改「稱」爲「説」，删「九」。

如此說，則《周頌》云「綏萬邦」，《六月》云「萬邦爲憲」，豈周之代復有萬國乎？ 今不取也。 云「言行孝道以理天下，皆得懽心，則各以其職來助祭也」者，言明王能以孝道理於天下，則得諸侯之懽心，以事其先王也。 「各以其職來祭」者，謂天下諸侯各以其所職貢來助天子之祭也。 和者，《禮器》云「大饗其王事與」，注云：「盛其饌與貢，謂祫祭先王。」又云「三牲、魚、腊，四海九州之美味也。 籩、豆之薦，四時之和氣也」，注云：「此饌諸侯所獻。」又云「内金，示和也」，注云：「此所貢也，内之庭實先設之。 金從革，性和。 荆、揚二州貢金三品。」又云「束帛加璧，尊德也」，注云：「貢享所執致命者，君子於玉比德焉。」又云「龜爲前列，先知也」，注云：「龜知事情者，陳於庭，在前。 荆州納錫大龜。」又云「金次之，見情也」，注云：「金炤物。 金有兩義，先入後設。」又云「丹、漆、絲、纊、竹、箭，與衆共財也」，注云：「萬民皆有此物。 荆州貢丹，兖州貢漆、絲，豫州貢纊，揚州貢篠簜。」又云「其餘無常貨，各以國之所有，則致遠物也」，注云：「其餘，謂九州之外夷服、鎮服、蕃服之國。《周禮》九州之外謂之蕃國，世一見，各以其所貴寶爲贄。 周穆王征犬戎，得白狼、白鹿，近之。」《大傳》云：「遂率天下諸侯，執豆、籩，駿奔走。」又《周頌》曰：「駿奔走在廟。」此皆助祭者也。

治國者不敢侮於鰥寡，而況於士民乎？ 理國，謂諸侯也。 鰥寡，國之微者，君尚不敢輕侮，況知禮義之士乎？ **故得百姓之懽心，以事其先君。** 諸侯能行孝理，得所統之懽心，則皆恭事助其祭享也。 **疏**「治國者」至「先君」 正義曰：此説諸侯之孝治也。 言諸侯以孝道治其國者，尚不敢輕侮於鰥夫寡婦，而況於知禮義之士民乎？ 亦言必不輕侮也。 以此故得其國内百姓懽悦，以事其先君也。 ○注「理國」至「士乎」 正義曰：云「理國，謂諸侯也」者，此依魏注也。 案《周禮》云「體國經野」，《詩》曰「生此王國」，是其天子亦言國也。《易》曰「先王以建萬國，親諸侯」，是諸侯之國。 上言明王理天下，此言理國，故知諸侯之國也。 云「鰥寡，國之微者，君尚不敢輕侮」者，案《王制》云：「老而無妻者謂之鰥，老而無夫者謂之寡，此天民之窮而無告者也。」則知鰥夫寡婦是國之微賤者也。 言微賤之者國君尚不輕侮，況知禮義之士乎？ 釋經之「士民」，《詩》云「彼都人士」，《左傳》曰「多殺國士」，此皆況惜有知識之人，❶不必

❶「況惜」，阮云：「閩本、監本、毛本『況惜』作『説指』。」

居官授職之士。舊解：「士知義理。」又曰：「士，丈夫之美稱。」故注言「知禮義之士乎」，謂民中知禮義者。○注「諸侯」至「享也」　正義曰：云「諸侯能行孝理，得所統之懽心」者，此言諸侯孝治其國，得百姓之懽心也。一國百姓皆是君之所統理，故以「所統」言之，孔安國曰「亦以相統理」是也。云「則皆恭事助其祭享也」者，祭享，謂四時及禘祫也。於此祭享之時，所統之人則皆恭其職事，獻其所有以助於君，故云「助其祭享」也。

治家者不敢失於臣妾，而況於妻子乎？理家，謂卿大夫。臣妾，家之賤者；妻子，家之貴者。**故得人之懽心，以事其親。**卿大夫位以材進，受禄養親，若能孝理其家，則得小大之懽心，助其奉養。

疏「治家者」至「其親」　正義曰：說卿大夫之孝治也。言以孝道理治其家者，不敢失於其家臣妾賤者，而況於妻子之貴者乎？言必不失也。故得其家之懽心，以承事其親也。○注「理家」至「貴者」　正義曰：云「理家，謂卿大夫」者，此依鄭注也。案下章云「大夫有爭臣三人，雖無道不失其家」，《禮記·王制》曰「上大夫卿」，則知治家謂卿大夫。云「臣妾，家之賤者」，案《尚書·費誓》曰「竊馬牛，❶誘臣妾」，孔安國云：「誘偷奴婢。」既以臣妾爲奴婢，是「家之賤者」也。云「妻子，家之貴者」，案《禮記》哀公問於孔子，孔子對曰：「妻者君之主也，❷敢不敬與？子者親之後也，敢不敬與？」是「妻子，家之貴者」也。○注「卿大夫」至「奉養」　正義曰：云「卿大夫位以材進」者，案《毛詩》傳曰：「建邦能命龜，田能施命，作器能銘，使能造命，升高能賦，師旅能誓，山川能説，喪紀能誄，祭祀能語，君子能此九者，可謂有德音，可以爲大夫。」是「位以材進」也。云「受禄養親」者，若能孝理其家，則受其所禀之禄以養其親。云「若能孝理其家，則得小大之懽心」者，謂小大皆得其懽心，小謂臣妾，大謂妻子也。云「助其奉養」者，案《禮記·内則》稱子事父母，婦事舅姑，日以雞初鳴，咸盥漱，以適父母、舅姑之所。問衣燠寒，饘、酏、酒、醴、芼、羹、菽、麥、蕡、❸稻、黍、粱、秫唯所欲，棗、栗、飴、蜜以甘之，父母、舅姑必嘗之而後退，此皆奉養事親也。天子諸侯繼父而立，故言「先王」、「先君」也；大夫唯賢是授，居位之時，或有俸禄以逮於親，故言

❶「竊」，原作「切」，據阮本改。
❷「君」，浦云：「『親』誤『君』。」阮是之。
❸「蕡」，阮云：「案《禮記》作『蕡』，諸本從竹，非也。」

「其親」也。注順經文，所以言「助其奉養」，此謂事親生之義也，若親以終没，亦當言「助其祭祀」也。明王言「不敢遺小國之臣」、諸侯言「不敢侮於鰥寡」、大夫言「不敢失於臣妾」者，劉炫云：「遺謂意不存録，侮謂忽慢其人，失謂不得其意。」小國之臣位卑，或簡其禮，故云不敢遺也；鰥寡，人中賤弱，或被人輕侮欺陵，故曰不敢侮也；臣妾營事産業，宜須得其心力，故云不敢失也。明王「況公侯伯子男」、諸侯「況士民」、卿大夫「況妻子」者，以王者尊貴，故況列國之貴者；❶諸侯差卑，故況國中之卑者，以五等皆貴，故況其卑也；大夫或事父母，故況家人之貴者也。**夫然，故生則親安之，祭則鬼享之，**夫然者，上孝理皆得懽心，❷則存安其榮，没享其祭。**是以天下和平，災害不生，禍亂不作，**上敬下懽，存安没享，人用和睦，以致太平，則灾害、禍亂無因而起。**故明王之以孝治天下也如此。**言明王以孝爲理，則諸侯以下化而行之，故致如此福應。疏「夫然」至「如此」　正義曰：此總結天子、諸侯、卿大夫之孝治也。言明王孝治其下，則諸侯以下各順其教，皆治其國家也，如此各得懽心，親若存則安其孝養，没則享其祭祀，故得和氣降生，感動昭昧，是以普天之下和睦太平，灾害之萌不生，禍亂之端不起，此謂明王之以孝治天下也，能致如此之美。○注「夫然者」至「其祭」　正義曰：云「夫然者，然上孝理皆得懽心」者，此謂明王、諸侯、大夫能行孝治，皆得其懽心也。云「則存安其榮」者，釋「生則親安之」；云「没享其祭」者，釋「祭則鬼享之」也。○注「上敬」至「而起」　正義曰：此釋「天下和平」，以皆由明王孝治之所致也。皇侃云：「天反時爲灾，謂風雨不節；地反物爲妖，妖即害物，謂水旱傷禾稼也。善則逢殃爲禍，臣下反逆爲亂也。」○注「言明」至「福應」　正義曰：云「言明王以孝爲理，則諸侯以下化而行之」者，案上文有明王、諸侯、大夫三等，而經獨言明王孝治如此者，言由明王之故也，則諸侯以下奉而行之，而功歸於明王也。云「故致如此福應」者，福謂天下和平，應謂灾害不生、禍亂不作。**《詩》云：『有覺德行，四國順之。』」**覺，大也。義取天子有大德行，則四方之

❶「列」，原作「則」，據阮本改。
❷「上」上，狩谷本、岳本有「然」字，下疏引亦有「然」字。

國順而行之。疏「詩云」至「順之」　正義曰：夫子述昔時明王孝治之義畢，乃引《大雅・抑》篇讚成之也。言天子身有至大德行，使四方之國皆順而行之。○注「覺大」至「行之」　正義曰：云「覺，大也」，此依鄭注也。故《詩》箋云：「有大德行，則天下順從其化。」是以覺爲大也。云「義取天子有大德行，則四方之國順而行之」者，言引《詩》之大意如此也。

孝經注疏卷第四

孝經注疏卷第五

聖治章第九

疏 正義曰：此言曾子聞明王孝治以致和平，因問聖人之德更有大於孝否。夫子因問而説聖人之治，故以名章，次《孝治》之後。

曾子曰：「敢問聖人之德，無以加於孝乎？」參聞明王孝理以致和平，❶又問聖人德教更有大於孝不。❷ 子曰：「天地之性人爲貴。貴其異於萬物也。人之行莫大於孝，孝者德之本也。孝莫大於嚴父，萬物資始於乾，人倫資父爲天，故孝行之大，莫過尊嚴其父也。嚴父莫大於配天，則周公其人也。謂父爲天，雖無貴賤，然以父配天之禮始自周公，故曰「其人」也。

疏「曾子」至「其人也」 正義曰：夫子前説孝治天下能致災害不生、禍亂不作，是言德行之大也，將言聖德之廣不過於孝，無以發端，故又假曾子之問曰：聖人之德更有加於孝乎？乎猶否也。夫子承問而釋之曰：天地之性人爲貴。性，生也。言天地之所生，唯人最貴也。人之所行者，莫有大於孝行也；孝行之大者，莫有大於尊嚴其父也；嚴父之大者，莫有大於以父配天而祭也。言以父配天而祭之者，則文王之子、成王叔父周公是其人也。○注「貴其」至「物也」 正義曰：此依鄭注也。夫稱貴者，是殊異可重之名。案《禮運》曰「人者五行之秀氣也」，《尚書》曰「惟天地萬物父母，惟人萬物之靈」，是異於萬物也。○注「萬物」至「父也」 正義曰：云「萬物資始於乾」者，《易》云「大哉乾元，萬物資始」是也。云「人倫資父爲天」者，《曲禮》曰「父之讎，弗與共戴天」，鄭玄曰：「父者子之天也，殺己之天，與共戴天，非孝子也。」杜預《左氏

---

❶「聞」，原作「問」，阮云：「石臺本『問』作『聞』，是也。」據改。

❷「不」，岳本作「否」。

傳》曰：❶「婦人在室則天父，出則天夫。」是人倫資父爲天也。云「故孝行之大，莫過尊嚴其父也」者，尊，謂崇也；嚴，敬也。父既同天，故須尊嚴其父，是孝行之大也。○注「謂父」至「人也」　正義曰：云「謂父爲天，雖無貴賤」者，此將釋配天之禮始自周公，故先張此文，言人無限貴賤，皆得謂父爲天也。云「然以父配天之禮始自周公，故曰『其人』也」者，但以父配天，徧檢羣經，更無殊説。案《禮記》有虞氏尚德，不郊其祖，夏、殷始尊祖於郊，無父配天之禮也，周公大聖而首行之。禮無二尊，既以后稷配郊天，不可又以文王配之。五帝，天之别名也，因享明堂而以文王配之，是周公嚴父配天之義也，亦所以申文王有尊祖之禮也。經稱「周公其人」，注順經旨，故曰「始自周公」也。

昔者周公郊祀后稷以配天，后稷，周之始祖也。郊，謂圜丘祀天也。周公攝政，因行郊天之祭，乃尊始祖以配之也。**宗祀文王於明堂以配上帝，**明堂，天子布政之宫也。周公因祀五方上帝於明堂，乃尊文王以配之也。**是以四海之内各以其職來祭，**❷君行嚴配之禮，則德教刑於四海，海内諸侯各脩其職來助祭也。**夫聖人之德又何以加於孝乎？**言無大於孝者。

疏「昔者」至「孝乎」　正義曰：前陳周公以父配天，因言配天之事。自昔武王既崩，成王年幼即位，周公攝政，因行郊天祭禮，乃以始祖后稷配天而祀之，因祀五方上帝於明堂之時，乃尊其父文王以配而享之。尊父祖以配天，崇孝享以致敬，是以四海之内有土之君各以其職貢來助祭也。既明聖治之義，乃總其意而答之也。周公，聖人，首爲尊父配天之禮，以極於孝敬之心，則夫聖人之德又何以加於孝乎？是言無以加也。○注「后稷」至「配之」　正義曰：云「后稷，周之始祖也」者，❸案《周本紀》云：「后稷名棄，其母有邰氏女，曰姜原，爲帝嚳元妃。出野見巨人迹，心忻然，欲踐之，踐之而身動如孕者。居期而生子，以爲不祥，棄之隘巷，馬牛過者皆辟不踐；徙置之林中，適會山林多人；遷之而棄渠中冰上，飛鳥以其翼覆薦之。姜嫄以爲神，遂收養長之。初欲棄之，因名曰

❶「曰」上，阮云：「案『曰』上當有『注』字。」

❷「來祭」，阮云：「石臺本、唐石經、宋熙寧石刻、岳本、閩本、監本、《正義》本『來』下有『助』字。」案：狩谷本、岳本同底本無「助」字。

❸「公」，阮云：「案『公』字衍文。」

『棄』。棄爲兒，好種樹麻、菽。及爲成人，遂好耕農。帝堯舉爲農師，天下得其利，有功。帝舜曰：『棄，黎民阻飢，❶爾后稷播時百穀。』封棄於邰，號曰后稷。」后稷曾孫公劉復修其業。自后稷至王季十五世而生文王，受命作周。案《毛詩·大雅·生民》之序曰「《生民》，尊祖也。后稷生於姜嫄，文、武之功起於后稷，故推以配天焉」是也。云「郊，謂圜丘祀天也」者，此孔傳文。祀，祭也。祭天謂之郊。《周禮·大司樂》云：「凡樂，圜鍾爲宮，黄鍾爲角，大蔟爲徵，沽洗爲羽。靁鼓、靁鼗，孤竹之管，雲和之琴瑟，《雲門》之舞。冬日至，於地上之圜丘奏之，若樂六變則天神皆降，可得而禮矣。」《郊特牲》曰：「郊之祭也，迎長日之至也，大報天而主日也。兆於南郊，就陽位也。」又曰：「郊之祭也，大報本反始也。」言以冬至之後日漸長，郊祭而迎之，是建子之月則與經俱郊祀於天，明圜丘南郊也。云「周公攝政，因行郊天之祭，乃尊始祖以配之也」者，案《文王世子》稱：「仲尼曰：『昔者周公攝政，踐阼而治，❷抗世子法於伯禽，所以善成王也。』」則郊祀是周公攝政之時也。《公羊傳》曰：「郊則曷爲必祭稷？王者必以其祖配。王者則曷爲必以其祖配？自内出者無主不行，❸自外至者無主不止。」言祭天則天神爲客，是外至也，須人爲主，天神乃至，故尊始祖以配天神，侑坐而食之。案《左氏傳》曰「凡祀，啓蟄而郊」，又云「郊祀后稷，以祈農事也」，而鄭注《禮·郊特牲》乃引《易説》曰：「『三王之郊，一用夏正』，建寅之月也。此言迎長日者，建卯而晝夜分，分而日長也。」然則春分而長短分矣，此則迎在未分之前。至，謂春分之日也。夫至者是長短之極也，明分者晝夜均也。分是四時之中，啓蟄在建寅之月，過至而未及分，必於夜短，方爲日長，則《左氏傳》不應言啓蟄也。若以日長有漸，郊可預迎，則其初長宜在極短之日，故知《傳》啓蟄之郊是祈農之祭也，《周禮》冬至之郊是迎長日報本反始之祭也。鄭玄以《祭法》有「周人禘嚳」之文，遂變郊爲祀感生之帝，謂東方青帝靈威仰，周爲木德，威仰

❶「阻飢」，阮云：「《史記·周本紀》『阻飢』作『始飢』，此作『阻』，依《古文尚書》改，非是。」

❷「阼」，原作「祚」，阮云：「監本、毛本『祚』作『阼』，是也。」據改。

❸「主」，阮云：「案《公羊傳》『主』作『匹』。」

木帝。以駁之曰：❶「案《爾雅》曰『祭天曰燔柴，祭地曰瘞薶』，又曰『禘，大祭也』，謂五年一大祭之名。又《祭法》祖有功，宗有德，皆在宗廟，本非郊配。若依鄭説，以帝嚳配祭圜丘，是天之最尊也。周之尊帝嚳不若后稷，今配青帝，乃非最尊，實乖嚴父之義也。且徧窺經籍，並無以帝嚳配天之文。若帝嚳配天，則經應云禘嚳於圜丘以配天，不應云『郊祀后稷』也。天一而已，故以所在祭，在郊則謂爲圜丘，言於郊爲壇，以象圜天。圜丘即郊也，郊即圜丘也。」其時中郎馬昭抗章固執，當時敕博士張融質之。融稱：「漢世英儒自董仲舒、劉向、馬融之倫，皆斥周人之祀昊天於郊以后稷配，無如玄説配蒼帝也。然則《周禮》圜丘則《孝經》之郊，聖人因尊事天，因卑事地，安能復得祀帝嚳於圜丘、配后稷於蒼帝之禮乎？且在《周頌》『思文后稷，克配彼天』，又『《昊天有成命》，郊祀天地也』，則郊非蒼帝，通儒同辭，肅説爲長。」伏以孝爲人行之本，祀爲國事之大。孔聖垂文，固非臆説；前儒詮證，各擅一家。自頃脩撰，備經斟覆，究理則依王肅爲長，從衆則鄭義已久。王義其《聖證》之論，鄭義其於《三禮義宗》。❷王、鄭是非，於《禮記》其義文多，❸卒難詳縷説。此略據機要，且舉二端焉。○注「明堂」至「之也」　正義曰：云「明堂，天子布政之宫也」者，案《禮記》明其二端注明堂「朝諸侯于明堂之位，❹天子負斧依，南鄉而立」，「明堂也者，明諸侯之尊卑也」，「制禮作樂，頒度量而天下大服」，知明堂是布政之宫也。云「周公因祀五方上帝於明堂，乃尊文王以配之也」者，五方上帝即是上帝也，謂以文王配五方上帝之神，侑坐而食也。案鄭注《論語》云：「皇皇后帝，並謂太微五帝。在天爲上帝，分王五方爲五帝。」舊説明堂在國之南，去王城七里，以近爲媟；南郊去王城五十里，以遠爲嚴。五帝卑於昊天，所以於郊祀昊天，於明堂祀上帝也。其以后稷配郊，以文王配明堂，義見於上也。五帝謂東方青帝靈威仰、南方赤帝赤熛怒、西方白帝白招拒、北方黑帝汁光紀、中央黄帝含樞紐。鄭玄云：「明堂居國之南，南是明陽之地，故曰明堂。」案《史記》云「黄帝接萬靈於明

❶「以」上，金良年據馬端臨《文獻通考》、楊復《儀禮經傳通解續》補「言以后稷配蒼龍精也王肅著論」十三字。

❷「王義」至「義宗」，阮云：「案『其』並『具』字之誤。」

❸「文」，阮云：「盧文弨校本『文』作『尤』。」

❹「其二端注明堂」，浦以此六字當「堂位昔者周公」之誤，阮是之。

庭」，明庭即明堂也。明堂起於黃帝。《周禮・考工記》曰：「夏后曰世室，殷人重屋，周人明堂。」先儒舊説，其制不同。案《大戴禮》云：「明堂凡九室，一室而有四户八牖，三十六户七十二牖，以茅蓋屋，上圓下方。」鄭玄據《援神契》云：「明堂上圓下方，八牖四闥。」《考工記》曰：「明堂五室。」稱九室者，或云取象陽數也；八牖者，陰數也，取象八風也；三十六户，取象六甲子之爻，六六三十六也。上圓象天，下方法地，八牖者即八節也，❶四闥者象四方也。稱五室者，取象五行。皆無明文也，以意釋之耳。此言宗祀於明堂，謂九月大享靈威仰等五帝，以文王配之，即《月令》云季秋「大享帝」，注云：「偏祭五帝。」以其上言「舉五穀之要，藏帝藉之收於神倉」，六月西方成事，❷終而報功也。○注「君行」至「祭也」　正義曰：云「君行嚴配之禮」者，此謂宗祀文王於明堂以配天是也。云「則德教刑於四海，海内諸侯各脩其職來助祭也」者，謂四海之内，六服諸侯各脩其職，貢方物也。案《周禮・大行人》「以九儀辨諸侯之命，廟中將幣三享」，又曰侯服「貢祀物」，鄭云「犧牲之屬」；甸服「貢嬪物」，注云「絲帛也」；❸男服「貢器物」，注云「尊彝之屬也」；采服「貢服物」，注云「玄纁絺纊也」；衛服「貢材物」，注云「八材也」；要服「貢貨物」，注云「龜貝也」，此是六服諸侯各脩其職來助祭。又若《尚書・武成》篇云「丁未，祀於周廟，邦、甸、侯、衛駿奔走，執豆、籩」，亦是助祭之義也。**故親生之膝下，以養父母日嚴。**親，猶愛也。膝下謂孩幼之時也。言親愛之心生於孩幼，比及年長，漸識義方，則日加尊嚴，能致敬於父母也。**聖人因嚴以教敬，因親以教愛。**聖人因其親嚴之心，敦以愛敬之教，故出以就傅，趨而過庭以教敬也，抑搔癢痛，懸衾篋枕以教愛也。**聖人之教不肅而成，其政不嚴而治，**聖人順羣心以行愛敬，制禮則以施政教，亦不待嚴肅而成理也。**其所因者本也。**本謂孝也。疏「故親」至「本也」　正義曰：此更廣陳嚴父之由。言人倫正性必在蒙幼之年，教之則明，不教則昧。言親愛之心生在其孩幼膝下之時，於是父母則教示，比及年長，漸識義方，則日加尊嚴，能致敬於父母，故云「以養父母日嚴」也。是以聖人因其日嚴而教之以敬，因其知親

❶「即」，浦云：「『象』誤『即』。」
❷「六」，阮云：「案『六』當作『九』。」
❸「帛」，阮云：「案『帛』當作『枲』。」

而教之以愛，故聖人因之以施政教，不待嚴肅自然成治也，然其所因者在於孝也，言本皆因於孝道也。○注「親猶」至「母也」　正義曰：云「親，猶愛也」者，嫌以親爲父母，故云「親，猶愛也」。云「膝下，謂孩幼之時也」者，案《內則》云子生三月，「妻以子見於父，父執子之右手，孩而名之」，案《説文》云：「孩，小兒笑也。」謂指其頤下，令之笑而爲之名，故知「膝下，謂孩幼之時也」。云「親愛之心生於孩幼之時也」者，言孩幼之時已有親愛父母之心生也。云「比及年長，漸識義方，則日加尊嚴，能致敬於父母也」者，《春秋左氏傳》石碏曰：「臣聞愛子，教之以義方。」方，猶道也，謂教以仁義合宜之道也。其教之者，案《禮記·內則》：「子能飲食，❶教以右手。能言，男『唯』女『俞』，男鞶革，女鞶絲。六年，教之數與方名。七年，男女不同席、不共食。八年，出入門户及即席飲食必後長者，始教之讓。九年，教之數日。」❷又《曲禮》云：「幼子常視無誑，立必正方，不傾聽，與之提攜則兩手奉長者之手，負劍辟咡詔之，❸則掩口而對。」注約彼文爲説，故曰「日加尊嚴」，言子幼而誨，及長則能致敬其親也。○注「聖人」至「愛也」　正義曰：父子之道，簡易則慈孝不接，狎則怠慢生焉，故「聖人因其親嚴之心，敦以愛敬之教」也。云「出以就傅」者，❹案《禮記·內則》云：「十年，出就外傅，居宿於外，學書計。」鄭云：「外傅，教學之師也。」謂年十歲出就外傅，居宿於外，就師而學也。案「十年，出就外傅」指命士已上，今此引之，則尊卑皆然也。云「趨而過庭以教敬也」者，言父之與子於禮不得常同居處也。案《論語》云：陳亢問於伯魚曰：「子亦有異聞乎？」對曰：「未也。嘗獨立，鯉趨而過庭，❺曰：『學禮乎？』對曰：『未也。』『不學禮，無以立。』鯉退而學禮。聞斯二者。」陳亢退而喜曰：「問一得三，聞《詩》，聞禮，又聞君子之遠其子也。」故注約彼文以爲説也。云「抑搔癢痛，懸衾篋枕以教愛者也」者，❻此並約《內則》文，案彼云：「以適父母、舅姑之所，及所，下氣

❶「飲」，阮云：「案『飲』當作『食』。」

❷「日」，原作「目」，阮云：「監本、毛本『目』作『日』，不誤。」據改。

❸「咡」，原作「耳」，據阮本改。

❹「就」，原作「外」，阮云：「監本、毛本『外』作『就』，是也。」據改。

❺「庭」下，浦云：「脱『曰學詩乎對曰未也不學詩無以言鯉退而學詩他日又獨立鯉趨而過庭』二十九字。」

❻「者也」，阮云：「『者』衍文。」

怡聲，問衣燠寒，疾痛疴癢而敬抑搔之。」「父母、舅姑將坐，奉席請何鄉。將衽，長者奉席請何趾，少者執牀與坐，御者舉几，斂席與簟，懸衾篋枕，斂簟而襡之。」鄭注云：「須卧乃敷之也。襡，韜也。」是父母未寢，故衾被則懸，枕則置篋中。言子有近父母之道，所以教其愛也。夫愛以敬生，敬先於愛，無宜待教，而此言教敬愛者，《禮記·樂記》曰：「樂者爲同，禮者爲異。同則相親，異則相敬。」「樂勝則流」，是愛深而敬薄也；「禮勝則離」，是嚴多而愛殺也。❶不教敬則不嚴，不和親則忘愛，所以先敬而後愛也。舊注取《士章》之義而分愛、敬父母之别，此其失也。○注「聖人」至「理也」　正義曰：云「聖人順羣心以行愛敬」者，聖人，謂明王也。聖者，通也。稱明王者，言在位無不照也；稱聖人者，言用心無不通也。「順羣心」者，則首章「以順天下」是也。「以行愛敬」者，則天子能愛親敬親者是也。云「制禮則以施政教」者，則「德教加於百姓」是也。云「亦不待嚴肅而成理也」者，蓋言王化順此而行也。言「亦」者，《三才章》已有成理之言，故云「亦」也。○注「本謂孝也」　正義曰：此依鄭注也。首章云：「夫孝，德之本也。」《制旨》曰：「夫人倫正性在蒙幼之中，導之斯通，壅之斯蔽。故先王慎其所養，於是乎有胎中之教、膝下之訓，感之以惠和而日親焉，期之以恭順而日嚴焉。夫親也者，緣乎正性而達人情者也，故因其親嚴之心，教以愛敬之範，則不嚴而治，不肅而成。」謂其本於先祖也。

父子之道，天性也，君臣之義也。父子之道，天性之常，加以尊嚴，又有君臣之義。**父母生之，續莫大焉，**父母生子，傳體相續，人倫之道，莫大於斯。**君親臨之，厚莫重焉。**謂父爲君，以臨於己，恩義之厚，莫重於斯。

疏「父子」至「重焉」　正義曰：此言父子恩親之情是天生自然之道，父以尊嚴臨子，子以親愛事父。尊卑既陳，貴賤斯位，則子之事父如臣之事君。《易》稱「乾元資始」、「坤元資生」，又《論語》曰：「子生三年，然後免於父母之懷。」是父母生己，傳體相續，此爲大焉。言有父之尊同君之敬，恩義之厚，此最爲重也。○注「父子」至「之義」　正義曰：云「父子之道，天性之常」者，父子之道，自然慈孝，本乎天性，則生愛敬之心，是常道也。云「加以尊嚴，又有君臣之義」者，言父子相親本於天性，慈孝生於自然，既能尊嚴於親，又有君臣之義，故《易·家

❶「愛」，原作「成」，據阮本改。

人》卦曰「家人有嚴君焉，父母之謂也」，是謂父母爲嚴君也。○注「父母」至「於斯」　正義曰：案《説文》云「續，連也」。言子繼於父母，相連不絶也。《易》稱「生生之謂易」，言後生次於前也。此則傳續之義也。○注「謂父」至「於斯」　正義曰：上引《家人》之文，言人子之道於父母有嚴君之義，此章既陳聖治，則事繫於人君也。案《禮記·文王世子》稱「昔者周公攝政，抗世子法於伯禽，使之與成王居，欲令成王之知父子、君臣之義。君之於太子也，❶親則父也，尊則君也。有父之親，有君之尊，然後兼天下而有之」者，言既有天性之恩，又有君臣之義，厚重莫過於此也。❷

故不愛其親而愛他人者，謂之悖德；不敬其親而敬他人者，謂之悖禮。言盡愛敬之道，然後施教於人，違此則於德禮爲悖也。以順則逆，民無則焉，行教以順人心，今自逆之，則下無所法則也。不在於善而皆在於凶德，善，謂身行愛敬也。凶，謂悖其德禮也。雖得之，君子不貴也。言悖其德禮，雖得志於人上，君子之不貴也。

疏「故不」至「貴也」　正義曰：此説愛敬之失，悖於德禮之事也。所謂「不愛敬其親」者，是君上不能身行愛敬也；而「愛他人」、「敬他人」者，是教天下行愛敬也。君自不行愛敬而使天下人行，是謂悖德、悖禮也。唯人君合行政教，以順天下人心，今則自逆不行，翻使天下之人法行於逆道，故人無所法則，斯乃不在於善而皆在於凶德。在，謂心之所在也。凶，謂凶害於德也。如此之君，雖得志於人上，則古先哲王、聖人君子之所不貴也。○注「言盡」至「悖也」　正義曰：云「言盡愛敬之道，然後施教於人」者，此孔傳也，則《天子章》言「愛敬盡於事親，而德教加於百姓」是也。云「違此則於德禮爲悖也」者，案《禮記·大學》云：「堯、舜率天下以仁而民從之，桀、紂率天下以暴而民從之，其所令反其所好而民不從。是故君子有諸己而后求諸人，無諸己而后非諸人，所藏乎身不恕而能喻諸人者，未之有也。」是知人君若違此，不盡愛敬之道，❸而教天下人行愛敬，是悖逆於德禮也。○注「善謂」至「禮也」　正義曰：云「善，謂身行愛敬也」者，謂身行愛敬乃爲善也。云「凶，謂悖其德禮也」者，悖猶逆也，言逆其德禮則爲凶

❶「太」，阮云：「案《禮記》『太』作『世』。」
❷「莫」，原作「其」，據阮本改。
❸「不」，原脱，阮云：「閩本、監本、毛本『此』下有『不』字，是也。」據補。

也。○注「言悖」至「貴也」　正義曰：云「悖其德禮」者，此依魏注也。謂人君不行愛敬於其親，鄭注云「悖若桀、紂」是也。云「雖得志於人上者，君子之不貴也」者，言君行如此，是雖得志於臣人之上，幸免篡逐之禍，言聖人君子之所不貴，❶言賤惡之也。君子則不然，不悖德禮也。言思可道，行思可樂，思可道而後言，人必信也；思可樂而後行，人必悦也。德義可尊，作事可法，立德行義，不違道正，故可尊也；制作事業，動得物宜，故可法也。容止可觀，進退可度。容止，威儀也，必合規矩則可觀也；進退，動静也，不越禮法則可度也。以臨其民，是以其民畏而愛之，則而象之，君行六事，臨撫其人，則下畏其威，愛其德，皆放象於君也。故能成其德教而行其政令。上正身以率下，下順上而法之，則德教成，政令行也。疏「君子」至「政令」　正義曰：前説爲君而爲悖德禮之事，此言聖人君子則不然也。君子者，須慎其言行、動止、舉措，思可道而後言，思可樂而後行，故德義可以尊崇，作業可以爲法，威容可以觀望，進退皆脩禮法，以此六事君臨其民，❷則人畏威而親愛之，法則而象效之，故德教以此而成，政令以此而行也。○注「不悖德禮也」　正義曰：此依魏注也。言君子舉措皆合德禮，無悖逆也。○注「思可」至「悦也」　正義曰：言者意之聲也，思者心之慮也，可者事之合也，道者陳説也，❸行謂施行也，樂謂使人悦服也。《禮記·中庸》稱天下至聖「言而民莫不信，行而民莫不説」也。○注「立德」至「可法也」　正義曰：此「立德行義，❹不違道正，故可尊也」者，此依孔傳也。劉炫云：「德者得於理也，義者宜於事也。得理在於身，宜事見於外。」謂理得事宜，行道守正，故能爲人所尊也。知「制作事業，❺動得物宜，故可法也」者，作謂造立也，事謂施爲也。《易》曰「舉而措之天下之民，謂之事業」，言能作衆物之端，爲器用之式，造立於己，成式於物，物得其宜，故能使人法象也。○注「容止」至「度也」　正義曰：「容止，威儀也，必合規矩則可觀也」者，此依孔傳也。容止，謂禮容所止也，《漢書·儒林傳》云「魯徐生善爲容，以容爲禮官大夫」是也。威儀，即

❶「言」，浦云：「『言』當『亦』字誤。」阮是之。
❷「此」，原作「比」，據阮本改。
❸「者」，阮云：「閩本、監本、毛本『者』作『謂』，不誤。」
❹「此」，浦云：「『云』誤『此』。」阮是之。
❺「作」，原作「云」，據阮本改。

儀禮也，《中庸》云「威儀三千」是也。《春秋左氏傳》曰：「有威而可畏謂之威，有儀而可象謂之儀。」言君子有此容止威儀，能合規矩。案《禮記・玉藻》云「周還中規，折還中矩」，鄭云：「反行也宜圜，曲行也宜方。」是合規矩，故可觀。云「進退，動静也」者，進則動也，退則静也。案《易・乾・文言》曰「進退無常，非離羣也」，又《艮卦・彖》曰「時止則止，時行則行，動静不失其時，其道光明」，是進退則動静也。云「不越禮法則可度也」者，動静不乖越禮法，故可度也。○注「君行」至「君也」　正義曰：云「君行六事，臨撫其人」者，言君施行六事，以臨撫下人。六事，即「可度」以上之事有六也。云「則下畏其威，愛其德，皆放象於君也」者，案《左傳》北宮文子對衛侯説威儀之事，❶稱「有威而可畏謂之威，有儀而可象謂之儀。君有君之威儀，其臣畏而愛之，則而象之」，又因引「《周書》數文王之德，曰『大國畏其力，小國懷其德』，言畏而愛之也；《詩》云『不識不知，順帝之則』，言則而象之也」，又云「君子在位可畏，施舍可愛，進退可度，周旋可則，容止可觀，作事可法，德行可象，聲氣可樂，動作有文，言語有章，以臨其下，謂之有威儀也」，據此與經雖稍殊別，大抵皆叙君之威儀也。故經引《詩》云「其儀不忒」，其義同也。○注「上正」至「行也」　正義曰：云「上正身以率下」者，此依孔傳也。《論語》孔子對季康子曰「子率以正，孰敢不正」，又曰「其身正，不令而行」，是正其身之義也。云「下順上而法之」者，言正其身以率下，則下人皆從之，無不法。「則德教成、政令行也」者，言風化當如此也。

《詩》云：『淑人君子，其儀不忒。』」淑，善也。忒，差也。義取君子威儀不差，爲人法則。

疏「詩云」至「不忒」　正義曰：夫子述君子之德既畢，乃引《曹風・鳲鳩》之詩以贊美之。❷言善人君子威儀不差失也。○注「淑善」至「法則」　正義曰：云「淑，善也。忒，差也」，此依鄭注也。「淑，善」，《釋詁》文。《釋言》云「爽，差也」，「爽，忒也」，轉互相訓，故忒得爲差也。云「義取君子威儀不差，爲人法則」者，亦言引《詩》大意如此也。

孝經注疏卷第五

❶「子」，原作「宇」，據阮本改。

❷「鳲」，原作「鳴」，浦云：「『鳲』誤『鳴』。」據改。

孝經注疏卷第六

紀孝行章第十

疏 正義曰：此章紀録孝子事親之行也。前章孝治天下，所施政教，不待嚴肅自然成理，故君子皆由事親之心，所以孝行有可紀也，故以名章，次聖人之後。或於「孝行」之下又加「萬法」兩字，今不取也。

子曰：「孝子之事親也，居則致其敬，平居必盡其敬。養則致其樂，就養能致其懽。病則致其憂，色不滿容，行不正履。喪則致其哀，擗踊哭泣，盡其哀情。祭則致其嚴。齋戒沐浴，明發不寐。五者備矣，然後能事親。五者闕一，則未爲能。疏「子曰」至「事親」 正義曰：致，猶盡也。言爲人子能事其親而稱孝者，謂平常居處家之時也，當須盡於恭敬；❶若進飲食之時，怡顔悦色，致親之孝；❷若親之有疾，則冠者不櫛，怒不至詈，盡終憂謹之心；若親喪亡，則攀號毁瘠，終其哀情也；若卒哀之後，終盡其祥練，及春秋祭祀又當盡其嚴肅。此五者無限貴賤，有盡能備者，是其能事親。○注「平居必盡其敬」 正義曰：此依王注也。平居，謂平常在家，孝子則須恭敬也。案《禮記·内則》云：子事父母，雞初鳴，咸盥漱，至於父母之所，敬進甘脆而后退。❸又《祭義》曰：「養可能也，敬爲難。」皆是盡敬之義也。○注「就養能致其懽」 正義曰：此依魏注也。案《檀弓》曰「事親有隱而無犯，左右就養無方」，言孝子冬温夏凊，昏定晨省，及進飲食以養父母，皆須盡其敬安之心，不然則難以致親之懽。○注「色不」至「正履」 正義曰：此依鄭注也。案《禮記·文王世子》云王季「有不安節，則内豎以告文王，文王色憂，行不能正履」，又下文此

❶「於」，浦云：「『其』誤『於』。」

❷「孝」，浦云：「『懽』誤『孝』。」阮是之。

❸「進」，原作「道」，據阮本改。

古之世子亦朝夕問於内豎，❶「其有不安節，❷世子色憂不滿容」。此注減「憂」、「能」二字者，以此章通於貴賤，雖儗人非其倫，以舉重以明輕之義也。❸ ○注「擗踊」至「哀情」 正義曰：此依鄭注也。並約《喪親章》文。其義奧於彼。❹ ○注「齋戒」至「不寐」 正義曰：此皆説祭祀嚴敬之子也。❺ 案《祭義》曰「孝子將祭，夫婦齊戒，沐浴盛服，奉承而進之」，言將祭必先齊戒沐浴也。又云「文王之祭也，事死如事生。《詩》云：『明發不寐，有懷二人。』文王之詩也」，鄭注云：「明發不寐，謂夜而至旦也。二人，謂父母也。」言文王之嚴敬祭事如此也。❻ ○注「五者」至「爲能」

正義曰：此依魏注也。凡爲孝子者須備此五等事也，五事若闕於一，則未爲能事親也。

事親者居上不驕，當莊敬以臨下也。**爲下不亂，**當恭謹以奉上也。**在醜不争。**醜，衆也。争，競也。當和順以從衆也。**居上而驕則亡，爲下而亂則刑，在醜而争則兵。**謂以兵刃相加。**三者不除，雖日用三牲之養，猶爲不孝也。」**三牲，太牢也。孝以不毁爲先。言上三事皆可亡身，而不除之，雖日致太牢之養，固非孝也。

疏「事親」至「孝也」 正義曰：此言居上位者不可爲驕溢之事，爲臣下者不可爲撓亂之事，在醜輩之中不可爲忿争之事。是以居上須去驕，不去則危亡也；爲下須去亂，不去則致刑辟；在醜輩須去争，不去則兵刃或加於身。若三者不除，雖復日日能用三牲之養，終貽父母之憂，猶爲不孝之子也。○注「醜，衆也。争，競也」 正義曰：此依魏注也。「醜，衆」，《釋詁》文。《左傳》曰「師競已甚」，杜預云：「競猶争也。」故注以競釋争也。○注「謂以兵刃相加」 正義曰：此依常義。案《左傳》云晉范鞅「用劍以帥卒」，杜預曰：「用短兵接敵。」此則刃劍之屬謂之兵也。❼ 必有刃，堪害於人，則《左傳》齊莊公「請自刃於廟」是也。言處儕衆之中，而每事好争競，或有以刃相讎害

❶「此」，浦云：「『此』當『記』字誤。」

❷「節」，原作「止」，阮云：「閩本、監本、毛本『止』作『節』，是也。」據改。

❸上「以」，阮云：「毛本上『以』字作『亦』，是也。」

❹「奥」，浦云：「『具』誤『奥』。」阮是之。

❺「子」，阮本作「事」。

❻「事」，阮本作「祀」。

❼「刃」，浦云：「『刀』誤『刃』。」

也。○注「三牲」至「非孝也」 正義曰：云「三牲，太牢也」者，三牲，牛、羊、豕也。案《尚書·召誥》稱：「越翼日戊午，乃社於新邑，牛一、羊一、豕一。」孔云：「用太牢也。」是謂三牲爲太牢也。云「孝以不毀爲先」者，則首章「不敢毀傷」也。云「言上三事皆可亡身」者，❶謂上「居上而驕」、「爲下而亂」、「在醜而争」之三事，皆可喪亡其身命也。云「而不除之，雖日致太牢之養，固非孝也」者，言奉養雖優，不除驕、亂及争競之事，使親常憂，故非孝也。

五刑章第十一

疏 正義曰：此章「五刑之屬三千」，案舜命皋陶云：「汝作士，明于五刑。」又《禮記·問喪》云：❷「喪多而服五，罪多而刑五。」以其服有親疏，罪有輕重也，故以名章。以前章有驕、亂、忿争之事，言此罪惡必及刑辟，故此次之。

子曰：「五刑之屬三千，而罪莫大於不孝。五刑，謂墨、劓、剕、宮、大辟也。條有三千，而罪之大者莫過不孝。**要君者無上，**君者，臣之稟命也，❸而敢要之，是無上也。**非聖人者無法，**聖人制作禮樂，❹而敢非之，是無法也。**非孝者無親，**善事父母爲孝，而敢非之，是無親也。**此大亂之道也。」**言人有上三惡，豈唯不孝，乃是大亂之道。疏「子曰」至「道也」 正義曰：五刑者，言刑名有五也。三千者，言所犯刑條有三千也。❺所犯雖異，其罪乃同，故言「之屬」以包之。就此三千條中，其不孝之罪尤大，故云「而罪莫大於不孝」也。凡爲人子，當須遵承聖教，以孝事親，以忠事君。君命宜奉而行之，敢要之，是無心遵於上也；聖人垂範，當須法則，今乃非之，是無心法於聖人也；孝者百行之本，事親爲先，今乃非之，是無心愛其親也。卉木無識，尚感君政，禽獸無禮，尚知戀親，況在人靈而敢要君、不孝

❶「亡」，原作「立」，據阮本改。
❷「問喪」，阮云：「當作『服問』。」
❸「之」，阮云：「石臺本『之』作『所』。」
❹「樂」，狩谷本、岳本作「法」。
❺「刑」，原作「利」，據阮本改。

也？逆亂之道此爲大焉，故曰「此大亂之道也」。○注「五刑」至「不孝」　正義曰：云「五刑，謂墨、劓、剕、宫、大辟也」者，此依魏注也。此五刑之名，皆《尚書·吕刑》文。孔安國云：「割其顙而涅之曰墨刑。」❶顙，額也。謂刻額爲瘡，以墨塞瘡孔，令變色也。墨一名黥。又云：「截鼻曰劓，刖足曰剕。」《釋言》云「剕，刖也」，李巡曰「斷足曰刖」是也。又云：「宫，淫刑也。男子割勢，婦人幽閉，次死之刑。」以男子之陰名爲勢，割去其勢與椓去其陰，事亦同也。婦人幽閉，閉於宫使不得出也。又云：「大辟，死刑也。」案此五刑之名見於經傳，唐、虞以來皆有之矣，未知上古起自何時。漢文帝始除肉刑，除墨、劓、剕耳，宫刑猶在。隋開皇之初，始除男子宫刑，婦人猶閉於宫。此五刑之名義。鄭注《周禮·司刑》引《書傳》曰：「決關梁、踰城郭而略盗者，其刑臏。男女不以義交者，其刑宫。觸易君命，革輿服制度，姦軌盗攘傷人者，其刑劓。非事而事之、出入不以道義而誦不詳之辭者，其刑墨。降畔寇賊、劫略奪攘矯虔者，其刑死。」案《説文》云：「臏，膝骨也。」刖臏謂斷其膝骨。此注不言「臏」而云「剕」者，據《吕刑》之文也。云「條有三千，而罪之大者莫過不孝」者，案《周禮》「司刑掌五刑之法，以厲萬民之罪，❷墨罪五百，劓罪五百，宫罪五百，剕罪五百，殺罪五百」，合二千五百。至周穆王，乃命吕侯入爲司寇，令其訓暢夏禹贖刑，增輕削重，依夏之法，條有三千。則周三千之條首自穆王始也。《吕刑》云：「墨罰之屬千，劓罰之屬千，剕罰之屬五百，宫罰之屬三百，大辟之罰其屬二百，五刑之屬三千。」言此三千條中，罪之大者莫有過於不孝也。案舊注説及謝安、袁宏、王獻之、殷仲文等，皆以不孝之罪，聖人惡之，云在三千條外。此失經之意也。案上章云「三者不除，雖日用三牲之養，猶爲不孝」，此承上不孝之後，而云三千之罪「莫大於不孝」，是因其事而便言之，本無在外之意。案《檀弓》云：「子弑父，凡在宫者殺無赦。❸殺其人，壞其室，洿其宫而豬焉。」既云「學斷斯獄」，則明有條可斷也。何者？《易·序卦》稱「有天地，然後萬物生焉」，自屯、蒙至需、訟，即争訟之始也，故聖人法雷電以申威刑，所興其來遠矣。唐、虞以上，書傳靡詳，舜命皋陶有五刑，五刑斯著。

❶「割」，阮云：「案『割』當作『刻』。」

❷「厲」，阮云：「案『厲』當作『麗』。」

❸「宫」，原作「官」，阮云：「監本『官』作『宫』，是也。」據改。

案《風俗通》曰：「《臯陶謨》是虞時造也。及周穆王訓夏，里悝師魏，乃著《法經》六篇，而以盜賊爲首。賊之大者有惡逆焉，決斷不違時，凡赦不免，又有不孝之罪，並編十惡之條。前世不忘，後世爲式。」而安、宏不孝之罪不列三千之條中，今不取也。○注「君者」至「無上也」　正義曰：此依孔傳也。案《晉語》云：「諸大夫迎悼公，公曰：『孤始願不及此，孤之及此，天也。抑人之有元君，將禀命焉。』」明凡爲臣下者皆禀君教命，而敢要以從己，是有無上之心，故非孝子之行也。若臧武仲以防求爲後於魯、晉舅犯及河授璧請亡之類是也。❶ ○注「聖人」至「法也」　正義曰：此依孔傳也。聖人規模天下，法則兆民，敢有非毁之者，是無聖人之法也。○注「善事」至「親也」　正義曰：孝爲百行之本，敢有非毁之者，是無親愛之心也。○注「言人」至「之道」　正義曰：言人不忠於君、不法於聖、不愛於親，此皆爲不孝，乃是罪惡之極，故經以「大亂」結之也。

廣要道章第十二

疏　正義曰：前章明不孝之惡，罪之大者，及要君、非聖人，此乃禮教不容。廣宣要道以教化之，則能變而爲善也。首章略云「至德要道」之事而未詳悉，所以於此申而演之，皆云「廣」也，故以名章，❷次《五刑》之後。「要道」先於「至德」者，謂以要道施化，化行而後偏彰，❸亦明道德相成，所以互爲先後也。

子曰：「教民親愛莫善於孝，教民禮順莫善於悌，言教人親愛、禮順，無加於孝悌也。移風易俗莫善於樂，風俗移易，先入樂聲。變隨人心，正由君德。正之與變，因樂而彰，故曰「莫善於樂」。安上治民莫善於禮。禮所以正君臣、父子之別，明男女、長幼之序，故可以安上化下也。疏「子曰」至「於禮」　正義曰：此夫子述廣要之義。❹言君欲教民親於君而愛之者，莫善於身自行孝也，君能行孝則民效之，皆親愛其君；

❶「璧」，原作「壁」，據阮本改。

❷「名」，原作「右」，阮云：「閩本、監本、毛本『右』作『名』，是也。」據改。

❸「偏」，浦云：「『德』誤『偏』。」阮是之。

❹「要」下，浦云：「脱『道』字。」阮是之。

欲教民禮於長而順之者，莫善於身自行悌也，人君行悌則人效之，皆以禮順從其長也；欲移易風俗之弊敗者，莫善於聽樂而正之；欲身安於上、民治於下者，莫善於行禮以帥之。○注「言教」至「悌也」　正義曰：言欲民親愛於君、禮順於長者，莫善於身自行孝悌之善也。❶ ○注「風俗」至「於樂」　正義曰：云「風俗移易，先入樂聲」者，子夏《詩序》云：「風，風也，教也。風以動之，教以化之。」韋昭曰：「人之性繫於大人，大人風聲，故謂之風。隨其趨舍之情欲，❷故謂之俗。」《詩序》又曰：「至于王道衰，禮義廢，政教失，國異政，家殊俗，而《變風》、《變雅》作矣。」是「入樂聲」之義也。云「變隨人心，正由君德」者，《詩序》又曰：「國史明乎得失之迹，傷人倫之廢，哀刑政之苛，吟詠情性，以風其上，故《變風》發乎情，止乎禮義。發乎情，民之性也；止乎禮義，先王之澤也。」以斯言之，則知樂者本於情性，聲者因乎政教，政教失則人情壞，人情壞則樂聲移，是「變隨人心」也。國史明之，遂吟以風上也，受其風上而行，其失乃行禮義以正之，教化以美之，上政既和，人情自治，是「正由君德」也。云「正之與變，因樂而彰，故曰『莫善於樂』」者，《詩序》又曰：「治世之音安以樂，其政和；亂世之音怨以怒，其政乖；亡國之音哀以思，其民困。」又《尚書・益稷》篇舜曰：「予欲聞六律、五聲、八音，在治忽。」孔安國云：「在察天下理治及忽怠者。」皆是「因樂而彰」也。案《禮記》云「大樂與天地同和」，則自生人以來，皆有樂性也。《世本》曰「伏羲造琴瑟」，則其樂器漸於伏羲也。史籍皆言黃帝樂曰《雲門》、顓頊曰《六英》、帝嚳曰《五莖》、堯曰《咸池》、舜曰《大韶》、禹曰《大夏》、湯曰《大濩》、武曰《大武》，❸於樂之聲節起自黃帝也。❹ ○注「禮所」至「下也」　正義曰：云「禮所以正君臣、父子之別，明男女、長幼之序」者，此依魏注也。《禮》云「非禮無以辨君臣、❺上下、長幼之位，非禮無以辨男女、父子、兄弟之親」是也。云「故可以安上化下也」者，釋「安上治民」也。《制旨》曰：「禮殊事而合敬，樂異人而同愛。❻ 敬愛之極是謂要道，神而明之是謂至德。故必由斯人以弘斯教，而後禮樂興

❶「於」，原作「君」，據阮本改。
❷「趨」，原作「越」，阮云：「監本、毛本『越』作『趨』，是也。」據改。
❸「武」，原作「光」，據阮本改。
❹「於」，浦云：「『則』誤『於』。」
❺「云」上，浦云：「脱『記』字。」
❻「人」，阮云：「案『人』當作『文』。」

焉、政令行焉。以盛德之訓傳於樂聲，則感人深而風俗移易；以盛德之化措諸禮容，則悦者衆而名教著明。藴乎其樂，章乎其禮，故相待而成矣。然則《韶》樂存於齊而民不爲之易，周禮備於魯而君不獲其安，亦政教失其極耳，夫豈禮樂之咎乎？」禮者敬而已矣，敬者，禮之本也。故敬其父則子悦，敬其兄則弟悦，敬其君則臣悦，敬一人而千萬人悦。居上敬下，盡得懽心，故曰悦也。所敬者寡而悦者衆，此之謂要道也。」

疏「禮者」至「道也」　正義曰：此承上「莫善於禮」也。言「禮者敬而已矣」，謂禮主於敬也。又明敬功至廣，❶是要道也。其要正以謂天子敬人之父則其子皆悦，敬人之兄則其弟皆悦，敬人之君則其臣皆悦，此皆敬父、兄及君一人，則其子、弟及臣千萬人皆悦，故其所敬者寡而悦者衆，即前章所言「先王有至德要道」者，皆此義之謂也。○注「敬者禮之本也」　正義曰：此依鄭注也。案《曲禮》曰「毋不敬」是也。○注「居上」至「悦也」　正義曰：云「居上敬下」者，案《尚書・五子之歌》云「爲人上者，奈何不敬」，謂居上位須敬其下。云「盡得懽心，故曰悦也」者，言得懽心則無所不悦也，案《孝治章》云「故得萬國、百姓及人之懽心」是也。舊注云「一人謂父、兄、君，千萬人謂子、弟、臣也」者，此依孔傳也。一人指受敬之人，則知謂父、兄、君也；千萬人指其喜悦者，則知謂子、弟、臣也。夫子、❷弟及臣名何啻千萬？言「千萬人」者，舉其大數也。

孝經注疏卷第六

❶「又」，原作「入」，阮云：「閩本、監本、毛本『入』作『又』，是也。」據改。

❷「夫」，原作「父」，據阮本改。

孝經注疏卷第七

廣至德章第十三

疏 正義曰：首章標「至德」之目，此章明「廣至德」之義，故以名章，次《廣要道》之後。

子曰：「君子之教以孝也，非家至而日見之也。言教不必家到户至，日見而語之，但行孝於内，其化自流於外。教以孝，所以敬天下之爲人父者也；教以悌，所以敬天下之爲人兄者也；舉孝悌以爲教，則天下之爲人子弟者無不敬其父兄也。教以臣，所以敬天下之爲人君者也。舉臣道以爲教，則天下之爲人臣者無不敬其君也。疏「子曰」至「君者也」 正義曰：此夫子述「廣至德」之義。言聖人君子教人行孝事其親者，非家家悉至而日見之。但教之以孝，則天下之爲人父者皆得其子之敬也；教之以悌，則天下之爲人兄者皆得其弟之敬也；教之以臣，則天下之爲君者皆得其臣之敬。❶ ○注「言教」至「於外」 正義曰：此依鄭注也。《祭義》所謂「孝悌發諸朝廷，行乎道路，至乎閭巷」，是「流於外」。 ○注「舉孝」至「父兄也」 正義曰：云「舉孝悌以爲教」者，此依王注也。案《禮記·祭義》曰：「祀乎明堂，所以教諸侯之孝也；食三老五更於太學，所以教諸侯之弟也。」此即謂「發諸朝廷，至乎州里」是也。云「則天下之爲人子弟者無不敬其父兄也」者，言皆敬也。案舊注用應劭《漢官儀》云「天子無父，父事三老，兄事五更」，乃以事父、事兄爲教孝悌之禮。案禮，教敬自有明文，❷假令天子事三老蓋同庶人「倍年以長」之敬，本非教孝子之事，今所不取也。 ○注「舉臣」至「君也」 正義曰：此依王注也。案《祭義》云「朝覲，所以教諸侯之臣也」者，諸侯，列國之君也，若朝覲於王則身行臣禮。言聖人制此朝覲之法，本以教諸侯之爲臣也，則諸侯之卿大夫亦各放

❶「君」上，浦云：「脱『人』字。」阮是之。
❷「敬」，浦云：「『敬』當『孝』字誤。」

象其君，而行事君之禮也。劉炫以爲將教爲臣之道，固須天子身行者，案《禮運》曰「故先王患禮之不達於下也，故祭帝於郊」，謂郊祭之禮，册祝稱臣，是亦以見天子以身率下之義也。**《詩》云：『愷悌君子，民之父母。』**愷，樂也。悌，易也。義取君以樂易之道化人，則爲天下蒼生之父母也。**非至德，其孰能順民如此其大者乎？」**疏「詩云」至「者乎」　正義曰：夫子既述至德之教已畢，乃引《大雅·洞酌》之詩以贊美之。❶愷，樂也。悌，易也。言樂易之君子，能順民心而行教化，乃爲民之父母。若非至德之君，其誰能順民心如此其廣大者乎？孰，誰也。案《禮記·表記》稱：「子言之：『君子所謂仁者，其難乎？《詩》云：「凱弟君子，民之父母。」凱以强教之，弟以説安之。使民有父之尊，有母之親，如此而后可以爲民父母矣。非至德，其孰能如此乎？」』」此章於「孰能」下加「順民」，「如此」下加「其大者」，與《表記》爲異，其大意不殊。而皇侃以爲并結《要道》、《至德》兩章，或失經旨也。劉炫以爲《詩》美民之父母，證君之行教，未證至德之大，故於《詩》下別起歎辭，所以異於餘章，頗近之矣。○注「愷樂」至「母也」　正義曰：「愷，樂」、「悌，易」，《釋詁》文。云「義取君以樂易之道化人，則爲天下蒼生之父母也」者，亦言引《詩》大意如此。「蒼生」，《尚書》文，謂天下黔首蒼蒼然，衆多之貌也。孔安國以爲蒼蒼然生草木之處，今不取也。

廣揚名章第十四

疏正義曰：首章略言揚名之義而未審，而於此廣之，故以名章，次《至德》之後。

子曰：「君子之事親孝，故忠可移於君；以孝事君則忠。**事兄悌，故順可移於長；**以敬事長則順。**居家理，故治可移於官。**君子所居則化，故可移於官也。**是以行成於内，而名立於後世矣。」**脩上三德於内，名自傳於後代。疏「子曰」至「世矣」　正義曰：此夫子廣述揚名之義。❷言君子

❶ 「洞」，原作「洞」，據阮本改。
❷ 「廣述」，阮云：「案當作『述廣』。」

之事親能孝者，故資孝爲忠，可移孝行以事君也；事兄能悌者，故資悌爲順，可移悌行以事長也；居家能理者，故資治爲政，可移於績以施於官也。❶ 是以君子居能以此善行成之於內，❷則令名立於身没之後也。 先儒以爲「居家理」下闕一「故」字，御注加之。○注「以孝事君則忠」 正義曰：此《士章》之文，❸義已見於上。○注「以敬事長則順」 正義曰：此依鄭注也。 亦《士章》之敬悌，義同，已具上釋。 然人之行敬則有輕有重，敬父、敬君則重也，敬兄、敬長則輕也。○注「君子」至「官也」 正義曰：此依鄭注也。《論語》云「君子不器」，言無所不施。○注「脩上」至「後代」 正義曰：此依鄭注也。 三德，則上章云移孝以事於君、移悌以事於長、移理以施於官也。 言此三德不失，則其令名當自傳於後世。 經云「立」而注爲「傳」者，立謂常有之名，傳謂不絶之稱。 但能不絶，即是常有之行，故以「傳」釋「立」也。

諫諍章第十五❹

疏 正義曰：此章言爲臣子之道，若遇君父有失，皆諫争也。 曾子問聞揚名已上之義，❺而問子從父之令。 夫子以令有善惡，不可盡從，乃爲述諫争之事，故以名章，次《揚名》之後。

曾子曰：「若夫慈愛恭敬、安親揚名則聞命矣。敢問子從父之令，可謂孝乎？」事父有隱無犯，又敬不違，故疑而問之。 疏「曾子」至「孝乎」 正義曰：前章以來唯論愛敬及安親之事，未說規諫之道，故又假曾子之問曰：「若夫慈愛恭敬、安親揚名則已聞命矣。 敢問子從父之教令，亦可謂之孝乎？」疑而問之，故稱「乎」也。 尋上所陳，唯言敬愛，未及慈恭，而曾子并言慈恭已聞命矣者，皇侃以爲「上陳愛敬，則包於慈恭矣。 慈者孜孜，愛者念惜，恭者貌多心少，敬者心多貌少」。 如侃之説，則慈恭、愛敬之別，何故云「包慈恭」也？

❶「於績」，浦云：「『治』誤『於』。」阮是之。
❷「居」，浦云：「『若』誤『居』。」阮是之。
❸「士」，原作「一」，浦云：「『士』誤『一』。」據改。
❹「諍」，狩谷本、岳本作「争」。 阮云：「石臺本、唐石經、岳本作『争』，案《正義》前後並作『諫争』。」
❺「問」，浦云：「『因』誤『問』。」阮是之。

或曰：慈者，接下之別名；愛者，奉上之通稱。劉炫引《禮記·內則》說子事父母「慈以旨甘」，《喪服四制》云高宗「慈良於喪」，《莊子》曰「事親則孝慈」，「此並施於事上。夫愛出於內，慈爲愛體；敬生於心，恭爲敬貌。此經悉陳事親之迹，寧有接下之文？夫子據心而爲言，所以唯稱愛敬；曾參體貌而兼取，所以并舉慈恭。」如劉炫此言，則知慈是愛親也，恭是敬親也。「安親」則上章云「故生則親安之」，「揚名」即上章云「揚名於後世」矣。經稱「夫」有六焉，蓋發言之端也，一曰「夫孝，始於事親」，二曰「夫孝，德之本」，三曰「夫孝，人之經」，❶四曰「夫然，故生則親安之」，五曰「夫聖人之德」。此章云「若夫慈愛」，並却明前理而下有其趣，故言「夫」以起之。劉獻曰：❷「夫，猶凡也。」○注「事父」至「問之」　正義曰：《禮記·檀弓》云「事親有隱而無犯」，以經云「從父之令」，故注變「親」爲「父」。案《論語》云：「事父母，幾諫，見志不從，又敬不違。」引此二文以成疑，疏證曾子有可問之端也。

子曰：「是何言與？是何言與？有非而從，成父不義，❸理所不可，故再言之。昔者，天子有争臣七人，雖無道不失其天下；諸侯有争臣五人，雖無道不失其國；大夫有争臣三人，雖無道不失其家；降殺以兩，尊卑之差。争，謂諫也。言雖無道，爲有争臣，則終不至失天下、亡家國也。士有争友，則身不離於令名；令，善也。益者三友，言受忠告，故不失其善名。父有争子，則身不陷於不義。父失則諫，故免陷於不義。故當不義，則子不可以不争於父，臣不可以不争於君。不争則非忠孝。故當不義則争之，從父之令又焉得爲孝乎？」

疏「子曰」至「孝乎」　正義曰：夫子以曾參所問於理乖僻，陳諫争之義，❹因乃誚而答之，曰：「汝之此問是何言與？」再言之者，明其深不可也。既誚之後，乃爲曾子說必須諫争之事，言臣之諫君，子之諫父，自古攸然。故言昔者天子治天下，有諫争之臣七人，雖復無道，昧於

❶「人」，阮云：「案『人』當作『天』。」

❷「獻」，阮云：「閩本、監本、毛本『獻』作『瓛』，案作『獻』避所諱。」

❸「不」，原作「之」，據狩谷本、岳本、阮本改。

❹「陳」，浦云：「『非』誤『陳』。」阮是之。

政教，不至失於天下。言無道者，謂無道德。諸侯有諫爭之臣五人，雖無道亦不失其國也；大夫有諫爭之臣三人，雖無道亦不失於其家；士有諫爭之友，則其身不離遠於善名也；父有諫爭之子，則身不陷於不義。故君、父有不義之事，凡爲臣、子者不可以不諫爭，以此之故，❶當不義則須諫之。又結此以答曾子曰：「今若每事從父之令，又焉得爲孝乎？」言不得也。案曾子唯問從父之令，不指當時而言「昔者」，皇侃云：「夫子述《孝經》之時，當周亂衰之代，無此諫爭之臣，故言『昔者』也。」不言「先王」而言「天子」者，諸稱「先王」皆指聖德之主，此言「無道」，所以不稱「先王」也。○注「有非」至「不義」　正義曰：言父有非，子從而行，不諫是成父之不義。云「理所不可，故再言之」者，義見於上。○注「降殺」至「國也」　正義曰：《左傳》云：「自上以下，降殺以兩，禮也。」謂天子尊，故七人；諸侯卑於天子，降兩，故有五人；大夫卑於諸侯，降兩，故有三人。《論語》云「信而後諫」，《左傳》云「伏死而争」，此蓋謂極諫爲争也。若隨無道，人各有心，鬼神乏主，季梁猶在，楚不敢伐，是有争臣不亡其國。舉中而率，則大夫、天子從可知也。不言「國家」，嫌如獨指一國也。國，則諸侯也；家，則大夫也。注貴省文，故曰「家國」也。案孔、鄭二注及先儒所傳，並引《禮記·文王世子》以解七人之義。案《文王世子》：「《記》曰：『虞、夏、商、周有師保，有疑丞，設四輔及三公，不必備，惟其人。』」又《尚書大傳》曰：「古者天子必有四鄰，前曰疑，後曰丞，左曰輔，右曰弼。天子有問無對，責之疑；可志而不志，責之丞；可正而不正，責之輔；可揚而不揚，責之弼。其爵視卿，其禄視次國之君。」《大傳》「四鄰」則見之「四輔」，❷兼三公，以充七人之數。諸侯五者，孔傳指天子所命之孤及三卿與上大夫，王肅指三卿、内史、外史，以充五人之數。大夫三者，孔傳指家相、室老、側室，以充三人之數，王肅無側室而謂邑宰。斯並以意解説，恐非經義。劉炫云：「案下文云：『子不可以不争於父，臣不可以不争於君。』則爲子、爲臣皆當諫争，豈獨大臣當争，小臣不争乎？豈獨長子當争其父，衆子不争者乎？若父有十子皆得諫争，王之百辟惟許七人，是天子之佐乃少於匹夫也。又案《洛誥》云成王謂周公曰：『誕保文、武受民，亂爲四輔。』《冏命》穆王命伯冏：『惟予一人無良，實賴左右前後有位之士匡其不及。』據此

❶「此」，原作「比」，據阮本改。

❷「見」，浦云：「『見』當『記』字誤。」

而言，則『左右前後』，四輔之謂也。疑、丞、輔、弼當指於諸臣，非是別立官也。」謹案：《周禮》不列疑、丞，《周官》歷叙羣司，《顧命》總名卿士，❶《左傳》云「龍師」、「鳥紀」，《曲禮》云「五官」、「六大」，無言疑、丞、輔、弼專掌諫争者。若使爵視於卿，禄比次國，《周禮》何以不載，經傳何以無文？ 且伏生《大傳》以「四輔」解爲四鄰，孔注《尚書》以四鄰爲前後左右之臣，而不爲疑、丞、輔、弼，安得又采其説也？ 《左傳》稱：「周主申父之爲太史也，❷命百官箴王闕。」師曠説匡諫之事：「史爲書，瞽爲詩，❸工誦箴諫，大夫規誨，士傳言。 官師相規，工執藝事以諫。」此則凡在人臣皆合諫也。❹ 夫子言天子有天下之廣，七人則足，以見諫争功之大，故舉少以言之也。 然父有争子、士有争友，雖無定數，要一人爲率。 自下而上稍增二人，則從上而下，當如禮之降殺，故舉七、五、三人也。 劉炫之讜義雜合通途，何者？ 傳載忠言比於藥石，逆耳苦口，隨要而施。若指不備之員以匡無道之主，❺欲求不失，其可得乎？先儒所論，今不取也。 ○注「令善」至「善名」 正義曰：「令，善也」，《釋詁》文。 云「益者三友」，《論語》文，即「友直、友諒、友多聞，益矣」是也。 云「言受忠告，故不失其善名」者，《論語》云：「子貢問友，子曰：『忠告而善道之。』」言善名爲受忠告而後成也。 大夫以上皆云「不失」，士獨云「不離」，不離即不失也。 ○注「父失」至「不義」 正義曰：此依鄭注也。 案《内則》云：「父母有過，下氣怡色，柔聲以諫。 諫若不入，起敬起孝，説則復諫。」《曲禮》曰：「子之事親也，三諫而不聽，則號泣而隨之。」言父有非，故須諫之以正道，庶免陷於不義也。

孝經注疏卷第七

❶「士」，原作「七」，阮云：「監本、毛本『七』作『士』，案作『士』是也。」據改。

❷「主申父」，阮云：「當作『辛甲』。」

❸「瞽」，原作「鼓」，據阮本改。

❹「凡」，原作「足」，據阮本改。

❺「匡」，原作「寶」，據阮本改。阮云：「閩本、監本、毛本作『匡』，此本誤『寶』，今改正。」

孝經注疏卷第八

感應章第十六❶

疏正義曰：此章言「天地明察，神明彰矣」，又云「孝悌之事，❷通於神明」，皆是應感之事也。前章論諫諍之事，言人主若從諫争之善，必能脩身慎行，致應感之福，故以名章，次於《諫争》之後。

子曰：「昔者明王事父孝，故事天明；事母孝，故事地察；王者父事天、母事地，言能敬事宗廟，❸則事天地能明察也。長幼順，故上下治。君能尊諸父，先諸兄，則長幼之道順，君人之化理。天地明察，神明彰矣。事天地能明察，則神感至誠而降福祐，❹故曰彰也。疏「子曰昔者明王」至「神明彰矣」正義曰：此章夫子述明王以孝事父母，能致感應之事。言昔者明聖之王事父能孝，故事天能明，言能明天之道，故《易·説卦》云「乾爲天，爲父」，此言「事父孝，故能事天明」，是事父之孝通天也。事母能孝，故事地能察，言能察地之理，故《説卦》云「坤爲地，爲母」，此言「事母孝，故事地察」，則是事母之道通於地也。明王又於宗族長幼之中皆順於禮，則凡在上下之人皆自化也。又明王之事天地既能明察，必致福應，則神明之功彰見，謂陰陽和，風雨時，人無疾厲，天下安寧也。經稱「明王」者二焉，一曰「昔者明王之以孝治天下也」，二即此章言「昔者明王事父孝」，俱是聖明之義，與「先王」爲一也。言先王，示及遠也；言明王，示聰明也。○注「王者」至「察也」正義曰：云「王者父事天、母事地」者，此依王注義也。案《白虎通》

---

❶「感應」，狩谷本、岳本作「應感」。阮云：「石臺本、唐石經、岳本作『應感』，《正義》前後並同，今本作『感應』，依鄭注本改，非《正義》本也。」

❷「事」，阮云：「案『事』當作『至』。」

❸「敬」，原作「致」，據狩谷本、岳本改。阮云：「石臺本、岳本、閩本、監本、毛本『致』作『敬』，不誤。」

❹「祐」，原作「佑」，據狩谷本、岳本改。

云「王者父天母地」，此言「事」者，謂移事父母之孝以事天地也。云「言能敬事宗廟，則事天地能明察也」者，謂蒸嘗以時，疏數合禮，是敬事宗廟也。既能敬宗廟，則不違犯天地之時，若《祭義》曾子曰：「樹木以時伐焉，❶禽獸以時殺焉。夫子曰：『斷一樹，殺一獸，不以其時，非孝也。』」又《王制》曰：「獺祭魚，然後虞人入澤梁；豺祭獸，然後田獵；鳩化爲鷹，然後設罻羅；草木零落，然後入山林；昆蟲未蟄，不以火田。」此則令無大小，皆順天地，是事天地能明察也。○注「君能」至「化理」　正義曰：此言明王能順長幼之道，則臣下化之而自理也，謂放效於君。《書》曰「違上所命，從厥攸好」，是效之也。○注「事天」至「彰也」

正義曰：誠，❷和也。言事天地若能明察，則神祇感其至和，而降福應以祐助之，❸是神明之功彰見也。《書》云「至誠感神」，❹又《瑞應圖》曰「聖人能順天地，則天降膏露，地出醴泉」，《詩》云「降福穰穰」，《易》曰「自天祐之，吉，無不利」，注約諸文以釋之也。案此則「神感至誠」當爲「至誠」，❺今定本作「至誠」，字之誤也。

故雖天子，必有尊也，言有父也；必有先也，言有兄也。父謂諸父，兄謂諸兄，皆祖考之胤也。禮，君讌族人，與父兄齒也。**宗廟致敬，不忘親也；**言能敬事宗廟，則不敢忘其親也。**脩身慎行，恐辱先也。**天子雖無上於天下，猶脩持其身，謹慎其行，恐辱先祖而毀盛業也。**宗廟致敬，鬼神著矣。**事宗廟能盡敬，則「祖考來格」，「享於克誠」，故曰著也。**孝悌之至，通於神明，光于四海，無所不通。**能敬宗廟、順長幼，以極孝悌之心，則至性通於神明，光于四海，故曰無所不通。**疏**「故雖」至「不通」　正義曰：故者，連上起下之辭。以上文云「事父孝」，又云「事母孝」，又云「長幼順」，所以於此述尊父先兄之義，以及致敬與脩身之道，兼言鬼神之著，孝悌之至，無所不通也。言王者雖貴爲天子，於天下宗族之中必有所尊之者，謂天子有諸父也，必有所先

❶「伐」，原作「投」，據阮本改。

❷「誠」，阮云：「監本、毛本『誠』作『諴』，是也。」

❸「而」，原作「不」，阮云：「閩本、監本、毛本『不』作『而』，是也。」據改。

❹「誠」，阮云：「毛本『誠』作『諴』，是也。」

❺下「誠」，阮云：「毛本『誠』作『諴』，是也。」

之者，謂天子有諸兄也。宗廟致敬，是不忘其親；脩身慎行，是不辱於祖考。❶故能致敬於宗廟，則鬼神明著而歆享之。是明王有孝悌之至性，感通神明，則能光于四海，無所不通。然諫爭兼有諸侯、大夫，此章唯稱王者，言王能致應感，則諸侯已下亦當自勉勗也。○注「父謂」至「齒也」　正義曰：云「父謂諸父，兄謂諸兄」者，父之昆弟曰伯父、叔父，己之昆曰兄，其屬非一，故言「諸」也。《詩》曰「以速諸父」，又曰「復我諸兄」是也。云「皆祖考之胤也」者，案《曲禮》曰「父死曰考」，言父以上通謂之祖考。胤，嗣也。謂其廟未毁，其胤皆是王者之族親也。云「禮，君讌族人，與父兄齒也」者，此依孔傳也。案《詩序・角弓》「父兄刺幽王」，蓋謂君之諸父、諸兄也。古者天子祭畢，同姓則留之，謂與族人讌，故其詩曰：「諸父兄弟，備言燕私。」鄭箋云：「祭畢，歸賓客之俎，同姓則留與之燕。」是天子讌族人也。又《禮記・文王世子》云：「若公與族燕，則異姓爲賓，膳宰爲主人，公與父兄齒。」則知燕族人亦以尊卑爲列，齒於父兄之下也。○注「言能」至「親也」　正義曰：案《禮記・文王世子》稱「五廟之孫，祖廟未毁，雖爲庶人，冠、取妻必告，❷死必赴」，是不忘親也。《禮記・大傳》稱「其不可得變革者則有矣，親親也，尊尊也，長長也」，「親親故尊祖，尊祖故敬宗，敬宗故收族，收族故宗廟嚴」，言君致敬宗廟則不敢忘其親也。○注「天子」至「業也」　正義曰：云「天子雖無上於天下」者，此依王注也。❸《禮・坊記》云：「天無二日，土無二王，❹家無二主，尊無二上。」謂普天之下，天子至尊也。云「猶脩持其身，謹慎其行，恐辱先祖而毁盛業也」者，案《禮記・祭義》云「父母既没，慎行」，不辱先也。盛業，謂先祖積德累功，❺而有天下之業。上言「必有先也」，先，兄也；此言「恐辱先也」，是先祖也。○注「事宗」至「著也」　正義曰：云「祖考來格」者，《尚書・益稷》文。格，至也。言事宗廟能恭敬，則祖考之神來格。《詩》曰：「神保是格，報以景福。」亦是言神之至。云「享於克誠，故曰著也」者，「享於克誠」，《尚書・太甲》篇文，孔傳云：「言鬼神不保一人，能誠信者則

❶「於」，阮本作「其」。

❷「告」，原作「吉」，據阮本改。

❸「王」，原作「正」，阮云：「閩本、監本、毛本『正』作『王』，是也。」據改。

❹「土」，原作「上」，據阮本改。

❺「累」，原作「素」，據阮本改。

享其祀。」則「祖考來格」、「享於克誠」皆昭著之義。上言「宗廟致敬」，謂天子尊諸父，先諸兄，致敬祖考，不敢忘其親也；此言「宗廟致敬」，述天子致敬宗廟，能感鬼神，雖同稱「致敬」而各有所屬也。舊注以爲「事生者易，事死者難，聖人慎之，故重其文」，今不取也。上言「神明」，謂天地之神也；此言「鬼神」，謂祖考之神。《易》曰：「陰陽不測之謂神。」先儒釋云：若就三才相對，則天曰神，地曰祇，人曰鬼。言天道玄遠難可測，故曰神也；祇者知也，言地去人近，長育可知，故曰祇也；鬼者歸也，言人生於無，還歸於無，故曰鬼也，亦謂之神。案《五帝德》云黄帝「死而民畏其神百年」是也。上言「神明」，尊天地也；此言「鬼神」，尊祖考也。○注「能敬」至「不通」　正義曰：「能敬宗廟，順長幼，以極孝悌之心」者，敬宗廟爲孝，順長幼爲悌，此極孝悌之心也。云「則至性通於神明，光於四海」，故曰至性如此則通於神明，❶光於四海。

《詩》云：『自西自東，自南自北，無思不服。』」義取德教流行，莫不服義從化也。

疏「詩云」至「不服」　正義曰：夫子述孝悌之事、應感之美既畢，乃引《大雅·文王有聲》之詩以贊美之。自，從也。言從近及遠，至於四方，皆感德化，無有思而不服之者，以明「無所不通」。《詩》本文云：「鎬京辟雍，自西自東，自南自北，無思不服。」此則「雍」「東」、「北」「服」對句爲韻，而皇侃云：「先言西者，此是周詩，謂化從西起，所以文王爲西伯，又爲西鄰，自西而東滅紂。」恐非其義也。○注「義取」至「化也」　正義曰：此依鄭注也。德化流行，❷則無不通。服義從化，即「無思不服」，言服明王之義，從明王之化也。

事君章第十七

疏正義曰：此章首言「君子之事上」，又言「進思盡忠，退思補過」，皆是事君之道。孔子曰：「天下有道則見，無道則隱。」前章言明王之德、應感之美，天下從化，無思不服。此孝子升朝事君之時也，故以名章，次《應感》之後。

❶「故曰」，浦云：「『故曰』當『者言』之誤。」

❷「化」，浦云：「『教』誤『化』。」阮是之。

子曰：「孝子之事上也，❶上，謂君也。進思盡忠，進見於君，則思盡忠節。退思補過，君有過失，則思補益。❷將順其美，將，行也。君有美善，則順而行之。匡救其惡，匡，正也。救，止也。君有過惡，則正而止之。故上下能相親也。下以忠事上，上以義接下，君臣同德，故能相親。疏「子曰」至「親也」

正義曰：此明賢人君子之事君也。言入朝進見，與謀慮國事，則思盡其忠節；若退朝而歸，常念己之職事，則思補君之過失；其於政化，則當順行君之美道，止正君之過惡。如此則能君臣上下情志通協，能相親也。經稱「君子」有七焉，一曰「君子不貴」，二曰「君子則不然」，三曰「淑人君子」，四曰「君子之教以孝」，五曰「愷悌君子」，已上皆斷章，指於聖人君子，謂居君位而子下人也；六曰「君子之事親孝」，故此章「君子之事上」，則皆指於賢人君子也。○注「上謂君也」正義曰：此對《論語》云「孝悌而好犯上者鮮矣」，彼「上」謂凡在己上者，此「上」惟指君，故云「上，謂君也」。○注「進見」至「忠節」正義曰：此依韋注也。《説文》云：「忠，敬也。」盡心曰忠。《字詁》曰「忠，直也」，《論語》曰「臣事君以忠」，則忠者善事君之名也。節，操也。言事君者敬其職事，直其操行，盡其忠誠也。言臣常思盡其節操，能致身授命也。○注「君有」至「補益」正義曰：案舊注，韋昭云「退歸私室則思補其身過」，以《禮記·少儀》曰「朝廷曰退，燕遊曰歸」。《左傳》引《詩》曰「退食自公」，杜預注：「臣自公門而退入私門，無不順禮。」室，猶家也。謂退朝理公事畢而還家之時，則當思慮以補身之過。故《國語》曰：「士朝而受業，晝而講貫，夕而習復，夜而計過，無憾而後即安。」言若有憾則不能安，是思自補也。案《左傳》晉荀林父爲楚所敗，歸，請死於晉侯，晉侯許之，士渥濁諫曰：「林父之事君也，進思盡忠，退思補過。」晉侯赦之，使復其位。是其義也。文意正與此同，故注依此傳文而釋之。今云「君有過則思補益」，出《制旨》也，義取《詩·大雅·烝民》云：「袞職有闕，惟仲山甫補之。」毛傳云：「有袞冕者，君之上服也。仲山甫補之，善補過也。」鄭箋云：「袞職者，不敢斥王言也。王之職有缺，輒能補之者，仲山甫也。」此理爲勝，故易舊也。○注「將

❶「孝」，狩谷本、岳本作「君」。阮云：「石臺本、唐石經、宋熙寧石刻、岳本、閩本、監本、毛本作『君』。」

❷「益」，狩谷本作「過」。

行」至「行之」　正義曰：此依王注也。案孔注《尚書·太誓》云「肅將天威」爲「敬行天罰」，是「將」訓爲「行」也。言君施政教有美，則當順而行之。○注「匡，正也。救，止也」　正義曰：此依王注也。「匡，正」，《釋言》文也。❶馬融注《論語》云：「救，猶止也。」云「君有過惡，則正而止之」者，《尚書》云「予違汝弼，汝無面從」是也。○注「下以」至「相親」　正義曰：此依魏注也。《書》曰「居上克明，爲下克忠」，是其義也。《左傳》曰「君義臣行」，如此則「能相親」也。

《詩》云：『心乎愛矣，遐不謂矣。中心藏之，何日忘之？』」遐，遠也。義取臣心愛君，雖離左右，不謂爲遠，愛君之志恒藏心中，無日暫忘也。

疏「詩云」至「忘之」　正義曰：夫子述事君之道既已，乃引《小雅·隰桑》之詩以結之。言忠臣事君，雖復有時離遠，不在君之左右，然其心之愛君，不謂爲遠，中心常藏事君之道，何日暫忘之。○注「遐遠」至「忘也」　正義曰：云「遐，遠也。　義取臣心愛君，雖離左右，不謂爲遠」者，「遐，遠也」，《釋詁》文，此釋「心乎愛矣，遐不謂矣」。云「愛君之志恒藏心中，無日暫忘也」者，釋「中心藏之，何日忘之」。案《檀弓》說事君之禮云「左右就養有方」，此則臣之事君有常在左右之義也。若周公出征管叔、蔡叔，召公聽訟於甘棠，是離左右也。

孝經注疏卷第八

❶「言」，原作「詁」，阮云：「案『詁』當作『言』。」據改。

孝經注疏卷第九

喪親章第十八

疏 正義曰：此章首云「孝子之喪親也」，故章中皆論喪親之事。喪，亡也，失也。父母之亡没，謂之喪親，言孝子亡失其親也，故以名章，結之於末矣。

子曰：「孝子之喪親也，生事已畢，死事未見，故發此章。❶ 哭不偯，氣竭而息，聲不委曲。禮無容，觸地無容。言不文，不爲文飾。服美不安，不安美飾，故服縗麻。聞樂不樂，悲哀在心，故不樂也。食旨不甘，旨，美也。不甘美味，故蔬食水飲。❷ 此哀戚之情也。謂上六句。三日而食，教民無以死傷生，毁不滅性，此聖人之政也。不食三日，哀毁過情，滅性而死，皆虧孝道，故聖人制禮施教，不令至於殞滅。喪不過三年，示民有終也。三年之喪，天下達禮，使不肖企及，賢者俯從。夫孝子有終身之憂，聖人以三年爲制者，使人知有終竟之限也。**疏**「子曰」至「終也」 正義曰：此夫子述喪親之義。言孝子之喪親，哭以氣竭而止，不有餘偯之聲；舉措進退之禮，無趨翔之容；有事應言則言，不爲文飾；服美不以爲安，聞樂不以爲樂，假食美味不以爲甘，此上六事皆哀慼之情也。「三日而食」者，聖人設教，無以親死多日不食傷及生人，雖即毁瘠，不令至於殞滅性命，此聖人所制喪禮之政也。又服喪不過三年，示民有終畢之限也。❸ ○注「生事」至「此事」 正義曰：此依鄭注也。生事，謂上十七章。說生事之禮已畢，其死事經則未見，故又發此章以言也。○注

---

❶ 「章」，原作「事」，據狩谷本、岳本改。阮云：「石臺本、岳本『事』作『章』。」

❷ 「蔬」，狩谷本、岳本作「疏」，阮云：「石臺本、岳本、閩本、監本『蔬』作『疏』。」

❸ 「限」，原作「終」，阮云：「閩本、監本、毛本下『終』作『限』，不誤。」據改。

「氣竭」至「委曲」　正義曰：此依鄭注也。《禮記・間傳》曰「斬衰之哭，若往而不反；齊衰之哭，若往而反」，此注據斬衰而言之，是氣竭而後止息。又曰「大功之哭，❶三曲而偯」，鄭注云：「三曲，一舉聲而三折也。偯，聲餘從容也。」是偯爲聲餘委曲也。斬衰則不偯，故云「聲不委曲」也。〇注「觸地無容」　正義曰：此《禮記・問喪》之文也。以其悲哀在心，故形變於外，所以「稽顙，觸地無容，哀之至也」。〇注「不爲文飾」　正義曰：案《喪服四制》云「三年之喪，君不言」，又云「不言而事行者扶而起，言而后事行者杖而起」，鄭玄云：「扶而起，謂天子、諸侯也；杖而起，謂大夫、士也。」今此經云「言不文」，則是謂臣下也。雖則有言，志在哀慼，不爲文飾也。〇注「不安」至「縗麻」

正義曰：案《論語》孔子責宰我，云：「食夫稻，衣夫錦，於汝安乎？」美飾，謂錦繡之類也，故《禮記・問喪》云「身不安美」是也。孝子喪親，心如斬截，爲其不安美飾，故聖人制禮，令服縗麻。當以麤布，❷長六寸，廣四寸。麻爲腰絰、首絰，俱以麻爲之。縗之言摧也，絰之言實也。孝子服之，明其心實摧痛也。韋昭引《書》云「成王既崩，康王冕服即位，既事畢，反喪服」，據此則天子、諸侯但定位初喪，❸是皆服美，故宜不安也。〇注「悲哀」至「樂也」

正義曰：此依鄭注也。言至痛中發，悲哀在心，雖聞樂聲，不爲樂也。〇注「旨美」至「水飲」　正義曰：「旨，美」，經傳常訓也。嚴植之曰：「美食，人之所甘，孝子不以爲甘，故《問喪》云『口不甘味』，是『不甘美味』也；《間傳》曰『父母之喪，既殯，食粥』，『既虞，卒哭，疏食水飲，不食菜果』，是『疏食水飲』也。」韋昭引《曲禮》云「有疾則飲酒食肉」，是爲食旨，故宜不甘也。〇注「不食」至「殞滅」　正義曰：經云「三日而食，毁不滅性」，注言「不食三日」，即三日不食也。云「哀毁過情」者，是毁瘠過度也。言三日不食及毁瘠過度，因此二者有致危亡，皆虧孝行之道。《禮記・問喪》云「親始死，傷腎，乾肝，焦肺，水漿不入口三日」，又《間傳》稱「斬衰三日不食」，此云「三日而食」者何？劉炫言三日之後乃食，皆謂滿三日則食也。云「故聖人制禮施教，不令至於殞滅」者，《曲禮》云「居喪之禮，毁瘠不形」，

❶「又」，原作「文」，據阮本改。

❷「當」上，浦云：「脱『縗』字。」阮是之。「以」，原作「心」，阮云：「監本、毛本『心』作『以』，是也。」據改。

❸「定位」，原作「位定」，阮云：「閩本、監本、毛本作『定位』，是也。」據改。

又曰「不勝喪，乃比於不慈不孝」是也。○注「三年」至「限也」　正義曰：云「三年之喪，天下達禮」者，此依鄭注也。《禮記·三年問》云：「夫三年之喪，天下之達喪也。」鄭玄云：「達，謂自天子至於庶人。」注與彼同，唯改「喪」爲「禮」耳。云「使不肖企及，賢者俯從」者，案《喪服四制》曰：「此喪之所以三年，賢者不得過，不肖者不得不及。」《檀弓》曰：「先王制禮也，過之者俯而就之，不至焉者跂而及之也。」注引彼二文，欲舉中爲節也。起踵曰企，俛首曰俯。云「夫孝子有終身之憂，聖人以三年爲制」者，聖人雖以三年爲文，其實二十五月而畢，故《三年問》云「將由夫脩飾之君子與？❶則三年之喪，二十五月而畢，若駟之過隙，然而遂之，則是無窮也。故先王焉爲之立中制節，壹使足以成文理，則釋之矣」是也。《喪服四制》曰：「始死，三日不怠，三月不解，期悲哀，三年憂，恩之殺也。」故孔子云：「子生三年，然後免於父母之懷。夫三年之喪，天下之達喪也。」所以喪必三年爲制也。

爲之棺椁、衣衾而舉之，周尸爲棺，周棺爲椁。衣，謂斂衣。衾，被也。舉，謂舉屍内於棺也。**陳其簠簋而哀慼之，**簠簋，祭器也。陳奠素器而不見親，故哀感也。**擗踊哭泣，哀以送之，**男踊女擗，祖載送之。**卜其宅兆而安措之，**宅，墓穴也。兆，塋域也。葬事大，故卜之。**爲之宗廟，以鬼享之，**立廟祔祖之後，則以鬼禮享之。**春秋祭祀，以時思之。**寒暑變移，益用增感，以時祭祀，展其孝思也。

疏「爲之」至「思之」　正義曰：此言送終之禮，及三年之後宗廟祭祀之事也。言孝子送終，須爲棺椁、衣衾也，大斂之時則用衾而舉尸内於棺中也，陳設簠簋之奠而加哀慼，葬則男踊女擗，哭泣哀號以送之。親既長依丘壟，故卜選宅兆之地而安置之。既葬之後，則爲宗廟，以鬼神之禮享之，三年之後感念於親，春秋祭祀，以時思之也。○注「周尸」至「棺也」　正義曰：云「周尸爲棺，周棺爲椁」者，此依鄭注也。《檀弓》稱：「葬也者藏也，藏也者欲人之弗得見也。是故衣足以飾身，棺周於衣，椁周於棺，土周於椁。」注約彼文，故言「周尸爲棺，周棺爲椁」也。《白虎通》云：「棺之言完，宜完密也。椁之言廓，謂開廓不使土侵棺也。」《易·繫辭》曰：「古之葬者，厚衣之以

❶「由夫」，原作「申天」，阮云：「閩本、監本、毛本『申天』作『由夫』，是也。」據改。

薪，葬之中野，不封不樹，喪期無數，後世聖人易之以棺槨。」案《禮記》云：「有虞氏瓦棺，夏后氏堲周，殷人棺槨，周人牆置翣。」則虞、夏之時，棺槨之初也。云「衣，謂斂衣。衾，被也。舉，謂舉屍內於棺也」者，此依孔傳也。衣，謂襲與大、小斂之衣也。衾謂單被，覆尸、薦尸所用。從初死至大斂凡三度加衣也，一是襲也，謂沐尸竟著衣也，天子十二稱，公九稱，諸侯七稱，大夫五稱，士三稱，襲皆有袍，袍之上又有衣一通，朝祭之服謂之一稱；二是小斂之衣也，天子至士皆十九稱，不復用袍，衣皆有絮也；三是大斂也，天子百二十稱，公九十稱，諸侯七十稱，大夫五十稱，士三十稱，衣皆禪袷也。《喪大記》云「布紟二衾，君、大夫、士一也」，鄭玄云：「二衾者，或覆之，或薦之。」是舉屍所用也。棺槨之數，貴賤不同。皇侃據《檀弓》以天子之棺四重，謂水、兕革棺，❶杝棺一，梓棺二。最在內者水牛皮，次外兕牛皮，各厚三寸爲一重，合厚六寸。又有杝棺，厚四寸，謂之椑棺，言漆之椑椑然。❷前三物爲二重，合一尺。外又有梓棺，厚六寸，謂之屬棺，言連屬內外，就前四物爲三重，合厚一尺六寸。外又有梓棺，厚八寸，謂之大棺，言其最大，在梟棺之外，就前五物爲四重，合厚二尺四寸也。上公去水牛皮，則三重，合厚二尺一寸也。侯、伯、子、男又去兕牛皮，則二重，合厚一尺八寸。上大夫又去椑棺，一重，合厚一尺四寸。下大夫亦一重，但屬四寸、大棺六寸，合厚一尺。士不重，無屬，唯大棺六寸。庶人即棺四寸。案《檀弓》云「柏槨以端，長六尺」，又《喪大記》曰「君松槨，大夫柏槨，士雜木槨」是也。○注「簠簋」至「慼也」　正義曰：「簠簋，祭器也」者，《周禮·舍人》職云「凡祭祀供簠簋，實之陳之」，是簠簋爲器也，❸故鄭玄云：「方曰簠，圓曰簋，盛黍稷稻粱器。」云「陳奠素器而不見親，故哀慼也」者，《下檀弓》云：「奠以素器，以生者有哀素之心也。」又案「陳簠簋」在「衣衾」之下、「哀以送」之上，舊說以爲大斂祭是不見親，故哀慼也。○注「男踊」至「送之」　正義曰：案《問喪》云：「在牀曰尸，在棺曰柩。動尸舉柩，哭踊無數。惻怛之心，痛疾之意，悲哀志懣氣盛，故袒而踊之。❹婦人不宜袒，故發胸、擊心、爵踊，殷

❶「革」，原作「蕢」，據阮本改。
❷「椑椑」，阮云：「監本、毛本作『甓甓』。」
❸「器」上，浦云：「脫『祭』字。」
❹「袒」，原作「祖」，阮云：「閩本、監本、毛本『祖』作『袒』，是也。」據改。下「婦人不宜袒」同。

殷田田，如壞牆然。」則是女質不宜極踊，故以「擗」言之。據此女既有踊，則男亦有擗，是互文也。云「祖載送之」者，案《既夕禮》：柩車遷祖，質明設遷祖奠，日側徹之，「乃載」，鄭注云：「乃舉柩郤下而載之。」又云商祝飾柩及陳器訖，「乃祖」，注云：「還柩鄉外，爲行始。」又《檀弓》云「曾子弔於負夏，主人既祖」，鄭云：「祖，謂移柩車去載處，爲行始。」然則祖，始也。以生人將行而飲酒曰祖，故柩車既載而設奠謂之祖奠，是「祖載送之」之義也。○注「宅墓」至「卜之」　正義曰：云「宅，墓穴也。兆，塋域也」者，此依孔傳也。案《士喪禮》「筮宅」，鄭云：「宅，葬居也。」《詩》云：「臨其穴，惴惴其慄。」鄭云：「穴，謂冢壙中也。」故云「宅，墓穴也」。案《周禮》「冢人掌公墓之地，辨其兆域」，則兆是塋域也。云「葬事大，故卜之」者，❶此依鄭注也。孔安國云「恐其下有伏石涌水泉，復爲市朝之地，故卜之」是也。○注「立廟」至「享之」　正義曰：立廟者，即《禮記·祭法》天子至士皆有宗廟，云：「王立七廟，曰考廟，曰王考廟，曰皇考廟，曰顯考廟，曰祖考廟，皆月祭之；遠廟爲祧，有二祧，享嘗乃止。諸侯五廟，❷曰考廟，曰王考廟，曰皇考廟，皆月祭之；顯考廟、祖考廟，享嘗乃止。大夫立三廟，曰考廟，曰王考廟，曰皇考廟，享嘗乃止。適士二廟，曰考廟，曰王考廟，享嘗乃止。官師一廟，曰考廟。庶人無廟。」斯則立宗廟者，爲能終於事親也。舊解云：宗，尊也；廟，貌也。言祭宗廟，見先祖之尊貌也，故《祭義》曰「祭之日，入室，僾然必有見乎其位；周還出户，❸愾然必有聞乎其歎息之聲」是也。祔祖謂以亡者之神祔之於祖也。《檀弓》曰：「卒哭曰成事。是日也，以吉祭易喪祭。明日祔祖父。」❹則是卒哭之明日而祔，未卒哭之前皆喪祭也，既祔之後則以鬼禮享之。然「宗廟」謂士以上，則「春秋祭祀」兼於庶人也。○注「寒暑」至「思也」　正義曰：案《祭義》云「霜露既降，君子履之必有悽愴之心，非其寒之謂也；春雨露既濡，君子履之必有怵惕之心，如將見之」是也。❺

生事愛敬，死事哀慼，生民之本盡矣，死生之義備矣，孝子之事親終矣。」愛敬、

---

❶「卜」，原作「上」，據阮本改。

❷「侯」下，浦云：「脱『立』字。」阮是之。

❸「户」下，浦云：「脱『肅然必有聞乎其容聲出户而聽』十三字。」

❹「祔」下，浦云：「脱『於』字。」

❺「也」，原作「之」，據阮本改。

哀慼，孝行之始終也。備陳死生之義，以盡孝子之情。

疏「生事」至「終矣」 正義曰：此合結生死之義。言親生則孝子事之，盡於愛敬；親死則孝子事之，盡於哀慼。生民之宗本盡矣，死之義理備矣，❶孝子之事親終矣。言十八章具載有此義。○注「愛敬」至「之情」 正義曰：云「愛敬、哀慼，孝行之終始也」者，❷愛敬是孝行之始也，哀慼是孝行之終也。云「備陳死生之義，以盡孝子之情」者，言孝子之情無所不盡也。

孝經注疏卷第九

❶「死」下，浦云：「脱『生』字。」阮是之。

❷「終始」，阮云：「案當作『始終』。」

孝經注解

〔唐〕玄宗李隆基　注
司馬光　指解
〔北宋〕范祖禹　說
趙四方　井良俊　校點

目　録

校點説明

《孝經注解》一卷，唐玄宗注，宋司馬光指解，范祖禹説。

司馬光（一〇一九—一〇八六），字君實，陝州夏縣人，世稱涑水先生。宋仁宗寶元初中進士，歷官直祕閣、開封府推官。英宗時進龍圖閣直學士。神宗即位，擢爲翰林學士。因極言新法不便，忤王安石，出判西京御史臺，凡居洛陽十五年。哲宗立，拜尚書左僕射兼門下侍郎，力除新法。元祐元年九月卒，年六十八，贈太師、温國公，謚文正。司馬光一生著述宏富，除《古文孝經指解》外，有《資治通鑑考異》、《稽古録》、《温公易説》等多種著作，其中尤以主持編修之《資治通鑑》對後世影響最巨。其生平及學術詳參《宋史》卷三三六及《宋元學案》卷七、八。范祖禹（一〇四一—一〇九八），字淳夫，一字夢得，成都華陽人。嘉祐八年中進士，從司馬光編修《資治通鑑》，在洛十五年，不樂仕進。書成，司馬光薦爲祕書省正字。哲宗立，累遷著作郎兼侍講，拜右諫議大夫。後因言者攻之，連貶而卒，年五十八。傳世著作有《唐鑑》、《帝學》、《范太史集》等。其生平及學術詳參《宋史》卷三三七及《宋元學案》卷二一。

《孝經》有今文、古文二本。今文有鄭氏注，古文舊傳有孔安國傳，後亡於梁亂，隋時曾復得一本。唐開元七年（七一九），玄宗詔令群儒質定今古，後頒行御注，終以今文十八章爲定。於是今文遂行，古文幾廢。及至宋仁宗皇祐年間，司馬光於館閣董理祕府藏書，得見「鄭氏、明皇及古文三家」《孝經》，其中「古文有經無傳」。據司馬光所作《古文孝經指解序》，祕府所藏本「蓋好事者用孔氏傳本更以古文寫之，其文則非，其語則是」，且因「始藏之時，去聖未遠」，故而司馬光以爲「其書最真」，並據此本

「以隸寫古文爲之《指解》」。書成之後，司馬光於仁宗、神宗時兩次進御，並分別上《進古文孝經指解表》和《進孝經指解劄子》。哲宗元祐三年（一〇八八），經筵侍講范祖禹據司馬光《指解》本作《古文孝經說》一卷。在《進古文孝經說劄子》中，范祖禹認爲今、古文《孝經》「雖不同者無幾，然古文實得其正」。於此可見，司馬光、范祖禹皆對古文《孝經》推崇備至。司馬、范二書問世後，古文《孝經》名存實亡的局面爲之一變，尤其是朱熹據古文作《孝經刊誤》之後，對古文《孝經》的推崇一時蔚爲風氣。

北宋以前，古文《孝經》曾多次出現。漢武帝末魯恭王壞孔子宅，曾得古文《孝經》（《漢書·藝文志》）。後世學者云孔安國曾爲之作傳，因梁亂而亡佚。隋時祕書監王劭於京師訪得古文《孝經》孔傳，送至河間劉炫處，後上於朝廷，唐初之人已多疑其僞（《隋書·經籍志》）。至唐大曆時，李士訓從灞上得石函絹素古文《孝經》，爲「科斗」文，李陽冰、韓愈等人皆曾傳習之。據今人舒大剛先生《司馬光指解本〈古文孝經〉的源流與演變》、《論宋代的〈古文孝經〉學》二文的考證，司馬光在館閣所見之古文《孝經》，當爲唐李士訓所得之石函絹素本經文。

今見於著録的司馬光《古文孝經指解》各類傳本均爲合編本。其中，《通志堂經解》康熙十九年（一六八〇）刻本中《孝經注解》（以下簡稱「通志堂本」）刊刻年代最早，故此次校點以之作爲底本。此本曾於同治十二年（一八七三）重刻，基本無異。通志堂本將玄宗注、司馬光指解、范祖禹說三書合刻。翁方綱《通志堂經解目録》曾引何焯語，稱此本源出「李中麓本」，則明代李開先之時，三書已經合編。周中孚《鄭堂讀書記》認爲合編「當出於元、明間人所爲」，而舒大剛先生在前二文中，將三書合編的最早可能年代上推至南宋寧宗時期，這一看法當爲近實。

《增訂四庫簡明目録標注》中「古文孝經指解」條下，録有「明覆宋本」，今不見於各館著録，其爲單行本抑或合編本難以確定。南宋晁公武《郡齋讀書志》、尤袤《遂初堂書目》和陳振孫《直齋書録解題》，皆著録「司馬光《指解》」、「范祖禹《説》」各一卷，明初《文淵閣書目》亦著録「《温公孝經指(揮)〔解〕》一部一册」，這表明《古文孝經指解》單行本從南宋直至明初皆有流傳。然而，今已難以確知此種單行本之具體面貌。

此次校點以范祖禹書古文《孝經》石刻爲校本之一。就古文《孝經》經文而言，該石刻校勘價值極高，馬衡先生曾全文録入《凡將齋金石叢稿》卷六(中華書局一九七七年版)，並稱其爲「唯一最早之古文本」。古文石刻本凡二十二章，與通志堂本章數雖同，唯分章之處小有出入。古文石刻本第六章「此庶人之孝也」下，即接「故自天子」一段二十三字，又下接「曾子曰」等九字，通爲一章，而通志堂本則將「故自天子」一段别爲第七章，「曾子曰」等九字屬第八章。古文石刻本「先王見教之可以化民也」以下别爲第八章，通志堂本則屬上爲一章。除分章之異，通志堂本與古文石刻本在文字上亦多有增删、相異之處。

此次校點的另一校本爲臺灣商務印書館影印文淵閣《四庫全書》本。《四庫全書總目》謂：「《古文孝經指解》一卷，不著編輯者名氏，以宋司馬光、范祖禹之説合爲一書。」四庫館臣稱據内府藏本抄録，此内府藏本今已無從得見，唯知亦是合編本。該本第二十章「言之不通也」五字爲大字經文，四庫館臣已發現此誤(今取古文石刻本核之，該五字確爲後人誤注入經)，然而一仍舊貌。該本首録玄宗序，次録司馬光指解序，次録范祖禹説序。通志堂本則首録司馬光指解序，次録玄宗序，次録范祖禹説序。

乾隆元年(一七三六)，陳宏謀在雲南刊刻《孝經注解》，跋語稱據通志堂本。道光二十七年(一八四七)二月，諸城李璋煜又取陳宏謀本校以通志堂本刊刻；同年九月，文山李延福重刊李璋煜本，是爲求是軒刻本。此本源出通志堂本，産生過程中雖曾校以通志堂本，然而差别甚大，且多有訛誤。國家圖書館所藏清刻本《孝經注解》，亦源出通志堂本。該館將其著録爲南海何氏刻本，從異文來看，與求是軒刻本關係極近。唯求是軒刻本中陳宏謀、何文綺等人跋語位於書首，此本則位於書末，因而其産生年代或稍晚於求是軒刻本。另外，道光十四年（一八三四）福山王德瑛日省吾齋刻《今古文孝經彙刻》本《孝經指解》，删去玄宗注，序跋皆無，不知所出。

晚清錢塘伊樂堯曾單獨録司馬光《指解》爲一册，附范説於後。仁和金繩武認爲《指解》「與明皇注及范淳夫説混併爲一，使切要之旨汩於叢冗之中而勿見」，遂於咸豐七年（一八五七）取伊樂堯所録付梓，是爲評花僊館本。該本題《古文孝經指解》一卷，無玄宗注，《指解》文末冠以「司馬光曰」四字，末附范祖禹説。據金繩武跋語，可知伊樂堯據以改定者亦是合編本，然而究爲何本，未有明言。其後，伊樂堯又對評花僊館本進行改編，取司馬光指解、范祖禹説與李光地注合編，將范説、李注散於各章之後，且於《孝經》經文悉舍古從今。桂林朱琦於咸豐十一年（一八六一）取而刻之，題《孝經指解説注》一卷。上述二本有一共同之處，即皆將「言之不通也」五字以小字刊刻，蓋視之爲司馬光《指解》文，所見良是，且其異文亦多有當理之處。除卻上述諸本，尚有日本文化刻《通志堂經解》本，未及核校，附識於此。

此次校點以通志堂本（復旦大學圖書館藏本）爲底本，以古文石刻本（馬衡先生《凡將齋金石叢稿》卷六）、影印文淵閣《四庫全書》本（簡稱「四庫本」）、評花僊館本（南京圖書館藏本，簡稱「金本」）爲校本，以日省吾齋刻本（復旦大學圖書館藏本，簡稱「王本」）、求是軒刻本（上海圖書館藏本，簡稱「李本」）、南海何氏刻本（國家圖書館藏本，簡稱「何本」）。又，湖北省圖書館藏羊城拾芥園本《孝經注解》，經校點者查勘，實爲何本後印本。）、桂林朱琦咸豐十一年刻本（浙江省圖書館藏本，簡稱「朱本」）、同治重刻通志堂本（復旦大學圖書館藏本）爲參校本。爲保持底本的完整性與獨立性，除少數能斷定文義不通者，皆只出異文校記而不據以改補底本。各本所題書名不一，今遵從底本，題《孝經注解》。底本内「玄」、「炫」、「眩」等字避清聖祖名諱缺末筆，今一律補足缺筆。爲清眉目，此次整理以空行區别各章。限於學力，疏漏難免，尚祈方家不吝指正。

校點者　趙四方　井良俊

古文孝經指解序

朝奉郎守殿中丞充集賢校理史館檢討臣司馬光上進

聖人言則爲經，動則爲法。故孔子與曾參論孝，而門人書之，謂之《孝經》。及傳授滋久，章句寖差，孔氏之人畏其流蕩失真，故取其先世定本，雜虞、夏、商、周之書及《論語》藏諸壁中。苟使人或知之，則旋踵散失，故雖子孫不以告也。遭秦滅學，天下之書埽地無遺。漢興，河間人顔芝之子得《孝經》十八章，儒者相與傳之，是爲今文。及魯共王壞孔子宅而古文始出，凡二十二章。當是之時，今文之學已盛，故古文排根，不得列於學官。獨孔安國及後漢馬融爲之傳。諸儒黨同疾異，信僞疑真，是以歷載累百而孤學沈厭，人無知者。隋開皇中，祕書學生王逸於陳人處得之，❶河間劉炫爲之作《稽疑》一篇，將以興墜起廢，而時人已多譏笑之者。及唐明皇開元中，詔議孔、鄭二家。劉知幾以爲宜行孔廢鄭，於是諸儒争難蠭起，卒行鄭學。及明皇自注，遂用十八章爲定。先儒皆以爲孔氏避秦禁而藏書，臣竊疑其不然。何則？秦科斗之書廢絶已久，❷又始皇三十四年始下焚書之令，距漢興纔七年耳。孔氏子孫豈容悉無知者，必待共王然後乃出？蓋始藏之時，

❶「學生王逸」，中華書局影印嘉慶刊《十三經注疏》本《孝經注疏》「御制序并注」疏文，阮校云：「《文苑英華》『王』下有『孝』字，又注云一本『生』作『士』，案《唐會要》作『士』。」

❷「秦」下，金本、朱本有「世」字。

去聖未遠，其書最真，與夫他國之人轉相傳授、歷世踈遠者誠不侔矣。且《孝經》與《尚書》俱出壁中，今人皆知《尚書》之真，而疑《孝經》之僞，是何異信膾之可啗，而疑炙之不可食也？嗟乎！真僞之明皦若日月，而歷世爭論不能自伸。雖其中異同不多，然要爲得正，此學者所當重惜也。前世中，《孝經》多者五十餘家，少者亦不減十家。今祕閣所藏止有鄭氏、明皇及古文三家而已。其古文有經無傳，案孔安國以古文時無通者，故以隸體寫《尚書》而傳之。然則《論語》、《孝經》不得獨用古文。此蓋後世好事者用孔氏傳本，更以古文寫之，其文則非，其語則是也。夫聖人之經，高深幽遠，固非一人所能獨了。是以前世並存百家之說，使明者擇焉，所以廣思慮、重經術也。臣愚雖不足以度越前人之胷臆，闚望先聖之藩籬，至於時有所見，亦各言爾志之義，是敢輒以隸寫古文爲之《指解》。其今文舊注有未盡者，引而伸之；其不合者，易而去之。亦未知此之爲是而彼之爲非。然經猶的也，一人射之，不若衆人射之，其爲取中多矣。臣不敢避狂僭之罪，而庶幾於先王之道萬一有所補焉。

今文孝經序

唐玄宗皇帝

朕聞上古，其風朴略，雖因心之孝已萌，而資敬之禮猶簡。及乎仁義既有，親譽益著，聖人知孝之可以教人也，故「因嚴以教敬，因親以教愛」，於是以順移忠之道昭矣，立身揚名之義彰矣。子曰：「吾志在《春秋》，行在《孝經》。」是知孝者德之本歟！經曰：「昔者明王之以孝治天下也，不敢遺小國之臣，而況於公、侯、伯、子、男乎？」朕嘗三復斯言，景行先哲，雖無德教加於百姓，庶幾廣愛刑于四海。嗟乎！夫子没而微言絶，異端起而大義乖。況泯絶於秦，得之者皆煨燼之末；濫觴於漢，傳之者皆糟粕之餘。故魯史《春秋》，學開五傳；《國風》、《雅》、《頌》，分爲四《詩》。去聖逾遠，源流益別。近觀《孝經》舊注，踳駁尤甚。至於迹相祖述，殆且百家；業擅專門，猶將十室。希升堂者必自開户牖，攀逸駕者必騁殊軌轍，是以道隱小成，言隱浮僞。且傳以通經爲義，義以必當爲主。至當歸一，精義無二，安得不翦其繁蕪而撮其樞要也？韋昭、王肅，先儒之領袖；虞翻、劉卲，❶抑又次焉。劉炫明安國之本，陸澄譏康成之注。在理或當，何必求人？今故特舉六家之異同，會五經之旨趣。約文敷暢，義則昭然；分注錯經，❷理亦條貫。寫

❶「卲」，原作「邵」，《四庫全書總目》卷一百十七子部雜家類《人物志》提要引宋庠考證應作「卲」，據改。

❷「分注錯經」，原作「經分注錯」，據中華書局影印嘉慶刊《十三經注疏》本《孝經注疏》及李本、何本改。

之琬琰，庶有補於將來。且夫子談經，志取垂訓，雖五孝之用則别，而百行之源不殊。是以一章之中，凡有數句；一句之内，意有兼明。具載則文繁，略之又義闕，今存於疏，用廣發揮。

古文孝經說序

修實録撿討官承議郎祕書省著作郎
兼侍講臣范祖禹上進

古文《孝經》二十二章，與《尚書》、《論語》同出於孔氏壁中。歷世諸儒，疑眩莫能明，故不列於學官。今文十八章，自唐明皇爲之注，遂行於世。二書雖大同而小異，然得其真者古文也。臣今竊以古爲據，而申之以訓說，雖不足以明先王之道，庶幾有萬一之補焉。臣謹上。

孝經

唐玄宗皇帝注　宋司馬光指解
范祖禹説

仲尼閒居，今文無「閒」。玄宗曰：仲尼，孔子字。居，謂閒居。**曾子侍坐。**今文無「坐」。玄宗曰：曾子，孔子弟子。侍，謂侍坐。**子曰：「參，先王有至德要道，以順天下，民用和睦，上下無怨。女知之乎？」**玄宗曰：孝者，德之至、道之要也。言先代聖德之主能順天下人心，行此至要之化，則上下臣人，❶和睦無怨。○司馬光曰：聖人之德，無以加於孝，故曰「至德」。可以治天下、通神明，故曰「要道」。天地之經而民是則，非先王强以教民，故曰「以順天下」。孝道既行，則父父、子子、兄兄、弟弟，故民和睦。下以忠順事其上，上不敢侮慢其下，故「上下無怨」。**曾子避席，曰：「參不敏，何足以知之？」**玄宗曰：參，曾子名也。禮，師有問，避席起答。敏，達也。言參不達，何足以知此至要之義。**子曰：「夫孝，德之本，**玄宗曰：人之行，莫大於孝，故爲德本。**教之所由生。**玄宗曰：言教從孝而生。**復坐，吾語女。**玄宗曰：曾參起對，故使復坐。○司馬光曰：人之修德必始於孝，而後仁義生。先王之教亦始於孝，而後禮樂興。**身體髮膚，受之父母，不敢毀傷，孝之始也；**玄宗曰：父母全而生之，己當全而歸之，故不敢毀傷。○司馬光曰：身體，言其大；髮膚，言其細。細猶愛之，況其大乎？夫聖人之教，所以養民而全其生也。苟使民輕用其身，則違道以求名，乘險以要利，忘生以決忿，如是而生民之類滅矣。故聖人論孝之始，而以愛身爲先。或曰：孔子云「有殺身以成仁」，然則仁者固不孝與？曰：非此之謂也。此之所言，常道也；彼之所論，遭時不得已而爲之也。仁者豈樂殺其身哉？顧不能兩全，則舍生而取仁，非謂輕

❶「臣」，原作「神」，據中華書局影印嘉慶刊《十三經注疏》本《孝經注疏》改。

用其身也。**立身行道，揚名於後世，以顯父母，孝之終也。**玄宗曰：言能立身行此孝道，自然名揚後世，光顯其親。故行孝以不毁爲先，揚名爲後。○司馬光曰：人之所謂孝者，「有事，弟子服其勞；有酒食，先生饌」。聖人以爲此特養爾，非孝也。所謂孝：「國人稱願然，曰：『幸哉！有子如此。』」故君子立身行道，以爲親也。**夫孝，始於事親，中於事君，終於立身。**玄宗曰：言行孝以事親爲始，事君爲中，忠孝道著，乃能揚名榮親，故曰「終於立身」也。○司馬光曰：明孝非直親而已。**《大雅》云：『無念爾祖，聿修厥德。』」**玄宗曰：《詩·大雅》也。無念，念也。聿，述也。厥，其也。義取恒念先祖，述修其德。○司馬光曰：毋念，念也。言毋亦念爾之祖乎，而不修德也。引此以證人之修德，皆恐辱先也。○范祖禹曰：聖人之德，無以加於孝，故曰「至德」。治天下之道，莫先於孝，故曰「要道」。因民之性而順之，故曰「順天下」。「民用和睦，上下無怨」，順之至也。上以善道順下，故下無怨；下以愛心順上，故上無怨。人之爲德，必以孝爲本，先王所以治天下，亦本於孝而後教生焉。孝者，五常之本，百行之基也。未有孝而不仁者也，未有孝而不義者也，未有孝而無禮者也，未有孝而不智者也，未有孝而不信者也。以事君則忠，以事兄則悌，以治民則愛，以撫幼則慈。德不本於孝，則非德也；教不生於孝，則非教也。君子之行必本於身。《記》曰：「身也者，親之枝也。」可不敬乎？身體髮膚，受之於親而愛之，則不敢忘其本。不敢忘其本，則不爲不善以辱其親。此所以爲孝之始也。善不積不足以立身，身不立不足以行道。行修於内而名從之矣。故以身爲法於天下，而揚名於後世，以顯其親者，孝之終也。居則事親者，在家之孝也；出則事長者，❶在邦之孝也；立身揚名者，永世之孝也。盡此三道者，君子所以成德也。《記》曰：「必則古昔，稱先王。」故孔子言孝，每以《詩》、《書》明之，言必有稽也。

子曰：「愛親者不敢惡於人，玄宗曰：博愛也。**敬親者不敢慢於人。**玄宗曰：廣敬也。○司馬光曰：語更端，故以「子曰」起之。不敢惡慢，明出乎此者返乎彼者也。惡慢於人，則人亦惡慢之，如此辱將及

❶「長」，金本、朱本作「君」。

親。愛敬盡於事親，而德教加於百姓，刑于四海，玄宗曰：刑，法也。君行博愛、廣敬之道，使人皆不慢惡其親，則德教加被天下，當爲四夷之所法則也。蓋天子之孝。玄宗曰：蓋，猶略也。孝道廣大，此略言之。〇司馬光曰：愛恭人者，懼辱親也。然愛人，人亦愛之；恭人，人亦恭之。人愛之，則莫不親；人恭之，則莫不服。以天子而行此道，則德教可以加於百姓，刑于四海矣。刑，法也。言皆以爲法。《甫刑》云：『一人有慶，兆民賴之。』」玄宗曰：《甫刑》即《尚書·呂刑》也。一人，天子也。慶，善也。十億曰兆。義取天子行孝，兆人皆賴其善。〇司馬光曰：慶，善也。一人爲善，而天下賴之，明天子舉動，所及者遠，不可不慎也。〇范祖禹曰：天子之孝，始於事親，以及天下。愛親則無不愛也，故不敢惡於人；敬親則無不敬也，故不敢慢於人。天子之於天下也，不敢有所惡，亦不敢有所慢，則事親之道，極其愛敬矣。刑之爲言法也。德教加於百姓、刑于四海者，皆以天子爲法也。天子者，天下之表也。率天下以視一人，天子愛親，則四海之内無不愛其親者矣；天子敬親，則四海之内無不敬其親者矣。天子者，所以爲法於四海也。《詩》曰：「羣黎百姓，徧爲爾德。」故孝始於一心，而教被於天下；慶在其一身，而億兆無不賴之也。

「在上不驕，❶高而不危；玄宗曰：諸侯，列國之君，貴在人上，可謂高矣，而能不驕，則免危也。〇司馬光曰：高而危者，以驕也。制節謹度，滿而不溢。玄宗曰：費用約儉謂之制節，慎行禮法謂之謹度。無禮爲驕，奢泰爲溢。〇司馬光曰：滿爲溢者，❷以奢也。制節，制財用之節。謹度，不越法度。高而不危，所以長守貴；滿而不溢，所以長守富。富貴不離其身，然後能保其社稷，而和其民人，玄宗曰：列國皆有社稷，其君主而祭之。言富貴常在其身，則長爲社稷之主，而人自和平也。蓋諸侯之孝。司馬光曰：能保社稷，孝莫大焉。《詩》云：『戰戰兢兢，如臨深淵，如履薄冰。』」玄宗曰：戰戰，恐懼。

❶「在」上，古文石刻本有「子曰」二字。

❷「爲」，金本、朱本作「而」。

兢兢，戒慎。臨深恐墜，履薄恐陷，義取爲君恒須戒慎。○司馬光曰：不敢爲驕奢。○范祖禹曰：國君之位可謂高矣，有千乘之國可謂滿矣。在上位而不驕，故雖高而不危；制節而能約，謹度而不過，故雖滿而不溢。貴者易驕，驕則必危；富者易盈，盈則必覆。故聖人戒之。貴而不驕則能保其貴矣，富而不奢則能保其富矣。國君不可以失其位，惟勤於德，則富貴不離其身，故能保其社稷，和其民人。所受於天子、❶先君者也，能保之則爲孝矣。《詩》云：「戰戰兢兢，如臨深淵，如履薄冰。」言處富貴者持身當如此，戒慎之至也。夫位愈大者守愈約，民愈衆者治愈簡。《中庸》曰：「君子篤恭而天下平。」故天子以事親爲孝，諸侯以守位爲孝。事親而天下莫不孝，守位而後社稷可保，民人乃和。天子者，與天地參，德配天地，富貴不足以言之也。

「非先王之法服不敢服，❷玄宗曰：服者，身之表也。先王制五服，各有等差。言卿大夫遵守禮法，不敢僭上逼下。非先王之法言不敢道，非先王之德行不敢行。玄宗曰：法言，謂禮法之言。德行，謂道德之行。若言非法、行非德，則虧孝道，故不敢也。○司馬光曰：君當制義，臣當奉法，故卿大夫奉法而已。是故非法不言，非道不行。玄宗曰：言必守法，行必遵道。○司馬光曰：謂出於身者也。口無擇言，身無擇行。玄宗曰：言行皆遵法道，所以無可擇也。○司馬光曰：謂接於人者也。擇，謂或是或非，可擇者也。言滿天下無口過，行滿天下無怨惡。玄宗曰：禮法之言，焉有口過？道德之行，自無怨惡。○司馬光曰：謂及於天下者也。言雖遠及於天下，猶無過差，爲人所怨惡。三者備矣，然後能守其宗廟，玄宗曰：三者，服、言、行也。禮，卿大夫立三廟，以奉先祖。言能備此三者，則能長守宗廟之祀。蓋卿大夫之孝也。司馬光曰：三者，謂出於身、接於人、及於天下。《詩》云：『夙夜匪懈，以事一人。』」玄宗曰：夙，早也。懈，惰也。義取爲卿大夫能早夜不惰，敬事其君也。○司

❶「所」上，金本、朱本有「社稷民人」四字。

❷「非」上，古文石刻本有「子曰」二字。

馬光曰：言謹守法度以事君。○范祖禹曰：卿大夫以循法度爲孝。服先王之服，道先王之言，行先王之行，然後可以爲卿大夫。不言非法也，故口無可擇之言；不行非道也，故身無可擇之行。欲言行無可擇者，正心而已矣。心正則無不正之言、不善之行。言日出於口，皆正也；行日出於身，皆善也。雖滿天下，而無口過、怨惡，則可謂孝矣。《易》曰：「言行，君子之所以動天地也。」然則言滿天下亦不必多，行滿天下亦不必著。一言一行，皆足以塞乎天下，其可不慎乎？

「資於事父以事母而愛同，❶司馬光曰：資，取也。取於事父之道以事母，其愛則等矣，而恭有殺焉，以父主義，母主恩故也。資於事父以事君而敬同。玄宗曰：資，取也。言愛父與母同，敬父與君同。○司馬光曰：取於事父之道以事君，恭則等矣，而愛有殺焉，以君臣之際，義勝恩故也。故母取其愛，而君取其敬，兼之者父也。玄宗曰：言事父兼愛與敬也。○司馬光曰：明父者愛恭之至隆。故以孝事君則忠，玄宗曰：移事父孝以事於君，則爲忠矣。以敬事長則順，玄宗曰：移事兄敬以事於長，則爲順矣。忠順不失，以事其上，然後能保其爵禄，❷而守其祭祀，玄宗曰：能盡忠順以事君長，則常安禄位，永守祭祀。蓋士之孝也。❸司馬光曰：君言社稷，卿大夫言宗廟，士言祭祀，皆舉其盛者也。禮，庶人薦而不祭。《詩》云：『夙興夜寐，無忝爾所生。』」玄宗曰：忝，辱也。所生，謂父母也。義取早起夜寐，無辱其親也。○司馬光曰：忝，辱也。言當夙夜爲善，毋辱其父母。○范祖禹曰：人莫不有本，父者生之本也。事母之道，取於事父之愛心也；事君之道，取於事父之敬心也。其在母也，愛同於父，非不敬母也，愛勝敬也；其在君也，敬同於父，非不愛君也，敬勝愛也。愛與敬，父則兼之，是以致隆於父，一本故也。致一而後能誠，知本而後能孝。故移孝以事君則爲忠，推敬以事長則爲順。能保其爵禄，守其祭祀，

❶「資」上，古文石刻本有「子曰」二字。
❷「爵禄」，古文石刻本作「禄位」。
❸「也」，金本無。

則不辱。

子曰：「因天之道，❶玄宗曰：春生、夏長、秋收、冬藏，舉事順時，此用天道也。○司馬光曰：春耕秋穫。因地之利，玄宗曰：分別五土，視其高下，各盡所宜，此分地利也。○司馬光曰：高宜黍、稷，下宜稻、麥。謹身節用以養父母。玄宗曰：身恭謹則遠恥辱，用節省則免饑寒。公賦既充，則私養不闕。○司馬光曰：謹身則無過，不近兵刑；節用則不乏，以共甘旨。能此二者，養道盡矣。此庶人之孝也。」❷玄宗曰：庶人爲孝，唯此而已。○司馬光曰：明自士以上，非直養而已。要當立身揚名，保其家國。○范祖禹曰：因天之道，❸用其時也；因地之利，從其宜也。天有時，地有宜，而財用於是乎滋殖。聖人教民，因之以厚其生。謹身則遠罪，節用則不乏，故能以養父母。此孝之事也。

「故自天子已下，至於庶人，孝無終始，而患不及者，未之有也。」玄宗曰：始自天子，終於庶人。尊卑雖殊，孝道同致，而患不能及者，未之有也。言無此理，故曰「未有」。○司馬光曰：始則事親也，終則立身行道也。患，謂禍敗。言雖有其始而無其終，猶不得免於禍敗，而羞及其親，未足以爲孝也。○范祖禹曰：庶人以養父母爲孝，自士已上則莫不有位。士以守祭祀爲孝，卿大夫以守宗廟爲孝，諸侯以保社稷爲孝。至於愛敬之道，則自天子至於庶人一也。「始於事親，終於立身」者，孝之終始。自天子至於庶人，孝不能有終有始，而禍患不及者，未之有也。天子不能刑四海，諸侯不能保社稷，卿大夫不能守宗廟，士不能守祭祀，庶人不能養父母，未有災不及其身者也。

曾子曰：「甚哉！孝之大也。」玄宗曰：參聞行孝無限高卑，始知孝之爲大也。○司馬光曰：曾子始者亦謂養親爲孝耳，及聞孔子之言立身治國之道，皆本

❶「因」，金本、朱本作「用」。
❷「也」，金本無。
❸「因」，金本、朱本作「用」。

於孝，乃驚歎其大。子曰：「夫孝，天之經，地之義，民之行。玄宗曰：經，常也。利物爲義。孝爲百行之首，人之恒德，若三辰運天而有常，五土分地而爲義也。天地之經，而民是則之，玄宗曰：天有常明，地有常利。言人法則天地，亦以孝爲常行也。○司馬光曰：經，常也。言孝者天地之常，自然之道，民法之以爲行耳。其爲大，不亦宜乎？因天之明，❶因地之義，以順天下。是以其教不肅而成，其政不嚴而治。玄宗曰：法天明以爲常，因地利以行義，順此以施政教，則不待嚴肅而成理也。○司馬光曰：王者逆於天地之性，則教肅而民不從，政嚴而事不治。今上則天明，下則地義，❷中順民性，❸又何待於嚴肅乎？先王見教之可以化民也，❹玄宗曰：見因天地教化人之易也。○司馬光曰：「教」，當作「孝」，聲之誤也。知孝天地之經，易以化民也。是故先之博愛而民莫遺其親，❺玄宗曰：君愛其親則人化之，無有遺其親者。○司馬光曰：此親謂九族之親，踈且愛之，況於親乎？陳之以德義而民興行，玄宗曰：陳說德義之美，爲衆所慕，則人起心而行之。○司馬光曰：陳，謂陳列以教人。興行，起爲善行。先之敬讓而民不争，❻玄宗曰：君行敬讓，則人化而不争。導之以禮樂而民和睦，玄宗曰：禮以檢其跡，樂以正其心，則和睦矣。○司馬光曰：禮以和外，樂以和内。示之以好惡而民知禁。玄宗曰：示好以引之，示惡以止之。則人知有禁令，不敢犯也。○司馬光曰：君好善而能賞，惡惡而能誅，則下知禁矣。五者皆孝治之具。《詩》云：『赫赫師尹，民具爾瞻。』」玄宗曰：赫赫，明盛貌也。尹氏爲太師，周之三公也。義取大臣助君行化，人皆瞻之也。○司馬光

❶「因」，古文石刻本、金本、朱本、王本作「則」。
❷「則」，金本、朱本作「因」。
❸「順」，原作「非」，據四庫本、金本、朱本、王本改。李本、何本作「爲」。
❹「先」上，古文石刻本有「子曰」二字。
❺「之」下，古文石刻本、四庫本、金本、朱本、王本有「以」字。
❻「之」下，古文石刻本、四庫本、金本、朱本、王本有「以」字。

曰：赫赫，明盛貌。師尹，周太師尹氏。具，俱也。言上之所爲，下必觀而化之。○范祖禹曰：《易》曰：「大哉乾元，萬物資始。」資始則父道也。又曰：「至哉坤元，萬物資生。」資生則母道也。天施之，萬物莫不本於天，故孝者天之經；地生之，萬物莫不親於地，故孝者地之義。天地之道，順而已矣。經者，順之常也；義者，順之宜也。不順則物不生，天地順萬物，故萬物順天地。民生於天地之閒，爲萬物之靈，故能則天地之經以爲行。在天地則爲順，在人則爲孝，其本一也。則天地以爲行者，民也；則天地以爲道者，王也。故上則因天之明，下則因地之義。教不肅而成，政不嚴而治，皆因人心也。先之博愛者，身先之也。博愛者，無所不愛，況其親族，其可遺之乎？上之所爲，不令而從之，故君能博愛，則民不遺其親矣。陳之以德義，德者，得也；義者，宜也。得於己，宜於人，必可見於天下，則民莫不興行矣。先之以敬讓，爲上者不可不敬，爲國者不可不讓。先之以敬讓，所以教民不争也。禮者，非玉帛之謂也；樂者，非鐘鼓之謂也。禮所以修外，主於節；樂所以修内，主於和。天敘有典，天秩有禮，五典五禮，所以奉天也。有序則和樂，故樂由是生焉。有序而和，未有不親睦者也。導之以禮樂，則民和睦矣。上之所好，不必賞而勸；上之所惡，不必罰而懲。好善而惡惡，則民知所禁，甚於刑賞。故人君爲天下，示其好惡所在而已矣。《詩》云：「赫赫師尹，民具爾瞻。」言民之從於上也。

子曰：「昔者明王以孝治天下也，❶玄宗曰：言先代聖明之王以至德要道化人，是爲孝理。**不敢遺小國之臣，而況於公、侯、伯、子、男乎？**玄宗曰：小國之臣，至卑者耳，主尚接之以禮，況於五等諸侯，是廣敬也。○司馬光曰：遺，謂簡忽使之失所。**故得萬國之懽心，以事其先王。**玄宗曰：萬國，舉其多也。言行孝道以理天下，皆得懽心，則各以其職來助祭也。○司馬光曰：莫不得所欲，故皆有懽心，以之事先王，孝孰大焉。**治國者不敢侮於鰥寡，而況於士民乎？**玄宗曰：理國，謂諸侯也。鰥寡，國之微者，君尚不敢輕侮，況知禮義之士乎？○司馬光曰：侮，謂輕棄之。士，謂凡在位者。**故得百姓之懽心，以事**

❶「王」下，古文石刻本、金本、朱本有「之」字。

其先君。玄宗曰：諸侯能行孝理，得所統之懽心，則皆恭事助其祭享也。治家者不敢侮於臣妾，❶而況於妻子乎？玄宗曰：理家，謂卿大夫。臣妾，家之賤者。妻子，家之貴者。故得人之懽心，以事其親。玄宗曰：卿大夫位以材進，受禄養親，若能孝理其家，則得小大之懽心，助其奉養。夫然，故生則親安之，祭則鬼享之，玄宗曰：夫然者，然上孝理皆得懽心，則存安其榮，没享其祭。○司馬光曰：治天下國家者，苟不用此道，則近於危辱，非孝也。是以天下和平，災害不生，司馬光曰：天道和。禍亂不作。玄宗曰：上敬下懽，存安没享，人用和睦，以致太平，則災害、禍亂無因而起。○司馬光曰：人理平。古文「亂」作「乿」，舊讀作「變」，非。故明王之以孝治天下如此。玄宗曰：言明王以孝爲理，則諸侯以下化而行之，故致如此福應。○司馬光曰：使國以孝治其國，家以孝治其家，以致和平。《詩》云：『有覺德行，四國順之。』玄宗曰：覺，大也。義取天子有大德行，則四方之國順而行之。○司馬光曰：覺，大也，直也。言王者有大直之德行，謂以孝治天下，故四方之國無敢逆之。○范祖禹曰：天子不敢遺小國之臣，則待公、侯、伯、子、男以禮可知矣。上以禮待下，下以禮事上，而愛敬生焉。愛敬，所以得天下之懽心也。以萬國懽心而事先王，此天子孝之大者也。治國者不敢侮鰥寡，則無一夫不獲其所矣。以百姓懽心而事先君，此諸侯孝之大者也。伊尹曰：「匹夫匹婦不獲自盡，民主罔與成厥功。」天子之於天下，諸侯之於一國，有一夫不獲其所，一物不得其養，則於事先王、先君有不至者矣。治家者遇臣妾以道，待妻子以禮，然後可以得人之懽心，而不辱其親矣。自天子至於卿大夫，事親以懽心爲大。天子必得天下之心，諸侯必得一國之心，卿大夫必得人之心，乃可以爲孝矣。夫知幽莫如顯，知死莫如生，能事親則能事神。故生則親安之，祭則鬼享之，其理然也。災害，天之所爲也；禍亂，人之所爲也。夫孝，致之而塞乎天地，溥之而横乎四海。推一人之心，而至於陰陽和、風雨時，故災害不生；禮樂興、刑罰措，故禍亂不作。《詩》云：「有覺德行，四國順之。」以天下之大，而莫不順於一人，惟能孝也。

❶「侮」，古文石刻本作「失」。

曾子曰：「敢問聖人之德，其無以加於孝乎？」玄宗曰：參聞明王孝理以致和平，又問聖人德教更有大於孝不。○司馬光曰：言聖人之德，亦止於孝而已邪？ 子曰：「天地之性人爲貴。玄宗曰：貴其異於萬物也。○司馬光曰：人爲萬物之靈。 人之行莫大於孝，玄宗曰：孝者，德之本也。○司馬光曰：孝者，百行之本。 孝莫大於嚴父，玄宗曰：萬物資始於乾，人倫資父爲天。故孝行之大，莫過尊嚴其父也。○司馬光曰：嚴，謂尊顯之。 嚴父莫大於配天，則周公其人也。玄宗曰：謂父爲天，雖無貴賤，然以父配天之禮，始自周公。故曰「其人」也。○司馬光曰：聖人之孝，無若周公事業著明，故舉以爲説。 昔者周公郊祀后稷以配天，玄宗曰：后稷，周之始祖也。郊，謂圜丘祀天也。周公攝政，因行郊天之祭，乃尊始祖以配之也。 宗祀文王於明堂以配上帝，玄宗曰：明堂，天子布政之宫也。周公因祀五方上帝於明堂，乃尊文王以配之也。 是以四海之内，各以其職來助祭。玄宗曰：君行嚴配之禮，則德教刑於四海。海内諸侯各修其職來助祭也。 夫聖人之德又何以加於孝乎？玄宗曰：言無大於孝者。○司馬光曰：武王克商，則后稷、文王固有配天之尊矣。然居位日寡，禮樂未備，政教未洽，其於尊顯之道，猶若有闕。及周公攝政，制禮作樂，以致太平，四海之内莫不服從，各率其職以來助祭，然後聖人之孝於斯爲盛。 故親生之膝下，以養父母日嚴。玄宗曰：親，猶愛也。膝下，謂孩幼之時也。言親愛之心，生於孩幼，比及年長，漸識義方，則日加尊嚴，能致敬於父母也。○司馬光曰：此下又明聖人以孝德教人之道也。親者，親愛之心。膝下，謂孩幼嬉戲於父母膝下之時也。當是之時，已有親愛之心而未知嚴恭。及其稍長，則日加嚴恭。明皆出其天性，非聖人强之。膝，或作育。 聖人因嚴以教敬，因親以教愛。玄宗曰：聖人因其親嚴之心，敦以愛敬之教。故出以就傅，趨而過庭，以教敬也；抑搔癢痛，縣衾篋枕，以教愛也。○司馬光曰：嚴親者，因心自然；恭愛者，約之以禮。 聖人之教不肅而成，其政不嚴而治。玄宗曰：聖人順羣心以行愛敬，制禮則以施政教，亦不待嚴肅而成理也。其所因者，本也。」玄宗曰：本，謂孝也。○司馬光曰：本，謂天性。○范祖禹曰：天地之生萬物，惟人爲貴。人有天地之貌，❶懷五常之性，故人之行莫大於孝。聖人者，人倫之先也，❷惟孝爲大。嚴父，孝之大者也。天子有配天之理。配天，嚴父之大者也，自周公始行之。故郊祀后稷以配天，宗祀文王以配上帝，四海之内，皆來助祭也。所謂得萬國之懽心，事先王者也。聖人德至以如此，❸惟生於心也。孩提之童，無不知愛其親者，故循其本而言之。親愛之心，生於膝下，此其生知之良心。年既長矣，❹則知養父母，而日加敬矣，此亦其自然之良心也。聖人非能强人以爲善，順其性使明於善而已矣。愛敬之心，人皆有之。故因其有嚴而教之敬，因其有親而教之愛。此所以教不肅而成，政不嚴而治。其治同者，❺因於人之天性故也。

子曰：「父子之道，天性，司馬光曰：不慈不孝，情敗之也。君臣之義。玄宗曰：父子之道，天性之常，加以尊嚴，又有君臣之義。❻○司馬光曰：父君子臣。父母生之，續莫大焉。玄宗曰：父母生子，傳體相續，人倫之道，莫大於斯。○司馬光曰：人之所貴有子孫者，爲續祖父之業故也。續，或作績。君親臨之，厚莫重焉。」玄宗曰：謂父爲君，以臨於己，恩義之厚，莫重於斯。○司馬光曰：有君之尊，有親之親，恩義之厚，莫此爲重。○范祖禹曰：父慈子孝出於天性，❼非人爲之也。父尊子卑，則君臣之義立矣。故有父子然後有君臣。《中庸》曰：「父母其順矣乎！」父之愛子，子之孝父，皆順其性而已矣。君臣之義，生於父子。人非父不生，非君不治。故有父斯有子，有君斯有臣。天地定位而父子、君臣立矣。父母生之，續其世，莫大焉。有君之尊，有親之親，

❶「有」，金本、朱本作「肖」。
❷「先」，金本、朱本作「至」。
❸「以」，金本、朱本作「於」。
❹「年」，原作「親」，據金本、朱本改。
❺「同」，金本、朱本作「易」。
❻「義」，原作「養」，據四庫本、李本、何本、《通志堂經解》同治重刻本改。
❼「出」，原作「者」，據金本、朱本改。李本、何本作「本」。

以臨於己，義之存，莫重焉。能知此，則愛敬隆矣。

子曰：「不愛其親而愛他人者，謂之悖德；不敬其親而敬他人者，謂之悖禮。玄宗曰：言盡愛敬之道，然後施教於人。違此則於德禮爲悖也。○司馬光曰：苟不能恭愛其親，雖恭愛他人，猶不免於悖。以明孝者德之本也。以順則逆，民無則焉。玄宗曰：行教以順人心，今自逆之，則下無所法則也。○司馬光曰：謂之順，則不免於逆，又不可爲法則。不在於善，而皆在於凶德，玄宗曰：善，謂身行愛敬也。凶，謂悖其德禮也。雖得之，君子所不貴。玄宗曰：言悖其德禮，雖得志於人上，君子之所不貴也。○司馬光曰：得之，謂幸而有功利。君子則不然，玄宗曰：不悖於德禮也。言斯可道，行斯可樂，玄宗曰：思可道而後言，人必信也；思可樂而後行，人必悦也。德義可尊，❶作事可法，玄宗曰：立德行義，不違道正，故可尊也。制作事業，動得物宜，故可法也。容止可觀，進退可度，玄宗曰：容止，威儀也，必合規矩則可觀也；進退，動静也，不越禮法則可度也。以臨其民，是以其民畏而愛之，則而象之。玄宗曰：君行六事，臨撫其人，則下畏其威、愛其德，皆放象於君也。故能成其德教，而行政令。玄宗曰：上正身以率下，下順上而法之，則德教成、政令行也。○司馬光曰：可道，純正可傳道也。容止，容貌動止也。言皆當極其尊美，使民法之，不爲苟得之功利。《詩》云：『淑人君子，其儀不忒。』」玄宗曰：淑，善也。忒，差也。義取君子威儀不差，爲人法則。○司馬光曰：淑，善；忒，差也。言善人君子内德既茂，又有威儀，然後民服其教。○范祖禹曰：君子愛親而後愛人，推愛親之心以及人也，夫是之謂順德；敬親而後敬人，推敬親之心以及人也，夫是之謂順禮。若夫有愛心而不知愛親，乃以愛人，是心也，無自而生焉；有敬心而不知敬親，乃以敬人，是心也，亦無自而生焉。無自而生者，無本也。故謂之悖。自内而出者，順也；自外而入者，逆也。不施之親而施之他人，是不知己之所由生也。以爲順則逆，不可以爲法，故民無

❶「尊」，古文石刻本作「遵」。

則焉。失其本心，則日入於惡，故不在於善，皆在於凶德。雖得志於人上，君子不貴也。君子存其心、修其身，爲順而不悖。言斯可道，皆法言也；行斯可樂，皆善行也。德義可尊，作事可法，所以表儀於民。容止可觀，進退可度，德充於内，故禮發於外，美之至也。以此臨民，則民畏其敬而愛其仁，則其儀而象其行。故以德教先民而無不成，以政令率民而無不行。《詩》云：「淑人君子，其儀不忒。」言其德之見於外也。

子曰：「孝子之事親，居則致其敬，玄宗曰：平居必盡其敬。○司馬光曰：恭己之身，不近危辱。養則致其樂，玄宗曰：就養能致其懽。○司馬光曰：樂親之志。病則致其憂，玄宗曰：色不滿容，行不正履。喪則致其哀，玄宗曰：擗踊哭泣，盡其哀情。祭則致其嚴，玄宗曰：齋戒沐浴，明發不寐。○司馬光曰：嚴猶慕也。❶五者備矣，然後能事親。玄宗曰：五者闕一，則未爲能。事親者居上不驕，玄宗曰：當莊敬以臨下也。爲下不亂，玄宗曰：當恭謹以奉上也。○司馬光曰：亂者，干犯上之禁令。在醜不争。玄宗曰：醜，衆也。争，競也。當和順以從衆也。○司馬光曰：醜，類也，謂己之等夷。居上而驕則亡，爲下而亂則刑，在醜而争則兵。玄宗曰：謂以兵刃相加。○司馬光曰：争而不已，必以兵刃相加。此三者不除，雖日用三牲之養，猶爲不孝也。」玄宗曰：三牲，太牢也。孝以不毁爲先，言上三事皆可亡身，而不除之，雖日致太牢之養，固非孝也。○司馬光曰：三牲，牛、羊、豕，太牢也。三者不除，憂將及親，雖日具太牢之養，庸爲孝乎？○范祖禹曰：居則致其敬者，舜夔夔齊慄、文王朝于王季日三是也。養則致其樂者，舜以天下養、曾子養志是也。病則致其憂者，武王養疾，文王一飯亦一飯，文王再飯亦再飯是也。喪與祭，孝之終也。備此然後能事親。居上不驕，爲下不亂，在醜不争，皆恐危其親也。居上而驕，則天子不能保四海，諸侯不能保社稷，故亡。爲下而亂，則入刑之道也。在醜而争，則興兵之道

❶「慕」，金本、朱本作「恭」。

也。孝莫大於寧親，三者不除，災必及親。雖能備物以養，猶爲不孝也。

子曰：「五刑之屬三千，而罪莫大於不孝。玄宗曰：五刑，謂墨、劓、剕、宫、大辟也。條有三千，而罪之大者莫過不孝。○司馬光曰：五刑之屬三千者，異罪同罰，合三千條也。**要君者無上，**玄宗曰：君者，臣之稟命也，而敢要之，是無上也。○司馬光曰：君令臣行，所謂順也，而以臣要君，故曰「無上」。**非聖者無法，**玄宗曰：聖人制作禮法，而敢非之，是無法也。○司馬光曰：聖人，道之極、法之原也，而非之，是無法。**非孝者無親，**玄宗曰：善事父母爲孝，而敢非之，是無親也。○司馬光曰：父母且不能事，而況他人，其誰親之？**此大亂之道也。」**玄宗曰：言人有上三惡，豈惟不孝，乃是大亂之道。○司馬光曰：無上則統紀絶，非法則規矩滅，無親則本根蹷。三者大亂之所由生也。○范祖禹曰：人之善莫大於孝，其惡莫大於不孝。故聖人制刑，不孝之罪爲大。君者，臣之所稟令也，而要之，是無上。聖人者，法之所自出也，而非之，是無法。人莫不有親，而以孝爲非，則是無其父母。此三者，致天下大亂之道也。聖人制刑以懲夫不孝、要君、非聖之人，所以防天下之亂也。

子曰：「教民親愛，莫善於孝。司馬光曰：親愛，謂和睦。**教民禮順，莫善於弟。**玄宗曰：言教人親愛、禮順，無加於孝悌也。○司馬光曰：禮順，有禮而順。❶**移風易俗，莫善於樂。**玄宗曰：風俗移易，先入樂聲，變隨人心，正由君德。正之與變，因樂而彰，故曰「莫善於樂」。○司馬光曰：蕩滌邪心，納之中和。**安上治民，莫善於禮。**玄宗曰：禮所以正君臣、父子之别，明男女、長幼之序，故可以安上化下也。○司馬光曰：尊卑有序，各安其分，則上安而民治。**禮者，敬而已矣。**玄宗曰：敬者，禮之本也。○司馬光曰：將明孝而先言禮者，明禮、孝同術而異名。**故敬其**

❶「順」，原作「非」，據四庫本、金本、朱本、王本改。李本、何本「順」下有「適」字。

父則子悦，敬其兄則弟悦，敬其君則臣悦。敬一人而千萬人悦。玄宗曰：居上敬下，盡得懽心，故曰「悦」也。○司馬光曰：天下之父、兄、君，聖人非能徧致其恭，恭一人，則與之同類者千萬人皆悦。**所敬者寡而悦者衆，此之謂要道。」**司馬光曰：所守者約，所獲者多，非要而何？○范祖禹曰：孝於父則能和於親，弟於兄則能順於長。故欲民親愛、禮順，莫如教以孝弟。樂者，天下之和也；禮者，天下之序也。和，故能移風易俗；序，故能安上治民。夫風俗非政令之所能變也，必至於有樂而後治道成焉。禮則無所不敬而已。天下至大，萬民至衆，聖人非能徧敬之也。敬其所可敬者，而天下莫不悦矣。故敬人之父，則凡爲人子者無不悦矣。敬人之兄，則凡爲人弟者無不悦矣。敬人之君，則凡爲人臣者無不悦矣。敬一人而千萬人悦者，以此道也。聖人執要以御繁，敬寡而服衆，是以不勞而治道成也。

子曰：「君子之教以孝也，非家至而日見之也。玄宗曰：言教不必家到户至，日見而語之，但行孝於内，其化自流於外。○司馬光曰：在於施得其要而已。**教以孝，所以敬天下之爲人父者；教以弟，所以敬天下之爲人兄者；**玄宗曰：舉孝悌以爲教，則天下之爲人子弟者，無不敬其父兄也。**教以臣，所以敬天下之爲人君者。**玄宗曰：舉臣道以爲教，則天下之爲人臣者，無不敬其君也。○司馬光曰：天下之父、兄、君，聖人非能身往恭之。修此三道以教民，使民各自恭其長上，則聖人之德無不徧矣。**《詩》云：『愷悌君子，民之父母。』**玄宗曰：愷，樂；悌，易也。義取君以樂易之道化人，則爲天下蒼生之父母也。○司馬光曰：愷，樂；悌，易也。樂易，謂不尚威猛而貴惠和也。能以三道教民者，樂易之君子也。三道既行，則尊者安乎上，卑者順乎下，上下相保，禍亂不生。非爲民父母而何？**非至德，其孰能順民如此其大者乎？」**范祖禹曰：君子所以教天下，非人人而諭之也，推其誠心而已。故教民孝，則爲父者無不敬之。教民弟，則爲兄者無不敬之。教民臣，則爲君者無不敬之矣。君子所謂教者，孝而已。施於兄則謂之弟，施於君則謂之臣，皆出於天性，非由外也。《詩》云：「愷悌君子，民之父母。」愷以强教之，悌以悦安之。爲民父母，惟其職是教也。父母之於子，未有不愛而教之、樂而安之也。至德者，善之極也。聖人無以加焉，故曰「順民」而不曰「治民」。孝者，「民之秉彝」，先王使民率性而行之，順其天理而已矣，故不曰「治」。

子曰：「昔者明王事父孝，故事天明；事母孝，故事地察。玄宗曰：王者，父事天、母事地。言能敬事家廟，則事天地能明察也。〇司馬光曰：王者父天母地。事父孝，則知所以事天，故曰「明」；事母孝，則知所以事地，故曰「察」。**長幼順，故上下治。**玄宗曰：君能尊諸父，先諸兄，則長幼之道順，君人之化理。〇司馬光曰：長幼者，言乎其家；上下者，言乎其國。能使家之長幼順，則知所以治國之上下矣。**天地明察，神明彰矣。**玄宗曰：事天地能明察，則神感至誠而降福祐，故曰「彰」也。〇司馬光曰：神明者，天地之所爲也。王者知所以事天地，則神明之道昭彰可見矣。**故雖天子必有尊也，言有父也；必有先也，言有兄也。**玄宗曰：父謂諸父，兄謂諸兄。皆祖考之胤也。禮，君燕族人，與父兄齒也。**宗廟致敬，不忘親也。**玄宗曰：言能敬祀宗廟，則不敢忘其親也。**修身慎行，恐辱親也。**❶玄宗曰：天子雖無上於天下，猶修持其身，謹慎其行，恐辱先祖而毁盛業也。〇司馬光曰：天子至尊，繼世居長，宜若無所施其孝弟然，故舉此四者，以明天子之孝弟也。有尊，謂承事天地；有先，謂尊嚴德齒之人也。❷**宗廟致敬，鬼神著矣。**玄宗曰：事宗廟能盡敬，則祖考來格，享於克誠，故曰「著」矣。〇司馬光曰：知所以事宗廟，則自餘事鬼神之道皆可知。❸**孝弟之至，通於神明，光於四海，無所不通。**玄宗曰：能敬宗廟、順長幼，以極孝悌之心，則至性通於神明，光於四海，故曰「無所不通」。〇司馬光曰：「通於神明」

❶「親」，古文石刻本、金本、朱本作「先」。
❷「德齒」，金本、朱本作「齒德」。
❸「自」，四庫本、李本、何本、王本作「其」。

者，鬼神歆其祀而致其福。「光於四海」者，兆民歸其德而服其教。鬼神至幽，四海至遠，然且不違，況其邇者，烏有不通乎？**《詩》云：『自西自東，自南自北，無思不服。』」**玄宗曰：義取德教流行，莫不服義從化也。○司馬光曰：道隆德洽，四方之人，無有思爲不服者，言皆服也。○范祖禹曰：王者事父孝，故能事天；事母孝，故能事地。事天以事父之敬，事地以事母之愛。明者，誠之顯也；察者，德之著也。明察，事天地之道盡矣。長幼順者，其家道正也；上下治者，其君臣嚴也。事父母以格天地，正長幼以嚴朝廷，上達乎天，下達乎地，誠之所至，則神明彰矣。天子者，天下之至尊也。承事天地以教天下，則以有父也；貴老敬長以率天下，則以有兄也。宗廟致敬，非祭祀而已也。修身慎行，恐辱及宗廟也。鬼神之爲德，視之而不見，聽之而不聞，爲之宗廟以存之，則可以著見矣。《書》曰：「祖考來格。」又曰：「黍稷非馨，明德惟馨。」孝至於此，則鬼神享其誠而致其福，四海服其德而順其行。格於上下，旁燭幽隱，天之所覆，地之所載，日月所照，霜露所墜，無所不通。四方之人，豈有不思服者乎？

子曰：「君子之事親孝，故忠可移於君。玄宗曰：以孝事君則忠。**事兄弟，故順可移於長。**玄宗曰：以敬事長則順。○司馬光曰：長，謂卿士、大夫凡在己上者也。**居家理，故治可移於官。**玄宗曰：君子所居則化，故可移於官也。○司馬光曰：《書》云：「孝乎惟孝，友于兄弟，克施有政。」**是故行成於内，而名立於後世矣。」**玄宗曰：修上三德於内，名自傳於後代。○范祖禹曰：君者父道也，長者兄道也，國者家道也。以事父之心而事君，則忠矣；以事兄之心而事長，則順矣；以正家之禮而正國，則治矣。君子未有孝於親而不忠於君、悌於兄而不順於長、理於家而不治於官者也。故正國之道在治其家，正家之道在修其身，修身之道在順其親。此孝所以爲德之本也。

子曰：「閨門之内，具禮矣乎。司馬光曰：宮中之門，其小者謂之閨。禮者，所以治天下之法也。閨門之内，其治至狹，然而治天下之法舉在是矣。**嚴父嚴兄。**司馬光曰：事君事長之禮也。**妻子臣妾，猶**

百姓徒役也。」司馬光曰：徒役，皁牧。妻子猶百姓，臣妾猶皁牧。御之必以其道，然後上下相安。唐明皇時，議者排毀古文，以《閨門》一章爲鄙俗不可行。《易》曰：「正家而天下定。」《詩》云：「刑于寡妻，至于兄弟，以御于家邦。」與此章所言何以異哉？○范祖禹曰：閨門之内，具治天下之禮也。嚴父，則尊君也；嚴兄，則敬長也。妻子猶百姓，臣妾猶徒役。國以民爲本，家以妻子爲本。非民無以爲國，非妻與子無以爲家。待妻子以禮，遇臣妾以道，則猶百姓不可不重，徒役不可不知其勞也。《易》曰：「正家而天下定矣。」《孟子》曰：「天下之本在國，國之本在家，家之本在身。」一家之治猶天下，天下之大猶一家也。善治者正身而已矣。

曾子曰：「若夫慈愛、司馬光曰：謂養致其樂。慈亦愛也。《内則》曰：「慈以旨甘。」恭敬、司馬光曰：謂居致其恭。安親、司馬光曰：不近兵刑。揚名，司馬光曰：立身行道。參聞命矣。司馬光曰：四者包攝上孔子之言。敢問從父之令，可謂孝乎？」玄宗曰：事父有隱無犯，又敬不違，故疑而問之。○司馬光曰：聞令則從，不恤是非。子曰：「是何言與，是何言與？言之不通也。❶玄宗曰：有非而從，成父不義，理所不可，故再言之。昔者天子有争臣七人，雖無道不失其天下；司馬光曰：天下至大，萬機至重，故必有能争者及七人，然後能無失也。諸侯有争臣五人，雖無道不失其國；大夫有争臣三人，雖無道不失其家；玄宗曰：降殺以兩，尊卑之差。争謂諫也。言雖無道，爲有争臣，則終不至失天下、亡家國也。士有争友，則身不離於令名；玄宗曰：令，善也。益者三友。言受忠告，故不失其善名。○司馬光曰：士無臣，故以友争。父有争子，則身不陷於不義。玄宗曰：父失則諫，故免陷於不義。○司馬光曰：通上下而言之。故當不義，則

❶「言之不通也」，古文石刻本無，金本、朱本皆爲小字，蓋以司馬光注文視之。

子不可以弗争於父，臣不可以弗争於君。玄宗曰：不争則非忠孝。故當不義則争之，從父之令，焉得爲孝乎？」❶范祖禹曰：父有過，子不可以不争，争所以爲孝也。君有過，臣不可以不争，争所以爲忠也。子不争則陷父於不義，至於亡身。臣不争則陷君於無道，至於失國。故聖人深戒曾子從父之令「是何言與，是何言與」。古者，天子設四輔及三公、卿、大夫、士，皆有諫職。至於「瞽獻曲，史獻書，師箴，瞍賦，矇誦，百工獻藝，庶人傳言，近臣盡規，親戚補察，耆老教誨」，所以救過防失之道至矣。然而必有争臣焉。争者，諫之大者也。諫而不入，則犯顔引義以争之，不聽則不止。故必有力争者至於七人，則雖無道，猶可以不失天下。諸侯必有五人，乃可以不失其國。大夫必有三人，乃可以不失其家。言争臣之不可無也。忠臣之事聖君也，諫於無形而止於未然；事賢君也，諫於已然而防其未來；事亂君也，救其横流而拯其將亡。故有以諫殺身者矣。益戒舜曰：「罔遊于逸，罔淫于樂。」禹戒舜曰：「無若丹朱傲。」以上智之性而戒之如此，惟舜欲聞之。此事聖君者也。傅説之訓高宗，周公之戒成王，救其微失，防其未來。此事賢君也。商以三仁存，亦以三仁亡。此事亂君者也。人君惟能儆戒於無形，受諫於未然，使忠臣不至於争，則何危亂之有？

子曰：「君子事上，進思盡忠，玄宗曰：上謂君也。進見於君，則思盡忠節。○司馬光曰：盡忠以諫争。退思補過，玄宗曰：君有過失，則思補過。○司馬光曰：掩上之過惡。將順其美，玄宗曰：將，行也。○君有美善，則順而行之。○司馬光曰：將，助也。上有美，則助順而成之。匡救其惡，玄宗曰：匡，正也。救，止也。君有過惡，則正而止之。○司馬光曰：上有惡，則正救之。故上下能相親。玄宗曰：下以忠事上，上以義接下。君臣同德，故能相親。○司馬光曰：凡人事上，進則面從，退有後言。上有美不能助而成也，有惡不能救而止也，激君以自高，謗君以自絜，諫以爲身而不爲君也。是以上下相疾而國家敗矣。《詩》云：『心乎愛矣，

❶「焉」上，金本、朱本有「又」字。

遐不謂矣。中心藏之，何日忘之？』」玄宗曰：遐，遠也。義取臣心愛君，雖離左右，不謂爲遠。愛君之志，恒藏心中，無日暫忘也。○司馬光曰：遐，遠也。言臣心愛君，不以君疏遠己而忘其忠。○范祖禹曰：入則父，出則君，父子天性，君臣大倫。以事父之心而事君，則忠矣。故孔子言孝必及於忠，言事君必本於事父。忠孝者，其本一也。未有舍孝而謂之忠，違忠而謂之孝。進思盡忠，退思補過，將順其美，正救其惡，此四者事君之常道也。昔者禹、益、稷、契之事舜也，進則思所以規諫，退則思所以儆戒。頌君之美，而不爲諂，防君之惡，如丹朱傲虐而不爲激。是故君享其安逸，臣預其尊榮，此上下相親之至也。若夫君有大過則諫，諫而不可則去，此豈所欲哉？蓋不得已也。《詩》云：「心乎愛矣，遐不謂矣。中心藏之，何日忘之？」夫君子之愛君，雖在遠猶不忘也，而況於近，可不盡忠益乎？

子曰：「孝子之喪親，玄宗曰：生事已畢，死事未見，故發此章。哭不偯，玄宗曰：氣竭而息，聲不委曲。○司馬光曰：偯，聲餘從容也。禮無容，玄宗曰：觸地無容。言不文，玄宗曰：不爲文飾。○司馬光曰：皆内憂，不暇外飾。❶服美不安，玄宗曰：不安美飾，故服衰麻。聞樂不樂，玄宗曰：悲哀在心，故不樂也。食旨不甘，玄宗曰：旨，美也。不甘美味，故疏食飲水。○司馬光曰：甘，美味也。此哀戚之情。玄宗曰：謂上六句。○司馬光曰：此皆民自有之情，非聖人强之。三日而食，教民無以死傷生，司馬光曰：禮，三年之喪，三日不食。過三日則傷生矣。毁不滅性。司馬光曰：滅性，謂毁極失志，變其常性也。此聖人之政。玄宗曰：不食三日，哀毁過情，滅性而死，皆虧孝道。故聖人制禮施教，不令至於殞滅。○司馬光曰：政者，正也。以正義裁制其情。喪不過三年，示民有終。玄宗曰：三年之喪，天下達禮，❷使不肖企及，賢者俯從。夫孝子有終身之憂，聖人以三年爲制者，使人知有終竟之限也。○司馬光曰：孝子有終身之憂，然而遂

❶「暇」，四庫本作「假」。
❷「禮」，原作「理」，據四庫本改。

之，則是無窮也。故聖人爲之立中制節，以爲子生三年然後免於父母之懷，故以三年爲天下之通喪也。**爲之棺槨、衣衾而舉之，**玄宗曰：周尸爲棺，周棺爲槨。衣謂斂衣。衾，被也。舉謂舉尸内於棺也。○司馬光曰：舉者，舉以納諸棺也。**陳其簠簋而哀戚之，**玄宗曰：簠簋，祭器也。陳奠素器而不見親，故哀慼也。○司馬光曰：謂朝夕奠之。**擗踊哭泣，哀以送之。**玄宗曰：男踊女擗，祖載送之。○司馬光曰：謂祖載以之墓也。擗，拊心也。踊，躍也。男踊而女擗。**卜其宅兆而安措之，**❶玄宗曰：宅，墓穴也。兆，塋域也。葬事大，故卜之。○司馬光曰：宅，冢穴也。兆，墓域也。措，置也。**爲之宗廟，以鬼享之。**玄宗曰：立廟祔祖之後，則以鬼禮享之。○司馬光曰：送形而往，迎精而返，爲之立主，以存其神。三年喪畢，遷祭於廟，始以鬼禮事之。**春秋祭祀，以時思之。**玄宗曰：寒暑變移，益用增感。以時祭祀，展其孝思也。○司馬光曰：言春秋則包四時矣。孝子感時之變而思親，故皆有祭。**生事愛敬，死事哀戚，生民之本盡矣，死生之義備矣，孝子之事親終矣。」**玄宗曰：愛敬、哀戚，孝行之始終也。備陳死生之義，以盡孝子之情。○司馬光曰：夫人之所以能勝物者，以其衆也。所以衆者，聖人以禮養之也。夫幼者非壯則不長，老者非少則不養，死者非生則不藏。人之情莫不愛其親，愛之篤者莫若父子。故聖人因天之性，順人之情，而利導之。教父以慈，教子以孝，使幼者得長，老者得養，死者得藏。是以民不夭折棄捐而咸遂其生，日以繁息而莫能傷。不然，民無爪牙羽毛以自衛，其殄滅也必爲物先矣。故孝者，生民之本也。○范祖禹曰：古者葬之中野，厚衣之以薪，喪期無數。後世聖人爲之中制，中則欲其可繼也，繼則欲其可久也，措之天下而人共守焉。聖人未嘗有心於其間，此法之所以不廢也。是故苴衰之服、饘粥之食、顔色之戚、哭泣之哀，皆出於人情，不安於彼而安於此，非聖人强之也。三日而食，三年而除，上取象於天，下取法於地，不以死傷生，毁不滅性。此因人情而爲之節者也。死者人之大變也。爲之棺槨者，爲使人勿惡也。擗踊哭泣，爲使人勿背也。措之宅兆，爲

❶「措」，古文石刻本作「厝」。

使人勿褻也。春秋祭祀，爲使人勿忘也。情文盡於此矣，所以常久而不廢也。夫有生者必有死，有始者必有終。生，事之以禮；死，葬之以禮，祭之以禮，則可謂孝矣。事死如事生，事亡如事存者，孝之至也。

孝經

經凡一千八百一十言

注凡一萬二千三百六十五言內序文一千三百四十六言

後學成德挍訂

孝經大全

〔明〕吕維祺　撰
陳居淵　校點

目録

孝經或問卷之三

校點説明

吕維祺(一五八七—一六四一),字介孺,號豫石,河南新安人。明萬曆四十一年(一六一三)進士,授兗州推官,擢吏部主事。崇禎元年(一六二八),起尚寶卿,遷太常少卿,督四夷館。崇禎三年,拜南京兵部尚書,參贊機務。崇禎十四年,爲李自成農民軍所殺。南明福王政權爲表彰其純孝精忠,加贈爲太傅,謚忠節。吕維祺幼承家學,一生以弘揚儒家孝道爲己任,潛心研究《孝經》三十餘年,《孝經大全》就是他的主要代表作。

《孝經大全》正文二十八卷、卷首一卷,内容包括:卷首《孝經節略》,卷一至卷十三《孝經》十八章,卷十四至卷二十八論孝諸端。前有序、表、義例等,後附《孝經》詩等,較全面地反映了自漢至明「孝經學」研究情況和作者研讀《孝經》的心得。作者認爲該書足以「闡聖言於將湮,扶名教於幾衰」,被當時士大夫譽爲重振「孔曾餘緒」的典範之作,具有一定的社會影響。

《孝經大全》的編排形式,除卷首輯録歷代帝王、儒臣、學者研究《孝經》的種種主要著作和論孝格言外,與一般研究《孝經》的著作亦有不同。首先,《孝經大全》採納了漢代劉向始定《孝經》爲十八章的意見,也將《孝經》分爲十八章,並仿照《中庸》、《論語·鄉黨》的體例,各章均不標明題名,表示作者研究《孝經》不分今古的治學態度。其次,在《孝經大全》的每章每句經文後,作者先訓詁字義,然後闡發自己的見解,又結集歷代學者的有關詮釋,或闡玄微、或辨疑似、或廣義類,或採引證、或詳節目,間附己見而加以論證。最後對《孝經》一章加以總結,包括整章宗旨、今古文之間差異及部分内容的流傳等。其中《孝經》原文爲單行大字,作者解釋經文的文字爲單行中字(今爲低一格大字),訓詁字義、歷代學者的詮釋及作者的一些見解,則爲小字。全篇層次分明,井然有序。

《孝經大全》現在流傳的版本，是吕維祺的兒子吕兆璜、吕兆琳於清代康熙二年（一六六三）所刻，天津圖書館、北京大學圖書館、國家圖書館有收藏，《續修四庫全書》據天津圖書館藏本影印。《中國古籍善本書目》著録湖南省圖書館藏明崇禎刻本，實與天津圖書館等藏康熙本爲相同版本。另據楊家駱先生介紹，吕兆琳於康熙七年刻有《吕忠節公孝經三種》，《孝經大全》爲其中的一種，凡十八卷，今未見。《孝經大全》是否還有其他未發現的版本，有待進一步尋覓。

此次校點整理，以《續修四庫全書》影印清康熙二年吕兆璜、吕兆琳刻本爲底本。《孝經大全》附刻之吕維祺《孝經或問》三卷、吕維祜《孝經翼》一卷及吕兆琳《刻孝經大全後跋》亦一併收入。《續修四庫全書》影印本有殘缺字，據北京大學圖書館藏本補足。

校點者　陳居淵

序

《孝經大全》者，西雒太傅忠節吕公所輯，而嗣君孝芝、敬芝爲排纘其先人之遺言槧版行世者也。昔吾夫子志在《春秋》，行在《孝經》。因以《春秋》屬子夏，《孝經》屬曾子。蓋《春秋》乃聖人之刑書，《孝經》乃聖人之德教。是二書之在孔門，如左右手然，相爲用也。自漢唐盛世敦重經術，《孝經》一書，諸儒注者，百家所言，皆煌煌然若鼓鐘之不可隱，乃至期門、羽林、屯營、飛騎悉授章句，可謂盛矣。其在一介縫掖之士，用以警世勵俗，蒸祥致和。如仇覽之化頑，顧歡之卻病，亦逵逵雜見於諸傳記中。大矣哉，孝之爲道乎！逮宋熙寧間，金陵王氏專國變法，以明經取士，而《孝經》遂與《春秋》俱罷，不列學宫，相沿至今，僅爲家塾童子所私習。嗟乎！疏進《孝經》者，司馬涑水也。金陵之罷《孝經》者，懟涑水也。懟涑水而併懟其所進之書，蓋幾幾乎懟孔、曾矣。不寧惟是，孔、曾亦人子也。孔、曾而可懟，則是幾幾乎懟父母矣。廢《孝經》而懟父母，此北宋之所以靖康也。昧《春秋》而忘復讎，此南宋之所以德祐也。宋社之屋，非金陵氏之爲而誰爲耶！迄乎元末，而隱士鈞滄子者出，爰著《孝經管見》一書，以爲後五百年必有聖王振起，先聖遺經復明於世。或以鈞滄子爲知數學者。余謂此説非也。《易》曰「无往不復」，夫子删《詩》，係《豳》於十五《國風》之末，明變之復可正也。大倫不可以終斁，天性不可以終隱，學術不可以終詭，人心不可以終死。然則《孝經》一書，其晦蝕於金陵氏者垂五百年。鈞滄子所云，殆亦有否極而泰、《匪風》《下泉》之思乎？太傅公當明之末，乃力尋孔、曾墜緒，潛心是書三十年而始闡繹之。《本義》既成，《大全》隨輯。其取材也博，其持論也精，訂定訓解，綱明目張。書成之日，芝十八莖産於庭。蓋嘗以表章八要、五疏請之於朝，事雖報聞，行之未果，而寇陷西雒，公竟身殉國難矣。

夫太傅公以純孝攄爲精忠，其日星河嶽之文，正不必以立言傳，即以立言傳，亦不止《孝經》一書。而本朝受命以來，首崇教孝。恭覩世祖章皇帝簡命儒臣纂修《孝經衍義》，薄海內外固已罔不嚮風。而今天子御極，又懲制科之弊，黜經義，崇論策，赫然下明詔，專舉安石奸臣爲言。然則聖王孝治高掩千古，而金陵氏之學術，顛倒錯繆，爲萬世人心蠹害，至今日而益可覩矣。其爲金陵氏所創造者，今已罷去弗用。則其爲先皇帝所尊尚而金陵氏所罷去者，廟堂之上，亦可以次第而議興復之矣。而嗣君剞劂其先公之遺書，乃適於是時。然則鈞滄子所言，非驗於明末而驗於皇清之興運可知也。

太傅公純孝精忠，前代雖已表襮乎，而其立言遺緒，益昌大於後人今日之手，又可知也。吾知《孝經》之與《春秋》必相輔以行，而洙泗正統復歸伊洛，固有不待卜而自決者矣。至於太傅公之生平，其立朝也，則如裴中立、韓稚圭；其死國也，則如顏清臣、文宋瑞。朝典家乘，彪炳烜著，苟非聾與瞶者，孰弗聞且見之。予小子何人，又安敢贅加稱述乎？是爲序。

時康熙癸卯除夕前二日，後學瑯琊王昊頓首薰沐拜書。

孝經大全序

戊申初夏，天地清和，日月開朗。吴江計東于廣陵旅次，焚香默坐，展河南新安故大司馬贈太傅謚忠節吕公所著進呈《孝經大全》卒業之，歎曰：「至矣哉！」以東所見前賢註釋箋記《孝經》凡百數十家，未有若忠節吕公所著之詳切明備，使人悚然改觀者也。孝弟之道，雖曰孩提之童，無不知愛知敬，可以不學不慮，自然合于要道。此以論率性則然，若以語乎修道，則《孝經》亦但舉其大綱而已。其曲折纖悉，必合三禮、《家語》、小學及漢宋諸儒箋註各經之章句，彙觀而分析之，然後知一語一動、一食一息之節，莫不有仁人孝子不敢過、不敢不及之義，雍容肅穆中乎情，文之矩矱者在焉，此修道之所以率性也。

嘉、隆以來，學者大率宗姚江之教，以不學不慮爲宗。至心齋、近溪，益主直指人心見性即道之説，海内靡然從風。其最易動人者，于《孟子》「孩提」之章尤三致意。若是，是無論三禮、小學諸書可廢，即《孝經》一書舉其大綱者，皆可廢而不讀也。夫不合三禮、小學諸書之言孝者，以箋釋經文，不知孝道之廣大而精微也。不合他經所載曾子之言，及漢宋諸儒所推述曾子之孝行，不知孝道之篤寔而巧變也。

忠節公生平以講學爲己任，首致力乎德本，而博採載籍集成《大全》，誠哉大全矣！進呈之疏，十數上而不倦，忠愛之意彌綸乎天地。經曰「資於事父以事君」，公之蠱瘁報國，從容就義，于註《孝經》之時，早矢之矣。此可不學而能者乎！東益以嘆姚江之教，心齋、近溪之專主率性不言修道者，即于孝弟之道而未得其大全，而公之書爲粹然無弊已。

康熙七年四月初一日，吴江後學計東拜手序。

孝經大全序

愚既著《孝經本義》已，復櫛比諸家之同異，潛玩孔、曾之心傳。久之，興而歎曰：大哉！聖人之言孝也。其言近而旨遠，其守約而施博。其理至廣大而淵微，至神奇而平易。其文至暢達而精約，至參錯變化而脉絡貫通，前後照應，非天下至聖，其孰能與於斯也。慨秦焰既灰，諸儒羽翼《孝經》者，殆數百家，而今古分壘，争勝如讎。嘗考今古所異，不過隸書、蝌蚪，字句多寡，於大義奚損？且夫正緣互異，愈徵真傳，苟能體認，皆存至理，而諸儒多以其意見自爲家。卑者襲譌舛，高者執胸臆。如長孫、江翁、韋昭、王肅、虞翻、劉炫之流，論著蠭起，互有出入。孔傳既亡，鄭説無徵，唐註浮譾，邢疏繁蕪，學士揺揺莫知所宗。迨夫涑水《指解》，紫陽《刊誤》，庶幾學者之津筏，而疑非定筆。他如董廣川、程伊川，劉屏山、范蜀公、真西山、陸象山、釣滄子、宋景濂、羅近溪諸君子，亦各有所發明，而或鮮詮釋。又如吴臨川、董鄱陽、虞長孺、蔡弘甫、朱申、周翰、孫本、朱鴻諸家，各有詮註行于世，亦似有功闡翼。然或是古非今，分經列傳，牽合附會，改易增減，亦失厥旨。嗚呼！孝之道，本天地之性，傳帝王之心，通貴賤之分，因愛敬之良，而孔子發明之，以統六經之要，垂萬世之法。爲人君父者，不可不知《孝經》。爲人臣子者，不可不知《孝經》。爲人君父而不知《孝經》，則必無以立德教之極。爲人臣子而不知

《孝經》，則必無以盡忠孝之倫。昔明道先生看詳武學經制，猶欲添習《孝經》，雖漢、唐、宋中主，猶知置博士，講殿廷，刻石臺，令虎賁、羽林悉通章句。而安石獨以私見罷黜，至今猶不得與麟經共恢復。嗟夫！以孔子作於七十後者，今乃視爲蒙穉之句讀。以孔子所謂天經地義通於神明者，今尚不得爲稽古之筌蹄。何怪夫忠孝風微，廉耻道喪，士絀其學，民敝其俗，浸淫至於盗侵兵譁，妖興亂起，邪慝熾而良知燼，斯不亦人心之秦火至今焰哉！洪惟我二祖以孝治天下，其振鐸之諭首曰孝，其序贊《孝實》嘗曰「《孝經》者，聖賢之格言大訓」，而我皇上親灑宸翰，屢諭表章習學，且曰「朕不敢與天地祖宗並」，孝孰大於此者。往歲上釋奠太學，一儒生犯蹕上書，乞行《孝經》，所司劾奏治罪，上猶優容下其議，意者二千年志行之精靈固有在耶！

愚幼志此經有年，及鶴署歸省，始捃摭群書，淹貫折衷。時欲任此，顧未敢爾，意謂海内必有人焉先得我心者。遲迴十載，跂望稍孤，於是更不敢不自任。會以視南廥之明年，食足人悦，鞅掌小暇，不揣狂僭，下鍵脱草，成《本義》若干卷。又四年，成《大全》若干卷，冠以義例、羽翼、引證姓氏、節略若干卷，附以孔曾論孝、曾子孝言、曾子孝行、曾子論贊及宸翰、入告、述文、紀事、識餘若干卷，蓋欲明孔子作經之意，爲明王以孝治天下而發，其義理節次皆有本領條貫。大哉！非天下之至聖，其孰能與於斯乎！豈諸儒可以其意見自爲家者？然諸儒之説，亦有雅正淵閎，可發聖藴，可裨治理，可互存就質者，皆取節焉。乙亥履端，業擬繕寫爲表上之，會以恩放歸田不果。深山之暇，間簡原草，重加箋訂，而《孝經或問》成。尚有續著《衍義》、《圖説》、《外傳》等若干卷，俱藏諸笥，以訓子弟及門之士云爾。敢曰闡聖言於將湮，扶名教於幾衰，提良知於未死，足爲導忠孝、翼德教、正人心之一助哉！杏壇不遠，斯文在兹，幸孝治之方興，庶吾身之親見。

明崇禎戊寅端月元日，原奉勑參贊機務南京兵部尚書伊雒豫石吕維祺齋沐焚香，告備于天而書於雒社之明德堂。

男兆璜、兆琳重梓

進孝經表

原任參贊機務南京兵部尚書臣吕維祺恭以所撰《孝經本義》二卷、《大全》二十八卷、《或問》三卷謹奉表稱進者。伏以王化風行，象夫巽教孝已敷菁莪；帝心虛受，法乎咸闡經不遺葑菲。四表之光徽五典，仰聖謨之孔彰；一人之媚祜萬年，矢嘉猷而入告。經繇孔、曾面授，道接堯、舜心傳，敢獻愚忠，敬陳睿覽，臣維祺誠惶誠恐，稽首頓首。竊惟羲一畫以開天，範九疇而錫極。《關雎》《麟趾》之意輝映《周官》，五禮六樂之遺踳駁漢簡。明德率性，猶存泗水之微言；二論七篇，誰窺杏壇之奥旨？非《春秋》奚存王迹，惟《孝經》乃統聖真。會五經四書之指歸，垂千聖百王之模範。道必待人而授，及門群彦，推參獨得其宗；教必本所由生，百行殊名，惟孝實居其首。故以至德要道爲本，乃見天經地義之尊。愛因親，敬因嚴，天地之性人爲貴；則而象，畏而愛，孝弟之至神可通。大哉，孝乎！文在兹矣。是以修經卒業，獨標志行之靈；垂老談經，直傳德教之訣。意明王南面而治，布王化所最先；猶上天北斗之樞，答天心而告備。淳風既邈，正學隨荒，思、孟方極力以迴瀾，嬴、斯遂乘權而煽焰。偕六籍以灰没，踰貳紀而雲蒸。幸存顔衣，重開孔壁。自河間獻王之奏，業通曉於薦紳先生；經中壘較尉之編，❶遂傳布於期門子

❶「較」，當作「校」，避明熹宗名諱而改。下同。

弟。雖漢唐代有表章之舉，而朝野未聞禮樂之興。然光岳積儲，道如懸而不絶；豈雒濂後起，機有開以必先！胡平章任曲學之儒，每憑臆以自用；致經筵缺進講之例，遂束卷而不觀。窮理通人，微存刊誤未定之筆；明謨元老，莫施引君當道之方。羽翼殆數百家，理解僅二三種。多分經列傳而謬附，且是古非今以紛争。訓詁半屬師心，增改皆同食耳。睠彼勝國，迺有鈞滄。謂二千載聖人精華，必發明王之夢；期五百年王者興起，當弘孝治之風。肆我明興，聿崇經學。洪惟我太祖高皇帝生知出類，神武統天，註《洪範》以新萬世之平成，宣孝鐸而揭大明之日月。我成祖文皇帝聖學纂《心法》，經書集《大全》，製《孝順事編》以樹倫物之範，著《文華寶鑑》以養皇儲之蒙。我宣宗章皇帝御書，首重《五倫》、《臣鑒》，折衷歷代。我世宗肅皇帝郊社一秉於周禮，宗祀特秩乎獻皇。我光宗貞皇帝純孝性成，稱一月昇平天子；至仁天縱，允萬古有道聖人。然《孝經》未布學宫，即士紳曷知標準？幸聖政方崇教化，從經書獨會本源。上天之微意若留，千載之盛事如待。恭惟皇帝陛下聰明剛健，孝友中和。日旦群陰，消狐鼠，識太平之氣；聖作萬物，睹風雲，奮至德之光。制節謹度，以凛萬幾；夙興夜寐，而勤召對。明察致敬，答天地所尊所親；德禮修身，講帝王大經大法。聖不自聖，録諍臣以屢詔求言；刑期無刑，教謹身而時軫欽恤。禳災側身釋繫，沛禹湯下車解網之恩；臨軒論相遴才，修唐虞敷奏明試之典。乃猶布告中外，命學官士子通習《孝經》；蓋欲啓迪臣民，俾薄海馮生悉知政本。監於先王成憲，在此至聖遺經。

始事親，中事君，終立身，念爾祖而得歡萬國；盡愛敬，加百姓，刑四海，慶一人以允賴兆民。思孝子致敬、致樂、致憂、致哀、致嚴，篤孝思而維則；念君子可道、可樂、可尊、可法、可度，建皇極以錫疇。大闡聖宗，屢灑宸翰。龍文掩映，天開七曜之輝；鳳札飛揚，瑞奪五雲之色。矧茲吉祥善事，幸際迪教元儲。保泰運以方亨，紫電遶重離之照；端蒙養以作聖，丹霞垂出震之祥。宜沃天性之良，聖以孝而傳孝；用資修德之助，學日新而又新。立身行道，揚名顯親，孝子不匱；博愛敬讓，德義禮樂，孫謀永貽。屬以三加，禮成愈篤。終身孺慕，册崇顯號。揚太妊太姜之慈徽，恩布普天；暢善繼善述之大孝，際斯聖朝。曠典亟望，君子反經。第聖經久當殘廢之餘，非王言孰立尊信之軌。宿儒尚狃歧見，後學安所適從。況《小學集註》既頒，且《六諭訓解》廣布。而猶載涣宸諭，遡固本厚生之源；更復實課師模，醒誦讀力行之要。此誠明王孝治之會，宜廣先王化民之心。

臣學愧賈生，望慚君實。恰受廛于伊雒，頗知山仰邵程；曾筮仕於黽蒙，妄意管窺洙泗。蒐羅久而臆撮其要，沉潛深而心會其微。蓋當東山歸省之時，已加箋訂；更於南庾視政之暇，謬效編摩。《本義》初成，《大全》繼纂。總明作經之意，非專言乎庭闈；尤重敷教之原，必立極於天子。服其服，言其言，行其行，非曰能之；教以孝，教以弟，教以忠，固所願也。兩書業告成於乙亥，《或問》復詳辯乎戊寅。畎畝不忘朝廷，每惓惓於報主；藩墻皆置筆墨，幾矻矻以窮年。聊殫作述之蹄筌，微資化理之涓滴。研丹鉛而抱槧，豈青藜分太乙之精；

積縹緗以充囊，值紫禁焕前星之耀。赤虹黄玉，竟不燼於秦灰；蝌蚪竹絲，恍猶存乎魯壁。安得一詞襄泰祉，愧非半部佐豐亨。積二十年之葵丹，心終向日；集十八章之竹素，志在回天。剽芸架之西藏，點朱分金盤之露；塵楓宸之乙夜，汗青惹玉爐之香。伏願法舜夔夔，師文翼翼，暢遺旨於言湮聖遠，執大本而經正民興。參三才，貫其中，謂人之王，王者無私，合天地神明以效順；分一極，身其統，爲天之子，子止於孝，聯盡忠補過而相親。會孔、曾之授受見諸行，毋爲空言之託；本堯、舜之孝弟施於政，必廣錫類之仁。文武聖神以光天，首敦親睦；禄位名壽而受命，必本克諧。體兢戰淵冰之微言，傳聖賢大孝心法；順愷悌父母之至德，培帝王有道靈長。快睹車同軌，書同文，行同倫，過八百年猶綿駿業；會見日重輝，月重輪，海重潤，歷億萬歲益振鴻猷。臣無任瞻天仰聖、激切屏營之至，謹奉表恭進以聞。

孝經大全義例

一、《孝經》乃至聖精神命脉所寄繼，古帝
王之道統、治統皆在此。諸家多視爲
養親一節，不求其本旨大義。今以明
王孝治天下立論，而中所闡發，頗于
孔、曾微言，略窺萬一。其首卷《節
略》十二條，附註四十四條，皆記孔、
曾之言及諸儒格言、《漢・藝文志》等
書，庶《孝經》本旨大義，展卷便已
瞭然。

一、《孝經》章第題名，皆後人爲之，非孔、
曾之舊也。劉向始比較今古文，定一
十八章。唐玄宗時，儒臣集議，重加
商量，始定《開宗明義》等題名。今以
卷帙既多，不宜統同無別，倣《中庸》
例，仍爲十八章，删去題名以存大雅。

一、《孝經》今古經傳之説，諸家紛紜，莫
知所從。後之學者，又復憑臆增減，
多所改竄，遂使至聖真經混淆莫辨。
幸顏本自漢至今，世所通行。今細加
玩味，真非天下之至聖莫之能作也。
謹一依元本，片語隻字，不敢增減
移易。

一、《孝經本義》訓詁字義，發明意旨，其
説已備。今復集諸家之論，或闡玄
微，或辨疑似，或廣義類，或採引證，
或詳節目，大抵以先儒醇正之説爲
主，以闡明孔、曾之心傳爲要，間附己
意以訂之，庶於孔子作經之意或有
小補。

一、凡引先聖先賢先儒及近世諸君子言，或以謚，或以子，或以字，或以號，或以氏，或以名，或以書名，隨所引用，無定例也。惟國朝諸賢皆以氏而名之，雖陽明、文清諸大儒亦然。蓋此書進呈御覽，故不敢不名。君前臣名，禮也。

一、凡右第某章下，註古文有無、字句多寡之異，以備查考。間及文公、草廬諸賢議論而附以愚見訂證，以俟後之君子。

一、後附《孔曾論孝》及《曾子孝言》、《孝行》、《論贊》四卷，以見孔門傳授心法皆在此。經末及《宸翰》、《入告》、《述文》、《紀事》、《識餘》等卷，蓋節略所未盡者。學者潛心詠玩，庶孔、曾傳孝心法昭然盡明於天下後世，而後儒紛紛之疑，斷斷之說，皆渙然冰釋矣。

古今羽翼《孝經》姓氏

吕維祺曰：

按《孝經》爲孔門授受心法，明王以孝治天下之大道皆本於此。歷漢、唐、宋表章舊矣，要之，未有如我朝二祖列宗與我皇上之躬行於上、教民於下者。近蒙我皇上加意興起此經，超越千古，屢奉表章，力行命題之旨。竊意明王孝治天下之效，將旦暮遇之矣。謹歷敘帝王之羽翼《孝經》者，而首列我聖祖列宗與我皇上以爲萬世法，次及歷代帝王，次及列國以迨儒臣。大抵古今闡翼此經者亡慮數百家，而博採群書，輯録其有據者若干姓氏。但見聞有限，或不無舛譌掛漏之失，容俟續訂補正焉。

帝王

明

太祖高皇帝教民榜文，首曰「孝順父母」。

成祖文皇帝《御製孝順事實》嘗曰：「《孝經》者，聖賢之格言大訓。」

宣宗章皇帝《五倫全書》多引《孝經》語。

崇禎皇帝諭士子習《孝經》、小學，頒《六諭訓解》。且曰：「朕不敢與天地祖宗並。」

歷代

漢文帝置《孝經》博士。

平帝令庠序置《孝經》師，又令天下通知《孝經》者所在以聞。

光武帝令虎賁士俱習《孝經》。

明帝令期門羽林悉通《孝經》章句。

晉元帝置《孝經》博士一人。

穆帝帝講《孝經》，親釋奠于中堂。

梁武帝注《孝經義疏》，國學置《孝經》助教一人。

簡文帝注《孝經》五卷。

隋文帝親臨釋奠，頒賜《孝經》。

唐太宗帝詣國子監釋奠，命祭酒孔穎達講《孝經》，又命趙弘智講《孝經》忠臣孝子之義。

高宗自幼受《孝經》，永徽初，召趙弘智講《孝經》。

玄宗開元十年，御注《孝經》頒天下。天寶三載，詔天下家藏《孝經》，精敏教習。

代宗禮部侍郎楊綰議明經科以《論語》、《孝經》、《孟子》兼爲一經，詔從之。

穆宗註解《孝經》。

宋太宗御書《孝經》賜李至，仍命重加讐較。

真宗咸平三年，命邢昺等修纂《孝經正義》以獻。刻板杭州。祥符間，資善堂講《孝經》。

仁宗命王洙書《孝經》四章，列置左右。又命丁度書《孝經·天子》《孝治》《聖治》《廣要道》四章爲圖，增設明經試法。又命國子監取《孝經》爲篆、隸二體，刻石兩楹。

哲宗元祐二年，尚書省言加試《論語》、《孝經》大義，註官并依科目次序，詔集議以聞。

高宗出御書《孝經》宣示呂頤浩等，御書《孝經》刻石賜見任官及學生。又作《孝經贊》。

孝宗詔童子科凡全誦六經、《孝經》、《論》、《孟》爲上等，與推恩。

列國

魏文侯作《孝經傳》。

漢河間獻王得隸書《孝經》于顔氏，上之。問「天經地義」于董仲舒。

沛獻王輔光武子。善説《孝經》、《論語》，著《孝經通論》。

梁昭明太子《梁書》：「昭明太子講《孝經》殿中。」

唐越王貞太宗子。撰《孝經解》，號爲「越王新義」。

明魯王府刊《孝經注疏》十二卷。

儒臣

秦顏芝隸書《孝經》，以授其子貞，藏於家。

顏貞顏芝子。出《孝經》於衣裘以獻。

孔鮒藏古文《孝經》於孔壁。

漢劉向以顏芝本較古文《孝經》，除其繁惑，定一十八章。

董仲舒荅河間獻王「天經地義」解。

長孫氏註《孝經》一卷。

江翁註《孝經》一卷。

后蒼註《孝經》一卷。

翼奉註《孝經》一卷。

張禹註《孝經》一卷。以上五家著《孝經》説，各自名家。

孔安國傳孔壁中古文《孝經》。

魯國三老獻古文《孝經》。

衛宏字敬仲，較古文《孝經》。

鄭衆注今文《孝經》。

馬融注古文《孝經》。

鄭玄注今文《孝經》，以爲五經之總會。

許慎撰《孝經》一篇。

高誘作《孝經解》。

仇覽爲陽遂亭長，好行教化。有陳元不孝，與《孝經》使讀之，元感化。

荀爽對策：「漢火德，其德爲孝。」又曰：「漢制使天下誦《孝經》，選吏舉孝廉。」

何休註訓《孝經》。

宋梟疏：「涼州寡于學術，屢致反暴。欲多寫《孝經》，家家習之。」

無名氏《孝經直解》。

三國**韋昭**注《孝經》一卷。

王肅注《孝經》一卷。傳：「奉詔令諸儒注述《孝經》，以肅説爲長。」

蘇林注古文《孝經》。

孫熙注古文《孝經》。

何晏注古文《孝經》。

劉邵注古文《孝經》。

嚴畯《孝經傳注》。

梁有晉著《孝經雜緯》一卷。

宋均《孝經緯注》。

晉謝萬《集解孝經》。

虞盤佐《孝經注》。

虞翻《孝經注》。

殷仲文《孝經注》。

郭璞著《孝經錯緯》。

殷叔道作《孝經注》。

范曄注《孝經》一卷。

徐整《孝經注》一卷。

袁克己《孝經旁訓》。

袁敬仲《孝經集文》一卷。

荀昶撰《集孝經諸説》。

孫昶《孝經集解》。

傅咸作《孝經四言詩》。

鄭志注今文《孝經》。

虞喜《孝經注》。

楊泓《孝經注》。

車胤《孝經講義疏》。

何約之《孝經講義疏》。

孫氏《孝經注》，失其名。

庾氏《孝經注》，失其名。

荀勖《孝經集解》。

何承天《孝經注》。

陶潛著《五等孝傳贊》。

祁嘉字孔賓。依《孝經》作《二九神經》，教授門生百餘人。

太史叔明著《孝經義》一卷，每講説，聽者常數百人。

戴明《孝經雜緯》十卷。

齊陸澄《孝經注》。

周顒撰《孝經義疏》。

祖沖之《孝經注解》。

梁皇侃撰《孝經義疏》三卷。

岑之敬五歲通《孝經》，十六策《孝經》義，擢高第。武帝召入，升座講「士孝」章，應對如響。

賀瑒《孝經注》。

王玄載《孝經注》。

沈文阿《孝經義記》。

明僧紹《孝經注》。

嚴植之作《孝經注》。

蕭子顯《孝經敬愛義》一卷。

王元規著《孝經義記》二卷。簡文在東宮，引爲賓客。

張譏《孝經義》八卷。簡文在東宮，發《孝經》題，譏議論往復，甚見優賞。

劉真簡《孝經説》。

趙景昭《孝經義》一卷。

阮孝緒《孝經七録》。

陶弘景《孝經集説》。

孔僉著《孝經講疏》數十篇，生徒數百人。

張士儒《演孝經》十二卷。

袁宏《孝經注》。

魏陳奇注《孝經》，其説異鄭玄，與崔浩同，頗爲縉紳所稱。

盧景裕《孝經説》。

明山賓《孝經説》。

沈麟士《孝經要略》。

陳奇始《孝經注》。

後魏周弘正《孝經疏》二卷。

宇文弼《孝經注》。

阮瑀《孝經錯緯》。

何遜《孝經注》。

龍昌期《孝經注》。

黃金色編定《孝經》古文。

韋節《孝經注》。

楊少愚《孝經續義》。
林起宗《孝經圖解》。
熊大年《孝經養蒙大訓》。
陳選《孝經注》。
余息《刊誤説》。
汪宇祁門人，有《孝經考誤集解》。
柯遷之考定古文。
周樊深《孝經問疑》。
熊安生《孝經義疏》。
陳顧越《孝經序論》。
李鉉《孝經義疏》。
賈公彦《孝經義疏》。
隋劉炫作《稽疑》一篇，《述義》五卷。其所出古文，儒者皆云炫自作，非古本也。
劉綽作《孝經疏》。
張沖《孝經義》三卷。
樂遜《孝經序論》一卷。

何妥《孝經義疏》二卷。
魏貞克《孝經訓》。
明克讓《孝經義疏》。
唐趙匡開元時，上舉人條例，《論語》、《孝經》名一經舉，簡試《孝經》口問五道。
費希冉《孝經解》。
陸德明《孝經釋文》。
盧陵《孝經注》。
孔穎達字仲達，《孝經注疏》。
謝諤撰《孝史》五十卷。
韓愈字退之。李陽冰子服之，貞元中授愈蝌蚪《孝經》，行於世。
平真脅《孝經義》。
李嗣真《孝經指要》一卷。
劉子玄《孝經注議》。
徐浩《廣孝經》十卷。
楊栖爲刺史，嘗標《孝經》以示訓，今饒州府有孝經潭。

元行沖作《孝經疏》，唐玄宗詔立學官。

尹知章《孝經注》。

薛放對唐穆宗曰：「《孝經》人倫之大本。」

李適《孝經章句》。

王元感《孝經注》成，魏知古見其書歎曰：「可爲指南。」

王漸著《孝經義》五十卷。

徐孝克至德中，著《講疏》六卷。

楊晏精《孝經》，手寫數十篇，可教者輒遺之。

任希古著《越王孝經新義》十卷，以越王爲問目，釋疏文是非。後周顯德中，高麗遣使進《新義》八卷。

宋周敦頤著《太極圖》，明大孝之本源。

程顥看詳武學經制，添習《孝經》。又曰：「神明孝弟，不是兩事。」

程頤作《孝經卜其宅兆解》。

邢昺　杜鎬咸平中，奉詔同修纂《孝經正義》三卷。

崔遵度仁宗開壽春王府，拜爲王友，授王《孝經》，御書寵之。

尹焞論《孝經》非堯、舜大聖不能盡，伊川極稱之。

司馬光《古文孝經指解》二卷，進藏秘府。

劉子翬論孝爲百行之宗，以敬爲本。

趙克孝《孝經傳》一卷。

張載著《西銘》，以天地爲大父母，明大孝之理。

任奉古《孝經講疏》。

張崇文《孝經簡疏》一卷。

張元老《孝經講義》一卷。

宋綬太后命擇前代文字可補政治者，遂録《孝經節要》以上。

蘇彬《孝經疏》一卷。

孫覺字莘老。英宗時，爲昌王府記室。王問終身之戒，陳《孝經·諸侯》章，復作《富貴》二箴，稱爲知理。

吕公著元祐二年，節取《孝經》要語切于治道者進覽。

范祖禹元祐中，上《古文孝經説》一卷。

朱申註古文《孝經》。

周翰同朱申註古文《孝經》。

吉觀國《孝經新義》一部，《解義》二卷。

方逢辰《孝經解》。

何初《孝經解》。

胡子實《孝經注》。

王文獻《孝經詳解》一卷。

林椿齡《孝經全解》一卷。

沈處厚《孝經解》一卷。

趙湘《孝經義》一卷。

張師尹《孝經通義》三卷。

張九成字子韶。作《孝經解》一卷。

王柠紹興中，獻《孝經解義》，詔賜粟帛。

洪興祖《古文孝經序贊》。

李克孝《孝經注義》。

朱熹字元晦。幼讀《孝經》，曰：「若不如此，便不成人。」作《刊誤》，分經、傳，然非定筆也，故未註。其稱格言精約者不一而足，復採入《小學》以訓後世。

蔡子高作《孝經註》。

陸九淵字子静。謂《孝經》十八章，聖人踐履實地，非虚言也。作《天地之性人爲貴論》。

真德秀字景化。作《孝經·紀孝行》并《庶人章解》。

龔栗作《孝經集義》，西山真氏敘。

胡一桂《孝經傳贊》。

黄幹《孝經本旨》。

項安世《孝經説》一卷。

陳少愚青陽人，好學，博通群書，註《孝經衍孝編》。

馮椅《孝經輯註》。

趙景緯知台州，先務化民。取《孝經・庶人》章爲四言咏贊，俾民歌之。旌孝行，作《訓孝文》。

徐國和撰《至孝通神集》，記孝感事，取通于神明之義。

楊簡陸九淵門人，作《古文孝經解》。

袁廣微楊簡門人，諸生録其《孝經講義》三卷。

王行作《孝經同異》三卷。

袁甫《孝經説》三卷。

程全一進《孝經解》。

應氏新昌令，失其名，作《孝經春秋祭祀以時思之論》。

林獨秀進《孝經指解》。

陳鄂著《孝經釋文》。

姜融著《孝經釋文》。

元**吴澄**號草廬，較定今文《孝經》，自注。

許衍註《孝經》一卷，見《續文獻考》。

李孝光字季和。隱居雁宕山，至正七年，應詔進《孝經圖説》。

董鼎字季亨。註朱子《孝經刊誤》，名《孝經大義》，熊禾序。

鈞滄子至正間隱士，著《孝經管見》，其姓名不傳。

皇明**宋濂**字景濂。作《孝經註》一卷，見《續文獻通考》。

曹端詳論《太極圖説》，明大孝之理。又著《孝經説》。

孫蕡字仲衍，廣東人。洪武壬寅鄉貢進士，著《孝經集善》，宋濂序。

王褘著《孝經集説自序》。

方孝孺著《孝經誡俗》。

丘濬進《大學衍義補》，論《孝經》以敬爲本。

王守仁以良知爲學之宗，良知即孟子所謂孩提愛親之良知也，是明于大孝之原者。又著《孝經大義》。

陳獻章字公甫，廣東新會人。性至孝，篤信《孝經》，發明孝旨。謂張詡曰：「孔子之道至矣，勿畫蛇添足。」

沈度著《孝經旁注》。

薛瑄訂次《孝經》今古文。

章品重定《孝經傳注》。

周木考定古今《孝經》節次。

朱升作《孝經注》。

陳深字子淵，浙江人。著《孝經解詁》。

余時英《孝經集義》。

陳雒範《孝經求蒙》。

陳三槐《孝經繹》。

沈易《孝經旁註》。

楊守陳《孝經私抄》八卷。

陳炫《孝經章句集解》。

胡時化《註解孝經》。

潘府《孝經正誤》。

蔡復賞《編次孝經》。

陳堯道《孝經考注》。

羅汝芳著《孝經宗旨》。

陳曉作《孝經問對》。

李槃作《孝經別傳》。

鄧以誥江西人。著《孝經全書》。

沈淮《孝經會通》。

朱鴻集録家塾《直解》、《經書孝語》、《質疑》等書。

朱鼎材《孝經考注》。

孫本作《孝經解意釋疑》。

孟化鯉字叔龍，新安人。著《孝經要旨》。

虞淳熙作《孝經邇言》、《孝經集靈》等書。

楊起元歸善人。作《孝經引證》。

褚相作《孝經本文說》并參訂。

韓世能萬曆丙戌進《孝經》。

李材豐城人。纂《孝經疏義》。

鄒元標著《孝經説》，又作《孝經敘》，以真性立論。

馮從吾著《孝經義説》。

方學漸桐城人。作《孝經繹》。

歸有光崑山人。作《孝經敘録》。

蔡悉著《孝經孝則》。

蔡毅中註古文《孝經》，萬曆時進。

吴從周作《父母生之續莫大焉衍義》。

曹于汴訂正《孝經本義》。

畢懋康編次《孝經大全》。

王鐸訂正《孝經大全》。

陳仁錫訂刻《孝經翼》。

王元祚訂次《孝經》並《彙註》三卷。

張鼎延較訂《孝經大全》。

馮夢龍刻《孝經翼》並《彙註》。

吴甡較訂《孝經本義大全》。

梅鼎和刻《孝經疏抄》。

江旭奇崇禎己巳進《疏義》。

瞿罕崇禎甲戌進《孝經貫注》。

呂維祺著《孝經本義》二卷，節略《大全》二十八卷，《或問》三卷，崇禎己卯恭進。又輯《孝經衍義圖説》、《外傳》等書。

呂維祜祺之弟。訂次《孝經本義》、《大全》、《或問》、《衍義》。又作《孝經翼》。

呂兆璜祺之子。訂次《孝經本義》、《大全》等書。

孝經大全羽翼姓氏終

孝經大全卷之首

明新安吕維祺箋次

孝經節略

子曰：「吾志在《春秋》，行在《孝經》。」

○又曰：「《春秋》屬商，《孝經》屬參。」

祺按：《中庸》注：「孔子曰：『吾志在《春秋》，行在《孝經》。』二經固足以明之，孔子祖述堯、舜之道而制《春秋》，斷以文王、武王之法度。」○《公羊·何休序》：「孔子有云：『吾志在《春秋》，行在《孝經》。』此二經者，聖人之極致，治世之要務也。」

班氏固曰：「已作《春秋》，後作《孝經》何？欲專制正。於《孝經》何？夫孝者，自天子下至庶人，上下通夫《孝經》者。制作禮樂，仁義之本，聖人道德已備。」

《孝經緯》云：「孔子曰：『欲觀我褒貶諸侯之志在《春秋》，崇人倫之行在《孝經》。』」是知《孝經》與《春秋》爲表裏。○《史記》曰：「魯哀公十四年，西狩獲麟，孔子作《春秋》。至十六年，夏四月己丑孔子卒。」則《孝經》之作，在哀公十四年之後，十六年之前。○《鉤命訣》云：「孔子曰：『《春秋》以屬商，《孝經》以屬參。』」則《孝經》之作，在《春秋》後也。

宋朱光庭《兼明書》云：「六親不和有孝慈，閔之父和而孝不顯，曾參父嚴而孝道著，所以孔子獨與之論孝。」孫奭云：「曾子在七十弟子中，孝行最著，孔子乃假立曾子爲請益問答之人，以廣明孝道。既説之後，乃屬與曾子。」夫所云假立曾子，聖人制作，斷不其然。然謂既説之後乃屬曾子，則此經爲孔子口授矣。朱子直以爲曾子門人記録之書，觀「仲尼居，曾子侍」及中間「子曰」字，理亦近似。蓋此書疑曾子與其門人所記，然必有經孔子裁定者，故曰「行在《孝經》」也。

《宋志》云：「孔子告備於天曰：『《孝經》四卷，謹已備。』」

老泉蘇氏曰：「夫子繫《易》謂之《繫辭》，言孝謂之《孝經》，皆自名之，則夫子私之也。」洵蓋實信其爲孔氏之書矣。

曾子曰：「夫孝，天下之大經也。」○又曰：「小孝用力，中孝用勞，大孝不匱。」○又曰：「居處不莊，非孝也。事君不忠，非孝也。涖官不敬，非孝也。朋友不信，非孝也。戰陳無勇，非孝也。」

祺按：曾子力行孝道，故孔子傳以《孝經》，曾子遂得其傳之宗，其言多本於《孝經》。張氏九成曰：「人各有入道處，曾子則由孝而入。」

程子曰：「孔子没，曾子之道日益光大。曾子傳孔子之道，只是一個誠篤。」

朱子曰：「曾子爲人，敦厚質實，其學專以躬行爲主，其所以自守而終身者，未嘗離乎孝敬信讓之規。」○又曰：「曾子大抵偏於剛毅，這終是有立脚處，所以其他諸子皆無傳。」

象山陸氏曰：「懿哉！曾子之論孝也，世人知不得於親之爲非孝，亦孰知夫居處不莊、事君不忠、涖官不敬、朋友不信、戰陳不勇之非孝也。」

李氏桀曰：「曾子聰明弘毅，藏於朴魯。凡教語所傳，皆勤於日省，獨唯一貫善發其藴，孔子知其任重道遠可與托也。故語之以孝，皆明王孝治天下，君臣上下一德之事，蓋非世俗所謂奉養之末也。」

《漢・藝文志》曰：「《孝經》，漢興，長孫氏、江翁、后蒼、翼奉、張禹傳之，各自名家。唯孔氏壁中古文爲異。」

祺按：《漢・藝文志》：「《孝經》者，孔子爲曾子陳孝道也。夫孝，天之經，地之義，民之行也。舉大者言，故曰《孝經》。『父母生之，續莫大焉』，『故親生之膝下』，諸家説不安處，古文字讀皆異。」

師古曰：「桓譚《新論》云：『《古孝經》千八百七十二字，今異者四百餘字。』」

孔氏安國曰：「魯共王壞孔子舊宅，於壁中得先人所藏虞、夏、商、周古文書及《論語》、《孝經》，皆蝌蚪文字。又升孔子堂，聞金石絲竹之音，乃不壞宅。蝌蚪書廢已久，時人無能知者，以所聞伏生之書，考論文義，定其可知者爲隸古，而更以竹簡寫之。其餘錯亂磨滅，弗可復知，悉上送官，藏之書府，以待能者。」

陳氏曰：「世傳秦火之後，河間人顔芝得《孝經》藏之，以獻河間王，今十八章是也。相承云康成作註，古文有孔安國傳，不行於世，劉炫僞作《稽疑》一篇。按《三朝志》，五代以來，孔、鄭註皆亡。周顯德中新羅獻《别序孝經》即鄭註者，而《崇文總目》以爲咸平中日本僧奝然所獻，未審孰是，世少有其本。乾道中，熊克子復從袁樞機仲得之，刻於京口學官，而孔傳不可復見。」

《隋·經籍志》曰：「孔子既敘述六經，作《孝經》以總會之，明其枝流雖分，本萌於孝者也。遭秦焚書，爲河間人顔芝所藏。又有古文《孝經》，孔安國爲之傳。至劉向典較經籍，以顔本比古文，除其繁惑，以十八章爲定。安國之本亡於梁。」

祺按：《隋·經籍志》：「孔子既敘述六經，題目不同，指意差别，恐斯道離散，故作《孝經》以總會之，明其枝流雖分，本萌於孝者也。遭秦焚書，爲河間人顔芝所藏。漢初芝子貞出之，凡十八章。而長孫氏、博士江翁、少府后蒼、諫議大夫翼奉、安昌侯張禹皆名其事。又有古文《孝經》，經文大較相似，篇簡闕解。又有衍出三章，并前合爲二十二章，孔安國爲之傳。至劉向典較經籍，以顔本比古文，除其繁惑，以十八章爲定。鄭衆、馬融，並爲之註。又有鄭氏註，相傳或云鄭玄，其立義與公所註餘書不同，故疑之。梁代，安國及鄭氏二家並立國學。安國之本亡於梁亂，陳及周、齊唯傳鄭氏。至隋，秘書監王邵於京師訪得孔傳，遂示河間劉炫。炫因序其得喪，述其議疏，講於人間，漸聞朝廷，後遂著令，與鄭氏並立。儒者諠諠，皆云炫自作之，非孔舊本，而秘府又先無其書。」宋《三朝藝文志》曰：「古文《孝經》世不傳，歷晉至唐，所行唯鄭氏者，世以爲鄭玄也。咸平中，祭酒邢昺作《正義》。」

祺按：宋《三朝藝文志》：「古文《孝經》世不傳，歷晉至唐，所傳唯鄭氏者，世以爲鄭玄。唐開元中，史官劉子玄證其非鄭玄者十有二，諸儒非子玄之説。天寶中，玄宗自註，元行沖造疏授學官，迄今儒者傳習焉。五代以來，孔、鄭二註皆亡。周顯德末，新羅獻《别敘孝經》，即鄭註者。本朝咸平中，令祭酒邢昺取行沖疏删定，《正義》行焉。」

邢氏昺曰：「古文《孝經》，曠代亡逸。隋開皇十四年，秘書學生王逸，於京市陳人處得本，送與著作郎王邵，以示河間劉炫，仍令較定。炫遂以《庶人》章分爲二，《曾子敢問》章分爲三，又多《閨門》一章，凡二十二章，因著《古文稽疑》一篇。」○又曰：「按今文《孝經》，是漢河間王所得顔芝本。至劉向比較古文，定一十八章。其古文二十二章出孔壁，未之行，遂亡其本。近儒輒穿鑿更改，僞作《閨門》一章，文句凡鄙。又分《庶人》章從『故自天子』以下别爲一章，以應二十二章之數。」

明道程子因禮部看詳武學制，添習《孝經》，或疑迂闊。曰：「其添入者，欲令武勇之士能知義理，未足爲迂闊。」

祺按：漢文帝置《孝經》博士，司隸有專師，制使天下誦習。明帝令期門、羽林之士，悉通《孝經》章句。唐太宗詣國子監釋奠，命孔穎達講《孝經》，自屯營飛騎亦授以經。明道所見，未爲無據。今文學之士且棄置之，安問武勇之士？儒者之効不彰，治不逮古，有由然矣。

清源蘇濬曰：「漢世表章經術，而《孝經》一書出之衣袠，列之東觀，薦紳先生類能言之。迨中元間，令期門、羽林悉通《孝經》章句，豈不斌斌乎盛哉！嗣是仇覽以之化頑，顧懽以之却病，誠孝之極可諧神人尤足多焉。宋王安石立明經取士之法，而《孝經》一書不列學官，相沿以至於今，未有表而章之者，遂使孔、曾相傳之微言，竟等之土苴弁髦，且不得與呂不韋《月令》之書並傳於世。學士大夫袖手而語良知，抗顔而談性命。至庸行本根，率以無甚高論寘之。經學不明，其害固若是烈耶！余謂金陵之罪，浮於李斯，殆不爲過也。」

司馬温公曰：「聖人之德，莫加於孝，猶江河之有源，草木之有本。」

祺按：涑水司馬君實光《進孝經表》云：「聖人之德，莫加於孝，猶江河之有源，草木之有本。源遠則流大，本固則葉繁。秘閣所藏古文《孝經》，先秦舊書，傳注遺逸，孤學湮微，不絶如綫。」書進，詔藏秘府。王安石與公有隙，遂罷《孝經》並《春秋》。

王氏禕曰：「孝者，天之經，地之義，而百行之原也。自天子達於庶人，尊卑雖有等差，至於爲孝，曷有間哉？五經、四子之言備矣。而教孝必以《孝經》爲先，則以聖言雖衆，而《孝經》者實總會之也。是書大行，其必人曾參而家閔損，有關於世教甚重，豈曰小補而已！」

朱子曰：「若不如此，便不成人。」〇又曰：「經文首尾相應，次第相承，文勢連屬，脉絡通貫。」〇又曰：「此皆格言。」〇又曰：「其語尤精約也。」

祺按：吴氏澄曰：「中有格言，朱子每於各章註出，而《小學》書所纂《孝經》之文，其擇之也精矣！學者豈可因後儒之傅會，而廢先聖之格言也。」虞氏淳熙曰：「朱子幼讀《孝經》，手題曰『若不如此，便不成人』，後雖稍疑其誤，而於首章則斷以爲經文，於卒章則贊以爲精妙，於《紀孝行》、《五刑》、《感應》等章，則並以爲格言，未嘗不尊信而表章之也。其跋屏山遺帖云：『老大無成，不能有以仰副當日付授之意，抱此愧恨，每念無以見先生於地下。今病已力，何所復云。』其晚年之悔深矣。」

范氏祖禹曰：「《孝經》道之根本，學之基址。其言近，其旨遠，其守約，其施博。」

祺按：范蜀公祖禹，元祐中侍經筵，上《古文孝經説》。嘗曰：「《孝經》自微至顯，自小至大。自身體髮膚受之父母，至於嚴父配天。自親生之膝下，至於天地明察。通神明，光四海，充其道者，大舜、文王、周公也。」尹氏焞曰：「《孝經》事父孝，故事天明。事母孝，故事地察。天地明察，神明彰矣。道至通神明、光四海，非堯舜大聖，不能盡此。」或以語伊川，伊川曰：「極是，縱使某説，亦不過如此。」

沈氏淮曰：「大哉《孝經》！其先

聖之微言乎！彼視爲蒙穉之習而弁髦之者，固無論已。若謂孔子發五等始終之義於曾子以教人，亦井天管豹之見。其於聖人旨趣，均之乎瞶覩而聾聽哉！蓋聖人立言，指近而遠，詞約而博，匪可以寡邇窺者。孔子刪述六經，匡持理道，參贊化育，詳且悉矣。又慮夫天下後世求派遺源，而不知大經大法之要，故諄諄與曾氏發明孝行，示天下後世治平之準、萬化之源焉。」

草廬吴氏曰：「《孝經》肇自孔、曾一時問答之語。今文出於漢劉向手較，世所通行。隋時有稱得古文《孝經》者，與今文增減異同不過一二字，而文勢曾不若今文之從順。以許慎《説文》所引及桓譚《新論》所言攷證皆不合。」

祺按：吴澄云：「今文出於漢初。武帝時，魯共王壞孔子宅，於壁中得古文《孝經》，以爲秦時孔鮒所藏。昭帝時，魯國三老始以上獻，劉向、衛宏蓋嘗手較。魏晉以後，其書亡失。世所通行，惟今文《孝經》十八章而已。隋時，有稱得古文《孝經》者，決非漢世孔壁中之古文也。」○又曰：「許慎學《孝經》孔氏古文，《説文》中所引用者。慎自序云：『其引《論語》、《孝經》，皆古文也。』今按《説文》『居』字下引《孝經》『仲尼居』，見得當時古文『居』上即無『閒』字，劉炫本增此一字，妄矣。又桓譚言古文千八百七十二字，與今文異者四百餘字。今按劉炫本止有千八百七字，多於今文八字，除增《閨門》一章二十四字外，與今文異者僅二十餘字。

其所增，或一字，或二字，比今文徒爲冗羡。其所減，多是句末『也』字，比今文更覺突兀。」

釣滄子曰：「聖人之經，安得竟廢不行！五百年必有王者興，嗣是有以孝治天下之明王在上，而海内仁人、孝子興起而振作之，則必輯録是經，發明奧藴。」

祺按：元至正三年，隱士釣滄子著《孝經管見》，今逸其名。朱鴻曰：「萬曆庚寅季春，望後三日，鴻過南屏山村中，偶獲《孝經管見》一卷，迺元隱士釣滄子所撰也。其語意梗概，率以孝治爲先，不分章第經傳。閱後語期五百年必有明王振起，先聖遺經復明於世者，嘗考荆公執政罷黜此經，至今適五百餘年，正我明孝治之會，而隱士預卜其期，若執左契，非特精於數學，蓋亦至誠之道耶！」

吕維祺曰：「《春秋》，孔子之刑書也。《孝經》，孔子之教書也。皆天子之事也。《春秋》成而亂臣賊子懼，《孝經》成而上下無怨，天下和平，通於神明，光於四海。」○「有天下國家者，不可不知《孝經》，《孝經》先德教後政刑。」○「《孝經》其用大而理約。」

祺按：《學記》曰：「古之教者，家有塾，黨有庠，術有序，國有學。」舜命契曰：「百姓不親，五品不遜，汝作司徒，敬敷五教在寬。」

《周禮·大司徒》：「以鄉三物教萬民而賓興之。一曰六德：知、仁、聖、義、中、和。二曰六行：孝、友、睦、婣、任、恤。三曰六藝：禮、樂、射、御、書、數。以鄉八刑糾萬民：一曰不孝之刑，二曰不睦之刑，三曰不婣之刑，四曰不弟之刑，五曰不任之刑，六曰不恤之刑，七曰造言之刑，八曰亂民之刑。」

仲素羅氏曰：「瞽瞍底豫，而天下之爲父子者定，只爲天下無不是底父母。」了翁聞而善之曰：「唯如此，而後天下之爲父子者定。彼臣弑其君，子弑其父，常始於見其有不是處耳。」

温氏純曰：「子云：『吾志在《春秋》，行在《孝經》。』夫《春秋》法至嚴，爲亂臣賊子作也。《孝經》則導之愛敬，蓋曰出於孝必入於法。譬之狂瀾既倒，以《春秋》爲隄防，而《孝經》乃其所導而歸之海者也。」

郭氏孝曰：「夫子云：『志在《春秋》，行在《孝經》。』夫《春秋》，孔子之刑書。《孝經》，孔子之德教。昔嘗並黜於王氏，今《春秋》與四經並列爲五，而《孝經》僅爲家塾童子之習，是使後世徒見聖人之志，而不見聖人之行矣。」

羅氏汝芳曰：「聖賢立教，爲天下後世定之極則。曰：『堯舜之道，孝弟而已矣。』後世不察，乃謂止舉聖道中之淺近爲言。噫！天下之理，豈有妙於不思而得者乎！夫人能日周旋於事親從兄之間，以涵泳乎良知良能之妙，俾此身此道不離於須臾之頃，則人皆堯舜之歸，而世皆雍熙之化也。」

歸氏有光曰：「大哉！孝之道，非聖人莫之知也。昔孔子嘗不對或人之問禘矣。其言明王之以孝治天下，至於刑四海、事天地，言大而理約，豈非極萬殊一本之義，意其所以告曾子者如此。」

蔡氏悉曰：「夫孝，天性也。本乎至情，隨分自盡。大舜養以天下，曾子養以酒肉，其道一也。《虞書》顯設於當時，《孝經》、《大學》垂憲於萬世，其道一也。愛敬生於孩提，仁義達之天下，沛然而不可禦也。教成而政治矣。率性而愛敬之謂之孝，是曰性善至於配天，而性無毫髮之不盡矣。夫子言性，何其切近精實如此也。」

虞氏淳熙曰：「孔子爲曾子開陳堯、舜、禹、湯、文、武、周公相傳之宗，明生天、生地、生人之大義，只一孝字，都包得盡。」

孝經大全卷之首終

孝經大全卷之一

明新安呂維祺箋次

孝　經

《說文》：「孝，善事父母者。」《祭統》：「孝者，畜也。」謹按：《爾雅》：「善事父母爲孝。」○《說文》：「孝，從老省，從子；子承老也。」《禮記・祭統》：「孝者，畜也。順於道，不逆於倫之謂畜。」○邢昺《疏》：「孝，好也。取道常在心，盡其色養，中情悅好，承順無怠之義。」○《援神契》曰：「元氣混沌，孝在其中。」○《鈎命訣》云：「孝者，就也，度也，譽也，究也，畜也。」《辨正論》曰：「天子之孝曰就，諸侯曰度，卿大夫曰譽，士曰究，庶人曰畜。」○《鈎命訣》：「百王聿修，萬古不易者，孝之謂。」○《子華子》曰：「事心者，宜以孝。」○杜欽曰：「孝者，人之由靈也。」○荀爽云：「火德爲孝，其象爲離。在天者，用其精則爲日。在地者，用其形則爲火。夏火旺，其精在天，溫煖之氣，養生百木，是其孝也。」○《白虎通》：「男不離父母，何法？法火不離木也。」○張說云：「孝哉！一心混成衆妙。」○王維云：「夫孝於人爲和德，其應爲陽氣。」○劉子翬曰：「孝爲百行之宗，以敬爲本。敬心既純，大本發露。求其名，匹夫匹婦能焉。核其實，聖人以爲難矣。」○謚法：「至順曰孝，五宗安之曰孝，慈惠愛親曰孝，秉德不回曰孝，協時肇厚曰孝。」**經，常也。謂古先聖王興道致治之常法也。**《說文》：「經，織也。從系，巠聲。」又：「機縷也。一曰書也。」《釋名》：「徑也，典常也。言如徑路，無所不通。」○《白虎通》云：「五經，《易》、《書》、《詩》、《禮》、《樂》。」《初學記》：「九經，《易》、《書》、《詩》、《周禮》、《禮記》、《儀禮》、《春秋》三傳。」後人以《易》、《書》、《詩》、《周禮》、《禮記》、《春秋》爲六經。又《孝經》、《論語》、《孟子》、《易》、《書》、《詩》、《周禮》、《禮記》、《春秋左氏傳》爲九經。○董鼎曰：「人之行，莫大於孝。堯舜大聖人也，其道不過孝悌而已。孔子傳之，曾子以爲經。上自天子，下至庶人，皆當受用。近之閨門妻子，兄弟長幼，遠之天地鬼神，四海百姓，皆自此推。名之曰《孝經》者，以其可爲天下萬世常法也。」《漢・藝文志》：

「《孝經》者，孔子爲曾子陳孝道也。」《緯》云：「孔子七十二，語曾子著《孝經》。」鄭康成曰：「《孝經》者，五經之總會也。」

《漢・藝文志》曰：「夫孝，天之經，地之義，民之行也。舉大者言，故曰《孝經》。」○邢昺《正義》曰：「孝者，事親之名。經者，常行之典。」○皇侃曰：「經者，常也，法也。此經爲教，任重道遠，雖復時移代革，金石可消，而爲孝事親常行，存世不滅，是其常也。爲百代規模，人生所資，是其法也。孝爲百行之本，故名曰《孝經》。經之創制，孔子所撰也。」○前賢以爲曾參雖有至孝之性，未達孝德之本。偶於閒居，因得侍坐。參起問於夫子，夫子隨而答，參是以集録，因名爲《孝經》。○邢昺曰：「修《春秋》，撰《孝經》，孔子之志行也。何爲重其志而自筆削，輕其行而假他人？劉炫《述義》其略曰：『炫謂孔子自作《孝經》，本非曾參請業而對也。』」按：二説以前賢所論爲正。○鄭玄謂《孝經》爲五經之總會，嘗還高密，道遇黄巾賊數萬，見玄皆拜，相約不敢入境。玄病夢孔子，告之曰：「起起。今年歲在辰，明年歲在巳。」既卒，自郡守以下受業者千餘，皆縗絰赴會，孔融爲特立一鄉，曰「鄭公鄉」，廣門衢，令容高車，號「通德門」。

○謹按：何休稱：「子曰：吾志在《春秋》，行在《孝經》。」

晁氏曰：「何休稱：『子曰：吾志在《春秋》，行在《孝經》。』今詳其文書，當是曾子弟子所爲。柳宗元謂《論語》載弟子必以字，曾參不然，蓋曾氏之徒樂正子春、子思相與爲之耳。余於《孝經》亦云。」

孔子本欲以孝治天下，一生精神蘊結，全在於此。夾谷墮費，三月大治，爲之兆也。

按：《春秋傳》定公與齊侯會於夾谷，孔子攝相事。曰：「臣聞有文事者，必有武備。有武事者，必有文備。古者諸侯並出疆，必具官以從。請具左右司馬。」定公從之。至會所，爲壇位，土堦三等，以遇禮相見，揖讓而登。既畢，齊使萊人以兵鼓譟刼定公，孔子歷階而進，以公退。曰：「吾兩君爲好，裔譯之俘，敢以兵亂之，非齊君所以命諸侯也。」齊侯心怍，麾而避之。有頃，齊奏宮中之樂，俳優侏儒戲於前，孔子趨進，歷階而上，不盡一等。曰：「匹夫熒惑諸侯，罪當誅。」請右司馬速加刑焉。於是斬侏儒。齊侯懼，有慚色。將盟，齊人加載書曰：「齊師出境，而不以兵車三百乘從我者，有如此盟。」孔子使兹無還對曰：「而不返我汶陽之田，吾所供命者，亦如之。」齊侯歸，乃歸所侵魯之四邑及汶陽之田。○孔子因三家之問，言於定公曰：「家不藏甲，邑無百雉之城，古之制也。今三家過制，請皆損之。」乃使季氏宰仲由隳三都。叔孫不得意於季氏，因費宰公山弗擾，率費人以襲魯。孔子以公與季孫、叔孫、孟孫入于季氏之宮，登武子之臺，費人攻之，及臺側。孔子命申句須、樂頎勒士衆下伐之，費人北，遂隳費、郈。彊公室，弱私家，尊君卑臣，政化大行。及隳成，公圍之，弗克。○周敬王二十三年春，魯以孔子攝相事，與聞國政，時孔子年五十六，由大司寇攝行相事，七日而誅魯大夫亂政者少正卯。孔子曰：「人有大惡者五，而竊盜不與焉。一曰心逆而險，二曰行僻而堅，三曰言僞而辯，四曰記醜而博，五曰順非而澤。此五者，有一於人，則不得免於君子之誅。而少正卯兼有之，故不可以不誅也。」初，魯之販羊，有沈猶氏者，常朝飲其羊以詐市人。有公慎氏者，妻淫不制。有慎潰氏者，奢侈踰法。魯之鬻六畜者，飾之以儲價。及孔子爲政，沈猶氏不敢朝飲其羊，公慎氏出其妻，慎潰氏越境而徙。三月，則鬻牛馬不儲價，賣羔豚者不加飾，男女行者別其塗，道不拾遺，男尚忠信，女尚貞順焉。孔子爲政，民初謗之曰：「麛裘而鞞，投之無戾；鞞之麛裘，投之無郵。」政成化行，民誦之曰：「袞衣章甫，實獲我所；章甫袞衣，惠我無私。」齊人聞而懼，選齊國中女子好者八十人，皆衣文衣而舞康樂，文馬三十駟，遺魯君。陳女樂文馬於魯城南高門外。季桓子微服往觀再三，將受，乃語魯君爲周道游。往觀終日，怠於政事。郊，又不致膰俎於大夫。孔子遂行，宿乎屯。歌曰：「彼婦之口，可以出走；彼婦之謁，可以死敗。優哉游哉，聊以卒歲！」**道既**

不行，故口授曾子，以詔後世，學者要思使孔子得志行《孝經》時，其作爲如何？鈞滄子曰：「孔子因敦孝之人，以發孝旨，實指化民成俗治天下之要。故二帝三王之治本於道，二帝三王之道本於身，二帝三王之身極本於心，二帝三王之心極本於孝。」○羅氏汝芳曰：「道之爲道，不從天降，不從地出，切近易見，則赤子下胎之初，啞啼一聲是也。聽着此一聲啼，何等迫切。想着此一聲啼，多少意味。其時母子骨肉之情，毫髮也似分離不開，頃刻也似安歇不過，真是繼之者善，成之者性，而直見乎天地之心亦真，是推之四海皆準，垂之萬世，無朝夕舍此，不著力理會而言學焉，是謂遠人以爲道。」○謹按：孝道甚大，不專指事父母一節言。孫本曰：「孔子所以興東周之教，而繼帝王之治統在是。」

仲尼居，曾子侍。子曰：「先王有至德要道，以順天下，民用和睦，上下無怨。女知之乎？」女、汝通用，下同。

仲尼，孔子字。按：《家語》：「孔子父叔梁紇，娶顏氏之女徵在，徵在禱尼丘山而生孔子，故名丘。」杜氏云：「孔子生而圩頂，首象尼丘，故名丘，字仲尼。」按：《孔子世家》云：仲尼其先宋人也。宋閔公有子弗父何，長而當立，讓其弟厲公。何生宋父周，周生世子勝，勝生正考父，正考父受命爲宋卿，生孔父嘉，嘉別爲公族，故其后以孔爲氏。孔父嘉生木金父，木金父生皐夷父，皐夷父生防叔，避華氏之禍而奔魯。防叔生伯夏，伯夏生叔梁紇，紇生孔子。○朱子曰：「昔人未嘗諱字。程子云：『予年十四五從周茂叔。』本朝先輩尚如此。伊川亦嘗稱明道字。」居，閒居也。按：邢昺《正義》：「居謂閒居，蓋謂乘閒居而坐，與《論語》云『居，吾語汝』義同，而與『居則致其敬』之『居』不同。」曾子，孔子弟子，名參，字子輿。按：《史記》：「曾參，南武城人，字子輿。少孔子四十六歲，孔子以爲能通孝道，故授之業，作《孝經》。」侍，侍坐也。按：邢昺《正義》：「卑者在尊者側曰侍，故經謂之侍。凡侍有坐、有立，此曾子侍即侍坐也。《曲禮》有『侍坐於先生』，『侍坐於所尊』，『侍坐於君子』。」子，謂孔子。按：《公羊傳》云：「子者，男子通稱也。古者謂師爲子。」先王，謂古先聖王。至，極也。要，切要也。德者，人心所得於天之性。道者，事物當然之理。草廬吳氏曰：「德謂己所得，道謂人所共由，蓋己之所得人之所共由者，其理曰仁、義、禮、智，而仁兼統之。仁之發爲愛，而愛先於親，故孝爲德之至、道之要也。」○董鼎曰：「德者，人心所得於天之理，仁、義、禮、智、信是也。此五者，皆謂之德，而此獨舉其德之至道者。事物當然之理皆是，而其大目則父子也，君臣也，夫婦也，昆弟也，朋友之交也。此五者，即仁、義、禮、智、信之性。率而行之，以爲天下之達道者也。皆謂之道，而此獨舉其道之要順者，不過因人心天理所固有，而非有所强拂爲之也。」○潛室陳氏曰：「道謂事事物物當然之理，德乃行是道而實得于心者。在一人身上，只是一箇物事。」○北溪陳氏曰：「道與德，不是判然二物。道是公共的，德是實得於身，爲我所有的。」上下，統下文天子、諸侯、卿大夫、士、庶人而言。吳氏曰：「上謂天子在諸侯之上，諸侯在卿大夫之上，卿大夫在士之上。下謂士在卿大夫之下，卿大夫在諸侯之下，諸侯在天子之下。」孔子言古先聖王有至極之德、切要之道，以順天下。而天下之民，一歸于順，故協和雍睦，上與下俱無怨尤，女知此否？吳氏曰：「爲下者，順事其上，而上無怨於下。爲上者，順使其下，而下無怨於上。天地之間，一順充塞，九族既睦，百姓昭明，黎民於變時雍，人人親其親，長其長，而天下平，唐虞成周之盛也。」蓋孔子欲傳孝道于曾子，而其道至大，難以輕言，故先發端以啓問也。引而不發，重其事而未欲遽言之也。○

謹按：所謂先王有至德要道者，見孝雖人所固有，而不能全盡，惟先王能有之也。然必以先王立言者，見孝治天下，非王者不能。使孔子得明王輔之，當執此往矣！朱鴻曰：「孔子慨明王不作，天下莫宗，既刪述六經，復呼曾子，授以《孝經》，誠諸經之總會，治世之宏綱也。統觀是經，稱先王者六，明王者三，天子者四，聖人者六，君子者七。復兩舉政教之神，一則天明，一因人性。兩申教孝之意，子臣與弟，無不悦從。又申移孝爲忠，事上盡職，以諍臣諍子無非諭君父於道，而不拘拘於命令之從，獨事親、喪親二節，止著孝子者三。又合上下貴賤而言，若夫出治佐治之孝，禮樂政教之敷，亹亹推明而不已。曷嘗沾沾於温凊定省之儀，飲食起居之節，謂孝養細事而云然哉！世傳童習之書，意已謬舛，至謂人子事親之經者，亦各局於所見也。豈測夫子著先王治平之典，必本因心之孝爲之乎！」○又曰：「孔子著經之意，蓋欲以孝治天下，故於事親之儀節略焉。而諸家註解，非不分文析字，而本原大旨，或有昧焉而未闡者。」○又曰：「人苟致學於孝，則事君事長，齊家治國，舉而措之，天下裕如。夫子首揭至德要道以授曾子，又嘗志於周公，故他日復夢見周公，曰：『如有用我者，吾其爲東周乎！』又云：『期月可也，三年有成。』蓋欲以孝爲治者也。夫孝本人性之固有，以此順民，而民焉有不順者哉！」○熊禾曰：「誠使天子公卿躬行其上，凡禮樂刑政之具壹是以孝爲本。則斯道也，固天性之自然，人心之固有。一轉移間，王道顧不易易乎！惜徒託之空言，而僅見于記録之書也。然雖不能行之一時，猶可詔之來世。」

曾子辟席曰：「參不敏，何足以知之？」子曰：「夫孝，德之本也，教之所由生也。復坐，吾語女。」辟與避同。夫音扶，下同。復，扶又反。語，去聲。

禮，侍坐君子，更端起對。敏，聰達也。曾子聞孔子之言甚大，瞿然起敬，避席立對。《禮》曰：「侍坐于先生，先生問焉，終則對。請業則起，請益則起。」○又曰：「侍坐于君子，問更端，則起而對。」○周氏汝登曰：「耿恭簡定向有一問頭曰：『道莫妙于一貫，曾子聞之唯。至問孝，曰：「先王有至德要道，汝知之乎？」却避席不敢當，曰：「參不敏，何足以知之？」夫子以知天命自任，子臣弟友之庸行，乃曰：「未能也。」此何以故？』舉莫能對。焦太史竑爲之語曰：『理須頓悟，事則漸修；頓悟易，漸修難。』或以問予。予曰：『不然。』曾子謂『何足以知之』，不知爲不知，是知也。是知就是一貫。莫爲者天，莫致者命，此中可容得一『能』字否？或者首肯，復問曰：『頓悟、漸修之説如何？』予曰：一日克己復禮，便天下歸仁。朝聞道，便可夕死。此中加得漸修之功否？太史之言，亦不敢謂然也。」而孔子告之所謂至德要道者，非他，孝也。孝統衆善，爲德之本，本猶根也。按：《禮記·祭義》曾子云：「衆之本教曰孝。」《尚書》「敬敷五教」，謂教父以義，教母以慈，教兄以友，教弟以恭，教子以孝，舉此則其餘順人之教，皆可知也。○五峰胡氏曰：「德有本，故其行不窮。」○延氏篤曰：「近取諸身，則耳有聽受之用，目有察見之明，足有致遠之勞，手有飾衛之功。功雖顯外，本之者心也。遠取諸物，則草木之生，始于萌芽，終于彌蔓。枝葉扶疎，榮華紛縟，木雖蘩蔚，致之者根也。夫仁人之有孝，猶四體之有心腹，枝葉之有根本也。」○庾子輿五歲讀《孝經》，手不釋卷。或曰：「此書文句不多，何用自苦。」答曰：「孝者，德之本，何謂不多。」○羅氏汝芳曰：「盡四海九州之千人萬人，而其心性渾然只是一箇天命。雖欲離之而不可離，雖欲分之而不可分。如木之許多枝葉而貫以一本，如水之許多流派而出自一源。」○虞氏淳熙曰：「夫子言孝，不只是孝德。凡是道德，都是他資助，都是他推移出來。譬如樹木有根本，就生枝葉，誰人止遏得住？莫看這孝小了。」行仁必自孝始，而教化由此生焉，所以爲德之至道之要也。董鼎曰：「聖人以五常之道立教，本立則道生。移之以事君，則忠矣。資之以事長，則順矣。施之于閨門，則夫婦和矣。行之于鄉黨，則朋友信矣。充擴得去，舉天下之大，無一物不在吾仁之中，無一事不自吾孝中出，故曰教之所由生。」○朱鴻曰：「孝乃仁之本原，仁乃心之全德。仁主于愛，而愛莫切于愛親，故孝爲德之本。本立則道生，自然親親而仁民。仁民而愛物，以至綏中國，保四海，無一物一事，不在吾孝之中。」語將更端，曾子猶立，故命之復坐而詳語之。吴氏曰：「孔子之言未竟，又將更端，以曾子避席起立，故命之還坐而聽也。」○董鼎曰：「孝之義甚大，而其爲説甚長，非直談可盡，故使之復坐，而詳以告之。」

身體髮膚，受之父母，不敢毀傷，孝之始也。

髮音發，膚音扶。

身，躬也。體，四肢也。髮謂毛髮，

膚謂皮膚。邢昺《正義》曰：「身謂躬也，體謂四肢也，髮謂毛髮，膚謂皮膚。《禮運》曰：『四體既正，膚革充盈。』《詩》曰：『鬒髮如雲』。此則身體髮膚之謂也。」**言人之一身，父母全而生之，子當全而歸之，一有虧毀損傷，是爲虧體辱親。**《正義》曰：「子之初生，受全體于父母，故當常自念慮，至死全而歸之，若曾子啓手、啓足之類是也。毁謂虧辱，傷謂損傷，故夫子云：『不虧其體，不辱其身，可謂全矣。』鄭註《周禮》『禁殺戮』云『見血爲傷』是也。」○《曲禮》曰：「不登高，不臨深，不苟訾，不苟笑。孝子不服闇，不登危，懼辱親也。」**樂正子下堂傷足，憂形于色，蓋爲此也。**樂正子春下堂而傷其足，數月不出，猶有憂色，門弟子曰：「夫子之足瘳矣，數月不出，猶有憂色，何也？」樂正子春曰：「吾聞曾子聞諸夫子，曰：『父母全而生之，子全而歸之，可謂孝矣。不虧其體，不辱其身，可謂全矣。』故君子頃步而弗敢忘孝也。今予忘孝之道，予是以有憂色也。」不辱其身，不羞其親，可謂孝矣。○陶潛曰：「樂正子春下堂傷足，猶有憂色，蓋不敢毁傷，孝之始也。夫能敬慎若此而災患及者，未之有也。」○范宣子年十歲能誦《詩》、《書》，嘗以刀傷手，捧手改容，人問：「痛耶？」答曰：「不足爲痛，但受全之體而致毁傷，不可處耳。」及長，隱居積學，躬耕養親。**不敢毁傷者，敬之至也。**孔子曰：「君子無不敬也，身爲大。身也者，親之枝也，敢不敬與。不能敬其身，是傷其親。傷其親，是傷其本，傷其本，枝從而亡。」**○曾子曰：「身也者，父母之遺體也。行父母之遺體，敢不敬乎！」○張子曰：「體其受而全歸者，參乎！」**朱子曰：「父母全而生之，子全而歸之。若曾子之啓手足，則體其所受乎親者而歸其全也。」○或問盡其道謂之孝弟。夫以一身推之，則身者資父母血氣以生者也。盡其道者，則能敬其身。敬其身者，則能敬其父母。不盡其道，則不敬其身，不敬其身，則不敬其父母。程子曰：「今士大夫受職於君，期盡其職，受身於父母，安可不盡其道。」○慈湖楊氏曰：「人咸以身體髮膚爲己，不知受之於父母。孔子於是破其私有之窟宅，而復其本心之大公。人莫切于己，莫愛于己。因其愛己而啓之以受之父母，則愛出於公。因其不肯毁傷而轉曰『不敢』，則公而不私，因而不拂。」○虞氏淳熙曰：「四體、頭髮、皮膚，不是自己的，是父母生下你來，你親受得，你的毀傷了自身，就是毀傷了父母。雖然不該貪生怕死，豈可驕亂爭鬬，觸天怒，犯王法，損壞他的遺體。須是戰戰兢兢，如抱着父母出入，方是孝子的起頭處。」○徐氏幹曰：「身體髮膚，受之父母，不敢毀傷，孝之至也。若夫求名之徒，殘疾厥體，冒厄危戮以狥其名，曾參不爲也。」○尤氏時熙曰：「人苟知父母之生成此身甚難，則所以愛其身者，不容不至，而義理不可勝用矣。」○曹氏于汴曰：「愛親者愛日，自愛者愛日，親衰愛之日短，身衰學之日短，其皇皇等也。」

立身行道，揚名於後世，以顯父母，孝之終也。行，如字。

又言孝非惟不毁而已，必卓然植立此身於天地之間。不愧不怍，中立不倚，道則身之所當行者，窮則獨行其道，達則大行於天下。羅氏汝芳曰：「所謂立身者，立天下之大本也。首柱天，足鎮地，以立極於宇宙之間。所謂行道者，行天下之達道也。負荷綱常，發揮事業，出則治化天下，處則教化萬世。必如孔子《大學》方爲全人而無忝所生，故孟子論志，願學孔子。」○又曰：「立身行道，果何道？曰：『《大學》之道也。』《大學》明德親民止至善，如許大事，惟立此身。蓋丈夫之所謂身聯屬天下、國家，而後成者也。」○廣川董子曰：「勉强學問，則聞見博而智益明。勉强行道，則德日起而大有功。」祺謂立身行道，不可不知學問。○蘇氏頲曰：「孝者貴於立身，立而不廢，則安夷險，保明哲。太社于是乎暢其風，太常于是乎書其事。」○五峰胡氏曰：「窮則獨善其身，達則兼善天下者，大賢之分也。達則兼善天下，窮則兼善萬世者，聖人之分也。」○羅氏洪先曰：「此身可爲天地立心，爲生民立命，何物哉！非以此心之虛而能神乎！而吾未免有所欲焉。則所以窒其源而遏其流者，不知其何紀極也。其如天地生民，何哉？誠有意于此，固不能一日悠悠爾矣。」○王氏艮曰：「能立此身，便能位天地，育萬物，病痛自將消融。」○或問立身之義。維祺曰：「身也者，天地之所付也，父母之所遺也。天地父母原不虛生此身，撑天柱地，致君澤民，繼往開來，光前裕後，爲法可傳，只是此一身承當。一有傾頹顛墜，依倚摇奪，便立不住，所以必要亭亭鼎鼎，孑孑楚楚，磊磊落落，站立得住，仰不愧於天，俯不怍於人，中立不倚，獨行不懼，昂然爲天地完人。父母肖子，富貴功名，是非毀譽，人情世故，都摇動不倒，方是立身本領。」○或問何謂立身？維祺曰：「中立而不倚，强哉矯，是何等力量。己欲立而立人，爲天地立心，爲萬民立命，是何等心術。立天下之正位，富貴不能淫，貧賤不能移，威武不能屈，是何等氣象。夭壽不貳，修身以俟之，所以立命也，是何等學問。立之斯立，道之斯行，綏之斯來，動之斯和，是何等事業。」○維祺嘗作《身銘》曰：「大哉，身乎！其備也，元氣混沌，包而無外，是故天地憾吾身缺陷，吾身虧天地傾欹，身非塊然，天地參也。合之爲一體，分則三也。首圓象天，足方象地，中虚象極，神行象次。耳、目、鼻、舌、手、足，吾五行之官。視、聽、言、動，吾四時之吏。呼吸，吾之潮汐。寢興，吾之分至。察於人倫，三辰序也。喜怒哀樂，吾露、雷、風、雨也。其中有君，上帝臨汝也。思無邪，宋景之退熒惑。誠則形，鄒衍之飛霜雪。進修及時，魯陽公之揮日。克己復禮，靈媧氏之補石。慎爾樞機，虞廷之齊七政。戒慎不睹，成湯之顧明命。不違其志，文王陟降之事帝也。無思無爲，禹之行水，行無事也。清寧奠位，疏吾之榮衛。陽罔或愆，陰罔或伏，調吾之噓吹。草木鳥獸，愛惜吾之爪髮。痌瘝一體，撫摩吾之顑頷。荐德馨，郢斤之鑿鼻堊。旦游衍，金鎞之刮眼翳。灝乎若太虚，中存元氣，與天地參，萬物備也。」

雖無意求名，而名自稱揚於後世。遡流窮源，即父母亦有顯榮。若行孝不至揚名顯親，未得爲立身也。

按：《禮記・祭義》曰：「烹熟羶薌，嘗而薦之，非孝也，養也。君子之所謂孝也者，國人稱願然，曰：『幸哉，有子如此！』所謂孝也已。」○曾子曰：「慎行其身，不遺父母惡名，可謂能終矣。」○皇侃曰：「若生能行孝，没而揚名，則身有德譽，乃能光榮其父母也。」按：哀公問孔子，對曰：「君子也者，人之成名也。百姓歸之名，謂之君子之子，是使其親爲君子也。」此則揚名榮親也。○屏山劉氏曰：「曾子之孝，立身揚名，惟此一節，而于聞道最爲超警。死生之際，燦然明白。蓋始則因孝心而致敬，終則因敬心而成己。啓手足則見于戰戰兢兢之時，發善言則存乎容貌辭氣之際，皆敬之謂也。戴經所記奥義甚多，首文三語，已盡其要，學者非弗知也。然皆有愧于曾子者，行之弗至也。恭于昭昭者，孝之名也。謹于昏昏者，孝之實也。求其名，匹夫匹婦能焉。核其實，聖人以爲難也。」〇王氏守仁曰：「子爲賢人也，則其父爲賢人之父矣。子爲聖人也，則其父爲聖人之父矣。夫叔梁紇之名，至今不朽，則亦以仲尼之爲子邪？」〇馮氏宿曰：「揚名顯親，教孝申敬，是爲率德，可以觀政。」〇《存古篇》曰：「孝子每一舉念措足，必於其父母立身體道，顯親揚名，以成父母志。」〇又曰：「人能念念事事，想到父母身上，便自不敢分毫虧損。大禹八年於外，只爲成就箇孝。」

始終非分先後，猶言孝之始基，孝之完全爾。邢昺《正義》曰：「不敢毀傷，闔棺乃止。立身行道，弱冠須明。經雖言其始終，此略示有先後，非謂不敢毀傷唯在於始，立身獨在於終也。明不敢毀傷，立身行道，從始至末，兩行無怠。此於次有先後，非於事理有始終也。」〇董鼎曰：「始言保身之道，終言立身之道，蓋不敢毀傷者，但是不虧其體而已。必不虧其行，而後方可立身，故以是終之。」**〇按：立身行道揚名，所包最廣，不專指得位事君者言，事君特行道揚名中一事爾。**屏山劉氏曰：「孝子之心，萬慮俱忘，唯一敬而已。敬念之所通，無間無傍，塞乎天地，橫乎四海，莫知其紀極也。敬心既純，大本發露，虛明洞達，躍如於兢兢肅肅之中。此至孝之士，所以行成於外而性修于内也。曾子立身揚名，唯此一節，平日服膺，念兹在兹而已。」〇伊川程子曰：「古之學者，四十而仕。未仕以前三十餘年，得盡力于學問，無他營也。故人之成材可用。今之士，十四五以上，便學綴文覓官，豈嘗有意爲己之學！夫以不學之人，一旦授之官，而使之事君、長民、治事，宜其效不如古也。故今之在仕路者，人物多凡下不足道，以此。」〇龜山楊氏曰：「方太公釣于渭，不遇文王，特一老漁父耳。及一朝用之，乃有鷹揚之勇，非文王有獨見之明，誰能知之？學者須體此意，然後進退隱顯，各得其當。」〇吕氏柟曰：「古之功名，爲天地立心，爲生民立命，爲萬世開太平，轉乾旋坤，繼往開來。今之功名，富貴之標的而已。」〇方氏孝孺曰：「養有不及，謂之死其親。没而不傳道，謂之物其親。斯二者罪也，物之尤罪也。是以孝子修德修行，以令聞加乎祖考。守職立功，以顯號遺乎祖考。」〇或問立與行是兩事否？維祺曰：「立身行道，非兩事。立得定，方行得不差。」〇或問行道指得位事君否？維祺曰：「得位事君，固是行道，所謂達可行于天下，而後行之者也。道必如此，而後大行。然亦不必專指得位，孟子曰：『得志與民由之，不得志獨行其道。』」

夫孝，始於事親，中於事君，終於立身。

中結上文之意，孝本愛親，故以事親爲始。《曲禮》曰：「凡爲人子之禮，冬温而夏凊，昏定而晨省。」〇又曰：「爲人子者，出必告，反必面，所遊必有常，所習必有業，恒言不稱老。」〇又曰：「視於無形，聽於無聲。」〇《檀弓》云：「子路問曰：『傷哉，貧也！生無以爲養，死無以爲禮也。』孔子曰：『啜菽，飲水，盡其歡，斯之謂孝。』」〇《坊記》曰：「子云：父母在，不稱老。言孝不言慈。閨門之内，戲而不嘆，君子以此防民，民猶薄於孝而厚於慈。」〇曾子曰：「吾及親仕三釜而心樂，後仕三十鐘而不洎，吾心悲。」〇閔損字子騫，早喪母，父娶後妻，生二子，損孝，事不怠。母嫉損，所生子衣綿絮，衣損以蘆花絮。父冬日令損御車，體寒失靷，父責之。損不自理，父察知之，欲遣後母。損泣啓曰：「母在，一子寒。母去，三子单。」父善之，母亦悔過。三子一視，遂成慈母。耿氏定向曰：「一言悟母，幾于舜之底豫。」〇南軒張氏曰：「以孝於親論之，自其粗者，知有冬温夏凊昏定晨省，則當從温凊定省行之。而又知其有進於此者，則又從而行之。知之進，則行愈有所施。行之力，則知愈有所進。以至于聖人人倫之至，其等級固遠，其曲折固多，然亦必由是而循循可至。」〇滎陽吕氏曰：「孝子事親，須事事躬親，不可委之使令也。嘗觀《穀梁》言天子親耕以供粢盛，王后親蠶以供祭服。國非無良農工女也，以爲人之所盡事其祖禰，不若以己所自親者也。此説最切事親之道。」

行道揚名，非事君不能全盡，故以事君爲中。《表記》曰：「事君慎始而敬終。」〇召公曰：「事君者，險而不懟，怨而不怒。」〇廣川董子曰：「上臣事君以人，中臣事君以身，下臣事君以貨。」〇莊氏周曰：「子之愛親，命也，不可解于其心。臣之事君，義也，無適而非君也。無所逃于天地之間。夫事親者，不擇地而安之，孝之至也。事君者，不擇事而安之，忠之盛也。」

立身行道，以全親之所付，方可以爲人爲子，故以立身爲終。章氏懋曰：「身也者，親之枝也。親雖不存，而吾身存焉。必思所以立其身，夙興夜寐無忝所生。一出言，一舉足，皆不敢有忘。若古之聖人、君子者，行道揚名，以顯其親於無窮，豈非所思之大者乎！」○來氏知德曰：「爲人在世，須立身行道，與乾坤同其悠久。不然，亦猶草木之靡朽耳。」○草廬吴氏曰：「事親者，不敢毁傷其大也，左右就養等事，在其中矣。事君者，推愛親之心，以愛君也。立身者，行道揚名之謂也。」○鄭氏玄曰：「父母生之，是事親，爲始。四十强仕，是事君，爲中。七十致仕，是立身，爲終。」或駁云：「若以始爲在家，終爲致仕，則兆庶皆能有始，人君所以無終。若以年七十者始爲孝終，不致仕者皆爲不立，則中壽之輩盡曰不終，顔子之流亦無所立矣。」**事親立身，循環無端。事君者，所以光大其始終也。**陳氏曰：「上言孝之始終而不言中，于事君者，謂行道揚名，則事君之道在其中矣。然所以如此立言者，蓋世之人，或有隱居以求志、修身以俟命，豈必皆事君哉！」○或曰：「此總論孝之終始也。夫上文止言孝之始終，而此又兼言中于事君者，蓋行道顯揚非事君不能。況四十始仕，移孝爲忠，亦理之常也。」○齊宣王謂田過曰：「吾聞儒者親喪三年，君之與父孰重？」田過對曰：「殆不如父重。」王忿曰：「則曷爲去親而事君？」田過曰：「非君之土地無以處吾親，非君之禄無以養吾親，非君之爵無以尊顯吾親，受之於君，致之於親，凡事君者以爲親也。」

《大雅》云：「無念爾祖，聿修厥德。」聿，以律反。

《詩·大雅·文王》之篇。無念，念也。聿，語助辭。厥，其也。邢昺《正義》曰：「無念，念也。聿，述也。厥，其也。義取常念先祖，述修其德而行之。此經有十一章引《詩》及《書》。夫子叙經申述先王之道，《詩》、《書》之語事有當其義者，則引而證之，示言不虚發也。七章不引者，或事義相違，或文勢自足，則不引也。五經唯傳引《詩》，而《禮》則雜引《詩》、《書》及《易》，並意及則引。若汎指則曰『《詩》曰』、『《詩》云』，若指『四始』之名即云《國風》、《大雅》、《小雅》、《魯頌》、《商頌》，皆隨所便而引之，無定例也。」**引《詩》言人能念其祖先而聿修其德，則**

孝之始終盡是矣。虞氏淳熙曰：「孔子引《大雅·文王》之詩，謂文王之德，無聲無臭，與上天一般。蓋臣勸成王修這樣德，何患自身不立就，是文王的令聞，一發遠布，一發可以配天了。如今所修之至德要道，即是無聲無臭之祖德。因此事君、事親、立身都來完備，毫髮不缺。前言先王，今文王豈不是先王！觀一文王，其餘先王誰不如此！」○吴氏曰：「前言至德要道，蓋言在上者之孝而通乎下，『夫孝』以下二句，結前意也。後言孝之終始，蓋言在下者之孝而通乎上，『夫孝』以下三句，結後意也。」

右第一章。蓋孔子欲明孝道之大，而先發其大端，以爲全經張本。其下遂次第通言之而復三，因曾子之疑問，以推廣其義。陸象山謂《孝經》十八章，聖人踐履實地，非虚言也，旨哉！今文、古文皆有。古文首二句爲「仲尼閒居，曾子侍坐」，「子曰」下有「參」字，「夫孝」二句各無「也」字。今文爲《開宗明義》章。

謹按：《漢·藝文志》：《孝經》一篇，十八章。長孫氏、江翁、后蒼、翼奉、張禹傳之，各自名家。經文皆同，惟孔氏壁中古文爲異。《隋·經籍志》：孔子既叙六經，作《孝經》以總會之。遭秦焚書，爲河間顔芝所藏。漢初芝子貞出之，凡十八章。宋邢昺《正義》云：「劉向較經籍，比量二本，除其繁惑，以十八章爲定，不列名。又有荀昶集其録及諸家疏，並無章名，唯皇侃標其目，冠于章首。」○按：卷帙既多，不得不分章次，但題名非古也。今倣《中庸》右第某章及《論語·鄉黨》篇此一節例，爲十八章而不列名。

孝經大全卷之一終

孝經大全卷之二

明新安呂維祺箋次

子曰：「愛親者，不敢惡於人。敬親者，不敢慢於人。惡，去聲。○復稱「子曰」者，蓋言甫竟而又更端，是緊要提醒處。或問答偶間而更言之，非引語也。後倣此。

此承上文而首言天子之孝也。惡者，愛之反。慢者，敬之反。愛親者，必推愛親之心以愛人，而不敢惡。敬親者，必推敬親之心以敬人，而不敢慢。夫有所惡慢於人，則愛敬其親之心薄，且恐或以貽親之辱。言「不敢」者，兢業小心之極也。五等之孝，惟於《天子章》稱「子曰」者，皇侃云：「上陳天子極尊，下列庶人極卑，尊卑既異，恐嫌爲孝之理有別，故以一『子曰』通冠五章，明尊卑貴賤有殊，而奉親之道無二。」○沈宏云：「親生結心爲愛，崇恪表迹爲敬。」劉炫云：「愛惡俱在於心，敬慢並見於貌。愛者隱惜而結於內，敬者嚴肅而形於外。」皇侃曰：「愛敬各有心迹。烝烝至惜是爲愛心，温清搔摩是爲愛迹；肅肅悚悚是爲敬心，拜伏擎跪是爲敬迹。」○羅氏汝芳曰：「子不思父母生我千萬劬勞乎？未能分毫報也。子不思父母望我千萬高遠乎？未能分毫就也。思之自然，悲愴生焉，疼痛覺焉，即滿腔皆惻隱矣。遇人遇物，必能方便慈惠、周卹溥濟，又安有殘忍戕賊之私？」○虞氏淳熙曰：「凡人愛惜父母之身，便不敢嫌惡衆人與我同受之身。尊敬父母之身，便不敢輕慢衆人與我同受之身。原來我與人不曾有這身來，完全是天地父母的，所以立起萬物一體之身，連四海百姓都不惡他慢他直至親民，然後是愛敬的盡處。到盡處時，人人學做孝子，人人都無怨心，此事非天子不能。」○邢昺《正義》謂：「不敢惡於人，不敢慢於人，是天子施化，使天下之人皆行愛敬，不敢慢惡其親。」維祺按：此似後一層事，於「不敢」字不切。

「愛敬盡於事親，而德教加於百姓，刑於四海。蓋天子之孝也。」

德教，謂至德之教。刑，儀刑也。天子，謂爲天之子，指有天下者言。《表記》曰：「惟天子受命於天，故曰天子。虞夏以上，未有此名。殷周以來，始謂王者爲天子也。」○《白虎通》曰：「所以稱天子者何？王者，父天母地，爲天之子也。故《援神契》曰：『天覆地載謂之天子，上法斗極。』《鉤命訣》曰：『天子，爵稱也。帝王之德有優劣，所以俱稱天子者何？以其俱命於天而主治五千里内也。』《尚書》曰：『天子作民父母，以爲天下王。』」天子德教所從出，四海所視傚，以此不敢之心，盡愛敬其親之道，無所不至其極。而推以愛人敬人，則百姓之衆，皆被服其德意教化。四海之大，皆視爲儀刑。《堯典》曰：「以親九族，九族既睦，平章百姓。百姓昭明，協和萬邦，黎民於變時雍。」○《舜典》曰：「慎徽五典，五典克從。納於百揆，百揆時敘。賓於四門，四門穆穆。」○《伊訓》曰：「唯我商王，立愛唯親，立敬唯長，始於家邦，終於四海。」○孔氏穎達曰：「《孝經·天子》之章，盛論愛敬之事。立愛唯親，立敬唯長，即《孝經》所云『愛親者，不敢惡於人。敬親者，不敢慢於人。』始於家邦，終於四海，即《孝經》所云『德教加於百姓，刑於四海』是也。」所謂以順天下，民用和睦，上下無怨如此。魯齋許氏曰：「事親大節目，是養體、養志、致愛、致敬。四事中，致愛、敬尤急，所以孝只是愛親、敬親兩事耳。天子之孝，推愛敬之心以及天下，亦惟此二事爲能。刑于四海，固結人心，舍此則法術矣。其效與聖人不相似。」○董鼎曰：「天子者，天下之表也。上行之，則下傚之；君好之，則民從之。天子所以愛敬其親者如此其至，則下之人所以愛敬其親者，亦莫敢不至。況孩提之童，無不知愛其親，及其長也，無不知敬其兄，愛親敬兄，本人心天理之固有，天子亦因其所固有而利導之耳，安有感之而不應、倡之而不和者！」○王氏艮《明哲保身論》曰：「明哲者，良知也。明哲保身者，良知良能也。所謂不慮而知、不學而能者也。人皆有之，聖人與我同也。知保身者，則必愛身。能愛身，則不敢不愛人。能愛人，則不敢惡人。不惡人，則人不惡我。能愛身，則必敬身。能敬身，則不敢不敬人。能敬人，則不敢慢人。不慢人，則人不慢我。此仁也，萬物一體之道也。天下凡有血氣者，莫不尊親。莫不尊親，則吾身保矣。吾身保，然後能保天下。此仁也，所謂至誠不息也，一貫之道也。經曰：『愛敬盡於事親，而德教加于百姓，刑于四海。』」蓋天子之孝，有終始，當如是也。蓋者，約詞，有不盡之意。孝道廣大，此特略言之爾，故下必引《書》以明之。按：《孔傳》云：「蓋者，辜較之辭。」劉炫云：「辜較，猶梗概也。孝道既廣，此纔舉其大略也。」劉獻云：「蓋者，不終盡之辭，明孝道之廣大，此略言之也。」鄭註云：「蓋者，謙辭。」據此而言，蓋非謙也。○《孝經援神契》曰：「天子之孝曰就。」言德被天下，澤及萬物，始終成就，榮其祖考也。○方氏學漸曰：「愛親者，必愛身；愛身者，必愛天下，敢有惡於人乎？敬親者，必敬身；敬身者，必敬天下，敢有慢於人乎？我無所惡於人，人亦無所惡於我；我無所慢於人，人亦無所慢於我。愛敬始於親，而德教加於百姓，則無弗愛且敬焉。合天下之愛敬，歸之於吾親，是爲大孝。」

「《甫刑》云：『一人有慶，兆民賴之。』」

《甫刑》，即《吕刑》，《尚書》篇名。邢昺《正義》曰：「《甫刑》即《尚書·吕刑》。《禮記·緇衣》篇孔子兩引《甫刑》，辭與《吕刑》無别，則孔子之代以《甫刑》命篇明矣。今《尚書》爲《吕刑》者，孔安國云：『後爲甫侯，故稱《甫刑》。』穆王時，未有甫名，而稱爲《甫刑》者，後人以子孫之國號名之也。猶若叔虞初封於唐，子孫封晉，而《史記》稱《晉世家》也。」一人，謂天子。慶，作善降祥。兆民，庶民也，十億爲兆。陶氏潛曰：「高宗宅憂，亮陰三祀，鄭玄註引《孝經》云：『言不文也。』恭默思道，夢帝賚予良弼。蓋《孝經》所謂喪三年而通於神明也。三年不言，德教大行。《書》曰：『一人有慶，兆民賴之。』其此之謂乎！」○虞氏淳熙曰：「孔子引《尚書·吕刑》謂天子一人，法舜之孝，不敢輕易用刑，便有禄位名壽諸般喜慶的事。一人既有喜慶的事，兆民都受一人福蔭，家家和睦，箇箇無怨，與我前説天子盡孝，百姓都孝的説話一箇道理。」○朱鴻曰：「天子能愛敬其親，而不敢慢惡於人，即一人有慶也。德教遠被，四海典型，即兆民賴之也。」○鈞滄子曰：「孝者，良心之切近精實者也。二帝三王之心極本於孝，乃齊治均平之準也。」按：鈞滄子，元隱士，失其名，著《孝經管見》，以孝治天下立論，謂五百年必有王者興起。是經自序曰：「二帝三王之建極於身者，立心極也。立心極者，端極於孝也。推之齊家、治國、平天下，何莫不由是出，舍是而求適於治，無由也。」又曰：「齋栗底豫而風動四方，視膳三朝而汝墳遵化，善述善繼而四海永清，其功效成驗可知梗概哉！是孝立而心極建，心極建而身極端，身極端而治化美，自生民以來無改也。」○丘氏濬曰：「天生人君，而付之以肇修人紀之任，必使三綱六紀皆盡其道，然後不負上天之所命。然其所以肇修之端，則在乎愛敬焉。愛敬既立，則由家而國，而天下之人，無不能愛能敬，皆由吾君一人植立以感化之也。」○祺按：五等之孝，惟天子足以刑四海，而諸侯以下，漸有差焉。夫子之意，蓋有重焉者，以是知《孝經》乃孔子所以繼帝王而開萬世之治統者，非沾沾於家庭定省間也。

右第二章。按天子建中和之極，故特稱「子曰」，以天子之孝統之，以廣上文「先王有至德要道，以順天下」之意。今文、古文皆有。古文「蓋天子之孝」無「也」字。今文爲《天子》章。

在上不驕，高而不危。制節謹度，滿而不溢。高而不危，所以長守貴也。滿而不溢，所以長守富也。長，平聲。

此言諸侯之孝也。在上，在一國臣民之上。驕，矜肆也。高，處尊位也。危，將墜而不安也。制節，制財用之節。謹度，謹禮法之度。滿，處富足也。溢，汎濫也。鄭氏曰：「費用約儉謂之制節，慎行禮法謂之謹度，無禮爲驕，奢泰爲溢。」○五代博士馬縞曰：「《孝經》云『制節謹度』，唐節制皆從太府寺准三禮定之。」由縞言，蓋亦準《孝經》制器矣。○王氏守仁訓諸弟曰：「今人病痛大段只是傲，千罪百惡皆從傲上來。

傲則自高，自是不肯屈下人。象之不仁，丹朱之不肖，皆只是一傲字，結果一生。傲之反爲謙，謙字便是對症之藥，謙非但是外貌卑遜，須是中心恭敬，樽節退讓，常見自己不是，真能虚己受人。堯舜之聖，只是謙到至誠處，便是允恭克讓，温恭允塞也。」

位尊曰貴，財足曰富，諸侯貴踞一國之上，如自高臨下，處之者易以危。富有一國之財，如水滿器中，持之者易以溢。有如不自矜肆，雖高不危；謹守節度，雖滿不溢。

邢昺《正義》曰：「諸侯在一國臣人之上，其位高矣。高者危懼，若能不以貴自驕，則雖處高位，終不至于傾危。積一國之賦稅，其府庫充滿矣。若制立節限，慎守法度，則雖充滿而不至盈溢。滿謂充實，溢謂奢侈。《書》稱『位不期驕，禄不期侈』，是知貴不與驕期而驕自至，富不與侈期而侈自來。言諸侯貴爲一國人主，富有一國之財，故宜戒之也。」

不危則不失其位，不溢則不至悖出。

草廬吴氏曰：「諸侯在臣民之上，能不自驕，雖高不危，則不以陵傲召禍而致卑替。制財用之節，能謹侯度，雖滿不溢，則不以僭侈費財而致虚耗。」○方氏學漸曰：「居上不驕，非以爲貴也。制節謹度，非以爲富也。諸侯之道宜爾也，而可以長守其富貴，故君不患禄位之不永，而患吾道之不修。」

富貴不離其身，然後能保其社稷，而和其民人。蓋諸侯之孝也。離，去聲。

社主土，稷主穀，民生所賴以安養者。

按：《韓詩外傳》云：「天子大社，東方青，南方赤，西方白，北方黑，中央黄土。若封四方諸侯，各割其方色土，苴以白苴而與之，諸侯以此土封之爲社，明受于天子也。社即土神也。經典所論社稷，皆連言之。皇侃以爲稷五穀之長，亦爲土神。據此，稷亦社之類也。言諸侯有社稷乃有國，無社稷則無國也。」○横渠張子曰：「祭社稷、五祀、百神者，以百神之功報天之德爾。」

諸侯謂公、侯、伯、子、男，指有一國者言。

《正義》曰：「次天子之貴者，諸侯也。按：《釋詁》云：『公、侯，君也。』不曰『諸公』者，嫌涉天子三公也。故以其次稱爲『諸侯』，猶言諸國之君也。」○《白虎通》曰：「《王制》云：『王者之制，禄爵凡五等。』謂公、侯、伯、子、男，此周制也。所以名之爲公、侯者何？公者通，公正無私之意也，侯者候也，候逆順也。《春秋傳》曰：『王者之後稱公，其餘人皆千乘，象雷震百里所潤同。大國稱侯，小國稱伯、子、男也。』又《王制》云：『公侯田方百里，伯七十里，子、男五十里。』伯者，百也。子者，孳也，孳孳無已也。男者，任也。人皆五十里，差次功德。」○吴氏曰：「諸侯謂五等國君，公九命，侯、伯七命，子、男五命。」諸侯爲社稷之主，必不危不溢，長守富貴不至離其身，然後能保守社稷而民人和悦。皇侃云：「民是廣及無知，人是稍識仁義，即府史之徒，故言民人，明遠近皆和悦也。」○或曰：「民是無位者，人是有位者。」○班氏固曰：「《孝經》云：『保其社稷，而和其民人。』蓋諸侯之孝也。稷者得陰陽中和之氣而用尤多，故爲長也。」此蓋以和召和，盛德通靈之一驗也。蓋諸侯之孝有終始，當如是也。《援神契》曰：「諸侯行孝曰度，言奉天子之法度，能不危溢，是榮其先祖也。」○董鼎曰：「諸侯自始封之君，受命于天子而有民人、有社稷以傳之子孫，所謂國君積行累功以致爵位，豈易得之！則爲諸侯之先公者，其身雖没，其心猶願有賢子孫世世守之而不失也。爲其子孫者，果若循理奉法，足以長守其富貴，則能保先公之社稷和先公之民人矣。諸侯之所以爲孝者，莫大于此。如其不念先公積累之艱勤，恣爲驕奢，至於危溢以失其富貴，而不能保其社稷民人，則不孝莫甚焉，此諸侯所當戒也。」

《詩》云：「戰戰兢兢，如臨深淵，如履薄冰。」

《詩·小雅·小旻》之篇。戰戰，恐懼。兢兢，戒謹。臨淵，恐墜。履冰，恐陷。按：邢昺《正義》：「恐墜，謂如入深淵不可復出。恐陷，謂没在冰下不可拯濟。」引此以明不危不溢之意。虞氏淳熙曰：「《詩》云：『戰戰兢兢，如臨深淵，如履薄冰。』夫子引《小雅·小旻》之詩，説道做諸侯的長戰戰的恐懼，兢兢的戒謹，恰似在深水邊頭立，生怕跌下去，恰似在薄冰兒上行，生怕陷下去，這般謹慎，方得免患。可見這富貴、這社稷、這人民，不是安逸受享的物事，就如深水、薄冰無有二樣。倘或一些差池，求生不得，所以諸侯必須不驕不侈，然後爲孝。我說山高要墜，水滿要翻，與《詩》說深水、薄冰有何分别？」○或曰：「此孝子保身之法，獨以證諸侯之孝者，以諸侯易於驕侈也。」○延平李氏曰：「凡蹈危者慮深而獲全，居安者患生于所忽，此人之常情也。」○謹按：此詩是傳孝心法，乃曾子平生着力處。後當有疾，口詠此詩以傳示弟子，易簀之夕，必曰：「吾得正而斃焉，得力于此多矣。」故聖門惟曾子之傳爲得其宗焉。薛氏瑄曰：「曾子云：『戰戰兢兢，如臨深淵，如履薄冰。』君子之守身，不可不謹。」○虞氏淳熙曰：「按此詩之旨，是全孝心法。後來曾子口詠此詩，親傳弟子，不但諸侯可行也。」○郭氏子章曰：「劉中壘較定《孝經》，已傳千禩，朱子始删《詩》爲經，餘改爲傳。」子章謂「戰戰兢兢」一詩，實《孝經》大旨，不觀曾子易簀語乎：「啓予足！啓予手！《詩》云：戰戰兢兢，如臨深淵，如履薄冰，而今而後吾知免夫！」非謂免於毁傷也，謂平生戰兢，至疾革始免，即仁以爲己任，死而後已也。由此言之，《詩》未可遽删也。○《禮記》：曾子寢疾，病。樂正子春坐于牀下，曾元、曾申坐于足。童子隅坐執燭。童子曰：「華而睆，大夫之簀與？」曾子曰：「然。斯季孫之賜，我未之能易也。元，起易簀。」曾元曰：「夫子之病革矣，不可以變。」曾子曰：「君子之愛人也以德，細人之愛人也以姑息。吾得正而斃焉，斯已矣。」○程子曰：「曾子傳聖人學，其德後來不可測，安知其不至聖人。如言『吾得正而斃』，且休理會文字，只看他氣象亦好，被他所見處大。後人雖有好言語，只被氣象卑，終不類道。」○又曰：「曾子易簀之際，志于正而已矣。無所慮也，與行一不義，殺一不辜而得天下不爲者同心。」

右第三章。今文、古文皆有。古文無三「也」字。今文爲《諸侯》章。

孝經大全卷之二終

孝經大全卷之三

明新安吕維祺箋次

非先王之法服不敢服，非先王之法言不敢道，非先王之德行不敢行。「德行」之「行」，去聲。下「擇行」、「行滿」同。

此言卿大夫之孝也。法服，法度之服，先王制章服各有品秩。《左傳》曰：「衣，身之章也。」《尚書·皋陶》篇曰：「天命有德，五服五章哉。」孔傳云：「五服，天子、諸侯、卿、大夫、士之服也。尊卑采章各異。」〇按：《尚書·益稷》篇舜命禹曰：「子欲觀古人之象，日、月、星辰、山、龍、華蟲，作會；宗彝、藻、火、粉米、黼、黻，絺繡，以五采彰施于五色，作服，汝明。」孔傳曰：「天子服日月而下，諸侯自龍衮而下至黼黻，大夫服藻、火、粉米，上得兼下，下不得僭上。此古之天子冕服十二章，以日、月、星辰及山、龍、華蟲六章畫於衣，衣法於天，畫之爲陽也。以宗彝、藻、火、粉米、黼、黻六章繡之於裳，裳法於地，繡之爲陰也。日、月、星辰取照臨於下，山取其鎮，龍取其變，華蟲謂雉取耿介而文，宗彝、虎、蜼取其孝也，藻取其潔，火取其明，粉米取其能養，黼取斷割，黻取背惡鄉善，皆爲百王之明戒，以益其德。諸侯自龍、衮而下八章也，大夫藻、火、粉米三章也。」〇周制天子冕服九章，象陽之數極也。按：《司服》云：「王祀昊天上帝，則服大裘而冕，祀五帝亦如之。享先王則衮冕，享先公饗射則鷩冕，祀四望山川則毳冕，祭社稷五祀則絺冕，群小祀則玄冕，而冕服九章也。鄭注九章，初一曰龍，次二曰山，次三曰華蟲，次四曰火，次五曰宗彝，皆畫以爲繢；次六曰藻，次七曰粉米，次八曰黼，次九曰黻，皆絺以爲繡。則衮之衣五章，裳四章，凡九也。鷩畫以雉，謂華蟲也。其衣三章，裳二章，凡五也。絺次粉米，無畫也。其衣一章，裳二章，凡三也。玄者衣無文，裳刺黻而已，是以謂玄焉。凡冕服皆玄衣纁裳。又按：《司服》公之服自衮冕而下，如王之服。侯、伯之服自鷩冕而下，子、男之服自毳冕而下，卿、大夫之服自玄冕而下，士之服自皮弁而下，如大夫之服。則周自公、侯、伯、子、男，其服之章數與古之衆服頗異。法言，法度之言。德行，心有所得而見之躬行者。服之不衷，身之災也。《語》曰：「服奇者志淫。」《春秋傳》鄭子臧出奔宋，好聚鷸冠，鄭伯聞而惡之，使盜殺之。君子曰：「服之不衷，身之災也。」非法服而服之，是僭上偪下。邢昺《正義》曰：「言卿大夫遵守禮法，不敢僭上偪下。僭上謂服飾過制，僭擬於上也。偪下謂服飾儉固，偪迫於下也。《禮》曰『君子上不僭上，下不偪下』是也。」○薛氏瑄曰：「古人衣冠偉博，皆所以嚴其外而肅其内，後人服一切簡便短窄之衣，起居動静，惟務安適，外無所嚴，内無所肅，鮮不習而爲輕佻浮薄者。」非法言，是妄言也。武王《杌之銘》曰：「皇皇惟敬，口口生㖃，口戕凵。」○富鄭公曰：「守口如瓶，防意如城。」○薛氏瑄曰：「輕言戲謔最害事，蓋不妄發則言出而人信之，苟輕言戲謔，後雖有誠實之言，人亦弗之信矣。《易》曰：『修詞立其誠。』必須無一言妄發，斯可學道。苟信口亂談而資笑謔，其違道遠矣。必言謹則氣定心一，氣要顓一，心要顓一。」又曰：「進德則言自簡。」○蔡氏清曰：「有道德者必不多言，有信義者必不多言，有才謀者必不多言，惟見夫細人、狂人、妄人乃多言爾。夫未有多言而不妄者也。」○又曰：「戒爾重其言，言欲亮而貞出於我也。不重，則人之聽之也輕。惟古之聖賢兮，率然隻語達天聲，垂之後世而爲經。」○曹氏端曰：「今人輕易言語，是他此心不在，奔馳四出了，學者當自謹言語，以操存此心。」○尤氏時熙曰：「言語務在簡，然不得已而言亦不可多，養心養氣之功全在此。」非德行，是僞行也。《禮記・王制》曰：「行僞而堅，言僞而辨，學非而辨，順非而澤，以疑衆殺。」○蘇老泉《辨姦論》曰：「凡事之不近人情者，鮮不爲大奸慝，豎刁、易牙、開方是也。以蓋世之名而濟其未形之患，雖有願治之主、好賢之相，猶將舉而用之，則其爲天下患，必然而無疑者。」○鄒氏元標曰：「聖人之教，庸德是程，大經是經。而世之學者往往跳于經常之外，游情溟涬，脱略名教，自以爲逃世網、解天弢。知者謂之亂常，謂之拂經。夫亂常、拂經者，是曰邪慝，聖教所不容，而德之賊也。」服之、言之、行之，有虧孝道，故三者皆不敢也。祺按：卿、大夫所居之位，蓋輔翼人主，秉持世教，以爲斯民標的者也。衣冠言動之際，不敢不謹如此。

是故非法不言，非道不行，口無擇言，身無擇行，言滿天下無口過，行滿天下無怨惡。

惡，去聲。

是故，言必守法，行必遵道，口之所言，身之所行，皆遵道法，故無可擇。言之多，雖至於滿天下，無率口之過；行之多，雖至於滿天下，不招人之怨惡。卿大夫立朝則敷奏接賓，出使則將命布德，故言行可滿天下。《正義》曰：「言之與行，君子所最謹，出己加人，發邇見遠。出言不善，千里違之；其行不善，譴辱斯及。故首章一叙不毀而再叙立身，此章一舉法服而三復言行也。」草廬吴氏曰：「人之相與，先觀容飾，次交言辭，後考德行。孟子言服堯之服，誦堯之言，行堯之行，意與此同，故首服次言次行。然「是故」以下申言行而不及服者，蓋以服明白易見不必更申，故下文又以三者總結之也。」王氏時槐曰：「儒者律身行己，自有法度。一念不敢妄萌，一言不敢妄出，一事不敢妄爲。子臣弟友，必盡其分，務期俯仰無愧，此躬行實際也。彼恣高談，薄踐履，甚者斁倫傷教，其謂妙道在形跡之外，此説倡人欲横流矣。」○吕氏柟曰：「父母生身最難，須將聖人言行一一體貼在身上，將此身唤作一箇聖賢的肢體，方是孝順。」

三者備矣，然後能守其宗廟。蓋卿大夫之孝也。

三者，法服、法言、德行也。宗廟者，按《祭法》天子七廟，諸侯五廟，卿大夫三廟。按：古者宗廟之制，天子七廟，諸侯五廟，大夫三廟，卿與大夫同。○又按：《祭法》卿大夫立三廟，寢之前屋，有東西廂者曰廟。○朱子曰：「《王制》『天子七廟，三昭三穆，與太祖之廟而七』。諸侯、大夫、士降殺以兩，而《祭法》又有適士二廟，官師一廟之文。大抵上無太祖而皆及其祖考也。」〇或問官師一廟，得祭父母而不及祖，無乃不盡人情耶？朱子曰：「位卑則流澤淺，其理自然如此。」〇或問今士庶人家亦祭三代，却是違禮？朱子曰：「雖祭三代却無廟，亦不可謂之僭。古所謂廟，體面甚大，皆具門堂寢室，非如今人但以一室爲之。」〇吴氏曰：「古之大夫、元士有家，有家者，何謂？都邑有食采之田以奉宗廟，子孫雖不世爵而猶世禄，承家之宗子世世守其宗廟所在，而支子不得與焉。宗子出他國而不復，然後命其兄弟若族人主之。此古者大夫、士之家所以與國咸休而無時或替也。」

卿大夫通指王朝列國言。按：卿大夫謂王朝侯國之臣，王之卿六命，大夫四命，公、侯、伯之卿三命，大夫再命，子、男之卿再命，大夫一命。〇《正義》曰：「次諸侯之貴者，卿大夫。《説文》：『卿，章也。』《白虎通》云：『卿之爲言章也。章，善明理也。大夫之爲言大扶，扶進人者也。』故傳云：『進賢達能，謂之卿大夫。』《王制》云：『上大夫卿也。』又《典命》云：『王之卿六命，其大夫四命，則爲卿與大夫異也。』今連言者，以其行同也。」〇按：卿大夫位以材進者，《毛詩傳》曰：「建邦能命龜，田能施命，作器能銘，使能造命，升高能賦，師旅能誓，山川能説，喪紀能誄，祭祀能語，君子能此九者，可謂有德音，可以爲大夫。」是位以材進也。

言卿大夫世守宗廟，僭服、妄言、僞行有一則不免於罪廢，惟法服、法言、德行之三者全備而後能保守宗祀，蓋卿大夫之孝有終始當如是也。皇侃云：「初陳教本，故舉三事。服在身外可見，不假多戒，言行出於内府難明，必須備言。至於後結，宜應總言。謂人相見，先觀容飾，次交言辭，後考德行，卿大夫若能備服飾言行，故能守宗廟也。」〇《援神契》云：「卿大夫行孝曰譽，蓋以聲譽爲義，謂言行布滿天下能無怨惡，遐邇稱譽是榮親也。」

《詩》云：「夙夜匪懈，以事一人。」懈，居賣反。

《詩·大雅·烝民》之篇。引仲山甫修其威儀，爲王喉舌，夙夜小心，式於古訓，不敢懈怠，以事其君，以明卿大夫之孝。虞氏淳熙曰：「仲山甫修其威儀，爲王喉舌，早晚小心翼翼，式於古訓，不敢懈惰，專心以事君王，其明哲保身，不辱父母之道在此。」○按：衣服言行與詩中威儀喉舌相合，法先王與詩中古訓是式相合，守宗廟與詩中明哲保身相合。○上天經常不易之法傳與天子，天子口代天言，身代天事，五服之錫亦代天命而彰有德，完全是天。就君臣父子之分論，又完全是父。孝順天子，便是孝順天地，孝順父母，故立身保宗全在於此。

右第四章。今文、古文俱同。今文爲《卿大夫》章。

資於事父以事母，而愛同。資於事父以事君，而敬同。故母取其愛，而君取其敬，兼之者父也。

此言士之孝也。資，藉也，言愛敬其父而藉以愛母敬君皆同也。母非不敬，以愛爲主。君非不愛，以敬爲主。董鼎曰：「取事父之道以事母，其愛母則同于愛父，雖未嘗不敬也而以愛爲主，以父主義、母主恩故也。取事父之道以事君，其敬君則同于敬父，雖未嘗不愛也而以敬爲主，以君臣之際義勝恩故也。」兼愛與敬，惟父而已，皆本人性自然而然，非有所强也，此移孝爲忠之道所由生也。劉氏瓛曰：「父情天屬，尊無所屈，故愛敬雙極。」○或曰：「人必有本，父者生之本也。愛與敬，父兼之，所以致隆於一本故也。」

故以孝事君則忠，以敬事長則順。長，上聲。

故，承上文而言。忠，謂盡心無隱。順，謂循理無違。薛氏瑄曰：「恭而不近于諛，和而不至于流，事上處衆之道。」○朱鴻曰：「移孝事君，則盡心無隱爲忠；移敬事長，則循理無違爲順。」士初離膝下，方登仕籍，或未盡知事君之道，第用事父之孝以事君，則爲忠矣。《正義》曰：「入仕本欲安親，非貪榮貴也。若用安親之心，則爲忠也；若用貪榮之心，則非忠也。」○嚴植之曰：「君父敬同，則忠孝不得有異言，以至孝之心事君必忠也。」○横渠張子曰：「聚百順以事君親，故曰：『孝者，畜也。』」又曰：「畜君者，好君也。」○虞氏淳熙曰：「愛敬二字，愛之極便是敬，敬之立原于愛，敬兼得愛，愛兼不得敬。事君敬同于父，亦應愛同于父，故取父子之愛事君就喚做不忍欺君之忠。取父子之敬事君就喚做不敢慢君之順。總來孝君時連着孝親，孝親時連着孝君，原無二道也。」即用事父之敬以事長，則爲順矣。長謂士之上，有卿大夫爲之長也。《正義》曰：「不言悌而言敬者，順經文也。《左傳》曰『兄愛弟敬』，又曰『弟順而敬』，則知悌之與敬，其義同。《尚書》云『邦伯師長』，安國曰『衆長，公卿也』，則知大夫已上皆是士之長。」○維祺按：「以敬」之「敬」，即承上「敬同」「取敬」之「敬」。蓋以敬父之敬，事其長也。言敬父，而敬兄之敬在其中矣。《正義》之解，非也。

忠順不失，以事其上，然後能保其禄位，而守其祭祀，蓋士之孝也。

士如上士、中士、下士，指已仕者言。《正義》曰：「次卿大夫者，士也。《説文》數始于一，終于十。孔子曰『惟一答十爲士』，《毛詩傳》曰『士者，事也』，《白虎通》曰『士者，事也，任事之稱也』，傳曰『通古今，辯然不然，謂之士』。」○按：士有上士、中士、下士，一命爲下士，再命爲中士，三命爲上士。○《白虎通》云：「天子之士，獨稱元士，蓋士賤不得體君之尊，故加元以別于諸侯之士。」○《王制》云「上農夫食九人」，謂「諸侯之下士，視上農夫，中士倍下士，上士倍中士」。合忠與順而不失其道，以事君與長，然後能安保其俸廩之禄，官爵之位，而永守其祖先之祭祀。惟士無田，則亦不祭，故禄位與祭祀相關。《正義》曰：「謂能盡忠順以事君長，則能保其禄位也。禄謂廪食，位謂爵位。《廣雅》曰：『位，涖也，涖下爲位。』」○祭者，際也。人神相接，故曰際也。祀者，似也。謂祀者似將見先人也。○皇侃云：「保者，安鎮也。守者，無逸也。社稷、禄位是公，故言保。宗廟、祭祀是私，故言守。士初得禄位，故兩言之。」○吕氏本中曰：「事君如事親，事官長如事兄，與同僚如家人，待群吏如奴僕，愛百姓如妻子，處官事如家事，然後能盡吾之心。如有毫末不至，皆吾心有所未盡也。」○按：君言社稷，卿大夫言宗廟，士言祭祀，各以其所事爲重也。庶人則薦而不祭。○章氏懋曰：「先王廟祀之典，不及下士、庶人，蓋以其分之有限，禮不下達，而人情猶有歉焉。至宋，大儒君子創爲祠堂之制，則通上下皆得爲之，然後盡于人心，豈非禮之以義起者乎！」蓋士之孝有終始當如是也。《援神契》云：「士行孝曰究，以明審爲義，須能明審資親事君之道，是能榮親也。」

《詩》云：「夙興夜寐，無忝爾所生。」夙音宿。寐，密二反。忝，他點反。

《詩·小雅·小宛》之篇。引《詩》言早夜敬謹，無辱所生之親，以明忠順不失之意。○張子曰：「不愧屋漏爲無忝，存心養性爲匪懈。」虞氏淳熙曰：「引《小雅·小宛》之詩，言人生有如鶺鴒，一身首尾相顧，乃得全生。又有如蜾蠃，兩個形體相負，乃得化生。父母生我不必言，凡全我化我之人，皆有生我之恩，當得早朝起來，夜裡睡去，戰戰兢兢，無忝所生，方是孝子。」○黄香九歲失母，思慕骨立。事父竭力以致養，冬無被袴而盡滋味，暑則扇牀枕，寒則以身温席。和帝嘉之，特加異賜。歷位恭勤，寵禄榮親。陶氏潛曰：「可謂夙興夜寐，無忝爾所生者也。」○薛氏瑄曰：「因讀朱文公與子受之書『念之念之，夙夜無忝所生』之言，不勝感發興起，中心惻然，必欲不爲一事之惡以忝先人。」

右第五章。古文、今文皆有。古文「保其禄位」爲「保其爵禄」。今文爲《士》章。

孝經大全卷之三終

孝經大全卷之四

明新安呂維祺箋次

用天之道，分地之利，謹身節用，以養父母，此庶人之孝也。養，去聲。

春生、夏長、秋收、冬藏，舉事順時，用天道也。《爾雅・釋天》云：「春爲發生，夏爲長毓，秋爲收斂，冬爲安寧。」安寧即閉藏之義也。舉農畝之事，順四時之氣。春生則耕種，夏長則芸苗，秋收則穫割，冬藏則入廩也。分别五土，視其高下，各盡所宜，分地利也。按：《周禮・大司徒》云：「五土：一曰山林，二曰川澤，三曰丘陵，四曰墳衍，五曰原隰。」謂庶人須能分别，視此五土之高下，隨所宜而播種之，則《職方氏》所謂青州其穀宜稻粱，雍州其穀宜黍稷之類是也。不順天道，物無以生。不辨地利，物無以成。二者皆得則生植成遂，衣食足矣。尤必謹守其身而不敢放縱，節其財用而不敢奢侈。鄭氏曰：「身恭謹則遠恥辱，用節省則免饑寒，公賦既充則私養不闕。」○《禮》曰：「食節事時。」又曰：「庶人無故不食珍。」又曰：「三年耕，必有一年之食。九年耕，必有三年之食。以三十年之通，雖有凶旱水溢，民無菜色。」以此養其父母，不徒養口體，且養志矣。董鼎曰：「衣食既足，又必謹其身而不敢放縱，節其用而不敢奢侈，惟恐縱肆則犯禮，而自陷于刑戮。侈用則傷財，而不免于饑寒。常以此爲心，則所以養其父母者，不徒養口體有餘，而養志亦無不足。」○凡庶人及未受命爲士者，既不得以事君，所事者惟父母而已，故以養父母爲孝。○《存古篇》曰：「凡有綿帛，父母未衣，不忍先着體。凡有美鮮，父母未嘗，不忍先入口。此孝子之用心也。」○又曰：「世人慳吝，雖父母之養不肯盡心。或有兄弟互相推諉，至令父母凍餓。或富而力能養者，在父母前多粗率無狀，求其敬且和者，百無二三也。嗚呼！孝道之失久矣。」**庶人之孝，有終始，惟此而已。**《正義》曰：「庶者，衆也，謂天下衆人也。」皇侃云：「不言衆民者，兼包府史之屬，通謂之庶人也。」嚴植之以爲士有員位，人無限極，故士以下皆爲庶人。○或曰：「學爲士而未仕，與農、工、商、賈之屬皆是。」○《援神契》云：「庶人行孝曰畜。」以畜養爲義。言能躬耕力農，以畜其德而養其親也。○統觀夫子條陳五等之孝，於庶人始以養父母言，則孝之大指，自可默喻。○謹按：此章變「蓋」言「此」者，天子、諸侯、卿大夫、士，其應行之孝道甚廣，所言亦未敢以爲盡，故云「蓋」，而猶必引《詩》、《書》證之。若庶人之孝，其理易明，其事易盡，故直指之曰「此」，而不必引《詩》矣。按：天子、諸侯、卿大夫、士皆言「蓋」，而庶人獨言「此」，謂天子至士，孝行廣大，其章略述宏綱，所以言「蓋」也。庶人用天分地，謹身節用，其孝行已盡，故曰「此」，言惟此而已。庶人不引《詩》者，義盡於此，無贅詞也。○或曰：「孔子言天子至士之孝，還不敢決定，須着一『蓋』字，又要引《詩》、引《書》作證據，惟此一節，是爾見我聞的，又何必疑他。」○西山真氏作《庶人章解》曰：「春宜深耕，夏宜數耘，禾稻成熟宜早收斂，豆、麥、黍、米、桑、麻、蔬、果宜及時用功浚治，此便是用天之道。高田種早，低田種晚，燥處宜麥，濕處宜禾，田硬宜豆，山畬宜粟，隨地所宜，無不栽種，此便是分地之利。既能如此，又要謹身節用，念我此身父母所生，宜自愛恤；莫作罪過，莫犯刑責，得忍且忍莫要鬪毆，得休且休莫興詞訟，入孝出弟，上和下睦。此便是謹身。財物難得，當須愛惜；食足充口，不須貪味；衣足蔽體，不須奢華；莫喜飲酒，飲酒失事；莫喜賭博，賭博壞家；莫習魔教，莫信邪師；莫貪浪遊，莫看百戲；凡人皆妄費，便生出許多事端，既不妄費，即不妄求，自然安穩，無諸災難。此便是節用。謹身則不憂惱父母，節用則能供給父母。能是二者，即是謂孝，故曰以養父母。此庶人之孝也。」○司馬温公著《古文孝經指解》，一日省墓，止餘慶寺，有父老五六輩獻粟米、菜蔬，復請曰：「願聞資政講書，以爲鄉里之訓。」光欣然取紙筆，書《庶人章》講之。

故自天子至於庶人，孝無終始而患不及者，未之有也。

故自天子下至於庶人，雖有尊卑之分，其根於一本則一。孝雖有五等之別，其始於事親、終於立身則一。有如立心不純，用力不果，其於立身之終、事親之始皆無成就，如是而禍患不及，必無之理也。孔子爲天子、庶人通設此戒，以結上文之旨，可謂至儆切矣。曾子曰：「官怠於宦成，病加於小愈，禍生於懈惰，孝衰於妻子。察此四者，慎終如始。《詩》曰：『靡不有初，鮮克有終。』」○草廬吴氏曰：「孝之終謂立身，孝之始謂事親，孝無終始謂不能事親立身也。患，禍難也。不能事親立身，則禍難立及之，甚則天子不能保其天下，諸侯不能保其國，卿大夫不能保其家，士、庶人不能保其身也。」○或曰：「此通結上文，以重致戒勉之意。孝之終謂立身，孝之始謂事親，孝無終始謂不能事親立身，則禍患鮮有不及之者，理勢之必然也。」○又曰：「夫子既條陳五孝之用，而具言孝道之極至，則天子可以刑四海，諸侯可以保社稷，卿大夫可以保守宗廟，士可以守祭祀，庶人可以養父母，其必至之效有如此者，聞者亦宜有以自勸矣。然猶恐其信道之不篤，用力之不果，而反以吾言之行與不行爲無所損益，於是又有以警戒之。」○維祺按：邢昺註疏及近世儒者解「孝無終始」，謂孝無内無外、無久無暫，何嘗有終始。因心愛日，豈患不及。其論亦通。第反覆上下文義，「終始」原與第一章「孝之始」、「孝之終」、「始於事親」、「終於立身」相應，而「患不及」作「禍患」之「患」，亦與下「災害」、「禍亂」、「五刑」、「大亂」等語相合，更爲嚴切，令人悚然起畏。○又按：《孝經》、《大學》皆孔子格言，而曾子與其門人筆記之，故二書相爲表裏。今觀《孝經》結云「故自天子至於庶人，孝無終始而患不及者，未之有也」，與《大學》結「自天子以至於庶人」兩段，氣脉、文義皆酷相似。後復反覆發明，極其廣大精微，真天下萬世興道致治之本。而《大學》久頒學官，獨此經以淺近擯之，祖龍煽焰，金陵揚灰，惜哉！

右第六章。按：經之首章，統論

孝之始終，中乃推極孝之通於天下，而末總結之。朱子曰：「首尾相應，次第相承，文勢連屬，脉絡通貫，至矣！」今文、古文皆有。古文「分地之利」爲「因地之利」，「自天子」句多「子曰」「已下」四字。今文爲《庶人》章。○朱子曰：「此一節，夫子、曾子問答之言，而曾子門人記之也。疑所謂《孝經》者，其本文止如此。其下則或者雜引傳、記以釋經文，乃《孝經》之傳也。」又曰：「經之首統論孝之終始，中乃敷陳天子、諸侯、卿大夫、士、庶人之孝，而其末結之曰『故自天子已下至於庶人，孝無終始而患不及者，未之有也』，其首尾相應，次第相承，文勢連屬，脉絡通貫，同是一時之言，無可疑者。而後人以爲六、七章，又增『子曰』及引《詩》、《書》之文以雜乎其間，使其文意分斷間隔。今合爲一章，而刪去『子曰』者二，引《書》者一，引《詩》者四，凡六十一字。」○維祺按：《孝經》、《大學》大意相同，而文體稍異。《大學》首爲經，其餘皆曾子以己意釋經，各有次第，故有所謂誠其意，所謂修身，所謂齊家、治國、平天下之起語也。《孝經》則仲尼、曾子以次問答，引伸觸類，以極言孝道之大觀。「甚哉孝之大也」、「敢問聖人之德」、「若夫慈愛恭敬」等章，語氣相承，結上起下，即有推廣，脉絡亦自貫串，非雜引孔子之言以解經也。不然，曾子若以傳解經，何無一語自解，而全引孔子之言？且既云傳矣，如「諫争」、「喪親」等章，又不解經，而別發一義，於傳何居？○又按：《孝經》本孔、曾一時問答之語，或問以「子曰」字，則記者見孔、曾答問之外，有更端以告者，又有間歇而復告者，故皆以「子曰」起之，而意則未始不相貫也。○又按：《孝經》之引《詩》、《書》者，蓋聖人之言，春容不迫，令人有餘味。語若有間而意更親切，如《大學》、《中庸》凡意所不盡，多引《詩》、《書》，《孟子》亦多用此體，正使人詠歎反覆，意味深長，未嘗有所分斷間隔也。○又按：分章自劉向始，非經文之舊，題名則皇侃等所加也。但以卷帙之多而分之，又加題名，便於識記。如《詩·關雎》幾章章幾句，未嘗不分章也。《中庸》右第幾章，亦非子思之舊。分章固無害也，但題名如後章《三才》、《聖治》、《紀孝行》、《應感》等章，俱欠典切。且此章雖明庶人之孝，而「故自天子至於庶人」一段乃總結之，與《庶人》章無涉，亦總題《庶人》章，則非也，故皆删之。○草廬吴氏曰：「古文『居』上有『閒』字，按許慎《説文》所引古文無之；『侍』下有『坐』字，按居即坐也，與上句義重。《禮小戴記》云『仲尼燕居，子張、子貢、子游侍』、『孔子閒居，子夏侍』，《大戴記》云『孔子閒居，曾子侍』，並無『坐』字，此經與彼所記，當爲一例。『先王』上有『參』字，『德之本』、『教之所由生』、『蓋天子之孝』、『所以長守貴』、『所以長守富』、『蓋諸侯之孝』、『蓋卿大夫之孝』、『蓋士之孝』、『此庶人之孝』九句之末並無『也』字，『禄位』作『爵禄』，『分地』作『因地』，『故自天子』下有『已下』字，依《大學》經文例，亦不應有。凡此疑皆僞稱得古文者妄增減改易以異於今文，故今所定，悉從今文。」○維祺按：草廬固斥古文之僞，從今文矣。乃分經列傳，又頗駁朱子《刊誤》之説，中亦多所更定。張恒謂草廬授子文讀之，文謂先生整齊諸説，附入己見，不欲出以示人，豈亦有所未安與。

孝經大全卷之四終

孝經大全卷之五

明新安吕維祺箋次

曾子曰：「甚哉，孝之大也！」子曰：「夫孝，天之經也，地之義也，民之行也。行，去聲，下同。

此因曾子之贊而推言之，以明本孝立教之義。曾子平日以保身爲孝，不知孝之通於天下，其大如此，故極贊之。而孔子言民性之孝原於天地，天以生物覆幬爲常，故曰「經」；地以承順利物爲宜，故曰「義」。得天之性爲慈愛，得地之性爲恭順，即此，是孝乃民之所當躬行者，故曰「民之行」。延氏篤曰：「人之有孝，猶四體之有心腹，枝葉之有根本也。聖人知之，故曰：『夫孝，天之經也，地之義也，人之行也。』孝以心體根本爲先。」〇河間獻王問董子曰：「夫孝，天之經，地之義，何謂也？」董子對曰：「天有五行，春木主生，夏火主長，季夏土主養，秋金主收，冬水主成。是故父之所生，其子長之；父之所長，其子養之；父之所養，其子成之。凡父所爲，其子皆奉承而續行之，乃天之道也。故曰：『夫孝者，天之經也。』此之謂也。」王曰：「善！願聞地之義。」對曰：「風雨者，地之爲。地不敢有其功名，必上之於天，可謂大忠矣。土者，火之子也。五行莫貴於土。土之於四時，無所命者，不與火分功名，此謂孝者地之義也。」王曰：「善！」〇《春秋繁露》曰：「忠臣之義，孝子之行，取之土。土者，五行最貴者也，其義不可以加矣。五聲莫貴於宫，五味莫貴於甘，五色莫貴於黄，此謂孝者地之義也。」〇邢昺《正義》曰：「經，常也。《易·文言》曰：『利物足以和義。』人之百行，莫先於孝。《易》曰：『常其德，貞。』孝是也。孝爲百行之首，是人生有常之德。若日月星辰運行於天而有常，山川原隰分别土地而爲利，則知貴賤雖别，必資孝以立身，皆貴法則於天地。」〇虞氏淳熙曰：「孝在混沌之中，生出天來，天就是這箇道理；生出地來，地就是這箇道理；生出人來，人就是這箇道理。因他常明，喚作天經；因他常利，喚作地義；因他常順，喚作民行。」○董鼎曰：「天以陽生物，父道也。地以順承天，母道也。天以生覆爲常，故曰經。地以承順爲宜，故曰義。人生天地之間，稟天地之性，如子之肖象父母也。得天之性爲慈愛，得地之性爲恭順，慈愛、恭順即所以爲孝。」○朱鴻曰：「孝之爲道，在天爲常經，一定而不可易。在地爲大義，裁制而得其宜。在民爲懿行，五常由之，而爲德之本。」○西山真氏曰：「人與天地並立而爲三者，形有大小之殊，理無大小之間。」和靖尹氏曰：「人本與天地一般大，只爲人自小了。若能自處以天地之心爲心，便是與天地同體。」○慈湖楊氏曰：「夫孝，天之經，地之義，民之行。此道通明，無可疑者。人堅執其形，牢執其名，而意始分裂不一矣。意雖不一，其實未始不一。人心本體，無所不通，無所限量。是故事親之道，即事君事長之道，即慈幼之道，即應事接物之道，即天地生成之道，即日月四時之道，即鬼神之道。」○曹氏端曰：「此身從天地來，其形雖小，理與天地渾合。」○又曰：「人生天地間，上戴天，下履地，參兩間而立者，不能以忠孝立身，非大丈夫也。」

「天地之經，而民是則之。則天之明，因地之利，以順天下，是以其教不肅而成，其政不嚴而治。治，去聲。

則，法也。孝者，天地之常經，而民所取以爲法則者。但民不能自則，聖人乃則之也。經故常明，義故利物，則其明，因其利，以順天下愛敬之心，而立之政教。是以教不待戒肅而成，政不待威嚴而治者，無他也，蓋以孝爲天性之自然，人心所固有，是以其化之神如此。邢昺《正義》曰：「天有常明，謂日月星辰，明臨于下，紀于四時，人事則之，以夙興夜寐，無忝所生。地有常利，謂山川原隰，動植物產，人事因之，以晨羞夕膳，色養無違，此皆人能法則天地以爲孝行者。」○慈湖楊氏曰：「民自膝下嬉嬉，皆知愛親，愛其親之心曰孝。天之健行，地之博載化生，一以貫之。」按：慈湖云：「孔子謂天地之經，民是則之。夫天之不可俄而度如彼，地之不可俄而測又如彼，而民何以則之？謂民則不惟聖賢，凡民皆在其中。然則凡民何以則之也，自膝下嬉嬉皆知愛其親，愛其親之心曰孝，是愛其親之心，吾不知其所自來也。窮之而無原，執之而無體，用之而不可，既廣大而無際。天之所以健行不息，吾之健行也。地之所以博載化生，吾之化生也。日月之所以明，吾之明也。四時之所以代謝，吾之代謝也。萬物之所以散殊於天地之間，吾之散殊也。吾道一以貫之。」〇謹按：上言天之經，地之義，下言天地之經，言經而義在其中矣。下又變經言明，變義言利，經常明，義利物，非有二也。皆文法錯綜，極變化之妙，非聖人不能道。或改利爲義，非也。《正義》曰：「上言天之經，地之義，此云天地之經而不言義者，爲地有利物之義，亦是天常也。分而言之，則爲義；合而言之，則爲常也。」〇草廬吴氏曰：「孝者，天地之理，民效法而行之。既分言天經、地義，又總言天地之經，則義在其中矣。」

「先王見教之可以化民也，是故先之以博愛，而民莫遺其親。陳之以德義，而民興行。先之以敬讓，而民不爭。導之以禮樂，而民和睦。示之以好惡，而民知禁。《詩》云：『赫赫師尹，民具爾瞻。』」好，去聲。惡，烏路反。赫，許格反。

教，承上不肅而成之教，言政教皆可化民，而以孝立教，其化尤神，是以先王有見於此而必以身先之也。博，廣也，謂廣其愛於親也。遺，棄也。陳，布也。導，引也。示，昭明之也。禁，知所禁止而不敢犯也。博愛、敬讓以身前乎民，故兩曰「先之」。德義之美可布，故「陳之」。禮節樂和有節文聲容可引，故「導之」。善當好，惡當惡，善有慶，惡有刑，可以昭明勸戒，故「示之」。此五者，皆則天地之經以孝教民之目也。民之化之捷於影

響，甚矣教之可以化民也。《正義》曰：「先王見因天地之常不肅不嚴之政教，可以率先化下，故須身行博愛之道，以率先之，則人漸其風教，無有遺其親者，於是陳説德義之美，以順教誨人，則人起心而行之。先王又以身行敬讓之道，以率先之，則人漸其德而不争競。又導之以禮樂之教，正其心迹，則人被其教，自和睦也。又示之以好者必愛之，惡者必討之，則人見之而知國有禁也。」○又曰：「君行博愛之道，則人化之，無有遺忘其親者，即《天子》章之『愛敬盡于事親，德教加于百姓』是也。《易》稱『君子進德修業』，《論語》『義以爲質』，《左傳》趙衰薦郤縠『説禮樂而敦《詩》、《書》。《詩》、《書》，義之府也。禮樂，德之則也。德義，利之本也』，言大臣陳説德義之美，是天子所重，爲群情所慕，則人起發心志而效行之。」祺按：言大臣陳説德義之美，是因引《詩》添出，非本旨也。○《鄉飲酒義》「先禮而後財，則民作敬讓而不争」，言君身先行敬讓，則天下之人自息貪也。○虞、芮之君相與争田，久而不平，乃相謂曰：「西伯，仁人也。盍往質焉。」乃相與朝周。入其境，則耕者讓畔，行者讓路。入其邑，男女異路，斑白者不提挈。入其朝，士讓爲大夫，大夫讓爲卿。二國之君感而相謂曰：「我等小人，不可以履君子之庭。」乃相讓，以其所争田爲閒田而退。天下聞而歸之者四十餘國。○《禮記》「樂由中出，禮自外作」，中謂心，在其中也；外謂跡，見于外也。由心以出者，宜聽樂以正之。自跡以見者，當用禮以簡之。簡之謂約束也，言心跡不違于禮樂，則人自當和睦也。祺按：導之以禮樂，謂内外交養，非禮偏外，樂偏内也。○虞氏淳熙曰：「先王把愛父愛母極大的愛來順天下，天下人自然不忍遺棄二親，就將此仁愛之所統唤做德義的，與他陳説一番，衆人便都全修百行矣。先把這敬父敬母的敬讓來順天下，天下人自然不敢好勇鬬狠，就將此敬讓之節文唤做禮樂的，與他開導一番，衆人却都和順親睦矣。又將禮樂之情唤做好惡的，與他披露一番，衆人便都怕犯禁令矣。曰博愛、曰德義、曰敬讓、曰禮樂、曰好惡，乃先王之教也。曰莫遺親、曰興行、曰不争、曰和睦、曰知禁，乃先王之化民也。」○韓氏邦奇曰：「上行下效，有如桴鼓。聖賢之言，的然無疑。」**引《詩·小雅·節南山》篇以證教明於上，民化於下之意。**虞氏淳熙曰：「孔子引《節南山》之詩，謂尹氏不過太師，其威光赫然，百姓尚具瞻望，正謂人君挽回天意，俾民不迷，尚且賴于師尹，何況明明天子，四海具瞻，可不立教以化民乎！倘若有疑，當取此詩爲證。」○維祺按：學者多疑此章，不知此章與「天子」之孝互相發明，亦可作註解。先王，天子也。教，德教也。博愛、敬讓者，愛敬盡于事親也。德義三者，皆德教也。先之、陳之、導之、示之，加于百姓也。民莫遺其親之五者，刑于四海也。引《詩》之師尹者，況一人也。民，兆民也。具瞻者，賴之也。○按：鄭氏註義取大臣助君行化，邢氏註謂君臣同體相須而成，殊非。維祺按：《大學》「平天下」章亦引此詩，朱子曰：「言在尊位者人所觀仰，不可不謹。」又曰：「古人引《詩》，多斷章取義，或姑借其辭以明己意，未必皆取本文之義。」○周子曰：「聖人立教，俾人自易其惡。」廣川董子曰：「夫萬民之從利，猶水之趨下，不以教化隄防之不能止也。是故教化立而姦邪皆止者，其隄防完也。教化廢而姦邪並出，刑罰不能勝者，其隄防壞也。古之王者明於此，是故南面而治，天下莫不以教化爲大務。」○胡氏寅曰：「天生斯民，立之司牧，而寄以三事。然自三代之後，能舉此職者，百無一二。漢之文、明，唐之太宗亦云庶且富矣。西京之教，無聞焉。明帝尊師重傅，臨雍拜老，宗戚子弟莫不受學。唐太宗大召名儒，增廣生員，教亦至矣。然亦未知所以教也。三代之教，天子、公卿躬行於上，言行政事皆可師法。彼二君者，其能然乎！」○丘氏濬曰：「在己者皆盡其道，則在下者各以類而應之，所謂正己而物正者也。」○鄒氏元標曰：「呼途之人曰『來，吾語汝以大道』，彼未必不四顧踟躕，惟語之以孝親，三尺豎兒心動神洽。聖人覺世，從人所常有者提撕之，則人不沮於其難，而吾言之入也常易。」

右第七章。前章之語已終，因曾子贊之而復極言本孝立教之義。其下七章，皆推廣此意而反覆言之。今文、古文皆有。古文「天之經」三句俱無「也」字。今文爲《三才》章。○按：朱子謂此章釋「以順天下」。○又曰：「但自其章首，以至『因地之義』，皆是《春秋左氏傳》所載子太叔爲趙簡子道子産之言，唯易『禮』字爲『孝』字，其曰『先王見教之可以化民』又與上文不相屬，故温公改『教』爲

『孝』，乃得粗通。而下文所謂德義、敬讓、禮樂、好惡者却不相應，疑亦裂取他書之成文而强加裝綴，以爲孔子、曾子之問答，但未見其所出耳。然其前段文雖非是，而理猶可通，存之無害。至於後段則文既可疑，而謂聖人見孝可以化民，而後以身先之，於理又已悖矣。況先之以博愛，亦非立愛惟親之序，若之何而能使民不遺其親。」○維祺按：朱子謂聖人見孝可以化民，而後以身先之，於理已悖。蓋經文本意，謂先王真見身先之教可以化民，是故必以身先之也。是因其以身先教民，而知其真見有如此也，非謂見其可以化民而後以身先之也。朱子以「而後」二字，易「先之」二字，經固言先之，未嘗言而後也。○又按：「先王見教之可以化民也」，蓋承上文「是以其教不肅而成」之教。上文兼言政教，此獨言教者，即孟子「善政不如善教」之意。蓋謂政不如教也。教即孝之教，温公自不必改教爲孝，至「先之以博愛」十語，文語精整。「先之以博愛」與「博施濟衆」不同，蓋即「篤於親」之義，而「老吾老以及人之老」之義在後一層，於立愛惟親之序未嘗悖謬也。○或問博愛與博施濟衆，何爲不同？曰：「博字亦無異，但此謂博愛其親，彼謂博施於衆，且子貢所云博施濟衆亦不差。但要博施，又要能濟衆，若必以此爲仁，則求仁太遠太難，是子貢欲在遠處做，孔子教以近處做。又教以方，如要廣治人病，須有良方始施得。博濟得衆，非謂博施濟衆爲非是也。」○或問博愛之義。曰：「博，猶竭也，篤也，無方也，巧變也，不匱也，純也，聚也。《論語》『事父母能竭其力』、『君子篤於親』，《禮·檀弓》『左右就養無方』，曾子『孝子惟巧變』，《詩》『孝子不匱』，《左傳》『潁考叔純孝也』，張子『聚百順以事親』，皆博愛之義也。謂博愛其親，非博愛民也。」○又曰：「博，盡也，致也，備也，本經自明，不必他求。愛敬盡於事親，博愛也。居則致其敬，養則致其樂，病則致其憂，喪則致其哀，祭則致其嚴，博愛也。五者備矣，然後能事親博愛也。始於事親，中於事君，終於立身，合始、中、終而言，亦博之義也。然曰『先之以』，曰『而民』，便有『不敢惡於人』，『不敢遺小國之臣，故得萬國之歡心，以事其先王』意思在其中。」〇或問：謂博愛爲博愛其親，有據乎？曰：「按：《説文》：『博，大通也。』又《廣韻》亦曰：『大也，通也。』據本經文有云『人之行，莫大於孝。孝莫大於嚴父，嚴父莫大於配天』，其大也至矣！又云『孝弟之至，通於神明，無所不通』，其通也至矣！大而通，其博愛也至矣！故博愛爲博愛其親無疑也。」〇或問：近儒解博愛作「博愛其民」，子獨言「博愛其親」，何以知其然也。曰：「以理揆之，則知之耳。君子親親而仁民，仁民而愛物。若謂博愛其民，是不先之以親親，而先之以仁民也，於理通不去。」〇又曰：「以經文證之，則知之耳。本句經文先之以博愛，若謂博愛其民，是後一層事，不應言先，於本句經文通不去。前章經文『愛敬盡於事親，德教加於百姓，刑於四海』，若謂博愛其民，是愛敬先加於百姓，而遂刑於四海，於前章經文通不去。後章經文『不愛其親，而愛他人者，謂之悖德』，若謂博愛其民，經不應自相矛盾，而一則曰『先之』，一則曰『悖德』也，於後章經文通不去。〇或問凡經文有疑者，作何解。曰：「於理不可通者，意見也。於經不可通者，信傳之過也。是故以意見解經，不如以理解經。以傳解經，不如以經解經。聖人之言千變萬化，一以貫之，只是個理，要虚心體認始得。」

孝經大全卷之五終

孝經大全卷之六

明新安吕維祺箋次

子曰：「昔者明王之以孝治天下也，不敢遺小國之臣，而況于公、侯、伯、子、男乎？故得萬國之懽心，以事其先王。治，平聲，下同。

此又廣上文教可化民之意而極言之。明王，明聖之王，即首章之先王也。邢昺《正義》曰：「此章之首稱『子曰』者，爲事訖更別起端故。」〇按：《國語》：「古曰在昔，曰先民。」《左傳》：「照臨四方曰明。」昔者，非當時代之名。明王，則聖王之稱也。是汎指前代聖王之有德者，即指首章之先王也。以代言之，謂之先王；以聖明言之，則爲明王。遺，忘也。小國之臣，謂子、男以下之臣也。其先王，指明王之先王也。言明王見理最明，故以孝治天下。愛敬其親，不敢惡慢于人，雖小國之臣，尚不敢忘，況公、侯、伯、子、男五等之君乎？故得萬國懽悦之心。尊君親上，同然無間，人心和而王業固，社稷靈長，世德光顯，以此事其先王，孝道至矣，教之本立矣。按：公、侯、伯、子、男，舊解云：「公者，正也，言正行其事。侯者，候也，言斥候而服事也。伯者，長也，爲一國之長也。子者，字也，言字愛于小人也。男者，任也，言任王之職事也。」〇陶氏潛曰：「文王孝道光大，自近之遠，故得萬國之懽心，以事其先王。」〇草廬吴氏曰：「天子、諸侯無生親可事，故以事其先王、先君爲孝。或曰：子謂天子、諸侯無生親可事，獨無母存者乎？曰：聖人立言，舉尊以包卑，故上章及此章與《中庸》論武王、周公皆以宗廟事死之孝而言。若有母存，則事生之孝固在其中。」〇維祺按：草廬謂無生親可事，又云有生母可事，然謂之明王，則豈必無一王有生親可事乎？如舜之瞽瞍，漢高之太上皇，非生親耶！此特舉其重者而言，生父生母固在其中。不然，下何以言「生則親安之」也。豈生則親安獨爲卿大夫以下發耶！○又按：鄭氏謂得萬國之懽心，以事其先王，言行孝道以理天下，皆得懽心，以其職來助祭。祺謂得懽所包者廣，不止言助祭。○謹按：孔子之稱明王，曰「不敢遺小國之臣」，不敢之心，即前不敢惡慢於人之心，一於敬也。堯舜之道，孝弟而已。然以欽明温恭，開萬世治道之源。禹以祗台幹父之蠱，湯以聖敬肇修人紀，文、武以敬止執競而止孝達孝，可見帝王傳授孝道心法，祗此一敬，有天下者所當深念也。西山真氏曰：「堯、舜、禹、湯、文、武皆天縱之聖，而《詩》、《書》敘其德，必以敬爲首稱，蓋敬者一心之主宰，萬善之本原。學者之所以學，聖人之所以聖，未有外乎此者。聖人之敬，純亦不已，即天也。君子之敬，自强不息，由人而天也。聖人之敬，安而行之。然成、湯之日躋，文王之緝熙，雖非用力，亦未嘗不用其力者，此湯、文之所以聖益聖也。人主而欲師帝王，其可不用力于此乎？」○又曰：「人君處宫闈之邃，極貴富之奉，故必以莊敬自持，凛然肅然，如對神明，如臨師保。莊敬則志立而日彊，安肆則志惰而日偷。」

「治國者，不敢侮於鰥寡，而況於士民乎？故得百姓之懽心，以事其先君。治家者，不敢失於臣妾，而況於妻子乎？故得人之懽心，以事其親。鰥，古頑反。

以此教諸侯而治一國者，不敢侮慢于無妻之鰥、無夫之寡，況知禮義之士與齊民乎？緣此，故得一國百姓之歡心，以事其先君。《王制》云：「老而無妻者謂之鰥，老而無夫者謂之寡，此天民之窮而無告者。」國之微賤者也。言微賤者國君尚不輕侮，況知禮義之士！以此教卿大夫、士、庶人而治一家者，不敢有愆失于臣僕妾侍之疎賤，況妻子之貴而親乎？緣此，故得一家人之懽心，以事其親。臣妾，家之賤者。《尚書・費誓》曰：「竊馬牛、誘臣妾。」孔安國云：「誘偷奴婢。」既以臣妾爲奴婢，是家之賤者也。妻子，家之貴者。《禮記》哀公問於孔子，孔子對曰：「妻者，親之主也，敢不敬與？子者，親之後也，敢不敬與？」是妻子家之貴者也。○按：《禮記・内則》稱子事父母，婦事舅姑，日以雞初鳴，咸盥漱，以適父母、舅姑之所，問衣燠寒，饘、酏、酒、醴、芼羹、菽、麥、蕡、稻、黍、粱、秫，唯所欲。棗、栗、飴、蜜以甘之，父母、舅姑必嘗之而後退。此皆以事其親也。○《正義》曰：「天子諸侯，繼父而立，故言先王、先君。大夫唯賢是授，居位之時，或有俸禄，以逮於親，故言其親。」○遺謂意不存録，侮謂忽慢其人，失謂不得其意。小國之臣位卑，或簡其禮，故云不敢遺也。鰥、寡，人中賤、弱，或被人輕侮欺凌，故曰不敢侮也。臣妾，營事産業，宜須得其心力，故云不敢失也。○藍田吕氏曰：「君子之道莫大乎孝，孝之本莫大乎順親，故仁人孝子欲順乎親，必先乎妻子不失其好，兄弟不失其和，家道成，然後可以養父母之志而無違也。故身不行道，不行于妻子，文王『刑於寡妻，至于兄弟』，則治家之道必自妻子始。」此皆明王之有以教而化之也。按：此二段皆言明王孝治天下之教，有以感化之，非謂中一節爲諸侯之孝，末一節爲卿大夫、士、庶人之孝也。如此看，方爲周匝。且觀末節結語云「故明王之以孝治天下如此」可見。

「夫然，故生則親安之，祭則鬼享之，是以天下和平，災害不生，禍亂不作。

氣屈而歸曰鬼。災害如水旱、疾疫之類，生于天者也。禍亂如悖逆篡叛之類，作于人者也。承上三節，誠然，故親生而存，則安其養而心志和；親歸而鬼，則享其祭而魂魄寧。盡天地間，無非一孝所薰蒸。心和、氣和，天地之和應之，天下無不歸于太和蕩平，而災害禍亂自潛消默化矣。《正義》曰：「天下和平，皆由明王孝治所致。皇侃云：『天反時爲災，謂風雨不節也。地反物爲妖，妖即害物，謂水旱傷禾稼也。』」《説文》：「禍，神不福也。」《增韻》：「殃也。」臣下反逆爲亂，又《廣韻》：「兵寇也，不理也。」○《晉書》曰：「大哉！孝之爲德也。分渾元而立體，道貫三靈；資品彙以順名，功苞萬象。用之於國，動天地而降休徵；行之于家，感神鬼而昭景福。」

「故明王之以孝治天下也如此。《詩》云：『有覺德行，四國順之。』」行，去聲。

故，總結之，曰：「此明王之以孝治天下也如此。」蓋由天子身率于上，諸侯以下化而行之，故能如此也。《正義》曰：「上文有明王、諸侯、大夫三等，而經獨言明王孝治如此者，言由明王之故也。則諸侯以下奉而行之，而功歸於明王也。」末引《大雅·抑》之篇，以證明王孝治天下之意。覺，明也，《詩》註「大也」。《詩箋》云：「有大德行，則天下順從其化。」是以覺爲大也。○虞氏淳熙曰：「孔子恐曾子尚疑人各一心，因甚這等通貫，便露出箇『覺』字來，見得良知交徹的妙處，乃引這《大雅·抑》之詩，言人能抑抑敬慎做得恭人，方做得哲人，哲人有覺悟處，德行從覺悟處成就，他的靈覺之心，就是四方臣民的靈覺之心，心心相通，有何隔礙？因此四國順之也。我連説幾箇不敢，正是這抑抑之敬，其心收斂，不容一物，自然覺悟靈通，懽忻交暢。哲人證明王，國順證和平。」○慈湖楊氏曰：「此章發明道心之至和，何其深切著明也。每誦此章，如春風和氣油然動於中而自不能喻，如身在唐虞三代之盛世也。」慈湖楊氏曰：「此心虛明，變化至和至順，爲孝、爲弟、爲博愛，無一點己私置其中，如春風、如和氣、如《簫韶》九成之音，可言而不可盡。」○又曰：「親安、鬼享、天下和平、災害不生、禍亂不作，灼知其可致，非聖人之虛言也。」○方氏學漸曰：「明王聯天下爲一身，大國之君，吾體也；小國之君，吾小體也；其臣，吾小體之一指也；億兆之民，吾髮膚也；鰥寡煢獨、顛連無告，吾膚理之痌瘝而不寧者也。明王不敢慢邦君，不敢遺小臣，不敢忽丘民，不敢侮鰥寡、虐無告，何也？所以敬吾身也，敬吾身所以敬吾親也。故天下之人莫不尊親，安處于人群之上，享有令名，延昌世澤，啓佑之頌，歸之于親，所謂以天下尊養者也。上而有國，下而有家，下而有身，善敬其親者亦若此矣。」

右第八章。今文、古文皆有。古文「失于

臣妾」爲「侮于臣妾」，「故明王所以孝治天下也如此」無「也」字。今文爲《孝治》章。○朱子曰：「此言雖善，而非經文正意。蓋經以孝而和，此以和而孝。」○草廬吴氏曰：「澄謂此傳正是發明經中以孝而和之意，所謂以事先王、以事先君、以事親者，言己有是孝，愛敬一念，由親及疎，由尊及卑，上下兩間，同乎一順。故家國天下，無一不得其懽心，未有不得於親而能得于人者。孝之效驗，至此乃所以見其事先、事親之孝云爾。非謂先得他人之懽心，而後以之事其先、事其親也。舊註以爲得彼懽心，以助祭享、助奉養，蓋害於辭而失其意，朱子亦牽於舊註之説故云。」

孝經大全卷之六終

孝經大全卷之七

明新安吕維祺箋次

曾子曰：「敢問聖人之德，無以加於孝乎？」子曰：「天地之性，人爲貴。人之行，莫大於孝。行，去聲，下「行思」之「行」同。

此又極言孝之大者，而聖人因以立教也。曾子既聞孝道之大與孝治極至之效，故有此問。孔子言人與物，均得天地之氣以成形，天地之理以成性。然物得氣之偏，其質蠢。人得氣之全，其質靈。是以人能全其性以與天地參，而物不能也。故天地之性，惟人爲貴。象山陸氏曰：「人生天地之間，禀陰陽之和，抱五行之秀。其爲貴，孰得而加焉。使能因其本然，全其固有，則所謂貴者，固自有之，自知之，自享之，而奚以聖人之言爲？惟夫陷溺于物欲而不能自拔，則其所貴者，類出于利欲，而良貴由是以寖微。聖人憫焉，告之以天地之性，人爲貴，則所以曉之者至矣。」然人之所以貴者以此性，而性之德，爲仁、義、禮、智，皆統於仁。仁主于愛，愛莫先于愛親，故人之行，莫大于孝。貴則不容自賤，大則不容自小。○董子曰：「必知自貴於物，而後可與爲善也。」《禮運》曰：「人者，天地之德，陰陽之交，鬼神之會，五行之秀氣也。」○《尚書》曰：「惟天地萬物父母，惟人萬物之靈。」○周子曰：「五行之生也，各一其性。無極之真，二五之精，妙合而凝。乾道成男，坤道成女，二氣交感，化生萬物，萬物生生，而變化無窮焉。惟人也，得其秀而最靈。」○邵子曰：「人之所以能靈于萬物者，謂其目能收萬物之色，耳能收萬物之聲，鼻能收萬物之氣，口能收萬物之味。聲、色、氣、味者，萬物之體也。耳、目、鼻、口者，萬人之用也。」○程子曰：「天地之大德曰生。天地絪緼，萬物化醇。生之謂性。

萬物之生意最可觀。」○伊川程子曰：「仁主于愛，愛莫大于愛親。」○象山陸氏曰：「人生天地間，抱五常之性，爲庶類之最靈者。全其靈則適其分，誠全其靈則爲人子盡子道，爲人臣盡臣道。」○龜山楊氏曰：「性上不可添一物，堯、舜所以爲萬世法，只是率性而已。外邊用計、用數假饒立得功業，只是人欲之私，與聖賢作處天地懸隔。」

「孝莫大於嚴父，嚴父莫大於配天，則周公其人也。

嚴，尊敬也。配，配享也。周公，文王子，武王弟，名旦，食采於周，相成王，制禮作樂。孝之大，無所不至，而莫大于尊敬其父。尊敬其父，無所不至，而莫大于以父配享上天。惟天爲大，至尊無對，而以己之父配之，則尊敬之者至矣！仁人、孝子愛親之心無窮，而禮制有限，即前代有勢位可以自盡者，不知制爲此禮，求其盡孝之大而得自盡此心，能自盡此禮者，惟周公其人而已。按：周公自文王在時，爲子孝仁，異于群子，能傳其父之道。曰：「文王，我師也。」及武王即位，輔翼武王。武王有疾不豫，群臣懼。周公乃設三壇，北向立，植璧秉珪，告於太王、王季、文王。史策祝曰：「惟爾元孫王發，勤勞且疾，以旦代王發之身，旦巧能，多材多藝，能事鬼神。乃王發不如旦，今我其即命于元龜。」于是乃卜。三龜，卜人皆曰：「吉。」發書視之，信吉。公喜入賀曰：「王其無害。」乃納册于金縢匱中，王翼日乃瘳。後武王崩，成王幼，公相王踐阼而治。一沐三握髮，一飯三吐哺，起以待士，猶恐失天下之賢人。管叔、蔡叔流言，避居東都，人歌之曰：「公遜碩膚，赤舄几几。」「公遜碩膚，德音不瑕。」成王感風雷之變，發金縢之匱，乃迎公反國。○陶氏潛曰：「周公攝政，制禮作樂，四海各以其職來祭。《詩》曰：『於穆清廟，肅雍顯相。』言諸侯樂其位而敬其事也。貴而不驕，位高彌謙，自承文、武之休烈，孝道通于神明，光被四海。」○《淮南子》曰：「周公之事文王也，行無專制，事無由己。身若不勝衣，言若不出口，有奉侍于文王，洞洞屬屬，如將不勝，如恐失之，可謂能子矣。」○虞氏淳熙曰：「《孝經》嚴父之議，當以錢公輔、司馬光、吕誨、孫近、朱熹之議爲正，而王珪、孫抃之謟詞，不足據也。神宗謂周公宗祀在成王，以文王爲祖，則明堂非以考配明矣，王安石亦誤引《孝經》嚴父之文。惜乎！不能將順上意辨正典禮，夫泥于父之名者止二三人，而如乾父之旨者，君臣一揆，可以見人心之靈矣。」

「昔者，周公郊祀后稷以配天，宗祀文王於明堂以配上帝，是以四海之内各以其職來祭，夫聖人之德又何以加於孝乎？

郊，南郊，祭天也。后稷名棄，始封有邰，教民稼穡，周始祖也。按：《周本紀》云：「后稷名棄，其母有邰氏女，曰姜嫄。爲帝嚳元妃。出野見巨人跡，心忻然欲踐之，踐之而身動如孕者。居期而生子，以爲不祥，棄之隘巷，牛馬過者，皆辟不踐，徙置之林中。適會山林多人，遷之，而棄渠中冰上，飛鳥以其翼覆藉之。姜嫄以爲神，遂收養長之。初欲棄之，因名曰棄。棄爲兒，好種樹麻、菽，及爲成人，遂好耕農，帝堯舉爲農師，天下得其利，有功。帝舜曰：『棄，黎民阻饑，爾后稷播時百穀。』封棄于邰，號曰后稷。」后稷生于姜嫄，文、武之功起于后稷，故推以配天焉。宗謂別立一廟，爲百世不祧之宗也。明堂，天子布政之宫也。其制後爲室，前爲堂。室幽暗，堂顯明。享人鬼尚幽，故于室。祀天神尚明，故于堂。上帝即天也，郊則尊之而曰天，堂則親之而曰上帝。配天，謂冬至祀天于圜丘，以始祖后稷配之也。邢昺《正義》曰：「郊謂圜丘，祭天謂之郊。《周禮・大司樂》云：『凡樂，圜鍾爲宫，黄鍾爲角，太簇爲徵，姑洗爲羽，靁鼓靁鼗，孤竹之管，雲和之琴瑟，雲門之舞，冬日至，于地上之圜丘奏之，若樂六變，則天神皆降。』《郊特牲》曰：『郊之祭也，迎長日之至也，大報天而主日也。兆于南郊，就陽位也。』又曰：『郊之祭也，大報本反始也。』言以冬至之後日漸長，郊祭而迎之。」配上帝，謂季秋于廟之前堂祀上帝，以文王配之也。《正義》曰：「明堂，天子布政之宫也。周公因祀五方上帝于明堂，乃尊文王以配之也。謂以文王配五方上帝之神，侑坐而食也。」○五方上帝，謂東方青帝，南方赤帝，西方白帝，北方黑帝，中央黃帝，即天也。一曰五行也。○鄭玄曰：「明堂居國之南，南是陽明之地，故曰明堂。」按：《史記》云：「黃帝接萬靈于明庭。」明庭即明堂也。明堂起于黃帝。《周禮·考工記》曰：「夏后曰世室，殷人重屋，周人明堂。」○《大戴禮》云：「明堂凡九室，一室而有四户、八牖，三十六户、七十二牖，以茅蓋屋，上圓下方。」鄭玄據《援神契》云：「明堂上圓下方，八牖四闥。」《考工記》曰：「明堂五室。」稱九室者，或云取象陽數也。八牖者，陰數也，取象八風也。三十六户，取象六甲子之爻，六六三十六也。上圓象天，下方法地。八牖者，即八節也。四闥者，象四方也。稱五室者，取象五行。按：此皆無明文，以意釋之耳。○橫渠張子曰：「殷而上七廟，自祖考而下五，并遠廟爲祧者二，無不遷之太祖廟。至周有百世不毁之祖，則三昭三穆，四爲親廟，二爲文、武二世室，并始祖而七。諸侯無二祧，故五。大夫無不遷之祖，則一昭一穆，與祖考而三，故以祖考通謂爲太祖。若祫，則請于其君，并高祖干祫之。」○又曰：「據《玉藻》，疑天子聽朔于明堂，諸侯則于太廟，就藏朔之處告祖而行。」○朱子曰：「廟制皆在中門外之左，外爲都宫，内各有寢廟，别有門垣。太祖在北，左昭右穆，以次而南。天子太祖百世不遷，一昭一穆爲宗，亦百世不遷。」四海之内，謂四方諸侯。其職，謂貢物述職。來祭，來助祭也。按：《周禮·大行人》：「以九儀辨諸侯之命，廟中將幣，三享。」又曰「侯服貢祀物」，鄭云「犧牲之屬」；「甸服貢嬪物」，註云「絲帛也」；「男服貢器物」，註云「尊彝之屬也」；「采服貢服物」，註云「玄纁絺纊也」；「衛服貢材物」，註云「八材也」；「要服貢貨物」，註云「龜貝也」。此是六服，諸侯各修其職來助祭。又若《尚書·武成》篇云：「丁未，祀于周廟，邦甸侯衛，駿奔走，執籩豆。」亦是助祭之義。○魏氏徵曰：「周公大孝，備物于宗祀，聖人設教，夫豈徒哉！」言周公制禮，既郊祀后稷以配天，猶必宗祀文王于明堂以配上帝，是爲百世不遷之宗。此禮一定，文王世世得以配天，此周公所以獨能遂其嚴父之心也。草廬吴氏曰：「宗者，文王之廟。天子七廟，祖廟一，昭廟三，穆廟三。祖廟百世不毁，昭穆六世後親盡則祧，其有功德當不祧者謂之宗。武王、成王時，文王居穆之第三廟。康王、昭王時，文王居穆之第二廟。穆王、共王時，文王居穆之第一廟。懿王時，文王親盡在三穆之外，以其不當祧也，故于穆廟北別立一廟，以祀文王，是名爲宗，不在六廟之數。穆王以前，文王雖未別立廟，遞居三穆廟中，然即其所居之廟，亦名爲宗。蓋初祔廟時，已定爲百世不祧之宗故也。明堂者，廟之前堂。凡廟之制，後爲室，室則幽暗；前爲堂，堂則顯明，故曰明堂。享人鬼，尚幽暗，則于室；祀天神，尚顯明，故于堂。上帝，即天也。祀之于郊，則尊之而曰天；祀之于堂，則親之而曰帝。冬至，于國門外之南郊，築壇爲圜丘祀天，而以始祖后稷配。季秋，于文王廟之前堂祀帝，而以文王配。后稷封于邰，周家有國之始；文王三分天下有其二，周家有天下之始。故以后稷配天、文王配帝也。此禮一定，而周公之父世世得配天帝，此周公所獨能遂其嚴父之心也。」○按：《禮記》有虞氏尚德，不郊其祖。夏、殷始尊祖于郊，無父配天之禮也。周公大聖，而首行之。禮無二尊，既以后稷配郊天，不可又以文王配之。五帝，天之別名也。因享明堂而以文王配之，是周公嚴父配天之義也。○朱子曰：「以始祖配天，須在冬至。冬至一陽始生，萬物之始，祭用圜丘，器用陶匏、藁秸，服大裘而祭宗祀。九月，萬物之成。父者，我之所生；帝者，生物之祖，故推以爲配而祭祀于明堂。」○馮夢龍曰：「上帝，即天也。五帝，五行也。萬物資始于天，然天實無爲，效其能者，五行也。周之王業，始于稷而成于文王，故以稷配天，以文王配五帝。若謂明堂祀上帝，則與祀郊何別？」○或曰：「天，以形體言曰『天』，尊之也；上帝，以主宰言曰『帝』，親之也，其實一而已。」**至此而孝親之心始無遺憾。然亦因其功德，禮所宜然，非私意也。**按：《詩·周頌》曰：「思文后稷，克配彼天。立我烝民，莫匪爾極。貽我來牟，帝命率育。無此疆爾界，陳常于時夏。」蓋周人尊后稷以配天，故郊祀而頌之也。○又按：《詩·周頌》曰：「我將我享，維羊維牛，維天其右之。」又曰：「儀式刑文王之典，日靖四方。伊嘏文王，既右享之。」又曰：「我其夙夜，畏天之威，于時保之。」蓋周人宗祀文王之詩也。○合觀《思文》、《我將》二詩，則知天即帝也，郊而曰天，所以尊之也。明堂而曰帝，所以親之也。故尊尊而親親，周道備矣。非至孝，何以能此？○孔氏穎達曰：「《詩·我將》祀文王於明堂，

《思文》頌所配之人。」曰「維天其右之」，曰「伊嘏文王，既右享之」，曰「貽我來牟」，可謂通神明矣。此孝之極大而無以復加者，蓋極言孝之大至于如此，非謂人人皆必如此而後爲孝也。玉山汪氏，嘗疑嚴父配天之文非孔子語。○陽冰李氏曰：「此言周公制禮之事爾，猶《中庸》言周公成文、武之德，追王大王、王季也。周公制禮，成王行之。自周公言則嚴父，成王則嚴祖也。」○司馬温公曰：「周公制禮，文王適其父，故曰嚴父，非謂凡有天下者皆當以父配天。孝子之心，誰不欲尊其父？禮不敢踰也。祖己曰：『祀無豐于昵。』孔子論孝，亦曰：『祭之以禮。』漢以高祖配天，光武配明堂，文、景、明、章德業非不美，然不敢推以配天。近世明堂皆以父配，此乃誤識《孝經》之意，違先王之禮，不可以爲法也。」○按：唐垂拱元年，孔玄義引《孝經》之文，奏三祖同配。沈伯儀曰：「《孝經》云：『嚴父莫大于配天，則周公其人也。昔者周公宗祀文王于明堂，以配上帝。』不言武王配之。故《孝經緯》曰：『后稷爲天地主，文王爲五帝宗也。』」開元十一年，始罷三祖同配之禮，如伯儀議。○漢《孝經直解》云：「這配天一節，只說君王行的孝道，不說那常人。若常人僭想時，顛倒陷入，大不孝了。」○朱子曰：「此因論周公之事，而贊美其孝之詞，非謂凡爲孝者皆欲如此也。」按：朱子謂傳釋孝德之本，但嚴父配天，本因論武王、周公之事，而贊美其孝之詞，非謂凡爲孝者皆欲如此也。又况孝之所以爲大者，本自有親切處，而非此之謂也。若必如此而後爲孝，則是使爲人臣子者皆有今將之心而反蹈于大不孝矣。作傳者但見其論孝之大即以附此，而不知其非所以爲天下之通謂，讀者詳之，不以文害意焉，可也。○祺按：此極論孝道之大，至于配天，即《中庸》孔子論舜大孝，武達孝，極論之，至于爲天子，宗廟饗，子孫保，追王上祀等事，非謂人人皆可有今將之心也。蓋此章與《中庸》論舜大孝，文王無憂，武王、周公達孝例同看。

「故親生之膝下，以養父母日嚴。養，去聲。

故，承上言。聖人之德無加于孝，而教可知矣。此三節言因人愛敬之心而教之，下三節言恐人失愛敬之心而必教之也。親，猶愛也，與上文「孝」字相應，下文「因親」之「親」，即因此也。膝下，孩幼之時。嚴，敬也，與上文「嚴父」之「嚴」相應，下文「因嚴」之「嚴」，即因此也。言親愛之心，生于孩幼，從此以奉養父母，年漸稍長，日加尊嚴于一日。按：《内則》：「子生三月，妻以子見于父，父執子之右手，孩而名之。」按：《説文》：「孩，小兒笑也。」謂指其頤下，令之笑而爲之名，故知「膝下」謂孩幼之時也。孩幼之時，已有親愛父母之心，比及年長，漸識義方，則日加尊嚴，能致敬于父母。○《春秋傳》石碏曰：「臣聞愛子，教之以義方。」○《禮記・内則》：「子能飲食，教以右手。能言，男『唯』，女『俞』，男鞶革，女鞶絲。六年，教之數與方名。七年，男女不同席，不共食。八年，出入門户，及即席飲食，必後長者，始教之讓。九年，教之數日。」○又《曲禮》云：「幼子常視無誑。立必正方，不傾聽。與之提携，則兩手奉長者之手。負劍辟咡詔之，則掩口而對。」此人之本性，良知良能也。勉齋黄氏曰：「敬與愛，皆事親之不能無也。父母至親也而愛心生焉，父母至尊也而敬心生焉，皆天理之自然，而非人之所强爲也。」○象山陸氏曰：「孩提知愛其親，及長知敬其兄。先王之時，庠序之教，亦申斯義，以致其知，使不失其本心而已，堯、舜之道不過如此，非有甚高難行之事，何至遼視古俗，自絶于聖賢。」○陳氏獻章曰：「予幼時讀《孟子》『人少則慕父母，知好色則慕少艾，有妻子則慕妻子，仕則慕君，不得于君則熱中，大孝終身慕父母』，竊疑孟子之言抑揚太過，愛親，人子之至情也，不待教而能，不因物而遷，人之異于聖人也，豈相懸絶若是也？比弱冠，求友于四方，多當世之士，擇其賢者、能者而師之，其不可者而改諸，内外輕重之間，概以孟子之論。其役志于功名，其狗情于妻子，其思慕其親，而不至以皓首而媿垂髫者希矣，然後信孟子之知道不苟于言也。」○王氏時槐曰：「夫人性本善，日用之間，種種呈露，見父則孝心自生，見長則弟心自生，此在衆人皆然。蓋天降之衷，非由强作，可見此心之良，與堯、舜無異也。且此心豈是因人講説，被人逼迫，而後生哉！此心不爲堯存，不爲桀亡，與生俱生，萬古如一日者也。」○朱鴻曰：「人禀天地之性，性具愛敬之良。夫膝下之時，正孩提之童也，便知親愛父母，是愛之萌芽也；嚴畏父母，是敬之萌芽也。」○或曰：「人子幼時，知愛父母，良知之愛也。漸長漸畏，日嚴一日，有不自覺，良知之敬也。」○王氏守仁見禪僧坐關，喝之，驚起，問其家，對曰：「有母在。」曰：「起念否？」曰：「不能不起。」守仁即指愛親本性諭之，僧涕泣謝，明日問之，僧已去。

「聖人因嚴以教敬，因親以教愛。聖人之教不肅而成，其政不嚴而治，其所因者本也。

治，去聲。

聖人之教，因其嚴敬之心以教之敬，因其親愛之心以教之愛，故所云：「聖人之教不肅而成，其政不嚴而治。」何以若是？蓋以因其本然有此愛敬之心而教之，非有加也。董鼎曰：「孩提之童，無不知愛其親，聖人復恐其狎恩恃愛，而易失于不敬，于是因嚴教敬，使愛而不至于褻；又因親教愛，使敬而不致于疎。此聖人所以有功于人心天理而扶植彝倫于不墜也。」○或曰：「聖人恐其後來狎恩恃愛而失于不敬，故因嚴以教敬，因親以教愛，使愛不至于褻，敬不致于疎，此其教所以不待整肅而成，其政不待嚴厲而治者，由所因者本也。夫曰因則非强世，曰本則非外鑠，聖人何嘗不順群情而勉强矯拂于其間？」○鄭氏曰：「出以就傅，趨而過庭，以教敬也。抑搔癢痛，懸衾篋枕，以教愛也。」《正義》曰：「出以就傅者，按《禮記・内則》云：『十年，出就外傅，居宿于外，學書計。』鄭云：『外傅，教學之師也。』謂年十歲，出就外傅，居宿于外，就師而學也。按十年出就外傅，指命士已上，今此引之，則尊卑皆然也。趨而過庭者，言父之與子，于禮不得常同居處也。」又曰：「抑搔癢痛，懸衾篋枕，以教愛者。按《内則》：『以適父母、舅姑之所。及所，下氣怡聲，問衣燠寒，疾痛疴癢，而敬抑搔之。父母、舅姑將坐，奉席請何鄉。將衽，長者奉席請何趾。少者執牀與坐，御者舉几。斂席與簟，懸衾，篋枕，斂簟而襡之。』襡，韜也。是父母未寢，故衾被則懸，枕則置篋中。」○夫愛以敬生，敬先于愛，無所待教，而此言教敬愛者，《樂記》曰：「樂者爲同，禮者爲異。同則相親，異則相敬。」樂勝則流，是愛深而敬薄也。禮勝則離，是嚴多而愛殺也。不教敬則不嚴，不和親則忘愛，所以先敬而後愛也。○或問女子亦當有教，自《孝經》之外，如《論語》只取其面前明白者教之如何？朱子曰：「亦可如曹大家《女戒》，温公《家範》亦好。」○按：張横渠其家童子，必使灑掃應對，給侍長者。女子之未嫁者，必使親祭祀，納酒漿，皆所以養子弟就成德。嘗曰：「事親奉祭，豈可使人爲之。」○魯齋許氏曰：「《小學》内『明父子之親』，言凡爲人子、爲人婦，幼男與未嫁女子，皆當親愛盡敬，不敢自專，事親之道也。」

「父子之道，天性也，君臣之義也。父母生之，續莫大焉。君親臨之，厚莫重焉。

此又承上而切言之。父子之道，其親也，天性然也。李彪曰：「父子之道，天性也。蓋明一體同氣，可共而不可離。」○宣帝地節四年，詔曰：「父子之親，天性也。自今子首匿父母，皆勿坐。」○《正義》曰：「父子相親，本于天性，言慈孝生于自然。」○或問天性自有輕重，疑若有間然。程子曰：「只爲今人以私心看了。孔子云：『父子之道，天性也。』此只就孝上説，故言父子天性。若君臣、兄弟、賓主、朋友之類，亦豈不是天性！」○朱子曰：「人之所以有此身者，受形于母而資始于父，雖有强暴之人，見子則憐。至于襁褓之兒，見父則笑，果何爲而然哉！初無所爲而然，此父子之道，所以爲天性而不可解也。然父子之間，或有不盡其道者，是豈爲父而天性有不盡于慈，亦豈爲子而天性有不足于孝者哉！人心本明，天理素具，但爲物欲所昏，利害所蔽，故小則傷恩害義而不可聞，大則滅天亂倫而不可救也。」且其日嚴，有君臣之義焉。《正義》曰：「父爲子綱，豈不是君臣之義！」既親且嚴，故人子之身，氣始于父，形成於母。其體本自連續，從此一氣而世世接續。其爲至親之續，孰大于此？《易》曰：「家人有嚴君焉，父母之謂也。」既爲至親，又爲嚴君，而臨乎我上，其爲極尊而分義之隆厚，孰重于此？此愛敬之心所以不能自已也。《正義》曰：

「《説文》：『續，連也。』言子繼于父母，相連不絶也。《易》稱『生生之謂易』，言後生次于前也。此則傳續之義也。」〇邵子曰：「生而成，成而生，《易》之道也。」〇吴氏曰：「人子之身，氣始于父，形成于母。其體連續，是爲至親，無有大于此者。家人有嚴君焉，父母之謂也。既爲我之親，又爲我之君，而臨乎上，其分隆厚，是爲至尊，無有重于此者。」〇虞氏淳熙曰：「父子相生，這箇天性生生不已。父母接續祖宗，我接續着父母，我的子孫又接續着我，不比小可的接續，所以謂之天性。這箇君臣之義，森森難犯，看他是嚴君已是厚了，又看他是上帝更厚了一層，必厚到加不得處，所以謂之君臣之義。」〇朱子曰：「『君臣之義』之下，當有脱簡，不能知其爲何字也。」按：「父母生之」四語，緊接「父子之道」四語，朱子以爲有脱簡，何也？只爲古文去兩「也」字便不成語，起人多少疑處，看今文何等明順。

「故不愛其親，而愛他人者，謂之悖德。不敬其親，而敬他人者，謂之悖禮。以順則逆，民無則焉。不在於善，而皆在於凶德，雖得之，君子不貴也。

德主愛，禮主敬，愛敬之心厚於一本。故必愛敬其親，而後推以愛敬他人，則于德禮不悖，而謂之順。若不愛敬其親，而先以愛敬他人，雖亦似德、似禮，然其於德禮也悖矣，悖則謂之逆。按：張子《西銘》：「違曰悖德。」朱子曰：「不循天理而狥人欲者，不愛其親而愛他人也，故謂之悖德。」〇董鼎曰：「由愛敬其親而推以愛敬他人則爲順，不愛敬其親而先以愛敬他人則爲逆。」則，法也。在，居也。教民者，將以順示則，而先自則于逆，民又何所則乎？夫順則爲善而吉，逆則爲不居于善而皆居于凶德，所以雖得志爲人上，君子弗貴也。虞氏淳熙曰：「續莫大焉，誰比得這天性？若不愛其親，反愛他人，愛雖是德也，只叫做悖德。厚莫重焉，誰比得這大義？若不敬其親，反敬他人，敬雖是禮也，只叫做悖禮。該順的道理反把來逆做，誰去法則他？不惟無以成教，就是他的德看來是善，已不在善内矣。凡道理順則吉，逆則凶。」〇上言聖人，此言君子，互文也。

「君子則不然，言思可道，行思可樂，德義可尊，作事可法，容止可觀，進退可度，以臨其民。道，去聲。樂，音雒。

道，言也。蓋謂君子所貴者，推愛敬其親之心以一歸之于順，故其發于言，措于行，修于德義，推于作事容止進退之間，無非愛敬，無非德禮，以此臨御其民，庶幾其順而可則矣。《漢書·儒林傳》云：「魯徐生善爲容，以爲禮官大夫。」威儀，即儀禮也。《左氏傳》曰：「有威而可畏，謂之威。有儀而可象，謂之儀。」言君子有此容止威儀，能合規矩，故可觀。進則動也，退則静也。按：《易·乾·文言》曰：「進退無常，非離群也。」又《艮卦·象》曰：「時止則止，時行則行，動静不失其時，其道光明。」動静不乖越禮法，故可度。

「是以其民畏而愛之，則而象之，故能成其德教而行其政令。《詩》云：『淑人君子，其儀不忒。』」行，如字。忒，他得反。

是以其民皆嚴而畏之，親而愛之，則其所爲順者而傚象之，故德教成而政令行。何待嚴肅哉！然則聖人之德，無加于孝，較著矣。按：《左傳》北宫文子對衛侯曰：「君有君之威儀，其臣畏而愛之，則而象之。」又因引《周書》數文王之德，曰『大國畏其力，小國懷其德』，畏而愛之也。《詩》云『不識不知，順帝之則』，則而象之也。」又云：「君子在位可畏，施舍可愛，進退可度，周旋可則，容止可觀，作事可法，德行可象，聲氣可樂，動作有文，言語有章，以臨其下。」《詩·曹風·鳲鳩》之篇。淑，善也。儀，儀刑也。忒，僭差也。虞氏淳熙曰：「孔子引《曹風·鳲鳩》之詩，謂善人、君子只是收斂威儀，主一無適，與渾然至一之天心無少差忒，便可作四方之範，享萬年之壽。鳲鳩哺子，朝從上下，暮從下上，往往來來，合而爲一，無休歇之時，然後鳥雛纔有生意，這點天心，資始萬物，保合太和。一陰一陽，一升一降，如環如結，往往來來，合而爲一，亦無休歇，所以萬事萬化，萬年之曆，俱從此生。」○

按：此章義理廣大，語意精深，脉絡貫通，原無可疑。而疑者紛紛，謂首三節與「故親生之」以下，字義似不聯屬。維祺謂：聖人之言，固未可輕議也。因前章極論孝道之大，而曾子猶問有加于孝者，孔子答以雖周公盡愛敬之道至于如此，亦非有加。下因極言聖人以孝立教，以明無加于孝之意。上言「莫大于孝」，下「親生」之「親」、「因親教愛」之「愛」，與上「孝」字相應。上言「莫大于嚴父」，下「日嚴」之「嚴」、「因嚴教敬」之「敬」，與上「嚴」字相應。「父子之道天性」七句，又與上「親生」「日嚴」相應，而因承上以起下也。故「不愛其親」以下，又反言以見愛敬之可以立教，而遂以君子之教極言之也。上言聖人有此愛敬之心而能自盡，下言聖人因人皆有此愛敬之心而教之，使各隨分自盡，所謂「聖人之德，無以加于孝」者以此。

右第九章。按此章首三節，言聖人之德。後六節，言聖人之教本于德。德生教，教本德，上下語似不屬，意實相承。今文、古文皆有。古文「無以加于孝」多「其」字，「來祭」多「助」字，「父子之道」二句有「子曰」無二「也」字，「故不愛其親」句有「子曰」無「故」字，「君子不貴也」爲「君子所不貴」，「言思」、「行思」之「思」古文爲「斯」，餘同。今文爲《聖治》章。○朱子曰：「『悖禮』以上，皆格言。但『以順則逆』以下，則又雜取《左傳》所載季文子、北宮文子之言，與此上文既不相應，而彼此得失又如前章所論子産之語，今删去凡九十字。季文子曰：『以訓則昏，民無則焉。不度於善而皆在于凶德，是以去之。』北宮文子曰：『君子在位可畏，施舍可愛，進退可度，周旋可則，容止可觀，作事可法，德行可象，聲氣可樂，動作有文，言語有章，以臨其下。』」○維祺按：孔子述而不作，觀此文與《左傳》語皆極精，則或古有是言，而孔子述之耶！或孔子言之，左氏述以用之于傳，借古人名字發自己議論，所謂左氏之言夸也。又按：孔子《文言》「元者，善之長也」等語皆極精，而左氏則取爲穆姜之言，可以穆姜之言遂疑《文言》謂雜取《左傳》耶！

孝經大全卷之七終

孝經大全卷之八

明新安吕維祺箋次

子曰：「孝子之事親也，居則致其敬，養則致其樂，病則致其憂，喪則致其哀，祭則致其嚴。五者備矣，然後能事親。養，去聲，下同。樂音雒。喪，平聲。

此下二章，承上文順逆之意而申言之。言如此則順而能事親，如彼則逆而爲不孝、爲罪、爲大亂，此君子所以必教以順也。居，謂平居。致者，推之而至其極也。敬者，不敢慢也。邢昺《正義》曰：「平居在家，則須恭敬。《禮記·內則》『子事父母，雞初鳴，咸盥漱』，至于父母之所，敬進甘脆而後退。《祭義》曰：『養可能也，敬爲難。』」○西山真氏曰：「所謂居則致其敬者，言子之事親，須當恭敬，不得慢易。蓋父母者，子之天地也。爲人而不敬天地，必有雷霆之誅。爲子而慢父母，必有幽明之譴。」○《禮·文王世子》：「文王之爲世子，朝於王季日三。雞初鳴而衣服，至於寢門外，問内豎之御者曰：『今日安否？何如？』内豎曰：『安。』文王乃喜。及日中又至，亦如之。及莫又至，亦如之。」養，謂奉養。樂者，悦親之志也。《正義》曰：「《檀弓》云：『事親有隱而無犯，左右就養無方。』言孝子冬温夏清，昏定晨省，及進飲食以養父母，皆須盡其敬安之心，不然則難以致親之懽心。」○《祭義》曰：「孝子之有深愛者必有和氣，有和氣者必有愉色，有愉色者必有婉容。孝子如執玉，如奉盈，洞洞屬屬然，如弗勝，如將失之。嚴威儼恪，非所以事親也，成人之道也。」○曾子曰：「孝子之養老也，樂其心，不違其志，樂其耳目，安其寢處，以其飲食忠養之。」○西山真氏曰：「所謂養則致其樂者，言人子養親當順適其志，使之喜樂也。大凡高年之人，心歡樂則疾病必少，若中懷憂戚則易損天年。昔老萊子雙親年高，己七十，常着綵衣，爲兒童戲於親側，欲親之喜，正以此也。」○

朱子曰：「楊雄有云：『事父母自知不足者，其舜乎？不可得而久者，事親之謂也。孝子愛日。』」〇呂氏坤曰：「侍父母之側，無戚容，無怨容，無惰容，無莊容，無思容，無昏忽之容，無不足之容，無高聲，無叱咤之聲，無直言，無費解説之言，無犯諱之言，怡怡温温，與與恂恂，載笑載言，承在意先，無令親難。」**憂，憂慮，不遑寧處也。**《正義》曰：「《禮記》『王季有不安節，則内豎以告文王，文王色憂，行不能正履。武王帥而行之，不敢有加焉。文王有疾，武王不脱冠帶而養。文王一飯，亦一飯，文王再飯，亦再飯』。」〇《曲禮》曰：「父母有疾，冠者不櫛，行不翔，言不惰，琴瑟不御，食肉不至變味，飲酒不至變貌，笑不至矧，怒不至詈。疾止復故。」〇又曰：「親有疾飲藥，子先嘗之。醫不三世，不服其藥。」〇西山真氏曰：「所謂病則致其憂者，言父母有疾，當極其憂慮也。昔王祥有母病，三年衣不解帶。親年既高，不能無病，人子當躬自侍奉，藥必親嘗。若有名醫，不恤涕泣懇告，以求治療之法，不必刲肝割股然後爲孝。蓋身體髮膚受之父母，或不幸因而致疾，未免反貽親憂。」〇伊川程子曰：「病卧於牀，委之庸醫，比之不慈不孝。事親者，不可不知醫。」〇或問人子事親學醫，如何？曰：「最是大事。今有璞玉於此，必使玉人彫琢之。蓋百工之事，不可使一人兼之，故使玉人彫琢之也。若更有珍寶物，須是自看，却必不肯任其自爲也。今人視父母疾，乃一任醫者之手，豈不害事！必須識醫藥之道理，别病是何如，藥當如何，故可任醫者也。」〇或曰：「己未能盡醫者之術，或偏見不到，適足害事。奈何？」曰：「且如識圖畫人，未必畫得如畫工，然他却識别得工拙。如自己曾學，令醫者説道理，便自見得。或己有所見，亦要説與他商量。」〇呂氏坤曰：「在病室，入如竊，出如竊，立如寐，坐如尸，無嚏噴，無咳咯，無屨聲，無衣聲，無安置器物之聲，無喘息之聲。」〇又曰：「門之闔闢有聲者漬其樞，户之見風自掩者杙其扉。定以生陰，静以熄火，此養病第一要訣也。」按：樞濡使濕則無聲；杙，橛也，所以止門。**哀，哀戚追念，痛切也。**西山真氏曰：「送終之禮，稱家有無。昔人所謂必誠必信者，惟棺椁衣衾至爲切要，其他繁文外飾皆不必爲。至如佛家追薦之説，固茫昧難知。然昔賢有言，天堂無則已，有則君子登。地獄無則已，有則小人入。苟明此理，則供佛飯僧，廣修齋事，其爲無益灼然可知。」**嚴謂竭誠齋戒，精潔嚴肅也。**《祭義》曰：「孝子之祭也，盡其慤而慤焉，盡其信而信焉，盡其敬而敬焉，盡其禮而不過失焉，進退必敬，如親聽命，則或使之也。」○又曰：「孝子之祭可知也。其立之也敬以詘，其進之也敬以愉，其薦之也敬以欲，退而立，如將受命，已徹而退，敬齋之色不絶於面。孝子之祭也，立而不詘，固也；進而不愉，疏也；薦而不欲，不愛也；退立而不如受命，敖也；已徹而退，無敬齋之色，忘本也。如是而祭，失之矣。」○又曰：「致齋於內，散齋於外。齋之日，思其居處，思其笑語，思其志意，思其所樂，思其所嗜。齋三日，乃見其所爲齋者。」○又曰：「祭之日，入室，僾然必有見乎其位，周還出户，肅然必有聞乎其容聲，出户而聽，愾然必有聞乎其歎息之聲。」○又曰：「孝子將祭，夫婦齋戒，沐浴，盛服，奉承而進之。」言將祭必先齋服、沐浴也。又云：「文王之祭也，事死如事生。《詩》云：『明發不寐，有懷二人。』文王之詩也。」鄭注云：「明發不寐，謂夜而至旦也。二人，謂父母也。言文王之嚴敬祭祀如此也。」○又曰：「祭不欲數，數則煩，煩則不敬。祭不欲疏，疏則怠，怠則忘。是故君子合諸天地，春禘，秋嘗，霜露既降，君子履之，必有悽愴之心，非其寒之謂也。春雨露既濡，君子履之，必有怵惕之心，如將見之，樂以迎來，哀以送往。」○黄廣《禮樂合編》引禮云：「禮有五經，莫重于祭。夫祭者，非物自外至者也，自中出生于心者也。心怵而奉之以禮，是故惟賢者能盡祭之義。」○又曰：「君子非有大事則不齋，非有恭敬則不齋。及其將齋也，防其邪物，訖其嗜欲，專致其精明之德也。」○沈氏鯉曰：「灌、獻自兩事，今人混而爲一。蓋灌者方祭之時，灌地降神，求神于陰，如燔膋蕭，達臭墻屋，求神于陽也。逮三獻，則神已來格矣，而亦以灌地，不野於禮乎！」○《存古篇》曰：「今世祭禮久廢，無論水木本源之思弗忍恝然，藉令人子甘肥頤養，而其先人不獲沾一日之菽水，若敖氏之鬼不其餒耶！或曰吾貧不能備物也，吾不能爲席以延贄禮者也。噫！祭固所自盡也，大之牲醴珍錯，小之採山釣水，無不可以明孝也。」○又曰：「但有新味，未薦祖先，不可輒自入口。」**備此五者，生事喪祭，無一不盡其愛敬，然後**

爲能事其父母。若有不備，不可謂能也。

朱子曰：「如欲爲孝，則當知所以爲孝之道，如何爲奉養之宜，如何爲温清之節，莫不窮究，然後能之，非獨守夫孝之一字而可得也。」〇又曰：「如事親當孝，非是定守一箇孝字，必須窮格所以爲孝之理當如何，凡古人事親條目，皆無一不講，然後可以實能盡孝。」〇又曰：「如刲股、廬墓，一是不忍其親之病，一是不忍其親之死，不是因要人知了去恁地做。」〇或問刲股事如何？曰：「刲股固自不是，若誠心爲之，不求人知，亦庶幾焉。今有以此要譽者。」〇横渠張子曰：「舜之事親有不悦者，爲父頑母嚚不近人情。若中人之性，其愛惡無甚害理，必姑順之。親之故舊所喜，當極力招致。賓客之奉，當極力營辦，務以悦親爲事，不可計家之有無。然須使之不知其勉强勞苦，苟使見其苦難，則亦不安矣。」〇吕氏坤曰：「百年有限之親，一去不回之日。觀此二語，良心有不悚動，非人子也。」〇朱鴻曰：「父母平居之時，人子當致其恭敬，如昏定晨省，出告反面，夔夔齋慄之類。供養之時，當盡其懽樂，承顔順志，聚百順以娱其心，如斑衣戲彩而無所拂之類。父母有疾，當盡其憂，豈惟醫禱畢備，如行不翔，言不惰，色容不盛，冠帶不服之類。父母死喪，當致其哀，如擗踴哭泣，呼號籲天無已之類。歲時祭祀，當盡其嚴，如齋戒竭誠，思其笑語居處之類。」〇董鼎曰：「人有一身，心爲之主；士有百行，孝爲之大。爲人子者，誠以愛親爲心，而不忘事親之孝。平居無事，常有以致其敬，則敬存而心存。一敬既立，遇養則樂，遇病則憂，遇喪則哀，遇祭則嚴。五者有一不備，不可謂能，然皆以敬爲本。」〇《存古篇》曰：「子事父母，務聚順常使父母悦，有不悦，弗敢即安，隨力所至以奉養之，不敢有所諉。其致養也必敬，色必和。」

「事親者，居上不驕，爲下不亂，在醜不争。居上而驕則亡，爲下而亂則刑，在醜而争則兵。三者不除，雖日用三牲之養，猶爲不孝也。」醜，齒九反。

醜，類也。三牲，牛、羊、豕也。《正義》曰：「三牲，牛、羊、豕也。《尚書·召誥》稱『越翼日戊午，乃社於新邑，牛一，羊一，豕一』，孔云『用太牢也』。」

言事親者，既有五要，猶有三戒。如居上

當莊敬以臨下，不可驕矜。爲下當恭謹以事上，不可悖亂。在醜類，當和順以處衆，不可爭競。《曲禮》曰：「爲人子之禮，在醜夷不爭。」○和靖尹氏曰：「莫大之禍，起於須臾之不忍，不可不謹。」○來氏知德曰：「凡人一子多不孝，富貴之子多傲，雖不盡然，十有三四，所以然者，姑息之久故也。故《易》戒婦子嘻嘻，聖賢言語，句句實歷。」何也？驕則亡，亂則刑，爭則兵，危亡之禍，憂將及親。此三者不除，雖日具三牲之奉，親得安坐而食乎！故曰：「猶爲不孝。」人子所當深戒也。李氏夢陽曰：「葉子有言，誠非由於中，雖日用三牲，非孝也。斯善識真者也。」○范氏曄曰：「鐘鼓非樂云之本，而器不可去。三牲非致孝之主，而養不可廢。」

右第十章。今文、古文俱有。古文「孝子之事親」下無「也」字，「三者不除」上多「此」字。今文爲《紀孝行》章。○朱子曰：「亦格言也。」

子曰：「五刑之屬三千，而罪莫大於不孝。要君者無上，非聖人者無法，非孝者無親。此大亂之道也。」要，平聲。

又承上「爲下而亂則刑」及「猶爲不孝」，以足其意。五刑：墨、劓、剕、宫、大辟也。墨之屬千，劓之屬千，剕之屬五百，宫之屬三百，大辟之屬二百，其條三千。邢昺《正義》曰：「五刑，謂墨、劓、剕、宫、大辟也。五刑之名，皆《尚書·吕刑》文。孔安國云：『割其顙而涅之曰墨刑。』顙，額也。謂刻額爲瘡，以墨塞瘡孔，令變色也。墨一名黥。又云：『截鼻曰劓，刖足曰剕。』《釋言》云：『剕，刖也。』李巡曰『斷足曰刖』是也。又云：『宫，淫刑也。男子割勢，婦人幽閉。次死之刑。以男子之陰名爲勢，割去其勢，與椓去其陰，事亦同也。婦人幽閉，閉於宫，使不得出也。』又云：『大辟，死刑也。』按此五刑之名，見于經傳，唐虞以來皆有之，未知上古起自何時。漢文帝始除肉刑，除墨、劓、剕爾，宫刑猶在。隋開皇之初，始除男子宫刑，婦人猶閉于宫。此五刑之名義。鄭註《周禮·司刑》引《書傳》曰：

『決關梁、踰城郭而略盜者，其刑臏。男女不以義交者，其刑宫。觸易君命，革輿服制度，姦軌盜攘傷人者，其刑劓。非事而事之，出入不以道義，而誦不祥之辭者，其刑墨。降畔寇賊，刼略奪攘撟虔者，其刑死。』《説文》云：『臏，膝骨也。』則臏謂斷其膝骨。此註不言臏而云剕者，據《吕刑》之文也。」○又按：《周禮》司刑掌五刑之法，以麗萬民之罪。墨罪五百，劓罪五百，宫罪五百，剕罪五百，殺罪五百，合二千五百。至周穆王乃命吕侯入爲司寇，令其訓暢夏禹贖刑，增輕削重，依夏之法有三千，則周三千之條首自穆王始也。《吕刑》云：「墨罰之屬千，劓罰之屬千，剕罰之屬五百，宫罰之屬三百，大辟之罰，其屬二百。五刑之屬三千。」○横渠張子曰：「肉刑猶可用於死，今大辟之罪且如傷舊主者死，軍人犯逃走亦死。今且以此止刖足，彼亦自幸得免死，人觀之更不敢犯。今之妄人，往往輕視其死，使之刖足亦必懼矣。此亦仁術。」**而最大者莫過不孝。**《風俗通》曰：「舜命臯陶有五刑，及周穆王訓夏，李悝師魏，乃製《法經》六篇，而以盜賊爲首。賊之大者，有惡逆焉。決斷不違時，凡赦不免。又有不孝之罪，並編十惡之條。」○丘氏濬曰：「刑以糾不孝之人，則民皆上德而無不孝之子，是教典資於刑也。」**要，脅也。非，詆毁也。君者，臣下所稟命，而敢要脅之，是無其上也。聖人制作禮法而敢非之，是無法度也。子當行孝道而敢非之，是無其父母也。**按：草廬吴氏及諸家解「非」字，與前章「非先王法服」之「非」同，謂人之所行非聖人之道，子之所行非孝道。○維祺按：非聖非孝，此解似未盡「非」字之義，此「非」字還宜重看，方與「大亂之道」句合。且要君之罪最重，非止不能事君而已，安得以不能學聖不能盡孝遂謂罪同？要君爲大亂之道，此「非」字當作「非毁」爲是。**此豈非大亂之道而聖人所必刑乎！**夏氏僎曰：「刑雖主於刑人，然刑姦宄所以扶善良，雖曰不祥，乃所以爲祥也，故刑曰祥刑。刑本不祥之器也，而謂之祥刑，能以不祥爲祥，知用刑之道矣。」○丘氏濬曰：「聖人之心，不偏不倚，非獨禮樂德政爲然，而施於刑者亦然。蓋民不幸犯于有司，所以罪之者，皆彼所自取也。吾固無容心於其間，不偏於此，亦不倚於彼，一惟其情實焉，夫是之謂祥刑。」○按：君治之，師教之，父母生之，所謂民生于三也。《正義》曰：「不忠于君，不法于聖，不愛于親，此皆爲不孝，乃是罪惡之極，故經以『大亂』結之也。」**立教以順，逆而刑之，無非教也。**曾子曰：「衆之本教曰孝。仁者，仁此者也。禮者，履此者也。義者，宜此者也。信者，信此者也。强者，强此者也。樂自順此生，刑自反此作。」○宋新昌令應氏曰：「五刑之屬三千，而罪莫大于不孝。然世固有不孝之人而未嘗受不孝之刑者，何也？渝川歐陽氏嘗論之曰：『父母之心，本于慈愛，子孫悖慢，不欲聞官。謂其富貴者恐貽羞門户，貧賤者亦望其返哺，而一切含容隱忍，故不孝者獲免于刑。然父母吞聲飲恨之際，不覺怨氣有感，是以世之不孝者，或斃于雷，或死于疫，後嗣衰微，此皆受天刑也。』嗚呼！王法可幸免，天誅不可逃也。」○劉元城與馬永卿論《禮記·内則》「雞鳴而起，適父母之所」曰：「不亦太蚤乎。」元城正色曰：「父召無諾，君命召無諾，父前子名，君前臣名，君父一也。今朝謁必雞鳴而起，刑驅其後也。若人子畏義如刑，則今人可爲古人矣。」

右第十一章。今文、古文俱同。今文爲《五刑》章。○朱子曰：「因上文不孝之云而繫于此，亦格言也。」

孝經大全卷之八終

孝經大全卷之九

明新安吕維祺箋次

子曰：「教民親愛，莫善於孝。教民禮順，莫善於弟。移風易俗，莫善於樂。安上治民，莫善於禮。弟，去聲，後同。易，去聲。樂，如字。治，平聲。

此下三章，意義相承，皆申明君子以順立教之本，以廣前章「至德要道」「揚名」之意。教民之道，孝、弟、禮、樂皆其具也。然弟者，孝中一事，禮節此者也，樂和此者也，言教民相親相愛，無有善於孝者，以孝爲親愛之本也。至教民有禮而順，莫有善於弟者，教民以移其風化，易其習俗，莫善於樂，樂有鼓舞感動之意，故于風俗爲切。子夏《詩序》云：「風，風也，教也。風以動之，教以化之。」韋昭曰：「人之性，繫於大人，大人風聲，故謂之風。隨其趨舍之情欲，故謂之俗。」○《詩序》又曰：「至于王道衰，禮義廢，政教失，國異政，家殊俗，而變風、變雅作矣。」○又曰：「治世之音安以樂，其政和。亂世之音怨以怒，其政乖。亡國之音哀以思，其民困。」○又《尚書·益稷》篇舜曰：「予欲聞六律、五聲、八音，在治忽。」孔安國云：「在察天下理治及忽怠者。」皆是音樂而彰也。○《禮記》云：「大樂與天地同和。」則自生人以來，皆有樂性也。《世本》曰：「伏羲造琴瑟。」則其樂器漸於伏羲也。史籍皆言黄帝樂曰「雲門」，顓頊曰「六英」，帝嚳曰「五莖」，堯曰「咸池」，舜曰「大韶」，禹曰「大夏」，湯曰「大濩」，武曰「大武」，樂之聲節，起自黄帝也。○周子曰：「樂者，本乎政也。政善民安，則天下之心和。故聖人作樂，以宣暢其和心，達於天地，天地之氣感而大和焉。天地和則萬物順，故神祇格，鳥獸馴。」○又曰：「樂聲淡則聽心平，樂辭善則歌者慕，故風移而俗易矣。妖聲艷辭之化也亦然。」若夫安上之等威名分以治下之民，莫善於禮。蓋禮所以辨上下，定民志，別尊卑，分貴賤也。《禮》云：「非禮無以辨君臣、上下、長幼之位，非禮無以辨男女、父子、兄弟之親。」○鄭氏曰：「禮所以正君臣、父子之別，明男女、長幼之序，故可以安上化下也。」○然四者各舉其要言之，實一本也。邢昺《正義》曰：「《樂記》云：禮殊事而合敬，樂異人而同愛。敬愛之極，是謂要道。神而明之，是謂至德。故必由斯人以弘斯敬，而後禮樂興焉，政令行焉。」○復心程氏曰：「《周禮·大宗伯》五禮之目，吉禮十有二：一禋祀，二實柴，三槱燎，四血祭，五貍沈，六疈辜，七肆獻，八饋食，九祠，十禴，十一嘗，十二烝。凶禮五：一喪，二荒，三弔，四禬，五恤。賓禮八：一朝，二宗，三覲，四遇，五會，六同，七問，八視。軍禮五：一師，二均，三田，四役，五封。嘉禮六：一飲食，二婚冠，三賓射，四饗燕，五脈膰，六慶賀。」○六樂：一雲門，黃帝樂，一云堯樂。象雲氣出入，故周人冬至舞之，以祀天神。二咸池，黃帝樂，亦云堯樂。象池水周徧，故周人夏至舞之，以祭地示。三大磬，舜樂。磬，紹也，以其紹堯之業，而能齊七政，肇十有二州，故周人舞之，以祀四望、司中、司命、風師、雨師。四大夏，禹樂。夏，大也，以其大堯、舜之德，而能平水土，故周人舞之，以祭大川。五大濩，一名韶濩，湯樂。濩，護也。湯寬仁而能救護生民，故周人舞之，以享姜嫄。六大武，武王樂。傳云：「武王以黃鍾布牧野之陣，歸以大簇無射。」○《疏鈔》云：「韶樂存於齊，而民不爲之易；周禮備于魯，而君不獲其安，亦政教失其極耳，夫豈禮樂之咎？」○周子曰：「陰陽理而後和，君君、臣臣，父父、子子、兄兄、弟弟、夫夫、婦婦，萬物各得其理，然後和，故禮先而樂後。」○又曰：「古者，聖王制禮法，修教化，三綱正，九疇敘，百姓大和，萬物咸若，乃作樂，以宣八風之氣，以平天下之情。」○西山真氏曰：「敬者禮之本，制度威儀者禮之文。和者樂之本，鐘鼓管磬者樂之文。禮、樂二者闕一不可。《記》曰：『樂由陽來，禮由陰作，天高地下，萬物散殊，而禮制行焉。』」○北溪陳氏曰：「禮樂有本、有文，禮只是中，樂只是和，中和是禮樂之本。然本與文二者不可一闕。禮之文，如俎豆玉帛之類。樂之文，如聲音節奏之類。須是有這中和，而文以玉帛俎豆與聲音節奏，方成禮樂。」○又曰：「就心上論，禮只是箇恭敬底意，樂只是箇和樂底意，本是裡面有此敬與和底意。然此意何自而見？須于玉帛籩豆、聲音節奏間，如此則内外本末相副。」○按：《春秋繁露》董子曰：「天生之以孝弟，地養之以衣食，人成之以禮樂，三者相爲手足，合以成體，不可一無。」○盧陵歐陽氏曰：「三代而上治出於一，而禮樂達於天下。三代而下治出於二，而禮樂爲虚文。」

「禮者，敬而已矣。故敬其父，則子悦。敬其兄，則弟悦。敬其君，則臣悦。敬一人，而千萬人悦。所敬者寡，而悦者衆。此之謂要道也。」已，音以。

承上文禮字而言禮毋不敬。敬者，禮之本也。按：《正義》：《曲禮》曰「毋不敬」，又引《尚書・五子之歌》云：「爲人上者，奈何不敬！」○《丹書》曰：「敬勝怠者吉，怠勝敬者滅；義勝欲者從，欲勝義者凶。」○程子曰：「『毋不敬，儼若思，安定辭，安民哉』，君道也，君道即天道也。」又曰：「毋不敬，可以對越上帝。」又曰：「只是敬，則無間斷。」○伊川程子曰：「嚴威、儼恪，非持敬之道，然敬須自此入。」又曰：「忘敬而後毋不敬。」又曰：「學者須恭敬，但不可令拘迫，拘迫則難久也。」○董鼎曰：「上文兼言孝、悌、禮、樂四者，至此又獨歸重於禮。至於言禮，則又以敬爲主。蓋父母於子一體而分，愛易能而敬難盡。故經雖以愛敬兼言，而此獨言敬而以爲重者，蓋其所以有序而和者，未有不本於敬而能之也。故又推廣敬之功用如此。」

極言敬之功用，謂上之人特自敬其父、兄與君耳，而下之人皆悦以事其父，悦以事其兄，悦以事其君，是敬止一人而悦乃千萬人。敬寡悦衆，所操者約而天下之道已盡該括，故曰「此之謂要道」。按：邢昺、朱申、周翰、董鼎皆謂敬其父、兄、君爲敬人之父、兄與君，非也。觀「其」字之意，乃自己之父、兄與君，且與下文「敬一人」、「敬者寡」相應。若曰敬人之父、兄與君，則敬千萬人矣。安得謂之所敬者寡！安得謂之要道！熟體味之自見。〇草廬吴氏曰：「居上者自敬其父、兄、君，則下之爲人子、爲人弟、爲人臣者效之，各皆懽悦以事其父、兄、君。」〇維祺按：草廬看「其」字有分曉。蓋敬父、敬兄、敬君之道，原人心之同然，所以上好下甚，舉一而萬畢者，其本一也。方氏學漸曰：「天下國家，其本於身乎？身其本於親乎？事親孝則九族睦，則四海準，故立愛自親始，立敬自長始，達之天下，各親其親，各長其長，而天下自平。近而遠，約而博，是先王之要道也。」

右第十二章。今文、古文皆有。古文「要道」下無「也」字。今文爲《廣要道》章。〇按：董鼎因朱子《刊誤》以此章爲「釋要道」，引朱子曰：「但經所謂要道，當自己而推之，與此亦不同也。」〇維祺按：此章「廣要道」，非「釋要道」也。

子曰：「君子之教以孝也，非家至而日見之也。教以孝，所以敬天下之爲人父者也。教以弟，所以敬天下之爲人兄者也。教以臣，所以敬天下之爲人君者也。弟，去聲。

言君子教民以孝，豈必家諭户曉，日日相見而面命之？固有本之者耳。何者？君子躬行孝道而教天下以孝，豈能遍天下之爲人父而敬之哉！然上行下效，自然感化而各敬其父，是即所以敬天下之爲人父者也。至於教以弟、教以臣，亦莫不然。一順立而天下大順，何待家至日見然後爲教也。邢昺《正義》曰：「此夫子廣至德之義，言君子教人行孝事其親者，非家家悉至而日日見之。但教之以孝，則天下之爲人父者，皆得其子之敬。教之以悌，則天下之爲人兄者，皆得其弟之敬。教之以臣，則天下之爲人君者，皆得其臣之敬。」〇又曰：「按《祭義》祀明堂所以教孝，食三老、五更所以教悌，朝覲所以教臣。祭帝稱臣，亦以身率下也。」〇草廬吴氏曰：「上之人躬行孝、悌、臣以教，則天下之人無不效之而各敬其父、兄與君，是上之人自敬其父、兄、君者，乃所以敬天下之爲人父、爲人兄、爲人君者也。」〇維祺按：教以孝，非教彼以孝也。蓋教之以吾之孝，所謂以身先之也。此論爲切，且與「非家至而日見之也」相合。而下文「所以敬天下之爲人父」方有着落。弟、臣二段倣此。○周子曰：「十室之邑，人人提耳，而教且不及，況天下之廣，兆民之衆哉！曰純其心而已矣。」横渠張子曰：「事父母，先意承志，故能辨志意之異，然後能教人。」○按：張横渠在雲巖政事，大抵以敦本善俗爲先，每以月吉，具酒食召鄉人高年會於縣庭，親爲勸酬，使人知養老事長之義，因問民疾苦，及告所以訓戒子弟之意。有所告教，常患文檄之出不能盡達於民，每召鄉長于庭，諄諄口諭，使往告其閭里。○蔡氏沈曰：「孝弟者，人心之所同，非必人人教詔之。親吾親以及人之親，長吾長以及人之長，始於家，達於國，終而措之天下。」

「《詩》云：『愷悌君子，民之父母。』非至德，其孰能順民如此其大者乎！」愷，可海反。悌，大計反。

《詩·大雅·泂酌》之篇。愷，樂也。悌，易也。引《詩》以明順民之大如此，而復咏嘆之曰：「非至德，孰能順民如此其大者乎！」雖明王不作，孝治無聞，而至德大順之象恍然如見矣。《正義》曰：「愷樂悌易，君以樂易之道化人，則爲天下蒼生之父母。引《詩》大意如此。蒼生，《尚書》謂天下黔首蒼蒼然，衆多之貌也。」○曾子曰：「爲人子而不能孝其父者，不敢言人父不能畜其子者；爲人弟而不能承其兄者，不敢言人兄不能順其弟者；爲人臣而不能事其君者，不敢言人君而不能使其臣者。故與父言，言畜子；與子言，言孝父；與兄言，言順弟；與弟言，言承兄；與君言，言使臣；與臣言，言事君。」

右第十三章。今文、古文皆有。古文「父者」、「兄者」、「君者」之下無三「也」字。今文爲《廣至德》章。○董鼎述朱子《刊誤》謂傳「釋至德」。又引朱子曰：「然所論『至德』語意亦疎，如上章之失云。」祺按：朱子謂所論「至德」語意亦疎，蓋此章舊文爲「廣至德」，非釋之也。故但可言廣，不可言釋，則謂之傳非也。

子曰：「君子之事親孝，故忠可移於君；事兄弟，故順可移於長；居家理，故治可移於官。是以行成於内，而名立於後世矣。」長，上聲。弟、治、行，並去聲。

君子立教，以孝者也。以「孝」作「忠」，忠者孝之推也。曾子曰：「未有君而忠臣可知者，孝子之謂也。」○按：《左傳》季文子使太史克對莒僕曰：「先大夫臧文仲教行父事君之禮，行父奉以周旋，弗敢失墜。曰：『見有禮於其君者，事之如孝子之養父母也。見無禮於其君者，誅之如鷹鸇之逐鳥雀也。』」○陳氏彝曰：「孝不盡，則忠不純。」○薛氏瑄曰：「狄梁公光復唐祚，事載簡册，昭若日星，識者謂自望雲一念中來，故曰：『求忠臣於孝子之門。』」○朱鴻曰：「古謂求忠臣必于孝子之門，人臣有一毫之不忠，非孝也。世云忠孝不能兩全，此語時位之不可全，非道理之不可全也。故曰：『事親孝，則忠可移於君。』」孝則必弟，以「弟」作「順」，順者弟之推也。

伊川程子曰：「人倫有五，而兄弟相處之日最長，君臣遇合，朋友聚會，久速固難必也。父之生子，妻之配夫，其蚤者，皆以二十歲爲率。惟兄弟或一二年，或三四年，相繼而生。自竹馬游戲，以至鮐背鶴髮，相與周旋，多至七八十年之久。若恩意浹洽，猜間不生，其樂豈有涯哉！」○南軒張氏曰：「人莫不有父母兄弟也，愛敬之心，豈獨無之？古之人，自冬温夏凊、昏定晨省以爲孝，自徐行後長者以爲弟，行著習察，存養擴充，以至於盡性至命，其端初不遠，貴乎勿舍而已。」○鄒氏元標曰：「吾儒之學，别無奇特，惟親其親以及人之親，長其長以及人之長而已。孟氏云：『人人親其親，長其長，而天下平。』夫天下平至難事，而不外親親長長，非孟氏眼高千古，安能道此。」○馮氏從吾曰：「今吾輩在此講格物，就是格物，即如孝弟二字。與師友講明，即是知至。由是誠其孝弟之意，正其孝弟之心，修其孝弟之身。齊其家，使一家之人皆孝弟。治其國，使一國之人皆孝弟。平其天下，使天下之人皆孝弟。故曰：『人人親其親，長其長，而天下平。』若離却眼前另尋一物，是物與吾身爲兩，而道可須臾離矣。」○《存古篇》曰：「兄弟相友，毋以小忿小利傷同氣之愛。」又曰：「家庭骨肉，以和爲本。和致祥，乖致異，毋聽婦人言。」孝則家事必理，居家孝弟而家事理，即可移于官而官事治。治官者，理家之推也。《易》之《家人》曰：「父父、子子、兄兄、弟弟、夫夫、婦婦而家道正，正家而天下定矣。」○曾子曰：「親戚不説，不敢外交。近者不親，不敢求遠。小者不審，不敢言大。」○左氏曰：「晉趙孟言范宣子之家事理，其祝史無愧辭。楚子曰：『宜其光輔五君也。』」誠如是也，孝弟居家之德，行成于内，達于外。按：程子曰：「天地生物，各無不足之理，常思天下君臣、父子、兄弟、夫婦有多少不盡分處。」○薛氏瑄曰：「親親，仁也。敬長，義也。無他，達之天下也。故知惟孝友于兄弟，爲爲政之本。不惟光顯一時，而名必立于後世。所謂「揚名于後世，以顯父母」，信矣。子路問於孔子，曰：「有人于此夙興夜寐，耕耘樹藝，以養其親，而名不稱孝者，何也？」孔子曰：「意者身不敬與？辭不順與？色不悦與？雖有國士之力，不能自舉其身，非無力也，勢不便也。故入而行不修，身之罪也；出而名不章，友之過也。故君子入則篤行，出則友賢，何爲而無孝之名也。」○邢昺《正義》曰：「移孝以事於君，移弟以事於長，移理以施於官，三德不失，則其令名自傳於後世。」○曹氏于汴曰：「忠君孝親，辟如饑食渴飲，寒裘暑葛，隨時行之而已。飲食不求人知，忠孝求人知，惑也。」○謹按：舜在側微，又處頑父、嚚母、傲弟之間，而能夔夔齋慄，盡事親之道，是以帝堯聞之，四岳舉之，天下君之，萬世師之。行成名立，莫大於此，故大德必得其名。龜山楊氏曰：「舜在側微，堯舉而試之，慎徽五典，五典克從，納于百揆，百揆時敘，賓於四門，四門穆穆。觀其所施設，舜之所以爲舜，其才德可謂大矣，宜非深山之中所能久處。而爲舜者，當堯未之知，方且飯糗茹草若將終身。若使今人有才氣者，雖不得時，其能自已其功名之心乎！以此見人必能不爲然後能有爲也。非有爲之難，其不爲猶難矣。」○謹按：孔子云：「君子疾没世而名不稱焉。」聖人豈教人以好名！蓋以名者實之賓也，名不稱於後世，必其實之未至也。是以君子篤孝弟宜家之行于內，惟恐其實之不至，而孜孜勉焉也。○古人爲忠臣孝子，友兄弟，刑寡妻，只爲自慊其本性而止，豈爲求名！凡有意求名者，亦必其實之未至也。

右第十四章。今文、古文皆同。古文此章在《明王》、《事父》章下，而此章下有「子曰閨門之內」二十四字。今文爲《廣揚名》章。

子曰：「閨門之內，具禮已乎！嚴父嚴兄，妻子臣妾，猶百姓徒役也。」○按：《閨門》章，漢劉向較定，今古文無，隋劉炫古文有，或以爲無此不得爲全經，或以爲後儒僞作。而草廬吴氏曰：「今詳此章，不惟不類聖言，亦不類漢儒語。」宋氏濂謂其所異惟《閨門》一章。諸儒于經文大指未見發揮，而斷斷紛紜，抑末矣。今姑闕疑，以俟君子。草廬吴氏曰：「《閨門》章今文無，古文在傳十章之後，十一章之前。朱子曰：『因上章三「可移」而言。嚴父孝也，嚴兄弟也，臣妾官也。』邢氏《正義》説已見前。今詳此章，不惟不類聖言，亦不類漢儒語，是後儒僞作明甚。而朱子不致疑者，蓋因温公信之，而未暇深考耳。況十一章之首，作傳者承十章之末而發問，若有此章，則文義間隔。特據《正義》之説黜之。」○按：《玉海》、《會要》曰：「唐開元七年，三月一日，勅《孝經》、《尚書》有古文本孔、鄭注，旨趣頗多踳駁，令諸儒質定。六日，詔曰：『《孝經》德教所先，頃來獨宗鄭氏，孔氏遺旨今則無文。其令儒官詳定所長，令明經者習讀。』四月七日，左庶子劉子玄上《孝經議》曰：『今俗所行《孝經》，題曰鄭氏注，云即康成，而魏晉無此説。至晉穆帝永和十一年，孝武太元元年，再聚群臣共論經義，有荀昶撰集《孝經》諸説，始以鄭氏爲宗。宋梁已來，多有異論。陸澄以爲非玄所注，請不藏祕省。王儉不依其請，遂傳於時。魏、齊立於學官，著在律令。然《孝經》非玄所注，其驗十有二。古文孔傳，曠代亡逸，隋開皇十四年，祕書學生王孝逸得一本送王邵，以示劉炫，炫率意刊改，因著《孝經稽疑》一篇。邵以爲經文盡在，正義甚美。而歷代未嘗置於學官。愚謂行孔廢鄭，於義爲安。』國子祭酒司馬貞議曰：『今《孝經》是漢河間獻王所得，顔芝本劉向定爲十八章，其注相承云鄭玄作，而《鄭志》及目録等不載，往賢其疑焉。唯荀昶、范曄以爲鄭注。昶集解《孝經》，具載此注。序云以鄭爲主，是以此注爲優。其古文二十二章，元出孔壁，安國作傳，世未之行。荀昶集注之時，尚有孔傳，中朝遂亡其本。近儒妄作此傳，假稱孔氏，又僞作《閨門》一章，劉炫詭隨妄稱其善。且「閨門」之義，近俗之語，非宣尼正說。又分《庶人》章「故自天子已下」別爲一章，仍加「子曰」二字，非但經文不真，亦傳習淺僞，議者取近儒詭説，殘經缺傳，而廢鄭註，理實未可，請鄭、孔俱行。』五月五日，詔鄭仍舊行用，孔注傳習者稀，亦存繼絶之典，頗加獎飾。」〇今按：劉子玄議行孔廢鄭，司馬貞議鄭、孔並行，而玄宗詔鄭仍舊行，孔注亦存繼絶之典。又按：子玄尊古文《孝經》者也，其議亦云劉炫率意刊改，則古文《孝經》多出于劉炫之手，而貞議鄭、孔並行，亦非專主今文也。《閨門》章今文原無，而後乃云司馬貞爲國諱削《閨門》章。夫貞固未嘗削之也，且玄宗亦詔孔、鄭並存，豈玄宗不自諱而貞反諱之乎！是未嘗深考當時之實而妄議之也。

程子曰：「讀書者，當平其心，易其氣，闕其疑。」

孝經大全卷之九終

孝經大全卷之十

明新安吕維祺箋次

曾子曰：「若夫慈愛、恭敬、安親、揚名，則聞命矣。敢問子從父之令，可謂孝乎？」子曰：「是何言與？是何言與？夫，音扶。令，去聲。與，平聲。

此又因曾子之問，以明孝之大也。命，教也。曾子初承孔子告以孝道，次嘆孝之大，次問無加於孝，而孔子皆詳告之，所謂慈愛、恭敬、安親、揚名，統包前章而言。《禮》「事親有隱無犯」，曾子平日以從命爲孝，故發此問，而孔子重言「是何言與」以深警其非也。邢昺《正義》曰：「《檀弓》云：『事親有隱無犯。』《論語》云：『事父母幾諫，見志不從，又敬不違。』故曾子有可問之端。」○虞氏淳熙曰：「昔日曾子耘瓜傷了些藤，曾哲把大杖責之仆地，夫子因此不容曾子相見。想曾哲是狂的人，多有過失，曾子雖順着他，心裹終是不安，故有此問。」○維祺按：慈愛，如不敢毁傷，不敢惡於人，母取其愛，因親教愛，養則致樂，教民親愛之類。恭敬，如不敢慢於人，不危不溢，不敢遺小國之臣，不敢侮鰥寡，不敢失臣妾，因嚴教敬，居則致敬，及禮者敬而已之類。安親，如保社稷，守宗廟，守祭祀，養父母，生則親安，祭則鬼享，及不近驕争兵刑之類。揚名，如揚名後世，配帝來祭，及名立于後世之類。

「昔者，天子有争臣七人，雖無道，不失天下。諸侯有争臣五人，雖無道，不失其國。大夫有争臣三人，雖無道，不失其家。士有争友，則身不離於令名。父有争子，則身不陷於不義。争與諍同，去聲，下倣此。離，去聲。

昔古之天子，必置諫争之臣以救其

過，故有争臣七人。雖至無道，亦必救正，不致失其天下。《孔叢子》曰：「夫爲人臣見非而不争，以陷主於危亡，罪之大者也。人君疾臣之弼而惡之，資臣以箕子、比干之忠，惑之大者也。」○班氏固曰：「天子有争臣七人及下五人、三人云者，夫陽變於七，以三成。子之諫父，法火以揉木也。」是此經之旨無不符，二氣五行所以靈也。○唐永徽初，召趙弘智爲陳王師，講《孝經》于百福殿。高宗頗躭墳典，方欲以德教加於百姓，刑於四海，乃令陳《孝經》大要，以補不逮。對曰：「天子有争臣七人，雖無道，不失其天下，願以此獻。」帝悦，賜絹疋、名馬，故永徽之治庶幾貞觀。**其實諫不厭多，先王立誹謗之木，設敢諫之鼓，廣集忠益，惟恐人之不争，豈僅拘七人之數哉！姑約略言之耳。**皇侃云：「夫子述《孝經》之時，當周亂衰之代，無此諫争之臣，故言『昔者』。不言先王而言『天子』者，諸稱『先王』皆指聖德之主，此言無道，所以不稱先王。」○《左傳》稱：「周辛甲之爲太史也，❶命百官，官箴王闕。」師曠説匡諫之事，「史爲書，瞽爲詩，工誦箴諫，❷大夫規誨，士傳言」，「官師相規，工執藝事以諫」。此則凡在人臣，皆合諫也。夫子言天子有天下之廣，七人則足以見諫争功之大，故舉少以言之。○朱子曰：「内自臣工，外及甿庶，有能開寤聖心、指陳闕政者，無間疎賤，使咸得以自通。然後擇近臣之通明正直者一二人，使各引其所知有識敢言之士十數人，寓直殿門。凡四方之言有來上者，悉令省閲，舉其盡忠不隱者，日以聞于聰聽，則夫天人之際將有粲然畢陳於前者。然後兼總條貫，稱制臨決，晝爲科品，以次施行。」○五峰胡氏曰：「事物之情，以成則難，以毁則易。足之行也亦然，升高難，就卑易。❸舟之行也亦然，泝流難，❹順流易。是故雅言難入而淫言易聽，正道難從而小道易用。伊尹之訓太甲曰：『有言逆于汝心必求諸道，有言遜於汝志必求諸非道。』蓋本天下事物之情而戒之耳。英明之君能以是自戒，則德

❶「辛甲」，原作「主申父」，今據《左傳》魯襄公四年傳文改。
❷「工」，原作「士」，今據《左傳》魯襄公十四年傳文改。
❸「卑」，原作「畢」，今據胡宏《知言》卷三改。
❹「泝」，原作「沂」，今據胡宏《知言》卷三改。

業日新，可以配天矣。」〇元城劉氏曰：「嘗讀《國語》，以謂『天子聽政，使公卿至于列士獻詩，瞽獻曲，史獻書，師箴，瞍賦，矇誦，百工諫，庶人傳語，近臣盡規，親戚補察，瞽史教誨，耆艾修之，而後王斟酌焉』。是三代之前，上則公卿、大夫朝夕得以納忠，下則百工、庶民猶執藝事以諫，故忠言嘉謀日聞于上，而天下之情無幽不燭，無遠不通，所爲必成，所舉必當者，諫争之効也。後世之士，不務獻納於君而多爲自全之謀，正論遠謀，鮮有入告，於是設員置職而責之以諫矣。夫進言者日益少，而聽言者不加勸，此天下之治所以終愧于先王之盛時也。」〇西山真氏曰：「忠良之士，論治體，補國事，乃其志爾。能密有所助，則亦志伸而道行，豈必彰君過而取高名哉！當君相議事之際，使諫官預聞得以關説，或有闕失從而正之，天下但覩朝政之得宜，不知諫者之何言。況大臣論事，以諍官規正於人君之前，安有不公之議！茲亦制御大臣使之無過之術耳。若以諫官小臣不可預聞國議，必衆知闕失方許諫正，事或已行而不可救，過或已彰而不可言，故剛直之臣有激訐不顧以争之者。君從之，猶掩其過；君或不從，則君之過、大臣之罪愈大矣。」〇又曰：「欲諫其君者，必先能受人之諫，倘在己則知盡言以諫君，而於人則不欲盡言以諫我，是以善責君而未嘗以善責己也。其可乎哉！故爲大臣，必以群下有言爲救己之過，而不以爲形己之短，以爲愛己而不以爲輕己，以爲助己而不以爲異己，然後可稱宰相之度。」

諸侯次於天子，國小於天下，其事稍簡，故五人而可。大夫有家者，又小於國，其事又簡，故三人而可。要之，謂諸臣中有七人、五人、三人能直言敢諫者，非謂置諫臣止此數也。

《正義》曰：「《左傳》：『自上以下，降殺以兩，禮也。』謂天子尊，故七人。諸侯卑於天子，降兩，故有五人。大夫卑於諸侯，降兩，故有三人。《論語》云：『信而後諫。』《左傳》云：『伏死而争。』此蓋謂極諫爲諍也。若隨無道，人各有心，鬼神乏主，季梁猶在，❶楚不敢伐，是有争臣不亡其國之證。」〇或謂天子七人者，按《文王世子》記曰：「虞、夏、商、周有師、保，有疑、丞，設四輔及三公，不必備，惟其人。」又《尚書大傳》曰：「古者天子必有四隣，前曰疑，

---

❶「梁」，原作「良」，據《孝經注疏》及《左傳》改。

後曰丞，左曰輔，右曰弼。」諸侯五者，孔傳指天子所命之孤及三卿與上大夫，王肅指三卿、内史、外史，以充五人之數。大夫三者，孔傳指家相、室老、側室以充三人之數，王肅無側室而謂邑宰。斯並以意解説，恐非經意。○董鼎曰：「天子有天下，四海之大，萬幾之繁，善則億兆蒙其福，不善則宗社受其禍，故必有諫争之臣以救其過。古者立誹謗之木，設敢諫之鼓，大開言路，廣集忠益諍臣，豈止七人！孔子姑約而言之耳。若次于天子爲諸侯，又次于諸侯爲大夫，國小於天下，其事必簡，故五人而可；家小於國，其事又簡，故三人而可。其實諫不厭多，非必以數拘也。」○曹氏端曰：「南容謹言，只是不輕言取禍。若以直言極諫，面折廷争，爲不謹言，豈聖門忠孝之教？」**士雖無臣，苟有忠告善道之争友，自不失令名。父苟有苦口幾諫之争子，必不陷不義。夫君臣、朋友、父子，皆受争之益如此。**豫章羅氏曰：「君明君之福，臣忠臣之福，君明臣忠則朝廷治安，得不謂之福乎！父慈父之福，子孝子之福，父慈子孝則家道隆盛，得不謂之福乎！俗人以富貴爲福，陋哉！」○曹氏端曰：「君有争臣，君之福也。父有争子，父之福也。兄有争弟，兄之福也。士有争友，士之福也。成湯知乎此從諫弗咈，唐太宗知乎此納諫如流，子路知乎此聞過則喜，此所以皆成聖賢之德而名流萬古也。」○**司馬氏曰：「士無臣，故以友争。**《易》曰：「出門交有功，不失也。」又曰：「二人同心，其利斷金，同心之言，其臭如蘭。」又曰：「君子上交不諂，下交不瀆。」又曰：「定其交而後求。」○《表記》曰：「君子之接如水，小人之接如醴。君子淡以成，小人甘以壞。」○宋王回《告友》曰：「父子、兄弟之親，天性之自然者也。夫婦之合，以人情而然者也。君臣之從，以衆心而然者也。是雖欲自廢，而理勢持之，何能也。惟朋友者，舉天下之人莫不可同，亦舉天下之人莫不可異，同異在我，則義安所卒歸。」○吕氏柟曰：「交友當取其直，責善當巽其語。」又曰：「諸友責備，外有益友，兄弟責備，内有益親，如此何患不長進。」○又曰：「爲學隆師取友，變化氣質爲本。渭南有薛敬之從周先生遊，常鷄鳴而起，候門開，洒掃設坐，及至，則跪以請教。後歲貢，過陜州，聞陳秀才雲逵忠信狷介，凡事皆持敬，遂拜訪其家。問曰：『何以得此？』陳曰：『我常事父母有忿聲，一日讀子夏「色難」章自悟，即改其行。』薛嘆曰：『此吾良友也。』遂定交而去。」○孟氏化鯉曰：「凡接朋輩須察能切磋相成否，仍蹈舊習否，此最要緊，不可忽。」○《士大戒》曰：「毋與匪人交，匪人非止一端，交之則無益而有損。《易》曰：『比之匪人，不亦傷乎！』學者所當深戒也。」

「故當不義，則子不可以不爭於父，臣不可以不爭於君。故當不義則爭之，從父之令又焉得爲孝乎！」焉，於虔反。

故，承上言。父子天性，何忍陷於不義，至情不能自已，故起敬起孝，積誠感動；見志不從，又敬不違，三諫不聽則號泣而隨，必使從而後已。《曲禮》曰：「子之事親也，三諫而不聽，則號泣而隨之。」夫諫不聽而遂絶之，則傷恩矣。號泣隨之，將以感其心，仁之至也。○《内則》云：「父母有過，下氣怡色，柔聲以諫。諫若不入，起敬起孝，説則復諫，不説，與其得罪於鄉黨州閭，寧熟諫。父母怒，不説而撻之流血，不敢疾怨，起敬起孝。」○曾子曰：「從而不諫，非孝也。諫而不從，亦非孝也。故孝子之諫，達善而不敢争辨。」○《易》之《蠱》曰：「初六，幹父之蠱，有子，考無咎。厲終吉。」《象》曰：「幹父之蠱，意承考也。」○「九二，幹母之蠱，不可貞。」《象》曰：「幹母之蠱，得中道也。」○「六五，幹父之蠱，用譽。」《象》曰：「幹父之蠱，承以德也。」○伊川程子曰：「幹母之蠱，不可貞。子之於母，當以柔巽輔導之，始得於義。不順而致敗蠱，則子之罪也。」○文定胡氏曰：「孝子盡道以事其親者也。不盡道，而苟焉以從命爲孝，又焉得爲孝？故《尸子》曰：『夫已多乎道。』」○吕氏坤曰：「親有錯履，無遽言，無盡言，無當人而言，乘時乘機，設言以悟之。」○曹氏端曰：「孝子保親全家之道，當以盡諫爲心也。且先意承志，諭父母于道者，其孝大於養極甘脆者矣。和色柔聲，諫父母於善者，其孝大於拜醫求藥者矣。《書》稱虞舜曰：『父頑，母嚚，象傲，克諧以孝，烝烝乂，不格姦。』良以此也。然此不惟孝子當行，而實慈父慈母之所當察焉。」故

總結之曰：「當不義，則子不可不爭于

父，臣不可不争于君。」先父子而後君臣，其旨深矣。微子曰：「父子骨肉，而臣主以義屬，故父有過，子三諫而不聽，則隨而號之。人臣三諫而不聽，則其義可以去矣。」○晁氏曰：「經云：『當不義，則子不可以不諍於父。』孟子猥曰：『父子之間不責善。』夫豈然哉！今王安石作《孝經解》謂當不義則諍之，非責善也。噫！不爲不義即善矣。阿其所好，以巧侮聖人之言至此，君子疾夫。」○按：安石黜《孝經》，近儒以爲其罪浮於李斯，晁氏意或云然，非獨駁其非責善之説耳。○馮夢龍曰：「争者，争也。如争者之必求其勝，非但以一言塞責而已。君父一體，子不可不争于父，猶臣不可不争于君。故當父不義，爲子者直争之，必不可從父之令。」○或曰：「君有過則諫，三諫而不聽則去。親有過則諫，三諫而不聽則號泣而隨。事父母幾諫，起敬起孝，悦則復諫，積誠以感動之，必其從而後已。此則人子愛親之至，終欲其歸于至善。又有非臣與友之所得爲者，自士以下，雖謂庶人，然天子、諸侯、大夫、士之子均爲子也，均愛父也。父若有過，子必幾諫，無諉之諍臣、諍友可也。」

右第十五章。今文、古文皆有。古文「則聞命」爲「參聞命」，「敢問」下無「子」字，「是何言與」下有「言之不通也」五字，「不失天下」有「其」字，「不争于父」、「不争于君」二「不」字古文皆爲「弗」字，「又焉得爲孝」古文無「又」字。今文爲《諫争》章。○朱子曰：「此不解經，而別發一義。」○吴氏曰：「凡百四十三字，廣經中五孝之義，言天子、諸侯、卿大夫、士、庶人皆當有過則諫，非徒從順而已。」

孝經大全卷之十終

孝經大全卷之十一

明新安呂維祺箋次

子曰：「昔者明王，事父孝，故事天明；事母孝，故事地察。長幼順，故上下治。天地明察，神明彰矣。長，上聲。治，去聲。

此又極言孝之感通，以贊孝之大也。《易》曰：「乾，天也，故稱乎父。坤，地也，故稱乎母。」明王，父天母地者也。父母天地本同一理，故事父之孝可通於天，事母之孝可通於地。明謂明其經常之大，察謂析其曲折之詳。《易·説卦》云：「乾爲天，爲父。」事父孝，故能事天，是事父之孝通於天也。「坤爲地，爲母。」事母孝，故能事地，是事母之孝通於地也。○《白虎通》曰：「王者，父天母地。」此言事者，謂移事父母之孝以事天地也。○《祭義》：「曾子曰：『樹木以時伐焉，禽獸以時殺焉。』夫子曰：『斷一樹，殺一獸，不以其時，非孝也。』」又《王制》曰：「獺祭魚，然後虞人入澤梁。豺祭獸，然後田獵。鳩化爲鷹，然後設罻羅。草木零落，然後入山林。昆蟲未蟄，不以火田。」此則令無大小，皆順天地，是事天地能明察也。○孔子曰：「仁人不過乎物，孝子不過乎物。是故仁人之事親也如事天，事天如事親，是故孝子成身。」○慈湖楊氏曰：「父母即天地，人生而執己私起意，彼此牢不可解，一日醒覺，吾性清明廣大，無際無畔，誠不見其有天地之殊。苟未明通，則事父母實不識父母，況能事天地。孝子之心，即天地之道。惟不自知，故《易》曰：『百姓日用而不知。』」○雙峰饒氏曰：「人受天地之氣以生而有是性，猶子受父母之氣以生而有是身。父母之氣，即天地之氣也。分而言之，人各一父母也，合而言之，舉天下同一父母也。人知父母之爲父母，而不知天地之爲大父母。」○又曰：「天以至健而始萬物，則父之道也。地以至順而成萬物，則母之道也。」○草廬吴氏曰：「天地者，吾之父母也。父母者，吾之天地也。天即父，父即天，地即母，母即地，人事天地，當如事父母，子事父母，當如事天地。」○董鼎曰：「此『明察』二字，亦是就前章『天經地義』二句引來。孔子曰：『明於天之道，而察於民之故。』孟子曰：『舜明於庶物，察於人倫。』大抵經是總言其大者，義是中間事物纖悉曲折之宜，董子所謂常經通義，亦是此意。惟其爲天之經也，所以事父孝，故事天明。惟其爲地之義也，所以事母孝，故事地察。明字氣象大，聰明睿知，無所不照。察則工夫細，文理密察，無所不周。」○鄭氏曰：「王者，父事天，母事地，言能敬事宗廟，則事天地能明察也。」○祺按：事父母，亦不專言宗廟。○孫本曰：「明王推所以孝父者，事天於郊而其禮明；推所以孝母者，事地於社而其義察。」○祺按：事天事地，凡所以參贊調燮以體元者皆是，不但事之以郊社而已也。

推孝爲弟，而宗族、長幼皆順於禮，則凡在上下之人皆自化而治矣。

邢昺《正義》曰：「此言明王能順長幼之道，則臣下化之而自理也。」○長幼順，蓋就事父母推之；上下治，蓋就事天地推之。

夫言孝至於天地明察，天時順而休徵協應，地道寧而萬物咸若，神明之道，於是乎彰矣。不言上下治者，舉重也。明王孝德，感通之神，孰大於此？

《正義》曰：「言事天地若能明察，則神祇感其至和而降福應以佑助之，是神明之功彰見也。《書》云：『至誠感神。』又《瑞應圖》曰：『聖人能順天地，則天降膏露，地出醴泉。』《詩》曰：『降福穰穰。』《易》曰：『自天佑之，吉無不利。』」

○朱子曰：「聖人之於天地，猶子之於父母。」又曰：「敬天當如敬親，戰戰兢兢，無所不至。愛天當如愛親，無所不順。」

慈湖楊氏曰：「明王之事父母孝，異乎未明者之孝。未明者之孝，雖孝而未通，故於事天不明其天，事地不明其地，不特不明其天地，亦不明其父母。雖知父母之情意，不知父母之正性。不自明己之正性，故亦不明父母之正性，亦不明天地之性。人皆曰我惟知父母，不知天地，此不知道者之言。」

「故雖天子必有尊也，言有父也。必有先也，言有兄也。宗廟致敬，不忘親也。脩身慎行，恐辱先也。宗廟致敬，鬼神著矣。

行，

去聲。

孝弟之通於天地神明如此，故雖天子至尊，尊無二上，而必有尊於天子者，蓋父也，故不可以弗孝。天子至尊，故莫之敢先，而必有先於天子者，蓋兄也，故不可以弗弟。按：鄭氏註父謂諸父，兄謂諸兄，皆祖考之胤也。禮：君讌族人，與父兄齒也。吳氏亦言所當尊者諸父，所當先者諸兄。○祺謂父兄仍指自己父兄，而諸父、諸兄皆在其中。爲是若只作諸父、諸兄，則上文「事父孝」亦可謂諸父乎！安能通於事天？故解經者當以經解經，誠然。至於宗廟之祭，必致其敬，事死如生，言不敢忘其親也。然必脩身而謹其行，恐行一有失，而玷辱其祖考也。橫渠張子曰：「今人之祭祖，但致其事生之禮，陳其數而已，其於接鬼神之道則未也。祭祀之禮，所總者博，其禮甚深，今人所知者，其數猶不足，又安能達聖人致祭之義！」○羅氏汝芳曰：「將爲善，思貽父母令名，必果；將爲不善，思貽父母羞辱，必不果。經曰：『脩身慎行，恐辱先也。』」○董鼎曰：「脩身慎行，事親之始終，不出於此。故爲人子一舉足而不敢忘父母，一出言而不敢忘父母，惟恐一言一行之玷以辱其親。」鬼神，謂祖考之神。夫言孝至於宗廟致敬，則洋洋在上，來格來饗，而鬼神之道於是乎著矣。不言脩身慎行者，亦舉重也。明王孝德，感通之神，又孰大於此。《正義》曰：「上言神明，謂天地之神也。此言鬼神，謂祖考之神也。《易》曰：『陰陽不測之謂神。』先儒釋云：若就三才相對，則天曰神，地曰祇，人曰鬼。言天道玄遠難測，故曰神也。祇者，知也，言地去人近，長育可知，故曰祇也。鬼者，歸也，言人生於無，還歸於無，故曰鬼也，亦謂之神，按《五帝德》云黃帝『死而民畏其神百年』是也。上言神明，尊天地也；此言鬼神，尊祖考也。」○朱子曰：「《周禮》言天曰神，地曰祇，人曰鬼。三者皆有神，而天獨曰神者，以其常流動不息，故專以神言之。若人亦自有神，但在人身上則謂之神，散則謂之鬼耳。鬼是散而靜了，更無形，故曰往而不來，如人祖考氣散爲鬼矣，子孫盡精神以格之，則洋洋如在其上，如在其左右，豈非鬼之神耶！ 魂者，陽之神。 魄者，鬼之神。 見《淮南子》註。」

「孝弟之至，通於神明，光於四海，無所不通。《詩》云：『自西自東，自南自北，無思不服。』」弟，去聲。

故總結而贊之，言孝之大，至於天地鬼神相爲感應，則徧天地間無非孝道充塞，人神無間，上下協和。 故孝弟之至其極，自然通融貫徹於神明，光明顯耀於四海，上下幽明無所隔礙而不通者，明王孝德感通之大至於如此，所謂以順天下，民用和睦，上下無怨，至矣，無以復加矣。《説苑》曰：「昔者舜盡孝道，天下化之，蠻裔率服。 北發渠搜，南撫交趾，莫不慕義，麟鳳在郊，故孔子曰：『孝弟之至，通於神明，光於四海。』舜之謂也。」○虞氏淳熙曰：「神明孝悌，不是兩事，略無毫髮間隔，置之而塞乎天地間矣。 四海孝弟，總是一心，不屬形氣窒碍，推而放之而準矣。」又曰：「孩提之知覺因齋戒之精明而還，郊社之明察因宗廟之肅將而得。」○又曰：「謹按：孔子這話説，人都把來看做奇怪的，不知母嚙指而子心動，父膺疾而子汗流，至于甘露靈泉，神人織女，日烏月兔，地金冰鯉，以及芝草異木，種種感通，種種難測，我成祖文皇帝詳載《孝順事實》中，且親灑宸翰，歌咏其美，爲人子者，豈可不篤信！」故引《詩·大雅·文王有聲》之篇以明之。 慈湖楊氏曰：『無思不服』者，以東西南北之心同此道心，故默感而應也。 有道則應，無道則離。《易》曰：『聖人以神道設教，而天下服矣。』以此道至神無所不通故也。」○曾子曰：「夫孝置之而塞於天地，溥之而衡於四海，施諸後世而無朝夕。」○程子曰：「神明孝悌，不是兩事。」橫渠張子《西銘》曰：「乾稱父，坤稱母，予兹藐焉，乃混然中處。 故天地之塞吾其體，天地之帥吾其性，民吾同胞，物吾與也。 大君者，吾父母宗子；其大臣，宗子之家相也。 尊高年，所以長其長。 慈孤弱，所以幼其幼。 聖其合德，賢其秀也。凡天下疲癃、殘疾、惸獨、鰥寡，皆吾兄弟之顛連而無告者也。于時保之，子之翼也。樂且不憂，純乎孝者也。違曰悖德，害仁曰賊。濟惡者不才，其踐形惟肖者也。知化則善述其事，窮神則善繼其志，不愧屋漏爲無忝，存心養性爲匪懈。惡旨酒，崇伯子之顧養；育英才，潁封人之錫類。不弛勞而底豫，舜其功也。無所逃而待烹，申生其恭也。體其受而歸全者，參乎！勇于從而順令者，伯奇也。富貴福澤，將厚吾之生也。貧賤憂戚，庸玉女于成也。存吾順事，没吾寧也。」○龜山楊氏曰：「《西銘》只是發明一個事天底道理。」又曰：「堯舜之道曰孝弟，不過行止疾徐，皆人所日用而已。夏葛冬裘，渴飲饑食，日出而作，晦而息，無非道者。推是而求之，則堯、舜與人同。反而求之，而天下之理得。由是而通天下之志，類萬物之情，參天地之化，其則不遠矣。」**慈湖楊氏曰：「六合之間，天地鬼神，無所不通，無所不應，自私自蔽，始隔始離，私去蔽開，通應如故。」**北溪陳氏曰：「心至靈至妙，可以爲堯、舜。參天地，格鬼神，雖萬里之遠，一念便到。雖千古人情事變之秘，一照便知。雖金石至堅可貫，雖物類至幽至微可通。」○**謹按：孔子嘗謂明郊社之禮、禘嘗之義，治國如視諸掌。其言明王之以孝治天下，至於事天地、通神明、光四海，言大而理約。**《呂覽》曰：「人主孝則名章榮，下服聽，天下譽。人臣孝則事君忠，處官廉，臨難死。士民孝則耕耘疾，守戰固，不敗北。夫孝，三皇五帝之本務，而萬事之紀也。夫執一術，而百善至，百邪去，天下從者其惟孝也。」○朱鴻曰：「此章統論明王之孝之大，無間於生死存亡而一之者。說者不察，以首節即主祭享言，然則明王于父母，直待祭享而始盡其孝乎！若以爲然，則下文宗廟致敬爲重出矣。」○草廬先生以「天地明察，神明彰矣」八字錯簡在「故雖天子」之上，今移易於「鬼神著矣」之下，學者近多宗之。今仍依舊本，但分屬三段看，正見聖筆精妙，包括無遺無錯，又何必支離纏繞而移易于後，此蓋惑於「孝弟」二字要平看，不思弟字係是帶說者，非對舉以並言。○首節止言「事父孝」至「神明彰矣」，不申「長幼順」二句者，以天地既明察矣，況長幼有不順乎！神明尚昭彰矣，況上下有不治乎！或以此二句專指弟說，則王者之治化，豈偏屬於弟道乎！殊不思能孝自無不弟。又舉幽則明者可見。○次段止申「鬼神著矣」一句，不及天地、不及治平者，蓋以上下可類而推，孝極自無感而不應。○末段方提出一「孝弟」字來，又不言通鬼神及治平者，蓋以通神明則鬼神在其中，光四海則治平在其内，聖筆精微，言簡意盡如此。

右第十六章。今文、古文俱同。古文此章在「君子之教以孝也」章之下，在「君子之事親孝，故忠可移于君」章之上。今文爲《感應》章。○朱子曰：「此皆格言。」○吴氏曰：「今詳此章文理精深，正釋『至德要道』之義，當爲傳之首章。『天地明察，神明彰矣』八字，錯簡在『故雖天子』之上，今詳『故』字承上起下，申說上文『長幼順』之義，而『宗廟致敬』乃申說章首『事父孝』、『事母孝』之義，『天地明察』則因章首『事天明』、『事地察』而言，『著矣』、『彰矣』二句文法協比，不應間隔，下文『通於神明』又承『神明彰矣』一句而言，如此，辭意方屬。」維祺按：「天地明察」二句，正應首四句，不應在「鬼神著矣」之下，草廬其亦臆爲之者乎！

孝經大全卷之十一終

孝經大全卷之十二

明新安呂維祺箋次

子曰：「君子之事上也，進思盡忠，退思補過，將順其美，匡救其惡，故上下能相親也。」惡，如字。

此又論移孝爲忠之道，以廣中於事君之意。君子指爲臣者，上謂君也。邢昺《正義》曰：「經稱君子有七：一曰『君子不貴』，二曰『君子則不然』，三曰『淑人君子』，四曰『君子之教以孝』，五曰『愷悌君子』，以上皆斷章，指聖人君子，謂居君位而子下人也，六曰『君子之事親孝』，此章『君子之事上』，則皆指賢人君子也。」○又曰：「《論語》『而好犯上』，謂凡在己上者，此『上』惟指君言。」進謂進見於君，退謂既見而退，盡忠謂事有當陳者，思以竭其忠愛之心。按《說文》：「忠，敬也。盡心曰忠。」《字詁》曰：「忠，直也。」《論語》曰：「臣事君以忠。」盡忠者，言敬其職事，直其操行，盡其節操，致身受命也。補過謂己之責有未塞者，思以彌縫其闕失而補之。《禮記·少儀》曰：「朝退曰退。」《左傳》引《詩》曰：「退食自公。」杜預註：「臣自公門而退入私門也。」謂退朝理公事畢，而還家之時則當思慮以補身之過。故《國語》曰：「夜而計過，無憾而後即安。」言若有憾，則不能安，是思自補也。將，助也。順，導之也。其美，謂君之善。按：孔註《尚書·泰誓》云「肅將天威」爲「敬行天罰」，是「將」訓爲「行」也。言君施政教有美，則當順而行之。匡謂正之於微，救謂止之於顯，其惡謂君之愆。按：《詁文》：「匡，正也。」馬融註《論語》云：「救，猶止也。」君有過惡則正而止之，《尚書》云「予違汝弼，汝無面從」是也。○楊氏東明曰：「凡諫，補其所闕者也。以闕補闕，未有能補，故其道貴自完矣。身不行道，不行于妻子，闕故也。況君父之前，天下之大乎！顧夫世之諫者各有其心，或擇奇事以立名，或就易事以塞責，或意念不在君父而攻麗語以悦人，或機軸不由本心而揣人情以附勢。嗚呼！内省多疚，闕孰甚焉。以此欲匡主德，濟時艱，收補益之效，是何異立曲木而求直影也。」

下以忠事上，上以義接下，如父子之一氣，如元首股肱之一體，故必如是而後能相親也。

《書》曰：「居上克明，爲下克忠。」《左傳》曰：「君義臣行。」如此則能相親。○董鼎曰：「君猶父，臣猶子，相親猶一家也。君爲元首，臣爲股肱，相親猶一體也。此相親之至也。」○徐鉉曰：「君人者，推赤心以接下者也。臣人者，推赤心以事上者也。上下交感，政是以和。故大《易》之義，在上者其道下降，在下者其道上行，則曰：『天地交泰。』上者自居其上，下者自居其下，則曰：『天地不交否。』然則爲上而下降甚易，爲下而上達甚難。」○景公問晏子曰：「忠臣之事，何如？」對曰：「有難不死，出亡不送。」公不説，曰：「君裂地而富之，疏爵而貴之，有難不死，出亡不送，何也？」對曰：「言而見用，終身無難，臣何死焉。諫而見從，終身不出，臣何送焉。」○《孔叢子》曰：「事成主裁其賞，事敗臣執其咎。君總其美，臣行其義。然君不猜其臣，臣不隱于其君。故動無過計，舉無敗事。」

○按：《國語》：「士朝而受業，晝而講貫，夕而習復，夜則計過。」

鄭氏曰：「君有過失，則思補益。」韋昭曰：「退歸私室，則思補其身過。」○祺按：補過謂自補其過，非謂補君之過。蓋進則盡忠于君，退食則思有愆忘遺失未盡忠處，必思補之，進而復盡耳。作補君過，似不如此之切。盡忠内即有補君之過意，下文「將順」、「匡救」即盡忠之目也，言匡救而補君之過可知。則退思補過仍作補自己過爲是，補過正所以盡忠也。

「《詩》云：『心乎愛矣，遐不謂矣，中心藏之，何日忘之？』」

《詩·小雅·隰桑》之篇。遐，遠也。言臣心愛乎君，雖在遐遠，不謂遠者，蓋愛之一念藏之中心，何日忘之也。使非本於孝，何以能忠君若是。

虞氏淳熙曰：「夫子引《小雅·隰桑》之詩，説道爲臣的心裏，既然愛着君王，胡不把直言去告君王，可見他必匡救其惡了。若是不曾去救，或救之不得實落，放心不下，惙惙在念，憂去憂來，何日忘懷，亦是申明以顯父母的意思。」○維祺按：引《詩》之心乎愛者何？明忠臣之本乎愛也。君子事君事親，有左右就養無方者，有左右就養有方者，有三諫而不聽則號泣而隨者，有三諫而不聽則去者，雖若不同，其出于至誠惻怛之意，愛君愛親，非有二也。學不本於正心誠意，愛不出于中心，其卑者爲態臣之修飾與媚臣之迎合而已，其高者亦不過才臣之幹辦、戇臣之攻訐而已。故曰畜君何尤。畜君者，好君也，愛君之至也。忠臣孝子之心，皆本於此。○又曰：「心乎愛者，孩提之知也。遐不謂者，岵屺之思也。中心藏之，何日忘之者，終身之慕也。是故孝者忠之本也。」○

曾子曰：「事君不忠，非孝也。」司馬温公曰：「某事親，無以踰于人，能不欺而已矣。其事君亦然。」○又曰：「受人恩而不忍負者，其爲子必孝，爲臣必忠。」○董鼎曰：「忠臣事君，如孝子事親。先其意，承其志，迎其幾，而致其力。一念之善，則助成之，無使優游不決，沮遏而中止也。一念之惡，則諫止之，無使昏蔽不明，遂成而莫救也。陳善閉邪，慮之以早，防之以豫，戒于未然，止于無迹，此魏鄭公所以願爲良臣，不願爲忠臣也。」○祺按：穎考叔存羹遺母與陸績懷橘，人皆以爲孝。蔡襄之獻茶，亦是此意，而人有病其諂者。乃知小忠小愛，非所以爲忠也。君子正色立朝，責難陳善，不負所學，不負天子，以孝作忠，其道如此。○

孟子曰：「君子之事君也，務引其君以當道，志於仁而已。」程子曰：「天下之治亂，繫乎人君之仁不仁耳。昔者，孟子三見齊王而不言事。曰：『我先攻其邪心。』心無邪而志仁，然後天下事可理也。」又曰：「有剪桐之戲，則隨事箴規。違養生之戒，則即時諫止。」○西山真氏曰：「當道謂其動合于理也，志仁謂心在于仁也。君之所行，皆合乎理，而其心常在于仁，則雖土地之狹不害于興。君之所行，不合乎理，而其心不在于仁，則雖土地之廣不能保其有。然道之與仁，非有二也。以事之理而言，則曰道；以心之德而言，則曰仁。孟子告齊梁諸君，一曰仁，二曰仁，正欲其志于此也。心存于仁，則其行無不合道矣。事君者，不可不知此。」○南軒張氏曰：「某每登對，必先自盟其心曰：『切不可見上喜，便隨順將去。』恐一時隨順，後來收拾不得。上嘗曰：『仗節死義之臣難得。』某對曰：

『陛下未得所以求之之道。』上曰：『何如？』曰：『當於犯顔敢諫中求，則臨事可以得仗節死義之士矣。若平時不能犯顔敢諫，他日安能望其仗節死義！』」○程子曰：「人臣以忠信善道結于君心，必自其所明處乃能入也。人心有所蔽，有所通，故納約自牖，雖艱險時，終無咎也。」《易》之《坎》六四曰：「樽酒簋貳，用缶，納約自牖，終無咎。」○程子曰：「大臣當險難之時，唯至誠見信于君，其交固而不可間，又能開明君心，則可保無咎矣。」又曰：「夫欲上之篤信，唯當盡其質實而已。所用一樽之酒，二簋之食，復以瓦缶爲器，其質實如此。又須納約自牖。納約謂進結于君之道，牖開通之義，室之暗也，故設牖所以通明。自牖言自通明之處，以況君心所明處。《詩》云：『天之牖民，如壎如篪。』能如是，雖艱險之時，終得無咎也。」又曰：「自古能諫其君者，未有不因其所明者也。故訐直强勁者，率多取忤，而温厚明辨者，其説多行。」○朱子曰：「納約自牖，雖有向明之意，然非路之正。終無咎者，始雖不甚好，然于義理無害，故終無咎。無咎者，善補過之謂也。」○雲峰胡氏曰：「納約不自户而自牖，亦坎之時不得已也。」○潘氏夢旂曰：「納約自牖與《暌》之『遇主于巷』同意，皆言艱難之時，自間道而通于君也。六四居大臣之位，當坎險時，雖自牖納約，非其正道，終無咎也。居治平之世，由間道而結于君，則不可矣。惟暌、坎之時爲然。」○董鼎曰：「後世所謂忠，必至犯顔敢諫、盡命死節而後爲忠，不知救其横流而拯其將亡，未若防微杜漸爲忠之大也。此龍逢、比干之忠，所以不如皐、夔、稷、契之良。而孔子亦以將順其美，匡救其惡，爲盡忠補過之至也。苟非君子，進則面從，退有後言。有美不能助而成也，有惡不能救而止也，激君以自高，謗君以自潔，諫以爲身而不爲君也。是以上下相疾，而國家敗矣。今君子事上，所以忠愛其君者如此，則君享其安佚，臣預其尊榮，故君臣上下能相親也。」○司馬氏曰：《周易》天地交爲泰，不交爲否，是故君降心以訪問，臣竭誠以獻替，則庶政修治，邦家乂安。君惡逆耳之言，臣營便身之計，則下情壅蔽，衆心離叛。丘氏濬曰：「自古帝王，既自謹其所言，尤必求人之賢以爲己助，因人之言以爲己鑑。聞則拜之，聽則納之，卑辭以誘之，厚禮以招之，多方以來之，博問以盡之，和顔悦色以受之，大心宏度以容之。如所謂直言極諫，拾遺補闕者，下詔以求，責己以訪，使人人得以自達。是以陳言而善者，則立賞以勸之，傳曰『興王賞諫臣』是也；當言不言者，則制刑以威之，《書》曰『臣下不匡，其刑墨』是也。言雖過于訐直，有所不堪忍者，亦容以受之而不加以罪，史曰『殺諫臣者，其國必亡』是也。夫如是，則嘉言罔攸伏，君德之修否，朝廷之闕失，臣下之賢佞，民生之休戚，皆因言以達于上，有以爲思患豫防之計，而不至于噬臍無及之悔。若大臣持禄而不極諫，小臣畏罪而不敢言，下情不得上通，其患必至于危亡。」○西山真氏曰：「盡忠補過，無一時一念不在君也。有善承順之，有惡正救之，此愛君之至者也。臣以忠愛而親其君，君亦諒其忠愛而親之。非古昔盛時臣主俱賢，無此氣象也。後世人臣，有盡其忠愛而君反以爲仇者。吁！可歎哉！」

右第十七章今文、古文皆有。古文「君子之事上也」無「之」、「也」二字，「故上下能相親」無「也」字。❶今文爲《事君》章。○朱子曰：「進思盡忠，退思補過，亦《左傳》所載士貞子語，然於文理無害。引《詩》亦足以發明移孝事君之意。」○按：《左傳》宣公十二年，晉荀林父爲楚所敗，歸而請死，士貞子諫曰：「林父事君，進思盡忠，退思補過，其敗也，如日月之食。」于是晉侯使復其位。○維祺按：《孝經》孔子爲明王以孝治天下而發，非止言家庭事親之一事也。而其首章即曰：「中於事君。」如諸侯、卿大夫、士無非言孝，亦無非言忠。其餘章所言事君之忠，不一而足。至十七章，則于「忠君」一節，尤爲篤摯。是經也，謂之《孝經》可，即謂之「忠經」亦可。後世乃有依十八章作《忠經》者，無論其僭擬聖經，而其言亦非皆孔子之言，且湊泊割裂全不類經，是後世《二九神經》之流耳。而好事者，每與《孝經》並稱，無惑乎安石謂《孝經》爲淺近之書而廢黜之也。悲夫！

孝經大全卷之十二終

❶「親」下，據《孝經》原文及上下文義有「也」字爲宜。

孝經大全卷之十三

明新安呂維祺箋次

子曰：「孝子之喪親也，哭不偯，禮無容，言不文，服美不安，聞樂不樂，食旨不甘，此哀戚之情也。喪，平聲，下同。偯，于豈反。「聞樂」之「樂」音岳，下音雒。

此又備言死事之孝，以盡孝之變也。

孝子於父母生成之恩，昊天罔極，一旦不幸，而居親之喪，《書》云「百姓如喪考妣」，《禮記・檀弓》云「夫子之喪顏淵，若喪子而無服」，《孟子》「養生喪死無憾」，並平聲讀。○曾子曰：「吾聞諸夫子，人未有自致者也，必也親喪乎！」○郝氏敬曰：「親死曰喪；喪，失也。孝子不忍死其親，如親尚在相失云爾。」哀痛之極，五内割裂。入門而弗見也，上堂又弗見也，入室又弗見也，亡矣，喪矣，不可復見已矣。故哭泣擗踊，盡哀而止矣。悵焉，愴焉，惚焉，愾焉，心絶志悲而已矣。○喪禮，哀戚之至也。節哀，順變也，君子念始之者也。發于聲爲哭。偯，哭餘聲也。記云：「大功之喪三曲而偯，不偯氣竭，幾盡不能委曲也。《禮・間傳》曰：「斬衰之哭若往而不反，齊衰之哭若往而反。」又曰：「大功之哭三曲而偯。」鄭註云：「三曲，一舉聲而三折也。偯，聲餘從容也。」斬衰則不偯聲，故不委曲也。○曾申問於曾子曰：「哭父母，有常聲乎？」曰：「中路嬰兒失其母焉，何常聲之有！」○《儀禮》曰：「朝夕哭，不辟子卯。」又曰：「死三日而殯，三月而葬，遂卒哭。將旦而祔，則薦。」又曰：「期而小祥，曰薦此常事。又期而大祥，曰薦此祥事。中月而禫。是月也，吉祭，猶未配。」動于貌，爲禮無容，觸地局脊，不暇修儀也。邢昺《正義》曰：「觸地無容，此《禮記・問喪》之文也。以其悲哀在心，故形變于外，所以稽顙觸地無容，哀之至也。」出於口，爲言不文，内痛無已，不暇修詞也。《正義》曰：「《喪服四制》云：『三年之喪，君不言。』又云：『不言而行事者，扶而起。言而后事行者，杖而起。』鄭玄云：『扶而起，謂天子諸侯也。杖而起，謂大夫、士也。』經云：『言不文。』則是謂臣下也。雖則有言，志在哀慼，不爲文飾也。」以至服美有所不安，故服衰麻。《正義》曰：「孝子喪親，心如斬截，爲其不安美飾，故聖人制禮，令服縗麻，當以麁布，長六寸，廣四寸，麻爲腰絰、首絰，俱以麻爲之。縗之言摧也，絰之言實也，孝子服之，明其心實摧痛也。」聞樂有所不樂，故不聽樂。《正義》曰：「言至痛中發，悲哀在心，雖聞樂聲，不爲樂也。」食旨美之味，有所不甘，故食蔬食。嚴植之曰：「美食人之所甘，孝子不以爲甘，故《問喪》云：『不甘味。』是不甘美味也。《間傳》曰：『父母之喪，既殯食粥，既虞卒哭，疏食水飲，不食菜果。』是疏食水飲也。韋昭引《曲禮》云：『有疾則飲酒食肉。』是爲食旨，故宜不甘也。」此六者，皆孝子哀戚之真情，人心自有，非聖人强之也。穆公之母卒，使人問於曾申曰：「如之何？」對曰：「申也聞諸申之父曰：『哭泣之哀，齊斬之情，饘粥之食，自天子達。布幕，衛也。縿幕，魯也。』」○方氏孝孺曰：「三年之喪，自中出者也，非强乎人也。因其心之不安莞簟也，故枕土寢苫。因其不甘於肥厚也，故啜粟飲水。因其不忍於佚樂也，故居外次不聞樂。豈制於禮而不爲哉！情之不能止也。」

「三日而食，教民無以死傷生，毁不滅性，此聖人之政也。喪不過三年，示民有終也。

禮三年之喪，水漿不入口者三日，過三日，則傷生矣。所以三日而食，教天下之民，無以哀死而傷生者。《禮記·問喪》云：「親始死，傷腎，乾肝，焦肺，水漿不入口三日。」又《間傳》稱：「斬衰三日不食。」三日而食者，劉炫言三日之後乃食，謂滿三日則食也。○曾子謂子思曰：「伋，吾執親之喪也，水漿不入於口者七日。」子思曰：「先王之制禮也，過之者俯而就之，不至焉者企而及之。故君子之執親之喪也，水漿不入於口者三日，杖而後能起。」

性者，人所受于天以生者也。愛親本出於性，若哀毀而至于傷生，則反至于滅性，禮所謂「不勝喪，比于不慈不孝」是已。故雖毀瘠而不使至于滅性，此聖人之政所以全其孝也。《正義》曰：「聖人制禮施教，不令致於殞滅。《曲禮》云：『居喪之禮，毀瘠不形。』又曰『不勝喪，乃比於不慈不孝』是也。」○居喪之禮，毀瘠不形，視聽不衰，升降不由阼階，出入不當門隧。○居喪之禮，頭有創則沐，身有瘍則浴，有疾則飲酒食肉，疾止復初。不勝喪，乃比於不慈不孝。○五十不致毀，六十不毀，七十唯衰麻在身，飲酒食肉，處於内。

孝子之心，何有限量？ 聖人爲之立制，不過三年，所以示民有終竟之時，使賢者俯從，不肖企及也。 此皆聖人因人情而節文之，無賢愚貴賤一也。《正義》曰：「《禮記·三年問》云：『夫三年之喪，天下之達喪也。』鄭玄云：『達謂自天子至於庶人。』《喪服四制》曰：『此喪之所以三年，賢者不得過，不肖者不得不及。』《檀弓》曰：『先王制禮也，過之者俯而就之，不至焉者企而及之也。』起踵曰企，俛首曰俯。」○又曰：「夫孝子有終身之憂，聖人以三年爲制者，聖人雖以三年爲文，其實二十五月而畢，故《三年問》云：『將由夫修飾之君子與？則三年之喪，二十五月而畢，若駟之過隙，然而遂之，則是無窮也。』故先王爲之立中制節，壹使足以成文理則釋之矣。』《喪服四制》曰：『始死，三日不怠，三月不解，期悲哀，三年憂，思之殺也。』故孔子云：『子生三年，然後免於父母之懷。』所以喪必三年爲制也。」○孔子曰：「拜而後稽顙，頹乎其順也。稽顙而後拜，頎乎其至也。三年之喪，吾從其至者。」○創鉅者，其日久；痛甚者，其愈遲；三年者，稱情而立文，所以爲至痛極也。○横渠張子曰：「三年之喪，二十五月而畢，又兩月爲禫，共二十七月。禮鑽燧改火，天道一變，其期已矣。情不可以已，於是再期，又不可以已，於是加之三月，是二十七月也。」

「爲之棺、椁、衣、衾而舉之，陳其簠簋而哀戚之，擗踊哭泣，哀以送之，卜其宅兆，而安厝之。 棺音官，椁音郭，衾音欽，簠音甫，簋音鬼。擗，毘亦反。踊音勇，厝音醋。

此又自聖人之政而詳言之。其始死也，爲之棺以藏體，椁以附棺，衣、衾以周身，然後舉而斂之。《正義》曰：「周尸爲棺，周棺爲椁，《檀弓》稱『葬也者，藏也。藏也者，欲人之弗得見也。是故衣足以飾身，棺周于衣，椁周于棺，土周于椁』。《白虎通》云：『棺之言完，宜完密也。椁之言廓，謂開廓不使土侵棺也。』《易・繫辭》曰：『古之葬者，厚衣之以薪，葬之中野，不封不樹，喪期無數，後世聖人易之以棺椁。』《禮記》云：『有虞氏瓦棺，夏后氏堲周，殷人棺椁，周人墻、置翣。』則虞夏之時，棺椁之初也。衣謂襲與大小斂之衣。衾謂單被，覆尸薦尸所用。從初死至大斂，凡三度加衣也。一是襲也，謂沐尸竟著衣也。二是小斂之衣也，不復用袍，衣皆有絮也。三是大斂也，衣皆禪袷也。《喪大記》云：『布紟，❶二衾，君、大夫、士一也。』鄭玄云：『二衾者，或覆之，或薦之。』是舉尸所用也，棺椁之數，貴賤不同。皇侃據《檀弓》以天子之棺四重，合厚二尺四寸也。上公三重，合厚二尺一寸也。侯、伯、子、男二重，合厚一尺八寸。上大夫一重，合厚一尺四寸。下大夫亦一重，但屬四寸，合厚一尺。士不重無屬，唯大棺六寸。庶人即棺四寸。《檀弓》云『栢椁以端長六尺』，又《喪大記》曰『君松椁，大夫栢椁，士雜木椁』是也。」○横渠張子曰：「古之椁言井椁，以大木自下排上來，非如今日之籠棺也。故其四隅有隙，可以置物也。」○國子高曰：「葬也者，藏也。藏也者，欲人之弗得見也。是故衣足以飾身，棺周於衣，椁周於棺，土周於椁，反壤樹之哉！」其朝夕奠也，不見其親之存，陳奠簠簋而哀傷痛戚之。方曰簠，圓曰簋，祭器也。《正義》曰：「簠、簋祭器也。《周禮》舍人職曰：『凡祭祀供簠、簋，實之陳之。』❷是簠、簋爲器也。鄭玄云：『方曰簠，圓曰簋，盛黍、稷、稻、粱器也。』《檀弓》云：『奠以素器，以生者有哀素之心也。』陳簠簋在衣衾之下，哀以送之上。舊説以喪大斂祭，是不見親，故哀戚也。」○或曰：「此言朝

❶「紟」，原作「給」，今據《禮記・喪大記》及《孝經注疏》改。

❷上「之」字，原作「食」，今據《周禮》及《孝經注疏》改。

夕朔望之奠。簠，盛稻、粱器，外方内圓。簋，盛黍、稷器，外圓内方。」按：《士喪禮》朝夕奠，脯醢而已，盛以籩豆。朔月殷奠，始有黍、稷，盛以瓦敦。卿大夫祭禮，少牢饋食，亦止用敦盛黍、稷。以公食大夫禮推之，竊意天子、諸侯之殷奠，乃備黍、稷、稻、粱，而器用簠、簋。此蓋舉上而言之也。其將葬而祖餞也，不忍其親之去，女擗男踊，相與號哭涕泣，而盡哀以往送之。擗，以手擊胸也。踊，以足頓地也。哭者口有聲，泣者目有淚。送，送葬也。《正義》曰：「《問喪》云：『在牀曰尸，在棺曰柩，動尸舉柩，哭踊無數。惻怛之心，痛疾之意，悲哀志懣氣盛，故袒而踊之。婦人不宜袒，故發胸，擊心，爵踊，殷殷田田，如壞墻然。』則是女質不宜極踊，故以擗言之。據此，女既有踊，則男亦有擗，是互文也。又按《既夕禮》柩卻下而載之，商祝飾柩，及陳器訖，乃祖。註云：『還柩鄉外爲行始。』然則祖，始也，以生人將行而飲酒曰祖，故柩車既載而設奠，謂之祖奠，是送之之義也。」○擗、踊，哀之至也。有算，爲之節文也。三日而後殮者，亦俟其生也。○高子臯之執親之喪也，泣血三年，未嘗見齒，君子以爲難。○顔丁善居喪，始死，皇皇焉，如有求而弗得。既殯，望望焉，如有從而弗及。既葬，慨然如不及其反而息。○孔子在衛，有送葬者，而夫子觀之，曰：「善哉，爲喪乎！足以爲法矣。小子識之。」子貢曰：「夫子何善爾也？」曰：「其往也如慕，其反也如疑。」子貢曰：「豈若速反而虞乎？」子曰：「小子識之，我未之能行也。」其爲墓于郊，則必卜其墓穴之宅、塋域之兆，必得吉而安厝以葬之。《正義》曰：「宅，墓穴也。兆，塋域也。《士喪禮》『筮宅』，鄭云：『宅，葬居也。』《詩》云：『臨其穴，惴惴其慄。』鄭云：『穴謂冢壙中也。』故云：『宅，墓穴也。』《周禮》冢人掌公墓之地，辨其兆域，則兆是塋域也。葬事大，故卜之者，孔安國云：『恐其下有伏石涌水泉，復爲市朝之地，故卜之。』」○司馬温公《孝經指解》云：「卜其宅兆而安厝之，謂卜地決其吉凶爾，❶非若今陰陽家相其山岡風水也。地美則其神靈安，其子孫盛。然則曷謂地之美？土色之光潤，草木之茂盛，

❶「爾」，原作「正」，今據司馬光《書儀》卷七改。

乃其處也。而拘忌者，或以擇地之方位，決日之吉凶。甚者不以奉先爲計，而專以利後爲慮，尤非孝子安厝之用心也。」○又曰：「孝子以安親爲心，則地不可以不擇。其擇也，不可以太拘，擇而不至於太拘，則葬不患其不時。」○司馬温公又論葬者人子之大事，死者以窀穸爲安宅，死而未葬，猶行而未得其歸也。是以孝子雖愛親，留之不敢久也。古者，天子七月，諸侯五月，大夫三月，士踰月而葬。今五服年月，勑王公以下皆三月而葬，是舉其中制而言之。按《禮》未葬不變服，啜粥居廬，寢苫枕塊，蓋孝子之心，以爲親未獲所安，己故不敢安也。今世信葬師之説，既擇年、月、日、時，又擇山、水、形、勢，以爲子孫貧富、貴賤、賢愚、壽夭盡係於此。而其爲術，又多不同，争論紛紜，無時可決。乃至終喪除服，或十年，或二十年，或終身，或累世，猶不葬。至爲水火所漂焚，他人所投棄，失亡尸柩不知所之者，豈不哀哉！人所貴有子孫者，爲其死而形體有所付也。既而不葬，則與無子孫而死于道路者奚以異乎？《詩》云：「行有死人，尚或殣之。」況爲人子乃忍棄其親而不葬哉！大抵世之遷延不葬者，多以昆弟各懷自利之心，而野師俗巫又從而誑惑之，甚至偏納其賂而紿之以私已。愚而無知者，安受其欺而弗悟也。夫某山强則某支富，某山弱則某支貧，非惟義理所不當問，雖近世陰陽書亦有深排其説者，惟野師俗巫則張皇煽惑，以爲取利之資。擇地者，必先破此謬説，而後無大拘之患，爲人子者所當深察也。○草廬吴氏曰：「將置柩於其處必乘生氣，無地風、水泉、沙礫、樹根、螻蟻之屬，及他日不爲城郭、溝池、道路，然後安卜者，決之于神也。不卜則擇之以人，《葬書》備言其術之理可稽焉。中州土厚水深，不擇猶可，偏方土薄水淺，凡地不皆可葬，苟非其地，尸柩之朽腐敗壞至速，與舉而委之于壑同，孝子之心忍乎！先擇後卜，尤爲謹重，所謂謀及乃心，謀及士民，而後謀及卜筮也。按喪禮筮宅卜日，大夫以上，則葬日與宅兆皆用龜卜，或亦用筮，此云卜，蓋通言之。」○或問趙汸曰：「《孝經》所謂卜其宅兆而安厝之者，果爲何事？」對曰：「聖人之心，吉凶與民同患也。而不以獨智先群物，故建龜筮以爲生民立命，而窀穸之事亦得用焉。」

此慎終之孝也。

子思曰：「喪三日而殯，凡附於身者，必誠必信，勿之有悔焉耳矣。三月而葬，凡附于棺者，必誠必信，勿之有悔焉耳矣。喪三年，以爲極亡，則弗之忘矣。故君子有終身之憂而無一朝之患，故忌日不樂。」○按：必誠謂于死者無所欺，必信謂于生者無所疑，雖已葬，而不忘其親，所以爲終身之憂而忌日不樂也。冢宅崩毁，出于不意，所謂一朝之患。惟其必誠必信，故無一朝之患也。○董鼎曰：「其始死也，爲之棺以周衣，椁以周棺，衣衾以周身，然後舉而斂之。其將葬也，陳其簠、簋，奠以素器，而不見親之在，則傷痛而哀慼之。其祖餞也，女擗男踊，號哭涕泣，而不忍親之去，則悲哀而往送之。爲墓于郊，不可苟也，則卜之。冢穴曰宅，墓域曰兆，必得吉而安厝之。此皆慎終之禮也。」○楊氏東明曰：「朱紫陽《昭穆葬圖》，儒家相與守之，則報本睦族之義備矣，真塋制之善經也。自堪輿之術行，而昭穆之法壞，不知家門興替，係德厚薄，操縱予奪，天尸其柄。故天所予者，必不以無地獲咎。天所奪者，必不以有地蒙休。何者？地之理當不勝天之靈，而以術求，終不若以德致者不爽也。且彼信地理者，謂地靈乎？不靈乎？不靈也，擇之奚益也？果靈也，又奚至不論其人而概予之福乎？然此猶以禍福言也。若論其流弊，則葬而復遷，遷而復改，令死者骨骸轉徙靡定，甚且停柩待地，至子死孫衰不克下土，此豈仁人孝子所忍乎！」

「爲之宗廟，以鬼享之，春秋祭祀，以時思之。

其既葬也，各循其應立宗廟之禮制而爲之，遷主于廟，始以鬼享之。稱鬼者，神之也。《禮記·祭法》天子至士，皆有宗廟。王立七廟，曰考廟，曰王考廟，曰皇考廟，曰顯考廟，曰祖考廟，皆月祭之；遠廟爲祧，有二祧，享嘗乃止。諸侯五廟，曰考廟，曰王考廟，曰皇考廟，皆月祭之；顯考廟、祖考廟，享嘗乃止。大夫立三廟，曰考廟，曰王考廟，曰皇考廟，享嘗乃止。適士二廟，曰考廟，曰王考廟，享嘗乃止。官師一廟，曰考廟。庶人無廟。○按：宗，尊也。廟，貌也。言祭宗廟，見先祖之尊貌也，《祭義》曰「祭之日，入室，僾然必有見乎其位；周還出户，愾然必有聞乎其歎息之聲」是也。○《檀弓》曰：「卒哭曰成事。是日也，以吉祭易喪祭，明日祔祖父。」則是卒哭之明日而祔，未卒哭之前皆喪祭也。既祔之後，則以鬼禮享之。然宗廟謂士以上，則春秋祭祀兼於庶人也。○横渠張子曰：「喪須三年而祔，若卒哭而祔，則三年都無事，禮卒哭猶存朝夕哭，若無祭於殯宮，則哭于何處？古者君薨，三年喪畢，吉禘然後祔，因其祫祧主藏于夾室，新主遂自殯宫入於廟。《國語》言日祭月享，禮中皆有日祭之禮，此謂三年之中不徹几筵，故有日祭朝夕之饋，猶定省之禮，如其親之存也。至於祔祭，須是三年喪終乃可祔也。」**及其久也，寒暑變更，必有怵惕悽愴之心，春秋祭祀，以時而思，如思其笑語、思其居處之思。四時皆祭，言春秋者，省文也。**《祭義》云「霜露既降，君子履之，必有悽愴之心，非其寒之謂也。春，雨露既濡，君子履之，必有怵惕之心，如將見之」是也。○文王之祭也，事死者如事生，思死者如不欲生。忌日必哀，稱諱如見親。祀之忠也，如見親之所愛，如欲色然。祭之日，樂與哀半，饗之必樂，已至必哀。祭之明日，明發不寐，饗而致之，又從而思之。○君子有終身之喪，忌日之謂也。忌日不用，非不祥也，言夫日志有所至，而不敢盡其私也。**此追遠之孝也。**董鼎曰：「爲廟於家，必有制也。則爲之三年，喪畢遷主於廟，始以鬼而禮享之。及其久也，寒暑變遷，益用增感，春秋祭祀以寓時思，此皆追遠之禮也。」**所謂聖人之政，因情**

節文，無賢愚貴賤一者此也。董鼎曰：「君子有終身之喪，念親之意，何有窮已！聖人之政，因人之情爲之節文，使過之者俯就，不至者企及也。」○**伊川程子曰：「凡事死者，皆當厚于奉生者。」**

新昌令應氏曰：「經云：『春秋祭祀，以時思之。』則祭之説，豈止爲居喪時也。」伊川先生曰：「豺獺皆知報本，今士大夫家厚于自奉，而薄于先祖，甚不可也。某嘗修六禮，大略家必有廟，廟必有主，月朔必薦新，時祭用仲月，冬至祭始祖，立春祭先祖，季秋祭禰，忌日迎主，祭于正寢。凡事死者，皆當厚于奉生者。人家能存得此等事數件，雖幼者可使漸知禮義。」○或問俗節之祭，朱子曰：「韓魏公處得好，謂之節祀。某家依之，但七月十五日用浮屠説，素饌祭，某却不用。初，張敬夫廢俗節，某問公于端午須吃粽，重陽須飲茱萸酒，不祭而自奉，于汝心安乎！」此《孝經》所謂「以時思之」之大義也。**又曰：「卜其宅兆，卜其地之美惡也。」**《大明會典》曰：「地之美者，神靈必安，子孫必盛。所謂美者，土色之光潤，草木之茂盛，他日不爲道路，不爲城郭，不爲溝池，不爲貴勢所奪，不爲畊犁所及，即所爲美地也。古人所謂卜其宅兆者，正此意。」○横渠張子曰：「正叔嘗爲葬説有五：相地須使異日決不爲道路，不置城郭，不爲溝渠，不爲貴家所奪，不致畊犁所及。」○西山真氏曰：「浮屠之教得行，由吾儒之禮先廢。不復祭禮，則居喪者悵悵無以報其親。」按：真氏謂浮屠之教得行，由吾儒之禮先廢。使今之居喪者始死有奠，朔有殷奠，虞、祔、祥、禫皆有祭，既足以盡人子追慕之情，則于世俗之禮且將不暇爲之矣。不復祭禮，而徒曰勿用浮屠，未見其可也。○伊川先生家治喪不用浮屠，在洛亦有一二人家化之。

「生事愛敬，死事哀戚，生民之本盡矣，死生之義備矣，孝子之事親終矣。」

此總結全篇始終之意，言孝子事親，於其生也，事之以愛敬，如前章所云者；於其死也，事之以哀戚，如此章所云者。朱子曰：「父子之大倫，天之經，地之義，而所謂民彝也。子之於父，生則敬養之，殁則哀送之，所以致其孝

之誠者，無所不用其極，而非虚加之也。以爲不如是，則無以盡吾心云爾。」○董鼎曰：「人之情，一錢之錐，視爲己物，必營護之；一飯之恩，常爲己惠，必思報之。父兮生我，母兮鞠我，父母之德，較之一飯之恩，孰小孰大？父母之身，比之一錢之錐，孰重孰輕？尚能思報一飯之恩，營護一錢之錐，則所以思報父母、營護父母者，宜知所盡心而竭力矣。居則致其敬，養則致其樂，生事愛敬也；喪則致其哀，祭則致其嚴，死事哀戚也。」生民之道，以孝爲本，盡於此矣。養生送死，其義爲大，備於此矣。草廬吴氏曰：「民之生也，心之德爲仁，仁之發爲愛。愛親本也，及人末也，故孝爲生民之本。義者，宜也，生而愛敬，死而哀戚，理所宜然，故曰死生之義。」然後孝子事親之道，終於此矣。《正義》曰：「愛敬，孝行之始也。哀戚，孝行之終也。備陳死生之義，以盡孝子之情。言孝子之情，無所不盡也。」○馮夢龍曰：「按前言『夫孝終於立身』，此言『孝子之事親終矣』，乃知立身行道，揚名於後世，以顯父母，即愛敬哀戚之完局也。」夫孝之大，至於生死始終，無所不盡其極。於膝下

親嚴之性始圓滿，於天經地義之理始貫徹，於德教政令之化始暢遂，謂之德之本而教所由生，又何疑哉！噫！此夢周公爲東周之素心，而特寄之一堂問答間，其旨深遠矣。《祭統》曰：「孝子之事親也，有三道焉：生則養，殁則喪，喪畢則祭。養則觀其順也，喪則觀其哀也，祭則觀其敬而時也。盡此三道者，孝子之行也。」○《祭義》曰：「是故先王之孝也，色不忘乎目，聲不絶乎耳，心志嗜慾不忘乎心。致愛則存，致慤則著，著存不忘乎心，夫安得不敬乎！君子生則敬養，死則敬享，思終身弗辱也。」○孫本曰：「末復總結全篇之義，蓋至此而孝子事親之道終矣。著之爲經，乃孔子平生所藴治天下之大經大法，而出於一時問答之語，又何疑哉！今合前後而觀之，序次詳明，脉絡通貫，始終具備，本末兼該，誠六經之總會也，奚俟采輯裝綴而後成經乎！於戲！是經之宏綱鉅目，章章如是，乃以爲童習而弁髦之。甚哉，其侮聖言也。」○吕維祺曰：「《孝經》統百行之宗，居六經之要。其言大而有本，約而易操，施之無窮。蓋堯、舜以來相傳之心法，而治天下之大經大本也。天地鬼神，古今貴賤，始終常變，無非一孝包羅，真是徹上徹下道理，豈可僅以温清問視之節視之！非明於大孝、達孝之義者，不足語於此。」熊氏禾曰：「孔門之學，惟曾氏得其宗。曾氏之書有二：曰《大學》，曰《孝經》，經傳章句，頗亦相似。學以《大學》爲本，行以《孝經》爲先，自天子至庶人一也。《堯典》一篇，《大學》、《孝經》之準也。自克明峻德，以至親睦九族，極而百姓之昭明，萬邦之於變，《大學》之序也。孝之爲道，蓋已具於親睦九族之中矣。何也？一本故也。自是舜以克孝而徽五典，禹以致孝而敘彝倫。伊尹述成湯之德，一則曰立愛惟親，二則曰奉先思孝。人紀之修，孰大乎是！文、武、周公帥是而行，備見於《禮記》所載。上而宗廟之享，下而子孫之保，其爲孝蔑有加焉。功化之盛，至使四海之内，人人親其親、長其長，一鱗毛、一芽甲之微無不得所。嗚呼！二帝三王之教，可謂大矣。《孝經》一書，即其遺法也。世人春秋，皇綱紐解，孔子傷之，三復昔者明王孝治之言，思之深，望之切矣。」〇朱鴻曰：「善事父母曰孝，善事兄長曰弟，此特孝弟所由名耳。經曰『孝弟之至，通於神明，光於四海』，斯大孝之謂。與昔史臣贊堯曰『克明峻德，以親九族』，曰『昭明』，曰『協和時雍』，皆峻德所致也。夫子贊舜之大孝，曰『德爲聖人』，曰『尊富』，曰『宗廟子孫』，皆大德所致也。孟子謂堯、舜之道，孝弟而已。又曰：『守身爲大。』乃知身者親之枝也，敢不敬與；敬身修德，孝之切務也。曾子以居處不莊，至戰陣無勇，悉云非。《孝經》首序天子之孝曰：『德教加於百姓，刑於四海。』至庶人則曰：『謹身節用，以養父母。』夫以德教刑四海，天子之孝也。謹身養父母，庶人之孝也。是即《大學》壹是以修身爲本也。曾子曰：『大孝不匱。』不匱之施，此孝之大者也。若《禮記》所載，特孝子事親儀，則經文論孝，自始終節目及推行功效，無所不備極而言之，雖虞周之孝，尚以爲歉。擴而論之，塞天地，橫四海，施後世，無朝夕，孝之功用大矣。」〇又曰：

「天子、庶人，壹是以孝爲本。爲人上者，尤德教所自出，孝治之原也，其可忽諸！」文定胡氏曰：「君者，人神之主，風教之本也。」

〇董鼎曰：「孔子此書，雖以授曾子，而備言五孝之用，則自天子、諸侯、卿大夫、士、庶人皆所通行。而爲人上者，又德教之所自出。故一則曰先王有至德要道，二則曰明王以孝治天下，三則曰明王事父孝、事母孝，至末章則亦曰教民無以死傷生，又曰示民有終也。是則孝者天地之經，人道之本，誠有天下國家者之所先務也。故雖生事、葬祭貴賤有等，禮不可違，而秉彝好德之心，則自天子達於庶人，無貴賤一也。聖人之爲生民慮者，豈不深且遠哉！然則感人心，厚風俗，至德要道，又何以加於孝？」〇虞氏淳熙曰：「聖人所以通神明之德者，惟孝乎！亘五際，總五經，含五常，孕育三才，而靈然獨存者也。其結字也，子戴老、老馮子，鴻濛以降，年莫老於太極，而兩儀爲之伯長。經曰事天事地，是大《易》稱父稱母之文，而推原性真，開闡經義，則又太極生生之大指矣。仲尼既成《春秋》，年踰七十，始呼弟子以開宗，揭周公而示行，配天雖大，契性猶難，必若《大學》之修身，《中庸》之誠身，七篇之守身，然後見遺體之大全，而紹性宗之正脉也。此慈湖楊子所以首倡學即孝字之説也。」

右第十八章。蓋言孝子事親之變，以終一篇之意。「生事愛敬」以下，總結之也，可謂至精約矣。古文、今文皆有。古文無四「也」字，餘同今文。今文爲《喪親》章。○朱子曰：「亦不解經，別發一義，其語尤精約也。」○按朱子《刊誤》跋云：「熹舊見衡山胡侍郎《論語説》疑《孝經》引《詩》非經本文，初甚駭焉。徐而察之，始悟胡公之言爲信，而《孝經》之可疑者不但此也。因以書質之沙隨程可久丈，程答書曰：『頃見玉山汪端明，亦以爲此書多出後人傅會。』于是乃知前輩讀書精審，固已及此。又竊自幸有所因述，而免于鑿空妄言之罪也。因欲掇取他書之言可發此經之旨者，別爲外傳，顧未敢爾。」○虞氏淳熙曰：「朱子於《孝經》雖稍疑其誤，而于首章則斷以爲經文，于卒章則贊以爲精約，于《紀孝行》、《五刑》、《感應》等章，則并以爲格言，未嘗不尊信而表章之也。」○河南張恒嘗問《孝經》何以有今文、古文之別，草廬吴氏曰：「黄帝時，倉頡始造字。周宣王時，史籀因倉頡字更革爲大篆。秦始皇時，李斯因史籀字更革爲小篆。倉頡字謂之古文，秦人以篆書繁難，又作隸書，取其省易，專爲官府行文書而設。自此人趨簡便，習隸者衆，習篆者寡，公私通行皆是隸書，經火于秦，而復出于漢，當時傳寫只用世俗通行之字。武帝時，魯共王壞孔子屋壁，得孔鮒所藏《書》、《禮》及《論語》、《孝經》，皆倉頡古文字，後人稱漢儒隸書傳寫之經爲今文，以相別異云爾。古文《書》，孔安國獻之，遭巫蠱事，不及傳行。安國没後，其書無傳。東萊張霸詭言受古文《書》，成帝時徵至，較其書，非是《漢志》所載《武成》之辭，即張霸僞古文《書》也。古文《禮》五十六篇，内十七篇與今文《儀禮》同，餘三十九篇謂之逸《禮》，鄭玄註《儀禮》、《禮記》屢嘗引用。孔穎達作疏之時猶有，後乃毁于天寶之亂。古文《論語》二十一篇，與《魯論語》、《齊論語》爲三。古文《孝經》二十二篇，與今文《孝經》爲二，魏晉而後不存。隋人以今文《孝經》增減數字，分析兩章，又僞作一章，名之曰《古文孝經》。其得之也，絶無來歷左驗，隋《經籍志》及唐開元時集議顯斥其妄，邢昺《正義》具載，詳備可考。司馬温公有《古文孝經指解》，蓋温公謂古文尤可尊也，而不疑後出之僞。朱子《刊誤》姑據温公所註之本，非以古文優于今文而承用之也。學者豈可因後儒之傳會而廢先聖之格言也。」

瓊山丘濬曰：「按《孝經》孔、曾問答之言，而曾氏門人所記也。首言孝爲至德要道而教之所由生，因孝而推言及悌，蓋以孝者必悌，未有孝而不悌者也。教以孝，以敬天下之父。教以悌，以敬天下之兄。敬一人，而千萬人悦，推其極，以至于通神明，光四海，是則孝悌雖曰爲治之要道，其實人君之至德也。而德之所以爲德，則以敬爲本焉。

吕維祺曰：「謹按：《孝經》大意，孔子爲明先王以孝立教而發孝德之本，教所由生，其綱領也。自『身體髮膚』至『未之有也』皆言孝德之本，而教在其中。自『甚哉，孝之大也』至『名立於後世矣』皆言教所由生，而本於孝。自『若夫慈愛、恭敬』至末復因曾子之問而推廣極言之，無非申德本教生之意。前後語意相承，脉絡貫通，而其理至廣大，復至精約，真聖人之言也。後儒紛紛致疑而以意改之，或未揆之理耳。程子曰：『讀書者，當平其心，易其氣，闕其疑，則聖人之意可見。』又曰：『易其心，自見義理，只是義理甚分明，如履平坦道路。』」

孝經大全卷之十三終

孝經大全卷之十四

明新安呂維祺箋次

孔曾論孝

呂維祺曰：「孔子之門人蓋三千焉，身通六藝者七十二人，而孔子獨以《孝經》傳之曾子，何也？蓋曾子生平最篤孝，而其弘毅忠恕又足以任道。今觀孔子平日論孝，獨諄諄於曾子，而曾子論孝，或述聞，或翼經，又多本之孔子之言，則《孝經》授受，夫亦愈可知矣。至『戰戰兢兢，如臨深淵，如履薄冰』三語，乃《孝經》授受之心法也。而曾子有疾，與門弟子永訣，其所詠詩，亦祇此三語而已。即千古聖人相傳之大孝心法，亦不過此。首《孔曾論孝》。」

孔子曰：「孝，德之始也。弟，德之序也。信，德之厚也。忠，德之正也。參也，中夫四德者哉！」弟、中，並去聲。曾子曰：「敢問何謂七教？」孔子曰：「上敬老則下益孝，上尊齒則下益悌，上樂施則下益寬，上親賢則下擇友，上好德則下不隱，上惡貪則下恥爭，上强果則下廉恥，民皆有別，則貞則正，亦不勞矣。此謂七教。七教者，治民之本也。」樂音雒。好、惡，並去聲。治，平聲。

樂正子春曰：「吾聞諸曾子，曾子聞諸夫子曰：『父母全而生之，子全而歸之，不虧其體，不辱其身，故君子頃步而弗敢忘孝也。』孝子一舉足而不敢忘父母，是故道而不徑，舟而不游，不敢以先父母之遺體行殆。一出言而不敢忘父母，是故惡言不出於口，忿言不反於身，不辱其身，不羞其親，可謂孝矣。」

道，正路也。徑，捷出邪徑也。游，徒涉也。惡言不出於口，己不以惡言加人也。忿言不反於身，則人自不以忿言復我也。

曾子曰：「吾聞諸夫子，孟莊子之孝也，其他可能也，其不改父之臣與父之政，是難能也。」

曾子曰：「生事之以禮，死葬之以禮，祭之以禮，可謂孝矣。」

按：生事三語，蓋孔子之言，而曾子述之。

曾子曰：「吾聞諸夫子，人未有自致者也，必也親喪乎！」

曾子曰：「夫孝，置之而塞乎天地，溥之而横乎四海，施諸後世而無朝夕。推而放諸東海而準，推而放諸西海而準，推而放諸南海而準，推而放諸北海而準。《詩》云：『自西自東，自南自北，無思不服。』此之謂也。」横，平聲。

溥，舊讀爲「敷」，今如字。《詩·大雅·文王有聲》之篇。方氏曰：「置者，直而立之。溥者，敷而散之。施言其出無窮，推言其進不已，放與《孟子》『放乎四海』之『放』同，準言人以是爲準。」

祺按：此蓋廣「明王事父孝，故事天明」一章大意，而即引《孝經》所引「自西自東，自南自北，無思不服」之詩，申言之曰：「此之謂也。」可謂至深切著明矣。

曾子曰：「《詩》云：『夙興夜寐，無忝爾所生。』言不自舍也，不耻其親，君子之孝也。」

祺按：此蓋申言《孝經・士孝》章引《詩》之意。

曾子曰：「孝子不登高，不履危，不苟笑，不苟訾，隱不命，臨不指，故不在尤違之中。」

祺按：此蓋申《孝經》「身體髮膚，不敢毀傷」之旨。

曾子曰：「未有君而忠臣可知者，孝子之謂也。未有長而順下可知者，弟弟之謂也。未有治而能任可知者，先修之謂也。」「弟弟」上「弟」字並「治」，去聲。

祺按：此蓋申言「君子之事親孝，故忠可移於君」三段之意。

公明儀問於曾子曰：「夫子可以爲孝乎？」曾子曰：「是何言與！是何言與！君子之所謂孝者，先意承志，諭父母於道。參直養者也，安能爲孝乎？」與，平聲。養，去聲。

祺按：此蓋申「父有争子」一章之意，而重言「是何言與」，即述孔子之言以立論也。

曾子有疾，召門弟子曰：「啓予足！啓予手！《詩》云：『戰戰兢兢，如臨深淵，如履薄冰。』而今而後，吾知免夫！小子！」

祺按：此蓋曾子以孔子所言《孝經》喫緊三語傳之門弟子，所謂傳得其宗以此。

孝經大全卷之十四終

孝經大全卷之十五

明新安呂維祺箋次

曾子孝言

呂維祺曰：「曾子平日論孝多矣，非親承聖訓，實體諸身，其言之親切有味，何以至此。謹輯録其平日所言之孝，凡二十有九則，或未聞《孝經》以前之言，與已聞《孝經》以後之言，皆不可知，然亦足以明曾子之體認《孝經》至精切矣。次《曾子孝言》。」

曾子曰：「孝子之養老也，樂其心，不違其志，樂其耳目，安其寢處，以其飲食忠養之，孝子之身終。終身也者，非終父母之身，終其身也。是故父母之所愛亦愛之，父母之所敬亦敬之，至於犬馬盡然，而況於人乎？」養，俱去聲。樂，音雒。

方氏曰：「怡聲以問，所以樂其耳，柔色以温，所以樂其目，昏定所以安其寢，晨省所以安其處，忠者盡己之心也。『飲食忠養』以上是終父母之身，愛所愛、敬所敬則終孝子之身也。」

曾子曰：「孝有三：小孝用力，中孝用勞，大孝不匱。思慈愛忘勞，可謂用力矣。尊仁安義，可謂用勞矣。博施備物，可謂不匱矣。父母愛之，喜而弗忘。父母惡之，懼而無怨。父母有過，諫而不逆。父母既没，必求仁者之粟以祀之。此之謂禮終。」惡，去聲。

曾子曰：「爲人子而不能孝其父者，不

敢言人父不能畜其子者。爲人弟而不能承其兄者，不敢言人兄不能順其弟者。爲人臣而不能事其君者，不敢言人君不能使其臣者也。故與父言，言蓄子；與子言，言孝父；與兄言，言順弟；與弟言，言承兄；與君言，言使臣；與臣言，言事君。」

曾子曰：「衆之本教曰孝。其行曰養。養可能也，敬爲難。敬可能也，安爲難。安可能也，卒爲難。」

曾子曰：「親戚不説，不敢外交。近者不親，不敢求遠。小者不審，不敢言大。」説，音悦。

親戚謂父兄，外謂外人；近即親戚，遠即外人；小謂家，大謂國與天下。此三言，欲人先修孝弟於家耳。

曾子曰：「孝子唯巧變，故父母安之。若夫坐如尸，立如齊，弗訊不言，言必齊色，此成人之善者也，未得爲人子之道也。」齊，俱音側。

孝子承親命，固當從，遇難從之命，將若之何？唯通巧變。故父母安之，亦無所失。曾子云：「此豈亦有得於大箠則走之訓歟？」

曾子曰：「人之生也，百歲之中，有疾病焉，有老幼焉，故君子思其不可復者而先施焉。親戚既没，雖欲孝，誰爲孝？年既耆艾，雖欲悌，誰爲悌？故孝有不及，悌有不時。其此之謂與。」

六十曰耆，耆之言久也。五十曰艾，艾之言老也。人生以百年爲期，然其間有疾病、老幼之變，不能常也。故君子思其養之不可復追，而及時先行之。若親没則養不逮，已老則兄不存，欲行孝悌，不可得已。曾子曰：「木欲静而風不止，子欲養而親不待。」此孝有不及之意也。李勣曰：「姊年老，勣亦老，雖欲數爲姊煮粥，得乎？」此悌有不時之意也。

曾子曰：「父母生之，子弗敢殺；父母置之，子弗敢廢；父母全之，子弗敢缺。故舟而不游，道而不徑，能全肢體，以守宗廟，可謂孝矣。」

曾子曰：「養有五道，修宮室，安牀笫，節飲食，養體之道也。樹五色，施五彩，列文章，養目之道也。正六律，和五聲，雜八音，養耳之道也。熟五穀，烹六畜，龢煎調，養口之道也。和顏色，説言語，敬進退，養志之道也。此五者，代進而後用之，可謂善養矣。」養，並去聲。龢與和同。説，音悦。

曾子曰：「孝子言爲可聞，所以悦遠也。行爲可見，所以悦近也。親近而附遠，孝子之道也。」行，去聲。

曾子曰：「孝子惡言滅焉，流言止焉，美言與焉，故惡言不出於口，煩言不及於己。」

曾子曰：「孝子之事親也，居易以俟命，不行險以徼倖，孝子游之，暴人違之，出門而使不以或爲父母憂也。險途隘巷，不求先焉，以愛其身，以不敢忘其親也。孝子之使人也不敢肆，行不敢自專也。父死，三年不敢改父之道，又能事父之朋友，又能率朋友以助敬也。」易，去聲。

曾子曰：「君子之孝也以正致諫，士之孝也以德從命，庶人之孝也以力任食。任善不敢臣三德。」

曾子曰：「孝子之於親也，生則有義以輔之，死則哀以涖焉，祭祀則涖之以敬，如此而成於孝子也。」

曾子曰：「夫行也者，行禮之謂也。夫

禮，貴者敬焉，老者孝焉，幼者慈焉，少者友焉，賤者惠焉。此禮也，行之則行也，立之則義也。」

曾子曰：「父母之讎，不與同生。兄弟之讎，不與聚國。朋友之讎，不與聚鄉。族人之讎，不與聚鄰。」

子夏過曾子，曾子曰：「入食。」子夏曰：「不爲公費乎？」曾子曰：「君子有三費，飲食不與焉。君子有三樂，鐘磬琴瑟不與焉。」子夏曰：「敢問三樂？」曾子曰：「有親可畏，有君可事，有子可遺，此一樂也。有親可諫，有君可去，有子可怒，此二樂也。有君可喻，有友可助，此三樂也。」子夏曰：「敢問三費？」曾子曰：「少而學，長而忘，此一費也。事君有功而輕負之，此二費也。久交友而中絶之，此三費也。」與，去聲。樂，並音雒。

曾子曰：「先王之所以治天下者五：貴德，貴貴，貴老，敬長，慈幼。五者，先王之所以定天下也。所謂貴德，爲其近於聖也。所謂貴貴，爲其近於君也。所謂貴老，爲其近於親也。所謂敬長，❶爲其近於兄也。所謂慈幼，爲其近於弟也。」治，平聲。爲，去聲。

單居離問於曾子曰：「事父母有道乎？」曾子曰：「有，愛而敬。父母之行，若中道則從，若不中道則諫。諫而不用，行之如由己。從而不諫，非孝也。諫而不從，亦非孝也。孝子之諫，達善而不敢争辨。争辨者，作亂之所繇興也。由己爲無咎則寧，由己爲賢人則亂。孝子無私樂，父母所憂憂之，父母所樂樂之。」「之行」「行」字、「中」字並去聲。樂，音雒。

❶「謂」，原作「爲」，據《吕氏春秋》卷十四及上下文義改。

曾子曰：「事父可以事君，事兄可以事師長。使子猶使臣也，使弟猶使承嗣也。忿怒其臣妾，亦猶用刑罰於萬民也。是故爲善必自内始也。内人怨之，雖外人亦不能立也。」長，上聲。

曾子曰：「君子立孝，其忠之用，禮之貴。君子之孝也，忠愛以敬，反是，亂也。盡力而有禮，莊敬而安之，微諫不倦，聽從不怠，懽忻忠信，咎故不生，可謂孝矣。盡力而無禮，則小人也。致而不忠，則不入也。是故，禮以將其力，敬以入其忠，飲食移其味，居處温愉，着心於此，濟其志也。」

曾子與客立於門側，其徒趨而出。曾子曰：「爾將何之？」曰：「吾父死，將出哭於巷。」曰：「反哭於爾次。」曾子北面而吊焉。

或問於曾子曰：「夫既遣而包其餘，猶既食而裹其餘與？君子既食則裹其餘乎？」曾子曰：「吾子不見大饗乎？夫大饗既饗，卷三牲之俎歸于賓館，父母而賓客之，所以爲哀也。子不見大饗乎？」與，平聲。

設遣奠訖，即以牲體之餘包裹而置之遣車，以納壙中。父母家之主，今孝子以客禮待之，此所以爲悲哀之至也。

仲憲言於曾子曰：「夏后氏用明器，示民無知也。殷人用祭器，示民有知也。周人兼用之，示民疑也。」曾子曰：「其不然乎！其不然乎！夫明器，鬼器也。祭器，人器也。夫古之人胡爲而死其親乎！」

言三代送葬之具，質文隨時，非有他意。若如憲言，則夏后氏何爲而忍以無知待其親乎！

曾子曰：「喪有疾，食肉飲酒，必有草木之滋焉。」以爲薑桂之謂也。

喪有疾，居喪而遇疾也。以其不嗜，故加草木之味。

穆公之母卒，使人問於曾申曰：「如之何？」對曰：「申也聞諸申之父曰：『哭泣之哀，齊斬之情，饘粥之食，自天子達。布幕，衛也。縿幕，魯也。』」齊，音咨。

穆公，魯君。申，參之子也。厚曰饘，稀曰粥。幕所以覆于殯棺之上。衛以布爲幕，諸侯之禮也。魯以縿爲幕，蓋僭天子之禮也。

公明宣學於曾子，三年不讀書，曾子曰：「宣而居參之門，三年不學，何也？」公明宣曰：「安敢不學？宣見夫子居庭，親在，叱咤之聲未嘗至於犬馬，宣說之，學而未能。宣見夫子之應賓客恭儉而不懈惰，宣說之，學而未能。宣見夫子之居朝廷嚴臨下而不毀傷，宣說之，學而未能。宣說此三者，學而未能，宣安敢不學而居夫子之門乎？」曾子避席曰：「參不及宣，其學也已。」說，音悅。

讀書，學文之事；孝、敬、慈，力行之事。《論語》曰：「行有餘力，則以學文。」

曾子有疾，曾元抱首，曾申抱足。曾子曰：「吾何以告汝？夫華多實少者，天也。言多行少者，人也。飛鳥以上爲卑，而增巢其巔。魚鱉以淵爲淺，而穿穴其中。然所以得者，餌也。君子不以利害身，則辱安從至乎！」行，去聲。

曾子曰：「官怠於宦成，病加於小愈，禍生於懈惰，孝衰於妻子。此四者，愼終如始。《詩》曰：『靡不有初，鮮克有終。』」

曾子曰：「居處不莊，非孝也。事君不忠，非孝也。涖官不敬，非孝也。朋友不信，非孝也。戰陳無勇，非孝也。五者不遂，裁及於親，敢不敬乎！」陳與陣同。

曾子曰：「烹熟羶薌，嘗而薦之，非孝也，養也。君子之所謂孝也者，國人稱願然，曰：『幸哉，有子如此！』所謂孝也已。」養，去聲。已，音以。

曾子曰：「父母既没，慎行其身，不遺父母惡名，可謂能終矣。」

曾子曰：「仁者，仁此者也。禮者，履此者也。義者，宜此者也。信者，信此者也。强者，强此者也。樂自順此生，刑自反此作。」其行之「行」，去聲。養，並去聲。

曾子曰：「慎終追遠，民德歸厚矣。」

孝經大全卷之十五終

孝經大全卷之十六

明新安呂維祺箋次

曾子孝行

呂維祺曰：「孔門以孝稱者，如閔子、子路諸賢，非一人也，而曾子之孝最著。酒肉養志，羊棗不忍，孟子論之尚矣。耘瓜搤臂，烝梨集烏諸事，不可盡信。然其言曰：『吾不忍遠親而爲人役。』又曰：『子欲養而親不待，木欲靜而風不止。』每讀《喪禮》，泣下沾襟，病革易簀，得正而斃，亦可以想見其事親守身之概矣。與純孝之人言孝治天下之道，以傳之天下萬世，所謂傳得其宗者，焉可誣也。次《曾子孝行》。」

孟子曰：「曾子養曾皙，必有酒肉，將徹，必請所與，問有餘，必曰有。曾皙死，曾元養曾子，必有酒肉，將徹，不請所與，問有餘，曰亡矣，將以復進也。此所謂養口體者也。若曾子，則可謂養志也。事親，若曾子者可也。」養，並去聲，下同。

曾子立廉，不飲盜泉，所謂養志也。

曾皙嗜羊棗，而曾子不忍食羊棗。公孫丑問曰：「膾炙與羊棗，孰美？」孟子曰：「膾炙哉！」公孫丑曰：「然則曾子何爲食膾炙而不食羊棗？」曰：「膾炙所同也，羊棗所獨也。諱名不諱姓，姓所同也，名所獨也。」

曾子從仲尼在楚，心動，歸問母。母曰：「思爾嚙指。」孔子聞之，曰：「參之至誠，精感萬里。」

曾子出薪於野，有客至而欲歸，母曰：「願留，參方到。」母即以手搤其左臂，立痛，馳至問母，母曰：「客來欲去，吾搤臂以呼汝耳。」

曾子耘瓜，誤斬其根，曾皙怒，建大杖擊之，曾子仆地，有頃而蘇，蹶然而起曰：「大人教參得無勞乎？」乃退，援琴而歌，欲令曾皙聞之，知其體康也。孔子聞之，曰：「參來，勿内。」三日，曾子因客而見孔子，孔子曰：「汝聞瞽瞍有子曰舜乎？舜之事父也，索而使之，未嘗不在側，求而殺之，未嘗可得，小箠則待，大箠則走，以逃暴怒也。今子拱立而不去，殺身陷父以不義，不孝孰大是乎！」曾子曰：「參罪大矣。」内，同納。

曾子耘瓜，三足烏集其冠。

曾子至孝，爲父所憎，嘗見絶良久而後蘇。曾子見孔子，未嘗不問安親之道也。

曾子後母，遇之無恩而供養不衰，及其妻以梨烝不熟，因出之。人曰：「非七出也。」曾子曰：「梨烝小物耳，吾欲使之熟而不用吾命，況大事乎！」遂出之，終身不娶。子元請焉，曾子曰：「高宗以後妻殺孝己，尹吉甫以後妻放伯奇，吾上不及高宗，中不比吉甫，庸知其得免於非乎！」

按：曾子去妻，梨烝不熟。或問曰：「婦有七出，不熟亦預乎？」曰：「吾聞之也，絶交令可友，出妻令可嫁也。梨烝不熟而已，何問其故乎？」

曾子事孔子，十有餘年，晨覺，眷然念二親皆衰，養不能備。於是援琴鼓之，作《歸耕操》曰：歔欷歸耕兮安所耕，歷山兮盤桓。操，去聲。

曾子敝衣力耕泰山下，天雨雪凍甚，旬

月不得歸，思其父母，作《梁山歌》。雨，去聲。

齊嘗欲聘曾子爲卿，曾子不就，曰：「吾父母老，食人之禄，則憂人之事，故不忍遠親而爲人役。」曾子仕於莒，得粟三秉。方是之時，曾子重其禄而輕其身。親没之後，齊迎以相，楚迎以令尹，晉迎以上卿。方是之時，曾子重其身而輕其禄。懷其寶而迷其國者，不可與語仁。窘其身而約其親者，不可與語孝。任重道遠者，不擇地而息。家貧親老者，不擇官而仕。故君子蹻褐趨時，當務爲急。遠，相，並去聲。

曾子食生魚，甚美，因吐之，人問其故。曾子曰：「母在之日，不知生魚味，今我食美，故吐之。」遂終身不食魚。

曾子曰：「吾及親仕三釜而心樂，後仕三十鍾而不洎，吾心悲。」樂，音雒。

曾子曰：「子欲養而親不待，木欲靜而風不止，是故椎牛而祭墓，不如鷄豚逮親存也。故吾嘗事齊爲吏，禄不過鍾、釜，尚猶欣欣而喜者，樂其逮親也。既没之後，吾嘗南遊於楚，轉轂百乘，猶北嚮而泣者，悲不逮吾親也。故家貧親老，不擇官而仕。」樂，音雒。

曾子謂子思曰：「伋，吾執親之喪也，水漿不入於口七日。」子思曰：「先王之制禮也，過焉者俯而就之，不及焉者跂而及之。故君子之執親喪也，水漿不及於口者三日，杖而後能起。」

三日，中制也。七日，則幾於滅性矣。有扶而起，有杖而起者，有垢面而已者。

曾子每讀《喪禮》，泣下沾襟，嘗以一夕五起，視衣厚薄、枕之高卑。

曾子攀柩車，引輴者爲之止也。

曾子欲往鄭，而至勝母里，旋車而返也。

曾子見益母草而感。

曾子居曲阜，鴟梟不入城郭。

吴起東出衛郭門，與其母訣，齧臂而盟，不復入衛，遂事曾子。居頃之，其母死，起終不歸，曾子薄之，而與起絶。

曾子寢疾，病，樂正子春坐於牀下。曾元、曾申坐於足。童子隅坐而執燭。童子曰：「華而晥，大夫之簀與？」子春曰：「止！」曾子聞之，瞿然曰：「呼！」曰：「華而晥，大夫之簀與？」曾子曰：「然。斯季孫之賜也，我未之能易也。元，起易簀。」曾元曰：「夫子之病革矣，不可以變，幸而至於旦，請敬易之。」曾子曰：「爾之愛我也，不如彼。君子之愛人也以德，細人之愛人也以姑息。吾何求哉？吾得正而斃焉，斯已矣。」舉扶而易之。反席未安而没。

華者，畫飾之美好。晥者，節目之平瑩。簀，簟也。止，使童子勿言也。瞿然，如有所驚也。呼者，歎而噓氣之聲，曰童子再言也。革，急也。變，動也。彼，謂童子也。童子之意，以爲曾子未嘗爲大夫，不宜卧大夫之簀，曾子識其意，故然之。且言「此魯大夫季孫之賜耳」，於是必欲易之，易之而没，可謂斃於正矣。

朱子曰：「易簀結纓，未須論優劣，但看古人謹於禮法，不以死生之變易，其所守如此，便使人有行一不義，殺一不辜，而得天下不爲之心，此是緊要處。」

祺按：曾子易簀，得正而斃，皆從戰戰兢兢中來。曾子體認《孝經》，可謂任重而道遠矣。

孝經大全卷之十六終

孝經大全卷之十七

明新安吕維祺箋次

曾子論贊

吕維祺曰:「古今論贊曾子者甚多,今録其醇正者數則。如程子謂傳孔子之道者,曾子一人而已。朱子謂曾子學以躬行爲主,而得聞乎一貫之妙,然其所以自守而終身者,則固未嘗離乎孝敬信讓之規。陸象山謂子思獨師曾子,則平日夫子爲子思擇師友可知。其他論贊非一,皆足以證曾子得傳孔子之道與《孝經》授受之實,學者不可不知。次《曾子論贊》。」

衛將軍文子問于子貢曰:「吾聞孔子之施教也,先之以《詩》、《書》,而導之以孝悌,説之以仁義,觀之以禮樂,然後成之以文德。蓋入室升堂者七十有餘人,其孰爲賢?」子貢對以不知。文子曰:「請聞其行。」子貢曰:「滿而不盈,實而如虚,過之如不及,先王難之。其貌恭,其德敦,其言於人也無所不信,其驕大人也常以浩浩,是曾參之行也。」説,音悦。行,並去聲。

程子曰:「傳孔子之道者,曾子一人而已。」

朱子曰:「曾子之爲人,敦厚質實,而其學專以躬行爲主,故其真積久而得以聞乎一以貫之之妙。然其所以自守而終身者,則固未嘗離乎孝敬信讓之規。而其制行立身,又專以輕富貴,守貧賤,不求人知爲大。是以從之遊者，所聞雖或甚淺，亦不失爲謹厚修潔之人。所記雖疎，亦必有以切於日用躬行之實。」

徐幹曰：「曾參之孝，有虞不能易。」

《説文》曰：❶「孔子家兒不知怒，曾子家兒不知駡，所以然者，生而善教也。」

宋氏濂曰：「曾子年七十，文學始就，乃能著書。孔子曰：『參也魯。』蓋少時止以孝顯，未如晚節之該洽也。」

《淮南子》曰：「公西華之養親，若與朋友處。曾參之養親也，若事嚴主烈君，其於養一也。」養，並去聲。

陸賈曰：「曾子孝於父母，昏定晨省，調寒温，適輕重，勉之於糜粥之間，行之於衽席之上，而美德重於後世。」

桓寬曰：「周襄王之母，非無酒肉也，衣食非不如曾晳也，然而被不孝之名，以其不能事父母。」

陳止齋曰：「自子胥以忠稱於吳，曾參以孝稱於魯，則忠臣、孝子稀疎寥落，如參辰相望矣。」

曾子安可與子胥並論，意是而語非。

莊周曰：「人莫不欲其子之孝，而孝未必愛，故孝己憂而曾參悲。」

陸象山曰：「伯魚死，子思乃夫子嫡孫，夫子之門人光耀於當世者甚多，而子思獨師曾子，則平日夫子爲子思擇師者可知矣。」爲，去聲。

只爲曾子得其宗，故子思、孟子一脉相傳，斯文在兹。

高氏《子略》曰：「曾子與其弟子公明儀、樂正子春、單居離、曾元、曾華之徒講論

❶「文」，疑當作「苑」。

孝行之道，天地事物之原。」行，去聲。

楊氏曰：「孔子殁，群弟子離散，分處諸侯之國，雖各以所聞授弟子，然得其傳者蓋寡，故子夏之後有田子方，子方之後爲莊周，其去本寖遠矣。獨曾子之後，子思、孟子之傳得其宗。」

宋高宗贊曰：「夫孝要道，用訓群生。以綱百行，以通神明。因子侍師，答問成經。事親之實，代爲儀刑。」夫，音扶。行，去聲。

蘇頲贊曰：「百行之極，三才以教。聖人敘經，曾氏知孝。全謂手足，動稱容貌。事君事親，是則是傚。」行，去聲。

楊起元贊曰：「曾子行孝，孔聖説經。經於何在？在吾此身。首圓足方，耳聰目明。人人具足，物物完成。離身無孝，離孝無身。立身行道，身立道行。光於四海，通於神明。至德要道，地義天經。我今持誦，不得循聲。願明實義，廣育群英。上尊主德，下庇斯民。庶幾夙夜，無忝所生。」

呂維祺曰：「按《孔曾論孝》、《曾子孝言》、《曾子孝行》、《曾子論贊》四則，皆足以證曾子得孔子傳孝之宗。雖其文亦有未盡醇、其事亦有未可盡信者，而孔子所傳之大孝，與曾子平日之篤孝，皆於此可見。學者誠由是而入焉，庶乎其近道矣。張無垢謂人各有入道處，曾子由孝而入，得旨哉。」

孝經大全卷之十七終

孝經大全卷之十八

明新安呂維祺箋次

表章通考

宸翰

明太祖高皇帝教民六諭：孝順父母，尊敬長上。和睦鄉里，教訓子孫。各安生理。毋作非爲。

臣呂維祺曰：「我太祖高皇帝以孝治天下，見解縉《養志堂記》。至于振木鐸而勸百姓以孝順，因巢鵠而許百官之歸養，乃《孝經》中明王孝治之一端也。是以在位三十餘年，百祥雲集，吏清民安，海内殷富，功德文章，巍然焕然，過古遠矣。謚曰『大孝』，蓋與虞舜比隆云。」

成祖文皇帝御製《孝順事實序》：永樂十八年五月。

朕惟天經地義莫尊乎親，降衷秉彝莫先于孝，故孝者百行之本，萬善之原。大足以動天地、感鬼神，微足以化彊暴、格鳥獸、孚草木。是皆出于天理民彝之自然，非有所矯揉而爲之者也。然自古帝王公卿下及民庶，孝行稱于當時，有傳于後世者，不可殫紀，往往散見于篇籍，難以考索。朕嘗歷求史傳諸書所載孝行卓然可述者，得二百七人，復各爲之論斷，并系以詩，次爲十卷，名曰《孝順事實》。俾觀者屬目之頃，可以盡得其爲孝之道，油然興其愛親之心，歡然盡其爲子之職，則人倫明，風俗美，豈不有裨于世教者乎！然尚慮聞見之不廣，采輯之未備，致有滄海遺珠之歎。後之君子，苟能體朕是心，廣搜博采，以續夫是編之作，則於天下後世，深有賴焉。是爲序。

臣呂維祺曰：「我成祖文皇帝以孝治天下，見《孝順事實》一書。天經地義，民行之旨，于黄香發之。身體髮膚，不敢毀傷之旨，于范宣發之。疾致其憂，喪致其哀之旨，于張稷發之。生事愛敬，死事哀戚之旨，于孝肅發之。立身行道，揚名顯親之旨，于日知、永叔發之。事親孝，故忠可移于君之旨，于玄暐、九齡、高登發之。至于孝爲德本，則四見意焉；孝通神明，則屢致歎焉。若乃天性二字，闡發尤明。謂學以涵養其性，非性由學而有也。又于王中之論，敘獨詳焉。其曰：『孝經者，聖賢之格言大訓。』又曰：『孝者百行之原，萬善之本，其道《孝經》一書備矣。』表章此經如此。故禮樂明備，教化大行，上下咸和，年穀屢豐，道不拾遺，人無争訟，海外諸國，歸依王化者三十餘處。謚曰『至孝』，殆無所不通之謂歟！」

崇禎皇帝聖諭：崇禎六年正月。

祖制設科取士，專爲致治求賢。近來士習日偷，貢舉失當，人材鮮少，理道不張，皆由督學師教各官董率乖方，培養無術，盡失舊制初意，以致朝廷不獲收用人之效。朕思士子讀書進身，乃人才根源，必宜首重德行。幼學壯行，如平生果係孝悌廉讓，自然做官時不貪不欺，盡忠竭節，何必專主文藝。據《會典》及提學勅書内，敦尚行誼，以勵頽俗，不耑論文優劣，開載甚明，近來通不遵行。至《孝經》、小學諸書及州縣各有社學，原欲養蒙育德，敷教儲才，近來全不講究興舉。其士子自童時入塾以迨應試登科，只以富貴温飽爲志，竟不知立身修行，忠君愛民之大道，如此教化不明，士風、吏治安得不日趨卑下。朕惟祖宗朝求才用賢，原不盡拘資格科目。至考試文義，正欲因言證人，亦非專尚浮詞，務華遺實。今欲祇遵祖制，起敝還醇，童子必入學，遇試先查德行。自童儒以及鄉會，須有實蹟，方許入場。異日敗行，考官挨論，酌古準今，宜有法則規條，頒行遵守。又教官爲士子師長，化導最親，舊制甚重，近皆以衰庸充數，教術全廢，皆由士風不正之源。今設法興紀，着吏、禮二部，同都察院及該科詳議的確具奏至。海内之士，豈無潛修碩德、純學鴻才、清志剛方、實堪大用者？更宜特拔一二，以示風勸。至于科道，不必專出考選官員，應令先歷推知并着酌議來行。

臣吕維祺曰：「我皇上天聰天明，善繼善述，躬行孝道，首以教化爲先。曰：『《孝經》、小學原欲養蒙育德，敷教儲才，近來全不講究興舉。』而其制旨又曰：『《孝經》委宜表章。』又曰：『《孝經》考試命題，該部酌議。』又曰：『朕不敢與天地祖宗並。』此不敢之心，即孔子所云『不敢惡于人，不敢慢于人，不敢遺小國之臣』之心也。以此治天下，將愛敬盡于事親，德教加于百姓，刑于四海，明王孝治之效，庶可立奏。昔元隱士釣滄子嘗云：『五百年必有明王在上興起振作，表章是經。』今以黜《孝經》之年計，適逢五百之會，天意未喪之斯文，孔聖不朽之志行，端有默屬矣。」

附御製孝經制旨序

唐玄宗

朕聞上古，其風朴略，雖因心之孝已萌，而資敬之禮猶簡。及乎仁義既有，親譽益著，聖人知孝之可以教人也，故因嚴以教敬，因親以教愛，於是以順移忠之道昭矣，立身揚名之義彰矣。子曰：「吾志在《春秋》，行在《孝經》。」是知孝者德之本歟！經曰：「昔者明王之以孝治天下也，不敢遺小國之臣，而況於公、侯、伯、子、男乎！」朕嘗三復斯言，景行先哲，雖無德教加於百姓，庶幾廣愛刑于四海。嗟乎！夫子没而微言絶，異端起而大義乖。況泯絶於秦，得之者皆煨燼之末；濫觴於漢，傳之者皆糟粕之餘。故魯史《春秋》，學開五傳。《國風》、《雅》、《頌》，分爲四詩。去聖愈遠，源流益别。近觀《孝經》舊註，踳駁尤甚。至于跡相祖述，殆且百家。業擅專門，猶將十室。希升堂者，必自開户牖。攀逸駕者，必騁殊軌轍。是以道隱小成，言隱浮僞。且傳以通經爲義，義以必當爲主，至當歸一，精義無二，安得不剪其繁蕪而撮其樞要也。韋昭、王肅，先儒之領袖，虞翻、劉邵，抑又次焉。劉炫明安國之本，陸澄譏康成之註，在理或當，何必求人？今故特舉六家之異同，會五經之旨趣，約文敷暢，義則昭然，分註錯經，理亦條貫，寫之琬琰，庶有補于將來。且夫子談經，志取垂訓。雖五孝之用則别，而百行之源不殊。是以一章之中凡有數句，一句之内意有兼明，具載則文繁，略之又義闕，今存於疏，用廣發揮。

仁和金鍾曰：「唐玄宗天資明睿，勵精求治，於開元、天寶之初，親註疏義，書勒辟雍，至今稱爲『石臺孝經』。夫親爲訓註以明孝也，書題隸古以尊經也，列之學宫以示教也，可謂得致治之要矣。雖其修身、齊家鮮克有終，然其書迨今家傳人誦，爲蒙習養正之書。所以維持世教，以延唐家三百年之祚，未必不基本於是也。」

吕維祺曰：「此序，唐玄宗所製。雖其行事不免爲孝德之累，其制旨註解亦無甚足觀，然石臺刻布，炳照千古。朱子漸謂先王之功得聖經而始明，孔子之經得御序而益顯，當是唐朝第一篇文字，故君子不以人廢言，如玄宗表章《孝經》是也。」

孝經大全卷之十八終

孝經大全卷之十九

明新安呂維祺箋次

表章通考

入　告　表　劄子　進呈序　疏

進孝經表

唐李齊古

臣齊古言：臣聞《孝經》者，天經地義之極，至德要道之源，在六籍之上，爲百行之本。自文宣既殁，後賢所注，雖事有發揮，而理甚乖舛。伏惟開元、天寶，聖文神武皇帝陛下敦穆孝理，躬親筆削，以無方之聖討正舊經，以不測之神改作新注，朗然如日月之照，邈矣合天地之德，使家藏其本，人習斯文，普天之下，罔不欣戴。仍以太學王化所先，《孝經》聖理之本，分命璧沼，特建石臺，義展睿詞，書題御翰，以垂百代之則，故得萬國之歡。今刊勒既終，功績斯著。天文炳煥，開七曜之光輝。聖札飛騰，奪五雲之氣色。煙花相照，龍鳳沓起，實可配南山之壽，增北極之尊。百寮是瞻，四方取則。豈比周官之禮空懸象魏，孔氏之書但藏屋壁！臣之何幸，躬覩盛事，遇陛下興其五孝，忝守國庠；率冑子歌其六德，敢揚文教，不勝欣躍之至。謹打《石臺孝經》本，分爲上下兩卷，謹於光順門奉獻兩本以聞。臣齊古誠惶誠恐，頓首頓首，死罪死罪謹言。

御批：孝者，德之本，教之所由生也。

故親自訓注，垂範將來。今石臺畢工，亦卿之善職，覽所進本，深嘉用心。

進古文孝經指解表嘉祐元年作。

宋涑水司馬光

臣光言：臣聞聖人之德，莫加於孝。猶江河之有源，草木之有本。源遠則流大，本固則葉繁。是以由古及今，臣畜四海，未有孝不先隆而能宣昭功化者也。伏惟尊號皇帝陛下純孝之性，發於自然，動静云爲，必咨訓典，起居出入，不忘先烈。以爲滁州者，太祖皇帝所以擒馘姦桀，肇開王迹；并州者，太祖皇帝所以芟除僭亂，混一九圍；澶州者，真宗皇帝所以攘却貪殘，乂寧華夏，皆大勳懿業，威靈所存。遂命有司，分建原廟，圖繢聖容，躬題扁榜，嚴奉之禮備盡恭勤，羽衛供帳率從豐衍，兹有以見陛下尊顯祖宗之意無不至矣。經曰：「愛敬盡於事親，而德教加於百姓，刑於四海。」夫以陛下天授之資，愛敬之志，而又念夫百官者，祖宗之百官，不可以私非其人。府庫者，祖宗之府庫，不可以賞非其功。法令者，祖宗之法令，不可以罰非其罪。申之重之，益自儆戒。如是則爲無不成，求無不給，榮名之彰，炳於日月，基緒之固，巍如泰山，黎民乂安，四海懷服，草木禽魚，靡不茂豫，此誠孝德之極致也。

臣愚幸得補文館之缺，以經史爲職，竊覩秘閣所藏古文《孝經》，先秦舊書，傳注遺逸，孤學湮微，不絶如綫，是敢不自揆量，妄以所聞，爲之指解。雖才識褊淺，無能發明，庶幾因聖人之言得少關省覽，則糞土之臣榮願足矣。其《古文孝經解》一卷，謹隨表奉進以聞。

進孝經指解劄子元豐八年十二月二日上。

宋涑水司馬光

臣竊惟自古五帝三王，未有不由學以成其聖德者。所謂學者，非誦章句，習筆札，作文辭也，在於正心、修身、齊家、治國，明明德於天下也。恭惟皇帝陛下肇承基緒，雖年在幼沖，而執喪臨朝，率禮弗越，體貌尊嚴，舉止安重，顒顒卬卬，有老成之德，中外瞻仰，無不愛戴。此乃聖性自然，不聞亦式，實天祐皇家宗廟，社稷生民之盛福也。然玉不琢不成器，人不學不知道，儻復資學問以成之，則堯、舜、禹、湯、文、武何遠之有！伏見近降聖旨，過冬至開講筵。臣竊以聖人之德無以加於孝，自天子至於庶人，莫不始於事親，終於立身，揚名於後世，誠爲學所宜先也。臣鄙不自揆，嘗撰《古文孝經指解》，皇祐中獻於仁宗皇帝。竊慮歲久遺失不存，今則繕寫爲一本上進，伏乞聖明少賜省覽。取進止。

進呈古文孝經指解序

宋涑水司馬光

聖人言則爲經，動則爲法，故孔子與曾參論孝，而門人書之，謂之《孝經》。及傳授滋久，章句漫差，孔氏之人畏其流蕩失真，故取其先世定本，雜虞、夏、商、周之書及《論語》藏諸壁中。苟使人或知之，則旋踵散失，故雖子孫不以告也。遭秦滅學，天下之書，掃地無遺。漢興，河間人顏芝之子得《孝經》十八章，儒者相與傳之，是爲今文。及魯恭王壞孔子宅，而古文始出，凡二十二章。當是之時，今文之學已盈，故古文排擯，不得列於學宫，獨孔安國及後漢馬融爲之傳。諸儒黨同疾異，信僞疑真，是以歷載累百，而孤學沉厭，人無知者。隋開皇中，秘書學士王逸於陳人處得之，河間劉炫爲之作《稽疑》一篇，將以興墜起廢，而時人已多譏笑之者。及唐明皇開元中，詔議孔、鄭二家，劉知幾以爲宜行孔廢鄭，於是諸儒争難蠭起，卒行鄭學，及明皇自注，遂用十八章爲定。先儒皆以爲孔氏避秦禁而藏書，臣竊疑其不然，何則？秦世蝌蚪之書廢絶已久，又始皇三十四年始下焚書之令，距漢興纔七年耳。孔氏子孫豈容悉無知者，必待恭王然後迺出？蓋始藏之時，去聖未遠，其書最真，與夫佗國之人轉相傳授、歷世疎遠者，誠不侔矣。且《孝經》與《尚書》俱出壁中，今人皆知《尚書》之真而疑《孝經》之僞，是何異信膾之可啗而疑炙之不可食也。嗟乎！真儒之明皦若日月，而歷世争論不能自伸。其中異同不多，然要爲得正，此學者所當重惜也。

前世中，《孝經》多者五十餘家，少者亦不減十家。今秘閣所藏，止有鄭氏、明皇及古文三家而已。其古文有經無傳，按孔安國以古文時無通者，故以隸體寫《尚書》而傳之。然則《論語》、《孝經》不必獨用古文，此蓋後世好事者用孔氏傳本更以古文寫真，其文則非，其語則是也。夫聖人之經，高深幽遠，固非一人所能獨了，是以前世並存百家之説，使明者擇焉，所以廣思慮、重經術也。臣愚雖不足以度越前人之胸臆，闚望先聖之藩籬，至於時有所見，亦各言爾志之義。是敢輒以隸寫古文，爲之指解。其今文舊注有未盡者引而伸之，其不合者易而去之，亦未知此之爲是而彼之爲非。

然經猶的也，一人射之，不若衆人射之，其爲取中多也。臣不敢避狂僭之罪，而庶幾於先王之道萬一有所裨焉。

表章孝經疏

明婺源江旭奇監生

臣惟《孝經》一書，孔子手著。其始成也，師與弟子祭告天地，見雲物，垂星象，孔子曰：「我行在《孝經》。」漢孝宣時，疏廣、疏受以之訓儲。孝章時，介冑皆通《孝經》。孝靈時，向栩言：「北向讀《孝經》，賊自消滅。」隋蘇威言：「惟《孝經》一卷，足以立身治國，何用多爲。」隋主納其言，以《孝經》賜鄭譯。周賓興六行曰：「孝、友、睦、婣、任、恤。」齊内政，公問卿子之鄉有孝於父母者，有則以告，有而不告謂之蔽明。漢元朔間，有司議不舉孝以不敬論。唐制舉明經，《孝經》爲《九經》之首。宋詔察孝弟、力田，而明經仍唐制。我太祖高皇帝諭俗首孝順父母，亦有孝弟、力田、通經、孝廉等科。後來廣輯經書大全，命題試士，《孝經》偶遺，實有待於皇上。臣幼時，臣母猶能以《孝經》、《小學》口授於臣，謂臣曰：「古人先通《孝經》，後及《論語》、《小學》。」宋朱熹八歲通《孝經》大義，曰：「若不如此，便不成人。」元許衡敬《小學》如神明。臣觀《孝經》先至德要道，顯親揚名，而後廣之；《小學》先立教明倫敬身，而後亦廣之，是體裁一稟於《孝經》也。

今世儒童生員，鮮讀二書者。臣以爲厚人心、淳風俗，實爲王道。誠於考試間以命題，則孔、曾傳授之密旨，與朱熹嘉惠後學之盛心，爲世誦法，自能培植根本，延綿命脉，臣所謂表章首經者此也。臣聞人之一心，私欲淨盡之後，當以義理養之。漢諸葛亮曰：「非淡泊無以明志，非寧静無以致遠。」而其勸後主，一則曰「先帝」，再則曰「先帝」，無非以孝啓沃其君心也。唐張巡言欲知人倫，纔識天道。宋岳飛涅背盡忠，事母至孝。聖門四科，德行爲首，忠孝如是。況其省卒分班，以少禦衆，屯田錯處，因糧於敵，政事如是。國學、鄉學，彝倫、明倫，示人效法，皆未從祀，亦有待於皇上也。我世宗皇帝於文廟進祀歐陽修，以其濮議有裨於孝思也。願皇上效法進祀三人，顧瞻景企，人心固結，國運靈長，周年漢祚，當遠過之，臣所謂顯示臣鵠者此也。崇禎二年正月二十日恭逢駕臨御彝倫堂具奏。

二十一日奉聖旨：江旭奇欣逢盛典，奏請進書，意亦可嘉。《孝經疏義》留覽，其考試命題，併前代諸臣祀事，該部酌議具奏。欽此。

禮部覆表章孝經疏

明粤東陳子壯

題爲聖帝表章《孝經》，愚臣遵奉註解，恭呈睿覽，以弘孝治事。儀制清吏司案呈：奉本部送崇禎七年十二月二十四日禮科抄出湖廣黄州府蘄州黄梅縣儒學廩膳生員瞿罕奏前事，内稱臣僻處山林，伏聞崇禎二年正月内欽奉聖旨：欲以《孝經》考試命題。仰見皇上仁孝，格天精誠，法祖親祀圜丘方澤，是父天母地之聖孝也。祇肅禴祀蒸嘗，是尊祖敬宗之聖孝也。特頒綸綍，崇重《孝經》，睿識神謨，卓冠萬古，真遠符帝舜而丕承祖烈矣。臣伏念今天下知有《四書五經大全》，自成祖文皇帝始也。《孝經》者，四書、五經之母，心性道德之源也。今明詔欲以《孝經》命題試士者，自皇上始也。是以《孝經》在聖代猶未及與四書、五經上並列於經筵，下同頒於庠序者，正造物陰閟留之，以俟我皇上之表章也。然而六年之間，覆請如舊，意者疑《孝經》有古文與今文之異乎？夫古文與今文，原無異也。所異者獨「閨門」一章，爲唐時删去，與一二字句不同耳。及宋臣司馬光進《孝經指解》，朱熹作《孝經刊誤》，皆遵信《孝經》古文也。

聖朝明經取士，悉從朱註，則論斷《孝經》，既當以孔氏古文爲正，而考定篇次，自當以朱熹《刊誤》爲宗矣。臣是以從朱熹所定者句解各章，名曰《孝經貫註》。其原爲朱熹所删者附註於後，名曰《孝經存餘》。較勘古文、今文篇次之不同，名曰《孝經考異》。歷敘作經傳經世代之相傳，名曰《孝經對問》。蓋古今有孝之理，便有孝之事。臣因想《註疏》、《大全》、《語録》中原與《孝經》貫徹者，旁引以明其理；復考子、史、志、書、譜牒中可與《孝經》配合者，廣譬以證其事。總欲以《孝經》各章之理貫於五經，因而借歷朝五等之文貫於一孝，以期闡發幽光，鋪揚祖德，上贊聖皇之孝治，下副先臣之教誨耳。

臣祖太僕寺少卿晟，臣父翰林院待詔九思，臣兄舉人甲，四世感被國恩，隆天極地，況臣父九思繆以學行累薦隱逸，蒙神宗顯皇帝屢旨擢用於生前，熹宗哲皇帝特旨褒闡於身後。六年五月内，伏蒙聖恩，有瞿九思近例何不詳述，還着明白奏來之旨。臣雖卑賤，更蒙聖恩，拔置學庠，歲縻公廩，七經提學道臣遵奉禮部題欵，獎臣孝行，臣矢以《孝經》報國，閉户潛心，歲既六更，稿凡數易，今年秋仲，始克成編。邑人石確以同學之誼，爲臣商訂。臣謹徒步詣闕，薰沐進呈，伏乞皇上俯覽。

愚忱少垂睿照，如或有一得之愚，乞敕該部看詳頒布，以成皇上六年欲行未竟之旨。且臣聞孔子自道之言曰：「志在《春秋》，行在《孝經》。」而註疏又曰：「《孝經》之文，同《春秋》而作。」今詞臣捧命進講《春秋》，綱常大義揭日月而中天。更乞皇上將《孝經》前旨未及推行，詔令學官士子共相講習。發策決科，或從今始，則錫類之聖孝普被寰區，而創見之皇猷昭垂華夏矣。臣謹以所輯《孝經貫註》二十卷、《孝經存餘》三卷、《孝經考異》一卷、《孝經對問》三卷隨本奏聞等因。

崇禎七年十二月十八日奉聖旨：《孝經》委宜表章，這註解着該部看詳具奏，欽此。欽遵。抄出到部，送司案呈：到部看得《孝經》一十八章，孔子之述作，誠百行之宗，五教之要也。國家隆尚經學，典制定以四書五經取士，如日中天，而《孝經》旅列於十三經註疏中，以資誦說。自西漢以來，註解殆及百家，惟孔安國、鄭康成最著。至唐玄宗採集諸儒，翦繁撮要，以行於今，莫之有改。而生員瞿罕乃覃思搜索，字箋句釋，爲《貫註》、《存餘》、《考異》、《對問》各卷以獻，雖其中固不無附會汎濫之處，然亦可謂即流遡源，著述不妄者矣。合無准從書肆刊布，以無虛其六年苦心。而至於命題一節，崇禎二年奉有明旨，已經覆請一遵聖祖頒定之舊第。《孝經》雖不並於四書、五經，自不後於《小學》、《性理》，今依朱子定本頒行，令督學、師儒等官，凡遇考試生童，將《孝經》、《小學》、《性理》三書間出論題，仍不時講究，使多士翕然誦習，立行蒸蒸，庶幾上副表章之旨，而於皇上以孝治天下之隆義不無裨益矣。謹將御前原發下《孝經貫註》一部，隨本進繳，統候聖裁。

崇禎八年三月十一日具題，十六日奉聖旨：《孝經》原隸學宫，着兩雍及直省各學臣嚴飭士子，同《小學》俱務誦讀力行，考試仍一體命題，以驗有無熟習，所進《貫註》不必刊布，欽此。

吕維祺曰：「漢興，表章六經，以篇帙殘缺，既置博士，復令諸儒集較，遂成全書。惟《孝經》未及，劉向、孔安國嘗較正之，各自名家。然文帝、光武諸帝，已加意表章矣。及晉、隋、唐、宋諸帝，俱於《孝經》特加尊崇。王安石與司馬温公有隙，以温公進《孝經》，遂罷黜，不以貢舉，至今猶未恢復。今録李齊古、温公兩表，而唐宋得失之林亦可概矣。温公進呈劄、序併録於篇，而以太學生江旭奇、瞿罕等疏附之，并録明旨表章之盛，以見我皇上之加意《孝經》，非漢、唐以下主所可幾萬一也。恢復《孝經》，以符元鈞滄子五百年王者興起之期望，豈非孝治一大機哉！」

孝經大全卷之十九終

孝經大全卷之二十

明新安吕維祺箋次

表章通考

入　告　疏

進呈孝經疏　　吕維祺

奏爲恭進《孝經本義》、《大全》、《或問》，伏祈睿斷頒布，以羽翼化理事。

臣聞宋儒蔡沈言二帝三王之治本於道，二帝三王之道本於心，臣以爲二帝三王之心本於孝。昔堯親睦而時雍，舜齊栗而風動，禹致孝而祇台罔距，湯思孝而肇修人紀，文、武止孝達孝而汝墳遵化，四海永清。大哉，孝乎！天經地義，神明四海，一以貫之矣。世入春秋，孝治之道邈焉。孔子删述六經，筆削《春秋》，復作《孝經》者，蓋所以會六經之指歸，繼帝王之道統，以明治天下之大經大法，端在乎此。漢、唐、宋雖代有表章，然止設科取士，而猶未深知其爲興道致治之本也。

我太祖高皇帝首諭孝順父母，成祖文皇帝御製《孝順事實》，凡我列宗皆崇孝行，然表章頒布，千秋盛事，猶闕以待我皇上之善繼善述爾。而我皇上仰法二祖列宗，躬行孝道以明教化，故加意聖祖《六諭》、《孝經》、《小學》以爲化民成俗之本。今《六諭解註》、《小學集註》頒矣，至《孝經》，有《孝經》全不講究之諭，《孝經》委宜表章之旨，

《孝經》着學臣嚴飭誦讀力行，考試一體命題之旨。頃於本年五月内，又有聖祖《六諭》、《小學》、《孝經》果否遵旨通行，講讀考試，撫、按年終類奏該部，詳加甄別，以憑黜陟之諭，而適與尊崇聖母徽號之恩詔會，是皇上躬行孝道，表章《孝經》至矣。而尚未頒發定本，坊刻舛誤不一，士雖留心此經，莫知適從，故頒發萬不容緩也。臣潛心此經二十餘年，不揣愚陋，僭著《本義》二卷，《大全》二十八卷，蓋求合乎孔、曾相傳之心法，與明王孝治天下之大經大法，而不規規於訓詁、事親一節。第世狃固習，宗旨未明，復僭著《或問》三卷，所以釋群疑而明大意。謹繕寫成帙，恭撰表文一通，附卷首以進。伏祈皇上深維孝治之本，曲賜乙夜之覽，倘一得可採，祈勅禮部覆議頒行，以爲羽翼化理之助。臣惟願我皇上早奏明王孝治之效，以建中興第一事業，同符二祖，光顯列宗，臣當與父老子弟共歌咏聖化於無窮矣。臣曷任激切待命之至。

崇禎十二年九月十七日奉聖旨：這所進《孝經》有裨治理，該部會同翰林院再加較正詳備具奏。

敬陳表章疏

奏爲敬陳表章《孝經》八要，以課實責效事。

頃臣恭進《孝經本義》、《大全》等書，復具八要一疏，蓋嘔心條議，欲課實效，而通政司新奉限字嚴旨，未敢封進。微臣愚藎尚鬱，該部看議奚憑。敬遵旨分疏，補牘再請。臣惟帝王致治之本，惟孝爲先。孔、曾相傳之宗，此經爲要，非天子孰敢考文？惟大孝斯能建極。宋臣尹焞曰：「《孝經》

非堯、舜大聖不能盡。」先臣王禕曰：「是書有關世教甚重，豈曰小補？」

我皇上仁孝聰睿，超出千古帝王之上，而崇重《孝經》爲第一經，即興舉孝治爲第一務，想聖心深契，必不止出題誦習已者。誠自聖躬以及教儲睦族，自朝廷以及鄉國郊遂，自官僚以及介胄氓庶，無非孝之一道包羅，無非皇上之一孝感通，將見道貫三靈，功苞萬象。動天地而降休徵，感鬼神而昭景福，其功可勝言哉！抑臣謂此非人之所能爲也，天也。昔元隱士鈞滄子嘗言聖經安得竟廢不行，五百年必有王者興，嗣是必有明王振作是經者。考宋罷《孝經》，今適五百餘年，乃知天意若閟留之，以待皇上之興起之也。契十八章未墜之微言，明二千年久晦之大義，闡遺經而揭日月，崇正學以及乾坤，明王孝治之烈，自我皇上始闢之，故曰天也，非人所能爲也。臣受恩深重，所以礪愚忠，甘勞怨，以事皇上者，惟一部《孝經》而已。舍誠正別無學術，非堯、舜何敢陳前！故願皇上以明王孝治之道治天下，蓋決之天意，有默屬焉爾。伏祈勅部將臣八要另疏詳議舉行，庶孝治可立見於今日，而屢諭不至托諸空言矣。

崇禎十二年十一月十二日奉聖旨：該部知道。

再陳表章疏

奏爲再陳表章《孝經》第一要事。

臣惟表章八要，首在皇上躬行大孝，故其一要曰進講經筵，以樹模範。蓋天子之孝，與臣下異，而皇上之大孝，又與三代而下之帝王異。何者？臣下以一身一家爲孝，皇上以興起天下之孝爲孝也。三代而下以試士爲表章，皇上大孝，以樹模範、奏孝治爲表章也。先臣丘濬有言，人君肇修人紀，愛敬既立，則家國天下無不感化。我皇上聖由天縱，孝本性成，嘗諭臣下曰：「朕不敢與天地祖宗並。」此不敢之心，大孝也。充此心以敬天仁民，錫類不匱。當深居燕閒時，披閲《孝經》，詳玩意義，仍命儒臣進講經筵，詳加啓沃，於以立愛敬而興天下之孝，樹模範而奏孝治之化，道豈遠乎哉！太祖高皇帝曰：「孔子明帝王治天下之大經大法於萬世。」成祖文皇帝曰：「人君之孝，與庶人不同。」又曰：「朕宫中恒觀書，深有啓沃。」宣宗章皇帝曰：「朕宫中無事時，取書籍玩味，亦得胸次開豁。」此誠皇上之所當法者。

然世儒之言曰：「今天下貪欺成習，兵食告匱，流土交訌，何汲汲於此。」臣以凡此者，政由教化之未明，人心之未正，反經之未實故也。矧一代之人心風俗，聲教德化，皆繫於人主之精神好尚。蓋上之精神，天下之所繩從而鵠望也。如東漢之節義，唐之詩賦，宋之理學，風教所樹，人心景從，況皇上精神所注，首以《孝經》立之繩鵠，而天下有不翕然丕變者，臣不敢信也。孔子曰：「吾志在《春秋》，行在《孝經》。」誠行《孝經》於今日之天下，使天下之服習《孝經》者，皆願爲忠臣、孝子，皆欲實爲朝廷任事，豈復憂貪欺，憂兵食，憂盗賊。何者？得其本故也。得其本，而凡古明王之以孝治天下者，其道皆可該也。愛敬盡而德教立，即察天地，通神明，光四海，一以貫之矣。

崇禎十二年十一月十二日奉聖旨：禮部知道。

三陳表章疏

奏爲三陳表章《孝經》二要、三要事。

臣既以孝治歸本，皇上躬行大孝爲第一要矣，其次則教儲睦族，皆孝治之最大者，是以敢次第言之。二要曰：「東宮講習，以端儲教。」三要曰：「頒諭宗戚，以敦親睦。」何以明其然也？臣聞太子天下之本，儲教致治之原。我皇上加意豫教，命太子出閣講學，所以端軌樹範，養正作聖，無不肫摯，臣以爲尤必先教以孝。蓋孝，德之本，教所由生。使太子當蒙養時，即知問安視膳，温清定省，而預啓迪之以舜之大孝、文之止孝、武之達孝。如《孝經》一書，更當朝夕温習，諭令儒臣開導講解，以爲異日孝治天下之本。昔我太祖高皇帝曰：「爲太子者，當知敦睦九族，隆親親之恩。」我成祖文皇帝曰：「皇太子當進學之時，欲使知要，庶幾將來太平之望。」我仁宗昭皇帝諭楊士奇等曰：「東宮開講筵，當以大經大法進説。」此非我皇上之所當法者乎！

臣又聞《堯典》曰：「克明峻德，以親九族。九族既睦，平章百姓。」若是乎大孝之先篤親也。昔我太祖高皇帝諭秦右相、鄭九成等曰：「朕封建諸子，選用傅相，凡與王言，當廣學問，陳忠孝，使其聰明無蔽，上下相親。」我成祖文皇帝賜蜀王書曰：「敦孝循理，好學不倦，勉自愛重，用副所懷。」又曰：「國家篤於親親，宗室謹於禮法，共保富貴，令聞長世。」此又非我皇上之所當法者乎！我皇上篤念宗親，備極優渥，而頃又允閣臣楊嗣昌之奏，申諭諄切，加以敕獎誡諭，可謂仁之至，義之盡。臣以爲當頒《孝經》於各王府宗親，俾各服習體認，以成親睦之仁。至於戚臣一體頒諭，宗學一體試題。仍乞諭令選舉換授必以敦孝行，通《孝經》爲本，庶孝愈篤於本支，義共固於維城矣。皇上既自身而家，自家而國，而天下修齊治平之本裕如已。伏惟睿斷施行。

崇禎十二年十一月十二日奉聖旨：禮部知道。

四陳表章疏

奏爲四陳表章《孝經》四要、五要、六要事。

臣惟皇上端孝範於上，而以孝正元儲之養蒙，篤九族之親睦矣。又其次則揆文奮武，宜弘薪槱之運，而醇菁莪之化也。故四要曰：「頒行試題，以驗習學。」臣聞孝爲百行之原，《孝經》統六經之會。皇上加意此經，業命誦讀試題矣。然該部原疏但云將《孝經》、《小學》間出論題耳。合無責令兩雍省直師儒學官，凡遇貢監生儒考試，照經書出題作制義，如解卷無《孝經》制義以不職論。昔太祖高皇帝謂：「教化之道，學校爲本，宜講論聖道，使人日漸月化。」成祖文皇帝謂：「學校風化所係，在上人之作興耳。」則皇上仰法二祖，教天下以孝作忠者，道必本乎此也。

五要曰：「鄉、會出題，以隆大典。」臣聞漢、唐以來，率用《孝經》取士。如漢置《孝經》博士，唐以《論語》、《孝經》、《孟子》爲一經，宋尚書省加試《論語》、《孝經》，其來已久。自王安石黜《孝經》，貢舉遂不以取士矣。今制鄉、會試初場題，例以四書三篇，經四篇，合無勅令習本經者皆通《孝經》，遇鄉、會試令出《孝經》題一道，列於四書後、本經前，減本經一篇，即自十三年會試爲始。成祖文皇帝曰：「《孝經》者，聖賢之格言大訓。」宣宗章皇帝曰：「設科求賢，願得忠孝之人，以資國用，朕之心亦如此。」則皇上頒行《孝經》，成成祖、宣宗之志，此正繼志述事之大孝也。

六要曰：「頒諭武士，以明大義。」臣聞宋儒程顥看詳武學，欲添習《孝經》，曰：「欲令武勇之士知義理。」故東漢時有令虎賁士習《孝經》者，有令期門羽林通《孝經》章句者，而我成祖文皇帝曰：「申明武學，嚴其課讀，毋爲文具。」孝宗敬皇帝曰：「公、侯、駙馬、伯子孫，令讀書習禮，將來朝廷庶得世臣之用。」伏祈皇上諭頒《孝經》於天下武學，其考試必問出《孝經》題目，其武場鄉、會試亦一體出題，至公侯指揮世襲等官子孫承襲，必問抽《孝經》一二段，令背誦讀解，通者方許承襲，庶干城腹心之士，猶有敦《詩》《書》、悦禮樂之風焉。統惟皇上舉行，以光文武薪槱菁莪之典。

崇禎十二年十一月十二日奉聖旨：該部知道。

五陳表章疏

奏爲五陳表章《孝經》七要、八要事。

臣既陳表章六要，夫如是，皇極建而元良貞，一本敦而群策儲矣。然而辟舉不真，風俗不醇，雖欲復古孝治猶未也。故次七要曰：「辟舉真孝，以勵士俗。」臣聞漢辟舉孝廉猶爲近古，我祖宗朝尤加意行之。太祖高皇帝曰：「爲國得寶，不如得賢。」又曰：「但嚴舉錯之法，則冒濫自革。」宣宗章皇帝曰：「務選經明行修之人，不得濫舉。」皇上既命復辟舉矣，然必深明辟舉之首重乎孝，使天下知上意之所重，然後可挽澆俗而於變耳。合無勑令撫、按遵奉新頒聖諭，每年終類奏各舉通習《孝經》孝友廉讓者，無論紳衿隱逸，多不過三人。有奔營濫舉者，連坐其提學考較。巡按出巡，聽酌舉真孝，徑自獎勸優賞。如黄香扇枕温席而舉授榮親，王元規著《孝經義》而詔舉高第，皆其遺事也。

終八要曰：「諭俗講解，以正民風。」臣聞化民成俗，以孝爲先。太祖高皇帝曰：「風俗本乎教化，教化行，雖閭閻可使爲君子。」成祖文皇帝曰：「近俗簡於事親，此蓋教化不明之過。」合無勑令天下府、州、縣官於講鄉約時，先宣聖祖六諭，間亦講説《孝經》，務令通俗易曉，以化鄉愚。凡塾師、教習處，皆頒《孝經》一部，命誦講解。其士民，杖笞小過，果能背誦講解明白者，亦准寬宥。如司馬光講「庶人」章以誨父老，真德秀作「庶人」章解以化泉民，又如王漸誦《孝經義》而鄉里慚謝，韋景駿以《孝經》化貴鄉而母子感悟，皆其成效也。

總之，表章八要，以朝廷爲萬國之倡，俾天下皆講明正學，實敦孝道。如此而期月之間，紀綱粗布，行之三年，有不成教化，變風俗，裕兵食，再久之而有不復祖宗淳熙之化，舞干兩階，幾致刑措，真才輩出，輔德翼治者乎！帝德巍焕，不識不知而順則；王道蕩平，無偏無黨而式度。斯文未喪，至孝通神，惟在我皇上獨斷而實行之焉。

崇禎十二年十一月十二日奉聖旨：禮部知道，講讀已有旨了。

補陳表章孝經四翼疏

奏爲補陳表章《孝經》四翼，以備採擇事。客歲，臣恭進《孝經》，奉聖旨：這所進

《孝經》，有裨治理，該部會同翰林院再加較正詳備具奏。臣續陳表章八要，奉聖旨：下部議覆矣。玆閱邸報，禮部題爲科場留期等事。奉聖旨：《孝經》章數無多，若更定一題，易於揣摩打點。這會場七題還仍舊，或於科歲二考間出，以觀士子學習，條欵嚴飭行。欽此。謹恭繹明旨，補陳四翼：

一曰定本頒發宜早。我皇上加意《孝經》，命科歲出題，以觀學習矣。坊刻非無《孝經》，但舛謬不一，有僞古文加題名者，有傳會分傳者，有增減字句改移章次段落者，士子學習，安所適從，故頒發誠不可一日緩也。

二曰科場試題宜酌。奉旨謂章數無多，易於揣摩，仰見皇上隆重《孝經》、慎毖制舉至意，臣愚謂《孝經》逐句出題誠少，若比類推擬，以長短搭截章節句段之題，通計之不下千餘道，揣摩豈易？蓋非科場出題，無以鼓舞人心，變化士習。在漢、唐尚能設科，豈聖朝終成闕典？且仍舊云者似止就今科會場論，非阻後來科場表章之路也。

三曰聖經闡翼宜隆。臣聞漢、唐、宋謂《孝經》章數不多，故有附《論語》，或附《孟子》爲一經。臣謂孔子作《孝經》以垂憲萬世，直當孤行於世，何必他附。倘必存乎見少，請以《孝經》附《大學》，便蓋四書記孔子問答之言，五經孔子所贊定筆削者，獨《孝經》與《大學》，聖經其所作也。若以二經合而名之曰「孝學」，使天下知孝與學非二物，「孝學」與治天下國家非二事，每科首出孝學一題，次出《論語》、《中庸》、《孟子》各一題，次出本經三題，豈非千古盛事自皇上始乎！

四曰臣工激勵宜切。皇上教臣下廉毋貪，恬毋競，蕩平毋黨，實心任事毋欺飾，而臣下未然者，豈免而無耻與，抑忠孝之本未講明與？宜頒《孝經》於大小文武、内外臣工，使朝夕捧誦，講明體認，如是而尚不廉、不恬、不蕩平、不實心任事，是爲不忠不孝無耻之尤者。

三尺何辭？此臣補陳四翼與前八要等疏互相發明，總以成皇上隆重慎毖至意。伏惟聖明採擇施行，臣何任瞻仰待命之至。

七陳表章疏

奏爲七陳表章《孝經》六便、七益併擬試題，以重科場首務事。

臣前疏以《孝經》科題與《大學》或合而同出，或總而間出，或另而專出，業請候裁矣。弘表章之盛舉，光取士之大典，蓋有六便，又有七益。

何謂六便？孔子一生，止作此二經，一也。二經皆曾子筆記，二也。文法、義理相似，三也。聖門道統，賴此二經之傳，四也。使天下知孝、學非二物，孝、學與治天下非二事，五也。國制科題，《大學》序《論語》前，《中庸》序《論語》後，今孝、學相合，首出一題，不致前後參差，六也。

何謂七益？使天下首務講明忠孝之義，一也。使士子顧名思義，知經書之源，設科之義，首重忠孝，二也。舉世皆尊崇孔子，顧獨淺近其自作之經，千古曠典，自皇上舉，三也。孔子明二帝三王之道本於孝，皇上傳二帝三王之孝本於《孝經》，四也。自皇躬以及天下國家，無非一孝所貫，皆自表章《孝經》始，五也。漢、唐猶以《孝經》附他書，後儒多以删改生異議，皇上獨隆重定本，一洗漢、唐之陋，而正後儒之謬，六也。宋君臣黜《孝經》，不設科者五百餘年，皇上一旦復古，功在聖道，功在萬世，七也。

此其表章，豈僅科場出題已哉！即以科場題論，亦自不少。臣常比類推擬，約單句題二百零一道，雙句題一百六十六道，連句題三百零九道，摘段題一百六十八道，搭截題七十六道，全章、合章、搭章一百九十二道，共約一千一百一十二道。臣恐以字數踰格，有煩聖聰，另送閣部，備聖明取覽、該部酌覆之資。蓋臣生平精力專在於此，六載林居，萬念灰冷，獨此羽翼《孝經》，孤志耿耿，百折不變。且妄謂帝王治天下之孝弟、德教、禮樂、刑政、泰交功化，無一不備於《孝經》。業箋輯《孝經衍義》、《外傳》等書百十餘卷，次第垂成，倘不即填溝壑，會當敬獻楓扆。昔我成祖謂《孝經》爲格言大訓，而我皇上亦曰：「所進《孝經》，有裨治理。」倘忘臣之迂且愚而採納之，聖道之幸，世道之福也，臣之願也，非所敢必也。

先太傅《孝經註疏》既以表文進呈，又陳表章八要，以功令述字踰格，列疏五上，及表章四翼、六便、七益，疏凡八上，業蒙嘉納，而頒布學宮，鄉、會命題之旨，猶未及行。嗟乎！一生功力，千古心傳，斯文未喪，吾道誰屬？聖人之書，安得終廢不行乎！入告之後，附以進呈奏疏，原進呈《大全》合《節略》、《大全通考》共二十八卷。今增以入告奏疏合《節略》首卷，共有二十九卷。男兆璜敬識。

孝經大全卷之二十終

孝經大全卷之二十一

明新安吕維祺箋次

表章通考

述　文　序

孝經集義序

宋建安真德秀

《孝經》一書，其行於世久矣。至子朱子乃始分别經傳，去後儒之所傳益者而經復完，然未暇發揮其義也。予友龔君栗篤志好學，乃本朱子之意，采衆説之長而折衷之。又以生事葬祭之禮見於他書者，彙而輯之，以爲此經之羽翼。學者所疑，則設爲問難，曲而暢之，於是聖門教人之微指，始瞭然無餘藴矣。

夫孝者，人心之固有也。古先聖王命家宰降德于民者，不過以節文度數示之，而未嘗言其義也。言其義，則始于孔子。蓋三代以前，理道明，風俗一，人皆曉然知孝之爲孝，聖王在上，設禮教以範防之，俾勿失而已。至孔子時，則異矣。觀其告游、夏者，猶恐以服勞能養爲孝，則下乎游、夏者可知，故不得不詳其義，以曉學者。今之世，視孔子之時，則又異矣。雖名爲士君子，有不知孝之爲孝者，服勞能養且有媿焉，況其大者乎！況凡民之狃於敝俗者乎！龔君之爲此書，欲爲士者知孝之爲孝，俛焉以盡其力，而無不能孝之士。凡民有所觀法，亦知孝之爲孝，俛焉以盡其力，而無不能孝之民。其用心豈不至矣乎！

予謂長人者宜以此書頒之庠序，布之鄉黨，使爲士者服習焉，而力行以先乎民，則吾邑之俗可變。推而達之，將天下之俗無不可變者。豈小補云哉！顧龔君於此用力甚勤，辭義之間，雖若小有未瑩，而其大指則炳然矣。故爲之序而切磋講究之，庶以永其傳云。

孝經註疏序

宋成都傅注

夫《孝經》者，孔子之所述作也。述作之旨者，昔聖人藴大聖德，生不偶時，適值周室衰微，王綱失墜，君臣僭亂，禮樂崩頽。居上位者，賞罰不行。居下位者，褒貶無作。孔子遂乃定禮樂，删《詩》、《書》，讃《易》道，以明道德仁義之源。修《春秋》，以正君臣父子之法。又慮雖知其法，未知其行，遂説《孝經》一十八章，以明君臣、父子之行所寄。知其法者修其行，知其行者謹其法。故《孝經緯》曰：「孔子云：『欲觀我褒貶諸侯之志在《春秋》，崇人倫之行在《孝經》。』」是知《孝經》雖居六籍之外，乃與《春秋》爲表裏。先儒或云夫子爲曾參所説，此未盡其指歸也。蓋曾子在七十弟子中，孝行最著，孔子乃假立曾子爲請益問答之人，以廣明孝道。既説之後，乃屬與曾子。洎遭暴秦焚書，並爲煨燼。漢膺天命，復闡微言。《孝經》河間顔芝所藏，因始傳之于世。

自西漢及魏，歷晉、宋、齊、梁，註解之者迨及百家。至有唐之初，雖備存秘府，而簡編多有殘缺。傳行者唯孔安國、鄭康成兩家之註，并有梁博士皇侃《義疏》播於國序。然辭多紕繆，理昧精研。至唐玄宗朝乃詔群儒學官，俾其集議。是以劉子玄辯鄭註有十謬七惑，司馬堅斥孔註多鄙俚不經，其餘諸家註解皆榮華其言，妄生穿鑿。明皇遂於先儒註中採摭菁華，芟去煩亂，撮其義理允當者用爲註解，至天寶二年註成頒行天下。仍自八分御札，勒于石碑，即今京兆石臺《孝經》是也。

孝經管見序

元隱士鈞滄子

説者曰：二帝三王之治本於道，二帝三王之道本於身。愚以二帝三王之建極於身者，立心極也；立心極者，端極於孝也。孝者，良心之切近精實者也。以其所切近精實者推之，則爲惻隱，爲辭讓，爲羞惡，爲是非。又推之，爲齊家，爲治國，爲平天下。何莫不是出也已。舍是而求適於治，無由也。故齊栗底豫矣，而風動四方。視膳三朝矣，而汝墳遵化。善述善繼矣，而四海永清。若分羹忍而終成雜伯，刼父謀而竟致雜彝，其功效成驗可知梗概哉。是孝立而心極建，心極建而身極端，身極端而治化美。大矣哉，孝之道乎！全之可以淑身心，擴之可以淑民物，根之於惟淵惟默之中，賦之於形生神發之際，不離於須臾之頃，恒完於方寸之間，自生民以來無改也。奈之何一廢嬴火，再廢曲學，竹編蝌蚪，錯雜謬誤，穿鑿考訂，臆説沸騰。是以荆公執政，卑視此經。大廷不以策士，史館不以進講，家之長老不以垂訓子孫，學之傅師不以課誨弟子，此經非特不爲治平之具，且蒙習亦弁髦之矣。嗟夫！聖人精神命脉之發，將爲淵沉土覆乎？豈人天性之良，古今之賦，受者殊耶！殆不然，不灼其景，瞶者弗覩也。不裂其聲，聾者弗聽也。不翼其肱，跛者弗行也。性雖賦於固有，良雖具於本然，不有開示訓導，警覺提撕，安能復性返良而還其天哉！上無身先之教，下無向化之機，治不軼古無異也。

孔子言治，未嘗不本諸德。德，仁之發也。仁，孝之端也。然慮天下後世君民者有昧乎此，故特因敦孝之人以發孝旨。若專爲孝也，實指其化民成俗，天下之要也。若不然，何獨於孝之一端而諄諄詳告有如此乎？愚故曰二帝三王之治本於道，二帝三王之道本於身，二帝三王之身極本於心，二帝三王之心極本於孝，孝乃齊治均平之準也。惜乎！其經之湮泯於異端曲學之私也。愚不慧，讀經之次，稍有覺悟，敢舉其一二而明發之，如測淵於蠡，窺天於管焉耳。後之君子，倘翹起而復振之，幸毋哂其疵焉，幸何如哉！

朱鴻曰：「萬曆庚寅季春，望後三日，鴻過南屏山村肆中，偶獲《孝經管見》一卷，迺至正三年隱士鈞滄子撰也。其語意梗概，率以孝治爲先，與孫初陽及鴻所見皆符。迨閱後語期五百年必有明王振起，先聖遺經復明於世，鴻考荆公執政，罷黜此經，至今適五百年，正我明孝治之會，而隱士預卜其期，若執左契，此非精於數學，蓋仙家者流也。故特梓其前後二序，見大聖微言無終晦之理，明王孝治成和睦之風。古今貞卓之見，亦自有曠世而同然者耳。有志羽翼是經者共鑒諸。」

孝經集善序

明金華宋濂

《孝經》一也，而有古、今文之異者，蓋遭秦火之後，出於漢初顏芝之子貞者爲今文，凡十八章，而鄭玄爲之註；至武帝時，得於魯恭王所壞孔子屋壁者爲古文，凡二十二章，而孔安國爲之註。後世諸儒各騁意見，尊古文者，則謂孔傳既出孔壁，語甚詳正，無俟商確。揆於鄭注，雲泥致隔，必行孔廢鄭，於義爲允，況鄭玄未嘗有註，而依倣托之者乎？尊今文者，則謂劉向以顔芝本參較古文，省除繁惑而定爲今文，無有不善。爲之傳者，縱曰非玄所作，而義旨實敷暢。若夫古文并安國之註，其亡已久，世儒欲崇古學，妄撰孔傳，又僞爲《閨門》一章，文句凡鄙，不合經典，將何所取徵哉？二者之論，雖莫之有定，然皆並存於時，各相傳授。自唐玄宗注用今文，於是今文盛行，而古文幾至廢絶。宋司馬温公始專主古文，撰爲《指解》上之。以予觀之，古、今文之所異者，特辭語微有不同。稽其文義，初無絶相遠者，其所甚異唯《閨門》一章耳。諸儒於經之大旨未見有所發揮，而獨斷斷然致其紛紜若此，抑亦末矣。

自伊洛之學興，子朱子實起而繼之。於是因衡山胡氏、玉川汪氏之疑，而就古文考定分爲經、傳。元室之初，吴文正公出於臨川，又以今文爲正，頗遵《刊誤》章目，重加訂定而爲之訓解，其旨益明而無遺憾矣。東廣孫君蕡讀而悦之，因增以諸家所註，名曰《孝經集善》，而其大義則以朱子及吴公爲之宗。蕡通經而能文辭，采擇既精，而又發以己意，其書當可傳誦。故余爲疏歷代所尚之異同，序於篇端。蕡字仲衍，洪武壬寅鄉貢進士，今爲織染局使云。

孝經集説序

明義烏王禕

《孝經》有古文、今文之異，當秦燔書

時，河間顏芝藏其書。漢初，芝子貞出之，河間獻王得而上諸朝。長孫氏、江翁、后蒼、翼奉、張禹之徒，皆名其學，凡十八章，所謂今文也。武帝時，魯恭王壞孔子宅，得《孝經》與《尚書》於壁中，以爲秦時孔鮒所藏。昭帝時，魯國三老始以上獻，孔安國爲之傳，凡二十二章，所謂古文也。劉向典較經籍，實據顏本，以比古文，除其繁惑，以十八章爲定。鄭衆、馬融、鄭玄皆爲之註，專從今文。故古文不得列於學官，而安國之本亡於梁。隋開皇中，王邵始訪得之，以示河間劉炫，炫遂分《庶人》章爲二，《曾子敢問》章爲三，又多《閨門》一章，以足二十二章之數，且序其得喪，講于人間，時議皆疑炫所自作，而古文非復孔氏之舊矣。唐開元間，詔諸儒集議，劉知幾請行孔傳，司馬貞力非之，獨主鄭説。玄宗自爲之註，用十八章爲正。先是，自《天子》至《庶人》五章，惟皇侃標其目冠於章首，至是用諸儒議，章始各有名，如《開宗明義》等類。爲之疏者，元行沖也。至宋邢昺爲《正義》，訓詁益復加詳，而當世大儒司馬温公、范蜀公則皆尊信古文，司馬公爲古文《指解》。迨朱徽公爲《刊誤》，謂經一章，傳十四章。而近時臨川吴氏復以爲隋時所得古文，與今文增減異同率不過一二字，文勢曾不若今文之順，以許慎《説文》所引桓譚《新論》所言考證，皆不合，決非漢世孔壁之古文，爰因《刊誤》重以古文、今文較其同異焉。

夫今文最先出自劉向、鄭玄等，以及唐世君臣皆知表章之，其書固已通行。古文出稍後，而安國之傳既亡，劉炫之本又非真，豈其顯晦各繫於時之好尚哉！今行中書右丞公以古文、今文及《刊誤》三書雖皆行世，而學者皆習而不察，乃與儒者議，彙次其先後，且删漢、唐、宋諸家訓註，附於古文之下，刻本以行。於是《孝經》之爲書，本末具矣。嗚呼！孝者天之經，地之義，而百行之原也。自天子達於庶人，尊卑雖有等差，至於爲孝，曷有間哉！五經、四子之言備矣，而教孝必以《孝經》爲先，則以聖言雖衆而《孝經》者實總會之也。是書大行，其必人曾參而家閔損，有關於世教甚重，豈曰小補而已。

孝經引證序

明吉水鄒元標

太史貞復楊子，學悟性宗，一見與余論合，聯榻信宿而別。一日，出所編《孝經》徵予序，予卒業遲回者久之。經曰：「身體髮膚受之父母，不敢毀傷。」予之足已毀矣。又曰：「愛親者不敢侮人，敬親者不敢慢人。」予生平取世忌嫉不少，必予愛敬之未至矣。雖然，吾有尊足者存，卒不敢以世忌嫉弛吾愛人敬人真心，敬斂袵而序之。序曰：大哉，經乎！千聖之道之總萃咸備於是，無所容吾贅矣。古今稱孝，舜曰大孝，武王曰達孝，下此者即不得謂孝。予請縱言之可乎？乞人賤行也，丐者行食於道，得食飲即遺母，母食且爲之歌數闋，盡懽而止。彼不得不丐者，遇也。丐而娱親者，真性也。苗裔異族也，有苗泣親，繼以殞命。彼淪於苗者，族也。不以苗忘親者，真性也。禽獸無知也，而跪食，而返哺，禽獸未始不知有親也。夫大者謂其彌綸六合，有一物不孝者非大也。達者謂其達之天下，有一物不順者非達也。呼途之人曰：「來，吾語汝以大道。」彼未必不四顧踟躕，惟語之以孝親，三尺豎兒心動神洽。覺世君子，從人所常有者提撕之，則人不沮於其難而吾言之入也常易，此楊子惓惓於是經不忘也。

或曰《集靈》《引證》何居？予曰草木微物，必有以鼓動之，始甲而拆，拆而徐達。子輿氏曰樂則生，生則惡可已，此《集靈》《引證》意也。羅子《宗旨》何居？予曰鵠誠設射者至之，軌道誠立行者由之，羅子《宗旨》，孝道之軌鵠也。一切揣摩意識，思慮懸想，儀章度數，盭宗旨遠甚。且斯道也，吾不知其所自來也。窮之無原，執之無端，用之不可。既洞焉通焉，廣大無際，窮天蟠地，無復周浹，以之事君，以之事長，無二道也。人曰仁，宜曰義，履曰禮，知曰知，樂曰樂，所謂不敢毀傷，不敢侮人，不敢慢人者，皆是物也，皆人所固有，羅子非能爲人加益之也。必明乎斯，而後可以言孝。事父孝，故事天明。事母孝，故事地察。不然，事父母且不知父母，矧曰天地？嗟乎！安得起羅子而質之？予聞陸象山氏曰：「《孝經》十八章，夫子從曾子篤實處説出來，學者必踐履篤實，久則恍然無疑斯語。」晦菴年方七歲即題其上曰：「不如是非人。」嗚呼！思先儒格言，繹羅子微旨，而後楊子之志不孤。

刻孝經全書序

明南昌鄧以誥

夫孝，生人之命脉，而持世之綱維也。開闢以來，堯、舜以孝治天下，萬邦協和而四方風動。堯、舜之心，至今在風會日流，彝倫浸斁，習焉而玩。暨於《春秋》，夫子痛二百四十二年之間，倒置益甚，褒貶衮鉞，庶幾迴狂瀾于既倒，已令《春秋》凜凜懼矣。然可以束天下而未可以化天下，猶有蔓難圖也，是不得不爲之敦龐而植本也。刪述既成，穆然有深思焉。當七十二歲，於曾子問答次第著爲經，發明至德要道。我所固有，亦人所同有。我莫之爲而爲，亦人共莫之爲而爲。令讀者自見腔子内渾是一團生意，若君父大倫，尊尊卑卑，灼然透徹，固結於人心，而《春秋》之僭竊，已潛消默化已。故夫子嘗曰：「吾志在《春秋》，行在《孝經》。」孟子學孔子，守此孝、弟二字。其稱堯、舜也，必本孝弟。其言仁、義也，必自事親從兄。觀諸孩提，未嘗學慮，而愛根仁體，森然畢露，不越於衣冠言動，不移於少艾熱中，一念終身，不識不知，一順帝之則也。視於無形，聽於無聲，一不睹不聞之純乎天也。

人人親其親，人人皆孝子，人人長其長，人人皆悌弟，而天下平也。夫剖堯、舜之宗，抉仁、義之實，渾合大人、赤子之全體，總之大羽翼於《孝經》，固其所不朽哉！願今天下臣庶人置一帙，口誦躬行，俾家親長而户孝弟，一道同風，和氣蒸溢。蓋風雨調而寒暑時，天胥應之。蓋佳禾植而芝草生，地胥應之。蓋綱常正而教化行，人胥應之。夫子生平刪述，歸一於《孝經》，自此益揭日月而中天，其媲美唐虞之盛也，千萬世其無疆哉！

古文孝經序

明四明王佐

夫自天子以至庶人，誰能離孝？粤稽古載籍，誰不言孝？而以孝作經，自吾夫子始。吾夫子蓋嘗作《春秋》矣，操二百四十二年南面之權以寓誅賞，而亂臣賊子懼，故《春秋》者，吾夫子之刑書也，然而有所假也。夫孩提生而無不知愛親，是爲良知，良知則無所假也。孩提生而無不能愛親，是爲良能，良能則無所假也。吾夫子曰：令天下萬世不敢爲亂臣，孰若令天下萬世願爲忠臣？令天下萬世不敢爲賊子，孰若令天下萬世願爲孝子？與曾子問答幾二千言，總不離良知、良能者。是蓋不假誅賞而愛敬，若發自孩提而自不容已，此吾夫子作經意也。而庸知實昉於乾坤。何者？天地吾大父母，父母吾小天地，吾身則合父母、天地爲一體，而毫髮無所假者。乾以易知，此良知所自始，率其良知則無不易而自無不知。坤以簡能，此良能所自始，率其良能則無不簡而自無不能。故事父孝則事天明，事母孝則事地察。吾夫子之贊孝也，通神明，光四海，推之東西南北而無不服，孰非此易簡握其樞哉！

敬齋鄧公嘗取古文《孝經》暨經傳名家語録，彙成一集授梓，令不佞序諸簡端。不佞烏能文？謬窺知能本體歸於易簡，而略闡不睹不聞之微旨，以自附於蠡測，俾天下萬世之風動協和，上下草木鳥獸咸若。原非偉烈，豫頑嚚而諧傲弟，一深山野人能之，卒至有天下而不與。嗟嗟，人人有孝弟，人人有堯、舜。彼七十二子向北辰磬折，與吾夫子跪受黄玉刻文，夫非尊德性而示吾良知、良能不可棄且褻耶？勿作徵異觀可也。

孝經引證序

明嶺南楊起元

孝道之大，備著于經矣。貫三才，通神明，光四海，至貴之行，配天之德，聖人之至教也。以之事君則忠，以之事長則順，以之事天地則仁。天子之所以保天下，諸侯之所以保其國，卿大夫、士之所以守宗廟、保禄位，庶人之所以保四體、養父母，未有離孝者也。萬善未易全也，惟孝則全。百福未易備也，惟孝則備。令名未易亨也，惟孝則亨。至於還淳返朴，致和召順，歸蕩平而躋渾噩，調雨暘而集靈貺，未有不由斯道者矣。《易》曰：「天之所助者，順也。人之所助者，信也。」履信思順者，其唯孝乎！《書》曰：「惠迪吉，從逆凶，惟影響。」蓋言孝也。孝順德也，吉德也，逆則凶矣。孝者，人之常行也。人惟失其常行，然後不孝焉，不孝然後刑罰及焉。周之衰也，下陵上替，害禮傷尊，干上犯分，罪不容誅，原其所由致此者，孝德忘也。嗟夫！此《春秋》之所以作也。人徒見《春秋》誅罰之筆若是其嚴，不知皆因孝德之亡而後有使天下有孝德焉。君君、臣臣、父父、子子，或有弗協者，司寇得而刑之，《春秋》可不作也。

然則《孝經》者詔萬世以常，《春秋》者防萬世於變也。故《孝經》之義，不可一日不行於天下也。乃若德至於天，而風雨節，寒暑時。德至於地，而嘉禾植，芝草生。德至於人，而壽考且寧。要荒即叙，惟聖天子愛敬之極所致，而輔相之上務也。然稽之往牒，雖書生賤士持誦是經，且足以感靈祇，致瑞應。雖一物之微，率此足以格天享帝，而況於人乎！而況士大夫而上至於崇貴乎！予爲之惕然。是編也，雖淺陋者所爲，然不敢不出以示人，亦所以畏聖人之言也。

孝經大全卷之二十一終

孝經大全卷之二十二

明新安呂維祺箋次

表章通考

述文跋

管見跋

元隱士釣滄子

夫粟菽非可以甘唇，乃其所常食也。布帛非可以華躬，乃其所常服也。然常食之中有至味，常服之中有至美，但人莫不食且服也，而喜膏粱，好文繡，知其味與美者，豈不鮮哉！

《孝經》廢弛日久，士尚奇詭之學，視此若土苴，談而及之，反唇而譏，掩口而笑，不以爲迂，則以爲腐，冰炭蕕薰，兩不相合。愚雅嗜讀書，不求仕進，退居山僻，蒐究典墳，然不喜襲陳說。間閲《孝經》，少參一二，名之曰「管見」，猶云坐井觀天也。但其間若有自得之趣，輒註輒喜，甫成即函之笈笥以自珍，非欲私之己而不公之人也。苟不在孝道中用力與不達孔、曾之旨者，持而語之，是强以粟菽易膏粱，布帛奪錦繡，烏乎能哉，故寧秘之而不發也。雖然，卞氏之璧，不終於塵埋，趙氏之珠，豈久爲淵没！聖人之經，安得竟廢而不行哉！五百年必有王者興，其間必有名世者，嗣是而後有以孝治天下之明王在上，而海内仁人、孝子興起而振作之，則必輯録是經，發明奥藴，將蒐羅而纂集之。愚言幸存，或亦爲芻蕘之采，得備籠中之藥物，未可知矣。今日之言，寧非他日之用哉！若或言悖於道，不印聖心，不合經意，則亦俟後之仁人、孝子教我而已，我又何得自知乎！

孝經跋

明錢塘虞淳熙

聖人所以通神明之德者惟孝乎！亘五際，總五經，含五常，孕育三才而靈然獨存者也。其結字也，子戴老、老馮子，鴻濛以降，年莫老於太極，而兩儀爲之伯長。經曰：「事天事地。」是大《易》稱父稱母之文，而推原性真，開闡經義，則又太極生生之大指矣。仲尼既成《春秋》，年踰七十，始收衮鉞，爰受玉圖，呼弟子以開宗，揭周公而示行。配天雖大，契性猶難，必若《大學》之修身，《中庸》之誠身，七篇之守身，然後見遺體之大全，而紹性宗之正脉也。學絶既久，心晝日湮，慈湖楊子首倡學即孝字之説以發矇，而囂囂良知，東越標其獨見，於是子漸之孝，遂名朱氏之學矣。子漸由孩提以至耄耋，由始生飲食以至賓飲於鄉，無須臾離孝，亦無終食離經。大索古今，遠蒐疏解，爰張百家之羽翼，横絶四海而家喻户曉，不啻王漸之沿門誦義，尹公之散及鄉人也。

書凡四種：曰《經書孝語》，曰《家塾孝經》，曰《曾子孝實》，曰《古文直解》，并《古疏》爲五帙，挾大槐從皇祖教鐸而趨，與遒人日狥于路。温中丞壯其志，表其閭，分其衰三以應三才，以象九疇之三摷，使妙應無方，出家塾，通序室，質諸十六字而無疑，斯盛心哉！乃子漸猶恐身附文公疑于兩朱子者。夫從孝遡之，豈惟無兩朱子，將孔、曾天地尚非兩人。遡身之初，無論身附朱子，即孔、曾天地尚非兩身。而子漸何慮其僭耶！三才不一，不能盡其才。三極不一，不能用其極。神明本通，安所取疏鑿之力而始通乎？當是時，東越俎豆孔庭，國學剞劂正義，西清東壁，咸列是經，豈其必家塾，而聖天子陳之經筵，從容留覽。正子漸質成之會，豈其必疑之，質孝且達矣。雖然，熙尤欲以國人之儆儆子漸也。太極遺體，是曰吾身。守之則名希孟子，誠之則名希子思，修之則名希曾子，立之則名希孔子，尚思揚名哉？四子一身也。守即誠也，誠即修也，修即立也，名即實也，實即孝也，孝即學也。齊戒以神明其德，在子漸之益致其知，益力其學也。

孝經跋

明錢塘葛寅亮

古帝王之治天下也，咸願得忠義之臣，而共敷雍熙之化。然有宵旰不能求而垂拱敦倫，豈豈真才倍出而風俗自美者，則孝之關於士風世道不綦重哉！蓋人之五倫，父子最親。親故愛之、敬之，移於兄則爲悌弟，移於君則爲忠臣，由是而成廉、成讓，由是而不貪、不欺，直一念貫之耳。使愛敬未至，孝道仍缺，忠於何推？矧其他乎！故知孝雖家庭庸行，而實聖帝明王之至治。使爲治而舍此，縱稱仁講義，崇禮作樂，終非上理也。洪惟我太祖高皇帝以孝警民，成祖文皇帝以孝垂訓，自是列聖相仍率循斯道，故一時臣工，或以義著，或以忠聞，而雍熙之化直比隆唐虞矣。

今上御極，洞教化之原，徹至理之治，首重是道。爰頒聖諭，責重學臣，崇尚《孝經》，詘浮藻之詞，而欲收移孝爲忠之用。大哉王言！誠可謂萬世卓絶之至見，而一時願治之極思也。竊私念之，以爲聖天子純孝若此，則士風自漓反淳，世道以治益治，此其時已。迺首起而綜輯是經者，即得之吾友江邦玉。邦玉世登仕版，俱以忠孝著聞，而邦玉則樂於恬退，獨居横山之中，無書不讀，而尤精《孝經》一書，此其人品亦可概見矣。時維夏五月，予寄官璽卿，邦玉所訂《孝經》成，郵致一册而問序于予。予莊誦之，備漢、唐、宋、元之詮釋，辯古文、今文之同異，博而得要，該而不繁，無論經傳註述悉有條貫，而聖人作經之微意蔑不窺矣。非孝與性成，童而習之，烏能精專至此哉！此書一出，吾知人同此心，將觸之火然泉達，有不自知其興於孝者。孝則必忠，而貪僞之風又奚患不消靡耶！如是而人心純粹，世道雍熙，則是書也，誠足仰副聖天子之望已。

刻孝經跋

明吴興閔洪學

有味乎孟氏之言曰：「人人親其親，長其長，而天下平。」凡天地間，有待安排，有費辭説，一人知，不必人人共知，一人能，不必人人共能，此于道不可謂自然，于人便非親切，于世爲可有可無之物。以之立教，不免離合參差，有作而不必應，有唱而不必和，平天下者不道也。

若夫親親長長則不然，人不生空桑，墮地即有父母，此無待而然者也。有父母，即痛癢關切，孩之而笑，疾痛而呼，又莫不然而莫知所以然者也。無賢不肖，無知愚，亦無貴賤貧富，亦不必依傍名理，亦不必轉相借貸，隨取隨足，至易至簡。嘗試盡一世之人而詰之，有一人焉，能脱離父母，不屬于毛，不離于裏者乎？姑舉事父母諸事，如朝夕温清，視膳問安，負米扇枕之彙，設身處地，有一可自謂不能者乎？雖田夫、野叟、兒童、婦女生未識字之人，但聞説孝弟等事，靡不心開目明，手舞足蹈。即世間一種下愚，喪心滅性，舉人世上名義禮法，俱於彼似不相關涉，一切入之不得，但使有人焉偲偲切切，直提以身所從來，亦必隱隱若刺，肉顫心戰，瞿然悚然。不自知頳發乎面，汗發乎背，傍徨而無以自容，借曰不然，必非範人之形而可耳。此無他，所謂刺頂得血，着其痛處，不覺啞然失聲。蓋招不孝者而歸諸孝，招不弟者而歸諸弟，亦如呼行者而使之歸，無不望見城邑涕泗悲號者矣。昔孔子嘗曰：「吾志在《春秋》，行在《孝經》。」《孝經》與《春秋》相表裏，固經世之書爾。

刻孝經跋

明宜興陳于廷

夫孝，人子之極思也。思則至性鬱勃，無待也。待訓戒丁寧乎？待訓戒丁寧而後萌，又惡在爲孝思也。噫！不然也。自先王之道不明，而師失其所以教，弟子失其所以學。天經地義，晦蝕澌滅，膝下依依真意，轉入百千萬億之情識。如少艾妻子，得君種種，移其慕父母之良，而至違禽獸不遠。夫違禽獸，則誠不遠矣。脱斯時而有介乎其側者，告之曰吾猶臆爾父母之腹爾者，奚若也。其寧自餒而飼爾，寧自凍而燠爾，寧自瘁而憂爾者，奚若也。有不恍遇其膝下之真而潸然淚下者乎？又告之曰吾猶臆爾父母睊睊其目，望逮爾一日之養者，奚若也。爾幸有今日，乃向之睊睊者，曾能以粒粟寸絲甘其口而温其膚否也。又有不泫然涕流若不能須臾視息于人世者乎？凡此則有待而萌者耳。何況聖經洋洋，群籍炳炳，發皇夫至德要道之微，而指陳夫大人赤子之體者。堯、舜孝弟，宛在庭除。親長平天下，燦若指掌。又不有賢愚共其觸發而貴賤同其悲感者哉！

顧嘗論之，孝一也，有及親之孝，有盡己之孝。歿而祭，祭而哀，直盡己焉耳。舜孝之大，大于以天下養也。曾參之孝之純，純于養志養口體兩無憾也。噫！真子道之盛也。負米興恨，風木銜悲，雖悽惻千古，于親何及哉！歐陽子曰：「祭而豐，不如養之薄也。」余讀其言而愴然悲心焉。夫自天子至庶人，其隨分得爲者皆可及吾親，乃或大言曰吾且爲顯揚爲大孝，而區區口體弗遑留意。嗟嗟，曾口體之養弗切，而有真顯揚者乎！文王之爲世子也，朝于寢門日三，食上必視寒煖之節，食下必問所膳，彼至聖之孝而猶若是。蓋膝下愛濡，掀揭宇宙，皆愧端也。孩提慕永勳華事業，猶一吷也。古人不以三公易一日之養，而啜菽飲水，務盡其歡。即泣竹剖冰，屢標其異，豈非生前聚順之爲真而勿使有後日之恨哉！余故願今之讀是書者，毋遠求，即自溫清菽水始。夫經之言孝，終始顯微，靡所不極。乃余若有意乎其近者，何也？則欲使今之人人入門可致，隨有無可勉與。後日而思其居處，思其嗜欲，固不如今日者之遂得致于吾親也。又況即此一念，忠移君，悌移長，治移官，五孝之用雖別，而百行之原不殊，塞天地，橫四海，又豈迂乎哉！余故從至性鬱勃中亟導其近且易者，即與哀是書者之婆心一耳。

刻孝經跋

明九華施達

孔子七十二著《孝經》曰：「吾志在《春秋》，行在《孝經》。」夫《春秋》經世，雖先王之志乎，其事則齊桓、晉文，其文則史，即與《孝經》奚涉也。抑《孝經》嘗論列天子、諸侯、卿大夫、士矣。愛敬盡於事親，而德教加於百姓，刑於四海，則天子之令行。諸侯不驕不溢，卿大夫守先王之法言、法行，士以孝敬事其君長，則僭竊不生，篡逆不作。五刑之屬可措，而《春秋》之筆削何從？故《春秋》成而亂臣賊子懼，《孝經》行而犯上作亂鮮。其謂先王有至德要道以順天下，民用和睦，上下無怨，亶其然乎！

昔鄭玄注《孝經》，以爲五經之總會。國朝《孝經》不列於學官，而《春秋》孤行。先儒盱江羅氏學先仁孝，厥徒楊歸善氏傳得其宗，纂輯是經，采摭武林虞淳熙《集靈》、《禮記》諸書引證及師門宗旨，合爲一編，俾學者朝夕禮誦。其言曰：「《孝經》之教，以不敢爲先，自身體髮膚不敢毀傷，馴至於不敢惡慢，不敢服道行於非法，不敢失小國，侮鰥寡、失臣妾，是不敢之爲孝也，大矣。乃若五刑之辠莫大於不孝者，凡刑之所加，皆敢之所致也。故《孝經》之教行天下，可以無刑人。」其表章《春秋》，於《孝經》義爲著。學者果能涵濡浸漬於斯，《春秋》之治可致也。爰刊副本，以廣示夫天下之爲人臣子者。

孝經大全卷之二十二終

孝經大全卷之二十三

明新安吕維祺箋次

表章通考

述文 論説

孝經論一

宋慈湖楊簡

孔子曰：「天有四時，春夏秋冬，風雨霜露，無非教也。」簡亦曰：「無非教也。」又曰：「地載神氣，神氣風霆，風霆流形，庶物露生，無非教也。」簡亦曰：「無非教也。」不敢惡於人者，此也；不敢慢於人者，此也；在上不驕者，此也；制節謹度者，此也；不敢服非先王之法服者，此也；不敢道非法之言者，此也；不敢行非法之行者，此也；愛於母，敬於君，而兼敬愛於父者，此也；用天之道，因地之利，謹身節用，以養父母者，此也。是三才之所同也，人性之所自有也。人性之自有而爲悖爲亂者，動於意而昏也。孔子每每戒學者毋意，絶其昏亂之萌也。意欲不作，清明融和，爲愛敬，爲博愛，爲敬讓，爲不敢，爲不驕，爲不溢，爲德義，爲禮樂，爲不敢遺小國之臣，爲不敢侮鰥寡，爲不敢失於臣妾，爲不敢從父之令，爲補君之過，皆此心之變化，一以貫之也，不可以爲彼粗此精也。曰粗曰精者，意也，非吾所謂無所不通者也。其物似十百千萬，其實未嘗十百千萬也，故曰：「孝弟之至，通於神明，光於四海，無所不通。」《詩》

云：「自西自東，自南自北，無思不服。」此之謂也。此心之神，無所不通，光明如此，由此謂之正學，失此謂之僞學。而章句陋儒，取孔子所與曾子之書，妄以己意增益之而分裂之，又刊落之，相與妄論於迷惑之中而不自知，此惟心通内明乃克決擇。

孝經論二

宋慈湖楊簡

孔子曰：「夫孝，天之經，地之義，民之行。天地之經而民是則之。」夫天地之不可以俄而測度如彼，而民何以則之？謂民則不惟聖賢，凡民皆在其中。然則凡民何以則之也？身體髮膚受之父母，不敢毁傷，是則之也，是天地之經也。居則致其敬，養則致其樂，病則致其憂，喪則致其哀，祭則致其嚴，是則之也，是天地之經也。自膝下嬉嬉，皆知愛其親，愛其親之心曰孝，是愛其親之心，吾不知其所自來也。窮之而無原，執之而無體，用之而不可既，不勉而中，不思而得，洞焉通焉，廣大而無際。天之所以健行而不息者，乃吾之健行也。地之所以博載而化生者，乃吾之化生也。日月之所以明者，乃吾之明也。四時之所以代謝者，乃吾之代謝也。萬物之所以散殊於天地之間者，乃吾之散殊也。吾道一以貫之，果吾之所自有也。人皆有之，而自省自信者寡也。志曰：「聖人之道，發育萬物。」又曰：「聖人先得我心之所同然也。」孩提之童，無不知愛其親，及長，無不知敬兄，敬兄即愛親之心也。壯而事君，無不知忠於君，忠於君之心，即愛親之心也。無二心也，無二道也。及其臨民博施之心，又不期生而自生，即愛其親之心也。此無二心也，無二道也。泛焉應酬，縱焉交錯，愛敬互興，喜怒哀樂，無二心也，無二道也。仁此謂之仁，宜此謂之義，履此謂之禮，樂此謂之樂，知此謂之知。明目而視之，不可得而見也；傾耳而聽之，不可得而聞也。故曰：「無聲之樂，日聞四方。」此即天之經也，此即地之義也，是之謂則天地之經。

安厝時思論一

宋涑水司馬光

葬者，人子之大事。死者以窀穸爲安宅，死而未葬，猶行而未得其歸也。是以孝子雖愛親，留之不敢久也。古者天子七月，諸侯五月，大夫三月，士踰月而葬。今《五服年月勑》王公以下皆三月而葬，是舉其中制而言之。按禮未葬不變服，啜粥，居廬，寢苫，枕塊，蓋孝子之心以爲親未獲所安，已故不敢安也。今世信葬師之説，既擇年月日時，又擇山水形勢，以爲子孫貧富、貴賤、賢愚、壽夭盡係於此，而其爲術又多不同，爭論紛紜，無時可決。乃至終喪除服，或十年，或二十年，或終身，或累世，猶不葬。至爲水火所漂焚，他人所投棄，失亡尸柩，不知所之者，豈不哀哉！人所貴有子孫者，爲其死而形體有所付也。既而不葬，則與無子孫而死於道路者奚以異乎？《詩》云：「行有死人，尚或殣之。」況爲人子，乃忍棄其親而不葬哉！大抵世之遷延不葬者，多以昆弟各懷自利之心，而野師俗巫又從而誑惑之，甚至偏納其賂而給之以私已，愚而無知者安受其欺而弗悟也。

夫某山强則某支富，某山弱則某支貧，非惟義理所不當問，雖近世陰陽書亦有深排其説者。惟野師俗巫則張皇煽惑以爲取利之資，擇地者必先破此謬説，而後無大拘之患，爲人子者所當深察也。南劍州羅鞏，在大學默禱前程事於神。一夕，夢神曰：「子得罪陰間，宜亟歸，前程不須問。」鞏懇平生無過，願告獲罪之因。神曰：「子無他過，唯父母久不葬，兄弟碌碌，安足責也。」鞏悔悟，急歸，未及家而卒。

安厝時思論一

宋建安真德秀

浮屠之教得行，由吾儒之禮先廢，使今之居喪者，始死有奠，朔有殷奠，虞、祔、祥、禫皆有祭，既足以盡人子追慕之情，則於世俗之禮且將不暇爲之矣。不復祭禮而徒曰「勿用浮屠」，使居喪者悵悵然，無以報其親，未見其可也。經曰：卜其宅兆而安厝之。春秋祭祀，以時思之，孝子之事親終矣。雖然，君子有終身之喪，忌日之謂也。忌日不用，非不祥也，言夫日志有所至而不敢盡其私也。人子之於生日，苟無父母，當以忌日自處。太宗以萬乘之主能行之，況學者豈可昧此！

孝經本文説

明海昌褚相

聖學者，心學也，一元沕穆之始勿論已。兩儀既奠，而三才之道彰，則一元之秘，獨契于聖人之一心。自羲皇一畫而爲心學之祖，宣聖一貫而爲心學之宗。時至春秋，教化漓而人心陷溺，君權世道大裂不支。聖爲此懼，斷魯史以維既墜之王法，闡《孝經》以覺未泯之人心，要皆本吾天地生生之心，廓吾天地生生之德。然德莫大于盡孝，孝即良知、良能，此心之愛敬爲之，匪襲也。命于天，率于性，彰于教，通于治，蘊于人心，流行于萬事萬化。通神明，和上下，格天地，光祖宗，達四海，前乎千萬世之既往，後乎千萬世之將來，無所不通。

信哉！

《孝經》一書，孔、曾授受之藴，吾道一貫之精乎！夫道以一貫則道以心盡，舉一孝而天地古今之治化畢矣。惜嬴煨作而經殘教潰，歷代君臣好尚靡定，聖學罔聞，遂至諸儒紛紛各售己見，分門立户，考索異同，而有拂經、鑿經、議經之失。嗟乎！此聖經一大厄也。予嘗反覆玩味，經之本文數百語，直截簡明。其旨燦然，其義秩然，其體察躬行一指掌而化理藹然。言天子，則舉天下之孝盡之矣。言諸侯、卿大夫，則舉一國一家之孝盡之矣。言士、庶，則舉一人一身之孝盡之矣。明此而大順充溢，比屋可封，天下復覩唐虞三代之盛，何古今率貿貿焉莫知所自也。或者曰：子以一貫説經，深明此孝渾然一理，無事紛張，似矣。其間孔、曾更端問答之詞，何居？噫！此正聖賢教思無窮之心，萬物一體之學。先揭明王孝治以端化本，更歷叙孝行以崇化機。至于因人情以爲節文，因上之善政善教以及不軌之懲戒，閨門之幽隱，而凡有禆于人心化理至詳至密，無非欲人各隨其分，以盡吾性，以全吾孝。至求其孝治天下之本，實係于吾君之建心極。嗟乎！惟皇建極，大化攸同，此誠聖經垂範之大旨。譬猶麗天之宿一舉首而在目中，合轍之車不出户而通天下。古謂一孝立而萬善備，非一貫之旨歟！第愧後儒罔求聖學心源，惟兢俗流訓詁，前後異見，遂析爲古文、今文之辨，是謂拂經。分章註釋，以各炫己長，自多博識，是謂鑿經。刪煩訂訛，迄無定論，以破千古之惑，是謂議經。三者出而全經愈蝕，俾聖心獨得于天之藴，乃爲後世支離口耳之談，其獲戾聖教何如耶？有志聖經者，莫先于明一貫之學，庶可覬其微矣。

孝經叙録説

明崑山歸有光

《孝經》一篇十八章，河間顔芝所藏，芝子貞出之。《孝經》古孔氏一篇，二十二章，孔氏壁中所藏，魯三老獻之。漢世傳《孝經》，有長孫氏、江氏、后氏、翼氏四家，而古文絶無師授。至劉向較定，以十八章爲定。魏晉以後，王肅、韋昭、謝萬、徐整之徒，注者無慮百家，莫有言古文者。蓋古文并於十八章，而孔氏之别出者廢已久矣。隋劉炫始自離析增衍，以合二十二章之數。著《稽疑》一篇，當時遂以爲孔傳復出，而儒者固已譁然，謂炫自作。炫又僞造《連山》、《魯史》等百卷，則炫之書，又可信哉？晉穆帝永和十一年及孝武大元元年，再聚群臣，共論經義，荀昶撰進《孝經》諸説，以鄭氏爲宗，其後陸澄謂爲非玄所注。唐開元七年，詔群臣集議，史官劉子玄遂請行孔廢鄭。夫子玄以爲非鄭之注可矣，因欲以廢經而用劉炫之古文，豈不過哉！當是時，儒者盡非子玄，天子卒自注，定從十八章，仍八分御札，勒於石碑，世謂之《石臺孝經》。宋咸平中，詔邢昺、杜鎬等依以爲講義，而司馬温公《指解》猶尊用古文，其意詆今文爲他國踈遠之僞書，蓋見新羅、日本之别序而近忘京兆之石臺也。元吴文正公始斥古文之僞，因朱子《刊誤》多所更定，今予一從石臺本。獨其章名乃梁博士皇甫侃之所標，非漢時之所傳，故悉去之。予又著其説曰：大哉，孝之道！非聖人莫之知也。昔孔子嘗不對或人之問禘矣，其言明王之以孝治天下，至於刑四海，事天地，言大而理約，豈非極萬殊一本之義！意其所以告曾子者如此。

全孝圖説

明錢塘虞淳熙

「孝」字從老省、從子，子在老傍，抗而不順，非孝也。老在子下，逆而不順，非孝也。老上子下，斯象形矣。規者，太虚也。規中者，其孕也。約以從老從子之象。太虚爲老，能孳萌爲子。太虚爲老，三才萬物爲子。乾爲老，坤順承爲子。乾坤爲老，六子爲子。乾坤爲老，日月五行民物爲子。日爲老，月受光爲子。日月爲老，五行民物爲子。五行生我爲老，我生爲子。山祖脉爲老，胎育爲子。川源爲老，委爲子。五行爲老，渾敦氏爲子。渾敦氏爲老，人爲子。二氏父母爲老，二氏爲子。兆人父母爲老，兆人爲子。四裔父母爲老，四裔爲子。五等之貴者爲老，賤者爲子。禽獸草木，各有牝牡雌雄，雖胎化不同，而生者爲老，受生者爲子。以老孚子，以子承老，無物非孝也。《援神契》曰：「孝在混沌之中。」曾子曰：「夫孝，推之後世，而無朝夕無時非孝也。」無物不有，無時暫停，以應規也。人言釋老超出太虚，不拜父母。太虚無外，復何可超？即與同體，能不孳萌而爲孝乎！作《全孝圖説》。

孝經大全卷之二十三終

孝經大全卷之二十四

明新安吕維祺箋次

表章通考

述文解

紀孝行章解

宋建安真德秀

昔聖人作《孝經》一書，教人以事親之道。其《紀孝行》章曰：「居則致其敬，養則致其樂，病則致其憂，喪則致其哀，祭則致其嚴，五者備矣，然後能事親。」孝之終始，無出於此。所謂「居則致其敬」者，言子之事親，須當恭敬，不得慢易。蓋父母者，子之天地也。昔王侍郎十朋見人禮塔，呼而語之曰：「汝有在家佛，何不供養？」蓋謂人能奉親即是奉佛，若不能奉親，雖焚香百拜，佛亦不佑，此理甚明。所謂「養則致其樂」者，言人子養親，當順適其意，使之喜樂也。昔老萊子雙親年高，已亦七十，常綵衣爲兒童戲於親側，欲親之喜。今貧民固無美食珍膳，但能隨力所有，盡其誠心，則尊者之心自然快樂，一門之内盎然如春矣。所謂「病則致其憂」者，言父母有疾，當極其憂慮也。昔人王祥有母病，三年衣不解帶。親年既高，不能無病，人子當躬自侍奉，藥必親嘗。若有名醫，不恤涕泣訴告以求治療之法，不必刲肝割股然後爲孝。所謂「喪則致其哀，祭則致其嚴」，二事皆當以盡誠盡敬爲主。又曰：民間不幸有喪，富者則侈靡而傷於財，貧者則火化而害於恩。夫送終之禮，稱家有無，昔人所謂必誠必信者。惟棺椁衣衾，至爲切要，其他繁文外飾，皆不必爲。又曰：至如佛家追薦之説，固茫昧難知。供佛飯僧，廣修齋事，甚爲無益，灼然可知。又曰：聞鄉俗相承親賓送葬，或至割羊宰豕，酬杯劇飲，當哀而樂，尤爲非禮。又曰：經曰：「孝弟之至，通於神明。」天下萬善，孝爲之本。若能勤行孝道，非惟鄉人重之，官司重之，天地鬼神亦將佑之。如其悖逆不孝，非惟鄉人賤之，官司治之，天地鬼神亦將殛之。此州素稱善國，好善者多。今請鄉黨鄰里之間更相勸勉，其有不識文義者，煩老成賢德之士當爲詳説使之通曉，庶幾人人興起，家家慕效，漸還淳古之俗。

庶人章解

宋建安真德秀

經云：「用天之道，分地之利。謹身節用，以養父母。」此至聖孔子所作，大聖言語，應不誤人。春宜深耕，夏宜數耘，禾稻成熟，宜早收斂，豆、麥、黍、米、桑、麻、蔬、果宜及時用功浚治，此便是用天之道。高田種早，低田種晚，燥處宜麥，濕處宜禾，田硬宜豆，山畬宜粟，隨地所宜，無不栽種，此便是分地之利。既能如此，又要謹身節用。念我此身父母所生，宜自愛恤。莫作罪過，莫犯刑責，得忍且忍，莫要鬭毆，得休且休，莫興詞訟，入孝出弟，上和下睦，此便是謹身。財物難得，當須愛惜。食足充口，不須貪味。衣足蔽體，不須奢華。莫喜飲酒，飲酒失事。莫喜賭博，賭博壞家。莫習魔教，莫信邪師，莫貪浪遊，莫看百戲。凡人皆因妄費便生出許多事端，既不妄費，即不妄求，自然安穩無諸災難，此便是節用。謹身則不憂惱父母，節用則能供給父母，能是二者，即是謂孝。故曰：「以養父母，此庶人之孝也。」爾衆朝朝誦念，字字奉行，如此則在鄉爲良民，在家爲孝子。明不犯王法，幽不遭天刑。比之遊惰荒廢，自取饑寒，放蕩不謹，自招危辱者，相去遠矣。

呂維祺曰：「按：真文忠公經濟學術，古今宗仰。昔治泉州，首解《孝經》一節，刊給諭民，民多向化，至今誦之。蓋孝固統於事親，而公揭此以諭泉民，則泉治矣。以此諭天下，則天下治矣。其爲至德要道若此。況公所解語，民皆易曉。有志民瘼者，其留意焉。」

孝經解

明正學方孝孺

孝子之愛親，無所不至也。生欲其壽，凡可以養生者，皆盡心焉。死欲其傳，凡可昭揚後世者，復不敢忽焉。養有不及謂之死其親，没而不傳道謂之物其親。斯二者罪也，物之尤罪也。是以孝子修德修行，以令聞加乎祖考；守職立功，以顯號遺乎祖考。俾久而不忘，遠而有光。今之人不然，豐於無用之費而嗇於顯親之禮，以妄自誑而不以學自勉，不孝莫大焉。

孝經解

明合肥蔡悉

身也，道也，皆父母所以與我，而我與父母一者也。皆父母與我，所以肖天地而一者也。不敢毀傷，敬其身體髮膚已爾。天地之塞吾其體，天地之帥吾其性，所謂道也。身任此道，道立此身，身與親，庶幾不朽乎！事親曰始，自孩提愛敬左右，就養而言也。立身曰終，自父母全而生之，子全而歸之言也。

夫孝終於立身，立身要矣，學道急焉。夫孝天性也，始何所始，終何所終，本乎至情，隨分自盡，無有患不及者也。大舜養以天下，曾子養以酒肉，其道一也。《虞書》顯設于當時，《孝經》、《大學》垂憲于萬世，其道亦一也。乾以易知，則天之明，不慮之良知也。坤以簡能，因地之利，不學之良能也。利即《坤》「不習無不利」之利，良知、良能民之行也。愛敬生於孩提，仁義達之天下，沛然而不可禦也。教成而政治矣，以順天下，豈有驅迫勉强於其間哉！天地之性，人爲貴，父子之道，天性也。率性而愛敬之，謂之孝，是曰性善，其儀所以不忒也。至於配天，而性無毫髮不盡矣。夫子言性，何切近精實也。父母生之，續莫大焉，續者天性，生生不斷者也。敬親愛親，豈容有以尚之！義當最厚者，獨君父之臨耳，必自愛親敬親之心移以事君而後能忠。悖德悖禮是謂凶德，如此之人，豈能有道事君哉！夫莫厚於君臣之義，而本因於父子之親，聖人之德，又何以加於孝乎膝下？愛敬爲仁之本也。聖人因以教敬教愛，教不肅而成，政不嚴而治矣。可道、可樂、可尊、可法、可觀、可度，此謂可欲之善。佛老不先親親，是二本也。管、商政刑驅迫，惡知仁義哉！善根斷滅，皆爲凶德。雖虛無道成，霸圖克遂，豈君子所貴乎！親愛，樂之實也。敬順，禮之實也。孝弟立，而禮樂興矣。樂可移風易俗，禮可安上治民，敬行而悦生，禮先而樂後也。教孝、教弟、教臣，總曰君子之教以孝也。

孝之時義大矣哉！孝莫大乎以道養親，故親不義則諍之，況可以不義悦親乎！人資乾以始，父，子之天也，良知胎于此矣。資坤以生，母，子之地也，良能胎于此矣。則天之明，事父孝，故事天明。因地之利，事母孝，故事地察。良知、良能本乎父母，塞乎天地，通於神明，光於四海，無所不通。事天明，良知配天。事地察，良能配地。神明之彰，無在而無不在。順德之馨，宗廟之享，焉往而不感通也，豈可以常情測哉！上下相親，忠之至也。忠之道，《孝經》備矣。或者著《忠經》，未達乎生民之本盡矣之義也。本者何？天性是也。親，人所由生也；人，親所以長生也。生愛敬，死哀戚，父祖子孫宛然一脉，流通萬代。如見死生之義備，而孝子之事親終矣。非親人從何生？非人親復何存？非愛敬哀戚何以盡生人之天性而繼續于無窮乎？大哉，孝也，斯其至矣。

五等章解

明錢塘孫本

愚統觀夫子作經之旨，端爲治道設也。然孝屬事親，而所以能通於治者何也？蓋孝不外乎愛敬。愛敬者，乃推行此孝之大端也。故人能愛敬，則其心和順，必不敢惡慢於人。即此不敢惡慢人之心推之，則凡形諸言動，措諸政令，必皆博愛廣敬之事，故君則化民成俗，臣則承流宣化，而世道自臻於化理矣。但天下之愛敬雖同，而勢分則異，其所推及乃有大相懸者，故夫子以愛敬總冠於五等之上，則推行有本，然後歷叙五等之人各有當盡之孝，而要之皆愛敬所推也。

五等者何？天子有天下，故愛敬盡於事親，則自不敢惡慢於人。而推之德教，即有以加百姓，刑四海，所謂一人之善賴及兆民而保先王所傳之天下。故謂之天子之孝，孝之最大者也。諸侯有社稷，既愛敬其親而不驕不溢，戰兢以守其富貴，蓋諸侯所以成其孝也。卿大夫有宗廟，亦以愛敬推於容服言行之間，務皆合於禮法，豈不可保其禄位，蓋卿大夫所以成其孝也。士無爵，土可守，而先人之祭祀所當奉也。故必夙興夜寐，以事所生者，事其君長，而祭祀可守，蓋士所以成其孝也。若庶人則雖均有愛敬之心，而不能以遠推也。不過因天分地，謹身節用，以養父母，爲庶人之孝而已。然則愛敬者，事親之事，所謂孝之始也。推及於天下國家者，立身之事，所謂孝之終也。不能愛敬，是爲無始；不推愛敬，是爲無終。故自天子至於庶人，孝無終始則必亡身喪家，而國與天下皆不可保矣，焉有不及於患者哉！

此五等之孝，自天子倡之，則諸侯、卿大夫、士、庶罔不合敬同愛以成天下和平之化，而後王之欲圖治者舍孝何以哉？故曾子仰而嘆曰：「甚哉，孝之大也！」

聖人因嚴以教敬因親以教愛解

明仁和朱鴻

經曰：「聖人因嚴以教敬，因親以教愛。」此可見親嚴者，人之性也。聖人因性以立教，固無惑乎？不肅不嚴，而教易成，政易治矣。然親生膝下，以養父母日嚴，此正孩提之童一無知識之時，豈能遽率聖人之教耶！要在爲父母者訓導之爾。苟於斯時，而謂其幼小無知，務爲姑息，是不知古人胎教之益。俾之任情縱慾，放其良心，斲其真性，大曠其養正之時，及能出就外傅，已事倍而功半矣。聖人豈慮不及此哉！蓋聖人愛敬盡於事親，而德教自有以加百姓，刑四海，則孝弟之道天下同風。爲父母者以身率教，朝夕薰陶訓迪，俾弟子聞孝言，見孝行，啓發其天性之良，充長其愛敬之性，於凡一切殘忍慢易之事，悉禁絶之而勿使接於耳目，自然習與性成，而天下和平之化可漸而致也。然則父母所以甄陶其子者何？莫非聖教之所漸被也哉？正如孟子所謂西伯善養老者，不過導其妻子使養其老。可見聖人之立教，豈家至日見而諄諄然以命之？亦惟導其父母使教其子爾。夫何今之教子者反是，不能善體聖人之訓，率皆沿習衰世末俗之行，假以姑息豢養之恩，誘以富貴利達之事，至長而從事於師，亦惟加課習之勤，督文藝之末，於德行本源之地一罔聞知，幾何而能成其順德之風、仁義之習也哉？若使聖人微言所蘊蚤白於天下，則天下之人悉知教子於嬰孩，養真純、防外誘，務全其天性之良，則仁人孝子亦胥此焉出矣。嗚呼！子弟能先明於本源之地而後從事於文藝，豈不益有力哉！故曰科舉之學，不患妨功，惟患奪志。

孝經大全卷之二十四終

孝經大全卷之二十五

明新安呂維祺箋次

表章通考

述文　考辨　別傳　衍義　心法

孝經考

明仁和朱鴻

謹按：《漢·藝文志》及《鉤命訣》、《孝經中契》、《孔聖全書》、《年譜》、宋景濂《生卒辯》謂孔子七十二以《春秋》屬商，而《孝經》則以屬參，是《春秋》、《孝經》之成似同斯時也。夫魯麟生而《春秋》作，《孝經》成而圖文見。天人交應，理固然者，其垂憲萬世宜矣。由魏文侯立傳，傳至嬴秦，與六籍同燬。漢興，惠帝除挾書律，《孝經》自顏貞氏出，乃隸書也，故名今文。文帝爲置博士，司隸有專師，制使天下誦習焉。及涼州變，令家家習之，詔書詰責。武帝時，孔壁出《孝經》，皆蝌蚪書也，故名古文。光武時令虎賁士習之，明帝時令羽林悉通《孝經》章句。是時，不惟天下之經生、學士，而家誦户習遍武人矣。況廟號率用孝謚，選士每先孝廉，世稱漢治近古，殆不誣哉！第歷代表章經籍，咸列學官，直以此經明顯，未令諸儒會議，故經旨未能統一，悠悠千載，可勝嘆哉！曹魏以後，注者無慮百家，於是晉永和及孝武大元間，再聚群臣，共論經義。迨梁武帝撰疏十八卷，簡文帝撰疏五卷，梁昭明、唐壽王及諸胤子皆講於殿庭，唐太宗命孔穎達講於國學。是累朝之英君碩輔靡不尊尚，而諸儒之註疏多穿鑿踳駁。開元間，乃詔群臣集議。夫玄宗最爲好古，篤信是經，剪繁蕪，撮樞要，重加註疏，更爲精密。書勒國學，仍敕家藏，學者至今稱《石臺孝經》云。宋太宗有御書《孝經》，仁宗有篆隸二體，高宗有真草二刻，復詔邢昺、杜鎬爲置講義。是此經之流播宇内如日中天，誠六經之總會，百王之衡鑑也。夫何王安石以偏拗之學，既以斷爛視《春秋》，而此經亦以淺近見黜。夫昔之火於秦也，旋復於漢，今徒挾司馬公之隙，遂使先王至德要道晦蝕者五百餘年，其禍較之秦尤烈矣。洪惟我明尊號定謚，必加孝德於聖母，以端孝之本。洪武初，會《孝經》大旨纂爲御製六言，使遒人振鐸於路，以發孝之端。永樂間，命儒臣纂集《孝順事實》，以收孝之實。二祖之教以孝也，何啻家至日見哉！列聖相承，率循是道。胤是嘉靖中興，尊崇至孝，超越千古，纂《明倫》一書。萬曆庚辰、乙酉，咸以此經策士，用之掄材。今皇上益篤孝思，親御《孝經注疏》留置扆前。蓋欲以風示天下，必且進之經筵，頒之學官，使得與五經、四書並列於世，以臻夫重熙累洽之盛者，端有竢於今日。

忠經辨

明仁和朱鴻

經曰：「事親孝，則忠可移於君。」《大學》曰：「孝者所以事君。」言忠孝一道也。今觀馬融之《忠經》果可與《孝經》並乎？其意謂衆善咸起於忠，故《保孝行》章曰：「君子行孝，必先以忠。竭其忠，則福禄至。」若然，則隱居之士終不得以孝其親乎！且於夫子所稱始於事親，終於事君之旨悖矣。然融推忠之義甚大，故並立二經，以補夫子之缺。不知人臣之義，莫備於《春秋》。《春秋》皆人臣大經大法，無將之戒，至於誅其意焉，其責人臣純心以盡忠者，至矣。愚嘗謂《孝經》立萬世人子之則，《春秋》嚴萬世人臣之防，故夫子曰：「吾志在《春秋》，行在《孝經》。」是《春秋》即夫子之《忠經》也，故名忠訓以勸人臣作忠則可，名《忠經》以配《孝經》則不可，故作《忠經辨》。

孝經別傳

明餘姚李槃

夫天地人物，大父母也。人生天地稱萬物靈，則其父母全而生之也。仁者人也，故人仁同天地之種也。父母生我此身爲仁，固天地之種，吾忍不念父母生身之本，忘承順之思而昧克肖之義，與天地不相似矣。不可爲人，不可爲子，何者？爲其不仁也。不仁不可以爲孝也。故孝子之道，大人君子仁配天地之道也。天子、諸侯得此道，以稱君，公、卿大夫、士得此道，以稱子，故合之謂君子。君子之謂大人，有大人之道，居大人之位，此大人君子也。純則聖，及則賢；世衰道廢，聖賢愚不肖倒置。無大人之道，居大人之位，不足爲大人君子；無大人之位，居大人之道，不失爲大人君子。非大人君子爲不肖子，不肖子迺不孝；大人君子爲肖子，肖子乃孝。自有天地而有父母以來，以至於今居大人之位，行大人之道，立大人之身，若伏羲、神農、黄帝、堯、舜、禹、湯、文、武之作君，風后、力牧、臯、夔、稷、契、伊、傅、周、召之作臣，皆不過爲肖子則已矣。傳至孔子，雖嘗試爲大人，而終不得安其位，以竟大人君子之施。視其門人，炫才博辨，如游、賜之徒，皆日月一至不能躬行。惟顏子聰明沉潛，藏於如愚，凡終日與言，皆勤於退省，獨契博約，善發其蘊。孔子知其用行舍藏，可與共也。問仁而及天下歸仁，問爲邦而談帝王法戒，蓋全以大人君子克肖克孝之道授之矣。顏淵不幸不存，其次唯曾子聰明弘毅，藏於朴魯。凡教語所傳，皆勤於「日省」，獨唯「一貫」，善發其蘊。孔子知其任重道遠，可與托也。故語之以孝，皆明王孝治天下、君臣上下一德之事，蓋非世俗所謂奉養之末也。迺仁同天地，務其本根。一言不忘父母，一行不忘父母，父母全生，子全歸。不辱其身，不羞其親，自生事而葬、而祭、而行父母之遺體，合孝、悌、禮、樂而一之，可以家，可以國，可以天下。本諸身，孚諸親，及諸祖，推諸君，加諸民，考諸先王，建諸天地，達諸後世，質諸鬼神，素位而行，成親之善，補親之愆，終子之身，無止息焉。大行道彌六合，不爲加；窮居行修一身，不爲損。故曰：「仁者，仁此者也。禮者，履此者也。義者，宜此者也。信者，信此者也。强者，强此者也。」樂自順此生，刑自反此作。故曰：「夫孝，置之塞天地，溥之横四海，施之後世無朝夕。」此《孝經》之義也，立其仁，配天地之身是已，曾子得之，闡爲《大學》，蓋大人君子之學，明明德於天下，不過舉至德要道以順天下耳。故孔子之傳，曾子獨得其宗，守身事親，若曾子者可也。舜之大孝，武王、周公之達孝，曾子臨深、履薄、戰兢之孝，易地皆然。孔子之時也夫，孔子之時也夫。

父母生之續莫大焉衍義 明新安吴從周

仁、孝一道也，仁者人也，人得天地生

生之理。爲心即爲仁，此仁在天地，全是一箇生生。未有天地，此生生之理涵於太始。既有天地，此生生之理繼續不窮。自開闢而來至於今，只是一箇生生不絶，少有斷續，便不生生，天地之仁或幾乎息矣。父母初生時，這天地之仁合畀在吾身上，天地生生之理從予繼續得來，不有父母生我，我從何處繼續得天地之仁來。是天地之仁繼續於吾身，吾身之仁繼續於吾心，繼續不斷，愛敬父母，斯爲孝。緣父母生我時爲我繼續得天地生生之理，在今此生生之理繼續於父母爲孝，則孝者所以繼續此天地之仁也。繼續此天地之仁，全憑父母當初生得此身來，故曰續莫大焉。此生生之仁繼續得來，即爲德，即爲禮，是克續於親也。移此孝事君，則德禮隨在形見，是克續於君也。苟不愛親而愛他人，則愛心斷續，德斯悖矣。不敬其親而敬他人，則敬心斷續，禮斯悖矣。蓋此愛敬即天地之仁，原是父母爲我續得天地來的，原是斷續不得的，一或間斷不接續，此心便與父母不相續，如何向事君上繼續得去？是故君子言思可道，行思可樂，德義可尊，作事可法，容止可觀，進退可度，以臨其民，無非繼續此天地生生之仁也，無非孝也，無非仁也。不爾，是父母於天地爲我續得來，我却不能將父母爲我所續的續將去，是自斷其生理也。哀哉！故凡人思所爲孝，當知此續，知此續原於所生，則知既生不可無此續。是續也，前乎千萬世之既往，後乎千萬世之將來，相續不窮，則此孝之在人心，誠相續而無間可息者也。自吾身續之父母，自父母爲我續之天地，自天地續之無始之初，夫既續之於無始，當必續之於無終，故曰：「孝無終始。」

嗟嗟，續之爲義大矣哉！《傳》曰：「天行健，君子以自强不息。」其庶乎文王純亦不已，純孝之謂也，續莫大焉者也。

全孝心法

明錢塘虞淳熙

人在氣中，如魚在水中。父母口鼻，通天地之氣。子居母腹，母呼亦呼，母吸亦吸，一氣流通，已無間隔，何況那本靈本覺的乘氣出入，又有甚麽界限處。可見此身不但是父母的遺體，也是天地的遺體，又是太虛的遺體。保養遺體之法，不過馭氣攝靈一事，馭氣攝靈不過愛敬二字，愛之極爲敬，敬之至爲齋，齋戒洗心到得浩然之氣塞乎兩間，赫然之光照乎四表，方纔是箇全孝，方纔叫做孝子，這是極平、極易、極庸、極常的道理。如人目能視，耳能聽，只把做平易庸常。使一生盲聾的人，忽然得此便大驚小怪，誇張神異，然究竟來只是箇平易庸常，如何添得些子？且世上有五等人：孤子、義子、失怙之子、爲人後之子與中貴人，他都恨不得親事父母，殊不知此身既爲太虛天地的遺體，難道不是君父、繼父、繼母的遺體！昔日王祥輩但只一味孝順繼母，就有許多靈感，豈是那繼母生下他來！至於孤子，有乾坤，有君師，有宗廟，隨在皆可盡孝，隨在皆有感通。這五等人，雖無父母得事，其實與在膝下一般，若肯依着這心法行將去，何處不遇本生父母！

孝經大全卷之二十五終

孝經大全卷之二十六

明新安吕維祺箋次

表章通考

述文　宗旨　引證

孝經宗旨

明南城羅汝芳

問道。曰：道之爲道，不從天降，不從地出，切近易見，則赤子下胎之初，啞啼一聲是也。聽着此一聲啼，何等迫切；想着此一聲啼，多少意味。其時母子骨肉之情，毫髮分離不開，真是繼之者善，成之者性，而直見乎天地之心。經曰：「此之謂要道。」

問仁。曰：孔子云：「仁者，人也。」蓋仁是天地生生之大德，而吾人從父母一體而分，亦純是一團生意，故曰：「形色，天性也。惟聖人而後能踐形。」踐形即目明耳聰，手恭足重，色温口止，便生機不拂，充長條暢。人固以仁而立，人亦以人而成，人既成即孝無不全矣。經曰：「天地之性人爲貴，人之行莫大於孝。」

問孝何以爲人之本也。曰：子不思父母生我千萬劬勞乎？未能分毫報也。子不思父母望我千萬高遠乎？未能分毫就也。思之自然，悲愴生焉，疼痛覺焉，即滿腔皆惻隱矣。遇人遇物，必能方便慈惠，周卹溥濟。經曰：「愛親者，不敢惡於人。敬親者，不敢慢於人。」

問學何爲者也。曰：學爲人也。蓋父

母之生我人也，人則參三才，靈萬物，其定分也。全生之，則當全歸之。故曰：「立身行道，以顯父母。」夫所謂立身者，負荷綱常，發揮事業，出則治化天下，處則教化萬世。經曰：「夫孝始於事親，終於立身。」

孔孟立教，爲天下後世定之極則。曰：「堯、舜之道，孝弟而已矣。」後世不察，乃謂止舉聖道中之淺近爲言。噫！天下之理，豈有妙於不思而得者乎？孝弟之不慮而知，即所謂不思而得也。天下之行，豈有神於不勉而中者乎？孝弟之不學而能，即所謂不勉而中也。人能日周旋於事親從兄之間，以涵泳乎良知、良能之妙，俾此身此道不離於須臾之頃，則人皆堯、舜之歸，而世皆雍熙之化。經曰：「其教不肅而成，其政不嚴而治。」

問孝弟爲教是矣，如王祥、王覽非不志於孝弟，而不與之爲聖，何也？曰：人之所貴者孝弟，而孝弟所尤貴者學也，故質美未學者爲善人。夫善人者，豈孝弟之不能哉？弗學耳。弗學則如瞽目行路，步或可進尺寸，然終是錯違中正，墮落險阻。故宗族稱孝，鄉黨稱弟，而不善致其良知者，則執滯於一節而變或不通，循習於一家而推或不廣，矯激於異常而恒久可繼之道或違，又安能光天地，塞四海，垂之萬世而無朝夕！故君子必學之爲貴也。經曰：「有覺德行，四國順之。」

問立身行道，果何道耶？曰：《大學》之道也。《大學》明德，親民，止至善，如許大事，惟立此身，蓋丈夫之所謂身聯屬天下國家而後成者也。如言孝，則必老吾老以及人之老，天下皆孝而其孝始成。如言弟，則必長吾長以及人之長，天下皆弟而其弟始成。是則以天下之孝爲孝，方爲大孝，以天下之弟爲弟，方爲大弟也。經曰：「教以孝，所以敬天下之爲人父。教以弟，所以敬天下之爲人兄。」

友人終日興嘆，問其故，有一弟而不能化也。曰：汝曾擇好友與之處乎？曰：未也。曰：此即便見汝愛弟未至也。夫兄弟手足也，若汝手傷流血，則呻吟呼痛，求人問藥，肯少停時刻哉！此友感悟。先生徧呼諸友曰：手足且然，況君父乎！吾輩有志明時，顧乃優游卒歲，護持鮮呻吟之痛，而調理無號呼之切，徒悼嘆於君民堯舜之難，而治平之不可親見也。罪將何逃？經曰：「進思盡忠，退思補過，將順其美，匡救其惡，故上下能相親。」

宗也者，所以合族人之渙而統其同者也。吾人之生，只是一身，及分之而爲子姓，又分之而爲曾玄，分久而益衆焉，則爲九族。至是各父其父，各子其子，更不知其初爲一人之身也，故聖人立爲宗法以統而合之。董子曰：「道之大原出於天，天之爲命，本只一理。」今生爲人爲物，其分甚衆，比之一族，又萬萬不同矣。苟非聖賢有箇宗旨，以聯屬而統率之，寧不愈遠而愈迷亂也哉！於是苦心極力説出一箇良知，指在赤子孩提處見之。夫赤子孩提，其真體去天不遠，世上一切智巧心力，都着不得分毫。然其愛親敬長之意，自然而生，自然而切。蓋盡四海九州之千人萬人，而其心性渾然只是一箇天命。雖欲離之而不可離，雖欲分之而不可分。如木之許多枝葉而貫以一本，如水之許多流派而出自一源，其與人家宗法正是一樣意思。蓋宗法者，是欲後世子孫知得千身萬身只是一身。聖賢宗旨，是欲後世學者知得千心萬心只是一心。四書、五經中，無限説中、説和、説精、説明、説仁、説義，千萬箇道理也只是表出這一箇體段。前聖後聖，無限立極、立誠、主敬、主静、致虚、致一，千萬箇工夫也只是涵養這一箇本來。往古來今，無限經綸、宰制、輔相、裁成、底績、運化，千萬箇作用事業也只是了結這一箇志願。若人於這一箇不得歸着，則縱言道理，終成邪説，縱做工夫，終成詖行，縱經營事業，亦終成霸功，與原來不慮而知，不學而能，天然不變之體，又何啻霄壤也哉！如人家子孫衆多，各開門户，各立藩籬，無宗以統而一之，其不至於相戕相賊，而流蕩無歸者無幾。經曰：「夫孝，德之本也，教之所由生。」此之謂也。

孝經引證

明嶺南楊起元

孝之爲貴，貴能立身行道，永光厥祀。若匍匐懷袖，日用三牲，而不能令萬物尊己，舉世我賴，以之養親，其榮近矣。經曰：「孝莫大於嚴父，嚴父莫大於配天。」

凡人事天地鬼神，莫若孝其二親。二親最神也。孝至於天，日月爲之明。孝至於地，萬物爲之生。孝至於民，王道爲之成。經曰：「孝弟之至，通於神明，光於四海，無所不通。」

子路見孔子曰：「負重道遠，不擇地而休。家貧親老，不擇禄而仕。昔者，由事二親之時，常食藜藿之食，而爲親負米百里之外。親没之後，南遊於楚，從車百乘，積粟萬鍾，累茵而坐，列鼎而食，願食藜藿，爲親負米不可復得也。枯魚㘅索幾何不蠹，二親之壽忽如過隙。」草木欲長，霜露不使。人子欲養，二親不待。孔子曰：「由也事親，可謂生事盡力，死事盡思者也。」經曰：「生事愛敬，死事哀戚。」

呂維祺曰：「《孝經》一書，通神明，和上下，格天地，達四海。前乎千萬世之既往，後乎千萬世之將來，無所不通，信孔、曾授受之蘊，吾道一貫之精也。惜嬴煨作而經殘教潰，歷代君臣好尚靡定，聖學罔聞，遂至諸儒紛紛各售己見，分立門户，考索異同。雖然，諸儒之闡經翼聖，薪盡火傳，使聖遠言湮之餘，猶得見聖人之遺書而足以興起斯文者。諸儒之言，胡可盡没也。故以述文次第之曰序，曰跋，曰論，曰說，曰解，曰考，曰辨，曰別傳，曰衍義，曰心法，而文之變盡矣。然有敘事之文，有闡道之文，有廣義之文。至於羅氏《宗旨》，楊氏《引證》，亦採數則，附諸述文之末，在觀者潛泳而自得焉。」

孝經大全卷之二十六終

孝經大全卷之二十七

明新安呂維祺箋次

表章通考

紀事

漢文帝置《孝經》博士，司隸有專師，制使天下人人誦習。

漢平帝元始三年，令序庠置《孝經》師一人。五年，令天下通知《孝經》教授者所在以聞，遣詣京師。

東漢光武帝表章《孝經》，行《沛王通論》。又，光武帝令虎賁士俱習《孝經》。

漢顯宗明帝時，自期門羽林之士悉令通《孝經》章句。當時甘露降於甘陵，仍降附樹枝，芝草生殿前，神雀五色翔集京師，西南有哀牢、儋耳、僬僥、槃木、白狼、動黏諸種，前後慕義貢獻，亦或有遣子入學。吏稱其官，民安其業，遠近肅服，户口滋植焉。

晉元帝太興初，置《孝經》鄭氏博士一人。愍帝崩，斬衰居廬，太陽陵毁，素服哭三日。時玉册見于臨安，白玉、麒麟、神璽出于江寧，日有重暈，竟全吴楚，中興晉室，其作《孝經傳序》曰：「天經地義，聖人不加，原始要終，莫踰孝道。能使甘泉自涌，鄰火不焚，地出黄金，天降神女，感通之至，良有可稱。」

晉穆帝永和十二年二月帝講《孝經》，升平元年三月又講《孝經》，親釋奠于中堂。

《隋志》，梁武帝《義疏》十八卷，梁簡文

帝《孝經註》五卷。按梁武帝釋《孝經》義，中大通四年三月，置制旨《孝經》助教一人，簡文于士林館發《孝經》題，張譏論義往復，譏有《孝經義》八卷。

《齊書》，昭明太子講《孝經》，殿中中庶子徐勉、祭酒張充執經。天監八年九月，於壽安殿講《孝經》、《論語》，講畢親臨釋奠於國學。

隋文帝親臨釋奠，頒賜《孝經》。

唐太宗貞觀十四年，帝詣國子監釋奠，命祭酒孔穎達講《孝經》，講畢，有詔褒美。至屯營、飛騎亦授以經。是年野蠶繭大如奈，其色緑，凡收八千三百碩。十八年，引沂、鄜諸州所舉孝廉，賜坐於御前。皇太子問以曾參説《孝經》，並不能答。太宗謂曰：「朕發詔徵天下俊異，纔以淺近問之，咸不能答，海内賢哲將無其人耶！朕甚憂之。」二十年，命趙弘智攝司業爲終獻，既而就講，弘智談《孝經》忠臣孝子之義。許敬宗上四言詩，以美其事。是年玉華宫李樹連理，隔澗合枝。又有黄雲闊一丈，東西際天。

《唐史·孔穎達傳》，太宗時，穎達爲太子右庶子，數諍太子承乾過失，撰《孝經章句》，因文以盡箴諷，帝悦，賜黄金綵絹。久之，拜祭酒，仍充東宫侍講。

唐高宗永徽初，召趙弘智爲陳王師，講《孝經》百福殿，頗躭墳典，方欲以德教加於百姓，刑於四海，乃令陳《孝經》大要，以補不逮。對曰：「天子有争臣七人，雖無道，不失其天下，願以此獻。」帝悦，賜絹疋名馬，故永徽之治庶幾貞觀云。

唐玄宗御製《孝經制旨》一卷，取王肅、劉劭、虞翻、韋昭、劉炫、陸澄六家之説，參倣孔、鄭舊義，今行於太學。開元十年六月二日，上注《孝經》成，頒天下及國子學生。天寶二年五月二十二日，上重注，亦頒天下。天寶三載十二月癸丑，詔天下家藏《孝經》。按《會要》云：「精勤教習，學校之中倍加傳授，州縣官長申勸課焉。五載二月二十四日，詔《孝經》書疏雖粗發明，未能該備，今更敷暢以廣闕文，令集賢寫頒中外。」唐玄宗八分書《孝經》，立國學，以層樓覆之。壽王通《孝經》，賜王迴質束帛酒饌，命元行沖爲疏，立於學官。開元時，凡童子科十歲以下能通一經及《孝經》每卷誦文十通者予官，通七予出身。天寶十一載，明經所試一大經及《孝經》各有差。

開元時，趙匡爲澤州刺史，上舉人條例，謂《孝經》德之本，學者所宜先習，其明經以《論語》、《孝經》爲之翼助。又謂《論語》、《孝經》爲一經舉，既立差等，隨等授官，則人知勸勉。又謂進士亦請令習《孝經》，其有通《禮記》、《尚書》、《論語》、《孝經》之外，兼有諸子之學爲茂才舉。又謂簡試之時，請皆令習《孝經》、《論語》，其《孝經》口問五道，《論語》口問十道，須問答精熟，知其義理，並須通八道以上行之。

玄宗爲太子，褚無量擢明經，官侍讀，釋奠日講《孝經》，隨端建義，博敏而辨，觀者嘆服，進銀青光禄大夫，賜以章服綵絹。

唐代宗廣德元年，禮部侍郎楊綰請依古察孝廉，而所習取大義能通諸家之學，《論語》、《孝經》、《孟子》兼爲一經。李栖筠等議，稱綰所請實爲正論，詔行之。

唐穆宗時，韋處厚、路隋撰《孝經》爲《法言》，帝稱善，並賜金幣。

于公異既仕，不歸省後母，詔賜《孝

經》。

唐制，學生以品官子孫爲之。凡治《孝經》、《論語》，共限一歲試，通者爲第。

唐王元感上所撰《孝經藁草》，詔諸儒公議可否。魏知古見其書，嘆曰：「信可爲指南矣。」徐堅、劉知幾、張思敬等嘉其異聞，每爲助理，聯疏薦之，遂下詔褒美，拜崇賢館學士。

唐至德中，徐孝克通《孝經》，有《講疏》六卷，帝命太子入學，發《孝經》題，詔太子北面聽講。尚書省第舊多怪，孝克居兩載，妖變皆息。

薛放對穆宗曰：「《孝經》者，人倫之大本。自漢首列學官，今復親爲註解，當時四海大理，蓋人知孝慈，氣感和樂之所致也。」穆宗曰：「聖人以爲至德要道，信其然乎！」

宋太宗賜李至御書《千文》，至謂理無足取，莫若《孝經》有資治化，仍御書以賜。時《孝經疏》板未備，至乞讐校，以備刊刻，詔從之。

宋真宗咸平三年，勾中正受詔，以三體書《孝經》摹石。表上之，召見便殿賜坐，嘉歎良久，賜金紫，命藏於秘閣。

咸平三年三月癸巳，命國子祭酒邢昺等校定《周禮》、《儀禮》、《公羊》、《穀梁傳》正義，又重定《孝經》、《論語》、《爾雅》正義。四年九月丁亥，翰林侍講學士邢昺等及直講崔偓佺表上重校定《周禮》、《儀禮》、《公》、《穀》傳、《孝經》、《論語》、《爾雅》七經疏義，凡一百六十五卷，賜宴國子監，昺加一階，餘遷秩。十月九日，命摹印頒行，於是九經疏義具矣。又祥符間，講《孝經》資善堂。

宋仁宗命王洙書《孝經》四章，楊安國請書後屏，帝不欲背聖人之言，令列置左右。天聖、景祐、至和、嘉祐年間，壽星凡十五見，主人君壽昌，天下安寧，賢士進用。四十二年，深仁厚澤，升遐之日，雖深山窮谷，莫不奔走悲號而不能止，謚孝明皇帝。

皇祐四年，命丁度書《孝經・天子》《孝治》《聖治》《廣至德要道》四章爲圖。

嘉祐二年，增設明經試法，兼以《論語》、《孝經》、策時務三條，出身與進士等。

崔遵度七歲好學，仁宗開壽春王府，拜爲王友，授王《孝經》，賜御詩寵之。

仁宗命國子監取《易》、《詩》、《書》、《周禮》、《禮記》、《春秋》、《孝經》爲篆、隸二體，刻石兩楹。至和二年三月五日，判國子監王洙言：「國子監刊立石經，至今一十五年，止《孝經》刊畢，《尚書》、《論語》見書鐫未就，乞促近限畢工，餘經權罷。」從之。

嘉祐中，蜀人龍昌期注《孝經》，詔取其書，野服自詣京師，賜緋魚并絹百疋。

又天聖四年閏五月，侍讀學士宋綬録《惟皇誡德賦》、《孝經》、《論語》要言、唐太宗《帝範》二卷、楊浚《聖典》三卷、楊相如《君臣政理論》三卷以進。時帝好儒學，太后命綬擇前代文字，資孝養補政治者，以備帝覽故也。慶曆七年三月丙申，邇英講《孝經》。

宋哲宗元祐二年九月庚午，吕公著言：「伏覩今月十五日，以經筵講《論語》畢，賜執政及講筵官御筵。是日内出御書唐賢律詩，分賜臣等各一篇。次日，臣於延和謝。今以《論語》終帙，進講《尚書》，二書皆聖人之格言，爲君之要道，臣輒於《尚書》、《論語》及《孝經》中節取要語，凡一百段，惟取明白於治道者，庶便省覽。」他日宣諭公著曰：「所進《尚書》、《論語》、《孝經》等要義百篇，書寫看覽，甚有益學問，與寫詩不同。」

又元祐二年，尚書省言欲加試《論語》、《孝經》大義，仍裁半額，注官並依科目次序。詔近臣集議以聞。

宋高宗紹興二年，高宗出所寫《孝經》，宣示吕頤浩等。九年，宰臣乞以御書真草《孝經》刻之金石。上曰：「十八章，世以爲童蒙之書，不知聖人精微之學不出乎此。」十四年，詔諸州以御書《孝經》刊石，賜見任官及學生。

紹興中，王棑獻《孝經解義》，詔賜粟帛。

宋孝宗淳熙二年，下禮部太常議明堂大禮。初，李仁父主此説於前郊，會近習楊言、李燾博極群書，却不曾讀《孝經》，乃不果行。夫不讀《孝經》而誤大議，徒博何益？今年童子科，凡全誦六經、《孝經》、《語》、《孟》爲上等，與推恩。

呂維祺曰：「紀事者，雜紀漢、唐、宋諸朝所表章《孝經》之事也。蓋孔子作《孝經》本爲明王以孝治天下而發，非獨爲興文課士之講習而已。然而三代以下，猶知尊崇此經，列爲九經之一，以頒之學官，或置博士助教，或令虎賁、羽林俱誦《孝經》，或選吏舉孝廉，或刊石兩楹，或頒賜近臣，或命儒臣講於太學，講於殿廷，或親爲註釋御書刻石，或以《孝經》出身與進士等。紀其事，尚足以膾炙人口，生色簡編，況實舉而躬行於上，教民於下者乎！是所望於今日耳。陶潛曰：『文王孝道光大，自近至遠，故得萬國之懽心，以事先王。』知言哉！」

孝經大全卷之二十七終

孝經大全卷之二十八

明新安吕維祺箋次

表章通考

識餘

《家語後序》，孔安國考論古今文字，爲《古今論語訓》十一篇、《孝經傳》二篇、《尚書傳》五十八篇，皆所得壁中蝌蚪本也。又集録《孔子家語》四十四篇。

獻王輔，光武子，好經書，善説《京氏易》、《孝經》、《論語》傳及圖讖，作《五經論》，時號曰《沛王通論》。

《漢・六藝志》序六藝爲九種。《易》十三家，二百九十四篇。《書》九家，四百十二篇。《詩》六家，四百十六篇。《禮》十三家，五百五十五篇。《樂》六家，百六十五篇。《春秋》二十三家，九百四十八篇。《論語》十二家，二百二十九篇。《孝經》十一家，五十九篇。小學十家，自《史籀》至杜林《蒼頡》三十五篇。《漢・祭祀志》注：「蔡邕《明堂論》曰：『魏文侯《孝經傳》曰太學者，中學明堂之位也。』」

《漢・藝文志》：《孝經》十一家，五十九篇。古孔氏一篇，二十二章。《孝經》一篇，十八章。長孫氏《説》二篇，江氏、翼氏、后氏《説》各一篇。《雜傳》四篇。安昌侯《説》一篇。《五經雜義》十八篇，石渠論。《爾雅》三卷，二十篇。《小爾雅》一篇。《古今字》一卷。《弟子職》一篇。《説》三篇。

漢《孝經》置《孝經》博士，司隸有《孝經》師。荀爽對策漢火德，其德爲孝。漢制，使天下誦《孝經》，選吏舉孝廉。

《王肅傳》：奉詔令諸儒注述《孝經》，以肅説爲長。《唐會要》：劉子玄云：「王肅《孝經傳》首有司馬宣王之奏，奉詔令諸儒注述《孝經》，以肅説爲長。」《隋志》：梁有《孝經圖》一卷，《孝經孔子圖》二卷。《舊唐志》：《孝經應瑞圖》一卷；讖緯有《孝經古秘圖》一卷，《左右契圖》一卷，《分野圖》一卷，《内事圖》二卷，《内事星宿講堂七十二弟子圖》一卷，又《口授圖》一卷。《崇文目》農家：《大農孝經》一卷。

《唐志》經録：《孝經》二十七家，三十六部，八十二卷，失姓名一家。始於古文孔安國傳，終於元行沖疏。古文有孔安國之傳、劉邵之注。爲注者，王肅、鄭玄、韋昭、孫熙、蘇林、謝萬、虞盤佐、虞翻、殷仲文、叔道、徐整、袁克己，❶而唐玄宗制旨附焉。爲講義、義疏者，車胤、皇侃、何約之、梁武帝、劉炫、賈公彦、任希古、元行沖，而荀勖《集解》、太史叔明《發題》、張士儒《演孝經》附焉。《應瑞圖》一卷，失姓名。不著録六家，一十三卷。尹知章、王元感之注，孔穎達之《義疏》，李嗣真之《指要》及平貞昚《孝經義》，終於徐浩《廣孝經》。《隋志》：古今《孝經》等十八部，六十三卷。《崇文目》：五部，九卷。《中興目》：十五家，二十卷；《續目》：一家，一卷。

《唐志》：任希古《越王孝經新義》十卷，後周顯德六年八月，高麗遣使進《別敘孝經》一卷，《越王新義孝經》八卷。《別敘》

❶「袁」，兩《唐書》皆作「魏」。

者，記孔子所生及弟子從學之事。《新義》以越王爲問目，釋疏文是非。李陽冰子服之，貞元中，授韓愈以其家蝌蚪《孝經》。又渭上耕者亦得古文《孝經》。

西山真德秀跋鄭居士《孝經圖》曰：「自先正司馬公作《孝經指解》，學者始得見此經舊文。然誦而習之者蓋鮮，況能服而行之者乎？居士鄭公居其父喪時，手抄此經，遵守惟謹，可謂篤志力行之士。方其落筆時，用紙蓋不暇精擇，此豈有意於傳哉！距今八十有五年，蠹蝕之餘墨色如新，使人捧玩起敬，爲善之不可揜類若此。」

范陽張九成曰：「李伯時畫，超然塵世之外，其精緻微密處，幾與造化争衡，豈凡流所可彷彿？猶恨其不深攷《孝經》微意，其間不無可議者，此君子所以爲之深惜也。」

玉山汪應辰曰：「漢石建以馴行孝謹爲齊相國，齊國慕其孝行而治，此所謂居家理，故治可移於官也。況於聖人乎！伯時畫此章，乃徽纆桁揚，纍纍然者，何也？」

朱文公曰：「熹伏讀范陽、玉山二先生跋《龍眠孝經圖》語，有以見有道君子心目之間無非至理，非如好事者徒議工拙於筆墨間也。拜謁玉山先生墓下，公子逵出示此卷，不勝涕感，因敬書于其後。」

石淙楊一清曰：「唐、宋人圖《孝經》者無慮數十家，各臻其妙。此風教中事，非其他圖畫鬼神、仙佛及花木、竹石、禽魚，矜奇衒麗，玩物適情者之比。大邦侯張公藏是卷，間以示予。圖不必工，而摹寫出君臣、父子、俯仰、升降、瞻拱、拜揖之狀，藹然可掬。志存乎勸忠勵孝，匪直爲觀美而已也。披閲之餘，書此以復。」

盧陵郭子章曰：「劉中壘較定傳數千

褉，子朱子始刪《詩》爲經，餘改爲傳。不佞謂『戰戰兢兢』一詩實《孝經》大旨。曾子易簀之語曰：『啓予足！啓予手！《詩》云：「戰戰兢兢，如臨深淵，如履薄冰。」而今而後，吾知免夫！』非謂免於毀傷也，謂平生戰兢，至疾革始免，即仁以爲己任，死而後已也。」

李維楨曰：「《孝經》，孔子與曾子燕居所論説。遭秦焚書，河間人顔芝藏於屋壁。至漢而其子貞出之，凡十有八章，長孫、江翁、后倉、翼奉、張禹傳之，是曰今文。及魯共王壞孔子宅，得蝌蚪書二十有二章，孔安國解之，是曰古文。劉向較讐，以十八章爲定。至唐玄宗采註六家，其章句悉準子政氏。及宋，考亭夫子作《刊誤》，裁爲經一，傳十四。若曰是古文云爾，或曰劉炫贋作。夫經之爲言常也，今石臺文具存，醇粹簡切。古文雖亡，即今之文固自不害其爲經，奈何黨同伐異，呶呶聚訟？」

仁和張瀚曰：「《孝經》五常之本，百行之源。所謂布、帛、菽、粟，人舍是無以資生。仁、義、道、德，士舍是無以爲學，天下國家舍是無以施政教，臻化理。」

仁和沈淮曰：「大哉，《孝經》！其先聖之微言乎！孔子刪述六經，匡持理道，參贊化育，詳且悉矣。又慮夫天下後世求派遺源而不知大經大法之要，故諄諄曾氏發明孝行，示天下後世治平之準，萬化之源。」又曰：「王安石與司馬搆隙，因其崇尚古文，遂挾私論，廢而不用，聖人孝治之意，遽爾湮泯。」

虞淳熙曰：「《孝經》自魏文侯而下唐、宋，傳之者百家，九十九部二百二卷。由元迄今，益又多矣。」又曰：「窮經者，師其義乎？師其詞乎？如以詞而已矣，則宜辨，不則，無如會其大旨，見諸行事之深切著明也。後之君子，無泥從今之語，復致紛紜。」

朱鴻曰：「漢世近古，《孝經》居九經之一，嘗列學官，置博士，雖羽林武臣，明帝皆令通習之。延及宋初，亦得附試明經。自王安石變新經義，始不以取士，是時《孝經》爲廢滅餘編。程夫子詳看武學之制，猶欲與《論語》、《孟子》並行於世，使人皆知義理。」又曰：「後世又有疑《孝經》旨意，何教人處多而躬行處少？不知夫子之作經意，尤重於爲人上者。蓋上之人躬行其孝，則下之人自率而化之矣。豈待家諭户曉而後可以明孝哉！」

清源蘇濬曰：「余觀《孝經中契》謂陽衢乘紫麟，下告地主要道之君，後年麟至，口吐圖文。竊疑其爲怪誕不足徵之詞。然孔子嘗曰：『吾志在《春秋》，行在《孝經》。』《春秋》成而麟出，《孝經》成而圖文見，何足怪也。」

錢塘孫本曰：「《孝經》起自仲尼閒居，迄於孝子之事親終矣，統爲一篇。按《漢・藝文志》首稱《孝經》古孔氏一篇，可徵也。乃孔子口授曾子一時問答之語。夫子之心，直欲以孝治天下，而此篇則備述其所以治世之具也。觀夫子嘗曰：『吾其爲東周乎！』又曰：『期月而可，三年有成。』豈漫言以誇人哉？誠恃其治天下有此具也。然則謂之經者，以爲古先聖王治天下之常道，大抵爲後世王者告也。」

呂維祺曰：「孔子《孝經》一篇，其言如驪珠盛於玉盤，秋蟬懸於晴空，緑萍結於春沚。雖活潑照徹，聚散不可拘執模擬，而圓融之體，貞明之質，完合之勢，固自如耳。後之學者，紛紛各爲之説，而經愈晦。不知《孝經》分殊而理一，用大而體約。雖有五等三才始終常變之異，而其要歸不過一性天盡之，其旨趣不過一孝治盡之。今既箋次《節略》、《大全》及孔、曾言行、先儒尚論、歷代表章諸卷，幾於大備，庶於孔、曾論孝之旨、帝王孝治之道，爛然具矣。識餘數十條，則復簡笥中所遺稿，猶足以稱述訂證者，以備學者之參考焉。」

孝經大全卷之二十八終

附《孝經》詩

呂維祺撰

崇禎乙亥元日，《孝經本義》成，箋次《大全》，作圖說。恭紀

我后崇禎之八載，春王正月歲之元。風微日澹寒雲薄，地義天經孝道尊。禄閣老藜存聖諦，留曹閒筆總君恩。圖書告備慚才淺，欲問真傳不得言。

自從堯舜至於今，談道紛紛衆若林。誰識孝爲天地性，吾因經見孔曾心。神明四海其源遠，兢戰三言厥旨深。却是見前平易事，多人踏破鐵鞵尋。

諸儒言孝在承歡，曾作明王德教看。泗水應遺周禮樂，期門猶想漢衣冠。二千餘載真宗派，五百多年廢學官。天子方思興至理，獨無孤柱可迴瀾。

日來連上侍親書，陶徑全荒萊綵虛。北斗孤懸黄玉幻，西山遥望白雲疎。争言魯壁藏蝌蚪，耻撥秦灰問蠹魚。此意與人談不得，横經春在五辛餘。

戊寅元日，復訂《孝經本義》、《大全》，作序例，孔曾論孝等卷成。又紀

閒卧深山石隱居，辛觴應是聖恩餘。時情冷煖争迎歲，日課陰晴愛擁書。半世窮經知是否，千年言孝竟何如？憑誰細問春消息，窗草盆梅爲起予。

椒盤栢酒俗相沿，冬去春來亦偶然。

浮世光陰如一瞬，真傳今古竟誰肩。東風始起堯階葉，北斗長留孔壁篇。時輩不知人意思，争謡閉户草楊玄。

孔門洙泗總齗齗，傳孝獨於曾子云。自古人皆存至性，祇今天未喪斯文。心疑見處還非我，手欲拈來説與君。畢竟通神光海訣，其中消息迥難聞。

薪傳千古問遺經，絶學諸儒見未曾。堯舜可爲惟孝弟，孔曾相授只淵冰。幸留斯道微言在，合有明王應運興。想像東周真事業，誰當執此答升恒。

己卯九月十七日進呈《孝經》，有旨謂「有裨治理」，命所司較正詳備具奏。喜而賦此

孔壁遺經久在兹，微言傳後更傳誰？漢唐課士猶虛典，今古通儒尚妄疑。闢地開天歸聖主，崇文重道恰明時。豈應千載渾埋没，一日絲綸萬國知。

謂訓蒙書世盡云，誰知治理裨斯文。天顔展閲臣鄰喜，御筆親批較備聞。久矣孔曾傳此道，都哉堯舜見吾君。還期早奏明王事，穩卧東山老白雲。

孝經或問引言

孔子述而不作，其作《孝經》也，蓋繼往開來，調元贊化之書，而孔子欲輔明王孝治之心，於是焉寄也。此經不明久矣。不明故不行，不行故人心不正，學術不醇，政教不興，而作經之心幾晦。聖天子加意表章，申諭多士講究力行，此誠明王孝治之一大會也。愚敬信此經，如天地神明，父母師保。二十年苦心玩索，沉潛反覆。或晨夕焚香，恭誦數過。久之，始敢作《本義》、《大全》二書。既成，乃與學者日講究之，力行之，而學者尚紛紛多狃舊見，半昧宗指。愚於是不敢不作《或問》，所以明大意，揭宗傳，辯真僞，闢附會，詮章旨，析疑似，而末尤拳拳於表章之實，道統之傳也。其爲卷凡三，綱凡六十有五，目凡百十有二。有前所未言而訂補者，有前所已言而重申者，言之不足而再言之，而詳言之，而屢言、重言之。愚豈好辯哉？周茂叔曰：「世無孔子，萬古長夜。」今聖天子表章孔子所作之經，而欲明之行之，所以旦萬古之夜也。誠使此經昭然明於今之天下，而明之，而行之，而實明、實行之，而亟明、亟行之，如日月之中天，江河之行地然者，道豈遠乎哉？愚極知僭踰且固陋，然愚區區千慮之愚，或亦可以少副聖天子孝治之意，不晦孔子作經之心，而於人心、學術、政教，庶亦有小補乎？

崇禎戊寅，肇秋吉日，伊雒吕維祺介孺甫敬書於孝友堂。

孝經或問卷之一

明新安呂維祺著

論孔子作《孝經》大意

或問：《孝經》何爲而作也？曰：爲闡發明王以孝治天下之大經大法而作也。孔子本欲得明王輔之以行孝治天下之道，而道卒不行，故其晚年傳之曾子，以詔天下與來世，非特爲家庭温清定省之儀節言也。

論《孝經》獨稱經

或問：五經初未稱經，其言經者，後人推尊之耳。獨《孝經》孔子即謂之經，何也？曰：經者常也。自古雍熙太和之治，率本於孝，故首云「先王有至德要道」，又云「明王以孝治天下」，又云「明王事天明，事地察」。蓋謂其爲後世帝王治天下之準，萬世不易之常法也。故謂之經，即經中「天地之經」「經」字。

論五經不可無《孝經》

或問：五經之言孝備矣。其作《孝經》者，何也？曰：五經之言孝，孝之散殊也。《孝經》之言孝，孝之統會也。有五經不可無《孝經》，猶之洪河之水不可無星宿之源、海若之滙也。

論《春秋》不可無《孝經》

或問：孔子既作《春秋》，復作《孝經》，有微意乎？曰：孔子之意，若曰：「吾令天下萬世不敢爲亂臣，孰若令願爲忠臣；令天下萬世不敢爲賊子，孰若令願爲孝子。」此作經微意也。蓋孔子欲爲東周素心，世有明王即執此以往矣。

論志在《春秋》行在《孝經》

或問：孔子自言「吾志在《春秋》，行在《孝經》」，何也？曰：志者，猶言其心之所欲也。行者，猶言行此道于天下後世也。蓋《春秋》天子之事也。孔子不能得位行道、誅亂臣、討賊子，但寓誅討之意于筆削間耳，故曰「志在《春秋》」。《孝經》亦天子之事也。其中所言皆修德立教、孝治天下之事，使果見諸施行，豈不成一上下無怨、天下和平世界？故曰「行在《孝經》」。

論孔子作經之年

或問：孔子作《孝經》在何年？曰：按《白虎通》謂孔子「已作《春秋》，復作《孝經》」，似《孝經》之作在《春秋》後，要亦不甚相遠。先臣宋濂作《孔子生卒辨》併《孔聖全書年譜》，皆謂七十二語曾子著《孝經》。然學者但當融會義理，不必深泥。

論《孝經》傳曾子

或問：孔子何獨傳《孝經》於曾子？

曰：曾子平日篤實，又能純心行孝，此道非曾子不能傳，故因閒居而諄諄言之，曾子退而筆記之也。然必有經孔子之筆削者，《史記·曾子傳》云孔子以曾參「通孝道」，與之共著《孝經》，近是。或謂孔子假曾子之問而自著之，或謂曾子之門人爲之，皆非。

論子思孟子未嘗引《孝經》

或問：曾子後來傳道於子思、孟子，今《中庸》、七篇二書未嘗引及《孝經》，何也？曰：《中庸》一書言命、言性、言教、言子臣弟友、言舜武之孝、言周公之成德，七篇中言仁義、言性善、言孩提愛親、言堯舜之道，不外孝弟，無一非從《孝經》來，不必引《孝經》也。如《中庸》、七篇亦未嘗引《易》，蓋深於《孝經》者不言《孝經》，猶深於《易》者不言《易》也。

論《孝經》非淺近

或問：王安石以《孝經》爲淺近，今觀是書似庸淺，子何以獨津津若有味乎其深嗜之也？曰：此理至近、至遠、至淺、至深、至庸、至神，即如《中庸》「所求乎子以事父」，非不庸淺，孔子猶以爲未能。又如經中「至德要道」、「天經地義」、「天地之性」等語，孔子以爲聖人之德無加于孝，而學者反執安石之見目爲庸淺，使聖經至今晦蒙，殊爲扼腕。

論《孝經》與《論語》說孝同異

或問《孝經》與《論語》說孝同異。曰：

《論語》答子夏「色難」即《孝經》「愛親」之旨，答子游「不敬何別」即《孝經》「敬親」之旨，答武伯「謹疾」即「不敢毀傷」之旨，答懿子「以禮」即不陷親於不義之旨，稱閔子「人無間言」即「行成」「名立」之旨。其理一也，然皆舉孝之一端而言。若《孝經》言孝之始、孝之中、孝之終，則孝之全體大用備矣。且《論語》論孝大抵在事親上説，《孝經》論孝大抵在立身行道、德教治化上説，此論孝之大者也。非徒爲曾子言，蓋爲天下後世之君天下者言也。

論《孝經》今古文之異

或問：《孝經》何以謂之今文？曰：今文《孝經》本河間人顏芝所藏，漢初其子貞即出之，皆隸書，故謂今文。河間獻王之奏，即今文也。按《漢・藝文志》，《孝經》一篇十八章，長孫氏、江翁、后蒼、翼奉、張禹傳之，各自名家。《隋・經籍志》劉向典較經籍，以顏本比古文，除其繁惑，以十八章爲定，即今石臺所傳者是也。但原本無題名耳。

或問：《孝經》何以復有古文？曰：古文《孝經》相傳爲孔鮒藏，武帝時魯共王壞孔子宅壁，聞金石絲竹聲，得孔鮒所藏虞、夏、商、周古《尚書》及《論語》、《孝經》，皆蝌蚪文字，時人無能知者。孔安國以所聞伏生書考論文義，定其可知者爲隸古，更以竹簡寫之，其餘錯亂磨滅弗可復知，悉上送官，藏之天府，以待能者。安國復作傳獻之，遭巫蠱事不及施行。後安國之本亡於梁亂，其書無傳。漢末購求遺書，東萊張霸詭言受古文書，成帝徵至，較其書，非是，斥去。隋劉炫又因王邵所得市上陳人本，序其得喪，講於人間，漸聞朝廷。儒者諠諠，皆云炫自作之，非孔壁舊本。臨川吴氏曰：古文劉向蓋嘗手較，魏晉以後其書亡失，世所通行惟今文十八章而已。隋時有稱得古文《孝經》者，非漢世孔壁中之古文也。

論《孝經》宜從今文

或問：《孝經》既有今古文之異，宜何從？曰：《孝經》今古文之異，特以其字有隸書與蝌蚪之異耳，非謂其文義之有古今也。然今文之出在漢惠帝時，而古文之出在武帝時，已不無先後矣。且今文歷漢、唐至今累世通行，而古文經梁亂，其書已亡失無存。隋時所稱得古文《孝經》者，非安國本也，或張霸、劉炫之徒增減今文以自異耳。學者好是古非今，多右古文於今文，其實非也。故《孝經》以今文爲正。

論《孝經》章第題名

或問：《孝經》分章第何如？曰：《漢·藝文志》：「《孝經》，一篇十八章。」邢昺正義：《孝經》劉向定一十八章。蓋孔子口授曾子時原無章第，但一十八章相傳已久，且卷帙既多，不得統同無别，即分章第，於義理無礙，今倣《中庸》「右第某章」例，仍爲十八章而不列名。

或問：近儒多謂不宜分章第，子猶分「右第某章」，與石臺本「某章第一」何異？且得無分裂聖經乎？曰：石臺本如「開宗明義章第一」，「天子章第二」，皆直綴之經前，似嫌分裂。今止於經文後註「右第某章」分之，則十八章合之則一篇，又何分裂之嫌？

或問：「開宗明義」等題名何如？曰：《孝經》原無題名，劉向較經籍不列名。又有荀昶《集録》及諸家疏，並無題名。自「天子」至「庶人」五章，惟皇侃標其目冠於章首。至唐玄宗時集議，儒官連狀題其章名，重加商量，遂依所請。乃知題名皆後人所爲，非原本也。且名多不雅，又不親切，宜删去爲當。

論《孝經》不當分經列傳

或問：《孝經》分經、列傳何如？曰：此因紫陽取古文《孝經》刊其誤者，爲經一章，傳十四章。其原本止曰：「此一節，孔、曾問答之言，疑所謂《孝經》者，其本文止如此。其下則或者雜引傳記以釋經文，乃經之傳也。」然雖註有「此一節，當爲傳之某章」，而於經文未嘗移易一字。後人遂盡顛倒移易之，而曰「右經一章」、「右傳之首章」之類，皆附會之也。至臨川吴氏，又更復竄改，亦爲經一章，傳十二章，自云「不欲傳之」，亦非定筆。

或問：《大學》經一章，傳十章，《孝經》以《大學》之例推之，似亦當分經、傳乎？曰：此亦泥「自天子至於庶人」至「未之有也」末段結語相似而云然耳。不知《大學》首章止列三綱領、八條目，而未及發揮，故曾子雜引孔子之言，立傳以釋之，章旨始明。若《孝經》，首言至德要道，次言孝德之本，次言孝之始終，次言五等之孝，即於本章已發揮詳盡，何必更立傳以釋之？且孔子論孝，曾子傳經，皆無明訓，而後人附會，輒割裂經文以就己，立傳何也？ 又況《大學》傳雖亦引孔子之言，却有曾子立論甚多。又有起有結，有引有解，其爲傳明矣。《孝經》則「甚哉，孝之大也」以後，俱曾子問而孔子言之，豈作傳者全無一字一句出於自己手筆？ 又如《諫争》、《喪親》等章于傳說不去，却云「不解經而別發一義」，於傳何居？

或問：傳釋之説，世儒多尊信之，子獨以爲非，何也？ 曰：如謂前六章爲經，後十二章皆采輯平日之言爲傳，則孔子數百言不知平日從何人發之，而他書略無紀録。且果雜引記傳及平日之言，則「甚哉，孝之大也」，曾子何所聞而發此嘆？ 「聖人之德無以加於孝乎」，曾子又何所聞而發此問？ 「若夫慈愛、恭敬、安親、揚名，則聞命矣」，曾子所聞者何而夫子所命者又何？ 其出於一時問答甚明，何傳之有？

或問：今國家功令遵朱註，似《孝經》亦當遵《刊誤》。曰：觀朱子自云曰「疑」、曰「質」、曰「或」、曰「且」、曰「免罪」、曰「未敢」，則《刊誤》未定筆也。況《刊誤》章第皆後人分裂，註解皆後人擬議，非朱子親筆也。若謂功令遵朱，則《尚書》、《戴禮》、《春秋》諸註固不盡出朱子，豈可因功令遵朱而信朱子未定之筆，且信他人附會之書乎？ 朱子復起，不易吾言矣。

論《孝經》不當改移

或問：近世刊刻《孝經》，有移「明王事父孝」在「君子事上」章後者，有移「君子之教以孝」在「甚哉，孝之大也」前者，其他破析章第，離合段落，甚或摘其一二句移於別句之下，抽其一二段厠於他章之中，豈孔、曾遺經，劉向較定，便章章有斷韋錯簡至此乎？ 曰：此皆學者欲狥己意，便於習讀，不自覺其侮聖言也。《孝經》本文，前後脉絡貫通，精神照應。若熟讀細玩，深思其理，自知此經一脉相生，一氣相貫，真一字不可竄易。

論《孝經》不當增減

或問：古文《孝經》比今文增減數十字，如何？ 曰：且如「自天子至於庶人」增「以下」二字，「是何言歟」增「言之不通也」五字，其他章又增數字，又增《閨門》章二十四字，反覆玩味，似非聖人口氣。又如「夫孝德之本」、「教之所由生」、「蓋天子之孝」、「蓋諸侯之孝」等語減去數「也」字，其他章減去「也」字更多，便覺辭句突兀。至於「天性」、「君臣之義」減去二「也」字，更於文理欠通，反覆玩味，亦非聖人口氣。聖人氣象從容，詞句婉曲，一唱三歎，有餘不盡，必不如此。吴氏謂：「增比今文，徒爲冗羨；減比今文，更覺突兀。」信夫！乃近世儒者，亦多率臆增減字句，皆無取焉。

孝經或問卷之一終

孝經或問卷之二

明新安吕維祺著

論《孝經》全篇大指

或問《孝經》全篇大指。曰：一部《孝經》，只是「德教」二字。「孝，德之本，教所由生」，是一部《孝經》綱領。《孝經》重天子，故「德教」二字獨于《天子》章發之，諸侯以下皆各有德教，而皆天子教之也。「甚哉，孝之大也」二章，則因曾子贊之而言德以及于教。「配天」章則又因曾子之疑問而前言聖人之德可以生教，後言聖人之教必本于德。其下五章，皆反覆申言德教而已。《諫争》章又因曾子疑問而更端言之，「事父孝」章則復言德教功化之極至矣盡矣。「事上」章又抽出事君一事，《喪親》章又抽出事親全終一大事，而末總結之，總是言德而教在其中。其精約貫串、變化之妙，非惟漢儒不能及，即仲、閔、游、夏之輩亦不能贊一詞。經書中，惟《易·文言》、《繫辭》，《書》「人心惟危」十六字及《大學》聖經篇相似，餘書無此等文字。

論經内稱先王明王聖人君子

或問：經内或稱先王，或稱明王，或稱聖人、君子，何也？曰：先王以位言而德在其中，聖人、君子以德言而位在其中，明王則德位兼言之。然或意義所至，各舉所重，猶《中庸》所稱「至誠」、「至聖」、「聖人」、

「君子」，非有軒輊等次也。惟「事其先王」之「先王」則指明王之先王，而「君子之事親孝」、「君子之事上」則指在下之君子耳。

論首章仲尼居曾子侍

或問：《孝經》「仲尼居，曾子侍」，劉炫古文有「閒」字、「坐」字，今文無，何也？曰：仲尼居，居即閒居也。許慎學古《孝經》，其《説文・自序》云稱引《孝經》、《論語》皆古文也。今按《説文》「居」字下，引「仲尼居」無「閒」字，則真古文《孝經》原無「閒」字，而劉炫古文之僞可知矣。若曾子侍，即侍坐也。何以知之？曰：以下文「曾子辟席」則知之矣。如《論語》「六言六蔽」問對，并未言侍，而下文有「居吾語汝」四字，則知子路必侍立矣。古人文義簡貴如此。

論先王有至德要道

或問：《孝經》以先王立言者，何也？曰：此先王即後章之明王也。以此立言，蓋謂孝道最大，非明王不能全盡。其曰「至德要道，以順天下，民用和睦，上下無怨」，古昔聖明之世太和至順景象恍然如睹，而孔子欲輔明王孝治之意情見乎詞矣。

論孝德之本教所由生

或問：何謂孝德之本、教所由生？曰：德以仁爲長，仁主愛，愛莫切于愛親，故孝爲德之本。本立而道生，事君、事兄、事長，修身齊家，睦宗信友，仁民愛物，參天兩地，窮神知化，無一不自孝中流出，故教之所由生必本于孝也。然德即爲教，教不離德，明德新民豈是兩事？

論孝之始孝之終

或問：何謂「立身行道？」曰：身者，父母之身，即天地之身。此身既爲天地父母之身，若不撑天柱地，涵養學問，立定根基，便爲富貴功名、毀譽利害、人情世故、勢焰邪説摇動傾墜，如何能行此身所當行之道？如何能揚名顯親？立得定方行得正，故下文止言「終于立身」。

或問：行道是得位事君否？曰：得志與民由之固是行道，不得志獨行其道亦是行道。若得位事君，止是行道中一節耳。

或問：揚名于後世以顯父母名，亦君子之所貴乎？曰：子爲賢人，則其父母爲賢人之父母。子爲聖人，則其父母爲聖人之父母。故實至而名必隨之。若不至揚名，便是立身行道不完美。若有意求名，便是立身行道不真切。

或問：孝之始終，分先後否？曰：孝之始，是言孝之托始根基。孝之終，是言孝之完全成就。邢昺《正義》曰：「不敢毁傷，闔棺乃止。立身行道，弱冠須明。」此何常迴然分判先後也。

論始於事親中於事君終於立身

或問事親、事君、立身。曰：「愛敬盡于事親」，事親也。「以孝事君則忠」，事君也。「修身慎行」，立身也。

或問事親、事君、立身之目。曰：「居

則致其敬，養則致其樂，病則致其憂，喪則致其哀，祭則致其嚴」，事親之目也。「進思盡忠，退思補過，將順其美，匡救其惡」，事君之目也。「言思可道，行思可樂，德義可尊，作事可法，容止可觀，進退可度」，立身之目也。

或問始、中、終之義。曰：譬如果木，始猶根荄也，終猶根榦枝葉花果之全體也，中猶發榮敷暢於其中也。事親，則孝之根荄培矣。立身，則孝之全體具矣。事君，則環于二者之間。而發榮敷暢，以光大其孝而已，原無起初、中間、末後之分。

或問：事君爲中，諸侯、卿大夫、士皆有君可事，孝有中矣。天子、庶人將無孝之中乎？曰：天子事天地，猶臣之事君也。庶人事長上，亦猶臣之事君也。自天子至於庶人，無一人無始、中、終之孝。

論引《詩》、《書》

或問：先儒謂《孝經》引《詩》、《書》以雜乎其間，多不親切，且使文意分斷間隔，故删去引《書》者一、引《詩》者四，何如？曰：孔子常言「無徵不信」，如《表記》、《坊記》節節皆引經語爲證，蓋立言法也。觀古《詩》、《書》註疏，往往各自爲説，而古人所引多屬斷章取義，何可一切以本文律之？即如本經所引，又未嘗不親切。如論孝之始終，引《詩》曰：「無念爾祖，聿修厥德。」蓋立孝在修德，當以立身行道爲重也。論天子之孝，引《書》曰：「一人有慶，兆民賴之。」蓋言孝感之機，係於天子一人也。諸侯之孝，謂「戰戰兢兢」者，蓋言諸侯思社稷、民人之重，故不敢驕溢敗度而後爲孝也。卿大夫謂「夙夜匪懈，以事一人」者，蓋言卿大夫出而事君，則當致謹言行而無時敢忘君也。士謂「夙興夜寐，無忝所生」者，蓋言士當早夜不敢即安，而後可以事上顯親也。諸如此類，皆有奧義，即如《大學》、《中庸》、《孟子》亦多引《詩》、《書》相證，何常分斷間隔。

論引《詩》、《書》不必移屬下章

或問：近儒有謂《庶人》章不可無引《詩》，遂以首章「無念爾祖，聿修厥德」移屬下《天子》章，而以「一人有慶」等《詩》、《書》遞屬下章，謂如此經文始全。是否？曰：引《詩》各有意義。如首章「無念爾祖」即上文以顯父母意，「聿修厥德」即上文「立身行道」意，若屬之《天子》章，殊無意味。且「一人有慶」指天子也，移之《諸侯》，諸侯可當「一人」乎？「以事一人」指王朝卿大夫事天子也，移之《士》，士可即「事一人」乎？況移引《詩》者，又酷信古文，而古文《庶人》章加「子曰」二字，則此五章二有「子曰」，三無「子曰」，於屬詞之體，亦似悖謬不倫。

論經内「子曰」非引語亦非分斷間隔

或問：《孝經》自首章至《庶人》章俱似一時語，而《天子》章加「子曰」二字，且後章加「子曰」者甚多。有謂「子曰」字于經文分斷間隔，又謂後章「子曰」爲曾子引孔子之言，然否？曰：凡無發問而稱「子曰」者，必言甫竟而又言之，或問答偶間而更端言之，或緊要提醒而諄諄言之，原非引語，亦非有所分斷間隔。惟《庶人》章古文加「子曰」者一，「配天」章古文加「子曰」者二，殊屬蛇足，細玩自見。

論天子諸侯卿大夫士庶人之孝

或問：天子、諸侯、卿大夫、士之孝，何以不專言事親？曰：天子以天下爲孝，諸侯、卿大夫以有國有家爲孝。當時天子德教不行於四海，諸侯一味驕滿，卿大夫一味僭僞，士一味泄沓，便是立身有虧，貽辱父母。孔子如此立訓，正是切時對症之藥，正是事親關繫處。

或問：先儒謂《孝經·諸侯》《卿大夫》《士》三章詞語繁複，疑有掇取他書附會其間者。然否？曰：《諸侯》、《卿大夫》、《士》三章，俱是先論其理合如此，下文方接各人身上是該盡合如此，即《天子》章如「愛親」四語，亦是論理如此，下緊接云「愛敬盡于事親」，方著在天子身上。蓋聖人之言，反覆詠歎，從容不迫，深有意義，非如後人之言一出無餘味也。惟庶人之孝，明白易見，故直截説去。此聖人立言之妙也。

或問：天子、諸侯、卿大夫、士之孝皆曰「蓋」，而下必引《詩》、《書》，庶人則獨言「此」，又不引《詩》、《書》，何也？曰：天子孝道最大，其當盡之道亦無窮，今所言特其約略耳，即諸侯、卿大夫、士亦然，故言「蓋」。蓋者，約略不盡之詞也。然猶恐不足取信，必引《詩》、《書》證之。若庶人之孝，只此數事，便已都盡，故直指之曰「此」，已明白矣，又何必引《詩》、《書》乎？

論天子之孝

或問：「不敢惡於人，不敢慢於人」，邢昺《正義》謂：「天子施教化，使天下之人皆行愛敬，不敢惡慢其親。」是否？曰：非也。不敢者，兢兢業業，小心之極，即匹夫匹婦以爲勝予，不敢遺小國之臣之心也。謂天子施教化是後一層事，下文「德教加於百姓，刑於四海」，乃言施教化耳。

或問：「加於百姓，刑於四海」，何分別？曰：百姓是畿内百姓，四海則通天下而言之。如《堯典》「平章百姓」、「百姓昭明」即加於百姓也。「協和萬邦」、「黎民於變時雍」即刑於四海也。

論諸侯之孝

或問：諸侯之孝，必曰「富貴不離其身」。夫富貴者，君子不以累其心，何故諸侯偏以此垂戒？曰：富貴在諸侯，爲最要緊，上承先業，下啓後裔。富貴可輕，社稷、民人可輕乎？且長守富貴者，在於不驕不溢，蓋就守富貴之根本言耳。此正爲諸侯垂戒最親切。

或問：「戰戰兢兢，如臨深淵，如履薄冰」，此詩先儒欲删之，可乎？曰：此一部《孝經》心法，孔、曾相傳，惟此三語，爲最精切。即堯、舜之「欽明」、「温恭」，禹、湯、文、武之「祇台」、「聖敬」、「敬止」、「執競」不過如此。所以曾子有疾，傳門弟子亦只口咏此詩三語而已。曾子傳孔子之道，傳此者也；孝德之本，本此者也。何可删也。

論卿大夫之孝

或問：卿大夫之孝，前言法服、法言、德行三者；中承言、行二者而不及服似掛漏，且于言、行又反覆言之似重複；然末又總結三者。何也？曰：卿大夫立朝敷奏，接賓出使，將命布德，服、言、行三者最重，故首言之。然服明白易見，而言、行尤重，故中止申言、行而不及服。要之，三者不可缺一，故末又總結之。中三聯一步緊承一步，何曾重複掛漏？

或問：何謂「口無擇言，身無擇行」？曰：擇者，擇其言行之盡善與否也。《詩》曰：「威儀棣棣，不可選也。」若所言所行無一不本于孝，雖擇其何言行爲盡善、何言行爲未盡善，而無可擇處。所以言、行雖至滿天下，而無口過、無怨惡。

論士之孝

或問：人子之于父母，其因心之愛一也。今曰「資于事父以事母而愛同」，豈愛母果有不足，必資取愛父之愛以愛之乎？曰：人子愛親之心，皆出天性，有何不足，必待資取？蓋言愛母之愛與愛父之愛雖一，而愛母之愛世或有流于狎恩恃愛而不自覺者。惟事父之愛便有嚴敬之意存于愛中，取此以事母，乃爲真愛至愛耳。謂資于事父以事母，非謂資於愛父以愛母。細玩之，始知聖言精微。

或問：「以孝事君則忠，以敬事長則順」，有謂以事兄之敬事長者，是否？曰：

此「敬」即上文「敬同」、「取敬」之「敬」。「以孝」之「孝」兼愛、敬而言也，「以敬」之「敬」則但言敬而已。本文原無事兄意，不必贅入。

論庶人之孝

或問：「分地之利」，古文爲「因地之利」，「因」字似比「分」字爲精。曰：分，即因也，《論語》「五穀不分」。「分別五土，視其高下，各盡所宜」，即因之也。

論孝無終始

或問：「孝無終始而患不及者，未之有也」，邢昺《正義》及近儒皆謂孝道徹始徹終，有何終始？如此，豈患不及？似於文義爲通。子何以獨異？曰：此經一部，前後照應。此「始」、「終」二字，即首章「孝之始」，「孝之終」，「始于事親」，「終于立身」之「終」、「始」也。孝無終始，事親、立身俱無成就，豈有禍患不及之理？「患」字對上「保守」等字，不能保守，即有禍患。又觀下文「災害禍亂」、「五刑大亂」等語，乃知孔子爲天子、庶人通設此戒，至爲嚴切，與《大學》「本亂末治，所薄者厚」結語酷相似。

論天經地義

或問：此章首云「天之經也，地之義也」，何以承云「天地之經」而不言義？又何以承云「則天之明，因地之利」而不言經義？近儒有改「利」爲「義」者，如何？曰：聖人之言，變化無端，而各極其至，固非可以經生之見律之也。既曰「天經地義」，下文止曰「天地之經」，則「義」在其中。下文又變「經」言「明」，變「義」言「利」，謂「利」可改「義」，則「明」亦可改「經」乎？此「利」字，即《易經》「利者義之和，不習無不利」之「利」。「明」即「經」，「利」即「義」，非二也。此所以爲聖人之言也。

論天經配天二章非雜取《左傳》

或問：先儒謂自「夫孝天之經也」至「因地之利」，皆雜取《左傳》所載子太叔爲趙簡子道子産之言，惟易「禮」字爲「孝」字。又「嚴父配天」章「以順則逆」以下，又雜取《左傳》所載季文子、北宮文子之言，與上文不相應。然乎？曰：孔子述而不作，豈古有是言而孔子述之耶？然左氏之學博而言夸，其作傳多借他人姓名、古人文字以發抒自己議論。蓋當時《孝經》尚未行，或者左氏取經言以自文之耶？如《易·文言》「元者，善之長也」等語，皆孔子之言也，而左氏取爲穆姜之言，可謂孔子《文言》雜取穆姜耶？

論先王見教之可以化民

或問：先儒謂「先王見教之可以化民」與上文不相屬，又謂温公改「教」爲「孝」乃得粗通，而下文「德義」、「敬讓」、「禮樂」、「好惡」都不相應，疑亦裂取他書之成文而强加裝綴，但未見其所出耳。然否？曰：此章因曾子贊孝之大而反覆推廣言之。「夫孝，天之經」一段暗應「夫孝，德之本也」，「先王見教之可以化民」一段暗應「教之所由生也」，「見教」之「教」即承「其教不肅而成」之「教」，何謂不屬？「博愛」、「德義」五段，皆自孝之德施於教者而言，何謂不應？既未見其所出，而必謂取他書成文，過矣。

或問：先儒謂先王見教之可以化民，而後以身先之，於理已悖。然否？曰：先王即下章明王，明王見道理極明，孔子因先王教民以身先之，而斷之曰「先王見理之明如此」，非謂見其如此而後始以身先之也。「見」字要看得活。

或問：温公改「教」爲「孝」，何如？曰：教，即孝之教也。「教」字自親切，不必改「孝」。温公改「教」爲「孝」，不知此經總爲「德教」二字而發。此蓋謂政教皆可以化民，而政之化民不如教之化民，故必以教化先之，即孟子所云「善政不如善教之得民也」。「政」「教」二字自有別。

論博愛

或問：《論語》「博施濟衆」與韓愈「博愛之謂仁」，學者多非之。《孝經》「先之以博愛而民莫遺其親」，似非立愛惟親之序。曰：此博愛與子貢「博濟」、韓愈「博愛」不同。彼是泛論濟人、愛人，此則專就孝親而言。博愛謂廣其愛於親，非泛愛衆人也。且博之云者，即「事父母能竭其力」、「左右就養無方」、「孝子惟巧變」、「孝子不匱」、「聚百順以事親」之謂。竭也，無方也，巧變也，不匱也，聚也，皆博愛之義也。

或問：「博愛」謂博愛其親，其説何據？曰：博，盡也，致也，備也，大也，通也。經文云「愛敬盡于事親」，又云「居則致其敬，養則致其樂，病則致其憂，喪則致其哀，祭則致其嚴，五者備矣」，又云「孝莫大於嚴父」，又云「無所不通」。此皆博愛其親之義，學者不可不知。

論引《詩》「赫赫師尹，民具爾瞻」

或問：先儒謂引《詩》「赫赫師尹，民具爾瞻」爲不親切，鄭氏註謂無天子在上之詩，義取大臣助君行化。然則此詩宜刪否？曰：古人引《詩》多斷章取義，即如《大學》平天下章亦引此詩，朱子曰「言在尊位者，人所觀仰，不可不謹」。在《大學》不可謂不親切也，在《孝經》可謂不親切乎？且鄭氏別添「大臣助君行化」一説，亦支離。

論明王孝治章

或問：「明王孝治」章有言一明天子之孝，一明諸侯之孝，一明卿大夫、士、庶人之孝者，是否？曰：此因上章言孝之大而又推極言之，以見孝之大如此也。明王以孝治天下，是孔子作經本意，故已答曾子之問而又提出言之耳。至有國有家之孝，皆明王之孝有以教之也。觀末段結云「明王之以孝治天下也如此」，乃知此章專爲天子之孝而發。

或問：舊註「得萬國之懽心以事其先王」，以爲得彼懽心助其祭饗奉養，是否？曰：得萬國之懽心，言萬國之人尊君親上同然無間。人心和悦，王業永固，即後章所云「自西自東，自南自北，無思不服」，不必專言祭饗奉養。

孝經或問卷之二終

孝經或問卷之三

明新安呂維祺著

論天地之性人爲貴

或問「天地之性人爲貴」。曰：此句是全經精神所在。蓋天地之性，即「父子之道天性」之「性」，即「毀不滅性」之「性」。三「性」字，是《孝經》大開眼處。近世學者，無人識《孝經》中三「性」字。

或問：近世學者言性多矣，何以無人識三「性」字？曰：凡言性者，皆自《孝經》中三「性」字來。《孝經》者，千古言性之祖也。若舍《孝經》中「孝」字，別尋性命，便是不識《孝經》中三「性」字。

論周公嚴父配天

或問：先儒謂嚴父配天孝之所以爲大者，本自有親切處。若必如此而後爲孝，則是使爲人臣子皆有今將之心，而反陷於大不孝，似此段與孝不親切。曰：此蓋極言孝之大至於配天，非謂凡爲孝者皆欲如此也。且《中庸》論舜、武、周公大孝、達孝，至於宗廟饗之，子孫保之，追王上祀，豈謂凡爲孝者皆欲如此乎？不過言雖周公嚴父配天可謂孝道極盡其大，然無加於孝之毫末也，以見聖人之德無加於孝云爾。可與《中庸》「大孝」等章例看。

或問：周公嚴父配天，何如？曰：此是周公制禮之巧處。武王身爲天子，正可以遂其嚴父之心，而后稷既已配天，無兩配天之理。周公制禮，爲宗祀，爲配上帝，上帝即天也。由是得以曲盡其嚴父之心，然亦因文王功德禮所宜爾，非私意也。故謂其孝爲達孝。

論配天章上下文義聯屬

或問：「故親生之膝下」，先儒謂此段與上文不相聯屬，故有分爲二章、三章者，有顛倒刪改者，有加兩「子曰」者，何如？曰：要知作經大義，只是「德教」二字。此舉嚴父配天一段言聖人之德如此而即以生教，「故親生之膝下」以下言聖人之教如此而即本於德。看此有何不聯屬？

或問：「故親生之」以下與上文聯屬何如？曰：「親生之膝下以養父母」，「親」字即應上文「人之行莫大於孝」「孝」字。「日嚴」，「嚴」字即應上文「孝莫大於嚴父」「嚴」字。「因嚴教敬」，即「日嚴」之「嚴」也。「因親教愛」，即「親生」之「親」也。

或問：「父子之道」以下與上文聯屬何如？曰：「父子之道天性也」，即應「親生之膝下」及「因親教愛」；「君臣之義也」，即應「日嚴」及「因嚴教敬」。

或問：「父母生之」以下與上文聯屬何如？曰：「父母生之，續莫大焉」，即應「父子之道，天性也」。「君親臨之，厚莫重焉」，即應「君臣之義也」。

或問：「不愛其親」與上文聯屬何如？曰：「不愛其親」，即承上文「父母生之」一段，與上文「親」字、「愛」字相應。「不敬其親」，即承上文「君親臨之」一段，與上文「嚴」字、「敬」字相應。

或問：「天性」與「天地之性」，兩「性」字同否？曰：同。天地之性賦於父子，父子之性即天地之性。無論聖凡，無論貴賤，人人俱有，人人該盡，人人欲盡。聖人既自盡其性，又教人使各盡其性。觀此兩「性」字，正見此章上下文義聯屬照應之妙。

或問：《漢·藝文志》謂「《孝經》『父母生之，續莫大焉』，『故親生之膝下』，諸家説不安處，古文字讀皆異」。何也？曰：觀此愈知劉炫古文之僞而不足信也。古文既於「父子之道」上加「子曰」二字，突然説起，有何意義？又去二「也」字，故其字讀突兀，不成文理。如曰天性，又曰君臣之義，成何文法？故謂「諸家説不安」，謂「字讀皆異」云爾。若如今文有二「也」字，何等順暢，有何不安？有何字讀皆異？

或問：朱子謂「君臣之義」下有脱簡，何也？曰：朱子但據古文「君臣之義」爲句，如何於「父母生之」句相接，似有闕文，未暇更覓今文細思之耳。只看今文「天性也，君臣之義也」有此二「也」字，便上下聯屬，自無脱簡之疑。

或問：先儒謂「言思可道」以下泛而不切，何如？曰：此正是明君子以愛敬立教之目。「言思可道，行思可樂，德義可尊，作事可法，容止可觀，進退可度，以臨其民」，即首章所云立身行道之事。蓋本於愛敬之心者，而即推此心以教人也。何嘗泛而不切？

論孝子事親

或問「孝子事親」章大意。曰：孝者始於事親，終於立身。致敬五事，事親也。不驕三事，立身也。能事親立身，所以爲孝。驕、亂、争，不能立身也。「日用三牲之養，猶爲不孝」，不能事親也。不能立身事親，所以爲不孝。

論五刑

或問：《孝經》以德教立訓，其言五刑者，何也？曰：雖有德教，不廢政刑，五刑正所以弼教也。古之聖王，明刑、祥刑、省刑，便是德教最真切懇至處。

論非聖非孝

或問：吴氏解非聖、非孝，謂人所行非聖人之道，子所行非孝道。今子解作詆毁，然乎？曰：孟子有云「言則非先王之道」，朱子曰「非，詆毁也」。詆毁聖人，詆毁孝道，故爲大亂，而聖人所必刑，且要君之罪最重，安得以不能學聖，不能盡孝，謂罪同要君乎？「非」字當作詆毁爲是。

論孝弟禮樂

或問：孝、弟、禮、樂四者，既並言之，下文何爲專承「禮」字？豈禮果重於孝、弟、樂乎？曰：此是聖筆精微變化處。《孝經》雖愛、敬並言，而敬者尤爲孝子事親之本，且爲千聖傳心之要，故因「禮」之一字歸本於敬，以見孝之宗指蓋如此也。然敬父、敬兄，即是申言孝弟。子悦、弟悦，悦即是樂，樂則生，生則惡可已。惡可已，則不知手之舞之、足之蹈之，即是申言樂，何等精微變化。

論敬父敬兄敬君

或問：「敬其父則子悦，敬其兄則弟悦，敬其君則臣悦」，邢昺、朱申、周翰、董鼎皆謂敬人之父兄與君。今子謂敬自己父兄與君，何也？曰：玩其字意，乃是自敬其父兄與君耳。且與下文「敬一人」相應。若敬人之父兄與君，則敬千萬人矣，安得謂之敬寡悦衆？安得謂之要道？

論君子之教以孝

或問：「教以孝」，乃是君子教天下以各行其孝，所謂以順天下也。引《詩》後始推本於至德耳。今子謂教以孝，即躬行孝道以教之，何也？曰：此「教以孝」，即承上「敬其父」之孝也，謂君子之教天下以我躬行之孝云爾。若止空説教人行孝，便是言教之教，非身先之教也。引《詩》咏嘆，乃是極言身先之教，順民如此其大，以異於後世之以言教者耳。非謂前止言教人行孝，末推本於自己行孝也。

或問：「君子之教以孝」，若云君子教以躬行之孝，何以又云「非家至而日見之也」？曰：正合如此。蓋上文既言「敬其父則子悦」，明謂君子躬行其孝以教人子矣。此又言君子躬行其孝以教人子者，非必徧告人子以我之孝也。第以我所躬行之孝立的於此，象指如彼，天下之爲子者，自然各敬其父，是乃所以敬天下之爲人父者也。無非反覆申言以德生教，其感化人之神速不測如此。

論名立於後世

或問：《孝經》首章言「揚名於後世」，此章又言「名立於後世」，豈聖人教人好名乎？曰：聖人何常教人好名，但名不稱於後世者必其實未至也。玩「行成於内」，乃知君子之孝、弟、忠，惟是闇然内修，不求人知，全無好名之意，故前曰「揚名」，此曰「名立」，猶言植標於此而後世自稱揚之也。《論語》「君子疾没世而名不稱焉」，亦是此意。

論閨門章

或問：古文有「閨門之内」一章二十四字，今文無此，世儒多謂司馬貞削《閨門》章爲玄宗諱，然否？曰：《閨門》章古文有，今文無，非貞削之也。按《玉海》、《會要》唐開元七年三月一日，勑《孝經》、《尚書》有古、今文孔、鄭註，旨趣頗多踳駁，令諸儒質定。六日，劉子玄議行孔廢鄭，司馬貞議鄭、孔俱行。五月五日，詔鄭仍舊行，孔註傳習者稀，亦存繼絶之典，頗爲奬飾。據此，則司馬貞固專主今文，今文原無，貞何常削之乎？且玄宗亦謂孔、鄭兼行，豈玄宗不自諱而貞代諱之乎？儒者立言之不察類如此。

或問：《閨門》章於義何如？曰：今玩其文義，如「具禮已乎」、「百姓徒役」等語，殊淺鄙不倫，吴氏謂劉炫僞增無疑。先臣宋濂亦云諸儒於經文大指未見有所發揮，而斷斷紛紜，抑末耳。

論子不可以不争於父

或問：《孟子》云「父子之間不責善」，而《孝經》乃云「當不義，子不可以不争於父」，争與責有異乎？ 曰：父子之間，事事而責望之，督責之，情豈能堪？ 惟當不義，則争之，如號泣而隨，起敬起孝，又敬不違，勞而不怨，便有許多婉曲引掖之意。

論明王事父孝章

或問：「明王事父孝，故事天明；事母孝，故事地察。」鄭氏謂王者敬事宗廟，故事天地能明察也。孫本註明王推所以事父者，事天於郊而其理明。推所以事母者，事地於社而其義察。何如？ 曰：事父母，凡先意承志、立身行道、顯親揚名、繼志述事皆是，不專言宗廟祭饗。事天地，凡參贊調燮、財成輔相皆是，不專言郊社。

或問：「神明彰矣」，玩本文止言彰，而子謂「天時順而休徵協應，地道寧而萬物咸若」，何也？ 曰：上言「事天明」，「事地察」，下言「神明彰」，便有中和位育天清地寧光景。若不至位育清寧，神明於何而彰？ 《書》曰「至誠感神」，《詩》云「降福穰穰」，《易》曰「自天祐之，吉無不利」，即神明彰之義也。

或問：「天地明察，神明彰矣」，吴氏謂宜屬「鬼神著矣」之下，何如？ 曰：此章極言明王孝道感通之大，至於天地神明無不感格，故緊承之曰「天地明察，神明彰矣」。次段又就孝道感通之大復申言之，而緊承之曰「宗廟致敬，鬼神著矣」。 末段乃總承之曰「孝弟之至，通於神明，光於四海，無所不通」。聖筆精微變化，言簡意盡如此。若謂「著矣」、「彰矣」二句文法恊比，改竄連屬，似非闕文之義。

或問：「神明」、「四海」原不並重，蓋「光四海」前章已言，此則專重「通神明」耳。且此章止有感通意，無應意，子何以註「相爲感應」也？曰：玩「光於四海」之「光」，似較前章所言更有光輝發越、顯榮暢達、淪浹融液之象，即是過化存神，帝力何有地位，故極言之曰「光於四海」也。「光四海」與「通神明」原不分輕重，玩「無所不通」、「無思不服」，便有感應意思在。

或問：經云「通於神明，光於四海，無所不通」，有其事乎？曰：人君果能篤行大孝，以化天下到至極處，自能使天地、人物、戎狄、豚魚、金石、草木無不靈通感化。《説苑》曰：❶「舜行孝道，天下化之。蠻彝率服，麟鳳在郊。❷『孝弟之至，通於神明，光於四海。』舜之謂也。」自是實理實事。

論進思盡忠

或問「進思盡忠」之義。曰：忠臣事君，如孝子事親。忠者，蓋自其不敢自欺盡心無隱之結念言之也。必正心誠意，愛君憂國，引君當道志仁，一片忠誠藴結於内，乃可以昭德塞違，繩愆補闕。所謂補過、將順、匡救，其皆本於忠乎？不然，身不行道，不行於妻子，況君父之前，徒翹其過以

❶「説苑」，此下引文見於劉向《新序》卷一《雜事》首篇，劉向《説苑》不載。

❷「郊」下，《新序》有「故孔子曰」四字。

爲名，所以上下猜忌而不相親以此。

論退思補過

或問：「退思補過」，是補君之過，是補己之過？曰：人臣善則稱君，過則歸己，只見得自己有過，故所思補者，直補己之過耳。且盡忠匡救，即是補君之過矣。《國語》曰：「夜而計過，無憾，而後即安。」

論上下相親

或問上下相親。曰：古人謂君爲君父，臣爲臣子；又謂君爲元首腹心，臣爲股肱耳目。乃知君臣雖分上下，實如一家之父子，一身之同體也。原自相親，此「親」字即「親生膝下」之「親」。引《詩》「愛」字，即「因親教愛」之「愛」。經云「君子事親孝，故忠可移於君」，若非親愛本於天性，如何移得？

或問：臣子事親事君，同一親愛，如存羹懷橘不失爲孝，而獻大龍團、小龍團者人以爲諂，豈忠孝有二乎？曰：忠孝雖無二理，親愛雖無二心，然經云「母取其愛，君取其敬，兼之者，父也」，可見君子事上貴在正色立朝，責難陳善，格君心之非，陳堯、舜之道耳。若小忠小愛，非所以爲忠也。不可不辨之於微。

論引《詩》中心藏之

或問：引《詩》「中心藏之」者，何也？曰：中心者，忠也，即「進思盡忠」之「忠」也。言君子忠君之心，存於中心隱微之地而默藏之。其中有蘊結而不可解者，故忠愛篤至，憂聖危明，防微杜漸，曲盡其忠。如《易》所云「有孚盈缶」、「納約自牖」、「遇主於巷」，皆忠愛之至也。故中心藏之之忠，與沽名市直表暴於外之忠自異。

論孝子喪親

或問：以喪親章終之，何也？曰：此又總承上文言孝子事親，不獨生前如此愛敬，死後亦無所不至其極如此哀戚，蓋亦廣「喪則致哀，祭則致嚴」之意，所以末段又總結之。

論毁不滅性

或問：「毁不滅性」，何也？曰：此性即天地之性，即父子相傳之性。人得氣以生，得性以爲生生之本。若毁而傷生，則滅性矣。人之所以參天地而體受歸全、揚名顯親者，恃有此性在也。滅性則參天地、顯父母，屬之誰乎？故曰不勝喪比於不慈不孝。

論孝子之事親終

或問：首章曰「孝之終」，又曰「終於立身」，末章曰「孝子之事親終矣」，三「終」字同否？曰：三「終」字皆同。然有終親之身者，有終子之身者，愛敬哀戚，即事親之完局也。立身行道，揚名顯親，即愛敬哀戚之完局也。

論《孝經》當實加表章頒行

或問：儒者皆謂《孝經》宜頒之學官，何如？曰：《孝經》者，五經之總會，百王之大法也。王安石以偏拗之學罷黜《孝經》。秦火雖烈，猶不數年而復於漢。安石何人，乃敢侮聖人之言，使至德要道之真經晦蝕五百餘年，其禍較秦火更烈矣。今皇上屢諭表章《孝經》、《小學》，《小學》已頒行矣，獨《孝經》尚屬闕典，則明王孝治之隆端有望於今日爾。

或問：頒之學官，一本作學宫，孰是？曰：皆是也。學宫者，學較之宫墻，指其地言之也。學官者，司教鐸之官，指其人言之也。

或問：王安石罷黜《孝經》，經筵不以進講久矣。今議經筵日講以此啓沃聖心，可乎？曰：我皇上以孝道風示天下，屢諭表章，必爲聖心所樂嗜者。況其書明白簡易，又廣大精微，宜令儒臣進講，以資啓沃，此固在我皇上之力行之爾。

或問：今東宫出閣講學，《孝經》可進講乎？曰：孔子有云「弟子入則孝，出則弟」，又云「行有餘力，則以學文」。孟子云「堯舜之道，孝弟而已矣」。皇太子養蒙作聖，宜以孝弟爲先。合無勅令儒臣明白進講，更啓皇太子朝夕玩味，異日爲太平有道天子，以成作聖之功，接唐虞之統，始基之矣。是東宫講讀，宜以《孝經》爲第一義。

或問：《孝經》文義不多，當附何經？曰：漢時行《孝經》者，有附《論語》，有附《孟子》。今行《孝經》，直當自爲一經，不必附他經。但令習本經者，俱通《孝經》，則天下無不習《孝經》之士人，而孔子真經大行於今日矣。

或問：小場間出《孝經》題，或作論，或作制義，是矣。鄉、會場既有三書四經，再加《孝經》，文不太多乎？曰：不必加也。三書仍舊，但減本經一篇，即加《孝經》一篇，序於書文後、經文前，仍爲七篇，似覺妥當。

或問：祖制取士，未嘗有《孝經》，今添習之，且加《孝經》一篇，減本經一篇，毋乃非祖制乎？曰：《中庸》有云：「夫孝者，善繼人之志，善述人之事者也。」祖制設科，後來漸有變通。如《大全》頒於成祖，《小學》頒於今上，此正善繼、善述之大者，不爲變祖制也。

或問：宋程明道看詳武學，添習《孝經》，今尚可倣行之乎？曰：如漢世虎賁、飛騎、羽林、期門皆令習讀，如何武學不可頒行？然何獨武學，即天下各王府及公侯、簪紳、宗學俱當頒行，以示明王孝治天下之大經大法俱在於此。

或問：今欲復古辟舉孝廉之法，何如？曰：辟舉不復，欲士人砥行，風俗醇篤，以復古雍熙之化，不可得也。況聖天子已復辟舉矣。宜特頒宸諭，使天下尊崇《孝經》，共篤孝道。令撫、按每歲舉真孝友廉讓有志有爲者二三人，或間令撫、按學臣每州縣各舉一人，如拔貢例，即慮有僞行冒售狥私濫舉者，務嚴舉錯連坐之法可也。

論表章《孝經》之効

或問：行《孝經》之効，何如？曰：姑言其小者，如仇覽以之化頑，邴原以之屏虎，顧懽以之瘥病；徐份讀之而父病頓愈，馮亮執之而素霧彌天，盧操讀之而惡少感化，馮元、尹夢龍誦之、書之而異夢吞蓮、群烏集樹。《孝經》感應之理，焉可誣也。況聖天子以此倡明德教，其天地効靈，鬼神助順，黎民感孚，厥効當未可盡述也。

論元隱士預期表章《孝經》

或問：元隱士鈞滄子預期五百年必有明王興起，表章《孝經》，朱鴻謂必仙家者流，其言是否？ 曰：鈞滄子未必是仙家，蓋賢人而隱者，此必不欲仕，故隱其姓名。其言蓋有道者之言也。 今我皇上適當五百年之期，而拳拳表章是經，乃知聖經興廢，自有天意存乎其間者。 鈞滄子其知天乎？

論《孝經》不宜與《忠經》並稱

或問：世儒多以《孝經》與《忠經》並稱，可乎？ 曰：不可。 孔子萬世帝王之師，其作《孝經》爲萬世帝王法，馬融乃敢僭擬之乎？ 據融之意，謂衆善咸起於忠，故「孝行」章曰：「君子行孝，必先以忠，竭其忠則福禄至。」然則隱居之士終不得言孝乎？ 必先以忠，與「中於事君」之旨悖矣。且《孝經》立訓，言事君者不一而足。 第十七章更詳言之，融不贅乎？ 至《忠經》中謂引夫子之言而多參臆撰，試比而觀之，無論其文字猥鄙，其意義亦索然無餘味，以擬《孝經》，何異井之窺天，蠡之測海也。

論《孝經》十二字之傳

或問：堯、舜、禹之傳何如？曰：堯、舜、禹之傳十六字。何謂十六字？曰「人心惟危，道心惟微，惟精惟一，允執厥中」十六字也。孔、曾之傳何如？曰孔、曾之傳十二字。何謂十二字？曰「戰戰兢兢，如臨深淵，如履薄冰」十二字也。蓋此十二字，是《孝經》最切要處。孔子以此傳曾子，曾子以此傳門弟子，所以謂曾子之傳，得其宗也。

論《孝經》帝王聖賢傳孝心法

或問：「《詩》三百，一言以蔽之」，《孝經》亦可一言以蔽之乎？曰：「敬」而已矣。敬者，帝王聖賢傳孝之心法也。堯、舜之精一執中，孔、曾之戰兢臨履，皆敬也。此孔子《孝經》之作，所以上接堯、舜之統，下啓萬世之傳也。有志堯、舜、孔、曾之傳者，其深留意焉。

孝經或問卷之三終

孝經翼

先生之弟吉孺公與先生輯録《大全》，又作《孝經翼》以發《或問》之義。

明新安呂維祜著

按：經中每每言「順」，一曰「以順天下」，再曰「以順天下」，又曰「四國順之」。順民如此其大，何也？順者，孝之歸也。孝親者，聚百順。故孝治天下者，亦順而已矣。順則和，和則無怨，是以懽心衆而親安之。

身，動物也。見異而遷，故曰立道定理也。待人而行，故曰行。行道所以立身也，故下文止曰「終於立身」。

何謂事親？曰「致敬」五句，事親之目也；「安親」二字，事親之綱也。何謂立身？曰「言思」六句，立身之目也；「慎行」二字，立身之綱也。

夫子分別五孝，於《天子》四章用「蓋」字，《庶人》章用「此」字，何若是其異乎？曰「蓋」者，審量之詞。《天子》至《士》章，似非顯言養親者，實乃所以爲孝也。且其分量，各自不同，故用「蓋」字。「此」者，直指之詞。《庶人》章明言養父母之爲孝也。且其職分，不過如此，故用「此」字。

諸侯、庶人，地位懸矣。其曰「制節謹度」，與「謹身節用」語意無別，何也？凡人一有奢侈之心則用不繼，一有放肆之念則禍乃作，故曰節、曰謹，無上下，一也。

讀《卿大夫》章，首節服先而言、行後，似服重；次節申言、行而不及服，似服輕。斯何以故？蓋吾人居身應人顯著者，服也，故先慎服；一啓口而即有言，故次慎言；迨處事接物，而行乃見，故次慎行。此先後之次第也。但服易而言、行難，故申言、行而不及服。豈有輕重於其間哉？故末節總結之曰「三者備」。

士有禄位，言保禄位已矣。必言祭祀者，無廢先祀，所以爲孝也。諸侯保社稷，卿大夫守宗廟，不言祭祀者，社稷、宗廟皆有事於祭祀也。保守無失，其孝在是。

愛敬者，孝之實際也。愛而不敬則愛不至，敬而不愛則敬不真，二者闕一焉不可也。曰親、曰嚴，愛敬之原也。曰慈、曰恭，愛敬之形也。曰忠、曰順，愛敬之推也。曰惡、曰慢，愛敬之反也。曰德、曰禮，愛敬之成也。分之爲敬、爲樂、爲憂、爲哀、爲嚴，約之爲安，皆愛敬也。夫孝道無方，愛敬而已矣。

政、教雖並言，而教則可以化民，先王知之，故先之以博愛、德義、敬讓、禮樂、好惡，以身教也。身先之教，是謂德教，斯民從之。不以身先之，雖訓誨皆至德，仍是政而已矣，則民弗從。

事親者，不難於備物，而難於得人之懽心，難於致己之樂以懽樂。事親者，親未有不懽樂者也，孝莫大乎是。

經中三言「性天地」者，性之大原也。人之所以異於物者，以其得天地之靈性也，故曰「天地之性人爲貴」。孝非外襲，性之德也，故曰「父子之道天性也」。身非空殼，形色性也，故曰「毁不滅性」。盡性所以立身，立身所以孝親，孝親所以事天地。

「父子之道天性」一節，承上因本説來，爲下節張本。曰「天性」，見子之於父，本親也；曰「君臣之義」，見子之於父，本嚴也。以父子言有生之脉焉，是爲續；以天性言有親之道焉，以義言有君之象焉，是爲厚。惟續莫大，故他人不得問親；惟厚莫重，故愛敬不得薄親。彼不愛敬其親而愛敬他人者，亦忘本極矣。

愛親者不敢惡於人，敬親者不敢慢於人，順也。不愛其親而愛他人，不敬其親而敬他人，逆也。以順之事而逆行之，民何則焉？「雖得之」照「民無則」句，言雖强民從而得之於民，夫亦畏而不愛，則而不象矣。故君子不貴也。

「言思可道」二句，各進一步説，「言思可道」言而思見諸行也，「行思可樂」行而思慊於心也。「德義可尊」，豈德義猶有不尊與？曰：如不愛敬其親而愛敬他人，其愛敬人也，雖亦博德義之名乎，甚可鄙也。故曰「德義可尊」。

「孝子之事親」章，首節即始於事親之意，次節即終於立身之意，合言之而始成孝。

人之行莫大於孝，罪莫大於不孝。惟父母之大，於天地並者也。夫不孝之罪莫大，而人豈甘爲不孝？由邪説惑人而不知孝之是也。孝則爲順、爲安、爲和、爲善，不孝則爲悖、爲逆、爲凶、爲亂。奈何有非孝者，非孝者與於不孝之甚者也。論不孝而及此，亦《春秋》誅討亂賊，治其黨與之法也。

理同則任人取是，故以孝事君則忠，以敬事長則順，德盛而應不窮。是以事親孝，故忠可移於君；事兄弟，故順可移於長。

順親爲子，而從令非孝，敬親以大義也。此可以知順之意矣。喪致其哀，而毁不滅性，重親之遺體也。此可以思哀之道矣。凡此皆所以抑賢智也。

將順匡救，字各二意。美初萌則將之，已形則順之；惡初萌則匡之，已形則救之。此臣職也。然其得君處，全在進忠補過上。忠，己之美也；過，己之惡也。己無美，何以引君於美？己有惡，何以糾君之惡？君必曰：「是弔名也，是謗我也。」上下之不相親以此。

事父主愛，而曰「孝莫大於嚴父」，敬以成其愛也。事君主敬，而曰「上下能相親」，愛以成其敬也。此皆就人不足處言也。

刻孝經大全後跋

《孝經》乃先太傅苦心潛究、躬行實踐之書也。憶琳幼時口授句讀，即以課訓。每見自公退食，無不與此書寢食。後漸知書，先太傅即指示曰：「孔子欲發明王孝治之旨，故删述後作《孝經》，以爲六經之統會，猶滙江河而歸諸海，揭日月而懸中天也。秦火熾而經藏，魯壁壞而經見。孔傳既亡，鄭註無徵。古文僞作於王邵、劉炫之徒，而紛紛聚訟，穿鑿文義，即紫陽、涑水亦多未定。王安石乃蔑聖誣經，遂與《春秋》並斥。人皆知安石爲孔子之罪人，而不知諸家之割裂爲尤甚。」又曰：「爲人君父而不知《孝經》，則必無以立德教之極。爲人臣子而不知《孝經》，則必無以盡忠孝之倫。千古聖賢之道，只是一孝。千古聖賢之孝，只是一敬。堯、舜心傳在『精一』十六字，孔、曾心傳在『戰兢』十二字。」以故苦心二十餘年，其於經文奉之如神明師保，一字不敢增減移易。此《本義》、《大全》、《或問》所由纂註也。殆先太傅以身殉義，遭遇兵燹，不肖兄弟每奉是書避亂於河之南北，僅不絶如綫。琳以己亥謬叨一第，急欲廷對進呈，頒行是書，顧逡巡未敢。伯氏每貽書相戒以夙興勿忝之義，且謂《孝經》未行，深有日湮之慮。自先太傅手註《孝經》，而芝十八莖生於庭，乃甲午於今，新安青要諸山又芝草徧生，意者孔子二千載之精神，以待聖王之闡翼躬行，必有爲之叶應者耶？遂於癸卯之秋梓於淮上。嗟乎！《大全》諸書存，而千古學問、經術之原，帝王德教、政刑之本，庶不燬於秦火，輟於安石，割裂晦蝕於諸氏之説，固聖道之所係，氣運之所關也。寧獨不肖兄弟所深幸也哉！

康熙二年癸卯九月既望，不肖男兆琳敬述。

孝經鄭注疏

〔清〕皮錫瑞　撰
張榮華　校點

目録

校點説明

《孝經鄭注疏》二卷，清皮錫瑞撰。皮錫瑞（一八五〇—一九〇八），湖南善化人，字鹿門，一字麓雲，學者稱師伏先生。光緒八年（一八八二）舉人。光緒十六年後主講湖南桂陽龍潭書院、江西南昌經訓書院。二十四年任長沙南學會會長。二十九年後任湖南高等學堂講習兼代監督、長沙府中學堂講習、長沙定王臺圖書館纂修等。以今文經學名於時，另撰有《尚書大傳疏證》、《經學歷史》、《經學通論》、《師伏堂日記》等。生平見皮名振撰《皮鹿門年譜》。

《孝經》鄭玄注，自東晉荀昶以降爲學人傳習，南朝時與孔安國傳並立博士。南朝梁博士陸澄始疑非玄所注，唐左庶子劉知幾復舉「十二驗」駁鄭。自唐玄宗「御注」頒行而鄭注、孔傳逐漸亡佚，宋、元、明已無著録。入清有朱彝尊、余蕭客、王謨等相繼輯録鄭注，嘉慶間日人輯佚本《孝經》鄭注隨《群書治要》回傳中土，再啓鄭注真僞之辨，並促成多家續作輯佚校補，中以嚴可均四録堂輯本稱善。《孝經鄭注疏》即據嚴輯鈔本撰就。皮氏確信鄭玄早年注《孝經》，《治要》本鄭注非僞。其書以復原鄭注舊貌爲旨，「於鄭注引典禮者爲之疏通證明，於諸家駁難鄭注者爲之解釋疑滯」（《自序》），既據盧文弨、臧庸、阮福、鄭珍等各家之説補訂嚴輯注文，於唐玄宗注、邢昺疏亦多有商兑。「社稷」、「法服」、「明堂」、「郊祀」、「争臣」、「辟雍」、「簠簋」諸條，皆語中肯綮，折中允當。敦煌遺書本經注殘卷發現之前，要以皮書在恢復注文、疏通注義兩方面成績最著。

《孝經鄭注疏》有光緒二十一年乙未善化師伏堂自刊本。此次校點，即取師伏堂本爲底本。書中所採經史百氏之書，皆與原著校對訂正，其中本經及唐玄宗注、邢昺疏，校以中華書局影印阮元重刻宋本《十三經注疏》，他經及注疏亦校以阮刻；《大戴禮記》校以中華書局版王聘珍《大戴禮記解詁》，緯書校以上海古籍出版社影印《緯書集成》；《史記》、《漢書》、《後漢書》等校以商務印書館影印《百衲本二十四史》，《尚書大傳》校以《清經解》本陳壽祺《尚書大傳輯校》，《春秋繁露》校以中華書局版蘇輿《春秋繁露義證》，《韓詩外傳》校以中華書局版許維遹《韓詩外傳集解》，《白虎通》校以中華書局版陳立《白虎通疏證》，《風俗通》校以中華書局版王利器《風俗通校注》，《太平御覽》校以中華書局影印涵芬樓影宋本，其他先秦漢晉子書校以中華書局影印《諸子集成》，清人解説之作校以《清經解》及續編本。引文訛誤處，出校明之。間有括取大意、删薙字句之處，若無明顯綴漏則不出校。引文有斠正阮刻《孝經注疏》之價值者，亦不條列指明，蓋非整理皮疏之務。底本異體字及版刻易混字徑改不出校，避諱字據原書回改，並編製全書目録置於卷首。不當之處，還望方家指教。

校點者　張榮華

序

學者莫不宗孔子之經，主鄭君之注，而孔子所作之《孝經》，疑非孔子之舊；鄭君所著之《孝經注》，疑非鄭君之書，甚非宗聖經、主鄭學之意也。古人著書，必引經以證義，引禮以證經，以見其言信而有徵。孔子作《孝經》，多引《詩》、《書》，此非獨《孝經》一書有然，《大學》、《中庸》、《坊記》、《表記》、《緇衣》莫不如是。鄭君深於禮學，注《易》箋《詩》，必引禮爲證，其注《孝經》亦援古禮，此皆則古稱先、實事求是之義。自唐以來，不明此義。明皇作注，於鄭注徵引典禮者概置不取，未免買櫝還珠之失，而開空言説經之弊。宋以來尤不明此義。朱子定本，於經文徵引《詩》、《書》者輒删去之。聖經且加刊削，奚有於鄭注？今經學昌明，聖經莫敢議矣，而鄭注猶有疑之者。錫瑞案：鄭君先治今文，後治古文。《大唐新語》、《太平御覽》引鄭君《孝經序》云「避難於南城山」，嚴鐵橋以爲避黨錮之難。是鄭君注《孝經》最早，其解社稷、明堂大典禮，皆引《孝經緯·援神契》、《鉤命決》文。鄭所據《孝經》本今文，其注一用今文家説，後注《禮》箋《詩》參用古文。陸彦淵、陸元朗、孔沖遠不考今古文異同，遂疑乖違，非鄭所著。劉子玄妄列十二證，請行僞孔、廢鄭。小司馬昌言排擊，得以不廢。而自明皇注出，鄭注遂散佚不完。近儒臧拜經、陳仲魚始裒輯之，嚴鐵橋四録堂本最爲完善。錫瑞從葉焕彬吏部假得手鈔四録堂本，博考羣籍，信其塙是鄭君之注。乃竭愚鈍，據以作疏。《孝經》文本明顯，邢疏依經演説，已得大旨。兹惟於鄭注引典禮者，爲之疏通證明；於諸家駮難鄭義者，爲之解釋疑滯。冀以扶高密一家之學，而於班孟堅列《孝經》於小學之旨亦無懵焉。輯本既據鐵橋，故案語不盡加別白。焕彬引陳本《書鈔》、武后《臣軌》，匡嚴氏所不逮，兹並著之，不敢掠美。更采漢以前徵引《孝經》者，坿列於後，以證《孝經》非漢儒僞作，竊取丁儉卿《孝經徵文》之意云。光緒二十一年，歲在乙未仲夏月，善化皮錫瑞自序於江西經訓書院。

鄭氏序

《孝經》者，三才之經緯，五行之綱紀。孝爲百行之首，經者不易之稱。《玉海》四十一《藝文·孝經類》。僕避難於南城山，棲遲巖石之下，念昔先人餘暇，述夫子之志而注《孝經》。劉肅《大唐新語》九。

疏曰：《御覽》卷四十二「南城山」：「《後漢書》曰：鄭玄漢末遭黄巾之難，客於徐州，今《孝經序》鄭氏所作。其序云：『僕避於南城之山，棲遲巖石之下，念昔先人餘暇，述夫子之志而注《孝經》。』蓋康成胤孫所作也。今西上可二里所，有石室焉，周迴五丈，俗云是康成注《孝經》處也。」鄭珍曰：「唐劉肅《大唐新語》云：梁載言《十道志》解『南城山』，引《後漢書》云『鄭玄避黄巾之難』至『蓋胤孫所作也』。證知《御覽》此條出於梁載言，其首原有『《十道志》曰』四字。《太平寰宇記》『沂州費縣』下又系鈔梁《志》言，而改末句作『俗云是康成胤孫注《孝經》處』，殊失其原。今《御覽》傳本脱首四字，竹垞朱氏直以爲《後漢書》，而謂范史無此文，未知爲袁山松、華嶠之書，抑薛瑩之書。脱誤之本，惑人如此。《齊乘》：『南成城，費縣南百餘里，齊檀子所守漢侯國，屬東海，因南成山而名。漢末黄巾之亂，鄭康成避地此山，有註經石室。』按南成今沂州府費縣地，後漢時縣雖屬太山郡，在兖州部中，以《禹貢》州域言之，正徐州境内地也。又按南成屬兖部，康成避地於徐，先則陶恭祖以師友禮待，後則劉先主敬與周旋。不知何以又棲遲此山，豈恭祖興平元年死後，陳宫輩未迎先主，乃暫入山中著述耶？抑初去高密，先寓此山？青州黄巾入兖州，即初平三年四月也，此山於是時且不可避，乃始到徐州耶？無從考定矣。」錫瑞按：據鄭珍説，《御覽》本《十道志》，《志》引《後漢書》止首二句，「今《孝經序》」以下皆梁載言之語。朱竹垞以爲皆《後漢書》，殊誤，鄭珍訂正是也，而梁載言之誤猶未及訂正。鄭注《孝經》全用今文，當在注緯、注《禮》之時，與晚年用古文不合。序云避難南城，是避黨錮之難，非避黄巾之難。《後漢書》以爲被禁錮，修經業，杜門不出，而據鄭君自序，實有黨錮逃難之事。當是黨禍方急，不能不避，後事稍緩，乃歸杜門耳。若避地徐州，有陶恭祖、劉先主爲主人，不得有棲巖石之事。鄭小同注《孝經》，古無此説。梁自梁載言以爲胤孫所作，王應麟遂傅會以爲小同。蓋以《孝經》鄭氏解世多疑非康成，故調停其説，以爲康成之孫所作。又以序有「念昔先人」之語，於小同爲合，遂創此論。案鄭君八世祖崇，爲漢名臣；祖沖，亦明經學。《周禮疏》曰：「玄，鄭沖之孫。」《禮・檀弓》疏：皇氏引鄭説，稱鄭沖云：「《小記》云，諸侯弔必皮弁錫衰，則此弁絰之衰，亦是弔服也。」皇所引是《鄭志》之文，蓋鄭君稱其祖説以答問，然則鄭君之祖必有著述。序云「念昔先人」，安見非鄭君自念其祖，而必爲小同念其祖乎？鄭珍既以小同之説不足爲信，又謂康成客徐州已六十六歲，注是晚年客中之作，俟小同長始檢得之，則猶爲梁載言所惑。其辨南成屬兖非徐，康成在徐有陶恭祖、劉先主，不得棲遲此山，亦明知梁説爲不然，特未能盡闢之。則鄭君作注之年不明，而小同以孫冒祖之疑亦終莫釋矣。

孝經鄭注疏卷上

善化皮錫瑞

鄭氏解

疏曰：《晉中經簿》於《孝經》稱「鄭氏解」，據邢疏引。邢疏曰：「《孝經》者，孔子爲曾參陳孝道也。漢初，長孫氏、博士江翁、少府后倉、諫大夫翼奉、安昌侯張禹傳之，各自名家，經文皆同。唯孔氏壁中古文爲異。」「案今俗所行《孝經》題曰『鄭氏注』，近古皆謂康成，而魏、晉之朝無有此説。晉穆帝永和十一年，及孝武太元元年，再聚羣臣共論經義，有荀昶者撰集《孝經》諸説，始以鄭氏爲宗。晉末以來，多有異論。❶陸澄以爲非玄所注，請不藏於祕省，王儉不依其請，遂得見傳。至魏、齊則立學官，著在律令。❷蓋由虜俗無識，故致斯訛舛。然則經非鄭玄所注，其驗有十二焉。據鄭自序云『遭黨錮之事逃難，至黨錮事解，注古文《尚書》、《毛詩》、《論語》。爲袁譚所逼，來至元城，乃注《周易》』，都無注《孝經》之文。其驗一也。鄭君卒後，其弟子追論師所注述及應對時人，謂之《鄭志》，其言鄭所注者，唯有《毛詩》、三《禮》、《尚書》、《周易》，都不言注《孝經》。其驗二也。又《鄭志》目録記鄭之所注，五經之外，有《中候》、《大傳》、《七政論》、《乾象厤》、《六藝論》、《毛詩譜》、《答臨碩難禮》、《許慎異義》、《釋廢疾》、《發墨守》、《箴膏肓》、《答甄守然》等書，寸紙片言，莫不悉載，若有《孝經》之注，無容匿而不言。其驗三也。鄭之弟子分授門徒，各述所言，更爲問答，編録其語，謂之《鄭記》，唯載《禮》、《易》、《論語》，其言不及《孝經》。其驗四也。趙商作鄭玄碑銘，具載諸所注箋駮論，亦不言注《孝經》。《晉中經簿》：《周易》、《尚書》、《中候》、《尚書大傳》、《毛詩》、《周禮》、《儀禮》、《禮記》、《論語》凡九書，皆云『鄭氏注，名玄』，至於《孝經》，則稱『鄭氏解』，無『名玄』二字。其驗五也。《春秋緯演孔圖》注云：『康成注三《禮》、《詩》、《易》、《尚書》、《論語》，其《春秋》、

❶「論」，原作「端」，今據《孝經注疏》疏文改。

❷「在」，原作「作」，今據《孝經注疏》疏文改。

《孝經》則有評論。』宋均《詩譜序》云：『我先師北海鄭司農。』則均是玄之傳業弟子，師有注述，無容不知，而云《春秋》、《孝經》唯有評論，非玄所注特明。其驗六也。又宋均《孝經緯》注引鄭《六藝論》敘《孝經》，云「「玄又爲之注」，司農論如是，而均無聞焉。有義無辭，令予昏惑」，舉鄭之語而云無聞。其驗七也。宋均《春秋緯》注云：『爲《春秋》、《孝經》略説』，❶則非注之謂。所言『又爲之注』者，汎辭耳，非事實，其敘《春秋》亦云『玄又爲之注』，寧可復責以實注《春秋》乎？其驗八也。後漢史書存於代者，有謝承、薛瑩、司馬彪、袁山松等，其所注皆無《孝經》，唯范曄書有《孝經》。其驗九也。王肅《孝經傳》首，有司馬宣王奉詔令諸儒注述《孝經》，以肅説爲長。若先有鄭注，亦應言及，而不言鄭。其驗十也。王肅注書，好發鄭短，凡有小失，皆在《聖證》。若《孝經》此注亦出鄭氏，被肅攻擊最應煩多，而肅無言。其驗十一也。魏、晉朝賢辨論時事，鄭氏諸注無不撮引，未有一言《孝經注》者。其驗十二也。」錫瑞案：邢疏列十二證，乃劉子玄之言，《文苑英華》、《唐會要》皆載之。子玄通史不通經，所著《史通·疑古》、《惑經》諸篇，語多悖謬。近儒駁劉説，辨鄭注非僞，是矣，然未盡得要領。兹謹述鄙見，用袪未寤。鄭注諸經，人皆信據，獨疑《孝經》注者，漢立博士，不及《孝經》，《藝文志》列小學前，熹平刻石有《論語》無《孝經》。當時視《孝經》不如五經、《論語》之重，故鄭君雖有注，其弟子或未得見，或置不引。致惑之故，皆由於此。鄭自序不言注《孝經》者，序云元城注《易》，乃在臨殁之年，故舉晚年所注之書獨詳。序云「逃難」下，《文苑英華》、《唐會要》引多「注《禮》」二字。逃難注《禮》，在禁錮時；避難南城山注《孝經》，亦即其時，皆早年作。故自序云注《禮》，不云注《孝經》，蓋畧言之。注緯候更在先，亦畧不言也。《鄭志》、《鄭記》、趙商碑銘皆不及注《孝經》，亦以不在五經，故偶遺漏。《晉中經簿》，據《隋書·經籍志》云，但録題及言，至於作者之意無所論辨。是荀勖等無別裁之識，或沿《漢志》列之小學，故標題與九書不同；或因宋均之語有疑，故題「鄭氏」而不名也。宋均引鄭《六藝論》敘《孝經》云「玄又爲之注」，鄭君大賢，必不妄言，自云爲注，塙乎可信。古無刻本，鈔録甚艱，鄭君著書百餘萬言，弟子未必盡見。宋不見《孝經》注，

❶「略説」二字，原無，今據《孝經注疏》疏文補。

固非異事，乃因不見，遂並師言不信而易其名，謂之「畧説」，謂之「評論」。呂步舒不知其師書以爲大愚，宋之昏惑殆亦類是。鄭敘《春秋》，亦云「玄又爲之注」。《春秋》、《孝經》相表裏，故鄭皆爲之注，據其自序，文義正同。《世説新語》云鄭玄注《春秋》尚未成，遇服子慎，盡以所注與之。是鄭實注《春秋》，則實注《孝經》可知。謝承諸書失載，猶《鄭志》目録失載耳。范書載《孝經》，遺《周禮》，豈得謂《周禮》非鄭注哉？司馬氏與王肅有連，左袒王肅，先有鄭注何必言及。王肅《聖證》駁鄭《孝經》注「社，后土」，明見《郊特牲》疏，近儒已多辨之。考之邢疏，亦有一證。《聖治章》疏曰：「鄭玄以《祭法》有『周人禘嚳』之文，遂變郊爲祀感生之帝，謂東方青帝靈威仰，周爲木德，威仰木帝。以駁之曰：按《爾雅》曰：『祭天曰燔柴，祭地曰瘞薶。』又曰：『禘，大祭也。』謂五年一大祭之名。又《祭法》祖有功，宗有德，皆在宗廟，本非郊配；若依鄭説，以帝嚳配祭圜丘，是天之最尊也。周之尊帝嚳不若后稷，今配青帝，乃非最尊，實乖嚴父之義也。且偏窺經籍，並無以帝嚳配天之文。若帝嚳配天，則經應云禘嚳於圜丘以配天，不應云郊祀后稷也。」案「以駁之曰」以下是王肅駁鄭之語，肅引《孝經》駁鄭，塙是駁《孝經》注。邢疏於下文亦謂是《聖證論》，則「以駁之曰」上必有脱誤。黄幹《儀禮經傳通解續》引《孝經》邢疏，「以駁之曰」上多「韋昭所著，亦符此説。唯魏太常王肅獨著論」十七字，文義完足，所據當是善本，今本邢疏乃傳刻譌奪耳。子玄生於唐時，《聖證論》尚在，乃漫不一考，且謂魏、晉朝賢無引《孝經》注者。王肅豈非魏、晉人乎？此十二驗，皆不足證鄭注之僞。鄭《六藝論》自言爲注，無可致疑。自宋均操戈於前，陸澄發難於後，劉子玄等從而吠聲，鄭注遂亡，遺文十不存一。《羣書治要》來自海外，近儒疑與《釋文》、邢疏不合，不知《治要》本非全注。嚴可均取《治要》與《釋文》、邢疏所引合訂，近完善，可繕寫，真高密功臣矣。

開宗明義章第一

邢疏云：「劉向校經籍，以十八章爲定而不列名，又有荀昶集其録及諸家疏，並無章名。而《援神契》自『天子』至『庶人』五章，唯皇侃標其目而冠於章首。今鄭注見章名，豈先有改除，近人追遠而爲之也？」嚴可均曰：按《釋文》用鄭注本，有章名，《羣書治要》無章名。據《天子章》注云「書録王事，故證天子之章」，是鄭注見章名也。錫瑞案：本章鄭注云「方始發章，以正爲始」，尤足爲鄭注見章名之證。

仲尼凥，【注】仲尼，孔子字。《治要》。凥，凥講堂也。《釋文》。曾子侍。【注】曾子，孔子弟子也。《治要》。錫瑞案：陳鱣輯鄭注本有「卑在尊者之側曰侍」，云見《釋文》、正義。考《釋文》、正義皆無明文以爲鄭注，嚴可均輯本無之，今從嚴本。

疏曰：鄭注云「仲尼，孔子字」者，明皇注同。邢疏曰：「云『仲尼，孔子字』者，案《家語》云：『孔子父叔梁紇，娶顔氏之女徵在。徵在既往廟見，以夫年長，懼不時有男，而私禱尼丘山以祈焉。孔子故名丘，字仲尼。』夫伯仲者，長幼之次也，仲尼有兄字伯，故曰仲。其名則案桓六年《左傳》申繻曰『名有五』，其三曰『以類命爲象』。杜注云：『若孔子首象尼丘。』蓋以孔子生而圩頂，象尼丘山，故名丘，字仲尼。而劉瓛述張禹之義，以爲仲者中也，尼者和也，言孔子有中和之德，故曰仲尼。殷仲文又云：『夫子深敬孝道，故稱表德之字。』及梁武帝又以丘爲聚，以尼爲和。今並不取。」錫瑞案：《史記·孔子世家》曰：「叔梁紇與顔氏女禱於尼丘，得孔子。魯襄公二十二年而孔子生，生而首上圩頂，故因名曰丘，字仲尼。」《白虎通·聖人》篇曰：「孔子反宇，是謂尼甫。」是聖人之字本以反宇圩頂，故名、字皆以類命爲象。《爾雅·釋丘》曰：「水潦所止泥丘。」《釋文》曰：「依字又作屔。」郭云「頂上洿下」者。《説文·丘部》：「屔，反頂受水，丘也。」據此則「屔」是正字，「泥」是古通用字，「尼」是假借字。水潦所止，是爲泥淖。《儀禮注》曰「淖者和也」，張禹説「尼者和也」，蓋從「泥淖」傅會爲義。漢碑或作「仲泥」，亦屬古字通用。《顔氏家訓》曰：「至於『仲尼居』，三字之中，兩字非體，《三蒼》『尼』旁益『丘』，《説文》『尸』下施『几』。如此之類，何由可從？」顔氏不知「居」字本當作「凥」，鄭君亦同許義，「凥」字乃孔子命名取字本義，何不可從之有？邢氏不取張、劉、梁武傅會之説，甚是，但不應舍《史記》引《家語》耳。丁晏謂「仲尼之字，當如張禹之説。《家語》謂禱於尼山而生，僞撰不足信」。丁氏不知《家語》雖僞，而「禱尼山」及孔子命名取字之義明見《史記》，固可信也。注云「凥，凥講堂也」者，《御覽》百七十六《居處部》四引《郡國誌》曰：「王屋縣有孔子學堂，西南七里有石室，臨大河，水勢湍急，五里之間寂無水聲，如似聽義。」又曰：「齊桓公宫城西門外有講堂，齊宣王立此學也，故稱爲稷下。《春秋》『莒子如齊，盟于稷門』，此也。」又引《齊地記》曰：「臨淄城西門外有古講堂，基柱猶存，齊宣王修文學處也。」又引《益州記》曰：「文翁學堂在城南。」《華陽國志》曰：「文翁立講堂，作石室，一曰玉堂，在城南。」錫瑞案：據《郡國誌》、《齊地記》則古有講堂之名，據《益州記》、《華陽國志》則講堂即學堂，是孔子講堂亦即孔子學堂。而此所凥講堂，又非王屋臨河之講堂，蓋即曲阜之孔子宅。後世稱爲夫子廟堂者，即當日之講堂矣。邢疏引劉炫《述義》，其畧曰：「炫謂孔子自作《孝經》，本非曾參請業而對也。若依鄭説，實居講堂，則廣延生徒，侍坐非一。夫子豈凌人侮衆，獨與參言邪？且云『汝知之乎』，何必直汝曾子而參先避席乎？必其偏告諸生，又有對者，當參不讓儕輩而獨答乎？假使獨與參言，言畢參自集録，豈宜稱師字者乎？由斯言之，經教發極，夫子所撰也。而《漢書·藝文志》云『《孝經》者，孔子爲曾子陳孝道也』，謂其爲曾子特説此經。然則聖人之有述作，豈爲一人而已。斯皆誤本其文，致茲乖謬也，所以先儒注解多所未行。唯鄭玄之《六藝論》曰：『孔子以六藝題目不同，指意殊別，恐道離散，後世莫知根源，故作《孝經》以總會之。』其言雖則不然，其意頗近之矣。」案劉氏信鄭《六藝論》，不信此注，所見殊滯，不知此注云「凥講堂」，與《六藝論》並非矛盾。《鉤命決》引「孔子曰：吾志在《春秋》，行在《孝經》」，是《孝經》本夫子自作，而必假曾子爲言者，以其偏得孝名，故以《孝經》屬之。《鉤命決》又引「孔子曰：《春秋》屬商，《孝經》屬參」，是也一貫呼參，門人皆在，則與曾子論孝，何不可在廣延生徒之時？劉氏疑爲淩人侮衆，何其迂乎！子思著書闡揚祖德，篇首發端可稱祖字，乃疑曾子不可稱師字，又非其理也。《禮記·孔子閒居》鄭注云「退燕避人曰閒居」，此注以尻爲尻講堂，正以經無「閒」字，故其解異。《説文·几部》：「尻，處也。《孝經》曰仲尼尻，尻謂閒尻如此。」許君古文《孝經》作「尻」，與鄭本同；古文説解「尻」爲「閒尻」，與鄭解異。王肅好與鄭異，從古文説解爲「閒居」，僞撰古文，乃於經文竄入「閒」字，不顧與許君古文違異。劉氏傳僞古文之本，遂詆鄭君「尻講堂」爲非，膠柱之見，苟異先儒。邢氏不從劉説，而以鄭氏所説爲得，其見卓矣。注云「曾子，孔子弟子」者，明皇注同。邢疏云：「案《史記·仲尼弟子傳》稱：『曾參，南武城人，字子輿，少孔子四十六歲。孔子以爲能通孝道，故授之業，作《孝經》。死於魯。』故知是仲尼弟子也。」

子曰：先王有至德要道。【注】子者，孔子。《治要》。禹，三王最先者。《釋文》。嚴可均曰：按《釋文》此下有「案五帝官天下，三王禹始傳於子，按《釋文》本作「殷」。於殷配天，故爲孝教之始。王，謂文王也」二十八字，蓋皆鄭注。唯因有「案」字，與鄭注各經不類，故疑爲陸德明申説之詞，退坿於注末。至德，孝悌也。要道，禮樂也。《釋文》。以順天下，民用和睦，上下無怨。【注】以，用也。睦，親也。至德以教之，要道以化之，是以民用和睦，上下無怨也。《治要》。女知之乎？

疏曰：鄭注云「禹，三王最先者」，據周制而言也。《繁露·三代改制質文》篇曰：「王者之法必正號，❶絀王謂之帝，封其後以小國，使奉祀之。下存二王之後以大國，使服其服，行其禮樂，稱客而朝。故同時稱帝者五，稱王者三，所以昭五端、通三統也。是故周人之王，尚推神農爲九皇，而改號軒轅謂之黃帝。因存帝顓頊、帝嚳、帝堯之帝號，絀虞而號舜曰帝舜，録五帝以小國。下存禹之後於杞，存湯之後於宋，以方百里爵稱公。皆使服其服，行其禮樂，稱先王客而朝。」據此，足知後世稱舜以上爲五帝，禹以下爲三王，皆承周制言之。孔子周人，其稱先王，當以禹爲三王最先者矣。盧文弨校《釋文》，改「始傳於殷」之「殷」爲「子」，謂「於殷配天」之文亦有脱誤，當謂「殷亦世及，故殷禮陟配天，多歷年所」。嚴可均謂《釋文》二十八字蓋皆鄭注。錫瑞案：

六

❶「法」，原作「後」，今據《春秋繁露》改。

鄭以先王專指禹，陸氏推鄭之意，以爲五帝官天下，禹始傳子，傳子者尤重孝，故爲孝教之始，正申説「三王最先」之旨。「王，謂文王也」，乃陸氏自以意解經之「先王」專屬周言，不兼前代，别爲一義，與鄭不同。若並以爲鄭注與鄭專舉禹之意不合，非特有「案」字與各經注不類。嚴氏之説，恐未塙也。注以「至德爲孝悌，要道爲禮樂」者，《周禮・鄉大夫》「考其德行、道藝」疏云：德行謂六德六行，道藝謂六藝。是德與行爲一類，道與藝爲一類。六行以孝友爲首，六藝以禮樂爲首。故鄭君分别至德爲孝悌，要道爲禮樂，據《周禮》爲説也。《廣要道章》首舉孝悌、禮樂，鄭義與經文合。「以順天下」，鄭無注，據下《三才章》「以順天下」鄭注云「順治天下」，則此「順」字鄭亦當以「順治」解之。明皇注云「能順天下人心」，與鄭義近。近解謂「順」當通作「訓」，非鄭義也。陸賈《新語》「孔子曰：先王有至德要道以順天下」，引此經文。注云「以，用也」者，《易》象下傳「文王以之」虞注，《詩・谷風》「不我屑以」、《大東》「不以服箱」箋，《載芟》「侯彊侯以」傳，《周禮・鄉大夫》「退而以鄉射之禮五物詢衆庶」注，《儀禮・士昏禮》「以湆醬」注，《禮記・曾子問》「有庶子祭者以此」注，《左氏・成八年傳》「霸主將德是以」、《昭四年傳》「死生以之」注，《國語・周語》「魯人以莒人先濟」、《吴語》「請問戰奚以而可」注，《中候》「黑烏以雄」注，《廣雅・釋詁》四，《小爾雅・廣詁》，皆云「以，用也」。云「睦，親也」者，《易・夬》「莧陸夬夬」《釋文》引蜀才注，《書・堯典》「九族既睦」鄭注，《國語・周語》「和協輯睦」、《晉語》「能内睦而後圖外」注，皆云「睦，親也」。鄭云「至德以教之，要道以化之」，則其解「以順天下」亦兼含「訓」字之義矣。《漢書・禮樂志》曰「於是教化浹洽，民用和睦」，引此經。

曾子避席曰：參不敏，何足以知之。【注】參，名也。《治要》。敏，猶達也。《儀禮・鄉射記》疏。參不達。《治要》。子曰：夫孝，德之本也，【注】人之行莫大於孝，故曰德之本也。《治要》。案明皇注云「故爲德本」，正義曰：此依鄭注，引其《聖治章》文也。教之所由生也。【注】教人親愛莫善於孝，故言「教之所由生」。《治要》。

疏曰：鄭注云「敏，猶達也」者，《左氏・成九年傳》「尊君敏也」、《襄十四年傳》「有臣不敏」注，《國語・晉語》

「且晉公子敏而有文」、又「寡知不敏」、又「知羊舌職之聰敏肅給也」注，《孟子·離婁》「殷士膚敏」注，皆云「敏，達也」。「避席」句，鄭無注。案鄭注《文王世子》「終則負牆」云：「卻就後席相辟。」又注《孔子閒居》「負牆而立」云：「起負牆者，所問竟，辟後來者。」然則曾子避席，正以同在講堂，獨承聖教，故辭不敢當，而引避他人也。云「人之行莫大於孝」者，《聖治章》文。《中庸》「立天下之大本」鄭注：「大本，《孝經》也。」以此經注證之，其義郅塙。《説苑·建本》篇引「孔子曰：立體有義矣，而孝爲本」。延篤《仁孝論》曰：「夫仁人之有孝，猶四體之有心腹，枝葉之有根本也。」云「教人親愛莫善於孝」者，《廣要道章》文。邢疏引《祭義》稱曾子云：「衆之本教曰孝。」案《曾子大孝》篇亦有是語。盧注引《孝經》曰：「夫孝，德之本也，教之所由生也。」《祭義》：「子曰：立愛自親始，教民睦也。」疏云：「立愛自親始者，言人君欲立愛於天下，從親爲始，言先愛親也。教民睦也者，已先愛親，人亦愛親，是教民睦也。」此即「教人親愛莫善於孝」之旨也。

復坐，吾語女。身體髮膚，受之父母，不敢毁傷，孝之始也。【注】父母全而生之，己當全而歸之。明皇注。正義云：「此依鄭注，引《祭義》樂正子春之言也。」**立身行道，揚名於後世，以顯父母，孝之終也。**【注】父母得其顯譽也者。《釋文》。語未竟，或當作「者也」，轉寫倒。

疏曰：鄭注云「父母全而生之，己當全而歸之」者，《祭義》：「樂正子春曰：吾聞諸曾子，曾子聞諸夫子曰：『天之所生，地之所養，無人爲大。父母全而生之，子全而歸之，可謂孝矣。不虧其體，不辱其身，可謂全矣。』」「曾子聞諸夫子」，當即《孝經》之文，故鄭君引之以注經也。邢疏云：「身謂躬也，體謂四支也，髮謂毛髮，膚謂皮膚，毁謂虧辱，傷謂損傷。」鄭注《周禮》「禁殺戮」云「見血爲傷」，是也。注「以顯父母」爲「父母得其顯譽也者」，《説文》：「譽，稱也。」《詩·振鷺》「以永終譽」箋云：「譽，聲美也。」是得顯譽即揚名也。邢疏引《祭義》曰：「孝也者，國人稱願，然曰：『幸哉！有子如此。』」又引《哀公問》稱：「孔子對曰：『君子也者，人之成名也；百姓歸之名，謂之君子之子，是使其親爲君子也。』此則揚名榮親也。」案《内則》：「父母雖没，將爲善，思貽父母令名，必果。」亦揚名顯父母之義。《論衡·四諱》篇引孔子曰「身體髮膚」至「不敢毁傷」，《風俗通》「太原周黨」下引《孝經》曰「身體髮膚」至「孝之始也」。

夫孝，始於事親，中於事君，終於立身。【注】父母生之，是事親爲始。卌彊正義作「四十强」，依《釋文》改。而仕，是事君爲中。七十行步不逮，縣車以上六字，依《釋文》加。致仕，按《釋文》有校語云：自「父母」至「致仕」，今本無。蓋宋人不知《釋文》用鄭注本也。後皆放此。是立身爲終也。正義。

疏曰：鄭注云「父母生之，是事親爲始。卌彊而仕，是事君爲中。七十行步不逮，縣車致仕，是立身爲終也」者，《曲禮》曰「四十曰彊而仕」，又曰「大夫七十而致仕」。《内則》曰：「四十始仕，七十致仕。」鄭君據此爲説。致仕必縣車者，《白虎通·致仕》篇曰：「臣年七十縣車致仕者，臣以執事趨走爲職，七十陽道極，耳目不聰明，跂踦之屬，是以退老去，避賢者路，所以長廉遠耻也。縣車，示不用也。」《公羊》疏引《春秋緯》云：「日在懸輿，一日之暮；人年七十，亦一時之暮，而致其政事於君，故曰懸輿致仕。」《淮南子·天文訓》：「至於悲泉，爰止其女，爰息其馬，是謂懸輿。」二説以人年七十與日在懸輿同，故云「懸輿致仕」，與《白虎通》「懸車示不用」異。鄭義當同《白虎通》也。劉炫駁云：「若以始爲在家，終爲致仕，則兆庶皆能有始，人君所以無終。若以年七十者始爲孝終，不致仕者皆爲不立，則中壽之輩盡曰不終，顔子之徒亦無所立矣。」錫瑞案：劉氏刻舟之見，疑非所疑。必若所云，天子尊無二上，無君可事，豈但無終？又有遁世者流，不事王侯，豈皆不孝？不惟鄭注可駁，聖經亦可疑矣。經言常理，非爲一人而言，鄭注亦言其常，何得以顔夭爲難哉！《史記》自序云：「且夫孝，始於事親，中於事君，終於立身。揚名於後世，以顯父母，此孝之大也。」約舉此經。

《大雅》云：「無念尒按《釋文》作「爾」，有校語云「本今作『爾』」，知原本是「尒」字，今改復。**祖，聿修厥德。」**【注】《大雅》者，《詩》之篇名。《治要》。雅者，正也。方始發章，以正爲始。正義。無念，無忘也。聿，述也。修，治也。爲孝之道，無敢忘尒先祖，當修治其德矣。《治要》。

疏曰：鄭注云「《大雅》者，《詩》之篇名。雅者，正也」

者，鄭《詩譜》曰：「《小雅》、《大雅》者，周室居西都豐、鎬之時詩也。《大雅》之初，起自《文王》，至于《文王有聲》，據盛隆而推原天命，上述祖考之美。」《詩序》曰：「雅者，正也。言王政之所由廢興也，政有小大，故有《小雅》焉，有《大雅》焉。」疏曰：雅者，訓爲正也。由天子以政教齊正天下，故民述天子之政，還以齊正爲名。王之齊正天下得其道，則述其美，雅之正經及宣王之美詩是也。若王之齊正天下失其理，則刺其惡，幽、厲《小雅》是也。云「方始發章，以正爲始」者，鄭君宗毛，用《毛詩序》訓「雅」爲「正」。《孝經》引《詩》，但稱「《詩》云」，不舉篇名。此經獨云「《大雅》」，故鄭解之，以爲此是開宗明義，方始發章，意在以正爲始，當取「雅」之「正」名，故不渾稱「《詩》云」，而必別舉其篇名矣。云「無念，無忘也」者，《詩》毛傳曰：「無念，念也。」箋云：「當念女祖爲之法。」鄭箋《詩》從毛義，此以「無念」爲「無忘」，亦同毛義，無忘即是念。「無忘」之「無」是實字，與「無念」之「無」爲語辭者，義不同也。云「聿，述也；修，治也」者，毛傳曰：「聿，述也。」本《爾雅·釋詁》文。」箋云「述修祖德」從毛義，此亦從毛義也。《易》象下傳「修，井也」虞注，《禮記·中庸》「修道之謂教」注，《論語·顏淵》「敢問崇德、修慝、辨惑」集解引孔注，又皇疏，《國語·晉語》「飾其閉修」注，《廣雅·釋詁》三，皆云「修，治也」。云「爲孝之道，無敢忘尒先祖，當修治其德矣」者，鄭從毛訓「聿」爲「述」，則「修治其德」亦當如箋《詩》義，以爲「述修祖德」。其德屬祖德，非己德，己之德不可言述也。邢疏云「述修先祖之德而行之」，與鄭義合。《漢書·匡衡傳》：「衡上疏曰：《大雅》曰：『無念爾祖，聿修厥德。』孔子著之《孝經》首章，蓋至德之本也。」案朱子作《孝經刊誤》，删去「子曰」及引《詩》、《書》之文，謂非原本所有。考《御覽》引《鉤命決》曰：「首仲尼以立情性，言子曰以開號，列曾子示撰，輔《書》、《詩》以合謀。」緯書之傳最古，其說如此。匡衡之疏，尤足證引《詩》爲聖經之舊，非後人所增竄。《孝經》每章必引《詩》、《書》，正與《大學》、《中庸》、《坊記》、《表記》、《緇衣》諸篇文法一例。朱子於《大學》、《中庸》所引《詩》、《書》皆極尊信，未嘗致疑，獨疑《孝經》，何也？

天子章第二

子曰：愛親者不敢惡於人，【注】愛其親者，不敢惡於他人之親。《治要》。敬親者不敢慢於人。【注】己慢人之親，人亦慢己之親，故君子不爲也。《治要》。

疏曰：經言人，鄭注以爲人之親；又云「己慢人之親，人亦慢己之親，故君子不爲也」者，所以補明經義也。明皇注云：「博愛也。廣敬也。」邢疏曰：「此依魏注也。言君愛親，又施德教於人，使人皆愛其親，不敢有惡其父母者，是博愛也。言君敬親，又施德教於人，使人皆敬其親，不敢有慢其父母者，是廣敬也。」案明皇用魏注，探下文德教爲説。詳鄭君之注，意似不然。經文二語，本屬泛言，自「愛敬盡於事親」以下，始言天子之孝。故鄭注亦泛言其理，不探下意爲解。孟子曰：「愛人者，人恒愛之；敬人者，人恒敬之。」又曰：「殺人之父，人亦殺其父；殺人之兄，人亦殺其兄。」然則愛敬其親者，不敢惡慢他人之親，鄭注得其旨矣。

愛敬盡於事親，【注】盡愛於母，盡敬於父。《治要》。而德教加於百姓，【注】敬以直内，義以方外，故德教加於百姓也。《治要》。形於四海，【注】形，見也。德教流行，見四海也。《治要》。按文當有「於」字。蓋天子之孝也。【注】蓋者，謙辭。正義。

疏曰：鄭注云「盡愛於母，盡敬於父」者，《士章》曰：「資於事父以事母而愛同，資於事父以事君而敬同。故母取其愛，而君取其敬，兼之者父也。」據經義，是愛當屬母，敬當屬父，故鄭據以爲説。《表記》曰：「今父之親子也，親賢而下無能。母之親子也，賢則親之，無能則憐之。母親而不尊，父尊而不親。」然則尊、親、敬、愛固當有别矣。注以「敬以直内，義以方外」解「德教加於百姓」者，《易》乾爲敬，坤爲義；乾爲父，坤爲母。鄭於上文注以敬、愛分屬父、母，言其引《易》，或亦以乾父坤母爲説。《易》曰「敬義立而德不孤」，與此經言德教有合。鄭君《易》注殘闕，「坤六二」一條不傳，未知然否。云「形，見也。德教流行，見四海也」者，《國語·越語》「天地形之」、又「天地未形而先爲之征」注，《荀子·儒效》「忠信愛利形乎下」、又「彊國愛利則形」、又《堯問》「形於四海」注，《吕覽·精通》「夫月形乎天」注，《淮南·原道》「好憎成形」、又「滅而無形」、又《俶真》「形物之性也」注，《廣雅·釋詁》三，皆云：「形，見也。」明皇注本作「刑」，而序仍用鄭本作「形」，云「雖無德教加於百姓，庶幾廣愛形於四海」。邢疏曰：「形猶見也，義得兩通。」臧庸曰：此經「形於四海」，猶《感應章》「光於四海」，當從鄭作「形」。唐本作「刑」，非。案鄭注《感應章》引「《詩》云」，「義取孝道流行，莫不被義從化」，與此注「德教流行」正合。《援神契》曰：「天子行孝曰『就』，言德被天下，澤及萬物，始終成就，榮其祖考也。」云「蓋者，謙辭」者，《禮運》「蓋歎魯也」、《深衣》「蓋有制度」疏，皆云「蓋者，謙爲疑辭」，與注義合。劉炫駁云：「若以制作須謙，則庶人亦當謙矣。苟以名位須謙，夫子曾爲大夫，於士何謙而亦云蓋也？斯則卿士以上之言，蓋者並非謙辭可知也。」案劉炫傳古文，孔傳云「蓋者，辜較之辭」，又釋之曰：「辜較，猶梗概也。」義與鄭注不符，故曲説駁鄭，未可信據。

《甫刑》云：【注】《甫刑》，《尚書》篇名。《治要》。一人有慶，【注】引譬連類，《文選》孫子荆《爲石仲容與孫皓書》注。《釋文》作「引辟」，云：「或作譬，同。」引類得象，《書》録王事，故證《天子》之章。正義。一人，謂天子。《治要》。兆民賴之。【注】億萬曰兆，天子曰兆民，諸侯曰萬民。《五經算術》上。嚴可均曰：按甄鸞引此注，但云從《孝經》注釋之，今知鄭注者。《隋·經籍志》云：「周、齊唯傳鄭氏。」天子爲善，天下皆賴之。《治要》。

疏曰：鄭注云「《甫刑》，《尚書》篇名」者，《今文尚書》作「甫刑」，《古文尚書》作「吕刑」。《孝經》之外，如《禮記·緇衣》、《史記·周本紀》、《鹽鐵論·詔聖》篇、《漢書·刑法志》、《論衡·非韓》篇、鄭君引《書説》、趙岐注《孟子》，皆從今文作「甫刑」，惟《墨子》從古文作「吕刑」爲異。《孝經》本今文，鄭注《孝經》亦從今文也。《緇衣》疏引鄭君《孝經序》曰：「《春秋》有吕國而無甫侯。」鄭意蓋以甫侯之國，其先稱甫，至《春秋》後始稱吕國。《左氏傳》曰：「子重請取於申、吕，以爲賞田。」是《春秋》後稱吕之證。《詩·揚之水》曰：「不與我戍甫。」《崧高》曰：「生甫及申。」毛傳曰：「於周則有甫有申。」鄭箋云：「周之甫也申也。」「維申及甫」，鄭箋云：「申，申伯也。甫，甫侯也。」是其先稱甫之證。《國語·周語》曰：「賜姓曰姜，氏曰有吕。」是吕其氏也，甫其國也。《鄭語》曰：「申、吕雖衰，齊、許猶在。」以吕爲國，與《左傳》言申、吕同。《春秋》時或以氏稱其國，或其國改稱吕，皆未可知。要在周初，其國當稱甫，不當稱吕，

《今文尚書》作「甫刑」爲得其實。邢疏引孔安國云：「後爲甫侯，故稱甫刑。」然則《春秋》有呂國無甫侯，豈其先國名呂，而改稱甫，後又由甫而改稱呂乎？知不然矣。云「引譬連類，引類得象，《書》録王事，故證《天子》之章」者，鄭意經引《詩》、《書》以爲譬況，皆以其類，由類得象。此章言天子之孝，故以《書》之録王事者證之。云「一人，謂天子」者，邢疏引「舊説天子自稱則言『予一人』。予，我也。言我雖身處上位，猶是人中之一也，與人不異。是謙也。若臣人言之，則惟言『一人』，言四海之内惟一人。乃爲尊稱也。天子者，帝王之爵，猶公、侯、伯、子、男五等之稱」。錫瑞案：舊説本於《孝經緯》。《白虎通·爵》篇曰：「天子者，爵稱也。爵所以稱天子何？王者父天母地，爲天之子也。故《援神契》曰：『天覆地載，謂之天子，上法斗極。』《鉤命決》曰：『天子，爵稱也。』」又《號》篇曰：「或稱一人。王者自謂一人者，謙也，欲言己材能當一人耳。故《論語》曰：『百姓有過，在予一人。』臣下謂之一人何？亦所以尊王者也，以天下之大，四海之内，所共尊者一人耳。故《尚書》曰：『不施予一人。』」《白虎通》亦本於《孝經》古義也。又《儀禮·覲禮》曰：「余一人嘉之。」《禮記·曲禮》曰：「朝諸侯、分職、授政、任功，曰『予一人』。」《後漢書·陳蕃傳》引「禹曰：萬方有罪，在余一人」。《國語·周語》、《呂氏春秋》引「湯曰：萬夫有罪，在予一人」。《墨子·兼愛》及《説苑》、《韓詩外傳》引「武王曰：萬方有罪，維予一人」。是「一人」爲古天子謙辭之通稱也。云「億萬曰兆，天子曰兆民，諸侯曰萬民」者，《禮記·内則》：「降德於衆兆民。」鄭注：「萬億曰兆，天子曰兆民，諸侯曰萬民。」與此注同。鄭注蓋以億萬即萬億也。「天子曰兆民」二語，用《左氏·閔二年傳》文。甄鸞曰：「按注云『億萬曰兆』者，理或未盡。何者？按黄帝爲法數有十等，及其用也，乃有三焉。十等者，謂億、兆、京、垓、秭、壤、溝、澗、正、載也。三等者，謂上、中、下也。其下數者，十十變之，若言十萬曰億，十億曰兆，十兆曰京也。中數者，萬萬變之，若言萬萬曰億、萬萬億曰兆、萬萬兆曰京也。上數者，數窮則變，若言萬萬曰億、億億曰兆、兆兆曰京也。若以下數言之，則十億曰兆；若以中數言之，則萬萬億曰兆；若以上數言之，則億億曰兆。注乃云『億萬曰兆』，正是萬億也，若從中數，則須有十萬億。次百萬億，次千萬億，次萬萬億曰兆，三數並違，有所未詳。《尚書》無此注，故從《孝經》注釋之。」錫瑞案：甄氏亦以爲鄭云億萬即是萬億，鄭義與甄氏所推三數皆不合。鄭君善算，其所據算書，蓋與甄氏所據不同，故《内則》注亦云「萬億曰兆」也。云「天子爲善，天下皆賴之」者，鄭訓「慶」爲「善」。《詩・韓奕》「慶既令居」箋，《禮記・祭統》「率作慶士」注，《左氏・昭三十年傳》「大國之惠，亦慶其家」注，《廣雅・釋詁》一，皆曰「慶，善也」。明皇注亦作「慶，善也」。邢疏曰：「言天子一人有善，則天下兆庶皆倚賴之也，善則愛敬是也。『一人有慶』，結『愛敬盡於事親』已上也。『兆民賴之』，結『而德教加於百姓』已下也。」

諸侯章第三

在上不驕，高而不危。【注】諸侯在民上，故言「在上」。敬上愛下，謂之「不驕」，故居高位而不危殆。《治要》。 制節謹度，滿而不溢。【注】費用儉約謂之「制節」，奉行天子法度謂之「謹度」，故能守法而不驕逸也。《治要》。 奢泰爲溢。《釋文》。

疏曰：鄭注云「諸侯在民上，故言『在上』」者，天子、諸侯、卿、大夫、士皆在民上，此章言諸侯之孝，故鄭專舉諸侯言之。云「敬上愛下，謂之『不驕』」者，諸侯上有天子，當敬上；下有卿大夫、士庶，當愛下。二者皆不驕之道也。邢疏解明皇注「無禮爲驕」，曰：「『無禮』謂陵上慢下也。」不敬上愛下，即陵上慢下矣。云「居高位而不危殆」者，邢疏曰：「言諸侯在一國臣人之上，其位高矣，高者危懼。若能不以貴自驕，則雖處高位，終不至於傾危是也。」云「費用儉約謂之『制節』」者，明皇注同。邢疏曰：「謂費國之財以爲己用，每事儉約不爲華侈，則《論語》『道千乘之國』云『節用而愛人』是也。」云「奉行天子法度謂之『謹度』」者，《援神契》曰：「諸侯行孝曰度。」言奉天子之法度，得不危懼，是榮其先祖也。云「故能守法而不驕逸」者，《荀子・不苟》篇曰：「以驕溢人。」注：「溢，滿也。」驕逸即驕溢，不驕逸即不溢矣。云「奢泰爲溢」者，《廣雅・釋詁》二：「溢，盛也。」《莊子・人間世》「夫兩喜必多溢美之言」注、《文選・東京賦》「規摹踰溢」薛注，皆曰「溢，過也」。奢泰即過盛，故奢泰爲溢也。漢建武二年封功臣策曰：「在上不驕，高而不危。制節謹度，滿而不溢。」引此經。

高而不危，所以長守貴也。【注】居高位而不驕，所以長守貴也。《治要》。**滿而不溢，所以長守富也。**【注】雖有一國之財而不奢泰，故能長守富。《治要》。

疏曰：鄭注云「居高位而不驕」者，順經文爲説也。云「雖有一國之財而不奢泰」者，《禮記·曲禮》曰：「問國君之富，數地以對，山澤之所出。」是諸侯有一國之財也。奢泰爲溢，不奢泰即不溢。漢《堯廟碑》云：「高如不危，滿如不溢。」引此經。古「而」、「如」通用。

富貴不離其身，【注】富能不奢，貴能不驕，故能不離其身。《治要》。

疏曰：鄭注承上而言。臧庸曰：「《釋文》『離，音力智反』，則『不』字後人所加。唐注云『富貴常在其身』，正義謂此依王肅注，則王肅本亦無『不』字。何也？蓋常在其身者，謂常麗著其身也。《易》彖傳：『離，麗也。』象傳：『離王公也。』鄭作『麗梁武，力智反』。此經云『富貴離其身』，猶《諫争章》云『則身離於令名』。《釋文》於彼亦『音力智反』，標經無『不』字，可前後互證。」阮福謂：「此不然也。臧謂力智反，當爲離著之義，其實古人仄聲亦可訓分離。此經文明明有『不』字，且『不』字與不危、不溢相應，不離與長守相應，安可以《釋文》『力智反』即拘泥爲無『不』字乎？又況《吕覽》引此明明有『不』字乎？若以明皇注『常在』爲麗著之證，則石臺《孝經》皆有『不』字，『不麗著』更不成詞矣。」錫瑞案：阮説是也，據鄭注則鄭本亦有「不」字。臧氏輯鄭注，未見《治要》，故有此疑。

然後能保其社稷，【注】上能長守富貴，然後乃能安其社稷。《治要》。社謂后土也。句龍爲后土。《周禮·封人》疏、《禮記·郊特牲》正義。嚴可均曰：「按注不言稷，猶未竟。」

疏曰：鄭注云「上能長守富貴」，承上文言。云「社謂后土也。句龍爲后土」者，侯康曰：「《周禮·封人》疏引鄭《孝經》注云『社謂后土』，而申其義曰『舉配食者而言』。蓋鄭君意以社爲五土總神，稷爲原隰之神。句龍以其有平水土之功，配社祀之；稷有播種之功，配稷祀之。用《援神契》。與賈逵等謂社即句龍，稷即后稷，皆人鬼，非地神者不同。此云社謂后土，后土正是句龍，似反用賈逵等，故疏解之云『舉配食者而言』。」馬昭等又有一説：句龍爲后土之官，地神亦爲后土。《左氏》云：「君履后土而戴皇天。」鄭云：「后土謂地神，非謂句龍也。」二説雖殊，要鄭此注，文同賈逵等而意實異可知。考鄭義亦有所本。《駮五經異義》引今《孝經》説曰：「社者土地之主，土地廣博，不可偏敬，封五土以爲社。」則此自今文《孝經》舊説而鄭注遵用之也。錫瑞案：侯説是也。《小雅》疏引：「《鄭志》鄭答田瓊曰：后土，土官之名也，死以爲社而祭之，故曰后土社。句龍爲后土，後轉爲社，故世人謂社爲后土，無可怪也。」據此則鄭意以社爲后土，句龍亦爲后土。王肅難鄭云：「《月令》『命民社』鄭注云：『社，后土也。』《孝經》注云：『社，后土也，句龍爲后土。』《鄭記》云：『社，后土，則句龍也。』是鄭自相違反。」不知鄭義並非違反，王肅所疑者，鄭答田瓊已自釋之。此經鄭注「稷」義不傳，據《駮異義》之説補之。鄭君亦從今《孝經援神契》説。《御覽》引《援神契》曰：「社者，五土之總神；稷者，原隰之神。五穀稷爲長，五穀不可偏敬，故立稷以表名也。」《白虎通·社稷》篇曰：「人非土不生，非穀不食。土地廣博，不可偏敬也。五穀衆多，不可一一祭也。故封土爲社，示有土也。稷，五穀之長，故立稷而祭之也。」下引此經。《白虎通》亦本今《孝經》説也。《郊特牲》疏引《異義》云：「今《孝經》説，稷者五穀之長，穀衆多不可偏敬，故立稷而祭之。古《左氏》説，列山氏之子曰柱，死後祀以爲稷。稷是田正，周棄亦爲稷，自商以來祀之。謹案：禮緣生及死，故社稷，人事之。既祭稷穀不得，但以稷米祭稷，反自食。從《左氏》義。鄭駮之云：《宗伯》以血祭祭社稷、五祀、五岳。若是句龍、柱、棄，不得先五岳而食。《詩·信南山》云『畇畇原隰』，又云『黍稷彧彧』。原隰生百穀，稷爲之長，則稷者原隰之神。若達此義，不得以稷米自祭爲難。」鄭説社稷，皆本今《孝經》説，較之古《左氏》説實遠勝之。後之祀社稷者，當宗今《孝經》説鄭義爲定論。邢疏引「皇侃以爲稷五穀之長，亦爲土神。據此稷亦社之類也」。又引《左傳》之文「言句龍、柱、棄配社稷而祭之，即句龍、柱、棄非社稷也」。與鄭義合。應劭《風俗通》用《異義》之説，云：「祭稷穀，不得稷米，❶稷反自食也。」而邾文公用鄫子於次睢之社，司馬子魚諫曰：『古者六畜不相爲

❶「不得稷米」，《風俗通·祀典第八》作「不得以稷米祭」。

用，祭祀以爲人也。民人，神之主也；用人，其誰享之？』《詩》云：『吉日庚午，既伯既禱。』豈復殺馬以祭馬乎？《孝經》之説於斯悖矣。米之神爲稷，故以癸未日祠稷於西南，水勝火爲金相也。」應氏以稷爲米神，較以杜、棄爲稷者似近理，而引次雎之事，擬不於倫，反據以駁《孝經》之説，妄矣。《郊特牲》疏引爲鄭學者通王肅之難，《續漢書·祭祀志》注列仲長統答鄧義之難，皆足以扶鄭義，文多不載。王肅難鄭，明引鄭《孝經》注，劉知幾乃云注出鄭氏而肅無言，失之不考。

而和其民人，【注】薄賦斂，省傜役，是以民人和也。《治要》。蓋諸侯之孝也。【注】列土分疆，謂之諸侯。《周禮·大宗伯》疏。

疏曰：鄭注云「薄賦斂」者，賦與斂有別。《周禮·大宰》鄭注云：「賦，謂口率出泉也。」又云：「賦，謂僱更之錢也。」《大司馬》注云：「賦，給軍用者也。」《大司徒》注云：「賦，謂九賦及軍賦。」《小司徒》注云：「賦，謂出車徒，給繇役也。」是鄭意以賦屬軍賦，此注下有「傜役」，不必兼傜役言，但據軍用所出言之可也。《説文》、《廣雅》皆曰：「斂，收也。」是斂屬土地所收斂，孟子所謂「布縷之征、粟米之征」是也。云「省傜役」者，傜役即孟子所謂「力役之征」是也。孟子曰：「君子用其一，緩其二，此薄省之義。古者税用什一，用民之力，歲不過三日。」鄭解此經爲敬上愛下，奉天子法度，不奢泰，故以薄賦斂、省傜役爲言。云「列土封疆，謂之諸侯」者，《漢書·谷永傳》曰：「方制海内，非爲天子；列土封疆，非爲諸侯，皆以爲民也。」《白虎通·封公侯》篇曰：「列土爲疆，非爲諸侯；張官設府，非爲卿大夫，皆爲民也。」《潛夫論·三式》篇曰：「封疆立國，不爲諸侯；張官設府，不爲卿大夫；必有功於民，乃得保位。」蓋古有此語，漢人常依用之。《吕氏春秋·察微》篇引《孝經》曰「高而不危」至「和其民人」。《白虎通》引「保其社稷而和其民人，蓋諸侯之孝也」。

《詩》云：「戰戰兢兢，如臨深淵，如履薄冰。」【注】戰戰，恐懼；兢兢，戒慎。如臨深淵，恐墜；如履薄冰，恐陷。《治要》。義取爲君恒須戒懼。明皇注，「戰戰」至「戒懼」，正義云：「此依鄭注也。」

疏曰：邢疏曰：「《毛詩》傳云：戰戰，恐也；兢兢，戒也。此注『恐』下加『懼』，『戒』下加『慎』，足以圓文也。

云『臨深恐墜，履薄恐陷』者，亦《毛詩》傳文也。恐墜，謂如入深淵不可復出；恐陷，如没在冰下不可拯濟也。云『義取爲君恒須戒懼』者，引《詩》大意如此。」案《論語》「曾子有疾，召門弟子」，引此詩。曾子蓋終身守《孝經》之戒。朱注全用鄭注，但避宋諱，易「愼」爲「謹」耳。

卿大夫章第四

非先王之法服不敢服，【注】法服，謂先王制五服。天子服日、月、星辰，諸侯服山、龍、華蟲，卿大夫服藻、火，士服粉米，皆謂文繡也。《釋文》、《周禮・小宗伯》疏、《北堂書鈔》原本八十六《法則》、一百二十八《法服》、《文選》陸士龍《大將軍讌會詩》注。嚴可均曰：按鄭注《禮器》云：「天子服日、月以至黼、黻。諸侯自山、龍以下。」今此不至黼、黻，闕文也。《釋文》出「服藻火」、「服粉米」六字，服、粉連文，是注作「卿大夫服藻、火，士服粉米」明甚。若馬融《書説》則卿大夫服藻、火、粉米，士服藻、火。漢儒於五服、五章，各自爲説，未可畫一也。田獵、戰伐、卜筮，冠皮弁，衣素積，百王同之不改易也。《詩・六月》正義，《儀禮・士冠記》疏，《少牢饋食禮》疏。

疏曰：鄭注云「法服，謂先王制五服」云云者，據今《尚書》歐陽説也。《續漢書・輿服志》曰：「孝明皇帝永平二年初，詔有司采《周官》、《禮記》、《尚書・皋陶》篇，乘輿從歐陽氏説，公卿以下從大、小夏侯氏説。」又曰：「乘輿備文日、月、星辰十二章，三公、諸侯用山、龍九章，九卿以下用華蟲七章，皆備五采。」《後漢書・明帝紀》永平二年注引董巴《輿服志》畧同。蓋歐陽説，天子有日、月、星辰，共十二章；夏侯説，天子無日、月、星辰，亦止九章。王仲任習歐陽《尚書》，《論衡・量知》篇曰：「黼、黻、華蟲、山、龍、日、月。」《語增》篇曰：「服五采之服，畫日、月、星辰。」此歐陽説天子服日、月、星辰之明證。鄭君兼采二説，分別其義。謂虞有日、月、星辰十二章，魯亦有十二章，用歐陽説。謂周止有九章，用夏侯説。故注《王制》曰：「虞、夏之制，天子服有日、月、星辰。」又注「有虞氏皇而祭」曰：「有虞氏十二章，周九章，夏、殷未聞。」又注《郊特牲》「王被衮以象天」曰：「謂有日、月、星辰之章，此魯禮也。」又注《周禮・司服》曰：「此古天子冕服十二章，王者相變，至周而以日、月、星辰畫於旌旗而冕服九章。」鄭意欲從歐陽、夏侯，兩不背其説，故分虞與周、魯以當之，猶明帝兼采歐陽、夏侯之意。此注與《禮器》注意不分析，概以爲天子服十二章，專用歐陽説也。嚴可均《後序》不知鄭説所出，乃謂「鄭推《儀禮》九章，合日、月、星辰十二章」，又謂「試問天子服日、月、星辰，非鄭誰爲此語」者，似並《論衡》、《後漢書》、《續漢志》皆未之見，疏失甚矣。云「田獵，戰伐，卜筮，冠皮弁，衣素積，百王同之，不改易也」者，《詩》疏引《孝經援神契》曰：「皮弁、素幘，軍旅也。」《白虎通·三軍》篇曰：「王者征伐，所以必皮弁、素幘何？伐者凶事，素服示有悽愴也。伐者質，故衣古服。《禮》曰：『三王共皮弁、素幘。』服亦皮弁、素幘。又招虞人亦皮弁，知伐亦皮弁。」據此則今文家説，以爲田獵、戰伐用皮弁、素幘，招虞人即田獵之事。天子視朝，諸侯視朔皆皮弁，卜筮或亦用之。鄭學宏通，注《孝經》即用《援神契》説，故與他經之注以爲「戎服用韎韋衣裳」者不同。《援神契》、《白虎通》皆作「素幘」，此注作「素積」者，《禮》作「素積」，鄭注云：「積猶辟也。以素爲裳，辟蹙其要中。」是不當爲巾幘之幘，故於此注別白之曰「衣素積」，然則《援神契》、《白虎通》蓋叚「幘」爲「積」也。《士冠記》曰：「三王共皮弁、素積。」鄭注云：「質不變。」《郊特牲》曰：「三王共皮弁、素積。」鄭注云：「所不易於先代。」此注「百王同之不改易」，正與《禮》注義同。「百王同之」，專承皮弁、素積而言。《説苑》云：「皮弁、素積，百王不易。」嚴可均誤以爲並指服章，乃以此注與《禮器》注爲鄭初定之説，謂四代皆然。由於誤讀注文，乃並所推鄭意皆失之矣。

非先王之法言不敢道，【注】不合《詩》、《書》不敢道。《治要》。 **非先王之德行不敢行。**【注】《禮》以檢奢。《釋文》。嚴可均曰：按此下當有「《樂》以云云」，闕。不合《禮》、《樂》則不敢行。《治要》。 **是故非法不言，**【注】非《詩》、《書》則不言。《治要》。 **非道不行。**【注】非《禮》、《樂》則不行。《治要》。

疏曰：鄭注以不合《詩》、《書》爲非先王法言，不合《禮》、《樂》爲非先王德行者，《禮記·文王世子》曰：❶「順先王《詩》、《書》、《禮》、《樂》以造士。春秋教以《禮》、《樂》，冬夏教以《詩》、《書》。」是《詩》、《書》、《禮》、《樂》皆

❶ 「文王世子」誤，引文出自《禮記·王制》。

先王所遺，法言、德行即在其内。《曲禮》曰：「毋勦說，毋雷同，必則古昔，稱先王。」古昔先王之訓在於《詩》、《書》，故子所雅言《詩》、《書》、執禮。《孝經》諸章引《詩》、《書》以明義，即是其證。《玉藻》曰：「趨以《采薺》，行以《肆夏》，周旋中規，折旋中矩。」是古人之行必合《禮》、《樂》。澤宫選士，其容體比於《禮》，其節比於《樂》者，得與於祭。故鄭以《詩》、《書》、《禮》、《樂》解法言、德行也。《繁露·爲人者天》篇引「非法不言，非道不行」。

口無擇言，身無擇行。言滿天下無口過，行滿天下無怨惡。三者備矣，【注】法先王服，言先王道，行先王德，則爲備矣。《治要》。

疏曰：阮福《義疏》曰：「二『擇』字，當讀爲『厭斁』之斁。厭斁，即《詩》所云『在彼無惡，在此無斁，庶幾夙夜，以永終譽』也。《詩·思齊》：『古之人無斁，譽髦斯士。』鄭氏箋引《孝經》『口無擇言，身無擇行』以明之。《釋文》鄭作『擇』，此乃鄭讀《孝經》之『擇』爲『斁』，而漢時《毛詩》本有作『擇』者，故孔疏曰：箋不言字誤也。」

錫瑞案：鄭注不傳，明皇注以「擇」爲選擇，失之；阮氏讀「擇」爲「厭斁」之斁，亦未是也。「擇」當讀爲「斁敗」之斁，《洪範》「彝倫攸斁」，鄭注訓「斁」爲「敗」。《說文》：「殬，敗也。」引《商書》曰：「彝倫攸殬。」斁、擇古同音。《甫刑》：「敬忌，罔有擇言在身。」蔡邕《司空楊公碑》曰：「用罔有擇言失行，在於其躬。」擇言與失行並言，此「擇」訓「敗」之證。《太玄·玄掜》曰：「言正則無擇，行正則無爽，水順則無敗。」《法言·吾子》篇曰：「君子言也無擇，聽也無淫。擇則亂，淫則辟。」擇與爽、敗、淫之義近。據鄭君箋《詩》以「擇」爲「斁」，引此經文，鄭必解此經二「擇」字爲「斁敗」之「斁」矣。經但云言、行，注以三者爲服、言、行者，皇侃云：「初陳教本，故舉三事。服在身外可見，不假多戒。言、行出於内府難明，故須備言。最於後結，宜用總言。」謂人相見，先觀容飾，次交言辭，後謂德行，故言三者以服爲先、德行爲後也。案《孟子》曰：「子服堯之服，誦堯之言，行堯之行，是堯而已矣。」鄭云「法先王服，言先王道，行先王德」，即《孟子》之意。《援神契》曰：「卿大夫行孝曰譽。」蓋以聲譽爲義，謂言行布滿天下能無怨惡，遐邇稱譽，是榮親也。

然後能守其宗廟，【注】宗，尊也。廟，貌也。親雖亡没，事之若生，爲作正義作「立」，今從《釋文》。宗廟。案《釋文》作「宫室」。四時祭之，若見鬼神之容貌。《詩・清廟》正義。蓋卿大夫之孝也。【注】張官設府，謂之卿大夫。《禮記・曲禮上》正義。

疏曰：鄭注云「宗，尊也。廟，貌也」者，《書・舜典》「禋于六宗」、又「汝作秩宗」、又「江漢朝宗于海」傳，《詩・鳧鷖》「公尸來燕來宗」、又《雲漢》「靡神不宗」傳，又《公劉》「君之宗之」箋，《周禮目録》，又《大宗伯》「夏見曰宗」注，《儀禮・士昏禮・記》「宗爾父母之言」注，《禮記・檀弓》「天下其孰能宗予」注，《釋名・釋宫室》，皆曰：「宗，尊也。」《説文》：「宗，尊祖廟也。」「廟，尊祖皃也」。《詩・清廟序》箋：「廟之言貌也。死者精神不可得而見，但以生時之居立宫室象貌爲之耳。」《祭法》「王立七廟」注：「廟之言貌也。宗廟，先祖之尊貌也。」《公羊・桓二年傳》注：「廟之爲言貌也，思想儀貌而事之。」《釋名・釋宫室》：「廟，貌也，先祖形貌所在也。」《廣雅・釋言》：「廟，貌也。」宗尊、廟貌，皆取聲同爲訓。云「親雖亡没，事之若生，爲立宗廟」者，《白虎通・宗廟》篇曰：「王者所以立宗廟何？曰：生死殊路，故敬鬼神而遠之。緣生以事死，敬亡若事存，故欲立宗廟而祭之。此孝子之心，所以追養繼孝也。宗者，尊也；廟者，貌也；象先祖之尊貌也。所以有室何？所以象生之居也。」按據此，《釋文》作「宫室」不誤。《御覽》引王嬰《古今通論》曰：「周曰宗廟，尊其生存之貌，亦不死之也。」云「四時祭之，若見鬼神之容貌」者，《詩・天保》：「禴祠烝嘗。」《周禮・大宗伯》：「以祠春享先王，以禴夏享先王，以嘗秋享先王，以烝冬享先王。」《王制》：「春曰禴，夏曰禘，秋曰嘗，冬曰烝。」又「庶人春薦韭，夏薦麥，秋薦黍，冬薦稻」。案諸經説祠、禴、禘不同。鄭君《禘祫志》曰：「《王制》記先王之法度，春曰禴，夏曰禘。周公制禮，又改夏曰禴，禘又爲大祭。」《祭義》注云：「周以禘爲殷祭，更名春曰祠。」是也。據《王制》，天子至庶人皆有四時祭，則卿大夫有四時祭可知。《玉藻》曰：「凡祭，容貌顔色如見所祭者。」《祭義》曰：「齊三日，如見其所爲齊者。祭之日，入室，僾然必有見乎其位；周還出户，肅然必有聞乎其容聲；出户而聽，愾然必有聞乎其歎息之聲。」此若見鬼神容貌之義也。云「張官設府，謂之卿大夫」者，見前《諸侯章》疏。

《詩》云：「夙夜匪懈，以事一人。」【注】夙，早也。夜，莫也。《治要》。匪，非也。懈，惰也。《華嚴音義》二十。一人，天子也。卿大夫當早起夜卧，以事天子，勿懈惰。《治要》。

疏曰：鄭注云「夙，早也。夜，莫也」者，《詩·烝民》「夙夜匪解」箋同。《詩·行露》「豈不夙夜」、《小星》「夙夜在公」、《定之方中》「星言夙駕」、《陟岵》「夙夜無已」、《閔予小子》「夙夜敬止」、《有駜》「夙夜在公」箋，《儀禮·士冠禮》《士昏禮》《特牲饋食禮》「夙興」注，皆曰：「夙，早也。」《陟岵》「夙夜無已」箋云：「夜，莫也。」亦同。云「匪，非也。懈，惰也」者，《詩·烝民》箋，及《氓》「匪來貿絲」、《出其東門》「匪我思存」、《株林》「匪適株林」、《杕杜》「匪載匪來」、《六月》「玁狁匪茹」、《小旻》「如匪行邁謀」、《江漢》「匪安匪遊」、《載芟》「匪且有且，匪今斯今」箋，皆云：「匪，非也。」《淮南·修務訓》「爲民興利除害而不懈」注：「懈，惰也。」與此同。云「一人，天子也」者，見前《天子章》疏。云「卿大夫當早起夜卧」者，《國語·魯語》曰：「卿大夫朝考其職，晝講其國政，夕序其業，夜庀其家事，而後即安。」

士章第五

資於事父以事母而愛同，【注】資者，人之行也。《釋文》、《公羊》定四年疏。事父與母，愛同敬不同也。《治要》。資於事父以事君而敬同。【注】事父與君，敬同愛不同。《治要》。

疏曰：鄭注云「資者，人之行也」者，《公羊·定四年傳》：「事君猶事父也。」何氏《解詁》曰：「《孝經》曰：『資於事父以事君而敬同。』本取事父之敬以事君。」疏云：「鄭氏《孝經》注曰：『資者，人之行也。』注《四制》云：『資，猶操也。』然則言人之行者，謂人操行也。」案《喪服四制》疏曰：「言操持事父之道以事於君，則敬君之禮與父同。」又曰：「操持事父之道以事於母，而恩愛同。」與《公羊》疏義合。鄭注《考工記》、《喪服傳》、《明堂位》、《表記》、《書大傳》，皆云：「資，取也。」此不同何氏訓「取」者，鄭意蓋以經之下文乃言「母取其愛，君取其敬」，此不當先以「取」言也。云「事父與母，愛同敬不同也」者，即《表記》「母親而不尊，父尊而不親」之義。云：「事父與君，敬同愛不同」者，《喪服傳》曰：「父，至尊也。」又曰：「君，至尊也。」是敬同之證。《通典》引《異義》鄭玄按「《孝經》『資於事父以事君』，言能爲人子乃能爲人臣也。」案《喪服四制》已引此經二語，《禮記》出於七十子之後，則《孝經》又在其先矣。《漢書·韓延壽傳》引「資於事父以事君而敬同」，《風俗通·封祈》下引「資於父母以事君」。

故母取其愛，君取其敬，兼之者父也。【注】兼，并也。愛與母同，敬與君同；并此二者，事父之道也。《治要》。

疏曰：鄭注云「兼，并也」者，《儀禮·士冠禮》「兼執之」、《大射儀》「兼諸跗」注，《左氏·昭八年傳》「欲兼我也」注，《説文》、《廣雅·釋言》、《華嚴音義》上引《文字集畧》，皆曰：「兼，并也。」云「愛與母同，敬與君同」者，劉瓛曰：「父情天屬，尊無所屈，故愛敬雙極也。」

故以孝事君則忠，【注】移事父孝以事於君，則爲忠矣。《治要》「矣」作「也」，依明皇注改。正義云：此依鄭注也。**以敬事長則順。**【注】移事兄敬以事於長，則爲順矣。《治要》。

疏曰：鄭注云「移事父孝以事於君」者，邢疏曰：「《揚名章》云：『君子之事親孝，故忠可移於君。』是也。舊説云：入仕本欲安親，非貪榮貴也；若用安親之心則爲忠也，若用貪榮之心則非忠也。嚴植之曰：上云君、父敬同，則忠、孝不得有異。言以至孝之心事君必忠也。」云「移事兄敬以事於長」者，邢疏曰：「下章云『事兄悌，故順可移於長』，注不言悌而言敬者，順經文也。《左傳》曰：『兄愛弟敬。』又曰：『弟順而敬。』則知悌之與敬，其義同焉。《尚書》曰：『邦伯師長。』公卿也。❶則知大夫以上皆是士之長。」案《曾子立孝》篇曰：「是故未有君而忠臣可知者，孝子之謂也。未有長而順下可知者，弟弟之謂也。」盧注引：「《孝經》曰：以孝事君則忠，以敬事長則順。」《吕氏春秋·孝行覽》高誘注引「以孝事君則忠」。

忠順不失，以事其上，【注】事君能忠，事長能順；二者不失，可以事上也。《治要》。**然後能保其禄位，**【注】食稟爲禄。《釋文》。

❶「公卿也」，《孝經注疏》疏文作：「安國曰：『衆長，公卿也。』」

疏曰：鄭注云「事君能忠，事長能順」者，承上文言。邢疏曰：「事上之道，在於忠順，二者皆能不失，則可事上矣。上謂君與長也。」云「食稟爲禄」者，《孟子》曰：「上士倍中士，中士倍下士，下士與庶人在官者同禄。禄足以代其耕也。」《王制》與《孟子》同，此士食禄之證。《周官·司禄》闕，不可考。鄭注《孝經》用今文説，當據《孟子》、《王制》解之。

而守其祭祀，【注】始爲日祭。《釋文》。嚴可均曰：案《初學記》十三引《五經異義》曰：「謹案：叔孫通宗廟有日祭之禮，知古而然也。」《藝文類聚》三十八同。 **蓋士之孝也。**【注】别是非。《釋文》。語未竟。嚴可均曰：《白虎通·爵》篇引傳曰「通古今，辨然不，謂之士」，「别是非」即「辨然不」也。

疏曰：鄭注云「始爲日祭」者，《國語·周語》曰：「甸服者祭，侯服者祀，賓服者享，要服者貢，荒服者王。日祭、月祀、時享、歲貢、終王。」《楚語》曰：「先王日祭、月享、時類、歲祀。諸侯舍日，卿、大夫舍月，士、庶人舍時。」《漢書·韋玄成傳》曰：「日祭於寢，月祭於廟，時祭於便殿。寢日四上食。」又曰：「劉歆以爲禮去事有殺，故《春秋外傳》曰『日祭、月祀、時享、歲貢、終王』。祖、禰則日祭，曾、高則月祀，二祧則時享，壇、墠則歲貢，大禘則終王。」《御覽》引《異義》：「古《春秋左氏》説，古者先王，日祭於祖、考，月薦於曾、高，時享及二祧，歲禱於壇、墠，終禘及郊宗石室。」許君謹案：「叔孫通宗廟有日祭之禮，知古而然也。」韋昭注《周語》曰：「日祭，祭於祖、考，謂上食也。近漢亦然。」《祭法》疏曰：「此經祖、禰月祭，《楚語》云日祭祖、禰，非鄭義，故《異義》駁。」今鄭駁之文不可考，竊意鄭君蓋謂「《楚語》稱「古者先王」乃夏、殷禮。《祭法》鄭答趙商以爲周禮，故與夏、殷之禮不同。 然日祭之禮，古經傳皆無之，惟見於《國語》一書。《異義》引《左氏》説，亦即《國語》文也。《儀禮·既夕記》曰：「燕養、饋羞、湯沐之饌，如他日。」鄭注：「燕養，平時所用供養也。饋，朝夕食也。羞，四時之珍異。湯沐，所以洗去汙垢。孝子不忍一日廢其事親之禮，於下室日設之，如生存也。」《檀弓》曰：「虞而立尸，有几筵，卒哭而諱，生事畢而鬼事始已。」據此則古禮惟新死有日祭，乃孝子不忍遽死其親之意，猶以人道事之。至「以虞易奠」，始以鬼神事之，而下室遂無事。漢之寢日上食，乃以人道事神，不應禮制，故匡衡奏「可亡修」。朱子云：「《國語》有日祭之文，是主復寢猶日上食。」朱子以爲日祭即下室之饋食，饋食不得謂之祭。且此是喪禮，自天子達於庶人，亦與《國語》「諸侯舍日」之文不合。此章言士之孝，不當以天子之禮解之。《祭法》疏云：「《楚語》日祭非鄭義。」鄭君何故復引以注《孝經》？《釋文》引鄭注云：「始爲曰祭，一作始曰爲祭。」皆不可通。嚴氏據善本作「日祭」，似可通矣，而下文闕，不知鄭意如何。玩「始爲」二字，或鄭所謂日祭，亦即指始死饋食而言，而非《國語》所謂日祭乎？注云「別是非」，文不完，嚴氏所推近之。《繁露·服制》篇、《説苑·修文》篇，皆有「通古今，辨然否」之文。《曲禮》曰：「夫禮者，所以定親疏、決嫌疑、別同異、明是非也。」別是非，即別同異、明是非。《援神契》曰：「士行孝曰究，以明審爲義。當須明審資親事君之道，是能榮親也。」士貴明審，故鄭云「別是非」。

《詩》云：「夙興夜寐，無忝尒所生。」【注】忝，辱也。所生，謂父母。士爲孝，當早起夜卧，無辱其父母也。《治要》。

疏曰：鄭注云「忝，辱也」者，本《爾雅·釋言》。《詩·小宛》傳云：「忝，辱也。」疏曰：「故當早起夜卧，行之無辱汝所生之父母已。」云「所生，謂父母」者，邢疏曰：「下章云『父母生之』是也。」云「士爲孝，當早起夜卧」者，《國語·魯語》曰：「士朝而受業，晝而講貫，夕而習復，夜而計過，無憾而後即安。」《曾子立孝》篇曰：「『夙興夜寐，無忝尒所生』，言不自舍也。」

庶人章第六

子曰：因《治要》。嚴可均曰：按余蕭客所見影宋蜀大字本，亦有「子曰」，亦作「因」。天之道，【注】春生、夏長、秋收、冬藏，順四時以奉事天道。《治要》。分地之利，【注】分別五土，視其高下，若高田宜黍稷，下田宜稻麥，邱陵、阪險宜種棗栗，《治要》、正義、《初學記》五、《御覽》三十六、《唐會要》七十七。嚴可均曰：按《釋文》「宜棗棘」，云：「一本作宜種棗棘。」蓋鄭注元是「棘」字，《小尒疋》「棘實謂之棗」，可以互證。諸引作「棗栗」，所據本異也。此分地之利。《治要》。

疏曰：鄭注云「春生、夏長、秋收、冬藏」者，《齊民要術·耕田》篇引魏文侯曰：「民春以力耕，夏以鏹耘，秋以收斂。」朱彝尊《經義考》謂是此經之傳，鄭蓋本《魏文侯傳》也。邢疏曰：「《爾雅·釋天》云：『春爲發生，夏爲長毓，秋爲收斂，冬爲安寧。』『安寧』即閉藏之義也。」云「順四時以奉事天道」者，邢疏曰：「順四時之氣，春生則耕種，夏長則芸苗，秋收則穫割，冬藏則入廩也。」云「分別五土，視其高下，若高田宜黍稷，下田宜稻麥，邱陵、阪險宜種棗栗」者，邢疏曰：「《周禮·大司徒》云：『五土：一曰山林，二曰川澤，三曰邱陵，四曰墳衍，五曰原隰。』謂庶人須能分別，視此五土之高下，隨所宜而播種之，則《職方氏》所謂青州『其穀宜稻麥』、雍州『其穀宜黍稷』是也。」錫瑞案：《援神契》曰：「汚泉宜稻。」《漢書·溝洫志》曰：「賈讓奏言：若有渠溉，則鹽滷下溼，填淤加肥，故種禾麥，更爲秔稻，高田五倍，下田三倍。」《敘傳》曰：「坤作墜勢，高下九則。」劉德曰：「九則，九州土田上、中、下九等也。」《書·禹貢》疏引鄭注曰：「田著高下之等，當爲水害備也。」此云「視其高下」，亦當爲水害備之義。《史記·貨殖列傳》曰：「安邑千樹棗，燕秦千樹栗。」此宜棗栗之地也。棗栗，一作棗棘者。棗、棘二物同類異名，棘亦棗也。《詩》「園有棘」、《孟子》「養其樲棘」，皆棗之類。

謹身節用以養父母，【注】行不爲非爲謹身，富不奢泰爲節用。度財爲費，《治要》。什一而出，《釋文》。父母不乏也。《治要》。**此庶人之孝也。**【注】無所復謙。《釋文》。

疏曰：鄭注云「行不爲非爲謹身」者，鄭注《士章》，以「別是非」爲士。《孟子》曰：「是非之心，人皆有之。」「殺一無罪，非仁也；非其有而取之，非義也。」庶人雖異於士，亦當知之而不爲矣。云「富不奢泰爲節用」者，鄭注《諸侯章》云：「雖有一國之財而不奢泰，故能長守富。」庶人雖不及諸侯之富，《曲禮》「問庶人之富，數畜以對」，是庶人亦有富者，亦當不奢泰矣。云「度財爲費，什一而出，父母不乏也」者，邢疏曰：「謂常節省財用，公家賦稅充足，而私養父母不闕乏也。《孟子》稱『周人百畝而徹，其實皆什一也』，劉熙注云：『家耕百畝，徹取十畝以爲賦也。』又云：『公事畢，然後敢治私事。』是也。」云「無所復謙」者，鄭注《天子章》云：「蓋者，謙辭。」則《諸侯》、《卿大夫》、《士》章言「蓋」者，均屬謙辭。《庶人章》言「此」不言

「蓋」，故云「無所復謙」。《援神契》曰：「庶人行孝曰畜。」以畜養爲義，言能躬耕力農，以畜其德而養其親也。

故自天子至於庶人，孝無終始，而患不及己者，嚴可均曰：明皇本無「己」字，蓋臆删耳。按鄭注「患難不及其身」，「身」即己也。正義引劉瓛云：「而患行孝不及己者。」又云：「何患不及己者哉？」則經文元有「己」字。**未之有也。**【注】總説五孝，上從天子，下至庶人，皆當孝無終始。能行孝道，故患難不及其身也。《治要》無「也」字，依《釋文》加。正義引劉瓛云：「鄭、王諸家皆以爲患及身。」又云「《蒼頡篇》謂患爲禍，孔、鄭、韋、王之學引之以釋此經。」未之有者，言未之有也。《治要》。嚴可均曰：按《釋文》「言」字作「善」，一本作「難」，正義引謝萬云：「能行如此之善，曾子所以稱難。故鄭注云：善未有也。」今按「難」、「善」二本皆誤，其致誤之由，以鄭注有「皆當孝無終始」之語，而下章復有此語，實則兩「無」字並宜作「有」。何以明之？經云「孝無終始」者，承上章「始於事親，終於立身」，故此言人之行孝，倘不能有始有終，未有禍患不及其身者也。晉時傳寫承誤，謝萬、劉瓛雖曲爲之説，於義未安。今擬改鄭注云「皆當孝有終始」，即經旨明白矣。末句尚有差誤，不敢臆定。

疏曰：嚴氏之説是也。邢疏引諸家申鄭、難鄭往復之詞曰：「鄭曰：諸家皆以爲患及身，今注以爲自患不及，將有説乎？答曰：經傳稱『患』，皆是憂患之辭。故皇侃曰：『無始有終，謂改悟之善，惡禍何必及之。』則無始之言已成空設也。《禮·祭義》曾子説孝曰：『衆之本教曰孝，其行曰養。養可能也，敬爲難；敬可能也，安爲難；安可能也，卒爲難。父母既没，慎行其身，不遺父母惡名，可謂能終矣。』夫以曾參行孝，親承聖人之意，至於能終孝道，尚以爲難，則寡能無識固非所企也。今爲行孝不終，禍患必及，此人偏執，詎謂經通？鄭曰：《書》云『天道福善禍淫』，又曰『惠迪吉，從逆凶，惟影響』。斯則必有災禍，何得稱無也？答曰：來問指淫凶悖慝之倫，經言戒不終善美之輩。《論語》曰：『今之孝者，是謂能養。』曾子曰：『參，直養者也，安能爲孝乎。』又此章云：『以養父母，此庶人之孝也。』儻有能養而不能終，只可未爲具美，無宜即同淫慝也。古今凡庸，詎識孝道？❶但使能養，安知始終？若今

❶「孝」，原作「學」，今據《孝經注疏》疏文改。

皆及於災，便是比屋可貽禍矣。」錫瑞案：疏兩引「鄭曰」，非即鄭君之注，是後儒申鄭之說。阮福云：「疏内兩『鄭曰』皆有誤，當云『主鄭者曰』，乃唐人問難之辭。」其説是也。此經明云「自天子至於庶人」，鄭注明云「總説五孝，上從天子，下至庶人」，難鄭者乃專指庶人爲言，顯與經、注相悖。云「寡能無識」，云「凡庸詎識孝道」，❶專言庶人尚可，而此經包天子、諸侯、卿、大夫、士在内，豈天子、諸侯、卿、大夫、士亦得以「寡能凡庸」自解乎？首章明云「孝之始也」、「孝之終也」，此章所謂「終始」，即指「不敢毁傷」、「立身揚名」而言。自天子至庶人，皆當勉此孝道。難鄭者乃謂有始不必有終、無終不必及禍，是不止背鄭，直背經矣！若專執庶人爲言，疑庶人不能揚名顯親，則與劉炫駁鄭「人君無終」之言同一拘泥。古書多通論，其理豈得如此泥看、妄生駁難哉！阮福《義疏》引：「曾子曰：『君子患難除之。』又曰：『禍之所由生，自孅孅也，是故君子夙絶之。』又曰：『天子日旦思其四海之内，戰戰惟恐不能乂也。諸侯日旦思其四封之内，戰戰惟恐失損之也。大夫、士日旦思其官，戰戰惟恐不能勝也。庶人日旦思其事，戰戰惟恐刑罰之至也。是故臨事而栗者，鮮不濟矣。』」云此皆是「患禍及之」之義，亦即是天子至庶人皆恐患禍及身之義，證據甚塙。案《曾子大孝》：「故居處不莊，非孝也；事君不忠，非孝也；莅官不敬，非孝也；朋友不信，非孝也；戰陳無勇，非孝也。五者不遂，災及於身，敢不敬乎！」災及於身，即患及己，亦可與此經相發明。注「言未之有也」，「言」字下蓋有脱文。

三才章第七

曾子曰：甚哉！【注】語喟然。《釋文》。**孝之大也。**【注】上從天子，下至庶人，皆當爲孝無終始，曾子乃知孝之爲大。《治要》。

疏曰：鄭注承上而言。邢疏云：「夫子述上從天子、下至庶人五等之孝後，總以結之，語勢將畢，欲以更明孝道之大，無以發端，特假曾子歎孝之大，更以彌大之義告之也。」案邢疏以「甚哉」爲歎辭，以「孝之大」爲承上文「天子至庶人」而言，與鄭意同。云「無以發端，特假

❶「孝」，原作「學」，今據《孝經注疏》疏文改。

曾子」，乃本劉炫假曾子立問之意，與鄭意異。鄭云「曾子乃知孝之爲大」，則不必謂假曾子之歎矣。「孝無終始」，當從嚴氏改爲「孝有終始」。

子曰：夫孝，天之經也，【注】春、夏、秋、冬，物有死生，天之經也。《治要》。**地之義也，**【注】山川高下，水泉流通，地之義也。《治要》。**民之行也。**【注】孝、悌、恭、敬，民之行也。《治要》。

疏曰：鄭注以「春、夏、秋、冬，物有死生」爲「天之經」者，鄭注《庶人章》云：「春生、夏長、秋收、冬藏。」春生、夏長，物所以生；秋收、冬藏，物所以死。物有死生，承四時而言也。以「山川高下，水泉流通」爲「地之義」者，鄭注《庶人章》云：「分別五土，視其高下。」凡地近山者多高，近川者多下也。云「川」又云「水泉」者，《考工記》：「匠人爲溝洫，廣尺、深尺，謂之甽。廣二尺、深二尺，謂之遂。廣四尺、深四尺，謂之溝。廣八尺、深八尺，謂之洫。廣二尋、深二仞，謂之澮，專達於川。凡天下之地埶，兩山之間必有川焉，大川之上必有涂焉。」是川爲大川。「水泉流通」，即甽、遂、溝、洫、澮之水行於兩山大川之間者也。云「孝、悌、恭、敬，民之行也」者，鄭解此經天經、地義，皆泛説，不屬孝言，故以孝悌恭敬爲民之行，亦不專言孝。蓋以下文「天地之經而民是則之」當屬泛説，此經與下緊相承接，亦當泛説。若必屬孝，則與下文窒礙難通，此鄭君解經之精也。

天地之經而民是則之，【注】天有四時，地有高下，民居其間，當是而則之。《治要》。**則天之明，**【注】則，視也。視天四時，無失其早晚也。《治要》。**因地之利，**【注】因地高下所宜何等。《治要》。

疏曰：鄭云「天有四時，地有高下」，緊承上文之注，故知上文必用泛説，乃與此文相承也。云「民居其間，當是而則之」者，《爾雅·釋言》：「是，則也。」據《雅》義，「是」與「則」義同，不當重出。《釋名·釋言語》：「是，嗜也。人嗜樂之也。」鄭分「是」與「則」爲二義，亦當以「是」爲嗜樂之意矣。《左氏傳》作「而民實則之」。鄭箋《詩》云：「趙、魏之東，寔、實同聲。」「是」即古「寔」字，見《秦誓》疏及《詛楚文》，然則「是」、「實」可通。《左傳》疏解爲「人民實法則之」，鄭分「是」、「則」爲二，不當如孔疏所云也。鄭以「則天明」爲「視天四時」，「因地利」爲「因地高下」，皆與《庶人章》同。蓋鄭以此章所云

「民」，即上章所云「庶人」也。此經文與《左氏傳》子大叔論禮畧同，宋儒以爲作《孝經》者襲《左傳》文。案《繁露·五行對》篇：「河間獻王謂温城董君曰：《孝經》曰：『夫孝，天之經，地之義。』何謂也？」董子治《公羊》，非治《左氏傳》者。獻王得《左氏傳》，爲立博士，乃引《孝經》爲問，不引《左氏》，非《孝經》襲《左氏》可知。延篤《仁孝論》引「夫孝，天之經也」三句，《漢書·蓺文志》曰：「夫孝，天之經也，地之義也，民之行也。舉大者言，故曰《孝經》。」

以順天下，是以其教不肅而成，【注】以，用也。用天四時地利，順治天下，下民皆樂之，是以其教不肅而成也。《治要》。其政不嚴而治。【注】政不煩苛，故不嚴而治也。《治要》。

疏曰：鄭注「以，用也」，見首章。「用天四時地利，順治天下」，承上文言。下民皆樂之，乃不肅而成之，由政不煩苛，乃不嚴而治之，由教易行則政不煩。故下文專言教。

先王見教之可以化民也，【注】見因天地教化民之易也。《治要》。是故先之以博愛而民莫遺其親，【注】先修人事，流化於民也。《治要》。陳之以德義而民興行，【注】上好義，則民莫敢不服也。《治要》。先之以敬讓而民不争，【注】若文王敬讓於朝，虞、芮推畔於野。《釋文》作「田」。上行之，則下效法之。《治要》。道之以禮樂而民和睦，【注】上好禮，則民莫敢不敬。《治要》。示之以好惡而民知禁。【注】善者賞之，惡者罰之。民知禁，莫敢爲非也。《治要》。

疏曰：鄭注云「見因天地教化民之易」者，明皇注同，避諱改「民」爲「人」。邢疏曰：「言先王見天明、地利有益於人，因之以施化，行之甚易也。」案經云「教」即承上文「其教」而言，鄭意亦承上文。《繁露·爲人者天》篇引「先王見教之可以化民」，《白虎通·三教》篇曰：「教者，何謂也？教者，效也。上爲之，下效之，民有質樸，不教不成。故《孝經》曰：『先王見教之可以化民。』」皆引此經。宋儒改「教」爲「孝」，非也。云「先修人事，流化於民也」者，明皇用王肅注云：「君愛其親，則人化之，無有遺其親者。」邢疏云：「即《天子章》之『愛敬盡於事親，而德教加於百姓」是也。」義與鄭合。云「上好義，則民莫敢不服」者，用《論語》文。云「若文王敬讓於朝，虞、芮推畔於野。上行之，則下效法之」者，《詩·緜》「虞芮質厥成」傳曰：「虞、芮之君相與争田，久而不平。乃相謂曰：『西伯，仁人也，盍往質焉。』乃相與朝周。入其竟，則耕者讓畔，行者讓路。入其邑，男女異路，斑白不提挈。入其朝，士讓爲大夫，大夫讓爲卿。二國之君，感而相謂曰：『我等小人，不可以履君子之庭。』乃相讓，以其所争田爲閒田，而退。天下聞之而歸者四十餘國。」《尚書大傳》、《史記·周本紀》、《説苑·君道》篇皆載其事。《大傳》曰：「文王受命一年，斷虞、芮之訟。」鄭注《尚書》云：「紂聞文王斷虞、芮之訟。」據《書》傳爲説也。云「上好禮，則民莫敢不敬」者，亦《論語》文。云「善者賞之，惡者罰之。民知禁，莫敢爲非也」者，邢疏曰：「案《樂記》云：『先王之制禮樂也，將以教民平好惡而反人道之正也。』故示有好必賞之令，以引喻之，使其慕而歸善也。示有惡必罰之禁，以懲止之，使其懼而不爲也。」義與鄭合。《繁露·爲人者天》篇引「先之以博愛」，《潛夫論·斷訟》篇引「陳之以德義而民興行。示之以好惡而民知禁」，《漢書·禮樂志》引「導之以禮樂而民和睦」，李翕《西狹頌》引「先之以博愛，陳之以德義，示之以好惡」、「不肅而成，不嚴而治」。

《詩》云：「赫赫師尹，民具尒瞻。」【注】師尹，若冢宰之屬也。女當視民。《釋文》。語未竟。

疏曰：鄭注云「師尹，若冢宰之屬也」者，《詩》傳曰：「師，太師，周之三公也。尹，尹氏，爲太師。具，俱。瞻，視。」箋云：「此言尹氏，女居三公之位，天下之民俱視女之所爲。」疏曰：《尚書·周官》云：「太師、太傅、太保，兹惟三公。」故知太師，周之三公也。下云「尹氏，太師」，是尹氏爲太師也。《孝經》注以爲冢宰之屬者，以此刺其專恣。是三公用事者明兼冢宰，以統羣職。案鄭箋《詩》云：「民俱視女。」此云「女當視民」者，蓋鄭意以爲民俱視女所爲，則女亦當視民，以觀民心之向背也。

孝治章第八

子曰：昔者，明王之以孝治天下也，不敢遺小國之臣，【注】昔，古也。《公羊序》疏。古者諸侯歲遣大夫，聘問天子無恙。此二字依《釋文》加。天子待之以禮，此不遺小國之臣者也。《治要》。

疏曰：鄭注云「昔，古也」者，《詩・那》：「自古在昔。」《魯語》：「古曰在昔。」是「昔」與「古」同義。《堯典序》：「昔在帝堯。」《釋文》：「昔，古也。」云「古者諸侯歲遣大夫，聘問天子無恙」者，《公羊・桓元年傳》：「諸侯時朝乎天子。」何氏《解詁》曰：「時朝者，順四時而朝也。緣臣子之心，莫不欲朝朝暮夕。王者與諸侯別治，勢不得自專朝政。故即位比年使大夫小聘，三年使上卿大聘，四年又使大夫小聘，五年一朝。王者亦貴得天下之歡心，以事其先王，因助祭以述其職。故分四方諸侯爲五部，部有四輩，輩主一時。《孝經》曰：『四海之內，各以其職來助祭。』《尚書》曰：『羣后四朝。』」疏曰：「注『故即位』至『小聘』，此《孝經說》文。《聘義》亦云『天子制，諸侯比年小聘，三年大聘，相厲以禮也』，是與此合。」案何君明引《孝經》，徐疏以《解詁》所云爲《孝經說》，是何所引《孝經》古說，與鄭說同。《王制》曰：「諸侯之於天子也，比年一小聘，三年一大聘，五年一朝。」鄭注：「比年，每歲也。小聘使大夫，大聘使卿，朝則君自行。然此大聘與朝，晉文霸時所制也。虞、夏之制，諸侯歲朝。周之制，侯、甸、男、采、衛、要服六者，各以服數來朝。」疏引鄭《駁異義》云：「《公羊》說比年一小聘，三年一大聘，五年一朝，以爲文、襄之制。録《王制》者，記文、襄之制耳，非虞、夏及殷法也。」疏又云：「按《孝經》注『諸侯五年一朝天子，天子亦五年一巡守』，《孝經》之注多與鄭義乖違，儒者疑非鄭注，今所不取。」錫瑞案：鄭君先治今文，後治古文。注《孝經》在先，用今文說，與《公羊》、《王制》相合，自可信據。注《禮》在後，惑於古文異說。見《左氏・昭三年傳》：「子太叔言：文、襄之霸，令諸侯三歲而聘，五歲而朝。」與《公羊》、《王制》說同，故疑其是文、襄之制。又見古《尚書》說虞、夏之制，諸侯歲朝；古《周禮》說周之制，侯、甸、男、采、衛、要服六者，各以服數來朝；遂據古文而疑今文。不知古《周禮》、古《尚書》說未可偏據，亦並未言大、小聘之歲數。鄭云《王制》作於赧王之後，其時《左氏》未出，不得以《左氏》駁《王制》，且公羊家何必用《左氏》義？既用《左氏》，又何至誤以文、襄之制爲古制乎？《公羊》、《王制》言諸侯事天子之法，《左氏》言諸侯事霸主之法，本不合。即如《左氏》之說，又安知文、襄創霸，非據諸侯事天子之法爲事霸主法乎？鄭義當以《孝經》注爲定論，不必從《禮記》注。鄭注《禮》箋《詩》，前後違異甚多，孔疏執《禮》注疑《孝經》注，真一孔之見矣。《白虎通・朝聘》篇曰：「所以制朝聘之禮何？以尊君父、重孝道也。夫臣之事君，猶子之事父，欲全臣子之恩，一統尊君，故必朝聘也。聘者，問也。緣臣子欲知其君父無恙，又當奉土地所生珍物以助祭，是以皆得行聘問之禮也。諸侯相朝聘何？爲相尊敬也。故諸侯朝聘天子無恙，法度得無變更，所以考禮、正刑、壹德，以尊天子也。」以聘爲問天子無恙，與鄭説同。云「天子待之以禮，此不遺小國之臣也」者，《周禮・大行人》曰：「凡大國之孤，執皮帛以繼小國之君，出入三積，不問，壹勞，朝位當車前，不交擯，廟中無相，以酒禮之。其他皆眂小國之君。」鄭注：「此以君命來聘者也。」又曰：「凡諸侯之卿，其禮各下其君二等。以下及其大夫、士皆如之。」鄭注：「此亦以君命來聘者也。」《掌客》：「凡諸侯之卿、大夫、士爲國客，則如其介之禮以待之。」鄭注：「言其聘問，待之禮，如其爲介時也。」此鄭言天子待聘臣之禮也。《公羊》莊二十五年：「陳侯使女叔來聘。」《解詁》曰：「稱字者，敬老也。禮，七十，雖庶人，主字而禮之。❶《孝經》曰：『昔者明王之以孝治天下也，不敢遺小國之臣。』是也。」

而况於公、侯、伯、子、男乎？【注】古者諸侯五年一朝天子，天子使世子郊迎，芻禾百車，以客禮待之。《治要》。晝坐正殿，夜設庭寮，思與相見，問其勞苦也。《御覽》一百四十五。當爲王者，《釋文》。嚴可均曰：按此上下闕，疑申説前所云「世子」也。又按《釋文》：「當爲，于僞反。下皆同。」今此下注「爲」字未見，見闕者尚多。又當有「公者通也」，闕。侯者候伺，伯者長，《釋文》。嚴可均曰：下當有「子者字也」，闕。男者任也，闕。《釋文》。德不倍者，不異其爵；功不倍者，不異其土；故轉相半，別優劣。《禮記・王制》正義。

疏曰：鄭注云「諸侯五年一朝天子，天子使世子郊迎」者，《公羊傳》、《王制》、《尚書大傳》、《白虎通・朝聘》篇皆云「五年一朝」。《朝聘》篇曰：「朝禮奈何？諸侯將至京師，使人通命於天子；天子遣大夫迎之百里之郊，遣世子迎之五十里之郊矣。《覲禮》經曰：『至于郊，王

❶「字」，原作「孝」，阮元《春秋公羊傳注疏校勘記》云：「鄂本、宋本『孝』作『字』，當據正。」今據改。

使人皮弁用璧勞。』《尚書大傳》曰：『天子太子年十八，曰孟侯，於四方諸侯來朝，迎于郊。』」《御覽》引《大傳》曰：「于郊者，問其所不知也。問之人民之所好惡，地土所生美珍怪異，山川之所有無，父在時皆知之。」鄭注：「孟，迎也。十八嚮大學爲成人，博問庶事。」是鄭注《大傳》與注《孝經》義同。賈公彦《儀禮疏》引《書大傳》「太子出迎」之文，以爲異代之制；又引《孝經》鄭注「天子使世子郊迎」，皆異代法，非周制也。案《康誥》「王若曰孟侯」，依伏生、鄭君之義，以孟侯爲呼成王，則周初猶沿用世子迎侯之制，或周公制禮始改之耳。云「芻禾百車以客禮待之」者，《周禮·掌客》：凡上公之禮，車禾眂死牢，牢十車，車三秅，芻薪倍禾；侯、伯禾四十車，芻薪倍禾；子、男禾三十車，芻薪倍禾。據《周禮》五等之爵，禮待不同，侯、伯以上芻禾合計不止百車，此注舉成數而言耳。云「晝坐正殿，夜設庭尞」者，《説文》：「堂，殿也。」《釋名·釋宮室》：「殿，典也，有殿鄂也。」是殿以有殿鄂得名。今之殿，即古之堂。《初學記》謂殿之名起於《始皇紀》「作前殿」。葉大慶《考古質疑》引《説苑》諸書，以證古有殿名，而所引皆漢人之書。案《燕禮》鄭注云：「人君爲殿屋。」疏云：「漢時殿屋四向流水。」鄭注《禮》據漢制言之，此注蓋亦據漢制言之。《詩·庭燎》箋云：「於庭設大燭。」《周禮·司烜》：「凡邦之大事，共墳燭庭燎。」鄭注：「門内曰庭燎。」《禮·郊特牲》：「庭燎之百，由齊桓公始也。」鄭注：「僭天子也。庭燎之差，公蓋五十，侯、伯、子、男皆三十。」此「夜設庭燎」之制也。云「思與相見，問其勞苦也」者，《周禮·大行人》：上公之禮，三問三勞；諸侯、諸伯之禮，再問再勞；諸子、諸男之禮，壹問壹勞。鄭注：「問，問不恙也。勞，謂苦倦之也。皆有禮，以幣致之。」此「問勞苦」之禮也。云「侯者候伺、伯者長、男者任也」者，《周禮·職方氏》注：侯，爲王者斥候也。男，任也。《小祝》注：「侯之言候也。」《藝文類聚》引《援神契》曰：「侯者，候也，所以守蕃也。」《公羊》疏引《元命苞》曰：「侯之言候，候逆順，兼伺候王命。」《禮》疏引《元命苞》曰：「男者，任功立業。」《白虎通·爵》篇曰：「侯者，候也，候逆順也。男者，任也。」《風俗通·皇霸》篇曰：「伯者，長也、白也，言其咸建五長，功實明白。」《獨斷》曰：「男者，任也。」古「男」與「任」通。《禹貢》「二百里男邦」，《史記》作「任國」，是也。注「此上當有公者通也」，與《白虎通·爵》篇同，嚴説是也。《白虎通》又曰：「子者，孳也，孳孳無已也。」《獨斷》曰：「子者，滋也。」《禮》疏引《元命苞》曰：「子者，孳恩宣德。」《大戴禮・本命》、《釋名・釋親屬》、《廣雅・釋言》、《史記》注引張君相《老子注》，皆云：「子，孳也。」此注下當有「子者孳也」一句，嚴云「子者字也」，與疏引舊解同。舊解云：「公者，正也，言正行其事。侯者，候也，言斥候而服事。伯者，長也，爲一國之長也。子者，字也，言字愛於小人也。男者，任也，言任王之職事也。」疏引舊解不皆鄭注，嚴氏補「公者通也」，不從舊解，則「子者孳也」亦不必從舊解矣。云「德不倍者，不異其爵；功不倍者，不異其土；故轉相半，別優劣」者，《王制》疏引「《援神契》云『王者之後稱公，大國稱侯，皆千乘，象雷震百里』，是取法於雷也。其七十里者，倍減於百里；五十里者，倍減於七十里。故《孝經》云云」，蓋《孝經説》如此，鄭引《孝經説》爲注也。以《王制》開方之法計之，方百里者，爲方十里者百，是爲千里。方七十里者，七七四百九十里；方五十里者，五五二百五十里。是方七十里者半於方百里，方五十里者半於方七十里，所謂「轉相半，別優劣」也。《王制》疏引「《元命苞》云：『周爵五等法五精，《春秋》三等象三光。』説者因此以爲文家爵五等，質家爵三等。若然，夏家文，應五等；虞家質，應三等。按《虞書》『輯五瑞』、『修五禮五玉』，豈復三等乎？又《禮緯・含文嘉》云：『殷爵三等。殷正尚白，白者兼正中，故三等。夏尚黑，亦從三等。』按《孝經》夏制，而云公、侯、伯、子、男，是不爲三等也。《含文嘉》之文又不可用也。」錫瑞案：孔疏以《孝經》爲夏制者，疏於上文申鄭義曰：「云『此地，殷所因夏爵三等之制也』者，以夏會諸侯於塗山，執玉帛者萬國。若不百里、七十里、五十里，則不得爲萬國也，故知夏爵三等之制。如此經文不直舉夏時，而云『殷所因』者，若經指夏時，則下當云萬國，不得云凡九州千七百七十三國。故以爲殷所因夏爵三等之制也。」孔疏以萬國是夏制，《孝經》言萬國，故謂《孝經》夏制。考鄭注《王制》引《孝經説》曰：「周千八百諸侯。」疏云：「此《孝經緯》文。云『千八百』者，舉成數，其實亦千七百七十三諸侯也。」又鄭《駁異義》曰：「萬國者，謂唐、虞之制也。武王伐紂，三分有二，八百諸侯，則殷末諸侯千八百也。至周公制禮之後，準《王制》千七百七十三國，而言周千八百者，舉其成數。」孔疏云：「舉成數，用《駁異義》之文。」《穀梁・隱八年傳》注云：「周有千八百諸侯。」疏云：「見

《孝經説》。」《漢書·地理志》云：「周爵五等而土三等，蓋千八百國。」衛宏《漢官儀》云：「古者諸侯治民，周以上千八百諸侯。」是也，皆與《孝經説》同。蓋《孝經》古説以爲周有千八百諸侯，無萬國。《孝經》言萬國者，乃唐、虞、夏之制，以《堯典》言「協和萬國」，《左傳》言「禹合諸侯於塗山，執玉帛者萬國」，有明文可據也。鄭注《禮》、《駁異義》皆用其説，孔疏亦本鄭旨。然公、侯、伯、子、男五等之爵，則夏時已有之。孔疏引「五瑞」、「五玉」，據《白虎通》是圭、璧、琮、璜、璋五禮，亦可以吉、凶、軍、賓、嘉解之，皆非五等塙證。其可證者，惟《禹貢》有男邦與諸侯，《尚書大傳·夏傳》云：「五嶽視三公，四瀆視諸侯，其餘山川視伯，小者視子、男。」據此，則夏時實有五等之爵。蓋所謂「質家爵三等」者，即《春秋》合伯、子、男爲一之義，爵雖五而實三。若文家則判然爲五。其實公、侯、伯、子、男五等，自古皆然，不得疑夏制無公、侯、伯、子、男也。

故得萬國之歡心，以事其先王。【注】諸侯五年一朝天子，各以其職來助祭宗廟。《治要》。天子亦五年一巡狩，《王制》正義。勞來，《釋文》。上下闕。

是得萬國之歡心，嚴可均曰：下當有「以」字。事其先王也。《治要》。

疏曰：鄭注「萬國」之義不傳，推鄭意不以爲周制。説見上。云「諸侯五年一朝天子，各以其職來助祭宗廟」者，與何君《公羊解詁》同。又《白虎通·朝聘》篇曰：「謂之朝何？朝者，見也。五年一朝，備文德而明禮義也。朝用何月？皆以夏之孟四月，因留助祭。」説亦相合。云「天子亦五年一巡狩」者，《堯典》：「五載一巡守。」《王制》「天子五年一巡守」鄭注：「天子以海内爲家，時一巡省之。五年者，虞、夏之制也。」《白虎通·巡守》篇曰：「所以不歲巡守何？爲太煩也。過五年，爲太疏也。因天道時有所生，歲有所成。三歲一閏，天道小備；五歲再閏，天道大備。故五年一巡守，三年二伯出述職黜陟。」《公羊·隱八年傳》解詁曰：「王者所以必巡守者，天下雖平，自不親見，猶恐遠方獨有不得其所，故三年一使三公黜陟，五年親自巡守。」《御覽》引逸《禮》曰：「所以五年一巡守何？五歲再閏，天道大備。」是也。錫瑞案：《白虎通》諸説，皆不云五年巡守爲虞、夏制，蓋今文説此爲古制皆然。鄭注《禮》，見《周禮》有「十有二歲，王巡守殷國」之文，乃分別五年巡守爲虞、夏制。鄭注《孝經》用今文説，故不分别其辭，當亦以五年爲通制矣。云「勞來」者，鄭義不完。蓋以爲禮尚往來，諸侯五年一朝，天子亦五年一巡守，答其禮而勞來之，故得萬國之歡心也。

治國者不敢侮於鰥寡，而况於士民乎？【注】治國者，諸侯也。《治要》。丈夫六十無妻曰鰥，婦人五十無夫曰寡也。《詩·桃夭》正義、《文選》潘安仁《關中詩》注。故得百姓之歡心，以事其先君。

疏曰：鄭注云「治國者，諸侯也」者，明皇依魏注亦云：「理國謂諸侯。」邢疏曰：「按《周禮》云『體國經野』，《詩》曰『生此王國』，是其天子亦言國也。《易》曰『先王以建萬國，親諸侯』，是諸侯之國。上言明王『理天下』，此言『理國』，故知諸侯之國也。」云「丈夫六十無妻曰鰥，婦人五十無夫曰寡也」者，《詩·桃夭》疏引此注云：「知如此爲限者，以《内則》云『妾雖老，年未滿五十，必與五日之御』，則婦人五十不復御，明不復嫁，故知稱寡以此斷也。《士昏禮》注云『姆，婦人年五十出而無子』者，亦出於此也。本三十男、二十女爲昏，婦人五十不嫁，男子六十不復娶，爲鰥、寡之限也。《巷伯》傳曰：『吾聞男女不六十不閒居。』謂婦人也。《内則》曰：『唯及七十，同藏無閒。』謂男子也。此其差也。」

治家者不敢失於臣妾之心，【注】治家，謂卿、大夫。明皇注，正義云：此依鄭注也。男子賤稱。《釋文》。嚴可均曰：按此注上當有「臣」字，下當有「妾，女子賤稱」。而况於妻子乎？故得人之歡心，以事其親。【注】小大盡節。《釋文》。

疏曰：鄭注云「治家，謂卿、大夫」者，邢疏曰：「案下章云『大夫有争臣三人，雖無道，不失其家』，《禮記·王制》曰『上大夫卿』，則知『治家，謂卿、大夫』。」云「男子賤稱」，當從嚴説，上加「臣」字，下加「妾，女子賤稱」句。《周禮·冢宰》「八曰臣妾，聚斂疏材」鄭注：「臣妾，男女貧賤之稱。晉惠公卜懷公之生，曰：『將生一男一女，男爲人臣，女爲人妾。』生而名其男曰圉，女曰妾。及懷公質於秦，妾爲宦女焉。」云「小大盡節」者，邢疏曰：「『小』謂臣妾，『大』謂妻子也。」

夫然，故生則親安之，【注】養則致其樂，故親安之也。《治要》。祭則鬼饗之。【注】祭則致其嚴，故鬼饗之。《治要》。

疏曰：鄭注云「養則致其樂」、「祭則致其嚴」者，用下《紀孝行章》文。《祭義》曰：「養可能也，敬爲難。敬可能也，安爲難。」又曰：「君子生則敬養，死則敬享。」《祭統》曰：「祭者，所以追養繼孝也。」《潛夫論·巫列》篇引此經云：❶「由此觀之，德義無違，鬼神乃享；❷鬼神受享，福祚乃隆。」

是以天下和平，【注】上下無怨，故和平。《治要》。**災害不生，**【注】風雨順時，百穀成孰。《治要》。**禍亂不作，**【注】君惠、臣忠、父慈、子孝，是以禍亂無緣得起也。《治要》。**故明王之以孝治天下也如此。**【注】故上明王，所以災害不生，禍亂不作，以其孝治天下，故致於此。《治要》。

疏曰：鄭注云「上下無怨，故和平」者，《左氏·昭二十年傳》曰：「若有德之君，外内不廢，上下無怨。」疏曰：「此猶如《孝經》『上下無怨』也，言人臣及民，上下無相怨耳。」服虔云：上下謂人神無怨。」案鄭義當如服虔説，與下「災害不生」意合。云「風雨順時，百穀成孰」者，《洪範》「曰肅，時雨若；曰聖，時風若。歲月日時無易，百穀用成」，是其義也。云「君惠、臣忠、父慈、子孝，是以禍亂無緣得起也」者，《禮運》曰：「父慈、子孝、兄良、弟弟、夫義、婦聽、長惠、幼順、君仁、臣忠十者，謂之人義。講信修睦，謂之人利。争奪相殺，謂之人患。」《禮》言十義，則無争奪相殺之患也。《左氏·隱四年傳》：「君義、臣行、父慈、子孝、兄愛、弟敬，所謂六順也。去順效逆，所以速禍也。」傳言六順，則無去順效逆之禍也。鄭言「禍亂無緣得起」，歸本於「君惠、臣忠、父慈、子孝」，即記與傳之意，但言君、臣、父、子，舉其尤要者耳。《漢書·禮樂志》曰：「於是教化浹洽，民用和睦，災害不生，禍亂不作。」引此經文。

《詩》云：「有覺德行，四國順之。」【注】覺，大也。有大德行，四方之國順而行之也。《治要》。

疏曰：鄭注云「覺，大也」者，《廣雅·釋詁》一：「覺，大也。」《詩·斯干》「有覺其楹」傳：「有覺，言高大也。」鄭箋云：「有大德行，則天下順從其化。」與此合。

❶「巫」，原作「正」，今據《潛夫論》改。
❷「鬼」，原無，今據《潛夫論·巫列》補。

孝經鄭注疏卷下

善化皮錫瑞

聖治章第九

曾子曰：敢問聖人之德無以加於孝乎？

子曰：天地之性人爲貴，【注】貴其異於萬物也。《治要》。人之行莫大於孝，【注】孝者，德之本，又何加焉？《治要》。

疏曰：鄭注云「貴其異於萬物也」者，明皇注同。邢疏曰：「夫稱『貴』者，是殊異可重之名。按《禮運》曰『人者五行之秀氣也』，《尚書》曰『惟天地萬物父母，惟人萬物之靈』，是異於萬物也。」錫瑞案：《祭義》曰：「天之所生，地之所養，無人爲大。」即「天地之性人爲貴」之義。《曾子大孝》文同。盧注引《孝經》曰：「天地之性人爲貴，人之行莫大於孝也。」云「孝者，德之本」者，用《開宗明義章》文。

孝莫大於嚴父，【注】莫大於尊嚴其父。《治要》。嚴父莫大於配天，【注】尊嚴其父，莫大於配天，生事敬愛，死爲神主也。《治要》。則周公其人也。【注】尊嚴其父，配食天者，周公爲之。《治要》。

疏曰：鄭注以「嚴」爲尊嚴者，《孟子》「無嚴諸侯」注，《呂覽·審應》「使人戰者嚴騶也」注，皆曰：「嚴，尊也。」《禮·大傳》「收族故宗廟嚴」注：「嚴，猶尊也。」《漢書·平當傳》注：「嚴，謂尊嚴。」是尊、嚴同義也。云「生事敬愛，死爲神主」者，《續漢志》注引《鉤命決》曰：「自外至者，無主不止。自内出者，無匹不行。」《公羊·宣三年傳》：「自内出者，無匹不行。自外至者，無主不止。」何氏《解詁》曰：「必得主人乃止者，天道闇昧，故推人道以接之。」《喪服小記》鄭注引「自外至者，無主不止」，疏云：「外至者，天神也；主者，人祖也。故祭以人祖配天神也。」《白虎通·郊祀》篇曰：「王者所以祭天何？緣事父以事天也。祭天必以祖配何？以自内出，無匹不行；自外至者，無主不止。故推其始祖，配以賓主，順天意也。」《禮運》曰：「禮行於郊而百神受職焉。」然則郊配天神即爲百神之主，明堂配帝亦同此義，或以祖配，或以父配，皆「死爲神主」矣。云「尊嚴其父，配食天者，周公爲之」者，邢疏曰：「《禮記》有虞氏尚德，不郊其祖。夏、殷始尊祖於郊，無父配天之禮也。周公大聖而首行之。」案邢説原本鄭義。《祭法》：「有虞氏禘黄帝而郊嚳，祖顓頊而宗堯。夏后氏亦禘黄帝而郊鯀，祖顓頊而宗禹。殷人禘嚳而郊冥，祖契而宗湯。周人禘嚳而郊稷，祖文王而宗武王。」鄭注：「禘、郊、祖、宗，謂祭祀以配食也。有虞氏以上尚德，禘、郊、祖、宗，配用有德者而已。自夏已下，稍用其姓代之。」據此則有虞以前配天但用有德，不必同姓；夏以後雖皆一姓，不必其父。夏之宗禹，殷之宗湯，不知其禮定於何時。《左氏·哀元年傳》曰：「祀夏配天。」《書·多士》《君奭》皆言殷有配天之禮。《詩·文王》云「克配上帝」，而其禮不可考。武王末受命，周禮定於周公，故經專舉周公而言，注亦云周公爲之也。《漢書·平當傳》引經「天地之性」至「周公其人也」，曰：「夫孝子，善述人之志。周公既成文、武之業，制作禮樂，修嚴父配天之事，知文王不欲以子臨父，故推而序之，上及於后稷而以配天。此聖人之德亡以加於孝也。」《白虎通》引「則周公其人也」。《南齊書》何佟之議：「《孝經》是周公居攝時禮，《祭法》是成王反位後所行，故《孝經》以文王爲宗，《祭法》以文王爲祖。又『孝莫大於嚴父配天，則周公其人也』，尋此旨，寗施成王乎？若《孝經》所説審是成王所行，則爲嚴祖，何得云嚴父邪。」

昔者，周公郊祀后稷以配天，【注】郊者，祭天之名。《治要》、《宋書·禮志》二。后稷者，周公始祖。《治要》。東方青帝靈威仰。周爲木德，威仰木帝，正義。嚴可均曰：按此注上下闕，正義云「鄭以《祭法》有『周人禘嚳』之文，變郊爲祀感生之帝，謂東方青帝」云云，詳鄭意，蓋以爲配天者，配東方天帝，非配昊天上帝也。周人禘嚳而郊稷，禘祀昊天上帝以帝嚳配，郊祀感生帝以后稷配。以后稷配蒼龍精也。錫瑞案：《儀禮經傳通解續》引鄭注「周爲木德」下多此八字，嚴本遺之，今據補。

疏曰：鄭注云「郊者，祭天之名。后稷者，周公始祖」者，《郊特牲》曰：「郊之祭也，迎長日之至也，大報天而主日也。兆於南郊，就陽位也。」「於郊，故謂之郊。」據此則郊主爲祭天，以祭於郊，而即以郊名之，故曰「郊者，祭天之名」。經言周公，故曰「后稷，周公始祖」也。云「東方青帝靈威仰。周爲木德，威仰木帝，以后稷配蒼龍精也」者，《大傳》「王者禘其祖之所自出，以其祖配之」。鄭注：「大祭其先祖所由生，謂郊祀天也。王者之先祖，皆感太微五帝之精以生。蒼則靈威仰，赤則赤熛怒，黄則含樞紐，白則白招拒，黑則汁光紀，皆用正歲之正月郊祭之，蓋特尊焉。《孝經》曰『郊祀后稷以配天』，配靈威仰也。『宗祀文王於明堂以配上帝』，汎配五帝也。」疏曰：「『王者之先祖，皆感太微五帝之精以生』者，案師説引《河圖》云『慶都感赤龍而生堯』，又云『堯赤精，舜黄，禹白，湯黑，文王蒼』。又《元命苞》云『夏，白帝之子。殷，黑帝之子。周，蒼帝之子』。是其王者，皆感太微五帝之精而生。云『蒼則靈威仰』至『汁光紀』者，《春秋緯·文耀鉤》文。云『皆用正歲之正月郊祭之』者，案《易緯·乾鑿度》云：『三王之郊，一用夏正。』云『蓋特尊焉』者，就五帝之中，特祭所感生之帝，是特尊焉。注引《孝經》云『郊祀后稷以配天』者，證禘其祖之所自出，以其祖配之。又引『宗祀文王於明堂以配上帝』者，證文王不特配感生之帝，而汎配五帝矣。」據《禮記》注疏，鄭君明引《孝經》解《禮》，與此注義正同。又《喪服小記》注云：「始祖感天神靈而生，祭天則以祖配之。」疏云：「王者夏正，禘祭其先祖所從出之天，若周之先祖出自靈威仰也。」《禮器》「魯人將有事於上帝」注云：「上帝，周所郊祀之帝，謂蒼帝靈威仰也。」《月令》「祈穀於上帝」注云：「上帝，太微之帝也。」疏云：「《春秋緯》文。太微爲天庭，中有五帝座。郊天，各祭其所感帝，殷祭汁光紀，周祭靈威仰也。」《祭法》「燔柴於泰壇，祭天也」疏云：「此祭感生之帝於南郊。」《周禮·典瑞》「四圭有邸以祀天、旅上帝」注云：「玄謂祀天，夏正郊天也。上帝，五帝，所郊亦猶五帝。殊言天者，尊異之也。」疏云：「王者各郊所感帝。若周之靈威仰之等，即是五帝。而殊言天，是尊異之，以其祖感之而生故也。」此皆鄭君之義。然則經言「配天」，鄭義亦當以爲殊言天者，尊異之，天即感生之帝，而非昊天上帝矣。《公羊·宣三年傳》：「郊則曷爲必祭稷？王者必以其祖配。」何氏《解詁》曰：「祖謂后稷，周之始祖，姜嫄履大人迹所生。配，配食也。」「《孝經》曰：『郊祀后稷以配天，宗祀文王於明堂以配上帝。』五帝在太微之中，迭生子孫，更王天下。」何君解《孝經》用感生帝説，與鄭君同。《詩》疏引「《異義》『《詩》齊、魯、韓，《春秋》公羊説，聖人皆無父感天而生』，許君謹案：讖云『堯五廟』，知不感天而生」。而《説文》曰：「姓，人所生也。古之神聖，母感天而生子，故稱天子。」是許君亦用感生帝説矣。鄭言后稷感生之義，見於《詩》箋。《生民》：「履帝武敏歆，攸介攸止。」箋云：「帝，上帝也。敏，拇也。祀郊禖之時，時則有大神之迹，姜嫄履之，足不能滿其拇指之處，心體歆歆然，其左右所止住，如有人道感己者也。」《閟宫》：「赫赫姜嫄，其德不回，上帝是依。」箋云：「依，依其身也。赫赫乎顯著，姜嫄也。其德貞正不回邪，天用是馮依而降精氣。」疏引《河圖》曰：「姜嫄履大人迹，生后稷。」《中候·稷起》云：「蒼耀稷生感迹昌。」《苗興》云：「稷之迹乳。」《史記·周本紀》云：「姜嫄出野，見巨人迹，心忻然悦，欲踐之。踐之而身動如孕者，及朞而生棄。」是鄭義有本也。明皇注用王肅説，邢疏引其駁鄭義曰：「案《爾雅》曰『祭天曰燔柴，祭地曰瘞薶』，又曰『禘，大祭也』，謂五年一大祭之名。又《祭法》祖有功，宗有德，皆在宗廟，本非郊配。若依鄭説，以帝嚳配祭圜丘，是天之最尊也。周之尊帝嚳不若后稷，今配青帝，乃非最尊，實乖『嚴父』之義也。且徧窺經籍，並無以帝嚳配天之文。若帝嚳配天，則經應云『禘嚳於圜丘以配天』，不應云『郊祀后稷』也。天一而已，故以所在祭，在郊則謂爲圜丘，言於郊爲壇，以象圜天。圜丘即郊也，郊即圜丘也。其時中郎馬昭抗章固執，當時勑博士張融質之。融稱：漢世英儒，自董仲舒、劉向、馬融之倫，皆斥周人之祀昊天於郊以后稷配，無如玄説配蒼帝也。然則《周禮》圜丘，則《孝經》之郊，聖人因尊事天，因卑事地，安能復得祀帝嚳於圜丘、配后稷於蒼帝之禮乎？且在《周頌》『思文后稷，克配彼天』，又『《昊天有成命》，郊祀天地也』，則郊非蒼帝。通儒同辭，肅説爲長。」錫瑞案：王肅所駁，《郊特牲》孔疏已解之曰：「王肅以郊丘是一，而鄭氏以爲二者，案《大宗伯》云：『蒼璧禮天。』《典瑞》又云：『四圭有邸以祀天。』是玉不同。《宗伯》又云：『牲幣各放其器之色。』則牲用蒼也。《祭法》又云：『燔柴於泰壇，用騂犢。』是牲不同也。又《大司樂》云：『凡樂，圜鍾爲宫，黄鍾爲角，大簇爲徵，姑洗爲羽。』『冬日，至於地上之圜丘奏之。若樂六變，則天神皆降。』上文云：『乃奏黄鍾，歌大吕，舞《雲門》，以祀天神。』是樂不同也。故鄭以云蒼璧、蒼犢、圜鍾之等，爲祭圜丘所用；

以四圭有邸、騂犢及奏黃鍾之等，以爲祭五帝及郊天所用。王肅以《郊特牲》周之始郊日以至，與圜丘同配以后稷，鄭必以爲異。圜丘又以帝嚳配者，鄭以周郊日以至，自是魯禮，故注《郊特牲》云：『周衰禮廢，儒者見周禮盡在魯，因推魯禮以言周事。』鄭必知是魯禮非周郊者，以宣三年正月郊牛之口傷，是魯郊用日至之月。案周郊祭天，大裘而冕。《郊特牲》云：『王被衮，戴冕璪十有二旒。』故知是魯禮，非周郊也。又知圜丘配以帝嚳者，案《祭法》云：『周人禘嚳而郊稷。』禘嚳在郊稷之上，稷卑於嚳，以明禘大於郊。又《爾雅》云：『禘，大祭也。』大祭莫過於圜丘，故以圜丘爲禘。圜丘比郊，則圜丘爲大，《祭法》云禘嚳，是也。若以郊對五時之迎氣，則郊爲大。故《大傳》云：『王者禘其祖之所自出。』故郊亦稱禘。其宗廟五年一祭，比每歲常祭爲大，故亦稱禘也。以《爾雅》唯云『禘』爲大祭，是文各有所對也。」孔疏推衍鄭意詳明，或即馬昭申鄭之說。學者審此，可無疑於鄭義矣。鄭《箴膏肓》曰：「《孝經》云『郊祀后稷以配天』，言配天、不言祈穀者，主說周公孝以配天之義，本不爲郊祀之禮出，是以其言不備。」

宗祀文王於明堂以配上帝。【注】文王，周公之父。明堂，天子布政之宮。《治要》。明堂之制，八窗四闥，《御覽》一百八十六。上圓下方，《白孔六帖》十。在國之南。《玉海》九十五。南是明陽之地，故曰明堂。正義。上帝者，天之別名也。《治要》、《史記·封禪書》集解、《宋書·禮志》三。又《南齊書》九作「上帝亦天別名」。嚴可均曰：按鄭以上帝爲「天之別名也」者，謂五方天帝別名上帝，非即昊天上帝也。《周官·典瑞》「以祀天、旅上帝」，明上帝與天有差等。故鄭注《禮記·大傳》引《孝經》云：「郊祀后稷以配天，配靈威仰也。宗祀文王於明堂以配上帝，汎配五帝也。」又注《月令》「孟春」云：「上帝，太微之帝也。」《月令》正義引《春秋緯》：「紫微宮爲大帝，太微宮爲天庭，中有五帝座。」五帝，五精之帝。合五帝與天爲六天。自從王肅難鄭，謂「天一而已，何得有六」，後儒依違不定。然明皇注此「配上帝」云：「五方上帝。」猶承用鄭義，不能改易也。神無二主，故異其處，避后稷也。《史記·封禪書》集解、《續漢·祭祀志》注補。又《宋書·禮志》三作「明堂異處，以避后稷」。

疏曰：嚴說是也。《文選·東京賦》注引《鉤命決》曰：

「宗祀文王於明堂以配上帝、五精之神。」《通典》引《鉤命決》曰：「郊祀后稷以配天地。祭天南郊，就陽位；祭地北郊，就陰位。后稷爲天地主，文王爲五帝宗。」是《孝經緯》説以上帝爲五帝，鄭義本《孝經緯・鉤命決》也。鄭君以北極大帝爲皇天，太微五帝爲上帝，合稱六天，故五帝亦可稱天。鄭不以五帝解上帝，而必云「天之別名」者，欲上應「嚴父配天」之經文，其意實指五帝，與《祭法》注引此經以證祖宗之祭同意。天與上帝之異，猶《周禮・典瑞》注云：「上帝，五帝，所郊亦猶五帝。殊言天者，尊異之也。」上帝兼舉五帝，故云「天之別名」。云「明堂，天子布政之宫」云云者，本《孝經緯・援神契》文。《禮記》疏引《異義》：『講學大夫淳于登説：明堂在國之陽，丙巳之地，三里之外，七里之内，而祀之就陽位，上圓下方，八窗四闥，布政之宫。周公祀文王於明堂，以配上帝。上帝，五精之神。太微之庭，中有五帝座星。』鄭君云：『淳于登之言，取義於《援神契》。《援神契》説宗祀文王於明堂以配上帝，曰明堂者，上圓下方，八窗四闥，布政之宫，在國之陽。帝者，諦也，象上可承五精之神。五精之神，實在太微，於辰爲巳。是以登云然。今漢立明堂於丙巳，由此爲也。』」據此則鄭君此注，皆本《援神契》古義矣。《大戴禮・盛德》篇曰：「一室而有四户八牖，上圓下方。」桓譚《新論》曰：「上圓法天，下方法地，八窗法八風，四達法四時。」《白虎通》曰：「明堂上圓下方，八窗四闥，布政之宫，在國之陽。」《三輔黄圖》曰：「明堂所以正四時，出教化，天子布政之宫也。上圓象天，下方法地。八窗，即八牖也。四闥者，象四時、四方也。」皆與鄭合。《隋書・禮儀志》梁武帝制曰：「鄭玄據《援神契》，亦云上圓下方，又云八窗四闥。」武帝以爲鄭説據《援神契》，最塙。錫瑞案：鄭云八窗四闥，與《盛德記》似同實異。《盛德記》曰：「凡九室，一室而有四户八牖，三十六户、七十二牖。」鄭駁之云：「《戴禮》所説，雖出《盛德記》，其下顯與本章異。九室、三十六户、七十二牖，似吕不韋所益，非古制也。」鄭據《考工》「五室」之文，不信《盛德》「九室」之説，則一室雖有八窗四闥，合計之，不得有三十六户、七十二牖矣。明堂祀五精帝，當以鄭君五室之義爲長。漢人説明堂者，多與鄭異。《異義》：「古《周禮》、《孝經》説：明堂，文王之廟。夏后氏世室，殷人重屋，周人明堂。東西九筵，筵九尺，南北七筵，堂崇一筵，五室，凡室二筵。」案許君嘗受魯國三老古文《孝經》，其説別無所見，此所引皆《考工記》文，故與古《周禮》同。五室之説，鄭所遵用，云「明堂，文王之廟」，則與鄭義不合。《鄭志》：「趙商問曰：説者謂天子廟制如明堂，是爲明堂即文廟耶？答曰：明堂主祭上帝，以文王配耳，猶如郊天以后稷配也。」據此則鄭不以明堂爲文廟也。孔牢等以爲明堂、辟雍、太學，其實一也，馬宮、王肅亦以爲同一處，盧植又兼太廟言之。蔡邕以爲清廟、太廟、太室、明堂、太學、辟雍，異名同事，穎容又兼靈臺言之。案《玉藻》「聽朔於南門之外」鄭注：「天子廟及路寢，皆如明堂制。明堂在國之陽，每月就其時之堂而聽朔焉，卒事，反宿路寢，亦如之。」鄭君此注分別最晰。廟及路寢如明堂制，則不得與明堂合爲一矣。明堂聽朔、反宿路寢，明堂非路寢更可知。惟太學、辟雍，古説以爲與明堂同處。魏文侯《孝經傳》曰：「大學者，中學、明堂之位也。」此《孝經》説之最古者。《禮記·昭穆》篇曰：「大學，明堂之東序也。」《盛德》篇曰：「明堂其外水環之曰辟雍。」《封禪書》曰：「天子曰明堂、辟雍，諸侯曰泮宮。」《白虎通》曰：「禮三老於明堂，以教諸侯孝也。禮五更於大學，以教諸侯弟也。」《韓詩》説：「辟雍者，天子之學，圓如璧，雍之以水示圓；言辟，取辟有德。所以教天下，春射秋饗，尊事三老、五更。在南方七里之内，立明堂於中。」鄭《駁異義》云：「《王制》：『小學在公宮南之左，大學在郊。天子曰辟雍，諸侯曰泮宮。』然則大學即辟雍也。《大雅·靈臺》一篇之詩，有『靈臺』，有『靈囿』，有『靈沼』，有『辟廱』，其如是也，則辟雍及三靈皆同處在郊矣。」鄭謂辟雍、大學、三靈同處在郊，其説至塙。而又云大學在西郊，王者相變之宜，則與明堂在南郊不同，鄭必以爲在西郊者，由泥於《王制》之文。鄭以《王制》上庠、下庠之類，一是大學，一是小學；故謂三代相變，周大學當在國。案大學在郊，三代所同。上庠、下庠之類，即天子四學之異名，皆在明堂四門之塾，不當分大學小學、在郊在國。鄭《駁異義》已云大學在郊，與《王制》注不同，是《王制》注非定論。《駁異義》云西郊，亦未盡是。大學、明堂，據魏文侯傳，當同一處。《韓詩》説在南方七里之内，正與鄭用《援神契》説明堂在南方七里之内符同。可據《孝經傳》與《孝經緯》以補鄭義所未及也。明皇注：「明堂，天子布政之宮也。」邢疏曰：「『明堂，天子布政之宮也』者，按《禮記·明堂位》：『昔者周公朝諸侯於明堂之位，天子負斧依，南鄉而立。明堂也者，明諸侯之尊卑也。制禮作樂，頒度量，而天下大服。』知明堂是布政之宮也。云『周公因祀五方上帝於明堂，乃尊文王以配之也』者，『五方上帝』即是上帝也，謂以文王配五方上帝之神，侑坐而食也。按鄭注《論語》云：『皇皇后帝，並謂太微五帝；在天爲上帝，分王五方爲五帝。』舊説明堂在國之南，去王城七里，以近爲媟；南郊去王城五十里，以遠爲嚴。五帝卑於昊天，所以於郊祀昊天，於明堂祀上帝也。五帝，謂東方青帝靈威仰、南方赤帝赤熛怒、西方白帝白招拒、北方黑帝汁光紀、中央黃帝含樞紐。鄭玄云：『明堂居國之南。南是明陽之地，故曰明堂。』按《史記》云：『黃帝接萬靈於明庭。』明庭即明堂也。鄭玄據《援神契》云：『明堂上圓下方，八牖四闥。』上圓象天，下方法地；八牖者即八節也，四闥者象四方也。此言宗祀於明堂，謂九月大享靈威仰等五帝，以文王配之。即《月令》云季秋『大享帝』注云：『偏祭五帝。』以其上言『舉五穀之要，藏帝籍之收於神倉』，九月西方成事，終而報祭也。」錫瑞按：明皇注於上文「郊祀」用王肅説，故與鄭異。此注遵用鄭義，邢疏申注亦明。鄭注《祭法》云：「祭上帝於南郊，曰郊。祭五帝、五神於明堂，曰祖、宗。祖、宗通言爾。《孝經》曰：『宗祀文王於明堂以配上帝。』郊祭一帝，而明堂祭五帝，小德配寡，大德配衆，亦禮之殺也。」疏引「《雜問志》云：『春曰其帝大皞，其神句芒。祭蒼帝靈威仰，太皞食焉。句芒祭之於庭，祭五帝於明堂，五德之帝亦食焉，又以文、武配之。』《祭法》『祖文王而宗武王』，此謂合祭於明堂。漢以正禮散亡，《禮》戴文殘缺，不審周以何月也。於《月令》以季秋」。《詩·我將》序：「《我將》，祀文王於明堂也。」疏云：「此言『祀文王於明堂』，即《孝經》所謂『宗祀文王於明堂以配上帝』是也。文王之配明堂，其祀非一，此言祀文王於明堂，謂大享五帝於明堂也。《曲禮》曰：『大饗不問卜。』注云：『大饗五帝於明堂，莫適卜。』《月令》『季秋，是月也，大享帝』注云：『言大享者，偏祭五帝。』《曲禮》曰『大饗不問卜』，謂此也。』是於明堂有總祭五帝之禮。但鄭以《月令》爲秦世之書，秦法自季秋，周法不必然矣。故《雜問志》云：『不審周以何月，於《月令》則季秋。』」據此則鄭君不堅持季秋爲宗祀明堂之月，邢疏申鄭尚未審也。注云「神無二主，故異其處，避后稷也」者，神主即上文注云「死爲神主」，義見上。鄭以文王功德本應配天南郊，因周已有后稷配天，神不容有二主，又不可同一處。文王，周受命祖，祭之宗廟以鬼享之，不足以昭嚴敬。故周公舉行宗祀明堂之禮，而宗文王以配上帝，於是嚴父配天之道得盡。異事異處，於尊后稷兩不相妨。鄭注《明堂位》「昔者周公朝諸侯於明堂之位」云：「不於宗廟，辟王也。」朝諸侯本應在宗廟，不於宗廟而於明堂者，所以避成王；文王本應配天南郊，不於南郊而於明堂者，所以避后稷，其義一也。鄭注《周易》「殷薦之上帝以配祖考」曰：「上帝，天帝也。以配祖考者，使與天同饗其功也。故《孝經》云『郊祀后稷以配天，宗祀文王於明堂以配上帝』是也。」《漢書·郊祀志》：「元始五年，王莽奏言：王者父事天，故爵稱天子。孔子曰：『人之行莫大於孝，孝莫大於嚴父，嚴父莫大於配天。』王者尊其考，欲以配天，緣考之意欲尊祖，推而上之，遂及始祖。是以周公郊祀后稷以配天，宗祀文王於明堂以配上帝。」據此則尊祖正由尊父之義推之，與平當云「知文王不欲以子臨父，故推而序之」意同，皆得經旨。不然，經言嚴父配天，但言宗祀文王，不必言郊祀后稷矣。

是以四海之內，各以其職來助祭。舊脱「助」字，依《禮器》正義加。【注】周公行孝於朝，《治要》脱「於」字，依《釋文》加。越裳重譯來貢，是得萬國之歡心也。《治要》。

疏曰：經云「助祭」，承「宗祀文王」言。《詩·清廟》序：「《清廟》，祀文王也。周公既成洛邑，朝諸侯，率以祀文王焉。」疏云：「既成洛邑，在居攝五年。其朝諸侯則在六年，《明堂位》所云『周公踐天子之位，以治天下。六年，朝諸侯於明堂』，即此時也。言率之以祀文王，則朝者悉皆助祭。」《詩》曰：「肅雍顯相。」箋云：「諸侯有光明著見之德者來助祭。」《尚書大傳·洛誥傳》曰：「於卜洛邑，營成周，改正朔，立宗廟，序祭祀，易犧牲，制禮樂，一統天下，合和四海，而致諸侯。皆莫不依紳端冕，以奉祭祀者。天下諸侯之悉來，進受命於周，而退見文、武之尸者，千七百七十三諸侯。皆莫不磬折玉音，金聲玉色，然後周公與升歌而弦文、武。諸侯在廟中者，伋然淵其志，和其情，愀然若復見文、武之身。然後曰：『嗟！子乎，此蓋吾先君文、武之風也夫。』故周人追祖文王而宗武王也。」《伏傳》所言，即此經「四海之內助祭」之事。云「千七百七十三諸侯」，正與《王制》鄭注引《孝經説》「周千八百諸侯，舉成數」者相符。《漢書・王莽傳》云：「周公居攝，郊祀后稷以配天，宗祀文王於明堂以配上帝。是以四海之内，各以其職來助祭，蓋諸侯千八百矣。」云「千八百諸侯」，與鄭説合。經云宗祀文王，《伏傳》言祖文宗武，不同者，韋昭《國語注》云：「周公初時，祖后稷而宗文王。至武王，雖承文王之業，有伐紂定天下之功，其廟不可以毁。故先推后稷以配天，而後更祖文王而宗武王。」然則此經據周公初定之禮而言，亦以上言「嚴父配天」，故專舉文王也。鄭注云「周公行孝於朝，越裳重譯來貢，是得萬國之歡心也」者，《尚書大傳》曰：「交阯之南，有越裳國。周公居攝六年，制禮作樂，天下和平。越裳以三象重譯而獻白雉，曰：『道路悠遠，山川阻深，音使不通，故重譯而朝成王以歸周公。』公曰：『德不加焉，則君子不饗其質；政不施焉，則君子不臣其人。吾何以獲此賜也？』其使請曰：『吾受命吾國之黄耇曰：久矣！天之無別風淮雨。意者中國有聖人乎，有則盍往朝之？』周公乃歸之於王，稱先王之神，致以薦於宗廟。」即其事也。鄭必以越裳來貢證「得萬國之歡心」者，以經言萬國，又言四海之内，據《孝經説》周九州内惟有千八百諸侯，不足萬國之數，越裳在九州外，不在千八百諸侯之中，乃可舉爲「得萬國歡心」之證，亦與「四海之内各以其職助祭」相合。《周禮・大行人》：「九州之外，謂之蕃國，各以其所貴寶爲贄。」即越裳白雉之類。越裳之來，雖非助祭，然公既以薦宗廟，即與助祭有合。且事在居攝六年，正周公朝諸侯於明堂之時，鄭義似泛而實切也。《漢書・郊祀志》引「郊祀后稷」至「各以其職來助祭」，《後漢・班彪傳》注、《公羊》僖十五年疏引皆有「助」字。

夫聖人之德又何以加於孝乎？【注】孝弟之至，通於神明，豈聖人所能加？《治要》。

疏曰：《白虎通・聖人》篇引此經爲周公聖人之證。鄭注云「孝弟之至，通於神明」者，用《感應章》文。《鉤命決》曰：「孝悌之至，通於神明，則鳳皇巢。」《論衡・程材》篇引「孔子曰：孝悌之至，通於神明」。《漢武梁祠畫象贊》曰：「曾子質孝，以通神明。」亦據《感應章》也。《孟子》曰：「堯、舜之道，孝弟而已矣。」故曰「豈聖人所能加」。

故親生之膝下，以養父母日嚴。【注】致其樂。《釋文》。嚴可均曰：按上當有「養以」二字，下闕。聖人

因嚴以教敬，因親以教愛。【注】因人尊嚴其父，教之爲敬；因親近於其母，教之爲愛；順人情也。《治要》。 **聖人之教不肅而成，**【注】聖人因人情而教民，民皆樂之，故不肅而成也。《治要》。 **其政不嚴而治，**【注】其身正，不令而行，故不嚴而治也。《治要》。 **其所因者本也。**【注】本，謂孝也。《治要》。

疏曰：《漢書·蓺文志》曰：「『故親生之膝下』，諸家説不安處，古文字讀皆異。」是此經本不易解。鄭注殘缺，未審其義云何。明皇注云：「親愛之心，生於孩幼。比及年長，漸識義方，則日加尊嚴。」其説亦不安，恐非鄭義也。鄭注云「因人尊嚴其父，教之爲敬；因親近於其母，教之爲愛：順人情也」者，以敬屬父，以愛屬母，義本《士章》「資於事父以事母而愛同，資於事父以事君而敬同」，故知愛、敬當分屬父、母。鄭注《天子章》「愛敬盡於事親」，亦云「盡愛於母，盡敬於父」也。孟子言良知良能，孩提知愛，長知敬。是人情本具有愛敬之理，聖人因而教之，乃順人情也。云「聖人因人情而教民，民皆樂之」者，承上文言。云「其身正，不令而行」者，用《論語》文。此經與《三才章》文同義異。《三才章》承上「則天明、因地利」而言，此經承上「因嚴教敬、因親教愛」而言，皆有所因，故政教易行。鄭注並云「民皆樂之」，具得經旨。云「本，謂孝也」者，《開宗明義章》曰：「夫孝，德之本也。」鄭以「人之行莫大於孝」解之，此章上文曰「人之行莫大於孝」，故云「本謂孝」矣。

父子之道，天性也，【注】性，常也。《治要》。 **君臣之義也。**【注】君臣非有天性，但義合耳。《治要》。

疏曰：鄭注云「性，常也」者，《白虎通·性情》篇曰：「五性者何謂？仁、義、禮、智、信也。」是五性即五常，故性可云常也。云「君臣非有天性，但義合也」者，《莊子·人間世》引仲尼曰：「天下有大戒二：其一，命也；其一，義也。子之愛親，命也，不可解於心。臣之事君，義也，無適而非君也，無所逃於天地之間。是之謂大戒。」鄭分父子、君臣爲二，實本此義，且與下文「父母生之」、「君親臨之」正合。明皇注云：「父子之道，天性之常，加以尊嚴，又有君臣之義。」併爲一讀，與下文不合矣。

父母生之，續莫大焉。【注】父母生之，骨肉相連屬，復何加焉。《治要》。 君親臨之，厚莫重焉。【注】君親擇賢，顯之以爵，寵之以禄，厚之至也。《治要》。

疏曰：鄭注云「父母生之，骨肉相連屬」者，《詩・小弁》：「不屬于毛，不離于裏。」傳云：「毛在外陽以言父，裏在内陰以言母。」疏云：「屬者，父子天性相連屬；離者，謂所離歷。言稟父之氣、歷母而生也。」云「君親擇賢，顯之以爵，寵之以禄」者，《王制》：「凡官民材，必先論之。論辨然後使之，任事然後爵之，位定然後禄之。」鄭注：「論，謂考其德行道藝。辨，謂考問得其定也。爵，謂正其秩次，與之以常食。」「擇賢」即考德行道藝，「爵」、「禄」即秩次、常食也。《風俗通》「汝南封祈」下引「君親臨之」二句。

故不愛其親而愛他人者，謂之悖德。【注】人不愛其親而愛他人之親者，「之」字依下注加。 謂之悖德。《治要》。 不敬其親而敬他人者，謂之悖禮。【注】不能敬其親而敬他人之親者，謂之悖禮也。《治要》。 以順則逆，【注】以悖爲順，則逆亂之道也。《治要》。 民無則焉。【注】則，法。《治要》。 不在於善而皆在於凶德，【注】惡人不能以禮爲善，乃化爲惡，若桀、紂是也。《治要》。 雖得之，君子所不貴。明皇本無「所」字，「貴」下有「也」字。【注】不以其道，故君子不貴。《治要》。

疏曰：經文但云「愛他人」、「敬他人」，鄭以爲「愛他人之親」、「敬他人之親」者，猶《天子章》云「愛親者不敢惡於人，敬親者不敢慢於人」，鄭注亦以「人」爲「人之親」，皆以補明經旨，説甚諦當。鄭解上文「因嚴教敬，因親教愛」，以敬、愛分屬父、母言，則此云「愛他人之親」亦當分屬母，「敬他人之親」亦當分屬父矣。明皇注用孔傳，邢疏申之曰：「君自不行愛、敬，而使天下人行。」説與經文不合。如其説，當改經文爲「不愛其親而使他人愛，不敬其親而使他人敬」，其義乃可通也。云「則，法」者，《釋詁》文。云「惡人不能以禮爲善，乃化爲惡，若桀、紂是也」者，經上文云「悖德」、「悖禮」，此言「凶德」不言禮，故云「不能以禮爲善」，以補明經義。必舉桀、紂者，鄭注《曲禮》「敖不可長」四句，亦云：「桀、紂所以自禍。」以桀、紂不善，人所共知，舉之使人易曉也。注「雖得之，君子所不貴」爲「不以其道」者，用《論語》文。邢疏云：「言人君如此，是雖得志居臣人之上，幸免篡弑之禍，亦聖人、君子之所不貴，言賤惡之也。」

君子則不然，言思可道，【注】君子不爲逆亂之道，言中《詩》、《書》，故可傳道也。《治要》。行思可樂，【注】動中規矩，故可樂也。《治要》。德義可尊，【注】可尊法也。《治要》。作事可法，【注】可法則也。《治要》。容止可觀，【注】威儀中禮，故可觀。《治要》。進退可度。【注】難進而盡忠，易退而補過。《治要》。以臨其民，是以其民畏而愛之，【注】畏其刑罰，愛其德義。《治要》。則而象之，【注】傚。《釋文》。上下闕。故能成其德教【注】漸也。《釋文》。上闕。而行其政令。【注】不令而伐，謂之暴。《釋文》。上下闕。

疏曰：鄭注云「君子不爲逆亂之道」者，承上「以悖爲順，逆亂之道」而言。云「言中《詩》、《書》，故可傳道也」者，《論語》：「子所雅言《詩》、《書》。」《孝經》一引《書》，餘皆引《詩》，即「言中《詩》、《書》」也。云「動中規矩，故可樂也」者，《玉藻》曰：「周還中規，折還中矩。」鄭注：「反行也，宜圜。曲行也，宜方。」是「動中規矩」也。云「威儀中禮」者，明皇注亦云：「容止，威儀也。」邢疏曰：「容止，謂禮容所止也，《漢書·儒林傳》云『魯徐生善爲容，以容爲禮官大夫』是也。威儀，即儀禮也，《中庸》云『威儀三千』是也。《春秋左氏傳》曰：『有威而可畏，謂之威。有儀而可象，謂之儀。』」云「難進而盡忠，易退而補過」者，難進易退，用《表記》「子曰：事君難進而易退，則位有序」之文。盡忠補過，用《事君章》文。鄭蓋以此章君子不專屬人君言，如卿大夫亦可言臨民也。云「畏其刑罰，愛其德義」者，《三才章》曰：「陳之以德義而民興行，示之以好惡而民知禁。」鄭注：「善者賞之，惡者罰之。民知禁，莫敢爲非也。」是賞罰與德義並重。聖人教民，未嘗不用刑罰，故下有《五刑章》，所以使民畏也。鄭注「德教」、「政令」二句殘闕，其意似以德教當以漸致，政令不宜暴施；君子知其如此，故能成其德教而行其政令也。《繁露·五行對》篇引「行思可樂，容止可觀」。《漢書·匡衡傳》引孔子曰「德義可尊，容止可觀」至「則而象之」。

《詩》云：「淑人君子，其儀不忒。」【注】淑，善也。忒，差也。善人君子，威儀不差，可法則也。《治要》。

疏曰：鄭注云「淑，善也」者，《釋詁》文。鄭君箋《詩》，亦云「淑，善」。箋《詩》云：「執義不疑。」順《毛傳》「忒，疑也」之義。此詁「忒」爲「差」，與箋《詩》異者，《易·觀》「觀天之神道而四時不忒」虞注，《豫》「而四時不忒」《釋文》引鄭注，《左氏·文二年傳》「享祀不忒」注，《禮記·大學》「其儀不忒」疏，《呂覽·先己》「其儀不忒」注，《廣雅·釋詁》四，皆云：「忒，差也。」

紀孝行章第十

子曰：孝子之事親也，《治要》無「也」字，依明皇本加。居則致其敬，【注】也盡《釋文》。嚴可均曰：按明皇注云「平居必盡其禮」，則「也」當作「必」字。禮也。《釋文》。嚴可均曰：按「禮」上當有「其敬」。《釋文》云：一本作「盡其敬也」，又一本作「盡其敬禮也」。養則致其樂，【注】樂竭歡心，以事其親。《治要》。病則致其憂，【注】色不滿容，行不正履。明皇注。正義曰「此依鄭義也」。喪則致其哀，【注】擗踊哭泣，盡其哀情。《北堂書鈔》原本九十三《居喪》。「哀」字依明皇注加。正義曰：「此依鄭注也。」祭則致其嚴。【注】齊必變食，居必遷坐，敬忌踧踖，若親存也。《北堂書鈔》原本八十八《祭祀總》。陳本《書鈔》引鄭注「齋戒沐浴，明發不寐」，與明皇注同。

疏曰：鄭注「盡禮」非全文，蓋以「禮」解「敬」字。邢疏引《禮記·內則》云：『子事父母，雞初鳴，咸盥漱，至於父母之所，敬進甘脆而後退。』又《祭義》曰『養可能也，敬爲難』是也」。云「樂竭歡心，以事其親」者，《檀弓》曰：「啜菽飲水盡其歡，斯之謂孝。」《內則》曰：「下氣怡聲，問所欲而敬進之，柔色以溫之。」鄭注：「溫，藉也。承尊者必和顏色。」是也。云「色不滿容，行不正履」者，邢疏曰：「《禮記·文王世子》云：『王季有不安節，則內豎以告文王。文王色憂，行不能正履。』又下文記古之世子亦朝夕問於內豎，『其有不安節，世子色憂不滿容』。此注減憂、能二字者，以此章通於貴賤，雖擬人非其倫，亦舉重以明輕之義也。」案《玉藻》云：「親瘠，色容不盛。」亦「色不滿容」之謂。云「擗踊哭泣，盡其哀情」者，邢疏曰：「並約《喪親章》文，其義奧於彼。」❶云「齊必變食，居必遷坐，敬忌踧踖，若親存也」者，「齊必變食」二句，見《論語・鄉黨》，孔注：「改常饌，易常處。」《鄉黨》又云：「踧踖如也。」馬注：「踧踖，恭敬之貌。」《論語・八佾》曰：「祭如在。」孔注：「祭死如事生。」《祭義》曰：「文王之祭也，事死者如事生。」《中庸》曰：「事死如事生，事亡如事存，孝之至也。」此「若親存」之義也。

五者備矣，然後能事親。事親者，居上不驕，【注】雖尊爲君而不驕也。《治要》。爲下不亂，【注】爲人臣下，不敢爲亂也。《治要》。在醜不争。【注】忿争爲醜。醜，類也。以爲善不忿争也。 嚴可均曰：《治要》有按語云：「『忿争爲醜』，疑有差誤。」今按「以爲善」亦有脱誤。據下文「在醜而争」注「朋友中好爲忿争」，此當云「朋友爲醜」。《曲禮》「在醜夷不争」注：「醜，衆也。夷猶儕也。」義亦不殊。據《諫争章》「士有争友」注「以賢友助己」，此當云「助己爲善」。己、已形近，「以」即「己」，脱一「助」字。存疑俟定。居上而驕則亡，【注】富貴不以其道，是以取亡也。《治要》。爲下而亂則刑，【注】爲人臣下，好爲亂，則刑罰及其身也。《治要》無「也」字，依《釋文》加。在醜而争則兵。【注】朋友中好爲忿争者，惟兵刃之道。《治要》。三者不除，雖日用三牲之養，猶爲不孝也。【注】夫愛親者，不敢惡於人之親。今反驕亂忿争，雖日致三牲之養，豈得爲孝乎？《治要》。

疏曰：「居上不驕」，與《諸侯章》文同，故鄭注以「尊爲君」解「居上」。注云「爲人臣下，不敢爲亂」者，《論語》曰：「其爲人也孝弟，而好犯上者，鮮矣；不好犯上而好作亂者，未之有也。」《表記》曰：「事君可貴可賤，可富可貧，可生可殺，而不可使爲亂。」云「忿争爲醜」，有誤，嚴説是。云「醜，類也」者，《易・離》「獲匪其醜」虞

❶ 「奥」，阮元《孝經注疏校勘記》云：「《正誤》『奥』作『具』，是也。」

注，《禮・哀公問》「節醜其衣服」注，《國語・周語》「況爾小醜」、《楚語》「官有十醜爲億醜」注，《孟子・公孫丑》「地醜德齊」注，《爾雅・釋草》「蘩之醜」注，《廣雅・釋詁》三，皆曰：「醜，類也。」「以爲善」，嚴説近是。云「富貴不以其道，是以取亡也」者，《諸侯章》：「高而不危，所以長守貴也。滿而不溢，所以長守富也。」此言不以守富守貴之道，則富貴不能長守矣。云「爲人臣下，好爲亂，則刑罰及其身也」者，鄭言五刑之目見下《五刑章》，其他如《王制》之「四誅」、《士師》之「八成」，皆臣下好亂，刑罰及身者矣。云「朋友中好爲忿争，惟兵刃之道」者，邢疏云：「言處儕衆之中，而每事好争競，或有以刃相讎害也。」云「愛親者不敢惡於人之親」者，見《天子章》。邢疏云：「三牲，牛、羊、豕也。言奉養雖優，不除驕、亂及争競之事，使親常憂，故非孝也。」

五刑章第十一

子曰：五刑之屬三千，【注】五刑者，謂墨、劓、臏、宫割、大辟也。《治要》。科條三千，《釋文》。謂劓、嚴可均曰：按「劓」當作「墨」，當云「墨之屬千」。墨、嚴可均曰：按當作「劓」，當云「劓之屬千」，下當有「臏之屬五百」。宫割、嚴可均曰：按當云「宫割之屬三百」。大辟。嚴可均曰：按當云「大辟之屬二百」也。穿窬盜竊者劓，《釋文》云：「與《周禮》注不同。」嚴可均曰：按「劓」當作「墨」。劫賊傷人者墨，《釋文》云：「義與《周禮》注不同。」嚴可均曰：按「墨」當作「劓」。男女不以禮交者宫割，壞人垣牆、開人關闔者臏，《釋文》云：「與《周禮》並同微異。」嚴可均曰：按「男女」至「宫割」九字，當在「臏」字之下。《周禮・司刑》二千五百罪，以墨、劓、宫、刖、殺爲次弟。《吕刑》以墨、劓、剕、宫、大辟爲次弟。刖、剕，即臏也。此經言「五刑之屬三千」，明依《吕刑》。《治要》載鄭注次弟不誤。《釋文》改就《周禮》，非。手殺人者大辟。《釋文》云：「亦與《周禮》注不同。」嚴可均曰：按「周禮注」者，《司刑》注引《書傳》也。《書傳》是伏生今文説，鄭受古文，與伏生説不同。《司刑》注云：「其刑書則亡。」明所説目畧，衰周法家追定，周初未必有之。鄭亦據法家爲説，各有所本，不必强同。而鄭意又有可推得者。唐、虞象刑，《吕刑》用罰爲刑，法家之説，雖無害於經，究未足以説經，故注《吕刑》無此目畧。陸爲先陸所誤，抉擇異同，實爲隔硋。或難曰：《書》鄭本亡，何以知《吕刑》注無此目畧。答曰：陸稱與《周禮》注不同，不稱與《書》注不同，足以明之。

疏曰：鄭注云「墨、劓、臏、宫割、大辟也」者，《白虎通·五刑》篇曰：「墨者，墨其額也。劓者，劓其鼻也。臏小字本作「臏」。者，脱其臏也。宫者，女子淫，執置宫中，不得出也；割者，加二字，從王引之説。丈夫淫，割去其勢也。大辟者，謂死也。」錫瑞案：鄭君此注，引今文《尚書·甫刑》篇文。「穿窬盜竊」罪輕，「刼賊傷人」罪重，刑法墨輕劓重，嚴氏謂「劓」當作「墨」，「墨」當作「劓」，是也。古文《尚書》「劓、刖、椓、黥」，刖俗譌刵，從王引之説改正。《説文》引《周書》作「刖、劓、斀、黥」。夏侯等《書》作「臏、宫割、劓、俗譌「臏、宫、劓、割」，從王引之説改正。頭庶剠」，是古文作「刖」，今文作「臏」之明證。《漢書·刑法志》、《白虎通·五刑》篇皆從今文作「臏」。鄭注《周禮·司刑》云「臏辟」，不云「刖辟」，亦從今文《尚書》也。《孝經》本今文説引《甫刑》，不作《吕刑》，是其證。緯書多同今文，鄭注《孝經》如社稷、明堂大典禮，皆從《孝經緯》文，是鄭君用今文説作注。此注云「臏、宫割」，與夏侯等《書》作「臏、宫割」正合，則此注乃用今《尚書·甫刑》篇無疑。鄭注古《周禮》猶引用伏生《大傳》，豈有注今《孝經》反用古文《尚書》者哉？鄭用今文《尚書》，而此注與伏生《大傳》不盡同者，蓋鄭别有所本，疑即本《漢律》文：「漢興。高祖入關，約法三章，曰：殺人者死，傷人及盜抵罪。」鄭云「手殺人者大辟」，即「殺人者死」也；「刼賊傷人」與「穿窬盜竊」，即「傷人及盜」也。「刼賊傷人者劓」，與《伏傳》「姦軌盜攘傷人者，其刑劓」合，但少「觸易君命，革輿服制度」二語。「男女不以禮交者宫割」，與《伏傳》同。「壞人垣牆、開人關闔者臏」，亦與《伏傳》「決關梁、踰城郭而畧盜者，其刑臏」相近。惟《伏傳》云：「非事而事之，出入不以道義而誦不詳之辭者，其刑墨。降畔寇賊，刼畧奪攘撟虔者，其刑死。」此注不盡用其義耳，並未嘗截然不合也。《伏傳》五刑之目，或出古法家言。蕭何攈秦法，作律九章，不必盡與之合。故鄭君此注，與《周禮》注又有異同。鄭注《禮》箋《詩》，前後不同者甚多，不當以此致疑。陸氏疑其與《周禮》注不同，固屬一孔之見；嚴氏不考今古文異同之義，乃云鄭用古文，亦未免强作解事。鄭注《周禮》云：「此二千五百罪之目畧也，其刑書則亡。」謂刑書亡，而二千五百之條所以用刑者不可盡知，故僅存此二千五百之目畧，非謂並此五刑之目畧亦不可知。故鄭君不敢以此注《尚書》也。嚴説殊誤。《周禮》疏引《孝經緯》云：「上罪墨蒙，赭衣雜屨，中罪赭衣雜屨，下罪雜屨而已。」此緯説解《五刑》篇之文，與伏生《大傳》「上刑赭衣不純，中刑雜屨，下刑墨蒙」畧同，是《孝經緯》用今文説之證也。

而罪莫大於不孝。要君者無上，【注】事君，先事而後食禄。今反要之，此無尊上之道。《治要》。非聖人者無法，【注】非侮聖人者，不可法。《治要》。非孝者無親，【注】已不自孝，又非他人爲孝，嚴可均曰：《釋文》作「人行者」，一本作「非孝行」；合二本訂之，或此當云「又非他人行孝者」。不可親。《治要》。此大亂之道也。【注】事君不忠，侮聖人言，非孝者，大亂之道也。《治要》。

疏曰：「罪莫大於不孝」，鄭無明文。據《周禮・掌戮》：「凡殺其親者，焚之。」鄭注：「焚，燒也。《易》曰：『焚如，死如，棄如。』」疏引鄭《易》注曰：「《震》爲長子，爻失正，不知其所如。不孝之罪，五刑莫大焉，得用議貴之辟刑之，若如所犯之罪。焚如，殺其親之刑。死如，殺人之刑也。棄如，流宥之刑也。」又《周禮・大司徒》：「以鄉八刑糾萬民，一曰不孝之刑。」疏：「云『一曰不孝之刑』者，有不孝於父母者，則刑之。《孝經》不孝不在三千者，深塞逆源，此乃禮之通教。」賈公彦以爲不孝在三千條外，當據鄭注《孝經》文。五刑三千，極重者不過大辟，鄭云「死如，殺人之刑」，與此注云「手殺人者大辟」正合。若「焚如」之刑更重於「大辟」，當在三千條外，是「殺其親」者不在五刑三千中矣。邢疏云：「舊注説及謝安、袁宏、王獻之、殷仲文等，皆以不孝之罪，聖人惡之，云在三千條外。此失經之意也。案上章云『三者不除，雖日用三牲之養，猶爲不孝』，此承上『不孝』之後，而云三千之罪『莫大於不孝』，是因其事而便言之，本無在外之意。案《檀弓》云：『子弑父，凡在宫者，殺無赦。殺其人，壞其室，洿其宫而豬焉。』既云『學斷斯獄』，則明有條可斷也。」邢引舊説，未知即鄭義否。而據鄭義，不當如邢氏所云也。注云「事君，先事而後食禄。今反要之，此無尊上之道」者，《表記》：「子曰：事君三違而不出竟，則利禄也；人雖曰『不要』，吾弗信也。」鄭注：「違，猶去也。利禄，言爲貪禄留也。臣以道去君，至於三而不遂去，是貪祿，必以其强與君要也。」注義與《禮》注畧同。云「非侮聖人者，不可法」者，《論語》「侮聖人之言」注：「不可小知故侮之。」疏：「『侮聖人之言』者，侮謂輕慢，聖人之言不可小知，故小人輕慢之而不行也。」云「己不自孝，又非他人爲孝，不可親」者，《詩·既醉》：「孝子不匱，永錫爾類。」箋云：「永，長也。孝子之行，非有竭極之時，長以與女之族類，謂廣之以教道天下也。《春秋傳》曰：『潁考叔純孝也，施及莊公。』」據此則能自孝者，必教他人爲孝；而不自孝者，反非他人爲孝，與潁考叔正相反矣。《吕覽》引《商書》曰：「刑三百，罪莫大於不孝。」「三百」，疑「三千」之誤。《風俗通》曰：「又有不孝之罪，並編十惡之條。」《公羊·文十六年傳》解詁曰：「無尊上，非聖人，不孝者，斬首梟之。」

廣要道章第十二

子曰：教民親愛莫善於孝，教民禮順莫善於悌，【注】人行之次也。《釋文》。移風易俗莫善於樂，【注】夫樂者，感人情者也。「者也」二字，依《釋文》加。樂正則心正，樂淫則心淫也。《治要》。惡鄭聲之亂雅樂也。《釋文》。上闕。安上治民莫善於禮。【注】上好禮，則民易使也。《治要》、《釋文》。

疏曰：鄭注云「人行之次也」者，《大戴禮·衛將軍文子》篇：「孔子曰：『孝，德之始也。弟，德之序也。』」「次」與「序」義近，孝爲德之始，而悌之德次於孝。《孝經》本言孝，而次即言悌，故曰「人行之次也」。云「夫樂者，感人情者也。樂正則心正，樂淫則心淫也」者，《樂記》：「樂者，音之所由生也，其本在人心之感於物也。是故其哀心感者，其聲噍以殺；其樂心感者，其聲嘽以緩；其喜心感者，其聲發以散；其怒心感者，其聲粗以厲；其敬心感者，其聲直以廉；其愛心感者，其聲和以柔。六者非性也，感於物而後動。」又曰：「樂也者，聖人之所樂也，而可以善民心。其感人深，其移風易俗，故先王著其教焉。夫民有血氣心知之性，而無哀樂喜怒之常，應感起物而動，然後心術形焉。是故志微、噍殺之音作而民思憂，嘽諧慢易繁文簡節之音作而民康樂，粗厲猛起奮末廣賁之音作而民剛毅，廉直勁正莊誠之音作而民肅敬，寬裕肉好順成和動之音作而民慈愛，流辟邪散狄成滌濫之音作而民淫亂。」皆與鄭義相發明。云「惡鄭聲之亂雅樂也」者，用《論語》文。「鄭聲」，古説有二。《樂記》疏引《異義》「今《論語》説鄭國之爲俗，有溱、洧之水，男女聚會，謳歌相感，故云鄭聲淫。《左氏》説煩手淫聲謂之鄭聲者，言煩手躑躅之聲，使淫過矣。許君謹案：《鄭詩》二十一篇，説婦人者十九，故鄭聲淫也」。疏云：「鄭駁無從許義。」案鄭云樂淫心淫，又引以爲移風易俗之證，當同許義，以「鄭」爲鄭國也。《白帖》引《通義》云：「鄭國有溱、洧之水，會聚謳歌相感。今《鄭詩》二十一篇，説婦人者十九，故鄭聲淫也。」又云：「鄭重之音使人淫故也。」《白虎通・禮樂》篇云：「孔子曰：『鄭聲淫何？鄭國土地民人，山居谷浴，男女錯雜，爲鄭聲以相誘悦懌，故邪僻，聲皆淫色之聲也。』」是劉子政、班孟堅皆主鄭國之説，故鄭君亦主之。云「上好禮則民易使也」者，《論語》文。《曲禮》曰：「君臣、上下、父子、兄弟，非禮不定。班朝治軍，涖官行法，非禮威嚴不行。」故「安上治民莫善於禮」矣。《風俗通》序引《孝經》「移風易俗」二句，《續漢書》、蔡邕《禮樂志》亦引之。《漢書・禮樂志》、《白虎通・禮樂》篇、《吕氏春秋・仲春紀》高注、徐幹《中論・蓺紀》皆引「安上治民莫善於禮，移風易俗莫善於樂」，禮在樂上，與經文異。惟劉向《説苑・修文》引孔子曰「移風易俗」四句，與經同。《漢志》與《王吉傳》皆引「安上治民」二句。

禮者，敬而已矣。【注】敬者，禮之本，有何加焉？《治要》。故敬其父則子説，《治要》作「悦」，今依《釋文》。下皆同。敬其兄則弟説，敬其君則臣説。敬一人而千萬人説，【注】盡禮以事。《釋文》。語未竟。所敬者寡而所説者衆，【注】所敬一人是其少，千萬人説是其衆。《治要》。此之謂要道也。【注】孝弟以教之，禮樂以化之，此謂要道也。《治要》。

疏曰：鄭注云「敬者，禮之本」者，《曲禮》曰：「毋不敬。」鄭注：「禮主於敬。」疏曰：「《孝經》云：『禮者，敬而已矣。』」是也。鄭《目録》云：「《曲禮》之中，體含五禮。今云❶『《曲禮》曰：毋不敬』，則五禮皆須敬，故鄭云

❶「今」，原作「皆」，今據《禮記・曲禮》正義改。

『禮主於敬』。然五禮皆以拜爲敬禮，則祭極敬、主人拜尸之類，是吉禮須敬也。拜而後稽顙之類，是凶禮須敬也。主人拜迎賓之類，是賓禮須敬也。軍中之拜肅拜之類，是軍禮須敬也。冠昏飲酒，皆有賓主拜答之類，是嘉禮須敬也。兵車不式，乘玉路不式，鄭云『大事不崇曲敬』者，謂敬天神及軍之大事，故不崇曲小之敬。熊氏以爲唯此不敬者，恐義不然也。」鄭云「盡禮以事」，文不完。當即下章注云「父事三老」、「兄事五更」、「郊則君事天，廟則君事尸」之禮，蓋言天子敬人之父、敬人之兄、敬人之君，惟此等禮有之。《至德》、《要道》兩章，義本相通也。云「所敬一人是其少，千萬人説是其衆」者，承上文「敬一人而千萬人説」而言，鄭意蓋屬泛論。舊注依《孔傳》云：「『一人』謂父、兄、君，『千萬人』謂子、弟、臣。」鄭意似不然也。云「孝弟以教之，禮樂以化之，此謂要道也」者，鄭以「要道」屬禮樂。此章主「廣要道」，鄭必兼言孝弟者，以二章義相通，經言敬父敬兄，仍是孝弟中事故也。

廣至德章第十二❶

子曰：君子之教以孝也，非家至而日見之也。【注】言教此二字依明皇注加。正義云：此依鄭注也。非門到户至而日見而語此二字依明皇注加。正義云：此依鄭注也。《釋文》有「語之」二字。之也，《文選》庾亮《讓中書令表》注，又任昉《齊景陵王行狀》注。但行孝於內、流化於外也。《治要》。

疏曰：鄭注以「門到户至」解「家至」，以「日見而語」解「日見」，所以補明經義。《鄉飲酒義》曰：「君子之所謂孝者，非家至而日見之也。」《漢書·匡衡傳》云：「教化之流，非家至而人説之也。」與此經意同。云「但行孝於內，流化於外也」者，邢疏云：「《祭義》所謂『孝悌發諸朝廷，行乎道路，至乎閭巷』，是『流於外』。」又云：「《祭義》曰：『祀乎明堂，所以教諸侯之孝也。食三老、五更於太學，所以教諸侯之悌也。』此即所謂『發諸朝廷，至乎州里』是也。」

教以孝，所以敬天下之爲人父者也。【注】天子父事三老，所以敬天下老也。《治要》。教以悌，所以敬天下之爲人兄者也。【注】天子兄事五

❶「二」，當作「三」。

更，所以教天下悌也。《治要》。**教以臣，所以敬天下之爲人君者也。**【注】天子郊則君事天，廟則君事尸，所以教天下臣。《治要》。

疏曰：鄭注云「天子父事三老，所以敬天下老也。天子兄事五更，所以教天下悌也」者，《援神契》曰：「天子親臨雍，袒割，尊事三老，兄事五更。三者，道成於三。五者，訓於五品，言其能善教己也。三老、五更，皆取有妻，男女完具者。尊三老者，父象也。謁者奉几，安車輭輪，供綏執授事。❶五更，寵以度，接禮交容，謙恭順貌。王於養老燕之末，命諸侯。諸侯歸，各帥於國，大夫勤於朝，州里𩞄於邑。」此《孝經緯》説事三老、五更，教孝悌之義也。《樂記》：「食三老、五更於大學，天子袒而割牲，執醬而饋，執爵而酳，冕而總干，所以教諸侯之弟也。」《文王世子》曰：「遂設三老、五更、羣老之席位焉。」《白虎通·鄉射》篇曰：「王者父事三老、兄事五更者何？欲陳孝弟之德以示天下也。」下引《援神契》文。《公羊·桓四年傳》解詁曰：「是以王者父事三老，兄事五更，食之於辟雍，天子親袒割牲，執醬而饋，執爵而酳，冕而總干，率民之至。」意亦畧同。鄭注《文王世子》云：「天子以三老、五更，父兄養之，示天下以孝弟也。」又引《援神契》文爲教天下之事，是鄭解《孝經》用《援神契》之證。邢疏乃曰：「舊注用應劭《漢官儀》，云『天子無父，父事三老，兄事五更』，乃以事父、事兄爲教孝悌之禮。案禮，教敬自有明文，假令天子事三老蓋同庶人『倍年以長』之敬，本非教孝子之事，今所不取也。」邢氏蓋泥於《祭義》「教弟」之文，以爲事三老亦是教弟，無關教孝。案《祭義》疏曰：「《孝經》『雖天子必有父』也，注：『謂養老也。』父，謂君老也。」此非《廣至德章》注，然義正可相足。臧氏云：君老，三老之謂。此食三老而屬弟者，以上文祀文王於明堂爲孝，故以食三老、五更爲弟，文有所對也。」然則《祭義》之文，不必泥邢氏所疑，孔疏早已解之。《援神契》、《白虎通》皆曰：「尊三老者，父象也。」《白虎通》又曰：「既以父事，父一而已。」譙周《五經然否論》曰：「漢中興，定禮儀，羣臣欲令三老答拜。城門校尉董鈞駁曰：『養三老，所以教事父之道；若答拜，是使天下答子拜也。』詔從鈞議。」是古説皆謂父事三老以教孝，非但同「倍年以長」之敬。明皇注於鄭引

❶「授」，原無，今據《續漢志》注引《援神契》補。

古禮以解經者，皆刊落之，專以空言解經，實爲宋、明以來作俑。邢疏依阿唐注，排斥古義，是其蔽也。注云「天子郊則君事天，廟則君事尸，所以教天下臣」者，《御覽》引《中候・運衡》篇曰：❶「帝堯刻璧，率羣臣東沈於洛。」《書》曰：「天子臣放勳德薄，施行不元。」鄭注：「元，善也。」《白虎通・號》篇亦引《中候》曰：天子臣放勳」。《曲禮》云：「君前臣名。」據《中候》言，堯告天稱臣稱名，是天子君事天之證。然則郊天之禮，亦必自稱臣而君事天矣。《祭統》曰：「君迎牲而不迎尸，別嫌也。尸在廟門外則疑於臣，在廟中則全於君。君在廟門外則疑於君，入廟門則全於臣、全於子。是故不出者，明君臣之義也。」鄭注：「不迎尸者，欲全其尊也。尸，神象也。鬼神之尊在廟中，人君之尊出廟門則伸。」又云：「天子、諸侯之祭，朝事延尸於户外，是以有北面事尸之禮。」案天子無臣人之事，鄭引事天、事尸解之最塙。劉炫引《禮運》曰「故先王患禮之不達於下也，故祭帝於郊」，謂郊祭之禮，册祝稱臣，正本鄭義。邢氏引《祭義》「朝覲所以教諸侯之臣也」以解注，其説殊疏。《禮記》疏引《鉤命決》曰：「暫所不臣者，謂師也，三老也，五更也，祭尸也，大將軍也。此五者，天子、諸侯同也。」鄭以三老、五更、祭尸並舉，正用《鉤命決》之義。《曾子本孝》：「任善不敢臣三德。」盧注：「謂王者之孝。三德，三老也。」《白虎通》曰：「不臣三老，崇孝。」

《詩》云：「愷悌君子，民之父母。」【注】以上三者教於天下，真民之父母。《治要》。**非至德，其孰能順民如此其大者乎！**【注】至德之君，能行此三者，教於天下也。《治要》。

疏曰：鄭注云「以此三者教於天下」，又云「至德之君，能行此三者，教於天下也」者，承上教孝、教悌、教臣而言，申明孝弟爲至德之義。邢疏云：「按《禮記・表記》稱：『子言之：君子所謂仁者，其難乎？《詩》云：愷悌君子，民之父母。愷以强教之，悌以説安之；使民有父之尊，有母之親，如此而後可以爲民父母矣。非至德，其孰能如此乎！』此章於『孰能』下加『順民』，『如此』下加『其大者』，與《表記》爲異，其大意不殊。而皇侃以爲并結《要道》、《至德》兩章，或失經旨也。劉炫以爲《詩》

❶「衡」，原作「期」，今據《御覽》卷八十引《中候・運衡》篇改。

美民之父母，證君之行教，未證至德之大，故於《詩》下別起歎辭，所以異於餘章，頗近之矣。」案鄭以三者爲至德，則此文非并結兩章，當如劉説，不當如皇説。

廣揚名章第十四

子曰：君子之事親孝故忠，可移於君；【注】以孝事君則忠。明皇注。正義云：此依鄭注也。欲求忠臣，出孝子之門，故可移於君。《治要》。事兄悌故順，可移於長；【注】以敬事兄則順，故可移於長也。《治要》。居家理故治，可移於官。【注】君子所居則化，所在則治，故可移於官也。《治要》。是以行成於內，而名立於後世矣。【注】修上三德於內，名自傳於後世。明皇注。正義云：此依鄭注也。「世」字，明皇注作「代」，避諱，今改復。

疏曰：明皇此章注用鄭義。邢疏曰：「此夫子廣述揚名之義。言君子之事親能孝者，故資孝爲忠，可移孝行以事君也。事兄能悌者，❶故資悌爲順，可移悌行以事長也。居家能理者，故資治爲政，可移於績以施於官也。是以君子居能以此善行成之於內，則令名立於身沒之後也。」又解注曰：「『三德』，則上章云移孝以事於君、移悌以事於長、移理以施於官也，言此三德不失，則其令名常自傳於後世。經云『立』而注爲『傳』者，『立』謂常有之名，『傳』謂不絶之稱。但能不絶，即是常有之行，故以『傳』釋『立』也。」錫瑞案：此章文義易解，邢疏解經、注亦明，然其中有可疑者。邢氏云：「先儒以爲『居家理』下闕一『故』字，御注加之。」是唐以前古本無此「故」字矣。而《釋文》云：「讀『居家理故治』絶句。」陸氏在明皇之前，何以其所據本已有「故」字，與邢氏説不合？且鄭引《士章》「以孝事君則忠，以敬事長則順」解此經文，下云「故可移於君」、「故可移於長也」，則鄭君讀此經當以「君子之事親孝故忠，句。可移於君。句。事兄悌故順，句。可移於長句。」，下二句準此。俗讀以「孝」字、「悌」字、「理」字絶句，非是。陸氏據鄭注本作《釋文》，乃不於前四句發明句讀，云當讀從「忠」字、「順」字絶句，而發之於後，獨繫於「居家理故治」之下。

❶「兄」，原作「父」，今據《孝經注疏》疏文改。

豈謂惟此句當從「治」字絶句，上二句不當從「忠」字、「順」字絶句乎？疑此當如邢氏之説，古本無此「故」字。《釋文》亦本無之，當作「居家理治」。陸氏見此句少一「故」字，與上二句文法有異，恐人讀此有誤，故特發明句讀。鄭注云：「君子所居則化，所在則治。」理、治是一事，不分兩項，與上孝忠、悌順當分兩項者不同，中間本不必用「故」字。古人文法非必一律。明皇見此句少一「故」字，乃以意增足之，與經旨、鄭意皆不相符。後人又因明皇之注，於《釋文》「讀『居家理治』絶句」亦加一「故」字。其齟齬不合之處尚可考見，鄭意亦可推而得矣。《曾子立孝》：「是故未有君而忠臣可知者，孝子之謂也；未有長而順下可知者，弟弟之謂也；未有治而能仕可知者，先脩之謂也。」與此經相發明。

諫争章第十五

曾子曰：若夫慈愛、恭敬、安親、揚名，則聞命矣。敢問子從父之令，可謂孝乎？子曰：是何言與？是何言與！【注】孔子欲見諫争之端。《釋文》。

疏曰：此章首數句義，鄭注不傳。邢疏云：「或曰：慈者，接下之别名；愛者，奉上之通稱。劉炫引《禮記·内則》説『子事父母，慈以旨甘』，《喪服四制》云『高宗慈良於喪』，《莊子》曰『事親則孝慈』，此並施於事上。夫愛出於内，慈爲愛體；敬生於心，恭爲敬貌。此經悉陳事親之迹，寧有接下之文？夫子據心而爲言，所以唯稱愛敬。曾參體貌而兼取，所以并舉慈恭。如劉炫此言，則知慈是愛親也，恭是敬親也。『安親』則上章云『故生則親安之』，『揚名』即上章云『揚名於後世』矣。」案此説甚諦，可補鄭義。鄭注云「孔子欲見諫争之端」者，鄭意以孔子此言非斥曾子，欲發子當諫争之端耳。

昔者，天子有争臣七人，雖無道不失其天下。《釋文》無「其」字，云「本或作『不失其天下』」。『其』，衍字耳」。嚴可均曰：按今世行本，自開成石經以下皆有「其」字，唯石臺本無。葉德輝曰：唐武后《臣軌·匡諫章》引《孝經》曰「天子有諍臣七人，雖無道，不失天下」，亦無「其」字。又「争」作「諍」，據下引「諍於父」、「諍於君」，是鄭本作「諍」，其無「其」字者即鄭注本也。錫瑞案：《白虎通》、《家語》引經亦作「諍」。【注】七人者，謂太師、太保、太傅、嚴可均曰：按《後漢・劉瑜傳》注作「謂三公」，約文也。左輔右弼、前後疑丞，維持王者，使不危殆。《治要》。

疏曰：鄭注云「七人者，謂太師、太保、太傅、左輔右弼、前後疑丞，維持王者，使不危殆」者，邢疏云：「孔、鄭二注及先儒所傳，並引《禮記・文王世子》以解七人之義。❶按《文王世子》：『《記》曰：虞、夏、商、周有師保，有疑丞。設四輔及三公，不必備，惟其人。』又《尚書大傳》曰：『古者天子必有四鄰，前曰疑，後曰丞，左曰輔，右曰弼。天子有問，無以對，責之疑；可志而不志，責之丞；可正而不正，責之輔；可揚而不揚，責之弼。其爵視卿，其祿視次國之君。』《大傳》『四鄰』則《記》之『四輔』，兼三公，以充七人之數。」案鄭以三公四輔爲七人，古義如是。《白虎通・諫諍》篇引此經「天子有諍臣七人」至「則身不陷於不義」，云：「天子置左輔右弼、前疑後丞。左輔主修政，刺不法；右弼主糾害，言失傾。前疑主糾度，定德經；後丞主匡正常，考變失。四弼興道，率主行仁。夫陽變於七，以三成。故建三公，序四諍，列七人。雖無道不失天下，杖羣賢也。」與鄭注合。王肅注《家語》云：「天子有三公四輔，主諫諍，以救其過失也。」亦同鄭義。《荀子・臣道》篇、《賈子・保傅》篇、《大戴・保傅》篇、《説苑・臣術》篇，皆列「四輔」之文，但有小異。《列子》、《莊子》皆有「舜問乎丞」之語，「丞」即四輔之一。《漢書・霍光傳》、《王嘉傳》皆引此經。

諸侯有争臣五人，雖無道不失其國。大夫有争臣三人，雖無道不失其家。【注】尊卑輔善，未聞其官。《治要》。士有争友，則身不離於令名。【注】令，善也。士卑無臣，故以賢友助己。《治要》。父有争子，則身不陷於不義。【注】父失則諫，故免陷於不義。明皇注。正義云：此依鄭注也。

疏曰：鄭注云「尊卑輔善，未聞其官」者，邢疏云：「諸侯五者，孔傳指天子所命之孤及三卿與上大夫，王肅指三卿、内史、外史，以充五人之數。大夫三者，孔傳指家

❶「義」，原作「數」，今據《孝經注疏》疏文改。

相、室老、側室，以充三人之數，王肅無側室而謂邑宰。斯並以意解説，恐非經義。劉炫云：『案下文云「子不可以不争於父，臣不可以不争於君」，則爲子、爲臣，皆當諫争，豈獨大臣當争、小臣不争乎？豈獨長子當争其父、衆子不争者乎？若父有十子皆得諫争，王有百辟惟許七人，是天子之佐乃少於匹夫也。又案：《洛誥》云成王謂周公曰：「誕保文武受民，亂爲四輔。」《冏命》穆王命伯冏：「惟予一人無良，實賴左右前後有位之士匡其不及。」據此而言，則「左右前後」、「四輔」之謂也。疑、丞、輔、弼，當指於諸臣，非是別立官也。』謹案：《周禮》不列疑、丞，《周官》歷敘羣司，《顧命》總名卿士，《左傳》云『龍師』、『鳥紀』，《曲禮》云『五官』、『六太』，無言疑、丞、輔、弼專掌諫争者。若使爵視於卿，禄比次國，《周禮》何以不載？經傳何以無文？且伏生《大傳》以『四輔』解爲『四鄰』，孔注《尚書》以『四鄰』爲前後左右之臣，而不爲疑、丞、輔、弼，安得又采其説也？《左傳》稱『昔周辛甲之爲太史也，命百官官箴王闕』，師曠説匡諫之事『史爲書，瞽爲詩，工誦、箴諫，大夫規誨，士傳言，官師相規，工執藝事以諫』，此則凡在人臣，皆合諫也。夫子言天子有天下之廣，七人則足，以見諫争功之大，故舉少以言之也。然父有争子，士有争友，雖無定數，要一人爲率。自下而上，稍增二人；則從上而下，當如禮之降殺，故舉七、五、三人也。劉炫之讜義雜合通途，何者？傳載忠言比於藥石，逆耳苦口，隨要而施。若指不備之員以匡無道之主，欲求不失，其可得乎？先儒所論，今不取也。」錫瑞案：鄭云「未聞其官」，則孔、王之説皆所不用。蓋天子「三公四輔」明見經傳，「諸侯大夫」無文，可知鄭君不以意説，足見矜慎。若劉炫並不信「四輔」之説，又不考經傳，專據僞古文《尚書》、僞《孔傳》之文，苟異先儒，大可嗤笑。夫論人臣進言之義，人人皆當諫争；而論人君設官之義，諫争必有專責。後世廷臣皆可進諫，又必專設諫官，即是此意。七人爲「三公四輔」，舉其重者而言，豈謂天子之朝，惟此七人可以進諫，其餘皆同立仗馬乎？劉氏不知此義，乃以人數多少屑屑計較，謂不獨長子當争其父，父有十子，是天子之佐少於匹夫；又謂父有争子，雖無定數，要一人爲率。前後矛盾，甚不可通。且如其言，則不但先儒注解爲非，即夫子所言已屬不當矣。凡妄詆古注，其弊必至疑經。邢氏稱爲「讜義」，殊爲無識。注又云「令，善也。士卑無臣，故以賢友助己」

者，鄭注《儀禮・喪服》亦云：「士卑無臣。」又注《周禮・司裘》云：「士不大射，士無臣，祭無所擇。」疏引《孝經》云：「天子、諸侯、大夫皆言争臣，士則言争友，是無臣也。」云「父失則諫，❶故免陷於不義」者，邢疏曰：「《内則》云：『父母有過，下氣怡色，柔聲以諫。諫若不入，起敬起孝，説則復諫。』《曲禮》曰：『子之事親也，三諫而不聽，則號泣而隨之。』言父有非，故須諫之以正道，庶免陷於不義也。」案《曾子本孝》篇曰：「君子之孝也，以正致諫。」又曰：「故孝子之於親也，生則以義輔之。」《立孝》篇曰：「微諫不倦，聽從不怠，懽欣忠信，咎故不生，可謂孝矣。」《大孝》篇曰：「君子之所謂孝者，先意承志，諭父母以道。」又曰：「父母有過，諫而不逆。」《事父母》篇曰：「父母之行，若中道則從，若不中道則諫。從而不諫，非孝也；諫而不從，亦非孝也。」此曾子用《孝經》之義言争子之道也。《白虎通・三綱六紀》篇引《孝經》曰：「父有争子，則身不陷於不義。」《荀子・子道》篇：「魯哀公問於孔子曰：子從父命，孝乎？臣從君命，貞乎？三問孔子不對。孔子趨出，以語子貢曰：鄉者君問丘也曰：子從父命，孝乎？臣從君命，貞乎？三問而丘不對。賜以爲何如？子貢曰：子從父命，孝矣；臣從君命，貞矣。夫子有奚對焉？孔子曰：小人哉！賜不識也。昔萬乘之國有争臣四人，則封疆不削；千乘之國有争臣三人，則社稷不危；百乘之家有争臣二人，則宗廟不毁；父有争子，不行無禮；士有争友，不爲不義。故子從父，奚子孝？臣從君，奚臣貞？審其所以從之之謂孝，之謂貞也。」荀子所言，與此經義同而文畧異。《家語・三恕》則竊取《孝經》也。

故當不義，則子不可以不争於父，臣不可以不争於君。【注】君、父有不義，臣、子不諫諍，則亡國破家之道也。武后《臣軌・匡諫章》引「鄭玄曰」，又引經作「諍」。**故當不義則争之，從父之令，又焉得爲孝乎？**【注】委曲從父母，善亦從善，惡亦從惡，而心有隱，豈得爲孝乎？《治要》。《臣軌・匡諫章》引：「鄭玄曰：『委曲從父母之令，善只爲善，惡只爲惡，又焉得爲孝子也乎？』」

疏曰：鄭注云「君、父有不義，臣、子不諫諍，則亡國破

❶「父」，原作「義」，今據鄭注改。

家之道也」者，《孟子》曰：「入則無法家拂士，出則無敵國外患者，國恒亡。」《内則》曰：「與其得罪於鄉黨州閭，寧熟諫。」是不諫諍則亡國破家之道也。云「委曲從父母，善亦從善，惡亦從惡，而心有隱，豈得爲孝乎」者，《檀弓》「事親有隱而無犯」鄭注：「隱，謂不稱揚其過失也。無犯，不犯顔而諫。《論語》曰：『事父母，幾諫。』」疏曰：「據親有尋常之過，故無犯。若有大惡，亦當犯顔，故《孝經》曰『父有争子，則身不陷於不義』是也。《論語》曰『事父母，幾諫』，是尋常之諫也。」孔疏分别甚晰。則此注云「有隱」與《檀弓》所云「有隱」，似同而實異也。鄭注《内則》云：「子從父之令，不可謂孝也。」正用此經義。

感應章第十六

子曰：昔者，明王事父孝，故事天明；【注】盡孝於父，則事天明。《治要》。事母孝，故事地察。【注】盡孝於母，能事地察其高下，視其分理也。《治要》「理」作「察」，依《釋文》改。長幼順，故上下治。【注】卑事於尊，幼事於長，故上下治。《治要》。天地明察，神明彰矣。【注】事天能明，事地能察，德合天地，可謂彰矣。《治要》。

疏曰：鄭注云「盡孝於父，則事天明。盡孝於母，能事地察其高下，視其分理也」者，鄭君注《庶人章》「因天之道，分地之利」曰：「順四時以奉事天道。分别五土，視其高下，此分地之利。」注《三才章》「則天之明，因地之利」曰：「視天四時無失其早晚也。因地高下所宜何等。」是鄭解《孝經》所云天地，皆以時行物生、山川高下爲言。此注云高下分理，正與《庶人》、《三才》兩章注義相合。則其解「事天明」亦必以四時爲訓，今所傳注文不完也。邢疏引《易·説卦》云「乾爲天爲父」，是事父之道通於天；「坤爲地爲母」，是事母之道通於地。又引《白虎通》云「王者父天母地」。説皆有據，而與鄭君之義未合。明皇注以「敬事宗廟」爲説，更非經旨。經於下文乃言宗廟，此「事父母」當指生者而言，不必是事死者也。云「卑事於尊，幼事於長」者，以經但言「長幼順」，未言「幼事長」之義，故以此文補明經旨。經言「長幼」者，爲下「言有兄也」及「孝悌之至」兼言悌而言也。云「德合天地，可謂彰矣」者，《易》曰：「夫大人者，與天地合其德。」《中庸》曰：「辟如天地之無不持載，無不覆幬。」此「德合天地」之義。鄭言「德合天地」則「神明彰」，《漢書・郊祀志》曰：「明王聖主，事天明，事地察。天地明察，神明章矣。天地以王者爲主，故聖王制祭天地之禮必於國郊。」亦以「神明彰」承「事天事地」言之，與鄭義合。不必如明皇注云「感至誠，降福佑」乃足爲「彰」也。《繁露・堯舜不擅移湯武不專殺》篇引❶「《孝經》之語曰：『事父孝，故事天明。』事天與父，同禮也」。

故雖天子，必有尊也，言有父也；【注】謂養老也。《禮記・祭義》正義。雖貴爲天子，必有所尊事之若父者，三老是也。《治要》、《禮記・祭義》正義、《北堂書鈔》原本八十三《養老》。**必有先也，言有兄也。**【注】必有所先事之若兄者，五更是也。《治要》。

疏曰：鄭注云「雖貴爲天子，必有所尊事之若父者，三老是也。必有所先事之若兄者，五更是也」者，《白虎通・鄉射》篇曰：「王者父事三老、兄事五更者何？欲陳孝弟之德以示天下也。故雖天子，必有尊也，言有父也；必有先也，言有兄也。」是古説以此經爲父事三老、兄事五更之義，鄭君之所本也。《祭義》曰：「至孝近乎王，雖天子必有父。至弟近乎霸，雖諸侯必有兄。」鄭注：「天子有所父事，諸侯有所兄事，謂若三老、五更也。」疏云：「天子、諸侯，俱有養老之禮，皆事三老、五更。故《文王世子》注：『三老如賓，五更如介。』但天子尊，故以父事屬之；諸侯卑，故以兄事屬之。」案天子、諸侯皆養老，故皆有父事、兄事之義，《禮記》析而舉之，此經專據天子言耳。《繁露・爲人者天》篇引「雖天子，必有尊也，教以孝也；必有先也，教以弟也」。

宗廟致敬，不忘親也，【注】設宗廟，四時齊戒以祭之，不忘其親。《治要》。**修身慎行，恐辱先也。**【注】修身者，不敢毁傷；慎行者，不歷危殆，常恐其辱先也。《治要》。**宗廟致敬，鬼神著矣。**【注】事生者易，事死者難，聖人慎之，故重其文也。《治要》。

❶「移」，原作「和」，今據《春秋繁露》改。

疏曰：鄭注云「設宗廟，四時齊戒以祭之，不忘其親」者，鄭君注《卿大夫章》云「宗，尊也。廟，貌也。親雖亡没，事之若生，爲作宗廟，四時祭之，若見鬼神之容貌」。又注《紀孝行章》云：「齊必變食，居必遷坐，敬忌踧踖，若親存也。」皆與此注互相發明。云「修身者，不敢毁傷；慎行者，不歷危殆，常恐其辱先也」者，「不敢毁傷」，見《開宗明義章》。《曲禮》曰：「爲人子者，不登高，不臨深；不苟訾，不苟笑。」鄭注：「爲其近危辱也。」又曰：「孝子不服闇，不登危，懼辱親也。」《祭義》曰：「壹舉足而不敢忘父母，是故道而不徑，舟而不游，不敢以先父母之遺體行殆。」又曰：「不辱其身，不羞其親，可謂孝矣。」此「不歷危殆」與「常恐辱先」之義也。云「事生者易，事死者難，聖人慎之，故重其文也」者，鄭意以爲上言「宗廟致敬」，此復言「宗廟致敬」，祗是一意，乃必重其文者，正以「事生者易，事死者難，聖人慎之」，故不惜丁寧反復以申明之。《孟子》曰：「養生者不足以當大事，惟送死可以當大事。」此事死難於事生之證也。邢疏云：「上言『宗廟致敬』，謂天子尊諸父，先諸兄，致敬祖考，不敢忘其親也。此言『宗廟致敬』，述天子致敬宗廟，能感鬼神。雖同稱致敬，而各有所屬也。舊注以爲『事生者易，事死者難，聖人慎之，故重其文』，今不取也。」邢所云「舊注」即鄭注。其所以不取鄭義者，由於解上文「天子必有尊也」四句不從鄭義，以爲「三老五更」乃解爲「尊諸父、先諸兄」即在宗廟之中。上言「宗廟致敬」，爲敬祖考之允；此言「宗廟致敬」，爲感鬼神之歆。其説非也。《吕氏春秋·孟秋紀》注引《孝經》曰：「四時祭祀，不忘親也。」高誘兼引下章「春秋祭祀」之義而約舉之。又《孝行覽》注引「修身慎行」二句。

孝悌之至，通於神明，光於《治要》作「于」，各本同。今依石臺本。四海，無所不通。【注】孝至於天則風雨時，孝至於地則萬物成，孝至於人則重譯來貢，故無所不通也。《治要》。《詩》云：「自西自東，自南自北，無思不服。」【注】義取孝道流行，莫不被義從化也。嚴可均曰：《治要》作「孝道流行，莫敢不服」，蓋有删改。今依明皇注，正義云：「此依鄭注也。」明皇作「莫不服」，今依《釋文》作「莫不被」。

疏曰：鄭注云「孝至於天則風雨時，孝至於地則萬物成」者，鄭君注《孝治章》「災害不生」曰：「風雨順時，百穀成孰。」此云「風雨時」、「萬物成」，以爲孝至天下之應，與《孝治章》注同。鄭解此經「天地」，多以四時百物言之，此釋經之通於神明也。云「孝至於人則重譯來貢」者，鄭君注《聖治章》「四海之內，各以其職來助祭」曰：「周公行孝於朝，越裳重譯來貢。」此與《聖治章》注同意，以釋經之「光於四海」也。《堯典》「光被四海」傳曰：「光，充也。」孔傳解「光」爲「充」，原本古義。「光被」，今文《尚書》作「横被」，見《漢書》王襃、王莽傳，《後漢書》馮異、張衡傳等處。光、横，古同聲通用，皆是「充廣」之義。《祭義》曰：「夫孝，置之而塞乎天地，溥之而横乎四海。」經云「通於神明」，鄭注解「神明」爲「天地」，即《祭義》之「塞乎天地」也。經云「光於四海」，即《祭義》之「横乎四海」也。經云「孝悌之至」，注專言孝，舉其重者耳。《尚書大傳・畧説》曰：「天子重鄉養，卜筮，巫醫御於前，祝咽、祝哽以食，乘車輲輪，胥與就膳徹，送至於家。君如欲有問，明日就其室，以珍從。而孝弟之義，達於四海。」《畧説》言達四海，承養老言之，與鄭説合。云「義取孝道流行，莫不被義從化也」者，鄭君箋《詩》云：「自，由也。武王於鎬京行辟雍之禮，自四方來觀者，皆感化其德心，無不歸服者。」疏曰：「既言辟雍，即言四方皆服，明由在辟雍行禮，見其行禮，感其德化，故無不歸服也。辟雍之禮，謂養老以教孝悌也。」案孔疏以《詩》言四方皆服，爲感辟雍養老教孝悌之德化，甚得詩旨，即可得《孝經》與注之旨。鄭君又箋《詩・泮水》云：「辟雍者，築土雝水之外圓如璧，四方來觀者均也。」蓋惟四方來觀者均，是以東西南北無不被義從化。《御覽》引《新論》曰：「王者作圓池如璧形，實水其中，以圜壅之，故曰辟雍。言其上承天地，以班政令，流轉王道，終而復始。」《白虎通・辟雍》篇曰：「辟者，璧也。象璧圓，以法天也。雍者，壅之以水，象教化流行也。」皆與鄭合。《續漢志》注引《月令》記曰：「水環四周，言王者動作法天地，德廣及四海，方此水也，名曰辟雍。」班固《東都賦》曰：「辟雍海流，道德之富。」是辟雍水環四面，兼取象於四海水流。《祭義》言：「夫孝，置之而塞乎天地，溥之而横乎四海。」即繼之曰：「推而放諸東海而準，推而放諸西海而準，推而放諸南海而準，推而放諸北海而準。」《曾子大孝》章文與《祭義》同，下引「《詩》云：『自西自東，自南自北，無思不服。』此之謂也」。是東西南北，可指東西南北四海而言。此經於「通於神明，光於四海」之下，亦即引此

《詩》以證。然則東西南北四方無不服，亦可云東西南北四海無不服矣。蔡邕《明堂月令論》曰：「取其堂，則曰明堂；取其四門之學，則曰太學；取其四面周水，圓如璧，則曰辟雍。《易傳·太初》篇曰：『太子旦入東學，晝入南學，莫入西學。當作「晡入西學，莫入北學」。在中央曰太學，天子之所自學也。』《禮記·保傅》篇曰：『帝入東學，上親而貴仁；入西學，上賢而貴德；入南學，上齒而貴信；入北學，上貴而尊爵；入太學，承師而問道。』與《易傳》同。魏文侯《孝經傳》曰：『太學者，中學，明堂之位也。』《禮記·古大明堂之禮》曰：『膳夫是相禮，日中，出南闈，見九侯門子。日側，出西闈，視五國之事。日闇，出北闈，視帝節猶。』《爾雅》曰：『宮中之門謂之闈。』王居明堂之禮，又別陰陽門：南門稱門，西門稱闈。故《周官》有門闈之學，師氏教以三德，守王門；保氏教以六藝，守王闈。然則師氏居東門、南門，保氏居西門、北門也。知掌教國子，與《易傳》、《保傅》『王居明堂之禮』參相發明，爲學四焉。《禮記》曰：『祀乎明堂，所以教諸侯之孝也。』《孝經》曰：『孝悌之至，通於神明，光於四海，無所不通。』《詩》云：自西自東，自南自北，無思不服。』言行孝者，則曰明堂；行悌者，則曰太學。故《孝經》合以爲一義，而稱『鎬京』之詩以明之。凡此，皆明堂、太室、辟雍、太學，事通文合之義也。」案古説以明堂、辟雍、太學爲一，見《聖治章》。蔡氏引此經以明之，與鄭君説少異。鄭以辟雍、太學爲一，不以辟雍、太學與明堂爲一。漢立明堂、辟雍、靈臺，分三處，謂之「三雍」。《後漢紀》注引《漢官儀》曰：「辟雍，去明堂三百步。」鄭君以漢制説古制，故疑不在一處。然按之經義，蔡説近是。《學記》曰：「家有塾。」《尚書大傳》曰：「距冬至四十五日始出學，傅農事。上老平明坐於右塾，庶老坐於左塾。」是古人教學在門堂之塾。明堂有四門，又有四學，四學即在四門之堂。《詩》云東西南北，可以四門、四學解之，即蔡氏所云東門、西門、南門、北門與東學、西學、南學、北學也。辟雍四面有水，取四方來觀者均。然則辟雍即成均與。惠棟《明堂大道録》云：「明堂四門之外有四學，總名曰辟雍。」《文王有聲》曰：『鎬京辟廱，自西自東，自南自北，無思不服。』此西東南北，即指四門。」惠氏引此《詩》以證明堂四門，其説明通，然未知四學在四門之塾，而以爲四門之外，義猶未塙。《聖治章》言嚴父配天之義，即引明堂配帝之文。明堂以祀天爲最重，故曰「明堂」，取神明之義。桓譚《新論》曰：「天稱明，故命曰明堂。」此經言「昔者明王事父孝，故事天明」，其義亦可通於明堂。以明堂與辟雍、太學爲一，其説信可據矣。

事君章第十七

子曰：君子之事上也，【注】上陳諫諍之義畢，欲見《釋文》。下闕。**進思盡忠，**【注】死君之難爲盡忠。《釋文》、《文選》曹子建《三良詩》注。**退思補過，**

疏曰：鄭注不全。其意蓋謂上章惟陳諫諍之義，未及盡言事君之道，故於此章見之也。「進思」二句注亦不全。邢疏曰：「按舊注，韋昭云：『退歸私室，則思補其身過。』以《禮記·少儀》曰：『朝廷曰退，燕遊曰歸。』《左傳》引《詩》曰：『退食自公。』杜預注：『臣自公門而退入私門，無不順禮。』室猶家也，謂退朝、理公事畢而還家之時，則當思慮以補身之過。故《國語》曰：『士朝而受業，晝而講貫，夕而習復，夜而計過，無憾而後即安。』言若有憾則不能安，是思自補也。按《左傳》晉荀林父爲楚所敗，歸請死於晉侯，晉侯許之。士渥濁諫曰：『林父之事君也，進思盡忠，退思補過。』晉侯赦之，使復其位。是其義也，文意正與此同。故注依此傳文而釋之。今云『君有過則思補益』，出制旨也。」據邢疏，則以「補過」屬君之過始於明皇之注。案《左傳》疏曰：『《孝經》有此二句。孔安國云：『進見於君，則必竭其忠貞之節，以圖國事，直道正辭，有犯無隱；退還所職，思其事宜獻可替否，以補王過。』此孔意進謂見君、退謂還私職也。」然則明皇之注本於《孔傳》，亦非意造，但不如舊注之安。鄭君注《聖治章》「進退可度」云：「難進而盡忠，易退而補過。」是鄭以補過爲補身過，與舊注同。云「死君之難爲盡忠」者，《公羊·莊二十六年傳》：「曷爲衆殺之？不死于曹君者也。」何氏《解詁》曰：「曹諸大夫與君皆敵戎戰，曹伯爲戎所殺。諸大夫不伏節死義，獨退求生，後嗣子立而誅之。《春秋》以爲得其罪，故衆畧之不名。」是《春秋》之義，臣當死君之難。《左氏傳》曰：「君爲社稷死，則死之。」其書殉君難者，皆以死之爲文。此死君難爲盡忠之義也。《白虎通·諫諍》篇引「事君進思盡忠，退思補過」，《史記·管晏列傳》亦引之。

將順其美，【注】善則稱君。《臣軌・公正章》注引「鄭玄曰」。匡救其惡，【注】過則稱己也。《臣軌・公正章》注引「鄭玄曰」。故上下能相親也。【注】君臣同心，故能相親。《治要》。《詩》云：「心乎愛矣，遐不謂矣。中心臧之，何日忘之！」嚴本作「藏」。錫瑞案：鄭君《詩》箋作「臧」字解，其所據本當作「臧」，今改正。

疏曰：鄭注云「善則稱君，過則稱己也」者，用《坊記》文。云「君臣同心，故能相親」者，《白虎通・諫諍》篇曰：「所以爲君隱惡何？君至尊，故設輔弼，置諫官，本不當有遺失。《論語》曰：『陳司敗問：昭公知禮乎？孔子曰：知禮。』此爲君隱也。故《孝經》曰：『將順其美，匡救其惡，故上下能相親也。』」《白虎通》引此經爲「爲君隱惡」之證，與鄭云「過則稱己」義合。《史記・管晏列傳》亦引之。此經引《詩》鄭注不傳。鄭箋《隰桑》詩云：「遐，遠。謂，勤。藏，善也。我心愛此君子，君子雖遠在野，豈能不勤思之乎？宜思之也。我心善此君子，又誠不能忘也。孔子曰：『愛之能勿勞乎？忠焉能勿誨乎？』」鄭訓「藏」爲「善」，是鄭所據本作「臧」，鄭本《孝經》亦當作「臧」不作「藏」也。鄭訓「謂」爲「勤」，本《釋詁》文。《詩・摽有梅》「迨其謂之」箋，亦訓爲「勤」。「勤」與「勞」義近，故引《論語》之文。愛勞、忠誨是一義，古義以爲人臣盡忠納誠。《白虎通・諫諍》篇曰：「臣所以有諫君之義何？盡忠納誠也。《論語》曰：『愛之能勿勞乎？忠焉能勿誨乎？』」下引《孝經・諫争章》文，蓋用《魯詩》之義。鄭云「上陳諫諍之義」，則此章本與《諫争章》相通，故引此《詩》以爲人臣愛君當諫之證。鄭君《詩》箋與《白虎通義》可互相證明也。

喪親章第十八

子曰：孝子之喪親也，【注】生事已畢，死事未見，故發此章。明皇注。正義云：此依鄭注也。俗本「章」字作「事」，誤。哭不偯，【注】氣竭而息，聲不委曲。明皇注。正義云：此依鄭注也。禮無容，言不文，【注】父母之喪，不爲趨翔，唯而不對也。《北堂書鈔》原本九十三《居喪》。陳本《書鈔》九十三引《孝經》鄭注云：「禮無容，觸地無容。言不文，不爲文飾。」與明皇注同。**服美不安，**【注】去文繡、衣衰服也。《釋文》。**聞樂不樂，**【注】悲哀在心，故不樂也。明皇注。正義云：此依鄭注也。**食旨不甘，**【注】不嘗鹹酸而食粥。《釋文》。**此哀感之情也。**

疏曰：《白虎通·喪服》篇曰：「生者哀痛之，亦稱喪。《孝經》曰：『孝子之喪親也。』是施生者也。」鄭注云「生事已畢，死事未見」者，邢疏云：「生事，謂上十七章。説生事之禮已畢，其死事經則未見，故又發此章以言也。」云「氣竭而息，聲不委曲」者，邢疏云：「《禮記·閒傳》曰：『斬衰之哭，若往而不反。齊衰之哭，若往而反。』此注據斬衰而言之，是氣竭而後止息。又曰：『大功之哭，三曲而偯。』鄭注云：『三曲，一舉聲而三折也。偯，聲餘從容也。』是『偯』爲『聲餘委曲』也。斬衰則不偯，故云『聲不委曲』也。」阮福曰：「更有《雜記》『童子哭不偯』，言童子不知禮節，但知遂聲直哭，不能知哭之當偯不當偯，故云哭不偯。正與此處經文『哭不偯』同。又云：『曾申問於曾子曰：哭父母有常聲乎？曰：中路嬰兒失其母焉，何常聲之有？』鄭注：『言其若小兒亡母號啼，安得常聲乎？所謂哭不偯。』以此二證推之，益可知孝子之哭親，悲痛急切之時，自是如童子嬰兒之哭不偯，不作委曲之聲。且可見曾子答曾申之言，實受之孔子，即《孝經》哭不偯之義也。《説文》云：㤖，痛聲也，从心，依聲。《孝經》曰：哭不㤖。此㤖字之義，與偯同。」云「父母之喪不爲趨翔唯而不對」者，《曲禮》曰：「帷薄之外不趨。」鄭注：「不見尊者行自由，不爲容也。入則容，行而張足曰趨。」又曰：「堂上不趨。」鄭注：「爲其迫也。堂下則趨。」又曰：「執玉不趨。」鄭注：「志重玉也。」又曰：「室中不翔。」鄭注：「又爲其迫也。行而張拱曰翔。」又曰：「父母有疾，行不翔。」鄭注：「憂不爲容也。」然則行而張足之趨、行而張拱之翔，皆所以爲容，不爲容則不趨翔。父母有疾，行不翔。父母之喪，不趨翔，更可知。《雜記》下曰：「三年之喪，言而不語，對而不問。」《閒傳》曰：「斬衰，唯而不對。」《喪服四制》曰：「三年之喪，君不言。《書》云『高宗諒闇，三年不言』，此之謂也。然而曰『言不文』者，謂臣下也。」鄭注：「『言不文』者，謂喪事辨不，所當共也。《孝經說》曰：『言不文者，指士民也。』」又曰：「禮：斬衰之喪，唯而不對。」鄭注：「此謂與賓客也。唯而不對，侑者爲之應耳。」云「去文繡、衣衰服」者，《儀禮・士喪既夕・記》：❶「乃卒，主人啼，兄弟哭。」鄭注：「於是始去冠而笄纚，服深衣。《檀弓》曰：『始死，羔裘、玄冠者易之。』」疏曰：「知『於是始去冠而笄纚，服深衣』者，《禮記・問喪》云：『親始死，雞斯徒跣，扱上衽。』注云：『雞斯，當云笄纚。上衽，深衣之裳前。』是其親始死，笄纚服深衣也。引《檀弓》者，證服深衣、易去朝服之事也。」《記》又曰：「既殯，主人說髦。三日，絞垂。冠六升，外縪，纓條屬，厭。衰三升，屨外納。」鄭注：「成服日，絞，要經之散垂者。」是親始死，以深衣易羔裘而去冠，三日成服，乃衣衰服也。《儀禮・喪服》曰：「喪服：斬衰裳，苴絰、杖、絞帶，冠繩纓，菅屨。」鄭注《檀弓》云：「衰絰之制，以絰表孝子忠實之心，衰明孝子有哀摧之義。」《白虎通・喪服》篇曰：「喪禮必制衰麻何？以副意也。服以飾情，情貌相配，中外相應。故吉凶不同服，歌哭不同聲，所以表中誠也。」《釋名・釋喪制》云：「三日不生，生者成服，曰衰。衰，摧也，言傷摧也。」皆與鄭合。云「悲哀在心，故不樂也」者，邢疏云：「言至痛中發，悲哀在心，雖聞樂聲，不爲樂也。」云「不嘗鹹酸而食粥」者，《儀禮・喪服》曰：「歠粥，朝一溢米，夕一溢米。既虞，食疏食，水飲。既練，始食菜果，飯素食。」《喪大記》：「君之喪，子、大夫、公子、衆士皆三日不食。子、大夫、公子食粥，納財，朝一溢米，莫一溢米，食之無算。大夫之喪，主人、室老、子姓皆食粥，士亦如之。既葬，主人疏食水飲。練而食菜果，祥而食肉。食粥於盛不盥，食於篹者盥。食菜以醯醬。始食肉者，先食乾肉。始飲酒者，先飲醴酒。」疏云：「『始食肉者，先食乾肉。始飲酒者，先飲醴酒。』文承既祥之下，謂祥後也。然《閒傳》曰『父母之喪，大祥有醯醬，禫而飲醴酒』，二文不同。又庾氏云：❷『蓋記者所聞之異。大祥既鼓琴，亦可食乾肉矣。食菜用醯醬，於情爲安。且既祥食果，則食醯醬無嫌矣。』熊氏云：『此據病而不能食者，練而食醯醬，祥而飲酒也。』」據《喪大記》、《閒傳》，有練而食醯醬、祥而食醯醬，二說不同。然歠粥時，要不得用醯醬，故曰「不嘗鹹酸」也。《禮

❶「士喪」，當爲衍文。
❷「又」，原作「文」，今據《禮記・喪大記》正義改。

記・問喪》曰：「痛疾在心，故口不甘味，身不安美也。」

三日而食，教民無以死傷生，毁不滅性，【注】毁瘠羸瘦，孝子有之。《文選・宋貴妃誄》注。 **此聖人之政也。喪不過三年，示民有終也。**【注】三年之喪，天下達禮。❶ 明皇注，正義云：此依鄭注也。不肖者企而及之，賢者俯而就之。再期。《釋文》。下闕。嚴可均曰：蓋引《喪服小記》「再期之喪三年也」。錫瑞案：鄭君不以再期爲三年，嚴説未覈。

疏曰：邢疏曰：「《禮記・問喪》云『親始死，傷腎、乾肝、焦肺，水漿不入口三日』，又《閒傳》稱『斬衰，三日不食』，此云『三日而食』者何？ 劉炫言：三日之後乃食，皆謂滿三日則食也。」鄭注云「毁瘠、羸瘦，孝子有之」者，《曲禮》曰：「居喪之禮，毁瘠不形。」鄭注：「爲其廢喪事。形謂骨見。」疏云：「毁瘠不形者，毁瘠，羸瘦也；形，骨露也。骨爲人形之主，故謂骨爲形也。居喪乃許羸瘦，不許骨露見也。」又曰：「居喪之禮，頭有創則沐，身有瘍則浴。有疾則飲酒食肉，疾止復初。不勝喪，乃比於不慈不孝。」鄭注：「勝，任也。」疏云：「不勝喪，謂疾不食酒肉，創瘍不沐浴，毁而滅性者也。不留身繼世，是不慈也。滅性又是違親生時之意，故云不孝。不云『同』而云『比』者，此滅性本心實非爲不孝，故言『比』也。」《檀弓》曰：「毁不危身，爲無後也。」鄭注：「謂憔悴將滅性。」《雜記》曰：「毁而死，君子謂之無子。」鄭注：「毁而死，是不重親。」云「三年之喪，天下達禮。不肖者企而及之，賢者俯而就之」者，邢疏曰：「《禮記・三年問》云：『夫三年之喪，天下之達喪也。』鄭玄云：『達，謂自天子至於庶人。』注與彼同，唯改『喪』爲『禮』耳。《喪服四制》曰：『此喪之所以三年，賢者不得過，不肖者不得不及。』《檀弓》曰：『先王之制禮也，過之者俯而就之，不至焉者跂而及之。』注引彼二文，欲舉中爲節也。起踵曰企，俛首曰俯。」案明皇注依鄭義，邢疏解注亦明，而云「聖人雖以三年爲文，其實二十五月」，則與鄭義不合。《儀禮・士虞禮》曰：「又朞而大祥。中月而禫。」鄭注：「中猶閒也。禫，祭名也，與大祥閒一月。自喪至此，凡二十七月。」《鄭志》答趙商云：「祥謂大祥，二十五月。是月禫，謂二十七月，非謂上祥之月也。」《檀弓》疏云：「祥禫之月，先儒不同。

❶「禮」，原作「也」，今據疏引鄭注改。

王肅以二十五月大祥，其月爲禫，二十六月作樂。所以然者，以下云『祥而縞，是月禫，徙月樂』，又與上文魯人朝祥而莫歌，孔子云：『踰月則其善。』是皆祥之後月作樂也。又《閒傳》云：『三年之喪，二十五月而畢。』又《士虞禮》：『中月而禫。』是祥月之中也，與《尚書》『文王中身享國』謂身之中間同。又文公二年冬，公子遂如齊，納幣。是僖公之喪，至此二十六月。《左氏》云：『納幣，禮也。』故王肅以二十五月禫除喪畢，而鄭康成則二十五月大祥，二十七月而禫，二十八月而作樂，復平常。鄭必以爲二十七月禫者，以《雜記》云父在，爲母、爲妻十三月大祥，十五月禫。爲母、爲妻尚祥、禫異月，豈容三年之喪乃祥、禫同月？若以父在，爲母屈而不申，故延禫月，其爲妻當亦不申祥、禫異月乎？若以中月而禫，爲月之中間，應云月中而禫，何以言中月乎？《喪服小記》云：『妾祔於妾祖姑，亡則中一以上而祔。』又《學記》云：『中年考校。』皆以中爲間，謂間隔一年，故以中月爲間隔一月也。戴德《喪服變除禮》『二十五月大祥，二十七月而禫』，故鄭依而用焉。」案據孔疏，則二十五月畢喪乃王肅説。鄭君原本《大戴》，以爲二十七月而禫，其義最精。鄭此注不完，當云：「再期大祥，中月而禫。」邢疏用王肅義，非也。

爲之棺槨衣衾而舉之，【注】周尸爲棺，周棺爲槨。明皇注，正義云：此依鄭注也。衾謂單，嚴可均曰：當有「被」字。可以亢尸而起也。《釋文》。**陳其簠簋而哀慼之。**【注】簠簋，祭器，受一斗二升。方曰簠，圓曰簋，盛黍稷稻粱器。陳奠素器而不見親，故哀之也。陳本《北堂書鈔》八十九引《孝經》鄭注。嚴氏據《書鈔》原本殘闕，有「內圓外方曰簋」六字。嚴可均曰：按當有「外圓內方曰簠」，六字闕，《儀禮·少牢饋食》疏各引半句，今合輯之。又《考工記·旅人》疏引「內圓外方」者，按鄭注《地官·舍人》云：「方曰簠，圓曰簋。」就內言之，未盡其詞。唯《儀禮·聘禮》釋文：「外圓內方曰簠，內圓外方曰簋。」形制具備。錫瑞案：嚴氏過信《書鈔》原本，原本有誤，説見疏中。陳本與原本異者，多與明皇注同。邢疏不云依鄭注，則陳本亦難信。此條與鄭義合，勝原本，故據之。《御覽》七百五十九《器物》曰：「引《孝經》曰：『陳其簠簋。』鄭玄曰：『方曰簠，圓曰簋。』」與陳本《書鈔》所引合。葉德輝曰：《舍人》注疏云「方曰簠，圓曰簋」，皆據外而言。按《孝經》注云「內圓外方，受斗二升」者，直據簠而言，若簋則內方外圓。據此則賈疏所據本似云「內圓外方曰簠」，而簋不釋，故疏引申之。賈雖不云鄭注，玩其詞意，似引鄭證鄭。葉説是也。

疏曰：鄭注云「周尸爲棺，周棺爲槨」者，邢疏曰：「《檀弓》稱：『葬也者，藏也。藏也者，欲人之弗得見也。是故衣足以飾身，棺周於衣，椁周於棺，土周於椁。』注約彼文，故言『周尸爲棺，周棺爲椁』也。」案《士喪禮》曰：「棺入，主人不哭。升棺用軸，蓋在下。」又曰：「主人奉尸斂於棺，踊如初，乃蓋。」鄭注：「棺在肂中，斂尸焉，所謂殯也。」又曰：「既井椁，主人西面拜工，左還椁，反位，哭，不踊。婦人哭於堂。」鄭注：「匠人爲椁，刊治其材，以井構於殯門外也。」《檀弓》曰：「殷人棺椁。」鄭注：「椁，大也。以木爲之，言椁大於棺也。殷人尚梓。」《喪大記》曰：「君松椁，大夫柏椁，士雜木椁。」鄭注：「椁，謂周棺者也。」《白虎通·喪服》篇曰：「所以有棺椁何？所以掩藏形惡也，不欲令孝子見其毀壞也。棺之爲言完，所以藏尸令完全也。椁之爲言廓，所以開廓辟土，令無迫棺也。」云「衾謂單被，可以亢尸而起也」者，《士喪禮》陳小斂衣曰：「厥明，陳衣于房，南領，西上，綪絞，橫三縮一，廣終幅，析其末。緇衾，赬裏，無紞。」鄭注：「紞，被識也。斂衣或倒，被無別於前後可也。凡衾制同，皆五幅也。」疏云：「『凡衾制同，皆五幅也』者，此無正文。《喪大記》云：『紟五幅，無紞。』衾是紟之類，故知亦五幅。」又陳大斂衣曰：「厥明，滅燎，陳衣于房，南領，西上，綪絞，紟，衾二。君襚、祭服、散衣、庶襚，凡三十稱。紟不在算，不必盡用。」鄭注：「紟，單被也。衾二者，始死斂衾，今又復制也。小斂衣數，自天子達，大斂則異矣。《喪大記》曰：『大斂，布絞，縮者三，橫者五。』」疏云：「紟不在算者，案《喪大記》『紟五幅，無紞』，鄭云今之單被也，以其不成稱，故不在數內。云『衾二者，始死斂衾，今又復制』者，此大斂之衾二。始死幠用斂衾，以小斂之衾當陳之，故用大斂衾；小斂已後，用夷衾覆尸，故知更制一衾，乃得二也。云『小斂衣數，自天子達』者，案《喪大記》君大夫小斂已下，同云十九稱，則天子亦十九稱。注云：『十九稱，法天地之終數也。』云『大斂則異矣』者，案此文，士喪大斂三十稱；《喪大記》士三十稱，大夫五十稱，君百稱。不依命數，是亦喪數畧，則上下之大夫及五等諸侯各同一節，則天子宜百二十稱。此鄭雖不言襲之衣數，案《雜記》注云：『士襲三稱，大夫五稱，公九稱，諸侯七稱，天子十二稱與？』以其無文，推約爲義，故云『與』以疑之。」《喪大記》曰：「大斂，布絞，縮者三，横者五。布紟，二衾，君、大夫、士一也。君陳衣于庭，百稱，北領，西上。大夫陳衣于序東，五十稱，西領，南上。士陳衣于序東，三十稱，西領，南上。絞、紟如朝服，絞一幅爲三，不辟；紟五幅，無紞。」鄭注：「『二衾』者，或覆之，或薦之。『如朝服』者，謂布精麤朝服十五升。小斂之絞也，廣終幅，析其末，以爲堅之强也。大斂之絞，一幅三，析用之，以爲堅之急也。紞以組類爲之，綴之領側，若今被識矣。生時禪被有識，死者去之，異於生也。《士喪禮》大斂亦『陳衣於房中，南領，西上』，與大夫異；今此文同，蓋亦天子之士。」疏云：「布紟者，皇氏云：『紟，禪被也。取置絞束之下，擬用以舉尸也。《孝經》云「衣衾而舉之」，是也。』今案經云紟在絞後，紟或當在絞上，以絞束之。且君衣百稱，又通小斂與襲之衣，非單紟所能舉也。又《孝經》云『衾』不云『紟』，皇氏之説未善也。」案鄭君解衣衾之制，詳於《儀禮》、《禮記》之注。此注以衾爲單被，「可以亢尸而起」者，與注《禮》云「紟，今之單被」正同。是鄭君以此經所云「衾」，即《禮》所云「紟」。賈疏云衾是紟之類，是也。皇氏云「紟，單被」，正用鄭義，引《孝經》爲證，與鄭注正合。孔疏乃以《孝經》云「衾」不云「紟」爲疑，且疑君衣百稱，非單紟所能舉，殊失之泥。云「簠簋，祭器，受一斗二升」者，《周禮·舍人》「凡祭祀共簠簋」鄭注：「方曰簠，圓曰簋，盛黍稷稻粱器。」疏曰：「方曰簠，圓曰簋，皆據外而言。案《孝經》云『陳其簠簋』，注云『內圓外方，受斗二升』者，直據簠而言。若簋則內方外圓，知皆受斗二升者。《旊人》云：『爲簋，實一觳。』豆實三而成觳，豆四升，三豆則斗二升可知。但外神用瓦簋，宗廟當用木，故《易·損卦》云：『二簋可用享。』《損卦》以離巽爲之，離爲日，日圓；巽爲木，木器圓，簋象，是用木明矣。云『盛黍稷稻粱器』者，《公食大夫》簠盛稻粱，簋盛黍稷，故鄭總云『黍稷稻粱器』也。」又《旊人》：「爲簋，實一觳，崇尺，厚半寸，脣寸，豆實三而成觳，崇尺。」鄭注：「崇，高也。豆實四升。」疏曰：「注云『豆實四升』者，晏子辭。按《易·損卦》彖云：『二簋可用享。』四，以簋進黍稷於神也。初與二直，其四與五承上，故用二簋。四，巽爻也，巽爲木；五，離爻也，離爲日。日體圜，木器而圜，簋象也。是以知以木爲之，宗廟用之。若祭天地外神等，則用瓦簋。若然，簋法圓。《舍人》注云：『方曰簠，圓曰簋。』注與此合。《孝經》云：『陳其簠簋。』注云『内圓外方』者，彼據簠而言之。」按賈氏兩處之疏，解鄭義甚明。云「方曰簠，圓曰簋，據外而言」，是鄭義以爲「外方内圓曰簠，外圓内方曰簋」矣。引《孝經》注云「内圓外方」據簠而言，若簋則内方外圓，又引《易》注以證簋爲圓象，其義尤明。《聘禮》：「夫人使下大夫勞以二竹簋方。」鄭注：「竹簋方者，器名也。以竹爲之，狀如簋而方，如今寒具筥。筥者圜，此方耳。」疏曰：「凡簋皆用木而圓，受斗二升；此則用竹而方，故云『如簋而方』，受斗二升則同。筥圓此方者，方、圓不同爲異也。」案此注、疏甚晰。鄭意以簋本圓而此獨方，故別白之曰「狀如簋而方」，正與「筥者圜，此方」同意。賈疏亦得鄭意。乃釋文從誤本作「簠」，不從或本作「簋」，所引「外圓内方曰簠，内圓外方曰簋」，不知誰氏之説，與鄭義正相反。阮氏《校勘記》辨釋文之誤最塙。原本《北堂書鈔》所引與釋文同誤，鄭義並不若是。嚴氏知與鄭《舍人》注不合，强云就内言之，不知賈疏明云皆據外而言。凡器雖有外内方圓之不同，總當以見於外而一望可知者爲定。嚴説非是。《詩·權輿》釋文云：「内圓外方曰簠，内方外圓曰簋。」不誤。聶崇義《三禮圖·舊圖》云：「内方外圜曰簋，外方内圜曰簠。」《舊圖》與《權輿》釋文合，亦用鄭義。許氏《説文》曰：「簋，黍稷方器也。簠，黍稷圜器也。」與鄭不同。云「陳奠素器而不見親，故哀之也」者，邢疏云：「《檀弓》云：『奠以素器，以生者有哀素之心也。』又案陳簠簋在『衣衾』之下、『哀以送之』上，舊説以爲大斂祭是不見親，故哀慼也。」「舊説以爲大斂祭」，與鄭説以衾爲大斂之紟合。《白虎通·宗廟》篇曰：「祭所以有尸者何？仰視榱桷，俯視几筵，其器存，其人亡，虚無寂寞，思慕哀傷，無可寫泄，故座尸而食之。」大斂尚未立尸，然亦可借證陳奠素器、哀不見親之意。

擗踴哭泣，哀以送之。【注】啼號竭盡也。《釋文》。**卜其宅兆而安厝之，**【注】宅，葬地。兆，吉兆也。葬事大，故卜之，慎之至也。《北堂書鈔》原本九十二《葬》。嚴可均曰：按《周禮·小宗伯》疏引此注「兆」，以爲龜兆釋之，是賈公彦申説非原文也。陳本作「宅，墓穴也。兆，塋域也。葬事大，故卜之」，與明皇注同。**爲之宗廟，以鬼享之，**正義引舊解云：「宗，尊也。廟，貌也。言祭宗廟，見先祖之尊貌也。」嚴可均曰：蓋亦鄭注，已載《卿大夫章》，但彼稍詳耳。孔傳亦云：「宗，尊也。廟，貌也。」兩文相同，未便指名，故稱爲「舊解」也。

春秋祭祀以時思之。【注】四時變易，物有成孰。將欲食之，故薦先祖，念之若生，不忘親也。《北堂書鈔》原本八十八《祭祀總》、《御覽》五百二十五。陳本云：「寒暑變移，益用增感，以時祭祀，展其孝思也。」與明皇注同。

疏曰：鄭注云「啼號竭盡也」者，《禮記·問喪》曰：「動尸舉柩，哭踊無數。惻怛之心，痛疾之意，悲哀志懣氣盛，故袒而踊之，所以動體、安心、下氣也。婦人不宜袒，故發胸、擊心、爵踊，殷殷田田，如壞牆然，悲哀痛疾之至也。故曰『辟踊哭泣，哀以送之，送形而往，迎精而反』也。」鄭注：「故袒而踊之，言聖人制法，故使之然也。爵踊，足不絶地。辟，拊心也。哀以送之，謂葬時也。迎其精神而反，謂反哭及日中而虞也。」又曰：「其往送也，望望然，汲汲然，如有追而弗及也。其反哭也，皇皇然，若有求而弗得也。故其往送也如慕，其反也如疑。求而無所得之也，入門而弗見也，上堂又弗見也，入室又弗見也。亡矣喪矣，不可復見已矣，故哭泣辟踊，盡哀而止矣。」鄭注：「説反哭之義也。」據《問喪》明引此經，則「辟踊哭泣」專屬送葬。鄭云「啼號竭盡」，亦當屬送葬言。《既夕禮》「乃代哭如初」鄭注：「棺柩有時將去，不忍絶聲也。」不絶聲即「啼號竭盡」之義。《既夕禮》曰：「主人袒，乃行，踊無算。」鄭注：「乃行，謂柩車行也。」又曰：「乃窆，主人哭，踊無算。」哀莫哀於送死，故經云「辟踊哭泣」，屬送葬言，舉其重者也。云「宅，葬地。兆，吉兆也」者，《周禮·小宗伯》「卜葬兆，甫竁，亦如之」鄭注：「兆，墓塋域。甫，始也。」疏曰：「《孝經》云『卜其宅兆』，注『兆』以爲龜兆解之。此兆爲墓塋兆者，彼此義得兩合相兼乃具，故注各據一邊而言也。」《士喪禮》曰：「筮宅，冢人營之。掘四隅，外其壤，掘中，南其壤。既朝哭，主人皆往，兆南北面，免絰。」鄭注：「宅，葬居也。兆，域也，所營之處。」又曰：「命筮者在主人之右。筮者東面，抽上韇，兼執之，南面受命。命曰：『哀子某，爲其父某甫筮宅。度兹幽宅兆基，無有後艱？』」鄭注：「宅，居也。度，謀也。兹，此也。基，始也。言爲其父筮葬居，今謀此以爲幽冥居兆域之始，得無後將有艱難乎？艱難，謂有非常若崩壞也。《孝經》曰：『卜其宅兆而安厝之。』」疏曰：「引《孝經》

『卜其宅兆』者，證宅爲葬居，又見上大夫以上卜而不筮。故《雜記》云：『大夫卜宅與葬日。』下文云『如筮，則史練冠』，鄭注云：『謂下大夫若士也。』則卜者謂上大夫。上大夫卜，則天子、諸侯亦卜可知也。但此注『兆』爲域，彼注『兆』爲吉兆，不同者，以其《周禮》大卜掌三兆，有玉兆、瓦兆、原兆，《孝經》注亦云『兆，塋域』，此文主人皆往兆南北面，兆爲塋域之處，義得兩全。故鄭注兩解俱得合義。」阮氏《校勘記》：「《孝經》注亦云『兆，塋域』，陳、閩俱脱『孝』字、『注』字。按陳、閩固誤，然上文云『此注兆爲域，彼注兆爲吉兆』，彼注者，謂《孝經》注也。豈鄭解《孝經》『兆』字有二説歟？唐御注《孝經》曰：『兆，塋域也。』邢疏以爲依孔傳，則似非鄭義。」錫瑞案：《校勘記》之説是也。賈疏明引鄭注「兆」爲吉兆，《周禮》疏又謂《孝經》鄭注以龜兆解之。賈公彦以爲義得兩全，謂鄭注《孝經》與注《周禮》、《儀禮》不同，皆可通也。然則賈疏所引《孝經》注「兆，塋域」必非鄭義。嚴氏以爲賈公彦申説，非原文，蓋失考。《儀禮》疏故不知鄭君解經，兩説本可通也。云「葬事大，故卜之，慎之至也」者，《雜記》：「大夫卜宅與葬日。」疏云：「宅，謂葬地。大夫尊，故得卜宅并葬日。」然則此經言卜，蓋據大夫以上言之。此命龜之辭，當與士筮「無有後艱」相同，皆慎重之意也。「爲之宗廟，以鬼享之」，邢疏引「舊解云：宗，尊也。廟，貌也。言祭宗廟，見先祖之尊貌也」，不云鄭注。鄭君於《卿大夫章》已有此文，此章之注不傳，疑鄭君解此章與《卿大夫章》不同。案《問喪》曰：「祭之宗廟，以鬼饗之，徼幸復反也。」鄭注：「説虞之義。」疏曰：「『祭之宗廟，以鬼饗之』者，謂虞祭於殯宫神之所在，故稱宗廟。『以鬼享之』，❶尊而禮之，冀其魂神復反也。」《問喪》明引此經鄭君以爲説虞之義，孔疏以「殯宫」解宗廟，是古義解此文屬新喪虞祭言。鄭注《禮》以爲虞祭，注此經亦當專屬虞祭，非若《卿大夫章》之泛言也。云「四時變易，物有成孰。將欲食之，故薦先祖，念之若生，不忘親也」者，《王制》：「大夫、士宗廟之祭，有田則祭，無田則薦。庶人春薦韭，夏薦麥，秋薦黍，冬薦稻。韭以卵，麥以魚，黍以豚，稻以鴈。」鄭注：「有田者既祭，又薦新。祭以首時，薦以仲月。士薦牲用特豚，大夫以上用羔，所謂『羔豚而祭，百

❶「享」，《禮記・問喪》阮校：「惠棟校宋本作『饗』，閩、監、毛本『饗』作『享』。」

官皆足』。庶人無常牲，取與新物相宜而已。」疏曰：「知『有田既祭又薦新』者，以《月令》天子祭廟，又有薦新，故《月令》四月『以彘嘗麥，先薦寢廟』。又《士喪禮》有薦新如朔奠，謂有地之士，大斂、小斂以特牲，而云薦新，故知既祭又薦新也。云『祭以首時，薦以仲月』者，《晏子春秋》云：『天子以下至士，皆祭以首時。』故《禮記・明堂位》云：『季夏六月，以禘禮祀周公於大廟。』周六月，是夏四月也。又《雜記》云：『七月而禘，獻子爲之也。』譏其用七月，明當用六月是也。魯以孟月爲祭，魯，王禮也，則天子亦然。大夫、士無文，從可知也。其《周禮》四仲祭者，因田獵而獻禽，非正祭也。服虔注《桓公五年傳》云：『魯祭天以孟月，祭宗廟以仲月。』非鄭義也。此『薦以仲月』，謂大夫、士也，既以首時祭，故薦用仲月。若天子、諸侯禮尊，物孰則薦之，不限孟、仲、季，故《月令》孟夏薦麥、孟秋薦黍、季秋薦稻是也。大夫既薦以仲月，而服虔注《昭元年傳》：『祭，人君用孟月，人臣用仲月。』不同者，非鄭義也。南師解云：『祭以首時者，謂大夫、士也。若得祭天者，祭天以孟月，祭宗廟以仲月。其禘祭、祫祭、時祭，亦用孟月。其餘諸侯不得祭天者，大祭及時祭皆用孟月。』既無明據，未知孰是。義得兩通，故並存焉。」案南師解宗服義，與鄭義不同。《左氏》桓八年：「正月己卯，烝。」杜注：「此夏之仲月，非爲過時而書者，爲下五月復烝見瀆也。」則杜與服説合。而《桓五年傳》云：「始殺而嘗，閉蟄而烝。」疏引服注：「始殺謂孟秋。」杜注：「建亥之月，昆蟲閉户，萬物皆成。」則服注亦以烝、嘗皆在夏時孟月。《公羊何氏解詁》亦曰：「屬十二月已烝，今復烝也。」周十二月，夏之孟月，是以天子、諸侯皆以孟月祭，與鄭説同。鄭此注云「四時變易，物有成孰。故薦先祖」，似兼祭與薦而言，故引此以補明鄭義。《繁露・四祭》篇云：「古者歲四祭。四祭者，因四時之所生孰，而祭其先祖、父母也。故春曰祠，夏曰礿，秋曰嘗，冬曰烝。祠者，以正月始食韭也。礿者，以四月食麥也。嘗者，以七月嘗黍稷也。烝者，以十月進初稻也。此天之經也，地之義也。」《祭義》篇云：「春上豆實，夏上尊實，秋上杌實，冬上敦實。豆實，韭也，春之所始生也。尊實，醴也，夏之所受長也。杌實，黍也，秋之所先成也。敦實，稻也，冬之所畢孰也。」《公羊何氏解詁》曰：「祠，猶食也，猶繼嗣也。春物始生，孝子思親繼嗣而食之也。夏薦尚麥魚，始孰可汋，故曰禴。嘗者，先辭也。

秋穀成者非一，黍先孰可得薦，故曰嘗也。烝，衆也。冬萬物畢成，所薦衆多，芬芳備具，故曰烝。」《白虎通・宗廟》篇曰：「宗廟所以歲四祭何？春曰祠者，物微，故祠名之。夏曰禴者，麥孰進之。秋曰嘗者，新穀孰，嘗之。冬曰烝者，烝之爲言衆也，冬之物成者衆。」《文選・東京賦》曰：「於是春秋改節，四時迭代，蒸蒸之心，感物增思。」薛注：「感物，謂感四時之物，即春韭卵，夏麥魚，秋黍豚，冬稻雁。孝子感此新物，則思祭先祖也。」此皆鄭云「念之若生，不忘親」之義，亦可見天子至於庶人，皆有春秋四時之祭也。

生事愛敬，死事哀感，生民之本盡矣，死事之義備矣，孝子之事親終矣。【注】無遺纖嚴可均曰：當有「毫憾」二字。也。尋繹天經地義，究竟人情也，行畢孝成。《釋文》。

疏曰：鄭注云「尋繹天經地義、究竟人情也，行畢孝成」者，承上《三才章》云「天之經也，地之義也，民之行也」而總結之。「行畢」，即民之行畢也。「愛敬」依鄭義，當以愛分屬母，敬分屬父。《風俗通》「汝南夏甫」下引「生事愛敬」二句。《後漢書・陳忠傳》云：「臣聞之《孝經》，始於事親，終於哀戚；上自天子，下至庶人，尊卑貴賤，其義一也。」

白虎通德論

〔東漢〕班　固　撰
胡春麗　校點

目録

謹按：❶《後漢・章帝紀》曰：「建初四年十一月壬戌，詔諸儒會白虎觀，講議五經同異，使五官中郎將魏應承制問，侍中淳于恭奏，帝親稱制臨決，如孝宣甘露石渠故事，作《白虎奏議》。」注云：「今《白虎通》。」又按：《班固傳》曰：「天子會諸儒，講論五經，作《白虎通德論》，令固撰集其事。」此書所作之因也。書肆舊嘗鋟木，歲久摩滅，竟亡

❶ 本部分文字原爲《白虎通德論》目録之「叙録」，本書將原目録删去，據正文抽取目録，「叙録」則附於此。

此集，學者欲見而不可得。邇者朝廷崇尚實學，敬以家藏監本刊行，與衆共之。

或謂是書中間多有魚魯之嫌，如首篇援《尚書》言「迎子劉」一事，即《尚書・顧命》考之，「迎」本作「逆」，劉本作「釗」。其當時傳寫之誤耶？借曰初得舊本如斯，今既重刊，改而正諸，不亦宜乎？殊不思《大學》以《尚書・堯典》「俊德」作「峻德」，《孟子》以《毛詩・烝民》「秉彝」作「秉夷」，誰不知其然？千古至今讀誦，豈無宗工鉅儒者出，蔑有一人敢爲改正。由是觀之，《白虎通》亦猶是也。間有不安，盡從其舊。蓋纂之者班固，漢時人，去古未遠，必有所祖，假借通用，未可盡知。後人未得班固之心，安可輕議班固之述作？儻能知《禮記・緇衣》以「君牙」爲「君雅」、「説命」爲「兑命」之意，則能釋魚魯之疑矣。昔人有云：「讀書未到康成處，安敢高談議漢儒。」觀書者試思之。

校點説明

《白虎通德論》，又名《白虎通義》、《白虎議奏》，省稱《白虎通》。今本十卷，題爲東漢班固撰。

班固（公元三二—九二年），字孟堅，扶風安陵（今陝西咸陽）人。班彪子。班固少善屬文，長博群書，在父親《史記後傳》的基礎上創作《漢書》，被誣私修國史，入獄，賴其弟班超奔走申辯，幸免於難。明帝召爲蘭臺令史，旋升郎官，校訂宫廷藏書。章帝時，班固由郎官升爲玄武司馬，入宫侍讀。章帝出巡，班固常隨侍左右，獻賦作頌。和帝永元元年（公元八九年），班固從大將軍竇憲攻匈奴，爲中護軍，後竇憲敗，班固受牽連，死於獄中。班固所著詩文，後人輯爲《班蘭臺集》。

自西漢武帝「罷黜百家，表章六經」以來，經學成爲國家意識形態的重要内容。兩漢時期的經學，有今文經學、古文經學之分，雜糅了陰陽災異學説的今文經學被西漢統治者確立爲官學後，頓成顯學。西漢末年，讖緯學説開始泛濫，漸有取代今文經學之勢。新莽時期，古文經學一度立爲官學，但旋立旋廢。東漢初，今文經學仍處於官學地位，但一方面受到讖緯學説的衝擊，另一方面又面臨古文經學的挑戰，導致思想意識形態領域出現了混亂局面。爲統一思想計，漢章帝建初四年（公元七九年），校書郎楊終建議，仿西漢宣帝時石渠閣議經的「故事」，於洛陽白虎觀召集諸儒，講議五經同異，史稱白虎觀會議。會議的宗旨是協調今古文經學之争，統一經義，取得「永爲後世則」的效果。與會者數十人，包括今古文經學兩派的知名學者，章帝「親稱制臨決」。會議的記録，由班固整理成書，仿《石渠奏議》名，題作《白虎議奏》。

後世關於白虎觀會議記録的文獻結集，有四個不同的書名：《白虎通義》、《白虎議奏》、《白虎通德論》、《白虎通》。《隋書·經籍志》著録《白虎通》六卷，未著撰人；《舊唐書·經籍志》著録《白虎通》六卷，漢章帝撰；《新唐書·藝文志》著録《白虎通義》六卷，班固撰；《崇文總目》載《白虎通德論》十卷，後漢班固撰，凡十四篇。《通志》著録《白虎通》六卷，班固等撰。晁公武《郡齋讀書志》著録《白虎通德論》十卷，班固奉詔纂。陳振孫《直齋書録解題》著録《白虎通》十卷，漢尚書郎班固撰，凡四十四門。王應麟《玉海》云：「今本自爵、號至嫁娶凡四十三篇。」《宋史·藝文志》著録《白虎通》十卷，班固撰。《文獻通考》著録《白虎通德論》十卷。四部書是一書異名，還是四種不同的書，歷代學者有不同的看法：李賢注《後漢書·章帝紀》認爲《白虎議奏》即《白虎通》。《崇文總目》認爲《白虎通德論》即《白虎通》。《四庫全書總目》認爲《白虎議奏》和《白虎通德論》是同一部書。清代學者莊述祖認爲《白虎通》是白虎觀會議的議奏匯編的全文，《白虎通義》是議奏全文的略本。孫詒讓認爲白虎觀會議既有專論一經之書，又有雜論五經之書，兩者合起來是《白虎議奏》，而《白虎通義》只是其中雜論五經之書的一部分。劉師培《白虎通義源流考》在周廣業相關考證的基礎上，認爲白虎觀會議文獻結集有兩種，其一爲《白虎議奏》，是會議記録全文，後賜蔡邕而亡佚。其二爲《白虎通義》，是章帝稱制臨決之後，採擇議奏的結果而成。而《白虎通》是《白虎通義》的省稱，《白虎通德論》實無其書。鍾肇鵬認爲《白虎通德論》是《白虎功德論》的誤寫。此外，還有學者認爲《白虎通義》是僞書。衆説紛紜，學界至今無有定論。

《白虎通》在總結兩漢經學成果的基礎上，以三綱五常爲核心構建了一整套神學目的論和政治倫理思想體系。它運用古文經學家所重視的「名物訓詁」方法，解釋自然、社會、倫常、政治和日常生活等種種現象，並引經典加以論證，體現了漢代「以經術緣飾吏事」的學風，成爲當時具權威性的國家法典。

今存最早的《白虎通》刻本，一爲元大德九年（一三〇五年）無錫州學刻本《白虎通德論》，一爲元刻小字本《白虎通》。無錫州學本乃據州守劉世常家藏舊本刊刻而成，共十卷，分爲爵、號、謚、五祀、社稷、禮樂、封公侯、京師、五行、三軍、誅伐、諫諍、鄉射、致仕、辟雍、災變、耕桑、封禪、巡狩、考黜、王者不臣、蓍龜、聖人、八風、商賈、文質、三正、三教、三綱六紀、情性、壽命、宗族、姓名、天地、日月、四時、衣裳、五刑、五經、嫁娶、紼冕、喪服、崩薨四十三篇。元刻小字本分上下兩卷，亦四十三篇，篇次與無錫州學本稍有不同，崩薨、喪服、紼冕三篇在「謚」後、「五祀」前；「考黜」以上爲卷上，「王者不臣」以下爲卷下。明代有嘉靖元年（一五二二年）傅鑰刻本、嘉靖二十一年葛璚刻本、萬曆十年（一五八二年）胡維新刻《兩京遺編》本、萬曆二十二年蔣傑刻本等，清代有《武英殿聚珍版叢書》本、《四庫全書》本等。各本内容無大差異，而書名、卷數有所不同。清乾隆間盧文弨等依據傳世諸本及類書、經史文獻等，對《白虎通》進行了系統訂正，收入《抱經堂叢書》。

此次整理，以《四部叢刊》影印元大德本《白虎通德論》爲底本，以《中華再造善本》影印元刻小字本《白虎通》（簡稱小字本）爲校本，旨在反映古本面貌。《白虎通》長期流傳過程中相沿訛誤頗多，盧氏抱經堂本校勘多有創獲，爲讀者閱讀理解本書提供了極大幫助。但所據他書增删改易之處極多，與元、明《白虎通》諸本文字面貌差異較大，故此次將其作爲參校本（簡稱盧本）。一般在不影響文意理解的情況下，儘量保持古本原貌，僅出校記供讀者參考。底本明顯訛誤、難以卒讀之處，謹慎改字並出校説明依據。整理中還參考了清陳立《白虎通疏證》等，於校記中分别説明。

校點者　胡春麗

序❶

漢、唐書籍，以通名者五，惟《白虎通》與《風俗通》行于世。乃諸儒之所討論，實爲鉅典，而所至缺此板。余嘗持節七閩，如建安書市，號爲群籍所萃，訪求無有也。今錫學得劉守平父家藏《白虎通》善本，繡梓以廣其傳，是亦明經之一助，豈小補哉！

大德乙巳四月望日，中奉大夫雲南諸路行中書省參知政事東平嚴度恪齋題。

❶ 此題原無，乃校點者所擬。

白虎通序

《白虎通》之爲書，其來尚矣。群書中多見其引用，然不知出於何代誰氏之手。考之載籍，始於漢建初中淳于恭作《白虎奏議》，又《班固傳》作《白虎通德論》，唐《藝文志》亦載班固等《白虎通義》六卷。此其所自歟？平生欲見其完書，未之得也。余分水監歷常之無錫，有郡之耆儒李顯翁晦識余於官舍，翌日携是帙來，且云州守劉公家藏舊本。公名世常，字平父，迺大元開國之初行省公之子魯齋許左轄之高弟，收書不啻萬卷。其經史子集，士夫之家亦或互有，惟此帙世所罕見。郡之博士與二三子請歸之于學，將鏤板以廣其傳。守慨然許之。今募匠矣，求余識於卷首。余謂是書韜晦於世，何止數百歲而已，一旦顯於是邦，殆亦有數而然耶！以郡守之博古廣文，暨諸生之好事，俱可嘉尚，於是乎書。

大德九年四月旦日，東平克齋張楷序。

白虎通德論卷第一

臣班固纂集

爵

天子者，爵稱也。爵所以稱天子者何？王者父天母地，爲天之子也。故《援神契》曰：「天覆地載，謂之天子，上法斗極。」《鈎命決》曰：「天子，爵稱也。」帝王之德有優劣，所以俱稱天子者何？以其俱命於天，而王治五千里内也。《尚書》曰：「天子作民父母，以爲天下王。」何以知帝亦稱天子也？以法天下也。《中候》曰：「天子臣放勛。」《書·逸篇》曰：「厥兆天子爵。」何以言皇亦稱天子也？以其言天覆地載，俱王天下也。故《易》曰：「伏羲氏之王天下也。」

爵有五等，以法五行也。或三等者，法三光也。或法三光，或法五行何？質家者據天，故法三光；文家者據地，故法五行。《含文嘉》曰：「殷爵三等，周爵五等。」各有宜也。《王制》曰：「王者之制禄爵，凡五等。」謂公、侯、伯、子、男。此周制也。所以名之爲公、侯者何？公者，通公正無私之意也。❶侯者，候也。候逆順也。《春秋傳》曰：「王者之後稱公，其餘人皆千乘，象雷震百里所潤同。大國稱侯，小國稱伯、子、男也。」《王制》曰：「公、侯田方百里，伯七十里，子、男五十里。」伯者，百也。子者，孳

❶「通」下，小字本、盧本有「也」字。

也。孳孳無已也。男者，任也。人皆五十里，差次功德。小者不滿爲附庸。附庸者，附大國以名通也。百里兩爵，公、侯共之。七十里一爵，五十里復兩爵何？公者，加尊二王之後。侯者，百里之正爵。士上可有次，下可有第，中央故無二。五十里有兩爵者，所以加勉進人也。小國下爵，猶有尊卑，亦以勸人也。殷爵三等，謂公、侯、伯也。所以合子、男從伯者何？王者受命，改文從質，無虚退人之義，故上就伯也。《尚書》曰「侯甸任衛作國伯」，謂殷也。《春秋傳》曰：「合伯、子、男以爲一爵。」或曰：合從子，貴中也。以《春秋》名鄭忽，忽者，鄭伯也。此未踰年之君當稱子，嫌爲改赴，故名之也。地有三等不變，至爵獨變何？地比爵爲質，故不變。爲質故不變，王者有改道之文，無改道之實。家所以令公居百里，❶侯居七十里，何也？封賢極於百里，其政也不可空退人，❷示優賢之義，欲褒尊而上之。何以知殷家侯人不過七十里者也？曰：士上有三等，有百里，有七十里，有五十里。其地半者其數倍，制地之理體也，多少不相配。

公、卿、大夫者，何謂也？内爵稱也。曰公、卿、大夫何？爵者，盡也。各量其職，盡其才也。公之爲言公正無私也。卿之爲言章善明理也。大夫之爲言大扶，進人者也。故《傳》曰：「進賢達能，謂之大夫也。」士者，事也，任事之稱也。故《傳》曰：「古今辯然否，謂之士。」《禮》曰「四十强而士」，不言「爵爲士」。至五十，爵爲大夫

❶「家」上，盧本有「殷」字。
❷「政」，盧本作「改」。

何？何以知士非爵？何以知卿爲爵也？以大夫知卿亦爵也。何以知公爲爵也？《春秋傳》曰：「諸侯四佾，諸公六佾。」合而言之，以是知公、卿爲爵。內爵所以三等何？亦法三光也。所以不變質文何？內者爲本，故不改內也。諸侯所以無公爵者，下天子也。故《王制》曰：「上大夫，下大夫，上士，中士，下士，凡五等。」此謂諸侯臣也。大夫但有上下何？明卑者多也。爵皆一字也，大夫獨兩字何？《春秋傳》曰：「大夫無遂事。」以爲大夫職在之適四方，受君之法，施之於民，故獨兩字下之。❶或曰：大夫，爵之下者也。稱大夫，明從大夫以上受下施，皆大自着也。天子之士獨稱元士何？士賤，不得體君之尊，故加「元」以別諸侯之士也。《禮經》曰「士見大夫」，諸侯之士。《王制》曰：「王者八十一元士。」

天子爵連言「天子」，諸侯爵不連言「王侯」何？即言王侯，以王者同稱，爲衰弱僭差生篡弒，猶不能爲天子也。故連言「天子」也。或曰：王者天爵，王者不能生諸侯，故不言王侯。諸侯人事自着，故不着也。

王者太子亦稱士何？舉從下升，以爲人無生得貴者，莫不由士起。是以舜時稱爲天子，必先試於士。《禮·士冠》經：「天子之元子，士也。」

婦人無爵何？陰卑無外事，是以有三從之義：未嫁從父，既嫁從夫，夫死從子。故夫尊於朝，妻榮於室，隨夫之行。故《禮·郊特牲》曰：「婦人無爵，坐以夫之齒。」《禮》曰：「生無爵，死無謚。」《春秋》録

❶「下」，小字本、盧本作「言」。

夫人皆有謚，夫人何以知非爵也？《論語》曰：「邦君之妻，君稱之曰夫人，國人稱之曰君夫人。」即令是爵，君稱之與國人稱之不當異也。

庶人稱匹夫者，匹，偶也，與其妻爲偶，陰陽相成之義也。一夫一婦成一室。明君人者，不當使男女有過時無匹偶也。《論語》曰：「匹夫匹婦之爲諒也。」

爵人於朝者，示不私人以官，與衆共之義也。封諸侯於廟者，示不自專也，明法度皆祖之制也，舉事必告焉。《王制》曰：「爵人於朝，與衆共之也。」《詩》云：「王命卿士，南仲太祖。」《禮·祭統》曰：「古者明君，爵有德必於太祖，君降立於阼階，南面向，所命北向，央由君右，執策命之。」

大夫功成未封而死，不得追爵賜之者，以其未當股肱也。《春秋穀梁傳》曰：「追賜死者，非禮也。」《王制》曰「葬從死者，祭從生者」，所以追孝繼養也。葬從死者何？子無爵父之義也。《禮·中庸》記曰「父爲大夫，子爲士，葬以大夫，祭以士。子爲大夫，父爲士，祭以大夫，葬以士」也。

父在稱世子何？繫於君也。父没稱子某者何？屈於尸柩也。既葬稱小子者，即尊之漸也。踰年稱公者，緣民之心不可一日無君也；緣終始之義，一年不可有二君也。故踰年即位，所以繫民臣之心。然後爵者，緣孝子之心，未忍安吉。故《春秋》魯僖公三十三年十二月「乙巳，薨于小寢」。文公「元年，春，王正月，公即位」。「四月丁巳，葬我君僖公」。《韓詩内傳》曰：「諸侯世子三年喪畢，上受爵命於天子。」所以名之爲世子何？言欲其世世不絶也。何以知天子子亦稱世子也？《春秋傳》曰：「公會世子于首止。」或曰：天子之子稱太子。《尚書》曰：❶「太子發升于舟也。」或曰：諸侯之稱代子，則《傳》曰：「晉有太子申生，鄭有太子華，齊有太子光。」由是觀之，周制太子代子亦不定也。漢制，天子稱皇帝，其嫡嗣稱皇太子，諸侯王之嫡稱代子。後代咸因之。世子三年喪畢，必上受爵命於天子何？明爵士者，天子之有也，臣無自爵之義。童子當受父爵命，使大夫就其國命之，明王者不與童子爲禮也。以《春秋》魯成公幼少，與諸侯會，公不見之，經不以魯耻。明不與童子爲禮也。世子上受爵命，衣士服何？謙不敢自專也。故《詩》曰「韎韐有赩」，世子始行也。

天子大斂之後稱王者，明士不可一日無君也。故《尚書》曰：「王麻冕黼裳。」此斂之後也。何以知王從死後加王也？❷以《尚書》言「迎子劉」，不言「迎王」。王者既殯而即繼體之位何？緣民臣之心不可一日無君，故先君不可得見，則後君繼體矣。《尚書》曰「再拜興對」，「乃受銅」，明爲繼體君也。緣始終之義，一年不可有二君也。故《尚書》曰：「王釋冕喪服。」吉冕受銅，稱王以接諸侯。明已繼體爲君也。釋冕藏銅反喪，明未稱王以統事也。不曠年無君，故逾年乃即位改元名元年。年以紀事，君名其事矣，而未發號令也。何以言踰年即位？謂改元位。《春秋傳》曰：「以諸侯踰年即位，亦知天子踰年即位也。」《春秋》曰：「元年春，王正月，公即位。」改元位也。王者改元年，即事天地。諸侯改元，即事社

❶「書」下，盧本有「傳」字。
❷上「王」字，盧本作「不」。

稷。《王制》曰：「夫喪三年不祭，唯祭天地社稷，爲越紼而行事。」《春秋傳》曰：「天子三年然後稱王者，謂稱王統事發號令也。」《尚書》曰「高宗諒陰三年」，是也。《論語》：「君薨，百官總己聽於冢宰三年。」緣孝子之心，則三年不當也。故三年除喪，乃即位統事，即位踐祚爲主，南面朝臣下，稱王以發號令也。故天子諸侯，凡三年即位，終始之義乃備，所以諒陰三年，卒孝子之道。故《論語》曰：「古之人皆然，君薨，百官總己聽於冢宰三年。」所以聽於冢宰三年者何？以爲冢宰職在制國之用，是以由之也。故《王制》曰：「大冢宰制國用。」所以名之爲冢宰何？冢者，大也；宰者，制也，大制事也。故《王度記》曰：「天子冢宰一人，爵禄如天子之大夫。」或曰「冢宰視卿」，《周官》所云也。

號

帝王者何？號也。號者，功之表也。所以表功明德，號令臣下者也。德合天地者稱帝，仁義合者稱王，别優劣也。《禮記·謚法》曰：「德象天地稱帝，仁義所生稱王。」帝者天號，王者五行之稱也。皇者，何謂也？亦號也。皇，君也，美也，大也，天之總，美大稱也。時質，故總之也。號之爲皇者，煌煌人莫違也。煩一夫，擾一士，以勞天下，不爲皇也。不擾疋夫疋婦，故爲皇。故黄金弃於山，珠玉捐於淵，巖居穴處，衣皮毛，飲泉液，吮露英，虚無寥廓，與天地通靈也。號言爲帝者何？帝者，諦也。象可承也。王者，往也，天下所歸往。《鈎命决》曰：「三皇步，五帝趨。三王馳，五霸鶩。」

或稱天子，或稱帝王何？以爲接上稱天子，明以爵事天也。接下稱帝王者，得號天下至尊，言稱以號令臣下也。故《尚書》曰：「諮四岳。」曰：「裕汝衆。」或有一人。王者自謂一人者，謙也，欲言己材能當一人耳。故《論語》曰：「百姓有過，在予一人。」臣謂之一人何？亦所以尊王者也。以天下之大，四海之内，所共尊者一人耳。故《尚書》曰：「不施予一人。」或稱朕何？亦王者之謙也。朕，我也。或稱予者，予亦我也，不以尊稱自也，但自、我皆謙。

或稱君子何？道德之稱也。君之爲言群也。子者，丈夫之通稱也。故《孝經》曰「君子之教以孝也」，下言「敬天下之爲人父者也」。何以言知其通稱也？以天子至於民。故《詩》云「凱弟君子，民之父母」。《論語》云：「君子哉若人。」此謂弟子，弟子者，民也。

三皇者，何謂也？謂伏羲、神農、燧人也。或曰：伏羲、神農、祝融也。《禮》曰：「伏羲、神農、祝融，三皇也。」謂之伏羲者何？古之時，未有三綱六紀，民人但知其母，不知其父。能覆前而不能覆後。卧之詓詓，起之吁吁，飢即求食，飽即弃餘，茹毛飲血，而衣皮葦。於是伏羲仰觀象於天，俯察法於地，因夫婦，正五行，始定人道。畫八卦以治下，治下伏而化之，故謂之伏羲也。謂之神農何？古之人民，皆食禽獸肉。至於神農，人民衆多，禽獸不足。於是神農因天之時，分地之利，制耒耜，教民農作。神而化之，使民宜之。故謂之神農也。謂之燧人何？鑽木燧取火，教民熟食，養人利性，避臭去毒，謂之燧人也。謂之祝融何？祝者，屬也。融者，續也。言能屬續三皇之道而行之，故謂祝融也。五帝者，何謂也？《禮》曰：「黄帝、顓頊、帝嚳、帝堯、帝舜，五帝也。」《易》曰：「黄帝、堯、舜氏作。」《書》曰：「帝堯」、「帝舜」。黄帝，中和之色，自然之姓，萬世不易。黄帝始作制度，得其中和，萬世常存。故稱黄帝也。謂之顓頊何？顓者，專也。項者，正也。能專正天人之道，故謂之顓頊也。謂之帝嚳者何也？嚳者，極也。言其能施行，窮極道德也。謂之堯者何？堯猶嶢嶢也，至高之貌。清妙高遠，優遊博衍，衆聖之主，百王之長也。謂之舜者何？舜猶僢僢也。言能推信堯道而行之。三王者，何謂也？夏、殷、周也。故《禮·士冠》經曰「周弁、殷冔、夏收，三王共皮弁」也。所以有夏、殷、周號何？以爲王者受命，必立天下之美號以表功自克，明易姓爲子孫制也。夏、殷、周者，有天下之大號也。百王同天下，無以相別，改制天下之大禮，號以自别於前，所以表著己之功業也。必改號者，所以明天命已著，欲顯揚己於天下也。已復襲先王之號，與繼體守文之君無以異也。不顯不明，非天意也。故受命王者，必擇天下美號，表著己之功業，明當致施是也。所以預自表克於前也。帝王者，居天下之尊號也。所以差優號令臣下謚者，行之跡也。所以别於後代，著善惡，垂無窮，無自推，觀施後世，皆以勸善著戒，惡明不勉也。不以姓爲號何？姓者，一字之稱也，尊卑所同也。諸侯各稱一國之號，而有百姓矣；天子至尊，即備有天下之號，而兼萬國矣。夏者，大也，明當守持大道。殷者，中也，明當爲中和之道也。聞也，見也，謂當道著見中和之爲也。周者，至也，密也，道德周密，無所不至也。何以知即政立號也？《詩》云「命此文王，于周于京」。此改號爲周，易邑爲京也。《春秋傳》曰「王者受命而王，必擇天下之美號以自號」也。五帝無有天下之號何？五帝德大能禪，以民爲子，成于天下，無爲立號也。或曰：唐、虞者號也。唐，蕩蕩也，蕩蕩者，道德至大之貌也。虞者，樂也，言天下有道，人皆樂也。故《論語》曰：「唐、虞之際。」帝嚳有天下，號高辛。顓頊有天下，號曰高陽。黄帝有天下，❶號曰自然者，獨宏大道德也。高陽者，陽猶明也，道德高明也。高辛者，道德大信也。五霸者，何謂也？昆吾氏、大彭氏、豕韋氏、齊桓公、晉文公也。昔三王之道衰，而五霸存其政，率諸侯朝天子，正天下之化，興復中國，攘除夷狄，故謂之霸也。昔昆吾氏，霸於夏者也。大彭氏、豕韋氏，霸於殷者也。齊桓、晉文，霸於周者也。或曰：五霸，謂齊桓公、晉文公、秦穆公、楚莊王、吴王闔閭也。霸者，伯也，行方伯之職，會諸侯朝天子，不失人臣之義。故聖人與之。非明王之張法。霸猶迫也，把也。迫脅諸侯，把持其政。《論語》曰：「管仲相桓公，霸諸侯。」《春秋》曰「公朝于王所」，於是時晉文之霸。❷《尚書》曰「邦之榮懷，亦尚一人之慶」，知秦穆之霸也。楚勝鄭，而不告從而攻之，❸又令還師，而佚晉寇。圍宋，宋因而與之平，引師而去。知楚莊之霸也。蔡侯無罪而拘於楚，吴有憂中國心，興師伐楚，

❶「下」，原脱，今據小字本、盧本及上下文例補。

❷「時」，盧本作「知」。

❸今據《公羊》宣十二年傳，此句當爲「告從而不攻之」之意。

諸侯莫敢不至。知吳之霸也。或曰：五霸，謂齊桓公、晉文公、秦穆公、宋襄公、楚莊王也。宋襄伐齊亂齊桓公，不擒二毛，不鼓不成列。《春秋傳》曰「雖文王之戰不是過」，知其霸也。

伯、子、男臣子，於其國中，褒其君爲公。王者臣子，獨不得襃其君謂之爲帝何？以爲諸侯有會聚之事，相朝聘之道，或稱公而尊，或稱伯、子、男而卑，爲交接之時，不私其臣子之義，心俱欲尊其君父，故皆令臣子得稱其君爲公也。帝王異時，無會同之義，故無爲同也。何以諸侯德公齊侯桓公？❶《尚書》曰「公曰嗟」，秦伯也。《詩》云「覃公惟私」，覃子也。《春秋》曰「葬許繆公」，❷許男也。《禮·大射》經曰：「則擇獲。」大射者，諸侯之禮也，伯子男皆在也。

諡

諡者，何也？諡之爲言引也，引烈行之跡也。所以進勸成德，使上務節也。❸故《禮·特牲》曰：「古者生無爵，死無諡。」此言生有爵，死當有諡也。死乃諡之何？言人行終始不能若一，故據其終始，後可知也。《士冠經》曰：「死而諡之，今也。」所以臨葬而諡之何？因衆會欲顯揚之也。故《春秋》曰：「公之喪自乾侯。」昭公死於晉乾侯之地，數月歸，至急，當未有諡也。《春秋》曰：「丁巳葬。」「戊午日下側乃克葬」。

❶「諸侯德公齊侯桓公」，盧本作「知諸侯得稱公春秋曰葬齊桓公齊侯也」。

❷「許」，原作「皆」，今據盧本及下文改。

❸「務」下，《御覽》卷五六二引有「禮」字。

明祖載而有謚也。

黄帝先黄後帝何？古者順死生之稱，各持行合而言之，美者在上。黄帝始制法度，得道之中，萬世不易，名黄，自然也。後世雖聖，莫能與同也。後世得與天同，亦得稱帝，不能立制作之時，故不得復黄也。❶謚或一言，或兩言何？文者以一言爲謚，質者以兩言爲謚。故《尚書》曰：「高宗，殷宗也。」湯死後，世稱成湯，以兩言爲謚也。號無質文，謚有質文何？號者，始也，爲本，故不可變也。周已後，用意尤文，以爲本生時號令善，故有善謚。故合文、❷武王也。合言之則上其謚，明別善惡，所以勸人爲善，戒人爲惡也。帝者，天號也。以爲堯猶謚，顧上世質直，死後以其名爲號耳。所以謚之爲堯何？爲謚有七十二品。《禮記·謚法》曰：「翼善傳聖，謚曰堯。仁聖盛明，謚曰舜。慈惠愛民，謚曰文。剛强理直，❸謚曰武。」

天子崩，臣下至南郊謚之者何？以爲人臣之義，莫不欲褒大其君，❹掩惡揚善者也。故之南郊，明不得欺天也。故《曾子問》：「孔子曰：『天子崩，臣下之南郊告謚之。』」

諸侯薨，世子赴告天子，天子遣大夫會其葬而謚之何？幼不誄長，賤不誄貴，諸侯相誄，非禮也。臣當受謚於君也。

卿大夫老歸死有謚何？謚者，別尊卑，彰有德也。卿大夫歸無過，猶有禄位，故有謚也。

❶「黄」上，盧本有「稱」字。
❷「合」，原作「舍」，今據盧本改。
❸「剛」，原脱，今據盧本及上文補。
❹「大」，盧本作「稱」。

夫人無謚者何？無爵，故無謚。或曰：夫人有謚。夫人一國之母，修閨門之内，群下亦化之，故設謚以彰其善惡。《春秋傳》曰「葬宋恭姬」，❶《傳》曰：「其稱謚何？賢也。」《傳》曰：「哀姜者何？莊公夫人也。」卿大夫妻無謚何？賤也。八妾所以無謚何？卑賤無所能務，❷猶士卑小，不得有謚也。太子夫人無謚何？本婦人隨夫。太子無謚，其夫人不得有謚也。天子太子，元士也。士無謚，知太子亦無謚也。附庸所以無謚何？卑小無爵也。《王制》曰：「爵禄，凡五等。」附庸本非爵也。

后夫人於何所謚之？以爲於朝廷。朝廷本所以治政之處，臣子共審謚，白之於君，然後加之。婦人天夫，❸故但白君而已。何以知不之南郊也？婦人本無外事，何爲於郊也？《禮·曾子問》曰：「唯天子稱天以誄之。❹」唯者，獨也。明天子獨於南郊耳。

顯號謚何法？法曰未出而明，已入有餘光也。

白虎通德論卷第一

❶「傳」，據引文當作「經」。「宋」，原作「宗」，今據盧本及《春秋》經文改。
❷「務」，盧本據《御覽》改「豫」。
❸「天」，原作「大」，今據小字本、盧本改。
❹「誄」，原作「誅」，今據小字本、盧本改。

白虎通德論卷第二

臣班固纂集

五祀

五祀者，何謂也？謂門、户、井、竈、中霤也。所以祭何？人之所處出入，所飲食，故爲神而祭之。何以知五祀謂門、户、井、竈、中霤也？《月令》曰「其祀户」，又曰「其祀竈」，「其祀中霤」，「其祀門」，「其祀井」。

獨大夫已上得祭之何？士者位卑禄薄，但祭其先祖耳。《禮》曰：「天子祭天地，諸侯祭山川，卿大夫祭五祀，士祭其祖。」《曲禮》曰：「天地、四時、山川、五祀，歲徧。諸侯方祀山川、五祀，歲徧。卿大夫祭五祀，士祭其先。非所當祭而祭之，名曰淫祀。淫祀無福。」

祭五祀所以歲一徧何？順五行也。故春即祭户。户者，人所出入，亦春萬物始觸户而出也。夏祭竈者，火之主，人所以自養也。夏亦火王，長養萬物。秋祭門，門以閉藏自固也。秋亦萬物成熟，内備自守也。冬祭井，井者，水之生藏在地中。❶冬亦水王，萬物伏藏。六月祭中霤。中霤者，象土在中央也。六月亦土王也。故《月令》春言「其祀户，祭先脾」，夏言「其祀竈，祭先肺」，秋言「其祀門，祭先肝」，冬言「其祀井，祭先腎」，中央言「其祀中霤，祭先心」。春祀户，

❶「在」，原作「任」，今據小字本、盧本改。

祭所以時先脾者何？脾者，土也。春木王煞土，故以所勝祭之也。是冬腎、六月心，非所勝也，以祭何？以爲土位在中央，至尊，故祭以心。心者，藏之尊者。水最卑，不得食其所勝。

祭五祀，天子諸侯以牛，卿大夫以羊，因四時牲也。一説户以羊，竈以雉，中霤以豚，門以犬，井以豕。或曰：中霤用牛，餘不得用豚。井以魚。

社稷

王者所以有社稷何？爲天下求福報功。人非土不立，非穀不食，土地廣博，不可徧敬也。五穀衆多，不可一一而祭也。故封土立社，示有土尊。稷，五穀之長，故封稷而祭之也。《尚書》曰：「乃社于新邑。」《孝經》曰：「保其社稷而和其民人，蓋諸侯之孝也。」稷者，得陰陽中和之氣，而用尤多，故爲長也。

歲再祭何？春求穀之義也。故《月令》仲春之月，「擇元日，命人社」。《援神契》曰：「仲春獲禾，報社祭稷。」

以三牲何？重功故也。《尚書》曰：「乃社于新邑，羊一，牛一，豕一。」《王制》曰：「天子社稷皆大牢，諸侯社稷皆少牢。」宗廟俱大牢，社稷獨少牢何？宗廟大牢，所以廣孝道也。社稷爲報功，諸侯一國所報者少故也。

王者、諸侯俱兩社何？俱有土之君。《禮記·三正》曰：❶「王者二社。爲天下立禮曰太社，自爲立社曰王社。諸侯爲百姓

❶「禮記三正」，盧本作「禮三正記」。

立社曰國社，自爲立社曰侯社。」太社爲天下報功，王社爲京師報功。太社尊於王社，土地久，故而報之。

王者、諸侯必有誡社何？示有存亡也。明爲善者得之，惡者失之。故《春秋公羊傳》曰：「亡國之社，奄其上，柴其下。」《郊特牲》曰：「喪國之社屋之。」自言與天地絶也。在門東，明自下之無事處也。或曰：皆當著明誡，當近君，置宗廟之牆南。《禮》曰「亡國之社稷，必以爲宗廟之屏」，示賤之也。

社稷在中門之外，外門之内何？尊而親之，與先祖同也。不置中門内何？敬之，示不褻瀆也。《論語》曰：「譬諸宮牆，不得其門而入，不見宗廟之美，百官之富。」《祭義》曰：「右社稷，左宗廟。」

大夫有民，其有社稷者，亦爲報功也。《禮・祭法》曰：「大夫成群立社，曰置社。❶」《月令》曰：「擇元日，命人社。」《論語》曰：「季路使子羔爲費宰。」「曰：有民人焉，有社稷焉。」

不謂之土何？封土爲社，故變名謂之社，別於衆土也。爲社立祀，治謂之稷，語亦自變有内外。或曰至稷，不以稷爲社。故不變其名，事自可知也。不正月祭稷何？禮不常存，養人爲用，故立其神。

社無屋何？達天地氣。故《郊特牲》曰：「太社稷必受霜露風雨，❷以達天地之氣。」社稷所以有樹何？尊而識之，使民人望見師敬之，❸又所以表功也。故《周官》

❶「社」，原作「在」，今據盧本及《禮記》改。
❷「太社稷」，盧本作「天子大社」。
❸「師」，盧本作「即」。

曰：「司社而樹之，各以土地所生。」《尚書》亡篇曰：「太社唯松，東社唯柏，南社唯梓，西社唯栗，北社唯槐。」

王者自親祭社稷何？社者，土地之神也。土生萬物，天下之所主也。尊重之，故自祭也。

其壇大何如？《春秋文義》曰：「天子之社稷廣五丈，諸侯半之。」其色如何？《春秋傳》曰：「天子有太社焉，東方青色，南方赤色，西方白色，北方黑色，上冒以黄土。故將封東方諸侯，青土，苴以白茅，謹敬潔清也。」

祭社有樂。《樂記》曰：「樂之施於金石絲竹，越於聲音，用之於宗廟社稷。」《曾子問》曰：「諸侯之祭社稷，俎豆既陳，聞天子崩，如之何？孔子曰：『廢。』」臣子哀痛之，不敢終於禮也。

禮樂

王者所以盛禮樂何？節文之喜怒。樂以象天，禮以法地。人無不含天地之氣，有五常之性者。故樂所以蕩滌，反其邪惡也。禮所防淫佚，節其侈靡也。故《孝經》曰：「安上治民，莫善於禮。移風易俗，莫善於樂。」子曰：「樂在宗廟之中，君臣上下同聽之，則莫不和敬；族長鄉里之中，❶長幼同聽之，則莫不和順；在閨門之内，父子兄弟同聽之，則莫不和親。故樂者，所以崇和順，比物飾節，節奏合以成文，所以合和父子君臣，附親萬民也。是先王立樂之意也。故聽其《雅》、《頌》之聲，志意得廣焉。

❶「族」上，盧本有「在」字。

執干戚，習俯仰屈信，容貌得齊焉。其惙兆，❶要其節奏，行列得正焉，進退得齊焉。故樂者，天地之命，中和之紀，人情之所不能免焉也。夫樂者，先王之所以飾喜也。軍旅鈇鉞，所以飾怒也。故先王之喜怒，皆得其齊焉。喜則天下和之，怒則暴亂者畏之。先王之道，禮樂可謂盛矣。」聞角聲，莫不惻隱而慈者；聞徵聲，莫不喜養好施者；聞商聲，莫不剛斷而立事者；聞羽聲，莫不深思而遠慮者；聞宮聲，莫不温潤而寬和者也。禮所揖讓何？所以尊人自損也，不争。❷《論語》曰：「揖讓而升，下而飲，其争也君子。」故「君使臣以禮，臣事君以忠」。「謙謙君子，利涉大川」，「以貴下賤，大得民也」。屈己敬人，君子之心。故孔子曰：「爲禮不敬，吾何以觀之哉？」夫禮者，陰陽之際也，百事之會也，所以尊天地，儐鬼神，序上下，正人道也。樂所以必歌者何？夫歌者，口言之也。中心喜樂，口欲歌之，手欲舞之，足欲蹈之。故《尚書》曰：「前歌後舞，假于上下。」禮貴忠何？禮者，盛不足，節有餘。使豐年不奢，凶年不儉，富貧不相懸也。樂尚雅，雅者，古正也，所以遠鄭聲也。孔子曰：「鄭聲淫何？鄭國土地民人山居谷浴，男女錯雜，爲鄭聲以相悦懌，故邪僻，聲皆淫色之聲也。」

太平乃制禮作樂何？夫禮樂所以防奢淫。天下人民飢寒，何樂之乎？功成作樂，治定制禮。樂言作，禮言制何？樂者，陽也，陽倡始，❸故言作。禮者，陰也，陰制

❶「其」上，小字本、盧本有「行」字。「惙」，盧本作「綴」。
❷「不争」上，盧本有「揖讓則」三字。
❸「陽」，盧本作「動作」。

度於陽，❶故言制。樂象陽，禮法陰也。

王者始起，何用正民？以爲且用先王之禮樂，天下太平乃更制作焉。《書》曰：「肇修殷殷禮，❷祀新邑。」此言太平去殷禮。《春秋傳》曰：「昌何爲不修乎近而修乎遠？同己也。可因先以太平也。」必復更制者，示不襲也。又天下樂之者，樂者所以象德表功殊名。《禮記》曰：「黄帝樂曰《咸池》，顓頊樂曰《六莖》，帝嚳樂曰《五英》，堯樂曰《大章》，舜樂曰《簫韶》，禹樂曰《大夏》，湯樂曰《大護》，周樂曰《大武象》，周公之樂曰《酌》，合曰《大武》。」黄帝曰《咸池》者，言大施天下之道而行之，天之所生，地之所載，咸蒙德施也。顓頊曰《六莖》者，言和律曆以調陰陽。莖者，著萬物也。帝嚳曰《五英》者，言能調和五聲，以養萬物，調其英華也。堯曰《大章》，大明天地人之道也。舜曰《簫韶》者，舜能繼堯之道也。禹曰《大夏》者，言禹能順二聖之道而行之，故曰《大夏》也。湯曰《大護》者，言湯承衰，能護民之急也。周公曰《酌》者，❸言周公輔成王，能斟酌文武之道而成之也。武王曰《象》者，象太平而作樂，示已太平也。合曰《大武》者，天下始樂周之征伐行武，故詩人歌之：「王赫斯怒，爰整其旅。」當此之時，天下樂文王之怒以定天下，故樂其武也。周室中制《象湯》樂何？❹殷紂爲惡日久，其惡最甚，斮涉刳胎，殘賊天下。武王起兵，前歌後儛，剋殷之後，民人大喜，故中作

❶「陰制度」，盧本作「繫制」。
❷「肇修殷殷禮」，小字本作「肇修稱殷禮」，盧本據《尚書·洛誥》作「肇稱殷禮」。
❸「酌」下，原有「合」字，今據盧本及上文删。
❹「湯」，盧本無此字。

所以節喜盛。

天子八佾，諸侯四佾，所以別尊卑。樂者，陽也，故以陰數，法八風、六律、四時也。八風、六律者，天氣也，助天地成萬物者也。亦猶樂所以順氣變化，萬民成其性命也。故《春秋公羊傳》曰：「天子八佾，諸公六佾，諸侯四佾。」《詩傳》曰：❶「大夫士琴瑟御。」八佾者，何謂也？佾者，列也。以八人爲行列，八八六十四人也。諸公六六爲行，諸侯四四爲行。諸公謂三公二王後。大夫士，北面之臣，非專事子民者也，故但琴瑟而已。

王者有六樂者，貴公美德也，所以作供養。傾先王之樂，明有法，示亡其本，興己所以自作樂，明作己也。

樂所以作四夷之樂何？德廣及之也。《易》曰：「先王以作樂崇德，殷薦之上帝，以配祖考。」《詩》云：「奏鼓簡簡，衎我烈祖。」《樂元語》曰：「受命而六樂，樂先王之樂，明有法也。與其所自作，❷明有制。興四夷之樂，明德廣及之也。故南夷之樂曰《兜》，西夷之樂曰《禁》，北夷之樂曰《昧》，東夷之樂曰《離》。❸合觀之樂儛於堂，❹四夷之樂陳於右，先王所以得之順命重始也。❺」此言以文得之先以文，❻謂持羽毛儛也。以武得之，持干戚儛也。《樂元語》

❶「傳」，原脱，今據盧本補。

❷「與」，盧本作「興」。

❸「南夷」至「曰離」，盧本據《禮記·明堂位》疏作「東夷之樂曰朝離，南夷之樂曰南，西夷之樂曰味，北夷之樂曰禁」。

❹「觀」，陳立《疏證》作「歡」。

❺此句下，盧本據《藝文類聚》引補「王者之樂有先後者，各尚其德也」十三字。

❻上「文」字，原作「人」，今據盧本及下文文例改。

曰：「東夷之樂持矛舞，助時生也。南夷之樂持羽舞，助時養也。西夷之樂持戟舞，助時煞也。北夷之樂持干舞，助時藏也。」誰制夷狄之樂？以爲先聖王也。先王惟行道德，❶和調陰陽，覆被夷狄。故夷狄安樂，來朝中國，於是作樂樂之。南之爲言任也，任養萬物。味之爲言昧也，昧者，萬物老衰。❷禁者，萬物禁藏。侏離者，❸萬物微離地而生。一説：東方持矛，南方歌，西方戚，北方擊金。夷狄質，不如中國，中國文章，但隨物名之耳，故百王不易。

王者制夷狄樂，❹不制夷狄禮何？以爲禮者，身當履而行也。夷狄之人，不能行禮。樂者，聖人作爲以樂之耳。故有夷狄樂也。殊爲舞者？❺以爲使中國人，何以言之？夷狄之人禮不備，恐有過誤也。作之門外者何？夷在外，故就之也。夷狄無禮義，故不在内。《明堂記》曰：「九夷之國，在東門之外。」所以知不在門内也。《明堂記》曰：「禹納蠻夷之樂於太廟。」言納，明有入也。曰四夷之樂者，何謂也？以爲四夷外無禮義之國，數夷狄者從東，故舉本以爲之總名也。言夷狄者，舉終始也。言蠻，舉遠也。言貉，舉惡也。則别之，東方爲九夷，南方爲八蠻，西方爲六戎，北方爲五狄。故《曾子問》曰：「九夷、八蠻、六戎、五狄，百姓之難至者也。」何以知夷在東方？《禮·王制》曰：「東方曰夷，被髮文身。」又曰：「南方曰蠻，雕題交趾。西方曰

❶「惟」，盧本作「推」。
❷此句下，盧本補「取晦昧之義也」六字。
❸「侏」，盧本作「朝」。
❹「王者」，原作「戚二者」，今據盧本改。
❺「殊」，盧本作「誰」。

戎，被髮衣皮。北方曰狄，衣羽毛，穴居。」東所以九何？蓋來者過，❶九之爲言究也。德偏究，故應德而來亦九也。非故爲之，道自然也。何以名爲夷蠻？曰：聖人本不治外國，非爲制名也，因其國名而言之耳。一説，曰：名其短而爲之制名也。夷者，傅狄無禮義。東方者，少陽易化，故取名也。北方太陰，鄙郄，故少難化，蠻，蟲，❷執心違邪。戎者，强惡也。狄者，易也，辟易無別也。

歌者在堂上，舞在堂下何？歌者象德，舞者象功，❸君子上德而下功。《郊特牲》曰：「歌者在上。」《論語》曰：「季氏八佾舞於庭。」《書》「下管鞀鼓」，「笙鏞以間」。

降神之樂在上何？爲鬼神舉。故《書》曰：「戛擊鳴球，搏拊琴瑟以詠，祖考來格。」何以用鳴球搏拊者何？鬼神清虚，貴淨賤鏗鏘也。故《尚書大傳》曰：「搏拊鼓，振以秉。❹琴瑟練絲朱絃。」鳴者，貴玉聲也。

王者食所以有樂何？樂食天下之太平，富積之饒也。明天子至尊，非功不食，非德不飽。故《傳》曰：「天子食，時舉樂。」王者所以日食者何？明有四方之物，食四時之功也。四方不平，四時不順，有徹樂之法焉。所以明至尊、著法戒也。王平居中央，制御四方。平旦食，少陽之始也。晝食，太陽之始也。晡食，少陰之始也。暮食，太陰之始也。《論語》曰：「亞飯干適

❶「來者過」，盧本作「來過者九」。

❷「難」上，原有「蠻蟲」二字，今據盧本移在下「執心違邪」上。「北方」至「難化」，盧本移在段末「無別也」之後。

❸「功」，原脱，今據小字本、盧本補。

❹「振以秉」，盧本作「裝以穅」。

楚，三飯繚適蔡，四飯缺適秦。」諸侯三飯，卿大夫再飯，尊卑之差也。《弟子職》「暮食士偃禮」，❶士也。食力無數，庶人職在耕桑，戮力勞役，飢即食，❷飽即作，故無數。

禮樂者，何謂也？禮之爲言履也，可履踐而行。樂者，君子樂得其道，小人樂得其欲。聲者何謂？聲，鳴也，聞其聲即知其所生。音者，飲也，言其剛柔清濁和而相飲也。《尚書》曰：「予欲聞六律、五聲、八音。」五聲者，何謂也？宫、商、角、徵、羽。土謂宫，金謂商，木謂角，火謂徵，水謂羽。《月令》曰：「盛德在木」，「其音角」。又曰：「盛德在火」，「其音徵」。「盛德在金」，「其音商」。「盛德在水」，「其音羽」。所以名之爲角者，躍也，陽氣動躍。徵者，止也，陽氣止。商者，張也，陰氣開張，陽氣始降也。羽者，紆也，陰氣在上，陽氣在下。宫者，容也，含也，含容四時者也。八音者，何謂也？《樂記》曰：「土曰塤，竹曰管，皮曰鼓，匏曰笙，絲曰絃，石曰磬，金曰鐘，木曰柷敔。」此謂八音也。法《易》八卦也，萬物之數也。八音，萬物之聲也。所以用八音何？天子承繼萬物，當知其數。既得其數，當知其聲，即思其形。如此，蜎飛蠕動無不樂其音者，至德之道也。天子樂之，故樂用八音。《樂記》曰：「壎，坎音也。管，艮音也。鼓，震音也。絃，離音也。鐘，兑音也。柷敔，乾音也。壎在十一月，壎之爲言勳，陽氣於黄泉之下勳蒸而萌。匏之言施也，在十二月，萬物始施而勞。笙者，太蔟之氣，象萬物之生，故曰笙。有七正之節

❶「士偃」，盧本作「復」。
❷「飢」，原作「飯」，今據小字本、盧本改。

焉，有六合之和焉，天下樂之，故謂之笙。鼓，震音，煩氣也，萬物憤懣震動而生，❶雷以動之，温以煖之，風以散之，雨以濡之，奮至德之聲，感和平之氣也，同聲相應，同氣相求，神明報應，天地祐之，其本乃在萬物之始耶？故謂鼓也。鞀者，震之氣也，上應卯星，以通王道，故謂之鞀也。簫者，中之氣。❷萬物生於無聲，見於無形，僇也，簫也，故謂之簫。簫者，以祿爲本，言承天繼物爲民本，人力加，地道化，然後萬物戮也。故謂之簫也。瑟者，嗇也，閑也，所以懲忽宮、商、角則宜，❸君父有節，臣子有義，然後四時和。四時和，然後萬物生。故謂之瑟也。琴者，禁也，所以禁止淫邪，正人心也。磬者，夷則之氣也，象萬物之盛也。其氣磬。故曰：磬有貴賤焉，有親踈焉，有長幼焉。朝廷之禮，貴不讓賤，所以有尊卑也。鄉黨之禮，長不讓幼，所以明有年也。宗廟之禮，親不讓踈，所以有親也。此三者行，然後王道得，王道得，然後萬物成，天下樂用磬也。❹鐘之爲言動也，陰氣用事，萬物動成。鐘爲氣，用金聲也。鎛者，時之氣聲也，節度之所生也。君臣有節度則萬物昌，無節度則萬物亡，亡與昌正相迫，故謂之鎛。柷敔者，終始之聲，萬物之所生也。陰陽順而復，故曰柷。承順天地，序迎萬物，天下樂之，故樂用柷。柷，始也。敔，終也。一說，笙、柷、鼓、簫、瑟、塤、鐘、磬也，如其次。笙在北方，柷在東北方，鼓在東方，琴

❶「生」，盧本作「出」。

❷「中」下，盧本據《御覽》補「吕」字。

❸「懲忽」至「則宜」，盧本據《御覽》作「懲忿窒欲，正人之德也。故曰：瑟有君父之節，臣子之法」。

❹「樂」下，盧本有「之故樂」三字。

在南方，塤在西南方，鐘在西方，磬在北方。聲五、音八何？聲爲本，出於五行，音爲末，象八風。故《樂記》曰「聲成文謂之音，知音而樂之謂之樂」也。

問曰：異説並行，則弟子疑焉。孔子有言：「吾聞擇其善者而從之。多見而志之也，知之次也。」「文武之道，未墜於地」。「天之將喪斯文也」。「樂亦在其中矣」。聖人之道，猶有文質，所以據其説，❶述所聞者，亦各傳其所受而已。

白虎通德論卷第二

❶「據」，盧本作「擬」。

白虎通德論卷第三

臣班固纂集

封公侯

王者所以立三公九卿何？曰：天雖至神，必因日月之光。地雖至靈，必有山川之化。聖人雖有萬人之德，必須俊賢，三公、九卿、二十七大夫、八十一元士，以順天成其道。司馬主兵，司徒主人，司空主地。王者受命爲天地人之職，故八職以置三公，❶各主其一，以効其功。一公置三卿，故九卿也。天道莫不成於三：天有三光，日、月、星；地有三形，高、下、平；人有三尊，君、父、師。故一公三卿佐之，一卿三大夫佐之，一大夫三元士佐之。天有三光，然後而能遍照，各自有三，法物成於三，有始、有中、有終，明天道而終之也。三公、九卿、二十七大夫、八十一元士，凡百二十官，下應十二子。《别名記》曰：「司徒典民，司空主地，司馬順天。」天者施生，所以主兵何？兵者，爲諸除害也，所以全其生，衛其養也，故兵稱天。寇賊猛獸，皆爲除害者所主也。《論語》曰：「天下有道，則禮樂征伐自天子出。」司馬主兵，言馬者，馬陽物，乾之所爲，行兵用焉。不以傷害爲度，故言馬也。司徒主人，不言徒人者，徒，衆也，重民。司空主土，不言土言空者，空尚主之，何况於實。以微見著。

❶「八」，盧本作「分」。

王者主三公、九卿、二十七大夫，足以教道照幽隱，必復封諸侯何？重民之至也。善惡比而易故知，❶擇賢而封之，使治其民，以著其德，極其才。上以尊天子，備蕃輔。下以子養百姓，施行其道。開賢者之路，謙不自專，故列土封賢，因而象之，象賢重民也。

州伯何謂也？伯，長也，選擇賢良，使長一州，故謂之伯也。《王制》曰：「千里之外設方伯。五國以爲屬，屬有長。十國以爲連，連有率。三十國以爲卒，卒有正。二百一十國以爲州，州有伯。」唐、虞謂之牧何？尚質。使大夫往來牧諸侯，故謂之牧。旁立三人，凡十二人。《尚書》曰：「咨十有二牧。」何知堯時十有二州也？以《禹貢》言九州也。王者所以有二伯者，分職而授政，欲其亟成也。《王制》曰：「八伯各以其屬屬於天子之老，曰二伯。」《詩》云：「蔽芾甘棠，勿剪勿伐，邵伯所茇。」《春秋公羊傳》曰：「自陝已東，周公主之；自陝已西，邵公主之。」不分南北何？東方被聖人化日少，西方被聖人化日久，故分東西，使聖人主其難者，賢者主其易者，乃俱到太平也。❷又欲令同有陰陽寒暑之節，共法度也。所分陝者，是國中也。若言面，八百四十國矣。

諸侯有三卿者，分三事也；五大夫者，下天子。《王制》曰：「大國三卿，皆命於天子；下大夫五人，上士二十七人。」次國三卿，二卿命於天子，一卿命於其君。」「小國二卿，皆命於其君」。大夫悉同。《禮・王

❶「故知」，盧本作「知故」。

❷「到」，盧本作「致」。

度記》曰：「子男三卿，一卿命於天子。」

諸侯封不過百里，象雷震百里所潤雨同也。雷者，陰中之陽也，諸侯象也。諸侯比王者爲陰，南面賞罰爲陽，法雷也。七十里、五十里，差德功也。故《王制》曰：「凡四海之内九州，州方千里，建百里之國二十，七十里之國六十，五十里之國百有二十。」「名山大澤不以封，其餘以爲附庸間田」。天子所治方千里，此平土三千，并數邑居、山川至五十里。名山大澤不以封者，與百姓共之，不使一國獨專也。山木之饒，水泉之利，千里相通，所均有無，贍其不足。制土三等何？因土地有高、下、中。

王者即位，先封賢者，憂人之急也。故列土爲疆，非爲諸侯；張官設府，非爲卿大夫。皆爲民也。《易》曰：「利建侯。」此言因所利故立之。《樂記》曰：「武王克殷反商，下車封夏后氏之後於杞，殷人之後於宋，封王子比干之墓，釋箕子之囚。」天下太平，乃封親屬者，示不私也。即不私封之何？「普天之下，莫非王土，率土之賓，莫非王臣。」海内之衆已盡得使之，不忍使親屬無短足之居，一人使封之，親親之義也。以《尚書》封康叔，據平安也。王者始起，封諸父昆弟，與己共財之義，故可與共土。一說，諸父不得封諸侯，二十國厚有功，象賢，以爲民也。賢者子孫類多賢。又卿不世位，爲其不子愛百姓，各加一功，以虞樂其身也。受命不封子者，父子手足，無分離異財之義。至昆弟皮體有分別，❶故封之也。以舜封弟象有比之野也。

封諸侯以夏何？陽氣盛養，故封諸

❶「皮」，盧本作「支」。

侯，盛養賢也。封立人君，陽德之盛者。《月令》曰：「孟夏之月，行賞，封諸侯，慶賜，無不欣悦。」

何以言諸侯繼世？以立諸侯象賢也。大夫不世位何？股肱之臣任事者也，爲其專權擅勢，傾覆國家。又曰：孫苟中庸，❶不任輔政，妨塞賢，故不世世。故《春秋公羊傳》曰：「譏世，世，非禮也。」諸侯世位，大夫不世，安法？所以諸侯南面之君，體陽而行，陽道不絶；大夫人臣北面，體陰而行，陰道絶。以男生内嚮，有留家之義；女生外嚮，有從夫之義。此陽不絶，陰有絶之効也。

國在立太子者，防篡煞，壓臣子之亂也。《春秋》之弑太子，罪與弑君同。《春秋》曰「弑其君之子奚齊」，明與弑君同也。君薨，適夫人無子，有育遺腹，必待其産立之何？尊適重正也。《曾子問》曰：「立適以長不以賢何？以言爲賢不肖不可知也。」《尚書》曰：「惟帝其難之。」立子以貴不以長，防愛憎也。《春秋》曰「適以長不以賢，立子以賢不以長」也。❷

始封諸侯無子死，不得與兄弟何？古者象賢也，弟非賢者子孫。《春秋傳》曰「善善及子孫」，不言及昆弟。昆弟尊同，無相承養之義。以閔公不繼莊公也，❸昆弟不相繼之義。至繼體諸侯，無子得及親屬者，以其俱賢者子孫也，重其先祖之功，故得及之。

《禮·服傳》曰：「大宗不可絶，同宗則

❶「苟中」，小字本、盧本作「首也」。
❷「春秋」下，盧本有「傳」字；「適」上，盧本有「立」字。
❸此句盧本删。

可以爲後爲人作子何？明小宗可以絶，大宗不可絶。故舍己之父，往爲後於大宗。所以尊祖重不絶大宗也。」《春秋傳》曰：「爲人後者爲人子者。」繼世諸侯無子，又無弟，但有諸父庶兄，當誰與庶兄，❶推親之序也。

王者受命而作，興滅國，繼絶世何？爲先王無道，妄煞無辜；及嗣子幼弱，爲强臣所奪，子孫皆無罪囚而絶，重其先人之功，故復立之。《論語》曰：「興滅國，繼絶世。」誅君之子不立者，義無所繼也。諸侯世位，象賢也。今親被誅絶也。《春秋傳》曰：「誅君之子立。」君見弑，其子得立何？所以尊君，防篡弑。《春秋經》曰「齊無知殺其君」，❷貴妾子公子糾當立也。

大夫功成未封，子得封者，善善及子孫也。《春秋傳》曰：「賢者子孫宜有土地也。」

周公不之魯何？爲周公繼武王之業也。《春秋傳》曰：「周公曷爲不之魯？欲天下一于周也。」《詩》云：「王曰叔父，建爾元子，❸俾侯于魯。」周公身薨，天爲之變，成王以天子之禮葬之，命魯郊，以明至孝，天所興也。

京師

王者必即土中者何？所以均教道，平往來，使善易以聞，爲惡易以聞，明當懼慎，損於善惡。《尚書》曰：「王來紹上帝，自服於土中。」聖人承天而制作。《尚書》曰：

❶「與庶」，原倒，今據盧本乙正。
❷「春秋」下，原有「繼」字，今據盧本删。
❸「元」，原作「無」，今據小字本、盧本及《毛詩》改。

「公不敢不敬天之休，來相宅。」

周家始封於何？后稷封於邰，公劉去邰之邠。《詩》云：「即有台家室。」又曰：「篤公劉，于邠斯觀。」周家五遷，其意一也，皆欲成其道也。時寧先皇者，❶不以諸侯移，必先請從然後行。

京師者，何謂也？千里之邑號也。京，大也。師，衆也。天子所居，故大衆言之。明諸侯，❷法日月之徑千里。《春秋傳》曰：「京曰天子之居也。」《王制》曰：「天子之田方千里。」

或曰：夏曰夏邑，殷曰商邑，周曰京師。《尚書》曰「率割夏邑」，謂桀也。「在商邑」，謂殷也。

《王制》曰：❸「天子三公之田視公、侯，卿視伯，大夫視子、男，士視附庸。上農夫食九人，其次食八人，其次食七人，其次食六人。下農夫食五人。庶人在官者以是爲差也。諸侯之下士視上農夫，禄足以代其耕也。中士倍下士，上士倍中士，下大夫倍上士。卿四大夫禄，君十卿禄。次國之卿，三大夫禄，君十卿禄。小國之卿，倍上大夫禄，君十卿禄。天子之縣内，有百里之國九，七十里之國二十一，五十里之國六十三，凡九十三國。名山大澤不以封。其餘以禄士，以爲間田。」

諸侯入爲公卿大夫，得食兩家菜不？曰：有能，然後居其位；德加於人，然後食其禄，所以尊賢、重有德也。今以盛德人輔

❶「皇」，盧本作「白王」。
❷「明」下，盧本據《御覽》補「什倍」二字。
❸「王制」上，盧本有「禄者録也上以收録接下下以名録謹以事上」十八字。

佐，兩食之何？❶《王制》曰：「天子縣内諸侯，禄也；外諸侯，嗣也。」

天子太子食菜者，儲君，嗣主也，當有土以尊之也。太子食百里，與諸侯封同。故《禮》曰：「公士大夫子子也。」無爵而在大夫上，故百里也。

公卿大夫皆食菜者，示與民同有無也。

五行

五行者，何謂也？謂金、木、水、火、土也。言行者，欲言爲天行氣之義也。地之承天，猶妻之事夫，臣之事君也。謂其位卑，卑者親事，故自周於一行尊於天也。❷《尚書》：「一曰水，二曰火，三曰木，四曰金，五曰土。」水位在北方，北方者，陰氣，在黄泉之下，任養萬物。水之爲言准也，❸陰化沾濡任生木。❹木在東方，東方者，陰陽氣始動，萬物始生。木之爲言觸也，陽氣動躍。❺火在南方，南方者，陽在上，萬物垂枝。火之爲言委隨也。言萬物布施；火之爲言化也，陽氣用事，萬物變化也。金在西方，西方者，陰始起，萬物禁止。金之爲言禁也，土在中央者，主吐含萬物，土之爲言吐也。何知東方生？《樂記》曰：「春生夏長，秋收冬藏。」土所以不名時，地，土別名也，比於五行最尊，故不自居部職也。《元命包》曰：「土之爲位而道在，故大不預化，人主不任部職。」

❶「何」，盧本刪。
❷「周」，盧本據《御覽》改爲「同」。
❸「准」，原作「淮」，今據小字本、盧本改。
❹此句，盧本作「養物平均有准則也」。
❺「動躍」下，盧本補「觸地而出也」五字。

五行之性，或上或下何？火者，陽也，尊，故上。水者，陰也，卑，故下。木者少陽，❶金者少陰，有中和之性，故可曲可直，從革。土者最大，苞含物，將生者出者將歸者，❷不嫌清濁爲萬物。《尚書》曰：「水曰潤下，火曰炎上，木曰曲直，金曰從革，土爰稼穡。」五行所以二陽三陰何？土尊，尊者配天；金、木、水、火，陰陽自偶。

水味所以鹹何？是其性也，所以北方鹹者，萬物鹹與所以堅之也，猶五味得鹹乃堅也。木味所以酸者何？東方萬物之生也，酸者以達生也，猶五味得酸乃達也。火味所以苦何？南方主長養，苦者所以長養也，猶五味須苦可以養也。金味所以辛何？西方煞傷成物，辛所以煞傷之也，猶五味得辛乃委煞也。土味所以甘何？中央者，中和也，故甘，猶五味以甘爲主也。《尚書》曰：「潤下作鹹，炎上作苦，曲直作酸，從革作辛，稼穡作甘。」北方其臭朽者何？北方水，萬物所幽藏也。又水者受垢濁，故臭腐朽也。東方者，木也，萬物新出地中，故其臭羶。南方者，火也，❸盛陽承動，故其臭焦。西方者，金也，萬物成熟始復諾，故其臭腥。中央，土也，主養，故其臭香也。《月令》曰：「東方其臭羶，南方其臭焦，中央其臭香，西方其臭腥，北方其臭朽。」所以名之爲東方者，動方也，萬物始動生也。南方者，任養之方，萬物懷任也。西方者，遷方也，萬物遷落也。北方者，伏方也，萬物伏藏也。

❶「木」，原作「水」，今據盧本及上下文改。
❷「將生」至「歸者」，盧本作「將生者出，將歸者入」。
❸「火」，原作「水」，今據小字本、盧本改。

少陽見寅，寅者，演也。律中大簇，律之言率，所以率氣令生也。卯者，❶茂也，律中夾鐘。衰於辰，辰，震也。律中姑洗。其日甲乙者，萬物孚甲也；乙者，物蕃屈有節欲出。時爲春，春之爲言偆，偆，動也。位在東方，其色青，其音角。角者，氣動耀也。其帝太皞。皞者，大起萬物擾也。其神勾芒者，物之始生，其精青龍。芒之爲言萌也，陰中陽故。太陽見於巳，巳者，物必起。律中仲吕。壯盛於午，午，物滿長。律中蕤賓。衰於未，未，味也。律中林鐘。其日丙丁者，其物炳明，丁者，强也。時爲夏，夏之言大也。位在南方，其色赤，其音徵，徵，止也，陽度極也。其帝炎帝者，太陽也。其神祝融。祝融者，屬續。其精爲鳥，《離》爲鸞，故少陰見於申，申者，身也。律中夷則。壯於酉，酉者，老物收斂。律中南吕。衰於戌，戌者，滅也，律中無射。無射者，無聲也。其日庚辛，庚者，物更也；辛者，陰始成。時爲秋，秋之爲言愁亡也。❷其位西方，其色白，其音商，商者，强也。其帝少皞，少皞者，少斂也。其神蓐收，蓐收者，縮也。其精白虎，虎之爲言搏討也。故太陰見於亥，亥者，仰也。❸律中應鐘。壯於子，於子者，孳也。律中黄鐘。衰於丑，丑者，紐也。律中大吕。其日壬癸，壬者，陰始任；癸者，揆，揆度，可揆度也。時爲冬，冬之爲言終也。其位在北方，其音羽。羽之爲言舒，言萬物始孳。其帝顓頊，顓頊者，寒縮也。其神玄冥，玄冥者，入冥也。其精

❶「卯」上，盧本有「盛於卯」三字。
❷「亡」，盧本删。
❸「仰」，盧本作「偐」。

玄武，掩起離體泉，龜蛟珠蛤。土爲中宮。其日戊己，戊者，茂也；己，抑屈起。其音宫。宫者，中也。其帝黄帝，其神后土。

《月令》云十一月律謂之黄鍾何？中和之色。鍾者，動也，言陽氣動於黄泉之下，動養萬物也。十二月律之謂之大吕何？大，大也；吕者，拒也，言陽氣欲出，陰不許也。吕之爲言拒者，旅抑拒難之也。正月律謂之太蔟何？太亦大也，蔟者湊也，言萬物始大，湊地而出也。二月律謂之夾鍾何？夾者，孚甲也，言萬物孚甲，種類分也。三月謂之姑洗何？姑者，故也；洗者，鮮也，言萬物皆去故就其新，莫不鮮明也。四月謂之仲吕何？言陽氣極將彼，❶故復中難之也。五月謂之蕤賓，蕤者，下也；賓者，敬也，言陽氣上極，陰氣始賓敬之也。六月謂之林鍾何？林者，衆也，萬物成熟，種類衆多。七月謂之夷則何？夷，傷；則，法也，言萬物始傷，被刑法也。八月謂之南吕何？南者，任也，言陽氣尚有，任生薺麥也，故陰拒之也。九月謂之無射何？射者，終也，言萬物隨陽而終也，當復隨陰起，無有終已。十月謂之應鍾何？鍾，動也，言萬物應陽而動下藏也。

五行所以更王何？以其轉相生，故有終始也。木生火，火生土，土生金，金生水，水生木。是以木王，火相，土死，金囚，水休。王所勝老死，囚，故王者休。木王、火相何以知爲臣？❷土所以死者，子爲父報仇者也。五行之子慎之物歸母，木王、火相，金成，其火燋金，金生水，水滅火，報其

❶「極將彼」，盧本據《史記正義》改作「將極中充大也」。
❷「木」，原作「見」，今據盧本及下文改。

理。火生土，土則害水，莫能而禦。五行所以相害者，天地之性，❶衆勝寡，故水勝火也；精勝堅，故火勝金；剛勝柔，故金勝木；專勝散，故木勝土；實勝虚，故土勝水也。火陽，君之象也；水陰，臣之義也。臣所以勝其君何？此謂無道之君也，故爲衆陰所害，猶紂王也。是使水得施行，金以蓋之，土以應之，欲温則温，欲寒亦何從得害火乎？曰：五行各自有陰陽。木生火，所以還燒其母何？曰：金勝木，火欲爲木害金，金者堅强難消，故母以遜體助火燒金，此自欲成子之義。又陽道不相離，故爲兩盛，火死，子乃繼之。木王所以七十二日何？土王四季各十八日，合九十日爲一時，王九十日。土所以王四季何？木非土不生，火非土不榮，❷金非土不成，水無土不高，土扶微助衰，歷成其道，故五行更王，亦須土也。王四季，居中央，不名時。五行何以知同時起丑訖義相生？《傳》曰：「五行並起，赴各以名別。」陽生陰煞，火中無生物，水中反有生物何？生者以內，火陰在內，故不生也。水火獨一種，金木多品何？以爲南北陰陽之極也，得其極，故一也。東西非其極也，故非一也。水木可食，金火土不可食何？木者陽，陽者施生，故可食；火者陰在內，金者陰嗇烝，故不可食。火水所以殺人何？水盛氣也，故入而殺人。火陰在內，故殺人壯於水也。金木微氣，故不能自殺人也。火不可入其中者，陰在內也，入則殺人矣。水土陽在內，故可入其中。金木微氣也，精密不可得入也。水火不可

❶「天」，原作「大」，今據小字本、盧本改。

❷「榮」，小字本作「熒」。

加人功爲用，金木加人功何？火者盛陽，水者盛陰者也。氣盛不變，故不可加人功爲人用，金木者不能自成，故須人加功以爲人用也。五行之性，火熱水寒，有温水，無寒火何？明臣可以爲君，君不可更爲臣。五行常在，火乍亡何？水太陰也，刑者故常在。金少陰，木少陽，微氣無變，故亦常在。火太陽精微，人君之象，象尊常藏，猶天子居九重之内，臣下衞之也。藏於木者，依於仁也。木自主金，❶須人取之乃成，陰卑不能自成也。木所以浮，金所以沉何？子生於母之義。肝所以沉，肺所以浮何？有知者尊其母也。一説，木畏金，金之妻庚，受庚之化，木者法其本，柔可曲直，故浮也。肝法其化，直故沉。五行皆同義。

天子所以内明而外昧，人所以外明而内昧何？明天人欲相嚮而治也。行有五，時有四何？四時爲時，五行爲節。故木王即謂之春，金王即謂之秋，土尊不任職，君不居部，故時有四也。子不肯禪何法？法四時火不興土而興金也。父死子繼何法？法木終火王也。兄死弟及何法？法夏之承春也。善善及子孫何法？法春生待夏復長也。惡惡止其身何法？法秋煞不待冬也。主幼臣攝政何法？法土用事於季、孟之間也。子之復讎何法？法土勝水，水勝火也。子順父，臣順君，妻順夫，何法？法地順天也。男不離父母何法？法火不離木也。女離父母何法？法水流去金也。娶妻親迎何法？法日入，陽下陰也。君讓臣何法？法月三十日，名其功也。善稱君，過稱己，何法？法陰陽共叙共生，陽名

❶「主」，盧本作「生」。

生，陰名煞。臣有功，歸於君何法？法歸明於日也。臣法君何法？法金正木也。子諫父何法？法火揉直木也。臣諫君不從則去，何法？法水潤下達於上也。君子遠子近孫，何法？法木遠火近土也。親屬臣諫不相去，何法？法水木枝葉不相離也。父爲子隱何法？法木之藏火也。子爲父隱何法？法水逃金也。君有衆民何法？法天有衆星也。王者賜，先親近後踈遠，何法？法天雨高者先得之也。長幼何法？法四時有孟、仲、季也。朋友何法？法水合流相承也。父母生子養長子何法？法水生木長大也。子養父母何法？法夏養長木，此火養母也。不以父命廢主命，何法？法金不畏土而畏火。陽舒陰急何法？法日行遲，月行疾也。有分土，無分民，何法？法四時各有分，而所生者通也。若言東，❶東方，天下皆生也。君一娶九女何法？法九州，象天之施也。不娶同姓何法？法五行異類乃相生也。子喪父母何法？法木不見水則憔悴也。喪三年何法？法三年一閏，天道終也。父喪子，夫喪妻，何法？法一歲物有終始，天氣亦爲之變也。年六十閉房何法？法六月陽氣衰也。人有五藏六府何法？法五行六合也。人目何法？法日月明也。日照晝，月照夜，人目所不更照何法？目亦更用事也。王者監二王之後何法？法木須金以正，須水以潤也。明王先賞後罰何法？法四時先生後煞也。

白虎通德論卷第三

❶「東」，小字本作「春」。

白虎通德論卷第四

臣班固纂集

三軍

國有三軍何？所以戒非常，伐無道，尊宗廟，重社稷，安不忘危也。何以言有三軍也？《論語》曰：「子行三軍，則誰與？」《詩》云：「周王于邁，六師及之。」三軍者何法？法天、地、人也。以爲五人爲伍，五伍爲兩，四兩爲卒，五卒爲旅，五旅爲師，師二千五百人，師爲一軍，六師一萬五千人也。《傳》曰：「一人必死，十人不能當。百人必死，千人不能當。千人必死，萬人不能當。萬人必死，横行天下。」雖有萬人，猶謙讓自以爲不足，故復加五千人，❶因法月數。月者，群陰之長也。十二足以窮盡陰陽，❷備物成功，二千人亦足以征伐不義，❸致太平也。《穀梁傳》曰：「天子有六軍，諸侯上國三軍，次國二軍，下國一軍。」諸侯所以一軍者何？諸侯，蕃屏之臣也，任兵革之重，距一方之難，故得有一軍。

王者征伐，所以必皮弁素幘何？伐者凶事，素服示有悽愴也；伐者質，故衣古服。《禮》曰：「三王共皮弁素幘。」服亦皮素幘。又招虞人亦皮弁，知伐亦皮。

王者將出，辭於禰，還格祖禰者，言子

❶「五」，盧本作「二」，當是。
❷「十二」下，盧本有「月」字，當是。
❸「二千」上，盧本有「萬」字，當是。

辭面之禮，尊親之義也。《王制》曰：「王者將出，類于上帝，宜于社，造于禰。」《尚書》曰：「歸假于藝祖。」出所以告天，至告祖，無二。元后廟後告者，示不敢留尊者之命也。告天何？示不敢自專，非出辭反面之道也。與宗廟異義。還不復告天者，天道質，無内外，故不復告也。《尚書》言「歸假于祖禰」，不見告於天，知不告也。

王者受命，質家先伐，文家先正何？質家之天，命己也，使己也誅無道。❶今誅得，爲王，故先伐。文家言天命已成，爲王者乃得誅伐王者耳。故先改正朔也。又改正朔者，文代其質也。文者先其文，質者先其質。故《論語》曰：「予小子履，敢昭告于皇天上帝。」此湯伐桀告天，用夏家之法也。❷《詩》云：「命此文王，于周于京。」此言文王誅伐，故改號爲周，易邑爲京也。明天著忠臣孝子之義也。湯親北面稱臣而事桀，不忍相誅也。《禮》曰：「湯放桀，武伐紂，時也。」

王法天誅者，天子自出者，以爲王者乃天之所立，而欲謀危社稷，故自出，重天命也。犯王法，使方伯誅之。《尚書》曰：「命予惟恭行天之罰。」此所以言開自出伐有扈也。《王制》曰：「賜之弓矢，乃得專征伐。」犯王誅者也。

大夫將兵出，必不御者，欲盛其威，使士卒一意繫心也。故但聞將軍令，不聞君命也，明進退大夫也。❸《春秋傳》曰：「此受命于君，如伐齊則還何？大其不伐喪

❶「質家」至「無道」，盧本作「質家言天命已使己誅無道」。

❷「夏」，原作「憂」，今據盧本改。

❸「退」下，盧本有「在」字。

也。」「大夫以君命出，進退在大夫也」。

天子遣將軍必於廟何？示不敢自專也。獨於祖廟何？制法度者，祖也。《王制》曰：「受命于祖，受成於學。」此言於祖廟命遣之也。❶

王法年卅受兵何？❷重不絶人嗣也。師行不必勝，故須其有世嗣。年六十歸兵者何？不忍並鬬人父子也。《王制》曰：「六十不預服戎。」又曰：「八十一子不從政，九十家不從政，父母之喪，三年不從政，齊衰大功，三月不從政，廢疾非人不養者，一人不從政。」

古者師出不踰時者，爲怨思也。天道一時生，一時養。人者，天之貴物也，踰時則內有怨女，外有曠夫。《詩》云：「昔我往矣，楊柳依依；今我來思，雨雪霏霏。」《春秋》曰：「宋人取長葛。」《傳》曰：「外取邑不書，此何以書？久也。」

王者有三年之喪，夷狄有內侵，伐之者，重天誅，爲宗廟社稷也。《春秋傳》曰：「天王居于狄泉。」《傳》曰：「此未三年，其稱天王何？著有天子也。」

誅伐

誅不避親戚何？所以尊君卑臣，强幹弱枝，明善惡善惡之義也。《春秋傳》曰：「季子煞其母兄，何善？示誅不避母兄，君臣之義。」《尚書》曰「肆朕誕以爾東征」，誅弟也。

諸侯有三年之喪，有罪且不誅何？君

❶「之」下，盧本有「義」字。

❷「卅」，原作「此」，今據盧本改。

子恕己，哀孝子之思慕，不忍加刑罰。《春秋》曰：「晉士丐帥師侵齊，至穀，聞齊侯卒，乃旋。」《傳》曰：「大其不伐喪也。」

諸侯之義，非天子之命，不得動衆起兵誅不義者，所以强榦弱枝，尊天子，卑諸侯。《論語》曰：「天下有道，則禮樂征伐自天子出。天下無道，則禮樂征伐自諸侯出。」世無聖賢，方伯諸侯有相滅者，❶力能救者可也。❷《論語》曰：「陳恒弑其君，孔子沐浴而朝，請討之。」王者侯之子，篡弑其君而立，臣下得誅之者，廣討賊之義也。《春秋傳》曰：「臣弑君，臣不討賊，非臣也。」又曰：「蔡世子班弑其君，楚子誅之。」

王者受命而起，諸侯有臣弑君而立，當誅君身死，子不得繼者，以其逆，無所天也。❸《詩》云：「毋封靡于爾邦，惟王其崇之。」此言追誅大罪也。或盜天子土地，自立爲諸侯，絶之而已。

父煞其子當誅何？以爲天地之性人爲貴，人皆天所生也，託父母氣而生耳。王者以養長而教之，故父不得專也。《春秋傳》曰：「晉侯煞世子申生。」不出蔡。❹

佞人當誅何？爲其亂善行，傾覆國政。《韓詩内傳》：「孔子爲魯司寇，先誅少正卯，謂佞道已行，亂國政也。佞道未行章明，遠之而已。」《論語》曰：「放鄭聲，遠佞人。」

子得爲父報讎者，臣子於君父，其義一也。忠臣孝子所以不能已，以恩義不可奪也。故曰：「父之讎不與共天下，兄弟之讎不與共國，朋友之讎不與同朝，族人之讎不

❶「世無聖賢方伯」，盧本作「上無天子，下無方伯」。
❷「力能救者可也」，盧本作「力能救之，則救之可也」。
❸「天」，盧本作「承」。
❹「不出蔡」，盧本據《公羊傳》作「直稱君者，甚之也」。

共鄰。」故《春秋傳》曰：「子不復讎非子。」《檀弓》記子夏問曰：「居兄弟之讎如之何？仕不與同國，銜君命遇之不鬬。」父母以義見煞，子不復讎者，爲往來不止也。《春秋》曰：「父不受誅，子復讎，可。」

誅，猶責也，誅其人，責其罪，極其過惡。《春秋》曰：「楚子虔誘蔡侯班煞之于申。❶」《傳》曰：「誅君之子不立。」討者何謂？討猶除也，欲言臣當掃除君之賊。《春秋》曰：「衛人煞州吁于濮。」《傳》曰：「其稱人何？討賊之辭也。」伐者何謂？伐，擊也，欲言伐擊之也。《尚書》曰：❷「武王伐紂。」征者何謂也？征猶正也，欲言其正也，輕重從辭也。「誕以爾東征」，誅禄甫也。又曰：「甲戌，我惟征徐戎。」戰者何謂？《尚書大傳》曰：「戰者，憚警之也。」《春秋讖》曰：「戰者，延改也。」弑者，試也，欲言臣子殺其君父，不敢卒，候間司事，可稍稍弑之。《易》曰：「臣弑其君，子弑其父，非一朝一夕之故也。」篡者何謂也？篡猶奪也，取也，欲言庶奪嫡，孽奪宗，引奪取其位。《春秋傳》曰：「其入何？篡辭也。」稍稍煞之。」襲者何謂也？行不假途，掩人不備也。《春秋傳》曰：「其謂之秦何？夷狄之也。曷爲夷狄之？秦伯將襲鄭。」入國掩人不備，行不假途，人銜枚，❸馬繮勒，晝伏夜行爲襲也。諸侯家國，入人家，宜告主人，所以尊敬，防并兼也。《春秋傳》曰：「桓公假途于陳而伐楚。」《禮》曰：「使次介先假途，❹用束帛。」即如是，諸侯賣王者道，

❶「虔」，原作「虎」，今據盧本及《春秋》改。
❷「書」下，盧本補「叙」字。
❸「枚」，原作「杖」，今據盧本改。
❹「介」，原作「斤」，今據盧本及《儀禮》改。

禮無往不反，非謂所賣者也。將入人國，先使大夫執幣假道，主人亦遣大夫迎於郊，爲賓主設禮而待之，是其相尊敬也。防并兼奈何？諸侯之行，必有師旅，恐掩人不備。士卒斂取恒遲，先假途，則預備之矣。

冬至所以休兵不舉事，閉關商旅不行何？此日陽氣微弱，王者承天理物，故率天下静，不復行役，扶助微氣，成萬物也。故《孝經讖》曰：「夏至陰氣始動，冬至陽氣始萌。」《易》曰：「先王以至日閉關，商旅不行。」夏至陰始起，反大熱何？陰氣始起，陽氣推而上，故大熱也。冬至陽始起，陰氣推而上，故大寒也。

諫諍

臣所以有諫君之義何？盡忠納誠也。「愛之能無勞乎？忠焉能無誨乎？」《孝經》曰：「天子有諍臣七人，雖無道不失其天下；諸侯有諍臣五人，雖無道不失其國；大夫有諍臣三人，雖無道不失其家；士有諍友，則身不離於令名；父有諍子，則身不陷於不義。」天子置左輔、右弼、前凝、後承，以順。左輔主修政，刺不法。右弼主糾周言失傾。前凝主糾度定德經。後承主匡正常，考變。夫四弼興道，率主行仁。夫陽變於七，以三成，故建三公，序四諍，列七人。雖無道不失天下，杖辟賢也。

諸侯諍不從得去何？以屈尊申卑，孤惡君也。去曰「某質性頑鈍，言愚不任用，請退避賢」。如是之，是待以禮，臣待放；如不以禮待，遂去。君待之以禮奈何？曰：「予熟思夫子言，未得其道，今子不且留。聖王之制，無塞賢之路，夫子欲何之？」則遣大夫送至于郊。必三諫者何？以爲得君臣之義。必得於郊者，忠厚之至也。冀君覺悟能用之。所以必三年，古者臣下有大喪，君三年不呼其門，❶所以復君恩。今已所言，不合於禮義，君欲罪之可得也。《援神契》曰：「三諫，待放復三年，❷盡惓惓也。」所以言放者，臣爲君諱，若言有罪放之也。所諫事已行者，遂去不留。凡待放，冀君用其言耳。事已行災，各去無爲留也。《易》曰：「介如石，不終日，貞吉。」《論語》曰：「三日不朝，孔子行。」臣待於郊者，君絶其禄者，示不欲去也，道不合耳。禄參三與之一，留與其妻長子，使終祭宗廟。賜之環則反，賜之玦則去，明君子重恥也。《王度記》曰：「反之以玦。」其不待放者，亦與之物，明有介主無介民也。《詩》曰：「逝將去汝，適彼樂土。」或曰：天子之臣，不得言放，天子以天下爲家也。親屬諫不待放者，骨肉無相去離之義也。《春秋傳》曰：「司馬子反曰：❸『請處乎此，臣請歸。』」子反者，楚公子也，時不待放。

士不得諫者，士賤，不得預政事，故不得諫也。謀及之，得固盡其忠耳。《禮·保傳》：「大夫進諫，士傳民語。」

妻得諫夫者，夫婦榮耻共之。《詩》云：「相鼠有體，人而無禮。人而無禮，胡不遄死？」此妻諫夫之詩也。諫不從，不得去之者，本娶妻非爲諫正也。故「一與齊，終身不改」，此地無去天之義也。❹

❶「三」，原作「子」，今據盧本改。
❷「三年」，盧本作「三年」。
❸「子反」，原作「皮」，今據盧本及《公羊傳》改。下同。
❹「天」，原作「夫」，今據盧本改。

子諫父不去者，父子一體而分，無相離之法，猶火去木而滅也。《論語》「事父母幾諫」，下言「又敬不違」。臣之諫君何取法？法金正木也。子之諫父，法火以揉木也。臣諫君以義，故折正之也。子諫父以恩，故但揉之也，木無毀傷也。待放去，取法於水火，無金則相離也。

諫者何？諫，間也，因也，更也。是非相間，革更其行也。人懷五常，故有五諫，謂諷諫、順諫、窺諫、指諫、伯諫。諷者，智也。患禍之萌，深睹其事，未彰而諷告，此智性也。順諫者，仁也。出辭遜順，不逆君心。仁之性也。窺諫者，禮也。視君顏色不悦，且却，悦則復前，以禮進退。此禮之性也。指諫者，信也。指質相其事也，此信之性也。伯諫者，義也。惻隱發於中，直言國之害，勵志忘生，爲君不避喪身。義之性也。孔子曰：「諫有五，吾從諷之諫。」事君進思盡忠，退思補過，去而不訕，諫而不露。故《曲禮》曰：「爲人臣，不顯諫。」❶纖微未見於外，如《詩》所刺也。若過惡已著，民蒙毒螫，天見災變，事白異露，作詩以刺之，幸其覺悟也。

明王所以立諫諍者，皆爲重民而求己失也。《禮·保傅》曰：「於是立進善之旍，懸誹謗之木，建招諫之鼓。」王法立史記事者，以爲臣下之儀樣，人之所取法則也。動則當應禮，是以必有記過之史，徹膳之宰。《禮·玉藻》曰：「動則左史書之，言則右史書之。」《禮·保傅》曰：「王失度，則史書之，士誦之，三公進讀之，宰夫徹其膳。」是以天子不得爲非。故史之

❶「諫」，原作「者」，今據盧本及《禮記》改。

義不書則死，宰不徹膳亦死。所以謂之史何？明王者使爲之也。謂之宰何？宰，制也。使制法度也。宰所以徹膳何？陰陽不調，五穀不熟，故王者爲不盡味而食之。《禮》曰：「一穀不升，不備鶉鷃。二穀不升，不備三牲。」人臣之義，當掩惡揚美，所以記君過何？各有所緣也。掩惡者，謂廣德宣禮之臣。

所以爲君隱惡何？君至尊，故設輔弼，置諫官，本不當有遺失。故《論語》曰：「陳司敗問：『昭公知禮乎？』孔子曰：『知禮。』」此爲君隱也。君所以不爲臣隱何？以爲君之於臣，「無適無莫，義之與比」。賞一善而衆臣勸，罰一惡而衆臣懼。若爲卑隱，爲不可殆也。故《尚書》曰：「必力賞罰，以定厥功。」諸侯臣對天子，亦爲隱乎？然本諸侯之臣，今來者爲聘問天子無恙，非爲告君之惡來也。故《孝經》曰：「將順其美，匡救其惡。故上下治能相親也。❶」君不爲臣隱，父獨爲子隱何？以爲父子一體而分，榮耻相及。故《論語》曰：「父爲子隱，子爲父隱，直在其中矣。」兄弟相爲隱乎？曰：然。與父子同義。故周公誅四國，常以禄甫爲主也。朋友相爲隱者，人本接朋結友，爲欲立身揚名也。朋友之道四焉，通財不在其中。近則正之，遠則稱之，樂則思之，患則死之。夫妻相爲隱乎？《傳》曰：「曾去妻，黎蒸不熟。」問曰：婦有七出，不蒸亦預乎？曰：吾聞之也，絶交令可友，弃妻令可嫁也。黎蒸不熟而已，何問其故乎？此爲隱之也。

❶ 「治」字，盧本無。

鄉射

天子所以以親射何？❶助陽氣達萬物也。春氣微弱，❷恐物有窒塞不能自達者。夫射自內發外，貫堅入剛，象物之生，故以射達之也。

《含文嘉》曰：「天子射熊，諸侯射麋，大夫射虎豹，士射鹿豕。」天子所以射熊何？示服猛，巧佞也。熊爲獸猛。巧者，非但當服猛也，示當服天下巧佞之臣也。諸侯射麋者，示達迷惑人也。麋之言迷也。大夫射虎豹者，示服猛也。士射鹿豕者，示除害也。各取德所能服也。大夫、士兩射者，人臣，示爲君親視事，身勞苦也。或曰：臣陰，故數偶也。候者以布爲之何？用人事之始也。本正則末正矣。所以名爲候何？明諸侯有不朝者，則射之。故《禮》射祝曰：「嗟爾不寧候，爾不朝于王所，以故天下失業，亢而射爾。」所以不射正身何？君子重同類，不忍射之，故畫獸而射之。

射主何爲乎？❸曰：射義非一也。夫射者，執弓堅固，心平體正，然後中也。二人爭勝，樂以德養也。勝負俱降，以崇禮讓，可以選士。故射選士大夫勝者，發近而制遠也。其兵短而害長也，故可以戒難也。所以必因射助陽選士者，所以扶助微弱而抑其强，和調陰陽戒不虞也。何以知爲戒難也？《詩》云：「四矢反兮，以禦亂兮。」

❶「子」，原脱，今據小字本、盧本補。「以」，小字本、盧本不重。
❷「氣」上，盧本有「陽」字。
❸「主」，盧本作「正」。

因射習禮樂，射於堂上何？示從上制下也。《禮》曰：「賓主執弓請升，射於兩楹之間。」天子射百二十步，諸侯九十步，大夫七十步，士五十步。明尊者所服遠也，卑者所服近也。

所以十月行鄉飲酒之禮何？所復尊卑長幼之義。春夏事急，俊井次牆，❶至有子使父，弟使兄，故以事閑暇，復長幼之序也。

王者父事三老，兄事五更者何？欲陳孝悌之德以示天下也。故雖天子必有尊也，言有父也；必有先也，言有兄也。天子臨辟雍，親袒割牲，❷尊三老，父象也。謁忠奉几杖，授安車濡輪，❸恭綏執授，兄事五更，寵接禮交加，客謙敬順貌也。《禮記·祭義》曰：「祀于明堂，所以教諸侯之孝也。享三老、五更于太學者，所以諸侯悌也。」不正言父兄，言老、更者何？❹老者，壽考也，欲言所令者多也。更者，更也，所更歷者衆也。即如是，不但言老言三何？欲言其明於天地人之道而老也。五更者，欲言其明於五行之道而更事也。三老、五更幾人乎？曰：各一人。何以知之？既以父事，父一而已，不宜有三。

致仕

臣七十，懸車致仕者，臣以執事趨走爲職，七十陽道極，耳目不聰明，跂踦之屬，是以退去，避賢者，所以長廉耻也。懸車，示

❶「俊」，小字本、盧本作「浚」。
❷「袒」，原作「祖」，今據小字本、盧本改。
❸「濡」，盧本作「輭」。
❹「老」，原作「五」，今據盧本及下文改。

不用也。致仕者，致其事於君，君不使自去者，❶尊賢者也。故《曲禮》：「大夫七十而致仕。」《王制》曰：「七十致政。」鄉大夫老，有盛德者留，賜之几杖，不備之以筋力之禮。在家者三分其禄，以一與之，所以厚賢也。人年七十，卧非人不温，適四方，乘安車，與婦人俱，自稱曰老夫。《曲禮》曰：「大夫致仕，若不得謝，則必賜之几杖。」《王記》曰：「臣致仕於君者，養之以其禄之半。」几杖所以扶助衰也。故《王制》曰：「五十杖於家，六十杖於鄉，七十杖於國，八十杖於朝。」臣老歸，年九十，君欲有問，則就其室，以珍從，明尊賢也。故《禮·祭義》曰：「八十不仕朝，於君問就之。」大夫老歸，死以大夫禮葬，車馬衣服如之何？曰：盡如故也。

辟雍

古者所以年十五入太學何？以爲八歲毁齒，始有識知，入學學書計。七八十五，陰陽備，故十五成童志明，入太學，學經術。學之爲言覺也，悟所不知也。❷故學以治性，慮以變情。故「玉不琢不成器，人不學不知道」。子夏曰：「百工居肆以致其事，君子學以致其道。」故《禮》曰：「十年曰幼，學。」《論語》曰：「吾十有五而志於學，三十而立。」又：「生而知之者，上也。學而知之者，次也。」是以雖有自然之性，必立師傅焉。《論語讖》曰：「五帝立師，三王制

❶ 「使」下，盧本有「退而」二字。
❷ 「悟」上，盧本有「以覺」二字。

之。」《傳》曰：「黄帝師力牧，帝顓頊師緑圖，帝嚳師赤松子，帝堯師務成子，帝舜師尹壽，禹師國先生，湯師伊尹，文王師吕望，武王師尚父，周公師虢叔，孔子師老聃。」天子太子、諸侯世子，皆就師於外，尊師重先生之道也。《禮》曰：「有來學者，無往教者也。」《易》曰：「匪我求童蒙，童蒙求我。」《王制》曰：「小學在公宫南之左，太學在郊。」又曰：「天子太子，群后之太子，公卿大夫之元士嫡子，皆造焉。」❶

父所以不自教子何？爲世瀆也。❷又授之道當極説陰陽夫婦變化之事，不可父子相教也。

師弟子之道有三。《論語》曰「朋友自遠方來」，朋友之道也。又曰「回也視予猶父也」，父子之道。以君臣之義教之，君臣之道也。

天子立辟雍何？所以行禮樂，宣德化也。辟者，璧也。象璧圓，又以法天。於雍水側，❸象教化流行也。辟之爲言積也，積天下之道德也；雍之爲言壅也，壅天下之殘賊，❹故謂之辟雍也。《王制》曰：「天子曰辟雍，諸侯曰泮宫。」外圓者，欲使觀之平均也。又欲言外圓内方，明德當圓，行當方也。不言圓辟何？又圓於辟，何以知其圓也？以其言辟也。何以知有外也？❺又《詩》云：「思樂泮水，薄采其茆。」《詩訓》曰：「水圓如璧。」諸侯曰泮宫者，半於天子

❶「天子太子」至「造焉」，盧本及《禮記》作「王太子、王子、群后之太子、公卿大夫元士之嫡子，皆造焉」。

❷「世」，盧本作「渫」。

❸「於雍水側」，盧本作「雍者，雍之以水」。

❹「殘賊」，盧本作「儀則」。

❺「外」，盧本作「水」。

宮也，明尊卑有差，所化少也。半者，象璜也，獨南面禮儀之方有水耳，其餘壅之言垣，宮名之別尊卑也，明不得化四方也。不曰泮雍何？嫌但半天子制度也。《詩》云：「穆穆魯侯，克明其德。既作泮宮，淮夷攸服。」

鄉曰庠，里曰序。庠者，庠禮義也；序者，序長幼也。《禮・五帝記》曰：「帝庠序之學，則父子有親，長幼有序，善如爾舍，明令必次外，然後前民者也。未見於仁，故立庠序以導之也。」教民者，皆里中之老而有道德者爲右師，教里中之子弟以道藝、孝悌、行義。立五帝之德，朝則坐於里之門，弟子皆出就農而復罷；示如之，❶皆入而復罷。其有出入不時，早晏不節，有過，故使語之，言心無由生也。若既收藏，皆入教學，立春而就事。❷其有賢才美質，如學者足以聞其心；❸頑鈍之民，亦足以別於禽獸而知人倫，故無不教之民。孔子曰「以不教民戰，是謂弃之」，明無不教民也。

天子所以有靈臺者何？所以考天人之心，察陰陽之會，揆星度之證驗，❹爲萬物獲福無方之元。《詩》云：「經始靈臺。」天子立明堂者，所以通神靈，感天地，正四時，出教化，宗有德，重有道，顯有能，褒有行者也。明堂上圓下方，八窗四闥，布政之宮，在國之陽。上圓法天，下方法地，八窗象八風，四闥法四時，九室法九州，十二坐法十

❶「示」，盧本作「夕亦」。
❷「立春而就事」，盧本移於上「五帝之德」下。
❸「如」，盧本作「知」。「聞」，盧本作「開」。
❹「度」，小字本、盧本作「辰」。

二月，三十六户法三十六雨，❶七十二牖法七十二風。

災　變

天所以有災變何？所以譴告人君，覺悟其行，欲令悔過修德，深思慮也。《援神契》曰：「行有玷缺，氣逆于天，情感變出，以戒人也。」

災異者，何謂也？《春秋潛潭巴》曰：「災之言傷也，隨事而誅。異之言怪，先感動之也。」何以言災有哭也？《春秋》曰：「新宮火，三日哭。」《傳》曰：「必三日哭何？禮也。」災三日哭，所以然者，宗廟先禮所處，❷鬼神無形體，曰今忽得天火，得無爲災所中乎？故哭也。變者何謂？變者，非常也。《耀嘉》曰：「禹將受位，天意大變，❸迅風靡木，雷雨晝冥。」服乘者，❹何謂？衣服乍大乍小，言語非常，故《尚書大傳》曰「時則有服乘」也。❺孽者，何謂也？曰：介蟲生爲非常，《尚書大傳》曰：「時則有介蟲之孽，時則有龜孽。」堯遭洪水，湯遭大旱，示有譴告乎？堯遭洪水，湯遭大旱，命運時然。所以或災變或異何？各隨其行，因其事也。

霜之爲言亡也，陽以散亡。❻雹之爲言合也，陰氣專精，積合爲雹。

日食者必殺之何？陰侵陽也，鼓用牲

❶「法」字，原脱；「雨」，原作「兩」，今據盧本及《後漢書·祭祀志》改。
❷「禮」，盧本作「祖」。
❸「大」，原作「火」，今據盧本改。
❹「服乘」，盧本作「妖」。
❺「乘」，盧本作「妖」。
❻「亡」，原作「云」，今據小字本、盧本改。

于社。社者，衆陰之主，以朱絲縈之，鳴鼓攻之，以陽責陰也。故《春秋》曰：「日食，鼓用牲于社。」所以必用牲者，社，地別神也。尊之，故不敢虛責也。日食、大水，則鼓於用牲於社，大旱則雩祭求雨，❶非苟虛也。勑陽責下求陰道也。月食救之者，陰失明也。故角尾交、日月食救之者，謂夫人擊鏡，孺人擊杖，❷庶人之妻楔搔。

耕桑

王者所以親耕，后親桑何？以率天下農蠶也。天子親耕以供郊廟之祭，后之親桑以供祭服。《祭義》曰：「天子三推，三公五推，卿大夫士七推。」耕於東郊何？東方少陽，農事始起。桑於西郊，❸西方少陰，女功所成。故《曾子問》曰：「天子耕東田而三反之。」《周官》曰：「后親桑，率外內婦蠶於北郊。」《禮·祭義》曰「古者天子、諸侯必有公桑蠶室，近川而爲之築宮，❹棘牆而外閉之」者也。

白虎通德論卷第四

❶「雩」，原作「雲」；「求」，原作「未」，今據盧本改。
❷「孺」，原作「傳」，今據盧本改。
❸「郊」下，盧本有「何」字。
❹「川而」，原作「外水」；「官」，原作「周」，今據盧本及《禮記》改。

白虎通德論卷第五

臣班固纂集

封禪

王者易姓而起，必升封泰山何？教告之義也。❶始受命之時，改制應天，天下太平功成，封禪以告太平也。所以必於泰山何？萬物所交代之處也。❷必於其上何？因高告高，順其類也。故升封者，增高也。下禪梁甫之山基，廣厚也。刻石紀號者，著己之功跡也，以自效放也。天以高爲尊，地以厚爲德。故增泰山之高以放天，❸附梁甫之基以報地。明天地之所命，功成事遂，有益於天地，若高者加高，厚者加厚矣。或曰：封者金泥銀繩。或曰：石泥金繩，封以印璽。故孔子曰：「升泰山，觀易姓之王，可得而數者七十有餘。」封者，廣也。言禪者，明以成功相傳也。梁甫者，太山旁山名。正於梁甫何？以三皇禪於繹繹之山，明己成功而去，有德者居之。繹繹者，無窮之意也。五帝禪于亭亭者，制度審諟，德著明也。三王禪于梁甫之山者，梁，信也；甫，輔也，輔天地之道而行之也。太平乃封，知告于天，必也於岱宗何？明知易姓也。刻石紀號，知自紀于百王也。燎祭天，報之義也。望祭山川，祀群神也。《詩》

❶「教」，盧本作「報」。
❷此句，盧本作「萬物之始，交代之處也」。
❸「放」，盧本作「報」。

云：「於皇明周，陟其高山。」言周太平封太山也。又曰：「墮山喬嶽，允猶翕河。」言望祭山川，百神來歸也。

天下太平，符瑞所以來至者，以爲王者承統理，調和陰陽，陰陽和，萬物序，休氣充塞，故符瑞並臻，皆應德而至。德至天，則斗極明，日月光，甘露降。德至地，則嘉禾生，蓂莢起，秬鬯出，太平感。德至文表，則景星見，五緯順軌。德至草木，朱草生，木連理。德至鳥獸，則鳳凰翔，鸞鳥舞，騏驎臻，白虎到，狐九尾，白雉降，白鹿見，白烏下。德至山陵，則景雲出，芝實茂，陵出異丹，❶阜出蓮甫，❷山出器車，澤出神鼎。德至淵泉，則黄龍見，醴泉通，❸河出龍圖，洛出龜書，江出大貝，海出明珠。德至八方，則祥風至，佳氣時喜，鐘律調，音度施，四夷化，越裳貢。孝道至，則以蓮甫者，❹樹名也。其葉大於門扇，不搖自扇，於飲食清涼，助供養也。繼嗣平明，則賓連生於房户。賓連者，木名，連累相承，故在於房户，象繼嗣也。日曆得其分度，則蓂莢生於階間。❺蓂莢，樹名也，月一日生一莢，十五日畢，至十六日去莢，故莢階生，似日月也。賢不肖位不相踰，❻則平路生于庭。平路者，樹名也，官位得其人則生，失其人則死。狐九尾何？狐死首丘，不忘本也，明安不忘危也。必九尾者也，九妃得其所，子孫繁息也。於尾者何？明後當盛也。景星者，

❶「異」，盧本作「黑」。
❷「蓮甫」，盧本作「萐莆」。下同，不再一一出校。
❸「通」，盧本作「涌」。
❹「則以蓮甫者」，盧本作「則萐莆生庖厨。萐莆者」。
❺「蓂」下，原有「以」字，今據盧本及下文删。
❻「賢不肖」上，盧本有「王者使」三字。

大星也，月或不見，景星常見，可以夜作，有益於人民也。甘露者，美露也，降則物無不盛者也。朱草者，赤草也，可以染絳，別尊卑也。醴泉者，美泉也，狀若醴酒，可以養老。嘉禾者，大禾也。成王時，有三苗異畝而生，同爲一穟，大幾盈車，長幾充箱，民有得而上之者，成王訪周公而問之。公曰：「三苗爲一穟，天下當和爲一乎？」以是果有越裳氏重九譯而來矣。

巡狩

王者所以巡狩者何？巡者，循也；狩，牧也，爲天下循行守牧民也。道德太平，恐遠近不同化，幽隱有不得所，❶考禮義，正法度，同律曆，計時月，皆爲民也。《尚書》曰：「遂覲東后，叶時月正日，同律度量衡，修五禮。」《尚書大傳》曰：「見諸侯，問百年，太師陳詩，以觀民命風俗。命市納賈，以觀民好惡。山川神祇有不舉者爲不敬，不敬者削以地。宗廟有不順者爲不孝，不孝者黜以爵。變禮易樂爲不從，不從君流。改制度衣服爲畔，畔者君討。有功者賞之。」《尚書》曰：「明試以功，車服以庸。」

巡狩所以四時出何？當承宗廟，故不踰時也。以夏之仲月者，同律度當得其中也。二月、八月晝夜分，五月、十一月陰陽終。《尚書》曰：「二月東巡狩，至于岱宗，柴」，「五月南巡狩，至于南岳」，「八月西巡狩，至于西岳」，「十有一月朔巡狩，至于北岳」。

❶「所」下，盧本有「者故必親自行之謹敬重民之至也」。

所以五歲巡狩何？❶爲太煩也。過五年，爲太疏也。因天道時有所生，歲有所成，三歲一閏，天道小備；五歲再閏，天道大備。故五歲一巡狩。三年小備，二伯出述職黜陟。一年物有終始，歲有所成，方伯行國。時有所生，諸侯行邑。《傳》曰：「周公入爲三公，出爲二伯，中分天下，出黜陟。」《詩》曰：「周公東征，四國是皇。」言東征述職，周公黜陟而天下皆正也。又曰：「蔽芾甘棠，勿剪勿伐，召伯所茇。」言邵公述職，親說舍於野樹之下也。《春秋穀梁傳》曰：「古之君民，以時視民之勤。」

巡狩祭天何？本巡狩爲祭天告至。《尚書》曰「東巡狩，至于岱宗，柴」也。王者出，必告廟何？孝子出辭反面，事死如事生。《尚書》：「歸假于祖禰。」《曾子問》曰：「王者諸侯出，稱告祖禰，使祝遍告五廟，尊親也。」王者將出告天者，示不專也。故《王制》曰：「類于上帝，宜乎社，造于禰。」類祭以祖配不？曰：接者尊，無二禮，尊尊之義。造于禰，獨見禰何？辭從卑，不復留尊者之命，❷至禰不謙不至祖。即祭告天，爲告事也。祖爲出辭也。義異。告于尊者，然後乃辭出。王者諸侯出，必將主何？示有所尊。故曾子曰：「王者將出，必以遷廟主行，載于齋車，示有尊也。」「無遷主，以幣帛主告于祖禰廟，❸遂奉以出，每舍奠焉。」「蓋貴命也。」必以遷主者，明廟不可空也。

王者巡狩，諸侯待于境者何？諸侯以

❶「五」，盧本據《王制》正義改作「不」。
❷「復」，盧本作「敢」。
❸「主」，盧本作「皮圭」。

守蓄爲職也。《禮·祭義》曰「天子巡狩，諸侯待于境」也。

王者巡狩，必舍諸侯祖廟何？明尊無二上也。故《禮·坊記》曰：「君適其臣，升自阼階，示不敢有其室也。」《禮》曰：「天子適諸侯，必舍其祖廟。」

王者出，一公以其屬守，二公以其屬從也。

王者巡狩崩于道，歸葬何？夫太子當爲喪主，天下皆來奔喪京師四方之中也。即如是，舜葬蒼梧，禹葬會稽，于時尚質，故死則止葬，不重煩擾也。

何以知太平乃巡狩？以武王不巡狩，至成王乃巡狩。

岳者，何謂也？岳之爲言桷，❶桷功德。東方爲岱宗者，言萬物更相代於東方也。南方霍山者，霍之爲言護也，言萬物護也，太陽用事，護養萬物也。西方爲華山者，華之爲言穫也，言萬物成熟，可得穫也。北方爲恒山，恒者，常也，萬物伏藏於北方有常也。中央爲嵩山，言其後大之也。❷故《尚書大傳》曰：「五岳，謂岱山、霍山、華山、恒山、嵩山也。」謂之瀆何？瀆者，濁也。中國垢濁，發源東注海，其功着大，故稱瀆也。《爾雅》云「江、河、淮、濟爲四瀆」也。

考黜

諸侯所以考黜何？王者所以勉賢抑惡，重民之至也。《尚書》曰：「三載考績，

❶「桷」，盧本作「捔」，下「桷功德」同。
❷「後」，盧本作「高」。「之」，盧本無。

三考黜陟。」

《禮》記九錫，❶車馬，衣服，樂，❷朱户，納陛，虎賁，鈇鉞，弓矢，秬鬯，皆隨其德，可行而賜。❸能安民者賜車馬，❹能富民者賜衣服，❺能使民和樂者賜以樂，民衆多者賜以朱户，能進善者賜以納陛，能退惡者賜以虎賁，能誅有罪者賜以鈇鉞，能征不義者賜以弓矢，孝道備者賜以秬鬯。以先後與施行之次自不相踰，相爲本末然。安民然後富貴，而後樂，樂而後衆，乃多賢，賢乃能進善，進善乃能退惡，退惡乃能斷刑。內能正己，外能正人，內外行備，孝道乃生。能安民，故賜車馬，以著其功德，安其身。能使人富足衣食，倉廪實，故賜衣服，以彰其體。能使民和樂，故賜之樂，以事其先也。《禮》曰：「夫賜樂者，不得以時王之樂事其宗廟也。」朱盛色，户所以紀民數也，故民衆多賜朱户也。古者人君下賢，降階一等而禮之，故進賢賜之納陛，以優之也。既能進善，當能戒惡，故賜虎賁，虎賁者，所以戒不虞而距惡。距惡當斷刑，故賜之鈇鉞，鈇鉞所以斷大刑。刑罰既中，則能征不義。故賜弓矢，弓矢所以征不義，伐無道也。圭瓚、秬鬯，宗廟之盛禮，故孝道備而賜之秬鬯，所以極著孝道；孝道純備，故內和外榮，玉以象德，金以配情，芬香條鬯，以通神靈。玉飾其本，君子之性；金飾其中，君子之道，君子有黄中通理之道美素德。金者精和之

❶「記」，盧本作「説」。

❷「樂」下，盧本補「則」字。下同，不再一一出校。

❸「賜」，原無，今據小字本、盧本補。

❹「能安民者」，原在「賜車馬」之下，今據盧本及下文乙正。

❺「能富民者」，原脱，今據盧本及下文補。

至也，玉者德美之至也，鬯者芬香之至也。君子有玉瓚、秬鬯者，❶以配道德也。其至矣，合天下之極美，以通其志也，其唯玉瓚、秬鬯乎？車者，謂有赤有青之蓋，朱輪，特能居前，左右寢米庶也。以其進止有節，德綏民，路車乘馬以安其身。言成章，行成規，卷龍之衣服表顯其德。長於教誨，内懷至仁，則賜時王樂以化其民。尊賢達德，動作有禮，賜之納陛以安其體。居處修治，房内節，男女時配，貴賤有别，則賜朱户以明其德。列威武有矜，嚴仁堅强，賜以虎賁，以備非常。喜怒有節，誅伐刑，賜以鈇鉞，使得專殺。好惡無私，執義不傾，賜以弓矢，使得專征。孝道之美，百行之本也，故賜以玉瓚，得專爲賜也。故《王制》曰：「賜之弓矢，然後專殺。」又曰：「賜圭瓚，然後爲暢。未賜者，資暢於天子。」《王度記》曰：「天子鬯，諸侯薰，大夫芑蘭，士蒹，庶人艾。」車馬、衣服、樂三等者賜與其物。《禮》：「天子賜侯氏服車，❷路先設，路下四亞之。❸」又曰：「諸公奉篋服。❹」《王制》曰：「天子賜諸侯樂則，以柷將之。」《詩》曰：「君子來朝，何錫與之？雖無與之，路車、乘馬。又何以與之？玄衮及黼。」《書》曰：「明試以功，車服以庸。」朱户、納陛、虎賁者，皆與之制度，而鈇鉞、弓矢、玉鑽，皆與之物，各因其宜也。秬者，黑黍，一稃二米。鬯者，以百草之香鬱金合而釀之成爲鬯，陽達於牆屋，入于淵泉，所以灌地降神也。玉瓚者，器名也，所以灌鬯之器也，以

❶「者」上，原有「乎車」二字，今據盧本删。
❷「侯氏」，原作「諸侯民」，今據盧本及《儀禮》改。
❸「亞」，原作「惡」，今據小字本、盧本及《儀禮》改。
❹「篋」，原作「選」，今據盧本及《儀禮》改。

圭飾其柄，灌鬯貴玉器也。

所以三歲一考績何？三年有成，故於是賞有功，黜不肖。《尚書》曰：「三載考績，三考黜陟。」何以知始考輒黜之？《尚書》曰：「三年一考，少黜以地。」《書》所言「三考黜」者，謂爵土異也。小國考之有功，增土進爵，後考無功削黜，後考有功，上而賜之矣。五十里不過五賜而進爵土，七十里不過七賜而進爵土。能有小大，行有進退也。一說，盛德始封百里者，賜三等，得征伐，專殺，斷獄。七十里伯始封，賜二等，至虎賁百人。後有功，賜弓矢。復有功，賜秬鬯，增爵爲侯，益土百里。復有功，入爲三公。五十里子男始封，賜一等，至樂。復有功，稍賜至虎賁，增爵爲伯。復有功，稍賜至秬鬯，增爵爲侯。未賜鈇鉞者，從大國連率方伯而斷獄。受命之王，❶致太平之主，美群臣上下之功，故盡封之。及中興征伐，大功皆封，所以著大功。盛德之士亦封之，所以尊有德也。以德封者，必試之，必附庸三年，有功，因而封五十里。元士有功者，亦爲附庸，世其位。大夫有功成封五十里，卿功成封七十里，公功成封百里。士有功德，遷爲大夫。大夫有功德，遷爲卿。卿有功德，遷爲公。故爵主有德，封主有功也。諸侯有九賜，習其賜者何？子之能否未可知也。或曰得之，但未得行其習以專也。三年有功，則皆得用之矣。二考無功，則削其地，而賜自并知，❷明本非其身所得也。身得之者得以賜，當稍黜之。爵所以封賢也。三公功成當封而死，得立其子爲

❶「王」，原作「五」，今據盧本改。
❷「知」，盧本校云：「知疑當作之。」

附庸，賢者之體，能有一也，不二矣。一削爲七十里侯，再削爲七十里伯，三削爲寄公。七十里伯，一削爲五十里伯，再削爲五十里子，❶三削地盡。五十里子，一削爲三十里子，再削爲三十里男，三削地盡。五十里男，一削爲三十里男，再削爲三十里附庸，三削爵盡。所以至三削何？禮成於三，三而不改，❷雖反無益也。《尚書》曰：「三考黜陟。」先削地、後黜爵者何？爵者，尊號也；地者，人所任也。今不能治廣土衆民，故先削其土地也。故《王制》曰：「宗廟有不順者，君黜以爵。山川神祇有不舉者，君削以地。」明爵土不相隨也。或曰：惡人貪狼重土，故先削其所重者以懼之也。諸侯始封，爵土相隨者何？君子重德薄刑，賞疑從重。《詩》云：「王曰叔父，❸建爾元子，俾侯于魯。」

君幼稚，唯考不黜者何？君子不備責童子也。禮，八十曰耄，九十曰悼。悼與耄，雖有罪不加刑焉。二王後不貶黜者何？尊賓客，重先王也。以其尚公也，❹罪惡足以絶之即絶，更立其次。周公誅禄甫，立微子。妻父母不削，己昆弟削而不黜何？非以賢能得之也。至於老小，但令得大夫受其罪而已。諸侯喑聾、跛躄、惡疾不免黜者何？尊人君也。《春秋》曰：「甲戌己丑，陳侯鮑卒。」《傳》曰：「甲戌之日亡，己丑之死而得。」有狂易之病，蜚亡而死，由不絶也。世子有惡疾廢者何？以其不可

❶「再」，原作「一」，小字本作「二」，今據盧本及上下文例改。

❷「三」，原重，今據盧本删。

❸「王」，原作「三」，今據小字本、盧本及《毛詩》改。

❹「尚」，原作「當」，今據盧本改。

承先祖也。故《春秋傳》曰：「兄弟何以不立？疾也。何疾？惡疾也。」

白虎通德論卷第五

白虎通德論卷第六

臣班固纂集

王者不臣

王者所以不臣三，何也？謂二王之後，❶妻之父母，夷狄也。不臣二王之後者，尊先王，通天下之三統也。《詩》云「有客有客，亦白其馬」，謂微子朝周也。《尚書》曰「虞賓在位」，不臣丹朱也。不臣妻父母何？妻者與己一體，恭承宗廟，欲得其歡心，上承先祖，下繼萬世，傳於無窮，故不臣也。《春秋》曰：「紀季姜歸于京師。」父母之於子，雖爲王后，尊不加於父母。加王何？❷王者不臣也。又譏宋三世内娶於國中，❸謂無臣也。夷狄者，與中國絶域異俗，非中和氣所生，非禮義所能化，故不臣也。《春秋傳》曰：「夷狄相誘，君子不疾。」《尚書大傳》曰：「正朔所不加，即君子所不臣也。」

王者有暫不臣者五，謂祭尸，受授之師，將師用兵，三老，五更。不臣祭尸者，方與尊者配也。不臣受授之師者，尊師重道，欲使極陳天人之意也。故《禮·學記》曰：「當其爲師，則不臣也。當其爲尸，則不臣也。」不臣將師用兵者，重士衆爲敵國，國不可從外治，兵不可從内御，欲成其威，一其

❶「二」，原作「三」，今據盧本及下文改。
❷「加王何」，盧本作「知」。
❸「又」，原作「人」，今據盧本改。

令。《春秋》之義，兵不稱使，明不可臣也。不臣三老、五更者，欲率天下爲人子弟。《禮》曰：「父事三老，兄事五更。」

王者不純臣諸侯何？尊重之，以其列土傳子孫，世世稱君，南面而治。凡不臣異。❶朝則迎之於著，覲則待之於阼階，升降自西階，爲庭燎，設九賓，享禮而後歸。是異於衆臣也。

始封之君，不臣諸父弟何？不忍以己一日之功德加於諸父兄弟也。故《禮·服傳》曰：「封君之子不臣諸父，封君之孫盡臣之。」

《禮·服傳》曰：「子得爲父臣者，不遺善之義也。」《詩》云：「文武受命，召公維翰。❷」召公，文王子也。《傳》曰：「子不得爲父臣者，閨門尚和，朝廷尚敬，人不能無過失，爲恩傷義也。」

王者臣不得爲諸侯臣，以其尊當與諸侯同。《春秋傳》曰：「許公不世，待以初。」或曰：王者臣得復爲諸侯臣者，爲衰世主上不明，賢者非其罪而去，道不施行，百姓不得其所，復令得爲諸侯臣，施行其道。《易》曰：「不事王侯。」此據言王之致仕臣也。言不事王，可知復言侯者，明年少，復得仕於諸侯也。

王者臣有不名者五：先王老臣不名，親與先王戮力共治國，同功於天下，故尊而不名也。《尚書》曰「咨爾伯」，不言名也。不名者，貴賢者而已。共成先祖功德，德加于百姓者也。《春秋》曰單父不言名，《傳》

❶ 此句，盧本作「凡不臣者，異於衆臣也」。

❷ 「維」，原作「雖」，今據小字本、盧本及《毛詩》改。

曰：「大夫之命于天子者大也。❶」盛德之士名，尊賢也。《春秋》曰：「公弟叔肸。」諸父諸兄不名。諸父諸兄者親，與己父兄有敵體之義也。《詩》云：「王曰叔父。」《春秋傳》曰：「王禮者何？無長之稱也。❷」不名盛德之士者，不可屈爵禄也。故《韓詩内傳》曰：「師臣者帝，交友受臣者王，❸臣臣者爵，❹魯臣者亡不行。」

蓍龜

天子下至士，皆有蓍龜者，重事决疑，示不自專。《尚書》曰：「女則有大疑，謀及卿士，謀及庶人，謀及卜筮。」「定天下之吉凶，成天下之亹亹者，莫善於蓍龜」。

《禮·三正記》曰：「天子龜長一尺二寸，諸侯一尺，大夫八寸，士六寸。龜陰，故數偶也。天子蓍長九尺，諸侯七尺，大夫五尺，士三尺。蓍陽，故數奇也。」

所以先謀及卿士何？先盡人事，念而不能得，思而不能知，然後問於蓍龜。聖人獨見先睹，必問蓍龜何？示不自專也。或曰：清微無端緒，非聖人所及，聖人亦疑之。《尚書》曰：「女則有疑。」謂武王也。

乾草枯骨，衆多非一，獨以蓍龜何？❺此天地之間壽考之物，故問之也。龜之爲言久也，蓍之爲言耆也，久長意也。龜曰卜，蓍曰筮何？卜，赴也，爆見兆。筮也

❶「大夫」上，盧本有「吾」字。
❷「王禮者何無長之稱也」，盧本作「王札子何長庶之稱也」。
❸「交友受臣」，盧本作「友臣」。
❹「爵」，盧本作「霸」。
❺「蓍」，原作「灼」，今據小字本、盧本改。

者，信也，見其卦也。《尚書》：「卜三龜。」《禮·士冠》經曰：「筮于廟門外。」

筮畫卦所以必於廟何？託義歸智於先祖至尊，故因先祖而問之也。

卜，春秋何方？以爲於西方東面，蓋蓍之處也。卜時西鄉，已卜退東鄉，問蓍於東方西面，❶以少問老之義。

皮弁素積，求之於質也。《禮》曰：「皮弁素積，筮于廟門之外。」

或曰：天子占卜九人，諸侯七人，大夫五人，士三人。又《尚書》曰：「三人占，則從二人之言。」

不見吉凶于蓍，復以卜何？蓍者，陽道，多變，變乃成。

龜以荆火灼之何？❷《禮·雜記》曰：「龜，陰之老也。蓍，陽之老也。龍非水不處，龜非火不兆，以陽動陰也。」必以荆者，取其究音也。《禮·三正記》曰：「灼龜以荆。」以火動龜，不以水動蓍何？以爲嘔則是也。

蓍龜敗則埋之何？重之，不欲人襲尊者也。

《周官》曰：「凡國之大事，先筮而後卜。」「凡卜人，君視體，大夫視色，士視墨。」「凡人卜事，視高揚火以作龜。」「凡取龜用秋時，攻龜用冬時。」

聖人

聖人者何？聖者，通也，道也，聲也。道無所不通，明無所不照，聞聲知情，與天

❶「西」，原脱，今據盧本補。

❷「荆」，原作「制」，今據盧本及下文改。

地合德，日月合明，四時合序，鬼神合吉凶。《禮·别名記》曰：「五人曰茂，十人曰選，百人曰俊，千人曰英，倍英曰賢，萬人曰傑，萬傑曰聖。」

聖人未没時，寧知其聖乎？　曰：知之。《論語》曰：「太宰問子貢曰：『夫子聖者歟？』」孔子曰：「太宰知我乎？」聖人亦自知聖乎？　曰：知之。孔子曰：「文王既没，文不在兹乎。」

何以知帝王聖人也？《易》曰：「古者伏羲氏之王天下也，於是始作八卦。」又曰：「聖人之作《易》也。」又曰：「伏羲氏没，神農氏作」，「神農没，黄帝、堯、舜氏作」，文俱言「作」，明皆聖人也。《論語》曰：「聖乎？　堯、舜其由病諸。」何以言禹、湯聖人？《論語》曰：「巍巍乎舜、禹之有天下而不預焉。」與舜比方巍巍，知禹、湯聖人。《春秋傳》曰：「湯以聖德故放桀。」何以言文王、武王、周公皆聖人？《詩》曰：「文王受命。」非聖不能受命。《易》曰：「湯、武革命，順乎天。」湯、武與文王比方。《孝經》曰：「則周公其人也。」下言「夫聖人之德，又何以加於孝乎」。何以言皋陶聖人也？　以自篇「曰若稽古皋陶」。❶ 聖人而能爲舜陳道。「朕言惠可底行」，又「旁施象刑維明」。

又聖人皆有表異。❷《傳》曰：「伏羲禄衡連珠，❸唯大目鼻龍伏，❹作《易》八卦以應樞。」黄帝顔，得天匡陽，上法中宿，取象文昌。顓頊戴午，❺是謂清明，發節移度，蓋

❶「自」，盧本作「目」。
❷「表異」，盧本作「異表」。
❸「禄」上，盧本補「曰」字。
❹「唯大目鼻龍伏」，盧本作「大目山准龍狀」。
❺「午」，盧本作「干」。

象招摇。帝嚳駢齒，上法月參，康度成紀，取理陰陽。堯眉八彩，是謂通明，曆象日月，璇璣玉衡。舜重瞳子，是謂玄景，❶上應攝提，以象三光。《禮》曰：「禹耳三漏，是謂大通，興利除害，決河踈江。皋陶鳥喙，❷是謂至誠，決獄明白，察於人情。湯臂三肘，是謂柳、翼，攘去不義，萬民蕃息。文王四乳，是謂至仁，天下所歸，百姓所親。武王望羊，是謂攝揚，盱目陳兵，天下富昌。周公背僂，是謂强俊，成就周道，輔於幼主。孔子反宇，是謂尼甫，立德澤所與，❸藏元通流。」聖人所以能獨見前覩，與神通精者，蓋皆天所生也。

八　風

風者，何謂也？風之爲言萌也。養物成功，所以象八卦。陽立於五，極於九，五九四十五日變，變以爲風，陰合陽以生風。距冬至四十五日條風至，條者，王也。四十五日明庶風至，明庶者，迎衆也。四十五日清明風至，清明者，清芒也。四十五日景風至，景，大風，陽氣長養。四十五日凉風至，凉，寒也，行陰氣也。四十五日昌盍風至，戒收藏也。❹四十五日不周風至，不周者，不交也，陰陽未合化也。四十五日廣莫風至，❺廣莫者，大也，同陽氣也。❻故曰：條風至，地暖。明庶風至，萬物産。清明風

❶「玄景」，盧本作「滋凉」。
❷「鳥」，盧本作「馬」。
❸「立德澤所與」，盧本作「德澤所興」。
❹「戒」上，盧本有「昌盍者」三字，依文例當是。
❺「至」，原脱，今據小字本、盧本補。
❻「同」，盧本作「開」。

至，物形乾。景風至，棘造實。涼風至，黍禾乾。昌盍風至，生薺麥。不周風至，蟄蟲匿。廣莫風至，則萬物伏。是以王者承順之。條風至，則出輕刑，解稽留；明庶風至，則修封疆，理田疇；❶清明風至，出幣帛，使諸侯；景風至，則爵有德，封有功；涼風至，報地德，化四鄉；❷昌盍風至，則申象刑，飾囷倉；不周風至，則築宮室，修城郭；廣莫風至，則斷大辟，行獄刑。

商賈

商賈，何謂也？商之爲言商，❸其遠近，度其有亡，通四方之物，故謂之商也。賈之爲言固，固有其用物，❹以待民來，以求其利者也。行曰商，止曰賈。《易》曰：「先王以至日閉關，商旅不行，后不省方。」《論語》曰：「沽之哉，我待價者也。」即如是，《尚書》曰「肇牽車牛，遠服賈用」，方言「遠」，行可知也。方言「欽厥父母」，欲留供養之也。

白虎通德論卷第六

❶「理」，原作「埋」，今據小字本、盧本改。
❷「化」，盧本作「祀」。
❸「商」下，盧本有「也商」二字。
❹「有其」，盧本作「其有」。

白虎通德論卷第七

臣班固纂集

文質❶

王者始立，諸侯皆見何？當受法稟正教也。《尚書》「輯五瑞」，「覲四嶽」。謂舜始即位，見四方諸侯，合符信。《詩》云：「玄王桓撥，受小國是達，受大國是達。」言湯王天下，大小國諸侯皆來見，湯能通達以禮義也。《周頌》曰：「烈文辟公，錫兹祉福。」言武王伐紂定天下，諸侯來會，聚於京師受法度也。遠近莫不至，受命之君，天之所興，四方莫敢違，夷狄咸率服故也。

何謂五瑞？謂珪、璧、琮、璜、璋也。《禮》曰：「天子珪尺二寸。」又曰：「博三寸，剡上，寸半，❷厚半寸。半珪爲璋，❸方中圓外曰璧，半璧曰璜，圓中牙外曰琮。❹」《禮記·王度》曰：❺「王者，有象君之德，燥不輕，濕不重，薄不澆，廉不傷，疵不掩。是以人君寶之。」天子之純玉，尺有二寸。公侯九寸，四玉一石也。伯、子、男俱三玉二石也。五玉者各何施？蓋以爲璜以徵召，璧以聘問，璋以發兵，珪以信質，琮以起土功之事也。珪以爲信者何？珪者，兑上，象

❶「文質」，盧本作「瑞贄」。
❷「寸半」上，盧本有「左右各」三字。
❸「半」，原作「爲」，今據盧本改。
❹「牙」下，原有「身玄」二字，今據盧本删。
❺「禮記王度」，盧本作「禮王度記」。

物皆生見於上也。❶信莫著于作見，故以珪爲信，而見萬物之始莫不自潔。珪之爲言潔也，❷上兑，陽也；下方，陰也。陽尊，故其禮順備也。在位東方，陽見義於上也。璧以聘問何？璧者，方中圓外，象地，地道安寧而出財物，故以璧聘問也。方中，陰德方也。圓外，陰繫於陽也。陰德盛於內，故見象於內，位在中央。璧之爲言積也。中央故有天地之象，所以據用也。內方象地，外圓象天也。璜所以徵召何？璜者半璧，位在北方，北陰極而陽始起，故象半陰。陽氣始施，徵召萬物，故以徵召也。不象陽何？❸陽始物微，未可見。璜者，横也。質尊之命也，陽氣横于黄泉，故曰璜。璜之爲言光也，陽光所及，莫不動也。象君之威命所加，莫敢不從，陽之所施；無不節也。璋以發兵何？璋半珪，位在南方。南方陽極，而陰始起，兵亦陰也，故以發兵也。不象其陰何？陰始起，物尚凝，未可象也。璋之爲言明也，賞罰之道，使臣之禮，當章明也。南方之時，萬物莫不章，故謂之璋。琮以起土功，發聚衆何？琮之爲言聖也，❹象萬物之宗聚，聖也，功之所成，故以起土功發衆也。位西方，西方陽，收功於內，陰出城於外，內圓象陽，外直爲陰，外牙而內湊，象聚會也。故謂之琮。后夫人之財也。五玉所施非一，不可勝條，略舉大者也。

合符信者，謂天子執瑁以朝諸侯，諸侯執圭以覲天子。瑁之爲言冒也，上有所覆，下有所冒。故《覲禮》曰：「侯氏執圭升

❶「皆」，盧本作「始」。
❷「潔」，盧本作「圭」。
❸「陽」，原作「陰」，今據盧本及下文改。
❹「聖」，盧本作「宗」。

堂。」《尚書大傳》曰：「天子執瑁以朝諸侯。」又曰：「諸侯執所受圭與璧，朝于天子。無過者復得其珪以歸其拜，有過者留其圭，能正行者復還其珪。三年珪不復，少絀以爵。」圭所以還何？以爲琮信瑞也。璧所以留者，以財幣盡，❶輒更造。何以言之？《禮》曰：「圭造尺八寸。」有造圭，明得造璧也。❷公圭九寸，四玉一石。何以知不以玉爲四器，石持爲也，以《尚書》合言「五玉」也。

臣見君所以有贄何？贄者，質也。質己之誠，致己之悃愊也。王者緣臣子心以爲之制，差其尊卑以副其意。公侯以玉爲贄者，玉取其燥不輕，濕不重，公之德全。卿以羔者，❸取其群不黨，卿職在盡忠率下，不阿黨也。大夫以鴈爲贄者，取其飛成行列，❹大夫職在以奉命之適四方，動作當能自正以事君也。士以雉爲贄者，取其不可誘之以食，懾之以威，必死不可生畜。士行威，❺守節死義，不當移轉也。《曲禮》曰：「卿羔，大夫以鴈，士以雉爲贄，庶人之贄疋。童子委贄而退。野外軍中無贄，以纓拾矢可也。」言必有贄也。疋謂鶩也。卿大夫贄古以麑鹿，今以羔鴈何？以爲古者質，取其内，謂得美草鳴相呼。今文取其外，謂羔跪乳，鴈有行列也。《禮·相見》經曰：「上大夫相見以羔，左顧右贄執麑。❻」明古以麑鹿，今以羔也。卿大夫贄

❶「幣」，原作「弊」，今據小字本、盧本改。
❷「明」，原作「門」，今據盧本改。
❸「卿」，原作「輕」，今據小字本及盧本改。
❹「列」上，盧本有「止成」二字。
❺「威」下，盧本補「介」字，校云：「《御覽》作耿介，疑是。」
❻「左顧右贄執麑」，盧本作「左頭如麛執之」。

變，君與士贄不變何？人君至尊，極美之物以爲贄。士賤，伏節死義，一介之道也，故不變。

私相見亦有贄何？所以相尊敬，長和睦也。朋友之際，五常之道，有通財之義，賑窮救急之意，❶中心好之，欲飲食之，故財幣者，所以副至意也。《禮·士相見》經曰「上大夫相見以鴈，士冬以雉，夏以腒」也。

婦人之贄以棗栗腶脩者，❷婦人無專制之義，御衆之任，交接辭讓之禮，職在供養饋食之間，其義一也。故后夫人以棗栗腶脩者，凡內脩陰也。又取其朝早起，栗，戰慄自正也。腶脩者，脯也。故《春秋傳》曰：「宗婦覿用幣，非禮也。然則棗栗云乎？腶脩云乎！」

子見父無贄何？至親也。見無時，故無贄。臣之事君，以義合也。得親供養，故質己之誠，副己之意，故有贄也。

三　正

王者受命必改朔何？明易姓，示不相襲也。明受之於天，不受之於人，所以變易民心，革其耳目，以助化也。故《喪服大傳》曰「王始起，改正朔，易服色，殊徽號，異器械，別衣服」也。是以舜、禹雖繼太平，猶宜改以應天。王者改作，樂必得天應而後作何？重改制也。《春秋瑞應傳》曰：「敬受瑞應，而王改正朔，易服色。」《易》曰：「湯、武革命，順乎天而應乎民也。」

❶「救」，原作「教」，今據盧本改。「教」，小字本作「告」。

❷「贄」，原作「制」，今據小字本、盧本改。「腶」，原作「暇」，今據盧本改。下同。

文家先改正，質家先伐正。❶質家先伐何？改正者文，伐者質。文者先其文，質者先其質。《論語》曰：「予小子履敢用玄牡，敢昭告于皇王后帝。」此湯伐桀告天以夏之牲也。《詩》云：「命此文王，于周于京。」此言文王改號爲周，易邑爲京也。又曰：「清酒既載，騂牡既備。」言文王之牲用騂，❷周尚赤也。

正朔有三何？本天有三統，謂三微之月也。明王者當奉順而成之，故受命各統一正也，敬始重本也。朔者，蘇也，革也，言萬物革更於是，故統焉。《禮·三正記》曰：「正朔三而改，文質再而復也。」三微者，何謂也？陽氣始施黄泉，萬物動微而未著也。十一月之時，陽氣始養根株黄泉之下，萬物皆赤，赤者，盛陽之氣也。故周爲天正，色尚赤也。十二月之時，萬物始牙而白，白者，陰氣，故殷爲地正，色尚白也。十三月之時，萬物始達，孚甲而出，❸皆黑，人得加功，故夏爲人正，❹色尚黑。《尚書大傳》曰：「夏以孟春月爲正，殷以季冬月爲正，周以仲冬月爲正。夏以十三月爲正，色尚黑，以平旦爲朔。殷以十二月爲正，色尚白，以雞鳴爲朔。周以十一月爲正，色尚赤，以夜半爲朔。不以二月後爲正者，萬物不齊，莫適所統，故必以三微之月也。三正之相承，若順連環也。」孔子承周之弊，行夏之時，❺知繼十一月正者，當用十三月也。

❶「伐」，原作「改」，今據盧本及下文改。
❷「用」，原作「周」，今據盧本改。
❸「甲」，原作「由」，今據小字本、盧本改。
❹「正」，原作「王」，今據小字本、盧本改。
❺「時」，原作「陸」，今據小字本、盧本改。

天道左旋，改正者右行，何也？改正者，非改天道也，但改日月耳。日月右行，故改正亦右行也。

日尊於月，不言正日，言正月，何也？積日成月，物隨月而變，故據物爲正也。

天質地文，質者據質，文者據文。周反統天正何也？質文再而復，正朔三而改。三微質文，數不相配，故正不隨質文也。

王者受命而起，或有所不改者，何也？王者有改道之文，無改道之實。❶如君南面，臣北面，皮弁素積，聲味不可變，哀戚不可改，百世不易之道也。

王者所以存二王之後何也？所以尊先王，通天下之三統也。明天下非一家之有，謹敬謙讓之至也。故封之百里，使得服其正色，用其禮樂，永事先祖。《論語》曰：「夏禮吾能言之，杞不足徵也。殷禮吾能言之，宋不足徵也。」《春秋傳》曰：「王者存二王之後，使服其正色，行其禮樂。」《詩》曰：「厥作裸將，常服黼冔。」言微子服殷之冠，助祭於周也。《周頌》曰：「有客有客，亦白其馬。」此微子朝周也。二王之後，若有聖德受命而王，當因其改之耶，天下之所安得受命耶，非其運次者。

王者必一質一文何？以承天地，順陰陽。陽之道極，則陰道受；陰之道極，則陽道受。明二陰二陽不能相繼也。質法天，文法地而已。故天爲質，地受而化之，養而成之，故爲文。《尚書大傳》曰：「王者一質一文，據天地之道。」《禮·三正記》曰「質法天，文法地」也。帝王始起，先質後文者，順天下之道，本末之義，先後之序也。事莫不

❶「實」，原作「質」，今據盧本及本書卷一「爵」文改。

先有質性，乃後有文章也。

三　教

王者設三教何？承衰救弊，欲民反正道也。三正之有失，故立三教，以相指受。夏人之王教以忠，其失野，救野之失莫如敬。殷人之王教以敬，其失鬼，救鬼之失莫如文。周人之王教以文，其失薄，救薄之失莫如忠。繼周尚黑，制與夏同。三者如順連環，周則復始，❶窮則反本。

《樂稽燿嘉》曰：「顔回向三教變，虞、夏何如？」曰：「教者，所以追補敗政，靡弊溷濁，謂之治也。舜之承堯無爲易也。」或曰：三教改易，夏后氏始。高宗亦承弊，所以不改教何？明子無改父之道也。何言知高宗不改之？以周之教承以文也。三教所以先忠者，行之本也。三教一體而分，不可單行，顧王者行之有先後。❷何以言三教並施，不可單行也？以忠、敬、文無可去者也。

教所以三何？法天、地、人。內忠，外敬，文飾之，故三而備也。即法天地人各何施？忠法人，敬法地，文法天。人道主忠，人以至道教人，忠之至也，人以忠教，故忠爲人教也。地道謙卑，天之所生，地敬養之，以敬爲地教也。

教者，何謂也？教者，効也。上爲之，下効之。民有質朴，不教不成。故《孝經》曰：「先王見教之可以化民。」《論語》曰：「不教民戰，是謂弃之。」《尚書》曰：「以教

❶「則」，小字本作「而」。
❷「顧」，盧本作「故」。

祇德。」《詩》云：「爾之教矣，欲民斯効。」

忠形於悃誠故失野，敬形於祭祀故失鬼，文形於飾皃故失薄。

夏后氏用明器，殷人用祭器，周人兼用之何謂？曰：夏后氏教以忠，故先明器，以奪孝子之心也。殷人教以敬，故先祭器，敬之至也。周人教以文，故兼用之，周人意至文也。孔子曰：「之死而致死之，不仁而不可爲也。之死而致生之，不知而不可爲也。」故有死道焉，以奪孝子之心也。有生道焉，使人勿倍也。「故竹器不成用，木器不成斲，瓦器不成沫，琴瑟張而不平，竽笙備而不和，有鍾磬而無簨簴」，縣示備物而不可用也。孔子曰：「爲明器者善，爲俑者不仁。」「塗車羞靈，自古有之」，言今古皆然也。

三綱六紀

三綱者，何謂也？謂君臣、父子、夫婦也。六紀者，謂諸父、兄弟、族人、諸舅、師長、朋友也。故「君爲臣綱，夫爲妻綱」。又曰：「敬諸父兄，六紀道行，諸舅有義，族人有序，昆弟有親，師長有尊，朋友有舊。」何謂綱紀？綱者，張也；紀者，理也。大者爲綱，小者爲紀，所以强理上下，❶整齊人道也。人皆懷五常之性，有親愛之心，是以紀綱爲化，若羅綱之有紀綱而萬目張也。《詩》云：「亹亹我王，綱紀四方。」

君臣、父子、夫婦，六人也。所以稱三綱何？一陰一陽謂之道，陽得陰而成，陰

❶「强」，盧本作「張」。

得陽而序，剛柔相配，故六人爲三綱。

三綱法天、地、人，六紀法六合。君臣法天，取象日月屈信，歸功天也。父子法地，取象五行轉相生也。夫婦法人，取象人合陰陽，❶有施化端也。

六紀，爲三綱之紀者也。師長，君臣之紀也，以其皆成己也。諸父、兄弟，父子之紀也，以其有親恩連也。諸舅、朋友，夫婦之紀也，以其皆有同志爲己助也。❷

君臣者，何謂也？君，群也，下之所歸心；臣者，繵堅也，屬志自堅固。《春秋傳》曰「君處此，臣請歸」也。父子者，何謂也？父者，矩也，以法度教子；子者，孳孳無已也。故《孝經》曰：「父有争子，則身不陷於不義。」夫婦者，何謂也？夫者，扶也，以道扶接也；婦者，服也，以禮屈服。《昏禮》曰：「夫親脱婦之纓。」《傳》曰：「夫婦判合也。」朋友者，何謂也？朋者，黨也；友者，有也。《禮記》曰：「同門曰朋，同志曰友。」朋友之交，近則謗其言，遠則不相訕。一人有善，其心好之；一人有惡，其心痛之。貨則通而不計，共憂患而相救，生不屬，死不託。故《論語》曰：「子路云：『願車馬衣輕裘與朋友共敝之。』」又曰：「朋友無所歸，生於我乎，❸死於我乎殯。」朋友之道，親存不得行者二：不得許友以其身，不得專通財之恩。友飢，則白之於父兄，父兄許之，乃稱父兄與之，不聽即止。故曰：友飢爲之減飡，友寒爲之不重裘。❹故《論語》曰「有父兄在，如之何其聞斯行

❶「人合」，原作「六合」，今據盧本改。
❷「己」，原作「紀」，今據盧本改。
❸「乎」下，盧本有「館」字。
❹「友」，原作「大」，今據小字本、盧本改。

之」也。

男稱兄弟，女稱姊妹何？男女異姓，故別其稱也。何以言之？《禮·親屬記》曰：「男子先生稱兄，後生稱弟。女子先生爲姊，後生爲妹。」父之昆弟不俱謂之世叔，父之女昆弟俱謂之姑，何也？以爲諸父曰內，親也，故別稱之也。姑當外適人，疏，故總言之也。至姊妹亦當外適人，所以別諸姊妹何？以爲事諸姑禮等，可以外出又同，故稱略也。至姊妹雖欲有略之，姊尊妹卑，其禮異也。《詩》云：「問我諸姑，遂及伯姊。」謂之舅姑何？舅者，舊也；姑者，故也。舊故之者，老人之稱也。謂之姊妹何？姊者，恣也；妹者，末也。謂之兄弟何？兄者，况也，况父法也；弟者，悌也，心順行篤也。稱夫之父母謂之舅姑何？尊如父而非父者，舅也；親如母而非母者，姑也。故稱夫之父母爲舅姑也。

白虎通德論卷第七

白虎通德論卷第八

臣班固纂集

情性

情性者，何謂也？性者陽之施，情者陰之化也。人稟陰陽氣而生，故内懷五性六情。情者，静也；性者，生也。此人所稟六氣以生者也。故《鉤命決》曰：「情生於陰，欲以時念也；性生於陽，以理也。陽氣者仁，陰氣者貪，故情有利欲，性有仁也。」

五常者何謂？❶仁、義、禮、智、信也。仁者，不忍也，施生愛人也。義者，宜也，斷決得中也。禮者，履也，履道成文也。智者，知也，獨見前聞，不惑於事，見微者也。信者，誠也，專一不移也。故人生而應八卦之體，得五氣以爲常，仁、義、禮、智、信是也。六情者，何謂也？喜、怒、哀、樂、愛、惡謂六情，所以扶成五性。性所以五，情所以六者何？人本含六律五行氣而生，故内有五藏六府，此情性之所由出入也。《樂動聲儀》曰：「官有六府，人有五藏。」

五藏者，何也？謂肝、心、肺、腎、脾也。肝之爲言干也。肺之爲言費也，情動得序。心之爲言任也，任於恩也。腎之爲言寫也，以竅寫也。脾之爲言辨也，所以積精稟氣也。五藏，肝仁，肺義，心禮，腎智，脾信也。肝所以仁者何？肝，木之精也，仁者好生，東方者陽也，萬物始生，故肝象

❶「常」，盧本作「性」。

木，色青而有枝葉。目爲之候何？目能出淚，而不能内物；木亦能出枝葉，不能有所内也。肺所以義者何？肺者，金之精，義者斷決，西方亦金，成萬物也。故肺象金，色白也。鼻爲之候何？鼻出入氣，高而有竅。山亦有金石累積，亦有孔穴，出雲布雨，以潤天下，雨則雲消。鼻能出納氣也。心所以爲禮何？心，火之精也，南方尊陽在上，卑陰在下，禮有尊卑，故心象火，色赤而鋭也。人有道尊天，本在上，故心下鋭也。耳爲之候何？耳能遍内外，別音語，火照有似於禮，上下分明。腎所以智何？腎者水之精，智者進止無所疑惑，❶水亦進而不惑。北方水，故腎色黑，水陰，故腎雙。竅爲之候何？竅能瀉水，亦能流濡。脾所以信何？脾者，土之精也，土尚任養，萬物爲之象，生物無所私，信之至也。故脾象土，色黄也。口爲之候何？口能啖嘗，舌能知味，亦能出音聲，吐滋液。故《元命苞》曰：「目者肝之使，肝者木之精，蒼龍之位也。鼻者肺之使，肺者金之精，制割立斷。耳者心之候，心者火之精，上爲張星。陰者腎之寫，腎者水之精，上爲虚危。口者脾之門户，脾者土之精，上爲北斗。主變化者也。」或曰：口者心之候，耳者腎之候。或曰：肝繫於目，肺繫於鼻，心繫於口，脾繫於舌，腎繫於耳。六府者，何謂也？謂大腸、小腸、胃、膀胱、三焦、膽也。府者，爲藏宫府也。❷故《禮運》記曰：「六情，所以扶成五性也。」胃者，脾之府也，脾主稟氣；胃者，穀之委也，故脾稟氣也。膀胱者，腎之

❶「止」上，原有「而」，今據盧本删。

❷「藏」上，盧本有「五」字。

府也，腎者主瀉，膀胱常能有熱，故先決難也。三焦者，包絡府也，水穀之道路，氣之所終始也，故上焦若竅，中焦若編，下焦若瀆。膽者，肝之府也。肝者，木之精也，主仁，仁者不忍，故以膽斷也。是以肝、膽二者必有勇也。❶肝膽異趣，何以知相爲府也？肝者，木之精也，木之爲言牧也，人怒無不色青目脹張者，是其効也。小腸、大腸，心肺府也，主禮義，禮義者有分理，腸之大小相承受也。腸爲心肺主，心爲皮體主，故爲兩府也。目爲心視，口爲心談，耳爲心聽，鼻爲心嗅，是其支體主也。

喜在西方，怒在東方，好在北方，惡在南方，哀在下，樂在上何？以西方萬物之成，故喜；東方萬物之生，故怒；北方陽氣始施，故好；南方陰氣始起，故惡。上多樂，下多哀也。

魂魄者何謂？魂猶伝伝也，行不休於外也，❷主於情。魄者，迫然著人，主於性也。❸魂者，芸也，情以除穢。魄者，白也，性以治内。

精神者，何謂也？精者静也，太陰施化之氣也，象水之化，❹任生也；❺神者恍惚，太陽之氣也，❻出入無間，❼總云支體，萬化之本也。

❶「肝膽二」，盧本作「仁」。
❷「行不休於外也」，盧本據《御覽》增作「行不休也。少陽之氣，故動不息，於人为外」。
❸「主」上，盧本據《御覽》增「此少陰之氣，象金石著人不移」十二字。
❹「水」，原作「火」，今據盧本改。
❺「任生」上，盧本有「須待」二字。
❻「陽」，原作「陰」，今據盧本改。
❼「出入無」，原脱，今據盧本補。

壽命

命者，何謂也？人之壽也，天命已使生者也。命有三科以記驗：有壽命以保度，有遭命以遇暴，有隨命以應行習。

壽命者，上命也，若言「文王受命唯中身，享國五十年」。隨命者，隨行爲命，若言「怠弃三正，天用勦絶其命」矣。又欲使民務仁立義，闕無滔天。❶滔天則司命舉過言，則用以弊之。遭命者，逢世殘賤，若上逢亂君，下必災變，暴至，夭絶人命，沙鹿崩于受邑是也。冉伯牛危言正行，而遭惡疾，孔子曰：「命矣夫，斯人也而有斯疾也。」

夫子過鄭，與弟子相失，獨立郭門外。或謂子貢曰：「東門有一人，其頭似堯，其頸似皋繇，其肩似子産，然自腰以下，不及禹三寸，傫傫如喪家之狗。」子貢以告孔子，孔子喟然而笑曰：「形狀末也。如喪家之狗，然哉乎，然哉乎！」

宗族

宗者，何謂也？宗，尊也。爲先祖主也，宗人之所尊也。《禮》曰：「宗人將有事，族人皆待。」聖者所以必有宗，❷何也？所以長和睦也。大宗能率小宗，小宗能率群弟，通於有無，所以紀理族人者也。宗其爲始祖後者爲大宗，此百世之所宗也。宗其爲高祖後者，五世而遷者也。高祖遷於

❶「闕」，小字本作「閏」，盧本删。
❷「聖」，盧本作「古」。

上，❶宗則易於下。宗其爲曾祖後者爲曾祖宗，宗其爲祖後者爲祖宗，宗其爲父後者爲父宗。以上至高祖宗，❷皆爲小宗，以其轉遷，別於大宗也。別子者，自爲其子孫爲祖，繼別也各自爲宗，❸小宗有四，大宗有一，凡有五宗，人之親所以備矣。諸侯奪宗，明尊者宜之。大夫不得奪宗何？曰：諸侯世世傳子孫，故奪宗。大夫不傳子孫，故不宗也。《喪服》經曰「大夫爲宗子」，不言諸侯爲宗子也。

族者，何也？族者，湊也，聚也，謂恩愛相流湊也。生相親愛，❹死相哀痛，有會聚之道，故謂之族。《尚書》曰：「以親九族。」族所以九何？九之爲言究也，親疏恩愛究竟也，謂父族四，母族三，妻族二。父族四者，謂父之姓一族也，父女昆弟適人有子爲二族也，身女昆弟適人有子爲三族也，身女子適人有子爲四族也。母族三者，母之父母一族也，母之昆弟二族也，母昆弟子三族也。母昆弟者男女皆在外親，故合言之。妻族二者，妻之父爲一族，妻之母爲二族。妻之親略，故父母各一族。《禮》曰：「惟氏三族之不虞。」《尚書》曰：「以親九族。」義同也。一說，合言九族者，欲明堯時俱三也。禮所以獨父族四何？欲言周承二弊之後，民人皆厚於末，故興禮母族妻之黨，廢禮母族父之族，足以貶妻族以附父族也。❺或言九者，據有交接之恩也。若「邢

❶「高」，盧本作「故曰」。
❷「以上」上，盧本補「父宗」二字。
❸「也」，盧本作「者」。
❹「生」上，盧本有「上湊高祖，下至玄孫，一家有吉，百家聚之，合而爲親」二十字。
❺「足」，盧本作「是」，義優。

侯之姊，❶覃公惟私」也。言四者，據有服耳，不相害所異也。

姓名

人所以有姓者何？所以崇恩愛，厚親親，遠禽獸，別婚姻也。故世別類，使生相愛，死相哀，同姓不得相娶，皆爲重人倫也。姓，生也，人所稟天氣所以生者也。《詩》云：「天生烝民。」《尚書》曰：「平章百姓。」姓所以有百何？以爲古者聖人吹律定姓，以記其族。人含五常而生，聲有五音，❷宮、商、角、徵、羽，轉而相雜，五五二十五，轉生四時，故百而異也。氣殊音悉備，故殊百也。❸

所以有氏者何？所以貴功德，賤伎力。或氏其官，或氏其事，聞其氏即可知其德，❹所以勉人爲善也。或氏王父字何？所以別諸侯之後，爲興滅國，繼絶世也。諸侯之子稱公子，公子之子稱公孫，公孫之子各以其王父字爲氏。故魯有仲、叔、❺季，楚有昭、屈、景，❻齊有高、國、崔。立氏三，以知其爲子孫也。王者之後，亦稱王子，❼兄弟立而皆封也。或曰：王孫上稱王孫也。❽「堯知命，❾表稷、契，賜生子姓。❿皋陶典

❶「邢」，原作「刑」，今據盧本及《毛詩》改。
❷「聲有五音」，盧本作「正聲有五」。
❸「轉生」至「百也」，盧本作「轉生四時，異氣殊音悉備，故姓有百也」。
❹「德」，原脱，今據盧本補。
❺「叔」，原作「孫」，今據盧本改。
❻「景」，原作「原」，今據盧本改。
❼「亦」，原作「二」，今據盧本改。
❽此句，盧本作「王者之孫亦稱王孫也」。
❾「堯」上，盧本有「刑德放曰」四字。
❿「賜生子姓」，盧本作「賜姓子姬」。

刑，不表姓，言天任德遠刑」。禹姓姒氏，祖以億生。❶殷姓子氏，祖以玄鳥子也。❷周姓姬氏，祖以履大人跡生也。

人必有名何？所以吐情自紀，尊事人者也。《論語》曰：「名不正則言不順。」三月名之何？天道一時，物有變，人生三月，目煦亦能笑，❸與人相更答，故因其始有知而名之。故《禮·服傳》曰：「子生三月，則父名之於祖廟。」於祖廟者，謂子之親廟也，明當爲宗祖主也。一説，名之於燕寢。名者，幼少卑賤之稱也。寡略，❹故於燕寢。《禮·內則》曰：「子生，君沐浴朝服，夫人亦如之，立于阼階西南，世婦抱子升自西階，君命之士，適子執其右手，庶子撫其首。君曰『欽有師』。夫人曰『記有成』。告於四境。」四境者，所以遏絶萌牙，禁備未然。故《曾子問》曰：「世子生三月，以名告于祖禰。」《內則》記曰：「以名告于山川、社稷、四境。天子太子，使士負子於南郊。」以桑弧蓬矢六射者，何也？此男子之事也。故先表其事，然後食其祿。必桑弧何？桑者，相逢接之道也。《保傅》曰：「太子生，❺舉之以禮，使士負之，有司齋肅端緌，❻之郊見于天。」《韓詩內傳》曰：「太子生，以桑弧蓬矢六，射上下四方。明當有事天地四方也。」殷以生日名子何？殷家質，故直以生日名子也。以《尚書》道殷家太甲、帝乙、❼武丁也。於臣民亦得以生日名子何？亦

❶「祖以億生」，盧本作「祖昌意以薏苡生」。
❷「也」上，盧本有「生」字。
❸「笑」上，盧本有「咳」字。
❹「寡」，盧本作「質」。
❺「太」，原作「天」，今據盧本及《新書·保傅》改。
❻「有司」，原作「者何」，今據盧本改。小字本作「者司」。
❼「乙」，原脱，今據盧本補。

不止也，❶以《尚書》道殷臣有巫咸，有祖己也。何以知諸侯不象王者以生日名子也？以太王名亶甫，王季名歷，殷之諸侯也。《易》曰「帝乙」，謂成湯。「帝乙」，❷謂六代孫也。湯生於夏世，何以用甲乙爲名？曰：湯王後乃更變名，子孫法耳。本名履，故《論語》曰「予小子履」，履，湯名也。不以子丑何？曰：甲乙者，榦也。子丑者，枝也。榦爲本，本質，故以甲乙爲名也。名或兼或單何？示非一也。或聽其聲，以律定其名。或依事，旁其形。故名或兼或單也。依其事者，若后稷是也，弃之，因名之爲弃也。旁其形者，孔子首類魯國尼丘山，故名爲丘。或旁其名爲之字者，聞名即知其字，聞字即知其名，若名賜字子貢，名鯉字伯魚。《春秋》譏二名何？所以譏者，乃謂其無常者也。若乍爲名，禄甫元言武庚。名不以日月山川爲名者，少賤卑己之稱也。臣子當諱，爲物示通，故避之也。《曲禮》曰：「二名不偏諱。逮事父母則諱王父母，不逮父母則不諱王父母也。君前不諱，《詩》、《書》不諱，臨文不諱，郊廟中不諱。」又曰：「君前臣名，父前子名。」謂大夫名卿，弟名兄也。明不敢諱於尊者前也。太古之時所不諱者何？尚質也。故臣子牙言其君父之名。故《禮記》曰：「朝日上值不諱正天名也。」人所以十月而生者何？人，天子之也。經天地之數五，故十月而備，乃成人也。人生所以泣何？❸本一榦而分，得氣異息，故泣重離母之義也。《尚書》曰「啓

❶「亦」上，盧本有「不使」二字。

❷「帝乙」上，盧本有「書曰」二字。

❸「泣」，原作「位」，今據盧本及下文改。

呱呱泣」也。人拜所以自名者何？所以泣號自紀。禮，拜自後，不自名何？備陰陽也。人所以相拜者何？所以表情見意，屈節卑體，尊事之者也。拜之言服也。所以必再拜何？法陰陽也。《尚書》曰「再拜稽首」也。必稽首何？敬之至也，頭至地。何以言首？謂頭也。《禮》曰：「首有瘍則沐。」所以先拜首，後稽首何？名順其文質也。《尚書》曰：「周公拜首稽首。」

人所以有字何？冠德明功，敬成人也。故《禮·士冠》經曰：「賓北面，字之曰伯某甫。」又曰：「冠而字之，敬其名也。」所以五十乃稱伯仲者，五十知天命，思慮定也。能順四時、長幼之序，故以伯仲號之。《禮·檀弓》曰：「幼名冠字，五十乃稱伯仲。」《論語》曰：「五十而知天命。」稱號所以有四何？法四時用事先後，長幼兄弟之象也。故以時長幼號曰伯、仲、叔、季也。伯者，長也。伯者，子最長，迫近父也。仲者，中也。叔者，少也。季者，幼也。適長稱伯，伯禽是也。庶長稱孟，以魯大夫孟氏。男女異長，各自有伯仲，法陰陽各自有終始也。《春秋傳》曰：「伯姬者何？內女稱也。」婦人十五稱伯仲何？婦人值少變，陰陽道促蚤成，❶十五通乎織紝之事，思慮定，故許嫁，笄而字。故《禮經》曰：「女子十五許嫁，笄。禮之，稱字之。」婦姓以配字何？明不娶同姓也。故《春秋》曰：「伯姬歸于宋。」姬者，姓也。值字所以於仲春何？❷值者親，故近於仲。文子尊尊，故於

❶「陽」字，盧本删。
❷「值字所以於仲春何」至該文文末多有訛舛，盧本改訂頗多，可參看。

伯仲之時物尚值，叔之時物失之，章即如是。

周有八士。《論語》曰：「伯達、伯适、仲突、仲忽、叔夜、叔夏、季隨、季騧。」積於叔何？蓋以兩兩俱生故也。不積於伯、季，明其無二也。文王十子，《詩傳》曰：「伯邑考，武王發，周公旦，管叔鮮，蔡叔鐸，成叔處，霍叔武，康叔封，南季載。❶」所以或上其叔，何也？管、蔡、霍、成、康、南皆采也，故上置叔上。伯邑叔震也，以獨無乎？蓋以爲大夫者不是采地也。

天地

天者，何也？天之爲言鎮也。居高理下，爲人鎮也。地者，易也。言養萬物懷任，交易變化也。

始起之天，始起先有太初，後有太始，形兆既成，名曰太素。混沌相連，視之不見，聽之不聞，然後剖判，清濁既分，精出曜布，度物施生，精者爲三光，號者爲五行。行生情，情生汁中，汁中生神明，神明生道德，道德生文章。故《乾鑿度》曰：「太初者，氣之始也。太始者，形兆之始也。太素者，質之始也。」陽唱陰和，男行女隨也。

天道所以左旋，地道右周何？以爲天地動而不別，行而不離，所以左旋。右周者，猶君臣陰陽相對之義。

男女總名爲人，天地所以無總名何？曰：天圓地方不相類，故無總名也。

君舒臣疾，卑者宜勞，天所以反常行何？以爲陽不動無以行其教，陰不靜無以成其化。雖終日乾乾，亦不離其處也。故

❶「載」，原重，今據盧本删。

《易》曰：「終日乾乾，反覆道也。」

日月

天左旋，日月五星右行何？日月五星，比天爲陰，故右行。右行者，猶臣對君也。《含文嘉》曰：「計日月右行也。」《刑德放》：「日月東行。」

而日行遲，月行疾何？君舒臣勞也。日日行一度，月日行十三度十九分度之七。《感精符》曰：「三綱之義，日爲君，月爲臣也。」日月所以懸晝夜者何？助天行化，照明下地。故《易》曰：「懸象著明，莫大乎日月。」

日之爲言實也，常滿有節。月之爲言闕也，有滿有闕也。所以有缺何？歸功於日也。八日成光，二八十六日轉而歸功晦，至朔旦受符復行。故《援神契》曰：「月三日成魄也。」所以名之爲星何？星者，精也，據日節言也。一日一夜，適行一度，一日夜爲一日，剩復分天爲三十六度，周天三百六十五度四分度之一，日月徑千里也。

所以必有晝夜何？備陰陽也。日照晝，月照夜。日所以有長短何？陰陽更相用事也。故夏節晝長，冬節夜長，夏日宿在東井，出寅入戌。冬日宿在牽牛，出辰入申。

月大小何？天道左旋，日月東行。日日行一度，月日行十三度。月及日爲一月，至二十九日，未及七度，即三十日者，過行七度，日不可分，故月乍大小，明有陰陽。故《春秋》曰：「九月庚戌朔，日有食之。」「十月庚辰朔，日有食之。」此三十日也。又曰：「七月甲子朔，日有食之。」「八月癸巳朔，日有食之。」此二十九日也。

月有閏餘何？周天三百六十五日度四分度之一，歲十二月，日過十二度，故三年一閏，五年再閏，明陰不足，陽有餘也。故《讖》曰：「閏者陽之餘。」

四時

所以名爲歲何？歲者，遂也。三百六十六日一周天，萬物畢死，故爲一歲也。《尚書》曰：「朞三百有六旬有六日，以閏月定四時成歲。」

春夏秋冬，時者，期也，陰陽消息之期也。四時天異名何？天尊，各據其盛者爲名也。春秋物變盛，冬夏氣變盛。春曰蒼天，夏曰昊天，秋曰旻天，冬爲上天。《爾雅》曰「一説：春爲蒼天」等是也。四時不隨正朔變何？以爲四時據物爲名，春當生，冬當終，皆以正爲時也。

或言歲，或言載，或言年何？言歲者以紀氣物，帝王共之，據日爲歲。❶《春秋》曰「元年正月」，❷「十有二月朔」。有朔有晦，知據月斷爲言年。載之言成也，載成萬物，終始言之也。二帝爲載，三王言年，皆謂闚闟。故《尚書》曰「三載，四海遏密八音」，謂二帝也。又曰「諒陰三年」，謂三王也。《春秋傳》曰「三年之喪，其實二十五月」。知闚闟。❸

日言夜，月言晦，月言朔，日言朝何？朔之言蘇也，明消更生，故言朔。日晝見夜藏，有朝夕，故言朝也。

❶「曰」，原作「日」，今據盧本改。
❷「春秋」上，盧本有「年者，仍也。年以紀事，據月言年」十二字。
❸「闚闟」，原作「闕闐」，今據盧本及上文改。

衣裳

聖人所以制衣服何？以爲絺綌蔽形，表德勸善，别尊卑也。所以名爲裳何？衣者，隱也。裳者，鄣也。所以隱形自鄣閉也。《易》曰：「黄帝、堯、舜垂衣裳而天下治。」何以知上爲衣，下爲裳？以其先言衣也。《詩》曰「褰裳涉溱」，所以合爲衣也。《弟子職》言「摳衣而降」也。名爲衣何？上兼下也。

獨以羔裘何？取輕煖，因狐死首丘，明君子不忘本也。羔者，取跪乳遜順也。故天子狐白，諸侯狐黄，大夫蒼，士羔裘，亦因别尊卑也。

所以必有紳帶，示謹敬自約整。續繒爲結於前，下垂三分，身半，紳居二焉。必有鞶帶者，示有事也。❶

所以必有佩者，《論語》曰：「去喪無所不佩。」天子佩白玉，諸侯佩山玄玉，大夫佩水蒼玉，士佩瑶珉石。佩即象其事。若農夫佩其耒耜，工匠佩其斧斤，婦人佩其鍼縷。何以知婦人亦佩玉？《詩》云：「將翱將翔，佩玉將將。彼美孟姜，德音不忘。」

五刑

聖人治天下，必有刑罰何？所以佐德助治，順天之度也。故懸爵賞者，示有勸也。設刑罰者，明有所懼也。刑所以五何？法五行也。科條三千者，應天地人情也。五刑之屬三千，大辟之屬二百，宫辟之

❶「有」下，盧本有「金革」二字。

屬三百，腓辟之屬五百，劓、墨辟之屬各千，張布羅衆，非五刑不見。劓、墨何？其下刑者也。腓者，其臏。宮者，女子淫，執置宮中，不得出也。丈夫淫，割去其勢也。大辟者，謂死也。

刑不上大夫何？尊大夫。禮不下庶人，欲勉民使至於士。故禮爲有知制，刑爲無知設也。庶人雖有千金衣弊，❶不得服。刑不上大夫者，據禮無大夫刑。或曰：撻笞之刑也。禮不及庶人者，謂酬酢之禮也。

五經

孔子所以定五經者何？以爲孔子居周之末世，王道淩遲，禮義廢壞，强陵弱，衆暴寡，天子不敢誅，方伯不敢伐，閔道德之不行，故周流應聘，冀行其聖德。自衛反魯，自知不用，故追定五經，以行其道。故孔子曰「《書》曰『孝乎惟孝，友于兄弟，施於有政，是以爲政』」也。孔子未定五經如何？周衰道失，綱散紀亂，五教廢壞，故五常之經咸失其所，象《易》失理，則陰陽萬物失其性而乖，設法謗之言，並作《書》三千篇，作《詩》三百篇，而歌謡怨誹也。

已作《春秋》，後作《孝經》何？❷欲專制正。於《孝經》何？夫孝者，自天子下至庶人，上下通《孝經》者。夫制作禮樂，仁之本，聖人道德已備，弟子所以復記《論語》何？見夫子遭事異變，出之號令失法。❸

文王所以演《易》何？文王受王不率

❶「衣弊」，盧本作「之幣」，當是，小字本作「之弊」。
❷「後」，盧本作「復」。
❸「失」，小字本作「之」，盧本作「足」。

仁義之道，❶失爲人法矣。己之調和陰陽尚微，故演《易》，使我得卒至于太平日月之光明，則如《易》矣。

伏羲作八卦何？伏羲始王天下，未有前聖法度，故「仰則觀象於天，俯則察法於地，觀鳥獸之文與地之宜，近取諸身，遠取諸物，❷於是始作八卦，以通神明之德，以象萬物之情也」。

經所以有五何？經，常也。有五常之道，故曰五經《樂》仁，《書》義，《禮》禮，《易》智，《詩》信也。人情有五性，懷五常不能自成，是以聖人象天五常之道而明之，以教人成其德也。

五經何謂？謂《易》、《尚書》、《詩》、《禮》、《春秋》也。《禮解》曰：「温柔寬厚，《詩》教也。疎通知遠，《書》教也。廣博易良，《樂》教也。潔浄精微，《易》教也。恭儉莊敬，《禮》教也。屬辭比事，《春秋》教也。」

《春秋》何常也？則黄帝已來。何以言之？《易》曰：「上古結繩以治，後世聖人易之以書契，百官以理，萬民以察。」後世聖人者，謂五帝也。❸《傳》曰：「三王百世，計《神元書》、五帝之《受録圖》、《世史記從政》録帝魁已來，除《禮》、《樂》之書，三千二百四十篇也。」

白虎通德論卷第八

❶「文王受王」，盧本作「商王受」。
❷「身遠取諸」，原脱，今據盧本及《周易》補。
❸「帝」，原作「常」，今據盧本改。

白虎通德論卷第九

臣班固纂集

嫁娶

人道所以有嫁娶何？以爲情性之大，莫若男女，男女之交，人情之始，❶莫若夫婦。《易》曰：「天地氤氳，萬物化淳；男女稱精，萬物化生。」人承天地施陰陽，故設嫁娶之禮者，重人倫，庶繼嗣也。《禮·保傅》記曰：「謹爲子嫁娶，必擇世有仁義者。」禮男娶女嫁何？陰卑，不得自專，就陽而成之。故《傳》曰：「陽倡陰和，男行女隨。」

男不自專娶，女不自專嫁，必由父母，須媒妁何？遠恥、防淫泆也。《詩》云：「娶妻如之何？必告父母。」又曰：「娶妻如之何？匪媒不得。」

男三十而娶，女二十而嫁，陽數奇，陰數偶。男長女幼者，陽舒陰促。男三十筋骨堅强，任爲人父；女二十肌膚充盛，任爲人母。合爲五十，應大衍之數，生萬物也。故《禮·内則》曰：「男三十壯，❷有室；女二十壯，而嫁。」七，歲之陽也；八，歲陰也。七、八十五，陰陽之數備，有相偶之志。故《禮記》曰：「女子十五許嫁，笄而字。」禮之，稱字。」陰繫於陽，所以專一之節也。陽尊，無所繫。二十五繫者，就陰

❶「情」，盧本作「倫」。
❷「三」，原作「五」，今據盧本改。

節也。陽舒而陰促，三十數三終奇，陽節也。二十數再終偶，陰節也。陽小成於陰，大成於陽，故二十而冠，三十而娶。陰小成於陽，大成於陰，故十五而笄，二十而嫁也。一説，《春秋穀梁傳》曰：「男二十五繫，女十五許嫁，感陰陽也。」陽數七，陰數八，男八歲毀齒，女七歲毀齒。陽數奇三，三八二十四，加一爲五，而繫心也。陰數偶，再成十四，四加一爲五，故十五許嫁也。各加一者，明專一繫心。所以繫心者何？防其淫佚也。

《禮》曰：「女子十五許嫁，納采，問名，納吉，請期，親迎，以鴈贄。納徵曰玄纁，❶故不用鴈。贄用鴈者，取其隨時南北，不失其節，明不奪女子之時也。又取飛成行，止成列也。明嫁娶之禮，長幼有序，不相踰越也。又婚禮贄不用死雉，故用鴈也。納徵玄纁、束帛、離皮。玄三法天，纁二法地也。陽奇陰偶，明陽道之大也。離皮者，兩皮也。以爲庭實，庭實偶也。《禮·昏》經曰：「納采、問名、納吉、請期、親迎皆用鴈，納徵：束帛、離皮。」納徵辭曰：「吾子有加命，貺室某也。有先人之禮，離皮、束帛，使某請納徵。」上「某」者，婿名也。❷下次「某」者，使人名也。女之父曰：「吾子順先典，貺某重禮，某不敢辭，敢不承命。」納采辭曰：「吾子有惠貺，室某，某有先人之禮，使某也請納采。」對曰：「某之子惷愚，又不能教，吾子命之，某不敢辭。」

天子下至士，必親迎授綏者何？以陽

❶「曰」，盧本作「用」。
❷「婿」，原作「聟」，今據盧本改。

下陰也。欲得其歡心，示親之心也。夫親迎，輪三周，❶下車曲顧者，防淫泆也。《詩》云：「文定厥祥，親迎于渭，造舟爲梁，不顯其光。」《禮・昏》經曰：「賓升北面奠鴈，再拜，拜手稽首降出，婦從房中也，從，降自西階，婿，❷御婦車，授綏。」

遣女於禰廟者，重先人之遺支體也，不敢自專，故告禰也。父母親戒女何？❸親親之至也。父曰：「誡之敬之，夙夜無違命。」女必有端繡衣，若笄之。母施襟結帨，曰：「勉之敬之，夙夜無違宮事。」父誡於阼階，母誡於西階，庶母及門内施鞶，祭紬以母之命，❹命曰：「敬恭聽爾父母言，夙夜無愆，視衿鞶祭。❺」去不辭，誡不諾者，❻蓋恥之重去也。

《禮》曰：「嫁女之家，不絶火三日，相思離也。❼娶婦之家，三日不舉樂，思嗣親也。」感親年衰老代至也。《禮》曰：「婚禮不賀，人之序也。」

授綏，姆辭曰：「未教，未乞與爲禮也。❽」始親迎，於辭曰：❾「吾子命某以兹初昏，使某將請承命。」主人曰：「某故敬具以酒。❿」

父命醮子遣之迎，命曰：「往迎爾相，承我宗事，率以敬先妣之嗣，若則有常。」子

❶「輪」上，盧本有「御」字。
❷「婿」，原作「揖」，今據盧本改。
❸「戒」，原作「男」，今據盧本改。
❹此句，盧本作「申之以父母之命」，當是。「紬」，小字本作「紳」。
❺「視衿鞶祭」，盧本作「視諸衿鞶」，當是。
❻「諾」，原作「誥」，今據盧本改。
❼「相思」，盧本作「思相」。
❽「未乞」，盧本作「不足」。
❾「於」，盧本作「擯者請」。
❿「酒」，盧本作「須」。

曰：「諸，唯恐不堪，不敢忘命。」

娶妻不先告廟到者，示不必安也。婚禮請期，不敢必也。婦人三月然後祭行。舅姑既没，亦婦入三月，奠采于廟。三月一時，物有成者，人之善惡可得知也。然後可得事宗廟之禮。曾子曰：「女未廟見而死，歸葬于女氏之黨，示未成婦也。」

嫁娶必以春者，春，天地交通，萬物始生，陰陽交接之時也。《詩》云：「士如歸妻，迨冰未泮。」《周官》曰：「仲春之月，令會男女，❶令男三十娶，女二十嫁。」《夏小正》曰：「二月，冠子娶婦之時。」

夫有惡行，妻不得去者，地無去天之義也。夫雖有惡，不得去也。故《禮·郊特牲》曰：「一與之齊，終身不改。」悖逆人倫，殺妻父母，廢絶綱，亂之大者。義絶，乃得去也。

天子諸侯一娶九女何？重國廣繼嗣也。適九者何？❷法地有九州，承天之施，無所不生也。娶九女，亦足以成君施也。九而無子，百亦無益也。《王度記》曰：「天子一娶九女。」《春秋公羊傳》曰：「諸侯娶一國，則二國往媵之，以姪娣從。」之姪者何？兄之子也。娣者何？女弟也。」或曰：天子娶十二女，法天有十二月，萬物必生也。必一娶何？防淫泆也。爲其棄德嗜色，故一娶而已。人君無再娶之義也。備姪娣從者，爲其必不相嫉妬也。一人有子，三人共之，若己生之。不娶兩娣何？博異氣也。❸娶三國女何？廣異類也。恐一國血脉相似，俱無子也。姪娣年雖少，猶

❶「令」，原作「合」，今據盧本及《周禮》改。
❷「九」，原作「也」，今據盧本及下文改。
❸「博」，原作「傳」，今據盧本改。

從適人者，明人者，明人君無再娶之義也。還待年於父母之國，未任答君子也。《詩》云：「姪娣從之，祁祁如雲。韓侯顧之，爛其盈門。」《公羊傳》曰「叔姬歸于紀」，明待年也。二國來媵，誰爲尊者？大國爲尊。國等以德，德同以色。質家法天尊左，文家法地尊右。所以不聘妾何？人有子孫，欲尊之義，義不可永人以爲賤也。《春秋傳》曰：「二國來媵。」可求人爲士，不可求人爲妾何？士即尊之漸，賢不止於士，妾雖賢，不得爲適。

娶妻卜之何？卜女之德，知相宜否。《昏禮》經曰「將加諸卜，敢問女爲誰氏」也。

人君及宗子無父母，❶自定娶者，卑不主尊，賤不主貴，故自定之也。《昏禮》經曰：「親皆没，己躬命之。❷」《詩》云：「文定厥祥，親迎于渭。」

大夫功成封，得備八妾者，重國廣繼嗣也。不更聘大國者，不忘本適也。故《禮》曰：納女於諸侯曰「備掃灑」。天子、諸侯之世子，皆以諸侯禮娶，與君同，示無再娶之義也。

王者之娶，必先選于大國之女，禮儀備，所見多。《詩》云：「大邦有子，俔天之妹。文定厥祥，親迎于渭。」明王者必娶大國也。《春秋》曰：「紀侯來朝。」紀子以嫁女於天子，故增爵稱侯。至數十年之間，紀侯無他功，但以子爲天王后，故爵稱侯。知雖小國者，必封以大國，明其尊所不臣也。

王者娶及庶人者何？❸開天下之賢，示不

❶「無」，原脱，今據盧本補。
❷「躬」，原作「聘」，今據盧本及《儀禮》改。
❸「人」，盧本作「邦」，當是。

遺善也。故《春秋》曰「紀侯來朝」，文加爲侯，❶明封之也。先封之，明不與聖人交禮也。❷女行虧缺而去其國，如之何？以封爲諸侯比例矣。

諸侯所以不得自娶國中何？❸諸侯不得專封，義不可臣其父母。《春秋傳》曰：「宋三代無大夫，惡其内娶也。」

不娶同姓者，重人倫，防淫泆，恥與禽獸同也。《論語》曰：「君娶於吴，爲同姓，謂之吴孟子。」《曲禮》曰：「買妾不知姓，則卜之。」外屬小功已上，亦不得娶也。以《春秋傳》曰「譏娶母黨」也。

王者嫁女，必使同姓諸侯主之何？婚禮貴和，不可相答，爲傷君臣之義，亦欲使女不以天子尊乘諸侯也。《春秋傳》曰：「天子嫁女于諸侯，必使諸侯同姓者主之。諸侯嫁女于大夫，使大夫同姓者主之。」以其同宗共祖，❹可以主親也，故使攝父事。不使同姓卿主之何？尊加諸侯，爲威厭不得舒也。不使同姓諸侯就京師主之何？諸侯親迎入京師，當朝天子，爲禮不兼。《春秋傳》曰「築王姬觀于外」，明不往京師也。所以必更築觀者何？尊之也。不於路寢，路寢本所以行政處，非婦人之居也。小寢則嫌群公之舍，則已卑矣。故必改築於城郭之内。《傳》曰：「築之，禮也；于外，非禮也。」

卿大夫一妻二妾者何？❺尊賢重繼嗣也。不備姪娣何？北面之臣賤，不足盡執

❶「文」，原作「交」，今據小字本、盧本改。
❷「聖人」，盧本作「庶邦」，當是。
❸「娶」，原作「趣」，今據盧本及下文改。
❹「以」上，盧本有「必使同姓者」五字。
❺「一」，原脱，今據盧本補。

人骨肉之親。《禮・服》經曰「貴臣貴妾」，明有卑賤妾也。士一妻一妾何？❶下卿大夫。《禮・喪服小記》曰：「士妾有子，則爲之緦。」

娉嫡未往而死，❷媵當往否乎？人君不再娶之義也。天命不可保，故一娶九女，以《春秋》「伯姬卒」，時娣季姬更嫁鄫，《春秋》譏之。適夫人死後，更立夫人者，不敢以卑賤承宗廟。自立其娣者，尊大國也。《春秋傳》曰：「叔姬歸于紀。」叔姬者，伯姬之娣也。伯姬卒，叔姬升于嫡，經不譏也。或曰：嫡死不復更立，明嫡無二，防篡煞也。祭宗廟，攝而已。以禮不聘爲妾，明不升。

《曾子問》曰：「昏禮：既納幣，有吉日，女之父母死，何如？孔子曰：『壻使人吊之。如壻之父母死，女亦使人吊之。父喪稱父，母喪稱母，父母不在，則稱伯父世尊。❸壻已葬，壻之伯父、叔父使人致命女氏曰：某子有父母之喪，不得嗣爲兄弟，使某致命。❹女氏許諾，不敢嫁，禮也。壻免喪，女父使人請，壻不娶而後嫁之，禮也。女之父母死，壻亦如之。』」

婦人所以有師何？學事人之道也。《詩》云：「言告師氏，言告言歸。」《禮・昏》經曰：「告于公宮三月。」婦人學一時，足以成矣。與君無親者，各教於宗廟婦之室。❺國君取大夫之妾、士之妻老無子者而明於婦道又祿之，使教宗室五屬之女。大夫、士

❶「一妾」，原脱，今據盧本及下文補。
❷「未」，原作「夫」，今據小字本、盧本改。
❸「尊」，小字本、盧本作「母」。
❹「某」，原作「母」，今據盧本改。
❺「婦」上，盧本有「宗」字。

皆有宗族，自於宗子之室學事人也。女必有傅姆何？尊之也。《春秋傳》曰：「傅至矣，姆未至。」

婦人學事舅姑，不學事夫者，❶示婦與夫一體也。《禮·內則》曰：「妾事夫人，如事舅姑，尊嫡絶妬嫉之原。」《禮·服傳》曰「妾事女君與事舅姑同」也。婦事夫，有四禮焉。雞初鳴，咸盥漱，櫛縰笄總而朝，君臣之道也。惻隱之恩，父子之道也。會計有無，兄弟之道也。閨閫之內，❷衽席之上，朋友之道也。聞見異辭，故設此也。

有五不娶。亂家之子不娶，逆家之子、世有刑人、惡疾、喪婦長子，此不娶也。出婦之義必送之，接以賓客之禮，君子絶愈于小人之交。《詩》云「薄送我畿」。

天子妃謂之后何？后，君也。天下尊之，故謂之后。明海內小人之君子也。❸天下尊之，故繫王言之。《春秋傳》曰：「迎王后于紀。」國君之妻，稱之曰夫人何？明當扶進夫人，謂八妾也。國人尊之，故稱君夫人也。自稱小童者，謙也。言己智能寡少，如童蒙也。《論語》曰：「國君之妻，稱之曰夫人，夫人自稱曰小童，國人稱之曰君夫人，稱諸異邦曰寡小君。」謂聘問兄弟之國及臣他國稱之，謙之辭也。

妻妾者何謂？❹妻者，齊也，與夫齊體。自天子下至庶人，其義一也。妾者，接也，以時接見也。

❶「夫」，原作「必父母」，今據盧本改。
❷「閫」，原作「閫」，今據小字本、盧本改。
❸此句，盧本作「明配至尊，爲海內小君」，當是。「子」，小字本無此字。
❹「妾」字，原脱，今據盧本及下文補。

嫁娶者，何謂也？嫁者，家也。婦人外成，以出適人爲嫁。娶者，取也。男女，謂男者，任也，任功業也；女者，如也，從如人也。在家從父母，既嫁從夫，夫没從子也。《傳》曰「婦人有三從之義」也。夫婦者，何謂也？夫者，扶也，扶以人道者也；婦者，服也，服於家事，事人者也。配疋者何謂？相與偶也。婚姻者，何謂也？昏時行禮，故謂之婚也；婦人因夫而成，故曰姻。《詩》云「不惟舊因」，謂夫也。又曰「燕爾新婚」，謂婦也。所以昏時行禮何？示陽下陰也。婚亦陰陽交時也。

男子六十閉房何？所以輔衰也，故重性命也。又曰：「父子不同椸。」❶爲亂長幼之序也。《禮·内則》曰：「妾雖老，未滿五十，必預五日之御。」滿五十不御，俱爲助衰也。至七十大衰，食非肉不飽，寢非人不暖，故七十復開房也。

白虎通德論卷第九

❶ 「椸」，盧本作「椸」。

白虎通德論卷第十

臣班固纂集

紼冕

紼者，何謂也？紼者，蔽也，行以蔽前。紼蔽者，小有事，因以別尊卑，彰有德也。天子朱紼，諸侯赤紼。《詩》云：「朱紼斯皇，室家君王。」又：「赤紼金舃，會同有繹。」又云：「赤紼在股。」皆謂諸侯也。《書》曰：「黼黻衣黄朱紼。」亦謂諸侯也。並見衣服之制。故遠別之謂黄朱亦赤矣。大夫爲衡，別於君矣。天子大夫赤紱爲衡，士靺韐。朱赤者，或盛色也。是以聖人塗法之用爲紼服，❶爲百王不易也。紼以韋爲之者，反古不忘本也。上廣一尺，下廣二尺，天一地二也；長三尺，法天地人也。

所以有冠者，帣也，所以帣持其髮也。人懷五常，莫不貴德，示成禮，有修飾，❷首別成人也。《士冠》經曰：「冠而字之，敬其名也。」《論語》曰：「冠者五六人，童子六七人。」禮所以十九見正者而冠何？漸三十之人耳。男子陽也，成於陰，故二十而冠。《曲禮》曰：「二十弱冠。」言「見正」。何以知不謂正月也？以《禮·士冠》經曰「夏葛屨，冬皮屨」，明非歲之正月也。

皮弁者，何謂也？所以法古至質冠名也。弁之言樊也，所以樊持其髮也。上古

❶「塗」，盧本無此字。

❷「修飾」下，盧本補「文章故制冠以飾」七字。

之時質，先加服皮以鹿皮者，取其文章也。《禮》曰：「三王共皮弁素積。」裳也，❶腰中辟積，至質不易之服，反古不忘本也。戰伐田獵，此皆服之。

麻冕者何？周宗廟之冠也。《禮》曰：「周冕而祭。」又曰：「殷冔、夏收而祭。」此三代宗廟之冠也。十一月之時，陽氣冕仰黄泉之下，❷萬物被施，前冕而後仰，故謂之冕。謂之詡者，❸十二月之時，施氣受化詡張，而後得牙，故謂之詡。謂之收者，十三月之時，氣收本，舉生萬物而達出之，故謂之收。冕仰不同，故前後乖也。詡張故萌大，時物亦牙萌大也。收而達，故前忩，大者在後，時物亦前忩也。冕所以用麻爲之者，女功之始，亦不忘本也。即不忘本，不用皮。皮乃太古未有禮文之服。故《論語》曰：「麻冕，禮也。」《尚書》：「王麻冕。」冕所以前後邃延者何？示進賢退不能也。垂旒者，示不視邪，❹纊塞耳，示不聽讒也。故水清無魚，人察無徒，明不尚極知下。故《禮·玉藻》曰：「十有二旒，❺前後邃延。」《禮器》曰：「天子麻冕朱緑藻，垂十有二旒者，法四時十二月也。諸侯九旒，大夫七旒，士爵弁無旒。」

委皃者，何謂也？周朝廷理政事、行道德之冠名。《士冠》經曰：「委皃，周道；章甫，殷道；毋追，夏后氏之道。」所以謂之委皃何？周統十一月爲正，萬物萌小，故爲冠飾最小，故曰委貌。委貌者，委曲有貌

❶「裳也」上，盧本有「素積者，積素以爲」七字。
❷「冕」，盧本作「俛」，下「前冕」、「冕仰」同。
❸「詡」，盧本作「冔」，下「謂之詡」同。
❹「視」，原作「現」，今據小字本、盧本改。
❺「十」上，盧本有「天子玉藻」四字。

也。殷統十二月爲正，其飾微大，故曰章甫。章甫者，尚未與極其本相當也。夏者統十三月爲正，其飾最大，故曰毋追。毋追者，言其追大也。

爵弁者，周人宗廟之冠也。《禮・郊特牲》曰「周弁」。《士冠》經曰「周弁，殷冔，夏收。」爵何以知指謂其色？又乍言爵弁，乍但言弁，周之冠色所以爵何？爲周尚赤，所以不純赤。但如爵頭何？以本制冠者法天，天色玄者不失其質，故周加赤，殷加白，夏之冠色純玄。何以知殷加白也？周加赤，知殷加白也。夏、殷士冠不異何？古質也。以《士冠禮》知之。

喪服

諸侯爲天子斬衰三年何？「普天之下，莫非王土，率土之賓，莫非王臣」。臣之於君，猶子之於父，明至尊臣子之義也。《喪服》經曰：「諸侯爲天子斬衰三年。」天子爲諸侯絶朞何？❶示同愛百姓，明不獨親也。❷故《禮・中庸》曰：「朞之喪達乎大夫，❸三年之喪達乎天子。」卿大夫降緦，重公正也。

禮：庶人國君服齊衰三月。王者崩，京師之民喪三月何？民賤，故思淺，❹故三月而已。天子七月而葬，諸侯五月而葬者，則民始哭素服，先葬三月成齊衰，朞月以成禮葬君也。禮不下庶人，所以爲民制服

❶「朞」，原作「其」，今據盧本及《儀禮》改。
❷「親」下，盧本有「其親」二字。
❸「大夫」，原作「諸侯」，今據盧本及《禮記》改。
❹「思」，盧本作「恩」。

何？❶禮不下庶人者，尊卑制度也。服者恩從内發，故爲之制也。

王者崩，臣下服之有先後何？恩有深淺遠近，故制有日月。《檀弓》記曰：「天子崩，三日祝先服，五日官長服，七日國中男女服，三月天下服。」

三年之喪何二十五月？以爲古民質，痛於死者，不封不樹，喪期無數，亡之則除。後代聖人，因天地萬物有終始，而爲之制，以朞斷之。父至尊，母至親，故爲加隆，❷以盡孝子恩。恩愛至深，加之則倍，故再朞二十五月也。禮有取於三，故謂之三年。緣其漸三年之氣也，故《春秋傳》曰「三年之喪，其實二十五月」也。三年之喪不以閏月數何？以其言朞也。朞者，復其時也。大功已下月數，故以閏月除。《禮·士虞》經曰：「言朞而小祥。」「又朞而大祥。」

喪禮必制衰麻何？以副意也。服以飾情，情貌相配，中外相應。故吉凶不同服，歌哭不同聲，所以表中誠也。布衰裳，麻絰，蕭笄，❸繩纓，苴杖，爲略及本。❹絰者，亦示也，故總而載之，示有喪也。腰絰者，以代紳帶也。❺所以結之何？思慕腸若結也。必再結之何？明思慕無已。

所以必杖者，孝子失親，悲哀哭泣，三日不食，身體羸病，❻故杖以扶身，明不以死傷生也。禮：童子婦人不杖者，以其不能病也。《禮》曰：「斬衰三日不食，齊衰二日

❶「服」，原脱，今據盧本補。
❷「加」，原作「於」，今據小字本、盧本改。
❸「蕭」，盧本作「箭」。
❹「及」，原作「反」，今據小字本、盧本改。
❺「代」，原作「伐」，今據小字本、盧本改。
❻「羸」，原作「嬴」，今據小字本、盧本改。

不食，❶大功一日不食，小功、緦麻一日不食，再不食可也。❷」以竹何？❸取其名也。竹者，蹙也；桐者，痛也。父以竹，母以桐何？竹者，陽也；桐者，陰也。竹何以爲陽？竹斷而用之，質，故爲陽。桐削而用之，加人功，文，故爲陰也。故《禮》曰：「苴杖，竹也。削杖，桐也。」

所以必居倚廬何？孝子哀，不欲聞人之聲，又不欲居故處，居中門之外，倚木爲廬，質反古也。不在門外何？戒不虞故也。故《禮·間傳》曰：❹「父母之葬，居倚廬。」於中門外東牆下，户北面。練而居堊室，無飾之室。❺又曰：「婦人不居倚廬。」又曰：「天子七日。」又曰：「公諸侯五日，卿大夫三日而服成。」居外門内東壁下爲廬。❻寢苫塊，哭晝夜無時，❼不脱絰帶。既虞，寢有席，蔬食飲水，朝一哭，夕一哭而已。既練，舍外寢，居堊室，始食菜果，反素食，❽哭無時。二十五月而大祥，飲醴酒，食乾肉。二十七月而禫，通祭宗廟，去喪之殺也。

喪禮不言者何？思慕盡情也。言不文者，指謂士民。不言而事成者，國君卿大夫杖而謝賓。財少恃力，面垢作身，不言而事具者，故號哭盡情。

喪有病，得飲酒食肉何？所以輔人生

❶「齊」，原作「齋」，今據小字本、盧本及《禮記》改。
❷下「一日」至「可也」，小字本作「一不食，再不食可也」，盧本作「一日不再食可也」。
❸「以竹何」，小字本作「以竹杖何」，盧本作「所以杖竹桐何」。
❹「間傳」，原作「大傳」，今據盧本及《禮記》改。
❺「飾」，原作「餘」，今據盧本改。
❻「東」，原作「赤」，今據盧本改。
❼「夜無」，原倒，今據《儀禮·喪服》乙正。
❽「反」，原作「及」，今據盧本改。

己，重先祖遺支體也。故《曲禮》曰：「居喪之禮，頭有瘡則沐，身有瘍則浴，有疾則飲酒食肉。」五十不致毀，七十唯衰麻在身，❶飲酒食肉。又曰：「父母有疾，食肉不至變味，飲酒不至變皃。笑不至矧，怒不至詈，琴瑟不御。」《曾子問》曰：「三年之喪，練不群立，不旅行。禮以飾情，三年之喪而吊哭，不亦虚乎！」《禮・檀弓》曰：「曾子有母之喪，弔子張。」子張者，朋友，有服，雖重服，吊之可也。《曾子問》曰：「『小功可以與祭乎？』孔子曰：『斬衰已下與祭，禮也。』」此謂君喪然也。子夏問：「三年之喪，既卒哭，金革之事無避者，禮與？」孔子曰：「吾聞諸老聃曰：『魯公伯禽則有爲之也。』今以三年之喪從其利者，吾不知也。」

婦人不出境吊者，婦人無外事，防淫佚也。《禮・雜記》曰：「婦人越疆而吊，非禮也。而有三年喪，君與夫人俱往。」❷禮：妻爲父母服，夫亦當服。

有不吊三何？爲人臣子，常懷恐懼，深思遠慮，志在全身。今乃畏、厭、溺死，用爲不義，故不吊也。《檀弓》曰「不吊三：畏、厭、溺」也。畏者，兵死也。《禮・曾子》記曰「大辱加於身，❸支體毀傷，即君不臣，士不交，祭不得爲昭穆之尸，食不得昭穆之牲，❹死不得葬昭穆之域」也。❺

弟子爲師服者，弟子有君臣、❻父子、朋友之道也。故生則尊敬而親之，死則哀痛

❶「七十」上，盧本補「六十不毀」四字。
❷「疆」，原作「彊」，今據盧本及《禮記》改。
❸「曾」，原作「魯」，今據小字本、盧本改。
❹「得」下，盧本校云「闕一字」，當是。
❺「昭」，原脱，「域」，原作「城」，今據小字本、盧本補、改。
❻「君臣」，原倒，今據小字本、盧本乙正。

之，恩深義重，故爲之隆服，入則絰，出則否。《檀弓》曰「昔夫子之喪顔回，若喪子而無服。喪子路亦然。請喪天子若喪父而無服」也。

《曾子問》曰：「『君薨既殯，而臣有父母之喪，則如之何？』孔子曰：『歸居于家，有殷事則之君所，朝夕否。』曰：『君既斂，而臣有父母之喪，則如之何？』孔子曰：『歸殯，哭，而反于君。殷事則歸，朝夕否。大夫室老行事，士則子孫行事。夫内子有殷事，則亦如之君所，朝夕否。』」諸侯有親喪，聞天子崩，奔喪者何？屈己，親親猶尊尊之義也。《春秋傳》曰：「天子記崩不記葬者，必其時葬也。諸侯記葬，不必有時。」諸侯爲有天子喪奔，❶不得必以其時葬也。大夫使受命而出，聞父母之喪，非君命不反者，蓋重君也。故《春秋傳》曰：「大夫以君命出，聞喪，徐行不反。」諸侯朝，而有私喪得還何？凶服不入公門。君不呼之義也。凶服不敢入公門者，明尊朝廷，吉凶不相干。故《周官》曰：「凶服不入公門。」《曲禮》曰：「居喪不言樂，祭事不言凶，公庭不言婦女。」《論語》曰：「子於是日哭，則不歌。」臣下有大喪，不呼其門者，使得終其孝道，成其大禮。《春秋傳》曰：「古者臣有大喪，君三年不呼其門。」

聞哀，❷哭而後行何？盡哀舒憤然後行。望國境則哭，過市朝則否。君子自抑，小人勉以及禮。見星則止，日行百里，惻怛之心，但欲見尸柩汲汲故。《禮·奔喪》：「以哭答使者，盡哀。問故，遂行。」曾子

❶「奔」上，小字本、盧本有「尚」字。
❷「哀」，盧本作「喪」。

曰：「師三十里者，吉行五十里，❶奔喪百里。」既除喪，乃歸哭於墓何？　明死者不可見，痛傷之至也。　謂喪不得追服者也，哭於墓而已。　故《禮·奔喪》記曰：「之墓，西向哭止。」此謂遠出歸，後葬，喪服以禮除。

曾子與客立於門，其徒趨而出。　曾子曰：「爾將何之？」曰：「吾父死，將出哭於巷。」曾子曰：「反哭於爾次。」曾子北面而吊焉。《檀弓》記曰：「孔子曰：『吾惡乎哭諸？　兄弟，吾哭諸廟門之外；　師，吾哭諸寢；　朋友，吾哭諸寢門外；　所知，吾哭諸野。』」

養從生，葬從死。　周公以王禮葬何？以爲周公踐祚理政，與天同志，展興周道，❷顯天度數，萬物咸得，休氣允塞，❸原天之意，予愛周公，❹與文、武無異，故以王禮葬，使得郊祭。《尚書》曰「今天動威以彰周公之德」，下言「禮亦宜之」。

崩薨

《書》曰：「成王崩。」天子稱崩何？　別尊卑，異生死也。　天子曰崩，大尊像。　崩之爲言崩伏强，天下撫擊失神明，黎庶殞涕，海内悲涼。　諸侯曰薨。　國失陽，薨之言奄也，奄然亡也。　大夫曰卒，精熠終卒。　卒之爲言終於國也。　士曰不禄，失其忠節，不終君之禄。❺　禄之言消也，身消名彰。　庶人曰

❶「吉」，原脱，今據盧本補。
❷「興」，原作「與」，今據小字本、盧本改。
❸「塞」，原作「寒」，今據小字本、盧本改。
❹「予」，小字本、盧本作「子」。
❺「不」下，原衍「忠」字，今據小字本、盧本删。「禄」，原作「緑」，今據小字本、盧本改。下同。

死，魂去亡。死之爲言澌，精氣窮也。崩薨紀於國何？以爲有尊卑之禮，謚號之制即有矣。禮始於黄帝，至堯、舜而備。《易》言没者，❶據遠也；❷《書》「殂落」，死者矣。各自見義。堯皆憯痛之，舜見終，各一也。

喪者，何謂也？喪者，亡。人死謂之喪，言其亡不可復得見也。不直言喪何？爲孝子心不忍言。《尚書》曰：「武王既喪。」喪終曰死，爲適室。❸知據死者稱喪也。生者喪痛之亦稱喪。《禮》曰：「喪服斬衰。」《易》曰：「不封不樹，喪期無數。」《孝經》曰：「孝子之喪親也，是施生者也。」天子下至庶人，俱言喪何？欲言身體髮膚俱受之父母，其痛一也。

天子崩，訃告諸侯何？緣臣子喪君，哀痛憤懣，無能不告語人者也。諸侯欲聞之，又當持土地所出以供喪事。故《禮》曰：「天子崩，遣使者訃諸侯。」

王者崩，諸侯悉奔喪何？臣子悲哀慟怛，莫不欲觀君父之棺柩，盡悲哀者也。又爲天子守蕃，不可頓空也。故分爲三部，有始死先奔者，有得中來盡其哀者，有得會喪奉送君者。七月之間，諸侯有在京師親供臣子之事者也，號泣悲哀奔走道路者，有居其國哭痛思慕，竭盡所供以助喪事者。是四海之内咸悲，臣下若喪考妣之義也。葬有會者，親踈遠近盡至，親親之義也。童子諸侯不朝而來奔喪者何？❹明臣子於其君父非有老少也。亦因喪質，無般旋之禮，但盡悲哀而已。

❶「没」，原作「復」，今據盧本改。
❷「遠」，原作「遂」，今據盧本改。
❸「喪終曰死爲適室」，盧本作「喪禮經曰死於適室」。
❹「子」，原脱，今據小字本、盧本補。

臣死，亦赴告於君何？此君哀痛於臣子也，欲聞之，加賻賵之禮。故《春秋》曰「蔡侯考父卒」，《傳》曰：「卒，赴而葬，禮也。❶」

諸侯薨，赴告隣國何？緣隣國欲有禮也。《春秋傳》曰：「桓母喪，告於諸侯。」桓母賤，尚告於諸侯，諸侯薨，告隣國明矣。

諸侯夫人薨，告天子者，不敢自廢政事，天子亦欲知之，當有禮也。《春秋》曰「天子使宰咺來歸惠公、❷仲子之賵」，譏不及事。仲子者，魯君之貴妾也，何况於夫人乎？

諸侯薨，使臣歸瑞珪於天子何？諸侯以瑞珪爲信，今死矣，嗣子諒闇三年之後，當乃更爵命，故歸之，推讓之義也。《禮》曰：「諸侯薨，使臣歸瑞珪於天子。」

天子聞諸侯薨，哭之何？慘怛發中，哀痛之至也。使大夫吊之，追遠重終之義也。故《禮·檀弓》曰：「天子哭諸侯，爵弁純衣。」又曰：「遣大夫吊，詞曰：『皇天降災，子遭離之難。嗚呼哀哉，大王使臣某吊。』」

臣子死，君往吊之何？親與之共治民，恩深義重厚，欲躬見之。故《禮·雜記》曰：君吊臣，主人待于門外，見馬首不哭。君至，主人先入，君升自阼階，西向哭。主人居中庭，❸從哭。或曰：大夫疾，君問之無數。士疾，一問之而。❹大夫卒，比葬不食肉，比卒哭不舉樂。士比殯不舉樂。玄冠不以吊者，不以吉服臨人凶，示助哀也。

❶「禮也」，盧本作「不告」。
❷「咺」，原作「喧」，今據盧本改。
❸「主」，原作「王」，今據小字本、盧本改。
❹「一」，原作「二」，今據小字本、盧本改。

《論語》曰：「羔裘玄冠不以吊。」

崩薨三日乃小斂何？奪孝子之恩以漸也。一日之時，屬纊於口上，以候絶氣。二日之時，尚冀其生。三日之時，魂氣不還，終不可奈何。故《禮・士喪》經曰：「御者四人皆坐，持禮屬纊，以候絶氣。」《禮》曰：「天子、諸侯三日小斂，大夫、士二日小斂。」屬纊於口者，孝子欲生其親也。人死必沐浴於中霤何？示潔凈反本也。《禮・檀弓》曰：「死於牖下，沐浴於中霤，飯唅於牖下，小斂於户内，大斂於阼階，殯於客位，祖於庭，葬於墓。所以即遠。」奪孝子之恩以漸也。所以有飯唅何？緣生食，今死，不欲虚其口，故唅。用珠寶物何也？有益死者形體。故天子飯以玉，諸侯以珠，大夫以米，❶士以貝也。

贈襚，何謂也？贈之爲言稱也，玩好曰贈。襚之爲言遺也，衣被曰襚。❷知死者則贈襚，所以助生送死，追恩重終，副至意也。贈賵者，❸何謂也？贈者，助也，❹所以相佐給不足也。故吊辭曰：「知生則賻。」貨財曰賻，車馬曰賵。

天子七日而殯，諸侯五日而殯，事有小大，所供者不等。故《王制》曰：「天子七日而殯，諸侯五日而殯，卿大夫三日而殯。」

夏后氏殯於阼階，殷人殯於兩楹之間，周人殯於西階之上何？夏后氏教以忠，忠者，厚也。曰：生吾親也，死亦吾親也。主人宜在阼。殷人教以敬，曰：死者將去，又不敢容也。故置之兩楹之間，賓主共夾而

❶「米」，盧本作「璧」。
❷「曰」，原重，今據小字本、盧本删。
❸「贈」，盧本作「賻」。
❹「贈者助也」，盧本作「賻者，助也；賵者，覆也」。

敬之。❶周人教以文，曰：死者將去，不可又得，故賓客之也。《檀弓》記曰：「夏后氏殯於阼階，殷人殯於兩楹之間，周人殯於西階。」

《稽命徵》曰：「天子舟車殯何？爲避水火災也。故棺在車上，車在舟中。」臣子更執紼，晝夜常百二十二人。❷紼者，所以掌持棺也。故《禮》曰：「天子舟車殯，諸侯車殯，大夫倚塗，❸士瘞，尊卑之差也。」

祖於庭何？盡孝子之恩也。祖者，始也，始載於庭也。乘軸車辭祖禰，故名爲「祖載」也。《禮》曰：「祖於庭，葬於墓。」又曰：「適祖昇自西階。」

所以有棺槨何？所以掩藏形惡也。不欲令孝子見其毀壞也。棺之爲言之完，❹所以藏尸令完全也。槨之爲言廓，所以開廓辟土，無令迫棺也。《禮·王制》曰：「天子棺槨九重，衣衾百二十稱。于領大度，曰公侯五重，衣衾九十稱，士再重。」《禮》曰：「大夫有大棺三重，衣衾五十稱。士無大棺，二重，衣衾三十稱。單袷備爲一稱。」《禮·檀弓》曰：「天子棺四重，水光草棺被之，其厚三寸，地棺一，❺梓棺二，柏椁以端長六尺。」有虞氏瓦棺，今以木何？虞尚質，故用瓦。夏后氏益文，故易之以堲周。謂堲木相周，無膠漆之用也。❻殷人棺椁，有膠漆之用。周人浸文，牆置翣，加巧飾。喪葬之禮，緣生以事死，生時無，死亦不敢

❶「賓主」，原作「周人」，今據小字本、盧本改。

❷「百二十二」，盧本作「千二百」。

❸「倚」，盧本作「欑」。

❹「完」，原作「皃」，今據盧本改。下同。

❺「地」，盧本作「杝」。

❻「用」，原作「周」，今據小字本、盧本改。

造。太古之時，穴居野處，衣皮帶革，❶故死衣之以薪，内藏不飾。中古之時，有宫室衣服，故衣之幣帛，藏以棺椁，封樹識表，體以象生。夏、殷彌文，齊之以器械。至周大文，緣夫婦生時同室，死同葬之。

尸柩者，何謂也？尸之爲言失也，陳也。失氣亡神，形體獨陳。柩之爲言究也，久也，不復章也。❷《曲禮》曰：「在床曰尸，在棺曰柩。」

崩薨别號，至墓同，何也？時臣子藏其君父，安厝之義，❸貴賤同。葬之爲言下藏之也，所以入地何？人時於陰，含陽光，死始入地，歸所與也。天子七月而葬，諸侯五月而葬何？尊卑有差也。天子七月而葬，同軌必至。諸侯五月而葬，同會必至。所以慎終重喪也。

《禮》曰：「家人奉圖，先君之葬，君居以中，昭穆爲左右，群臣從葬，以貴賤序。」

合葬者，所以固夫婦之道也。故《詩》曰：「穀則異室，死則同穴。」又《禮·檀弓》曰：「合葬，非古也。自周公已來，未之有改也。」

葬於城郭外何？死生别處，終始異居。《易》曰：「葬之中野。」所以絶孝子之思慕也。《傳》曰：「作樂於廟，不聞於墓。哭泣於墓，不聞於廟。」所以於北方何？就陰也。《檀弓》曰：「孔子卒，所以受魯君之璜玉，葬魯城北。」又曰：「於邑北北首，三代之達禮也。」

封樹者，所以爲識。故《檀弓》曰：「古

❶「衣」，原作「夜」，今據小字本、盧本改。
❷「章」，盧本作「變」。
❸「厝」，原作「厝」，今據小字本、盧本改。

也墓而不墳。今丘也，東西南北之人也，不可以不識也，於是封之，崇四尺。❶」《春秋含文嘉》曰：「天子墳高三仞，樹以松。諸侯半之，樹以柏。大夫八尺，樹以欒。士四尺，樹以槐。庶人無墳，樹以楊柳。」

白虎通德論卷第十

❶「四」，原作「曰」，今據小字本、盧本改。

七經小傳

〔北宋〕劉敞　撰
楊韶蓉　校點

目録

校點説明

劉敞（一〇一九—一〇六八），字原父，一作原甫，號公是，吉州新喻人（今江西新余）。祖父劉式隨南唐後主李煜入宋，終刑部侍郎。父劉立之歷官尚書虞部、比部員外郎、主客郎中、湖北路、益州路轉運使等職。劉敞與弟劉攽同舉慶曆六年（一〇四六）進士，劉敞廷試第一，因親嫌列爲第二，以大理評事通判蔡州，累官至給事中。三次出任地方官，皆有善政。劉攽爲其撰《行狀》，歐陽修撰《墓誌銘》。《宋史》卷三百一十九有傳。

劉敞爲官三十年，直言敢諫，忠直無私，事仁宗、英宗、神宗三朝，從容進見，直言逆耳，雖不合於世，「而特被人主之知」（《墓誌銘》）。爲人循理蹈義，「不以纖毫異内外也」（《行狀》）。讀書心悟理解，志氣開發，「自六經、百氏、古今傳記，下至天文、地理、卜醫、數術、浮圖、老莊之説，無所不通」（《墓誌銘》）。「所著《春秋傳》十五卷，《春秋權衡》十七卷，《春秋説例》二卷，《春秋文權》二卷，《春秋意林》五卷，《弟子記》五卷，《七經小傳》五卷，皆成書。《易外傳》二十卷，《元滋》九篇，《通古》五卷，《古風》五卷，皆未就。《文集》若干卷。」（《行狀》）此外，就史録所及，尚有《尚書解》、《三劉漢書標注》、《漢官儀》、《先秦古器圖》、《雜律賦》、《使北語録》等著述（據張尚英《劉敞著述考述》，《宋代文化研究》第十二輯），内容涉及經學、史學、金石之學、文學等領域。

在宋代學術史上，劉敞具有開風氣的地位。《宋史》本傳論劉敞治學「長於《春秋》」，所著《春秋》五書開北宋一代《春秋》學之風氣。王國維《隨庵吉金圖序》稱：「私家藏器，莫先於劉原仲父。」（《王國維先生全集·觀堂集林》卷二十三，台灣大通書局一九七六年版）認爲「李伯時之《考古圖》，王楚之《宣和博古圖》皆用其例」(《宋代之金石學》,《王國維先生全集・静庵文集續編》)。其雜論經義之語的《七經小傳》,歐陽修述其「盛行於學者」(《墓誌銘》),開北宋解經疑變舊義、創立新説的風氣。

《七經小傳》是劉敞於仁宗慶曆間(一〇四一——一〇四八)所撰雜論經義的解經之作,所論涉《尚書》、《毛詩》、《周禮》、《儀禮》、《禮記》、《公羊》、《論語》七經,因《公羊》目下又有《左傳》、《國語》各一條,故實涉九經。形式上不載所解原書全文,而是依篇次摘引,有説者,則先列原文或舊注,繼之以説論;無説者,則連原文也略而不録。内容上除揭發義理外,就經文文本方面亦多有「脱簡」、「衍簡」、「錯簡」、「字誤」、「句誤」等的疑辨。共計論《尚書》二十二條,《毛詩》三十三條,《周禮》四十條,《儀禮》四條,《禮記》三十條,《公羊》、《左傳》、《國語》各一條,《論語》八十五條。《論語》諸條論説體例又多有與其他諸經不統一處。對於緣何論九經而名曰《七經小傳》、《論語》諸條論例不同,四庫館臣均有辨證,所論頗爲合理(詳附録一《四庫全書總目七經小傳提要》)。

《行狀》與《墓誌銘》記述《七經小傳》五卷。宋元明清間官私書目或著録爲五卷,或著録爲三卷,如《郡齋讀書志》、《中興館閣書目》、《宋史・藝文志》均著録爲五卷,而《直齋書録解題》、《文獻通考・經籍考》、《讀書敏求記》則著録爲三卷。焦竑《國史經籍志》著録《七經小傳》五卷,祁承㸁《澹生堂書目》亦著録《公是先生七經小傳》一册五卷,説明在明代中後期尚有五卷本流傳,之後五卷本即不見著録。

今傳世諸本皆爲三卷本。彭元瑞《天禄琳瑯書目後編》著録宋刻《公是先生七經小傳》一函一册,云:「書三卷,……書中『匡』字、『殷』字闕筆,『桓』字不闕筆,可證爲北宋本。傳庋唐寅、曹溶、徐乾學、朱彝尊家,末有『唐寅藏書』四字。」(上海古籍出版社「中國歷代書目題跋叢書」,二〇〇七年版)傅增湘《藏園群書經眼録》亦著録清宫藏書《公是先生七經小傳》三卷，云：「宋刊本，半葉十行，行二十字，白口，左右雙闌，版心上記字數，下記刊工姓名。宋諱殷、恒、樹皆缺末筆。鈐有徐乾學、曹溶、留真館、盧保藏印。又有『衛國經史之章』朱文大印。」(中華書局「書目題跋叢書」，二〇〇九年版)民國間商務印書館《續古逸叢書》、《四部叢刊續編》即據此天禄琳瑯藏宋刻《公是先生七經小傳》影印。檢之全稿，共有「恒」、「殷」、「匡」、「筐」、「玄」、「弦」、「讓」、「敦」、「樹」九字闕末筆避諱，其刊刻時間當在宋光宗紹熙年或之後。此外，「殷」字除闕筆外，亦有改「嗣」字避諱的情況，「玄」字也有改「元」字避諱的情況。卷下《論語》第六十七條計有八十四字漫漶殘泐，《四部叢刊續編》據他本予以描補。此本今不見諸家館藏著録，幸有《續古逸叢書》、《四部叢刊續編》影印存其真。除宋本外，清代有康熙十九年刻《通志堂經解》本、乾隆十六年水西劉氏刻《公是遺書》本、《四庫全書》本、嘉道間藤花榭刻《經學五書》本等，皆爲三卷本。

經實際校勘，《通志堂經解》本、《公是遺書》本當同出一源，《四庫》本、《經學五書》本皆源出於《通志堂經解》本。據《公是遺書》本《七經小傳》後劉安孫《跋》：「惟吾先世手録《三劉先生集》一册，世世寶藏，以爲手澤之存。……今以縣侯與邑大人晏一齋修誧誌書，訪求三劉遺集，乃敢出而觀之。」則《公是遺書》本《七經小傳》當出自劉氏家傳《三劉先生集》。據實際校勘結果，宋本中「爾」、「按」、「于」、「嶮」、「大」、「簇」、「惟」等字，《通志堂經解》本作「耳」、「案」、「於」、「險」、「太」、「蔟」、「唯」，《公是遺書》本皆同。且《通志堂經解》本不同於宋本之處，《公是遺書》本皆同《通志堂經解》本，宋本誤而《通志堂經解》本是者，《公是遺書》本亦皆同《通志堂經解》本，宋本是而《通志堂經解》本誤者，《公是遺書》本亦同其誤。如卷上《尚書·皋陶謨》第一條中「惟聖人惟能王天下」一句，其中下「惟」字《通志堂經解》本作「爲」，《公是遺書》本亦作「爲」。「先有司赦小過舉賢材」之「材」字《通志堂經解》本作「才」，《公是遺書》本亦作「才」。卷中《周禮・簭人》條「改巫爲簭以準太卜作龜之八命而爲説也」一句，其中「以」字《通志堂經解》本作「似」，《公是遺書》本亦作「似」。卷上《詩經・白駒》條「故上刺其君之不能下怨賢者之棄吾君」一句，「不能」下顯有脱字，《通志堂經解》本有「下賢」二字，《公是遺書》本亦有此二字。卷下《論語》第六十二條中「鄉人皆惡之言者有人於此」一句，其中「言者」二字誤倒，《通志堂經解》本乙正，《公是遺書》本亦乙正。卷上《詩經・鼓鍾》條「文王世子曰小樂正學干」一句，其中「樂」字《通志堂經解》本誤爲「學」，《公是遺書》本亦有此誤(以上舉例《四庫》本、《經學五書》本皆同《通志堂經解》本)。據此，可以判定，《通志堂經解》本所出當與《公是遺書》本所出《三劉先生集》同源。但《公是遺書》本與《通志堂經解》本亦屢有異文，且《公是遺書》本誤處，《通志堂經解》本多與宋本同，爲正。

此次整理，以《續古逸叢書》影印宋本爲底本，以哈佛大學漢和圖書館藏康熙十九年刻《通志堂經解》本(簡稱《經解》本)、《公是遺書》本(簡稱《遺書》本)、景印文淵閣《四庫全書》本(簡稱《四庫》本)爲校本。《四庫》本雖源於《通志堂經解》本，但其間有校正，故亦列爲校本。《經學五書》本亦出於《通志堂經解》本，不僅無有校正，反新增不少訛誤，無校勘價值，故不列入校本。

此次整理，經文的斷句，一以劉敞的理解爲準。書中引文，皆與現通行本作了核對，於重要異文處皆出校記。劉敞誤引之處，亦出校予以辨正。凡屬直引的引文，皆標注引號。與原文差別較大，屬意引或略引的情況則不標注引號。闕筆諱字徑補足筆畫，不再出校。

原書只分卷而無目録，爲便於讀者檢閲，此次整理新編制了目録。爲便於研究者研究利用，借此次整理之機，將《四庫全書總目七經小傳提要》、

《公是遺書本七經小傳跋》亦作了整理，作爲「附録」附後。

限於學識，錯誤在所難免，敬請讀者批評指正。

校點者　楊韶蓉

公是先生七經小傳卷上

尚書

《堯典》曰：「申命羲叔，宅南交。」説者曰「春與夏交」，非也。冬與秋交，秋與夏交，春與冬交，亦何不曰西交、北交、東交乎？且春曰「嵎夷」、曰「暘谷」，秋曰「宅西」、曰「昧谷」，冬曰「朔方」、曰「幽都」，此皆指地而言，不當至於夏獨以氣言也。本蓋言「宅南曰交趾」，後人傳寫脱兩字，故爾非真也。春云「宅嵎夷」，秋云「宅西」，推秋之西而知嵎夷爲東也。夏云「宅南」，冬云「宅朔方」，推夏之南而知朔方爲北也。此蓋堯舜時四境所至、四岳所統也，故舉以言爾。

《舜典》曰：「正月上日，受終于文祖。」「輯五瑞」者，收諸侯圭瑞還之王府。❶「既月乃日」者，既正月之明日，謂二月朔耳。輯五瑞，必俟既月之明日頒之諸侯者，以新曆數也。

「修五禮、五玉、三帛、二生、一死贄，如五器，卒乃復。」「如」者，同也。「五器」者，吉、凶、禮、樂及戎器。同之，一制度也。「卒乃復」者，巡守事畢，王乃還都也。「五載一巡守」者，唐虞氏分天下五服，其在畿内甸服之君，則皆執事之人也，朝夕見焉，故不特修朝覲之禮。至於侯服當朝一年，綏服當朝二年，要服當朝三

❶「王」，疑當爲「玉」。

年，荒服當朝四年，則天下諸侯畢，皆一朝。一朝則天子巡守，故五載一巡守也。

「夔曰：『於！予擊石拊石，百獸率舞。』」《益稷》之末又有：「夔曰：『於！予擊石拊石，百獸率舞。』」然則《舜典》之末衍一簡也。何以知之邪？方舜之命二十二人，莫不讓者，惟夔、龍爲否，則亦已矣，又自贊其能，夔必不爲也。且夔於爾時始見命典樂，不應遂已有「百獸率舞」之事，是今日適越而昔至也。

《九共》九篇，「共」當作「丘」。古文「丘」作「丠」，與「共」相近，故誤傳以爲「共」耳。「九丘」者，即所謂「八索」、「九丘」。按《小序》：「帝釐下土，方設居方，別生分類，作《汩作》、《九共》及《槀飫》。」然則《汩作》之篇，言所以「釐下土」、興工致治之道尔。《九丘》者，乃所謂「方設居方，別生分類」者也。九州殊土異俗，各因其性，順其舊而教擾之，故爲九篇，篇言一州也。舜「肇十有二州」，而今但「九」者，幽、并之俗與冀州類，營州之俗與青州類，但疆土廣大，故分之耳，至於人、物，自如舊也。孔安國爲隸古定《書》，不知「丘」字誤爲「共」，遂肆臆説云「述《職方》以除《九丘》」。案《職方氏》之書，一官所守耳。《周禮》出於周公，仲尼未嘗删述，而云「除《九丘》」乎？又今《職方氏》所掌，但其地名山川大較，豈與「方設居方，別生分類」比乎？此云《九共》，當爲《九丘》必也。《禹貢》雖載九州之地形，乃是治水之書，亦無「方設居方，別生分類」之事。則《禹貢》所言者，形質也；《九丘》

所言者，情性也。❶惜哉！此《書》之亡，不及見有虞氏之明德也。

《大禹謨》：「益曰：『都！帝德廣運，乃聖乃神，乃武乃文，皇天眷命，奄有四海，爲天下君。』禹曰：『惠迪吉，從逆凶，惟影響。』」此言帝賞罰之審且速也，故能爲天下君。

《皐陶謨》曰：「都！亦行有九德，亦言其人有德。」此説性善也。「行有九德」者，言人之性固有九德也，寬、柔、愿、亂、擾、直、簡、剛、彊是也。「亦言其人有德」者，言性雖有德，猶待其人之有德，乃成德也，栗、立、恭、敬、毅、温、廉、塞、義是也。「愿而恭」，恭與愿一物爾，愿者益恭，非德性相濟者也，「恭」當作「荼」，字誤也。「荼」者，舒也。愿慤過者患在不荼，故以荼濟愿也。「簡而廉」，簡者，簡易也，簡易之人失在無廉隅，故濟以廉，所謂居敬也。「彰厥有常，吉哉」，「吉」猶「士」也，所謂吉士也。於九德之中，能一德有常，則可謂士矣。三德可以爲卿大夫，六德可以爲諸侯，「九德咸事」，可以王天下。然則有常，所謂「有恒」；三德，所謂「善人」；六德，所謂「君子」；九德，所謂「聖人」。惟聖人惟能王天下，❷君子可以爲諸侯，善人可以爲卿大夫，有恒者可以爲士。以孔子之徒論之，「顔淵問爲邦，子曰：行夏之時，乘殷之輅，服周之冕」，此王天下之任，聖人之德也。又曰「雍也可使南面。先有司，赦小過，舉賢材」，❸此

❶「情性」，《遺書》本作「性情」。
❷下「惟」，《經解》本、《遺書》本、《四庫》本作「爲」。
❸「材」，《經解》本、《遺書》本、《四庫》本作「才」。

君一國之任，君子之德也。又曰「由也，千乘之國，可使治其賦也」，「升堂未入於室」，此卿大夫之任，善人之德也。又曰「不得中行而與之，必也狂狷乎」，狂者進取，狷者有所不爲，此吉士之任也，有恒之德也。物之性未有能兼剛柔者也，❶謂聖人備九德，然則聖人之性剛且柔乎？曰：聖人神矣，其性無所不備。無所不備者，或不可得而聞矣。不可得而聞，則所聞者，常聞其接於事爲之迹爾。皋陶稱舜曰「臨下以簡，御衆以寬」，此九德之二也。極此言之意，故當曰事親以柔，行己以愿，臨事以亂，任賢以擾，秉德以直，斷謀以剛，敷政以彊，此所謂大備之人也。

《益稷》曰：禹曰：「弼成五服，至于五千，州十有二師。外薄四海，咸建五長，各迪有功。」說者謂禹治水，州用三萬人，非也。「師」猶「長」爾。一州十二師，以商周之制推之，則連率、卒正之類也。以五長稽之，則五國有長，而十長有師乎？長所以長也，師所以師也。十長之師凡五十國，一州十二師，則六百國也。州六百國，計十二州則七千二百國也。十二州之外薄于四海，又有五長，是以禹會諸侯於塗山，執玉帛者萬國也。

「笙鏞以閒，鳥獸蹌蹌」，何謂也？曰：古者制樂皆有所法也，或法於鳥，或法於獸。其聲清揚而短聞者，皆法之鳥也；其聲宏濁而遠聞者，皆法之獸也。則此言笙鏞之器各得其法，而盡其聲，則鳥獸蹌蹌然也。

❶「兼」，《遺書》本作「秉」。

「擊石拊石，百獸率舞」，何謂也？ 曰：聖王功成而作樂，樂行而物遂，則此言四海之内，血氣之類莫不逸豫而自得也。人樂極則舞，獸不能舞，推其樂極則亦宜舞也，故謂之「率舞」也。「擊石拊石」何也？ 曰：凡樂厚聲石，此言所擊者與所拊者皆厚以和，皆泊以恬，則能以感人者也。

《禹貢》：青州「萊夷作牧，厥篚檿、絲」。徐州「淮夷蠙珠暨魚，厥篚玄纖縞」。楊州「島夷卉服，❶厥篚織貝」。予謂三篚皆三夷之貢也，故序於三夷下。「織」讀如「士不衣織」之「織」。染貝爲織，島夷所服，蓋如厚繒。貝者，木名耳。

「五百里要服，三百里夷，二百里蔡。五百里荒服，三百里蠻，二百里流。」凡唐虞九州，州方千里，適三千里矣，要、荒則在九州之外。「三百里夷」者，稍以夷禮通之，若春秋杞、鄫、葛、莒也。「三百里蠻」者，亦言雜以蠻俗，待之若春秋楚、越也。「二百里蔡」者，「蔡」讀如「蔡蔡叔」之「蔡」。「二百里流」，「流」讀如「流共工」之「流」。輕罪則蔡於要服，重罪則流于荒服，所謂「投之四裔」、「屏之遠方」者也，此則「五宅三居」之二矣，然則其一在綏服，九州之内也。凡夷性近於人，蠻性遠於人，故近者稱夷，遠者稱蠻也。

《嗣征》曰：❷「火炎崐岡，玉石俱焚。天吏逸德，烈于猛火。殲厥渠魁，脅從罔治。」言火炎則玉石俱焚，吏逸則善惡并誅，若

❶「楊」，《四庫》本作「揚」。
❷「嗣」，作者避宋太祖趙匡胤名諱改「胤」爲「嗣」。

此，則是威烈甚於火矣，故不欲如火，但殲厥渠魁而已，所以分别玉、石。

《湯誓》曰：「伊尹相湯伐桀，升自陑。」「陑」者，桀恃嶮也。「升」之者，言其易也。著此者，言桀雖據險，亦不能拒湯，所謂地利不如人和。孔氏注乃曰「出其不意」，孫吴之師非湯與伊尹之義也。

《伊訓》曰：「惟元祀十有二月乙丑，伊尹祠于先王。奉嗣王祗見厥祖。」「元祀」者，太甲之元年也。「十有二月」者，夏正十二月，殷正月也。舉元祀於上，則明十二月者殷正月也。不言正月而云十二月者，於《書》未有言王者三統之辨，使上下互相備也。此先君以去年十二月夏之十一月崩，故太甲以今年正月夏之十二月朝廟，正君臣。至三年十二月，則二十六月喪畢，而以冕服歸于亳矣。若謂十二月亦殷之曆者，古天子踰年改元，一年不二君，則元祀十二月乃太甲改元之後十二月也，去先君崩一朞矣，至三年十二月太甲乃歸于亳。歸于亳之時，凡居喪三十七月，不得爲二十六月也。欲就二十六月而言之，則太甲以先君之末遂爲元年乃可爾，而非踰年改元、一年不二君之義，伊尹豈爲之哉？

「臣下不匡，其刑墨。」「墨」者，非刑名也，謂其刑如墨也。貪以敗官爲墨，今臣不匡君，是貪位明矣，故使坐貪也。《傳》曰：「昬墨賊殺，臯陶之刑也。」

《微子》曰：「父師若曰：『我舊云刻子，王子弗出，我乃顛隮。』」「刻」猶「害」也，言我舊常云紂欲害子，今王子不出，必見殺。王子見殺，我乃隕滅矣。所以然者，三仁存則殷存，三仁亡則殷亡，武王觀兵還師，此其驗也。均之不可亡，而微子先遜于荒者，微子以地逼，見疑欲害。與其見殺而速亡，不如避禍而緩死也。然則三人亦何向何背？何去何處？勢物之變，微子以母兄宜避，箕子以同姓宜留。此仁者之外化内不化也，故曰「爲百世師」。

《泰誓》曰：「惟十有一年，武王伐殷。」孔氏曰：「觀兵孟津，以卜諸侯伐紂之心。諸侯僉同，乃退以示弱。」非也。《詩》云：「匪棘其欲，聿追來孝。」聖人豈有私天下之心哉？觀兵孟津者，所以憚紂也，欲其畏威悔過，反善自修也。如紂遂能改者，武王亦北面事之而已矣。然則進非示强也，退非示弱也。進所以警其可畏，退所以待其可改。及其終不畏，終不改，然後取之。此篇稱紂「罔有悛心，乃夷居，弗事上帝神祇」，足以知武王之退非示弱而襲之明矣。

《武成》曰：「武王伐殷，往伐，歸獸，識其政事，作《武成》。」「識」，記也，言史官具記武王克商所施行之政，以爲此書也。然此書簡策錯亂，兼有亡逸，粗次定之于下曰：「惟一月壬辰，旁死魄。越翼日，癸巳，王朝步自周，于征伐商」，此下當次以「厎商之罪，告于皇天后土、所過名山大川」云云，下至「大賚于四海，而萬姓悦服」，皆在紂都所行之事也，然後次以「厥四月，哉生明，王來自商，至于豐」，然後又次以「丁未，祀于周廟」云云，下至「予小子其承厥志」，此下武王之誥未終，當有百工受命之語，計脱五六簡矣，然後次以「乃偃武修文」云云，然後又次以「列爵惟五」云云。

「戊午，師逾孟津。癸亥，陳于商郊。甲子，俟天休命。」經文「甲子」二字在「休命」下。孔氏曰：「自河至朝歌出四百里，五日而至，赴敵宜速。」非也。傳曰：紂使膠鬲問師期，武王告以甲子。武王恐失期而膠鬲死，於是亟行軍。吏曰請少緩，武王不可，曰膠鬲，賢者也。吾以此傳雖不見經，而以解此經爲合。夫王者之師，正而不奇，不乘人以險，不掩人以不備者也，何以「赴敵宜速」哉？

《無逸》曰：「此厥不聽，人乃訓之。」又曰：「此厥不聽，人乃或譸張爲幻。」此兩「聽」字皆當作「德」字，字形相似，故誤爾。

毛　詩

子夏序《詩》云：❶「禮義廢，政教失，國異政，家殊俗，而變風變雅作矣。」然則諸國《風》，其言正義善、事合於道者，皆正風也；其有刺譏怨諷者，乃變風也。亦猶二《雅》，言文、武、成、康爲正雅，言幽、厲爲變雅矣。今説者皆斷《周南》、《召南》爲正風，自《邶》以下爲變風，遂令《淇奧》、《緇衣》與《南山》、《北門》同列，非夫子之意、子夏之指。且「國史明乎得失之迹，傷人倫之廢，哀刑政之苛」，爲變風可矣，若人倫不廢，刑政不苛，何故一本無「何」字，「故」作「顧」。不得爲正風乎？既橫生分別，不與二《雅》同，又褒貶錯謬，實無文可據，未足以傳信也。

《葛覃》二章曰「葛之覃兮，施于中谷，維葉莫莫。是刈是穫，爲絺爲綌，服之無斁」

❶「序詩」，《四庫》本作「詩序」，其餘諸本皆爲二空格。

者，葛居谷中，莫莫茂盛，於是則有人就而刈之、穫之，以爲絺、綌，而服之不厭，如后妃在家，德美充茂，則王者就聘之，以爲后妃，與之偕老矣。

《卷耳》序稱后妃「又當輔佐君子，求賢審官」，「内有進賢之志」，「至於憂勤」。吾於此義殊爲不曉。后妃但主内事，所職陰教，善不出閨壼之中，業不過籩饋之事，何得知天下之賢而思進之乎？假令實可不害，武王豈責紂爲「牝雞無晨」？周公作《易》，何言「在中饋，無攸遂」乎？假令后妃思念進賢，爲社稷計，亦何至「朝夕憂勤」乎？要之，后妃本不與外事，自無緣知賢者不肖主名。若謂后妃賢當並治其國者，是開後世母后之亂，呂、武所以亂天下也。若爾，又何以號爲正風，教化萬世乎？且令自古婦人欲干預政事，故引此詩爲證，初雖以進賢審官爲號，已而晨鳴，便無可奈何矣！驗大姒、大任等，亦但治内事，無求賢審官之美，審知此《詩序》之誤也。蓋后妃於君子有夙夜警戒相成之道，此詩言后妃警戒人君，使求賢審官之意耳，不謂后妃己自求賢審官也。事體相類，辭意相混，故序《詩》者誤之。曰「采采卷耳，不盈頃筐」，采卷耳者欲求盈筐，今不得盈，心不在，故無獲也，以言爲國當求賢耳，而賢不至者，亦以心不專，故賢不來矣。如是，頃筐無所獲則失其所願，周行無所寘則失其所治，此爲后妃警戒求賢審官也。其餘又陳當知臣下之勤勞之事，亦謂從容警戒於君耳，非以后妃己所行也。

《甘棠》曰：「蔽芾甘棠，勿翦勿伐，召伯所茇。」「蔽芾」，盛貌。召伯在之時嘗憩息此棠樹之下，今其人雖不在，猶當勿伐此棠，蓋覩其物思其人，思其人則愛其樹，得人心之至也。詩人託事指意，足以達其情之深切著明而已，而説者遂謂召公真暴露此樹下。使召公爲墨子之道也，則或有之矣。若彼召公者，仁人也，則有朝廷宫室，是乃中庸之法、上下之節矣，安可非苦就行以干百姓之譽哉？「非苦就行」四字諸本皆爾，當考。

《旄丘》詩曰：「何其處也？必有與也。何其久也？必有以也。」言我所以處且久者，正以衛爲方伯連率爾。怨問之也。

《泉水》詩曰：「我思肥泉，兹之永歎。」出同而歸異曰「肥」，作此詩之女，於今衛侯兄弟也，以言亦出同而歸異，不得相見爾，是之爲歎也。夫人有遺大夫歸寧兄弟禮。

「園有桃，其實之殽。」園之有桃，猶國之有君也。桃不能自用其實，故其實爲人之殽，猶君不能自用其民，反爲人有也。

「揚之水，白石鑿鑿。」此興晉人將叛而歸沃之意也。激揚之水湍疾騰蹙，反令白石鑿鑿然鮮明，猶昭公暗弱，不修德政，反驅百姓歸於沃，沃以盛强也。非揚之水不能使白石鑿鑿，非昭公微弱不能驅百姓歸沃，沃以盛强。卒章曰「我聞有命」者，道民將叛之實也。

《狼跋》曰：「公孫碩膚，赤舄几几。」「公孫」者，豳公之孫，謂周公也。周公有碩膚之德，故攝政而履人君之舄，几几然甚宜之也。毛以公孫爲成王，鄭以公孫爲公遜，皆非是。

《常棣》之四章曰：「兄弟鬩于牆，外禦其侮。每有良朋，烝也無戎。」按，此詩八章，七章合韻，惟此「戎」字不合韻，疑

「戎」當作「戌」，戌亦禦也。字既相類，傳寫誤也。

《伐木》三章，章十二句，每一章首輒云「伐木」，凡三云「伐木」，故知當三章也。今毛氏《詩》斷六句爲一章，蓋誤矣。

「伐木丁丁。」「丁丁」，聲相應也。伐木者小事爾，猶求同志共事，其聲丁丁然，以言自天子至庶人亦當須友以相成也。彼伐木能求助於人，使有聲丁丁然，況任天下之事，事多重於伐木者乎！此乃詩意已。毛、鄭説俱非是也。

「有杕之杜，有睆其實。」「杕杜」，特生之杜也，以興君子于役則婦人特居焉。「睆然其實」者，方其盛時也。

《白駒》四章，皆興也。「白駒」以斥賢者，言若有是白駒食我之場苗者，我則縶維之，雖不得久留，猶願永終今朝焉，愛之厚也。以言若有賢者肯食王禄，王則羈縻之，雖不得久留，猶願永終今朝焉，亦愛之厚也。二章申慇懃，皆所以教王也。三章言有皎皎之白馬，其潔白可愛，猶賁然而來，今汝賢者何故自潔白則不肯來乎？此以屬賢者，故上刺其君之不能下賢，❶下怨賢者之棄吾君，忠厚之道也。四章「皎皎白駒，在彼空谷。生芻一束，其人如玉」。「生芻」，薄陋也，言白駒不見收，逸於空谷，其養甚薄，生芻一束而已，猶賢者不爲世用而甘於菲薄也。

「黄鳥黄鳥，無集于穀，無啄我粟。此邦之人，不我肯穀。言還言歸，復我邦族。」興也。黄鳥集穀啄粟，則有彈射捕逐之害，

❶「下賢」，原無，據《經解》本、《遺書》本、《四庫》本補。

猶我嫁于此邦，居于此室，而遭衰薄之俗，有斥逐之辱。一人之性不足以變一家，一家之俗不足以變一邦，而云爾者，陰禮不修，則舉國皆汙，故曰「復我邦族」也。

《十月之交》：「天命不徹，我不敢傚我友自逸。」「徹」，均也。

《小旻》四章章八句，二章章七句，乃得其理，今誤爲三章八句，三章七句。卒章曰：「不敢暴虎，不敢馮河，人知其一，莫知其他。」此言小人短慮，暴虎馮河之患，患在目前，則知避之；喪國亡家之禍，禍在歲月，故不知憂。「戰戰兢兢，如臨深淵，如履薄冰」者，言善爲國者當如此矣。

《小弁》曰：「鹿斯之奔，維足伎伎。」「伎伎」，顧其子也。「雉之朝雊，尚求其雌」。「其雌」，妃也。言王放逐太子，曾不如鹿乎？廢黜申后，曾不如雉乎？「譬彼瘣木，疾用無枝」者，木瘣則無枝，無枝則木死矣，亦若王受讒放逐太子，自殘其嗣，其嗣誠殘，王亦且斃踣矣。「相彼投兔，尚或先之」者，兔爲人所驅，急更投人，人哀其窮，則及驅者未至而先存之。兔雖可利，以其可憐，猶存之也，何則？誠不忍其心之窮急也，以言王何獨忍人哉？今俗猶言飛鳥入懷，勿殺，殺之不祥。此投兔之比。

《巷伯》之詩者，孟子所作也。孟子仕（一作「寺」。）人，以避嫌不審，爲讒者譖之，至加宮刑爲寺人，故作此詩也。詩名《巷伯》者，是其身所病者，故以冠篇。末云「楊園之道，猗于畝丘」者，言讒人罔極，不獨譖己而已，必將上及大臣、骨肉，但先自己始也，故曰「凡百君子，敬而聽之」。其後，王后、太子及大夫果多以讒廢者。

《谷風》曰：「習習谷風，維山崔嵬。無草不死，無木不萎。忘我大德，思我小怨。」習習之風，生草木也；崔嵬之山，養草木也。然而不能使草長不死，不能使木長不萎者，天地之功有所不足也，奈何「忘我大德，思我小怨」乎？

「四月維夏，六月徂暑。先祖匪人，胡寧忍予？」此不欲生之辭也。我之先祖曾匪以人恩畜我乎？何爲忍使我當此亂世而生也。「滔滔江漢，南國之紀。盡瘁以仕，寧莫我有」者，江漢之水能紀綱南國諸川而有之，今我盡勞從仕，王曾不顧有於我。計王之德，不若江漢之水也。「匪鶉匪鳶，翰飛戾天。匪鱣匪鮪，潛逃于淵」者，言怨亂並興，憂之之辭也。曾不爲鶉、鳶乎翰飛戾天，曾不爲鱣、鮪乎潛逃于淵，言非此四者，則皆罹其患矣。

《北山》五章章六句。故言六章，三章六句，三章四句，非。

「無將大車，祇自塵兮。無思百憂，祇自疷兮」。博士讀「疷」爲「邸」，非也。「疷」當作「痻」，讀如「緡」，❶病也，字誤耳。

《小明》四章章十二句。故言五章，三章十二句，二章六句，非。

《鼓鍾》詩曰：「以《雅》以《南》。」《文王世子》曰：「小樂正學干，大胥贊之。籥師學戈，籥師丞贊之。胥鼓《南》。」此言「南」者，皆指文王樂也，則吴季子所觀《象箾》、《南籥》者也，非南夷之樂也。南夷之樂曰《任》，不曰《南》。謂之曰《南》，强厥名矣。《鼓鍾》之詩傷幽王亂文、武

❶「讀如緡」三字，《四庫》本無。

之樂，故末及《雅》與《南》也。《雅》亦用籥，《南》亦用籥，故云「以籥不僭」也。然文王之樂稱《象箾》、《南籥》者，文王之化，先被江漢之域，故作樂以象其功也。「象」者，象南方之譯云。

《信南山》曰：「中田有廬。」於田中作廬，此井田之法也。廬舍居內，貴人也。公田次之，先公也。私田居外，後私也。

「采菽采菽，筐之筥之。」興也。菽，薄物，采以爲藿，然而不可不敬，故或「筐之」，或「筥之」，况諸侯之君乎？故當有以厚錫予之也。「觱沸檻泉，言采其芹。」采芹者以檻泉潔清，則就采其葅，况諸侯之君，有修潔之德乎？亦不可不以恩禮接之也。

《假樂》故言四章，章六句。以文理考之，實六章，章四句。

《卷阿》詩曰：「似先公酋矣。」召康公則何以不欲成王似先王而獨曰「似先公」乎？曰：成王之時，周之先王惟有文、武，文、武皆聖人，不可似也，是以欲成王似其可及者，則莫若先公也。然則聖人不可及而大賢有可到，非不欲其似先王也，智不能也。以爲不然，復察於《詩》，召公戒成王則作《公劉》之詩，周公戒成王則作大王之詩，所以不及文、武者，其意皆可知矣。

《常武》：「有常德以立武事，因以爲戒然。」「常德」者，「既敬既戒，惠此南國」是也，言宣王命太師皇父爲冢宰，整其六軍，既敬矣，既戒矣，無負於南國矣。而南國今不率職，故可以征之。此謂先自治，然後治人，故曰「常德」。二章「命程伯休父」者，南國既有變，故勑大司馬「陳行」「戒師旅」而往討。太師皇父爲冢宰，實總六軍，故曰「整我六師」。程伯休父爲大司馬，專軍政，故戒「左右陳行」也。「因以爲戒」者，「王猶允塞，徐方既來」，「徐方不回，王曰還歸」是也。凡兵出則戒於詐，故曰「王猶允塞」，乃能來也。武成則戒於濆，故曰「還歸」者，止於義也。

季札聞歌《小雅》而曰：「美哉！思而不貳，怨而不言，其周德之衰乎！猶有先王之遺民焉。」杜注云：「衰，小也。先王，殷王也。」文中子曰：「季札焉知樂？《小雅》，周之盛也。」予謂二子之説皆未得其真。何者？「思而不貳，怨而不言」，何關殷之末王乎？若聞《鹿鳴》、《魚麗》而謂之衰，又何以爲季札乎？蓋昔者周德既衰，樂章錯亂，太師非其人，不知《小雅》自有正雅，《大雅》自有變雅，而遂誤以凡變雅者爲《小雅》，凡正雅者爲《大雅》，而季札所聞適皆《節南山》之類，故有周德衰之歎耳。後至仲尼「自衛反魯」，乃始分《雅》、《頌》，「各得其所」。由仲尼而《雅》、《頌》「各得其所」，則仲尼以前大、小《雅》不得其所矣，故季札所聞者皆厲、宣、幽王之《詩》，而當時太師目之爲《小雅》者也。此其所以稱「怨而不言」，不亦宜乎？

《七月》詩，周公作也。《公劉》詩，召公作也。周公、召公，等也。《七月》陳王業之本，《公劉》亦云「戒以民事，美公劉之厚於民」，其意亦等也。周公作之，戒成王也。召公作之，戒成王也。戒成王等也。《七月》之興當既王之後，《公劉》之興亦當既王之後，其時又等也。然而《七月》則繫《豳風》，《公劉》則入《大雅》，何也？公劉豈非豳國之君，《七月》豈非公劉之詩乎？先儒以爲，周公遭變，故《七月》爲變風；召公無變，故《公劉》爲《大雅》。其然乎？其不然乎？《豳風》者，名之爲「豳」，實周公《詩》耳。周公之《詩》何不名曰《周公國風》而曰《豳》乎？周者，畿内國也。畿内諸侯上繫於王，不得國別風也。何不編於魯？魯者，伯禽封耳，周公不之魯也。何不編之《雅》，與《公劉》相倫？《公劉》之詩言其政事，《七月》之詩言其風俗。既曰風矣，不得編於《雅》矣。周公作《詩》，意在於豳，而周公之《詩》無所可繫，故因謂之《豳》也。就《豳》言之，《七月》、《東山》皆正風也，《鴟鴞》以下皆變風也。由是言之，《豳·七月》自無緣入《雅》，不得云周公遭變，故爲變風也。且以《七月》、《東山》爲變風，世復有正風者乎？且復有不變風者乎？曰：然則《鴟鴞》、《破斧》之屬何不列之於《雅》？曰：列之於《雅》，是爲變雅。成王雖始疑周公而終任之，攝政六年而後「復子明辟」，君臣之道亦無閒矣。君子成人之美，故不使成王之世有變雅之聲，而攝引其詩，使還周公也。曰：《東山》之詩非刺也，亦何以不入《雅》？曰：當此之時，成王猶諒闇，故兹事不爲成王之美，亦不入《雅》，明總己之際，責在冢宰也，與《春秋》「毛伯來求金」相似。乃知聖人之意，六經如合符契耳。

《維清》之詩《序》曰：「奏《象舞》也。」《象》則文王之樂，所謂《象箾》者，蓋文舞也，故其辭稱「文王之典」。夫文王之舞謂之《象》，武王之舞謂之《武》。將舞《象》則先歌《維清》，是以其《序》曰「奏《象舞》」，其辭曰「文王」也。將舞《武》則先歌

《武》，是以《武》之《序》曰「奏《大武》」，其辭曰「於皇武王」也。《内則》十三學舞《勺》。《勺》，《大武》也。十五學舞《象》。《象》則《象箾》也。教者當舉時王之教，學者當舉時王之樂，故《勺》與《象》明文、武之功也。

「《雝》，禘太祖也。」太祖即后稷矣。

「《長發》，大禘也。」此「禘于宗廟」之「禘」，所謂「五年再殷祭」，與「祫」連稱者也。禘于太祖，則功臣與祭，故末章言伊尹也。云「昔在中葉」者，作此詩之時，指湯未受命之前爲中葉也。「有震且業」者，常有震恐危業之事，即《仲虺》云「肇我邦于有夏，❶若苗之有莠，若粟之有秕。小大戰戰，罔不懼于非辜」者，此也。

公是先生七經小傳卷上

❶ 按「于」，《尚書正義》作「予」。阮校云：「各本『予』作『于』，案『予』，字誤也。」（《正義》、《注疏》皆據阮校《十三經注疏》本，中華書局影印版。後不再注）

公是先生七經小傳卷中

周　禮

《太宰》：「以八柄詔王馭羣臣。」「三曰予，以馭其幸。」「幸」者，王所親幸也，可賜予之，不可爵之者也。「四曰置，以馭其行。」「置」者，耆老廢退之人，雖當廢退，其素行賢明，特置之，若公族穆子辭疾，晉侯使掌公族大夫者也。「五曰生，以馭其福。」「福」者，其人本坐死，以親故功貴者議而免之，是其福矣。楚誅鬭氏而免箴尹克黄，改命曰生，則此類也。「六曰奪，以馭其貧。」「奪」者，削其田邑禄賦。「七曰廢，以馭其罪。」「廢」者，除其名籍也。「八曰誅，以馭其過。」「誅」者，殺也。「過」當作「禍」，聲之誤耳。有馭其福，則有馭其禍矣。福稱生，則禍稱誅矣。「八柄」者，先叙賞而後言罰，賞則先重，罰則後重，故誅最後言也。康成謂「誅」爲「齒路馬有誅」之「誅」，如此，則「八柄」無死，《書》曰「用罪罰厥死」，義不可解。又内史貳八柄，爵、禄、廢、置、予、奪、生七者皆同，而其一爲殺，殺則誅也。

「以九兩繫邦國之民。一曰牧，以地得民。」「牧」者，司牧也，謂邦國之君也。諸侯世，故曰「以地得民」。「二曰長，以貴得民。三曰師，以賢得民。」「師」者，人師也，師之得民與人君等。「四曰儒，以道得民。」「儒」者，藝術之稱，儒之得民與人君等。「八曰友，以任得民。」「友」者，人友也，友之得民與師、儒等。三者皆有得民之端，故王者使民尊師貴儒而友賢。三者皆得其義，則王事成；三者皆失其義，則王事不成。其所以繫邦國之民，使民不離，「師」則甚於「宗」，「友」則甚於「藪」。「主以利得民」，「主」讀如「觀近臣以其所爲主」之「主」。

「乃施典于邦國而建其牧，立其監，設其參，傅其伍，陳其殷，置其輔。」「牧」亦司牧，謂邦國之君也。「監」者，其冢嗣也。《春秋傳》曰：「君行則守，有守則從，從曰撫軍，守曰監國。」諸侯世，故「立其監」也，所謂「牧以地得民」者也。「乃施則于都鄙而建其長，立其兩，設其伍，陳其殷，置其輔。」「長」者，都鄙之君，所謂「長以貴得民」者也，不世，故不曰「立其監」。

《宮正》：「凡邦之事蹕宮中，廟中則執燭。」「凡邦之事蹕宮中」者，王有祭祀出入之事，宮正主爲王蹕于宮中矣。蓋宮正所治，蹕之者則隸僕也，宮正主爲命之。「廟中則執燭」者，王祭于廟，廟中不當蹕，則宮正執燭焉。康成讀「凡邦之事蹕宮中廟中，句。則執燭」，若然，則本但曰「曰」一作「名」。「凡邦之事，宮中廟中則執燭」，無爲加「蹕」字也。若宮正爲蹕，則誰執燭乎？按廟中不蹕，無緣有「蹕」。

《大府》：「頒其貨于受藏之府，頒其賄于受用之府。」「貨」者，九貢九賦所入未用者。「賄」者，九式所用之餘以共玩好之用者。「受用之府」，其玉府與？

《玉府》：「凡王之獻金玉、❶文織、良貨賄之物，受而藏之。」「獻」，讀如「大夫出疆必

❶ 按「金玉」下，《周禮注疏》有「兵器」二字。

告，反必有獻於君」之「獻」，《傳》曰「穎考叔有獻於公」是也。

《大司徒》：「以土宜之灋辨十有二土之名物，以相民宅，而知其利害，以阜人民，以蕃鳥獸，以毓草木，以任土事。」「十有二土」者，即十二州也。州各有宜，如職方氏所掌耳。周雖合十二州爲九州，然本堯所分十二異宜，故職方氏從時王之制以正其名，而大司徒因上古之法以教民。

「辨十有二壤之物而知其種，以教稼穡樹蓺。」上言十二土者，汎言十二異宜，草木禽獸五穀宜種也。此言十二壤者，率一土復有此十二之別，當知其種之所入，即草人所掌「糞種」之法。「騂剛用牛，赤緹用羊，墳壤用麋，渴澤用鹿，鹹潟用貆，勃壤用狐，埴壚用豕，彊檃用蕡，輕爂用犬」，凡九也。又有青黎、塗泥、墳壚，草人不掌者。青黎、塗泥可不必糞，墳壚則從埴壚矣。此所謂十二壤。

「以土均之灋辨五物九等，制天下之地征，以作民職。」「九等」者，即《禹貢》定天下之土田有上上、上中、上下、中上、中中、中下、下上、下中、下下也。

《鄉大夫職》曰：「國中自七尺以及六十，野自六尺以及六十有五，皆征之。其舍者，國中貴者、賢者、能者、服公事者、老者、疾者皆舍。」「貴者」，自命士以上也。「賢者、能者」，俊造學士也。士、工、賈皆謂之「國中」。

《牛人》：「凡祭祀，共其享牛、求牛，以授職人而芻之。」「享牛」，享神之牛也。「求」讀如「逑」。逑，配也。配神者之牛。以郊禮言之，享牛所謂帝牛，求牛所謂稷牛。《周書・召誥》：「用牲于郊，牛二。」

《載師職》曰：「以宅田、士田、賈田任近郊之地。」「宅」，謂士之未仕者。《儀禮》曰：「宅者，在邦曰市井之臣，在野曰草茅之臣。」《孟子》皆曰「庶人」。庶人不傳贄爲臣，不見君也。鄭云宅謂致仕者，非也。「士田」者，「士」當作「工」，字誤耳。工亦受田，此是矣。賈亦受田，「賈田」是矣。於近郊之地授處士之田，授百工之田，授商賈之田，三者皆居國中，故授近地。《孟子》曰：「國中什一，使自賦。」下文云「近郊什一」，義相發也。凡言「國中」者，皆指士、工、商。言「野」者，皆農夫也。《鄉大夫職》云「國中自七尺以及六十，野自六尺以及六十有五，皆征之」，此以國中者受田非其本職，故早免之耳。鄭云「士田」者，「士讀如仕。仕者亦受田，所謂圭田」，非也。仕而受田者，禄也。圭田則其邑也，非所以耕也。審如鄭意，仕且耕乎？又《載師》偏序受田之名，獨不及工。工與賈等爾，有賈田，無工田，是工惟不受田乎？《食貨志》何以云「工、商皆受田」也？此又鄭所自知者。「凡任地，國宅無征，園廛二十而一，近郊十一，遠郊二十而三，甸、稍、縣、都，皆無過十二，惟其漆林之征二十而五。」「國宅」者，謂國也，宅也，皆無征。「國」者，即上文「廛里任國中之地」者也。「宅」者，即上文「宅田」也。廛田無征，宅田無征，其餘皆有征矣。此但覆解上文自國至都征税之差，更無別少異，而兩鄭俱不曉，或謂是「城中宅」，或謂是「官宮室」，皆妄也。又曰「國宅無征」，「以廛里任國中之地」，「廛里」者，士、民之里居，工、賈之市肆，皆是也；「宅」者，「以宅田、工田、賈田任近郊之地」也。工、賈有征，宅者無征。云「近郊十一」者，則《孟子》所云「國中什一，使自賦」是也。

「師氏」、「保氏」，官也。周公爲師，召公爲保，太師、太保，所謂三公者也。康成合之，非是。

《調人》：「凡和難，父之讎辟諸海外，兄弟之讎辟諸千里之外，從父兄弟之讎不同國，君之讎眂父，師長之讎眂兄弟，主友之讎眂從父兄弟。」此「讎」者，蓋謂遇人不以禮而見殺者也。以其不直，故子弟雖欲讎之，而調人推其本情不聽也。遇人不以禮，雖誠有罪，殺之者亦專殺也，故使辟焉，以全子弟之心。又曰：「勿辟，則與之瑞節而以執之。」「勿辟」者，則殺人不忌，乃當正治其罪，子展所以黜游氏之義也。

「凡殺人有反殺者，使邦國交讎之。」此謂吏以法殺人而死者之親敢報之者，則邦國交讎之。《公羊傳》曰：「父受誅，子復讎，推刃之道也。」

「凡殺人而義者，不同國，令勿讎，讎之則死。」殺人而合於義，爲隱謀禍惡之未發而能先事殺之，若逋逃桀暴者。《朝士職》曰：「凡盜賊軍鄉邑及家人，殺之無罪。」是此也。遷其子孫使居異國，又令勿讎。

《司市》：「國君過市則刑人赦，夫人過市罰一幕，世子過市罰一帟，命夫過市罰一蓋，命婦過市罰一帷。」「市」者，商賈交利之地也，君子無故不得觀焉。設罰懲之，深遠於利之意也。國君則赦其刑人，所赦者，市刑也。大刑扑罰，中刑徇罰，小刑憲罰。自夫人以下，則司市舉之，使出此物焉。婦人於市，尤非其事，故罰比男子差重也。帟、蓋皆在上，帷、幙以屏蔽，異男女也，言不及天子王后者，尤非所宜，亦罰不及至尊也。

《遂人職》曰：「上地，夫一廛，田百畮，萊五十畮，餘夫亦如之。中地，夫一廛，田百畮，萊百畮，餘夫亦如之。下地，夫一廛，田百畮，萊二百畮，餘夫亦如之。」「亦如之」者，亦如其萊也。餘夫未具夫婦，未當受田，如其萊而已。《孟子》曰：「圭田五十畝，餘夫二十五畝。」

《旅師》：「掌聚野之耡粟、屋粟、閒粟。」「旅」讀如「葆旅」之「旅」。野生曰旅，此官主野事，故以旅爲號。

《大宗伯》：「以肆獻祼享先王，以饋食享先王。」此兩者正謂禘也、祫也。禘禮以祼爲重，祫禮以饋食爲重。禴、祠、烝、嘗，雖皆有祼、饋之事，恐其節文略殊，非禘、祫之禮比也。古禮既亡，不可知之。孔子曰：「禘自既灌而往者，吾不欲觀之矣。」明禘禮以灌爲重。「肆」猶「旅」也。禘禮及毁廟，故旅獻。

「時見曰會，殷見曰同。」「時見」者，同時而見。「殷見」者，見於方岳之下。「時見」，則《周官》所謂「六年五服一朝」者也。「殷見」，則「又六年，王乃時巡，考制度于方岳」者也。❶謂之同盟者，蓋諸侯於是齊盟，所謂同盟矣。

「以天産作陰德，以中禮防之。以地産作陽德，以和樂防之。」「産」，生也。「作」，爲也。人所受於天以生者，謂之天産。所受於地以生者，謂之地産。受於天以生者，貌、言、視、聽、思，本稟於五行，内以

❶ 按「方」，《尚疏正義》作「四」。

爲性，外以爲教者也，不防以中禮則失。謂之「陰」者，以其受之天，天道默定也。謂之「德」者，教之所以起也。受於地以生者，剛、柔、緩、急、輕、重、仁、武，本禀於山川，内以爲情，外以爲形者也，不防以和樂則過。謂之「陽」者，以其受之地，地體顯著也。

「王大封，則先告后土。」「后土」，社也。王封諸侯，取太社之土，苞之以白茅而授之。爲其將取是土，故大宗伯先告焉，敬其事也。

《司尊彝》：凡「鬱齊獻酌」。「獻」讀如「獻莫重於祼」之「獻」。「鬱齊」，惟祼用之，於獻最重，故曰「獻酌」也。

《典瑞》曰：「祼圭有瓚以肆先王，以祼賓客。」「肆」猶「旅」也，大祭旅獻也。《宗伯職》曰：「以肆獻祼享先王。」謂大禘時。「《雝》禘」之篇曰：「相予肆祀。」《書》曰：「肆類于上帝。」皆同義。《大祝》又有肆享之説，在後。

《大司樂》：「凡樂，圜鐘爲宫，黄鐘爲角，大簇爲徵，姑洗爲羽，靁鼓靁鼗，孤竹之管，雲和之琴瑟，《雲門》之舞，冬日至，於地上之圜丘奏之，若樂六變，則天神皆降，可得而禮矣。」「圜鐘」、「黄鐘」者，皆《雲門》之樂所用之均也。「六變」者，《雲門》之樂一終。

「《咸池》之舞，夏日至，於澤中之方丘奏之，若樂八變，則地示皆出，可得而禮矣。」此《咸池》之樂，蓋八變而終，其聲之均則自函鐘以下。

「《九磬》之舞，於宗廟之中奏之，若樂九變，則人鬼可得而禮矣。」「《九磬》」者，《磬》九變而一終，《書》云「《簫韶》九成，鳳皇來儀」是也，其聲之均則自黃鐘以下。

《鐘師》：掌「奏《九夏》」。鄭、賈諸儒皆以《九夏》爲《頌》詩之篇。《春秋傳》稱「金奏《肆夏》之三」，「工歌《文王》之三」。《夏》云「金奏」，《文王》云「工歌」，則《夏》非《頌》篇明矣。然則《九夏》乃有聲而無辭者也。

《簭人》：「掌《三易》，以辨九簭之名。」「一曰巫更，二曰巫咸，三曰巫式，四曰巫目，五曰巫易，六曰巫比，七曰巫祠，八曰巫參，九曰巫環，以辨吉凶。」予謂掌九簭之名而以辨吉凶，則不可以巫爲簭矣。改巫爲簭，以準《太卜》「作龜之八命」而爲説也。❶彼自云「八命」爾，以九巫況之，不近也。此乃前世通於占者九人，其遺法存於書可傳者也。古者占簭之工通謂之巫，更、咸、式、目等皆其名也。「巫咸」見於他書多矣。「易」疑爲「昜」，「昜」，古「陽」字，所謂「巫陽」也。其他則未聞，雖未聞，不害其有也。

《大祝》：「凡大禋祀、肆享、祭示，則執明水火而號祝。」「大禋祀」者，祭天圜丘也。「肆享」者，宗廟大禘也。「祭示」，方澤也。三者禮最大，故特言之。肆享爲禘可知矣。

《大司馬》：「以九畿之籍施邦國之政職。」九畿相距萬里，過禹迹多矣。又《周書》稱「侯、甸、男、采、衛」而止，則蠻、夷、鎮、蕃者未取之乎？疑本但云「又其外五百里曰蠻圻，謂直王畿之南者。五百里曰夷圻，直王畿之東者。五百里曰鎮圻，直王畿之北者。

❶「以」，《經解》本、《遺書》本、《四庫》本作「似」。

五百里曰蕃圻，直王畿之西者。此九畿相距爲七千里，近合事理，通於《禹貢》而約於《周書》矣。所以分蠻夷之名者，在南方曰蠻，在東方曰夷。狄或謂之鎮，戎或謂之蕃與？疑寫《周禮》者習言「又其外」，故遂誤增之耳。説者以謂不然，胡不試以天下地形正之？洛邑爲中，其東出者不三千里至海矣？其南出者至朱崖、交趾五千餘里耳，是乃古所謂「日下北户」者矣，「越裳九譯」不甚此矣，周公所辭也，豈大司馬能施政職哉？又此以人步爲里，而里以投足爲計。步九畿之法，考以日景而筭於土圭，比之人步迂直懸矣，大約三分去二，則五千里之圻必萬五千里乃能足矣。❶

《司勳》：「凡有功者」，「祭于大烝，司勳詔之」。按「烝」，常祀，無言大者。「大烝」，其禘、祫與？《文二年》「大事于太廟，躋僖公」者，祫也，而《外傳》謂之「烝」，此其一隅矣。

「凡頒賞地，參之一食，惟加田無國征。」❷予謂「加田」者，凡家臣邑宰之田。《國語》曰「官宰食加」，然則古以官宰之田謂之加矣。「無國征」者，不征於國，以其自有君也。家臣之征當入於家，陪臣之征當入於國，諸侯之征當入於王，此其分也。《禮》：「夫圭田無征。」大夫之田謂之圭田，「夫圭田」亦自受田而不征於國，征之爲「倍征」，故曰「以厚賢」也。

《隸僕》：「掌五寢之埽除糞洒之事。」「五

❶「圻」，原作「折」，據上下文意改。

❷ 按「征」，《周禮注疏》作「正」。鄭玄引鄭衆注云：「正謂税也。」《釋文》云：「『正』音『征』，注同。本亦作『征』。」

寢」者，夫人以下所居也。王后所居謂之正内，隸僕不掌，蓋自有寺人内豎云。「祭祀脩寢」者，「脩」讀爲「滌」。祭祀則齊，齊則大滌五寢，使人涓潔，不犯禁也。謂之「滌」者，□其名也。❶「大喪，復于大寢小寢」者，❷大寢，内寢；小寢，燕寢，正内也。《春秋》「莊公薨于路寢」，「僖公薨于小寢」。鄭玄云「五寢」爲「五廟之寢」，玄本謂「天子五廟」，故云爾，非正也。又隸僕乃掌「洗乘石」、「蹕宫中之事」，古者人神不參，若典職宗廟，何緣褻之於宫中而外役乎？

《掌囚》：「凡囚者，上罪梏拲而桎，中罪桎梏，下罪梏。」「梏」者，校也，在頸曰梏。《春秋傳》曰：「以弓梏華弱於朝。」謂之梏者，以其在首，猶牛馬牿爾。

《萍氏》，謂之「萍」者，此職掌「幾酒」。《神農書》曰「萍能勝酒」，欲其制之也。

《大行人》：「時聘以結諸侯之好，殷覜以除邦國之慝。」此與「閒問」等皆王使臣於諸侯之禮也。「時聘」，以時聘諸侯，五服各有時也。「殷覜」者，徧問天下諸侯也，於下「三歲徧覜」諸侯是也，❸故曰「以除邦國之慝」。《注》以聘、覜爲諸侯見王，非也，蓋惑於《大宗伯》文無「閒問」等而但言聘、覜，所以亂之也。

《考工記》曰：「國有六職，百工與居一焉。」「六職」者，「坐而論道」，一職也；「作而行之」，二也；「審曲面勢」，三也；「通四方之珍異」，四也；「飭力以長地材」，五

❶ 「□」，原爲墨丁。《經解》本爲空格，《遺書》本爲墨丁，《四庫》本注「闕」。

❷ 按「大寢小寢」，《周禮注疏》作「小寢大寢」。

❸ 「三」，原誤作「七」，據《周禮注疏》改。

也；「治絲麻」，六也。此文首尾自明，不須横以六官説之。

「梓人爲飲器，勺一升，爵一升，觚三升。獻以爵而酬以觚，一獻而三酬，則一豆矣。食一豆肉，飲一豆酒，中人之食也。」「一獻而三酬」者，獻以一升，酬以三升也，并而計之爲四升，四升爲豆。豆雖非飲器，其計數則然。

「匠人營國，方九里。」以爲天子之居太狹，亂於上公。又《詩》云：「上入執宫功。」言鄉井之民至冬皆當入保城也。井田之制，城中之宅率一家二畒半，計地筭居，九里之城不能容七萬五千家。然則《周禮》所説乃天子中城也。《春秋》曰「城中城」，以諸侯之有中城，亦知天子之有中城也。《匠人》又云「宫隅之制」，宫隅則天子宫也，城隅則中城也。中城方九里，則宫城宜方三里。中城有左祖右社，九卿之室，則百官治事之所也，民居不至焉，則限親疏也。其外城蓋經、傳無文。《公羊》説以爲千雉，雉長二百尺，凡方三十餘里，則足相容。

儀禮

《士冠禮》：「若不醴，則醮用酒。」醴謂三加畢以醴酒飲冠者于客位者也。不醴而醮，謂庶子矣。醴重醮輕。曾子問：「除喪不改冠乎？」孔子曰：天子賜諸侯服，「有冠醮，無冠醴」，醴爲重也。又《昏禮》，適婦醴之，庶婦醮之。丈夫之冠猶婦人之嫁，則「醮用酒」者必庶子也，下文曰「庶子」「冠于房外，南面，遂醮焉」是矣。又曰「孤子」「醴於阼」，❶知凡嫡子皆醴也。鄭注云：「『若不醴』，謂國有舊俗可行，聖人用焉。」又注「醮於客位」云「夏、殷禮」也，皆非也。夏、殷有天下千餘歲，冠禮行之久矣，設以醮爲禮者，溥天之下皆醮也，周公何以改之？然則「醮於客位」當曰「醴於客位」。嫡子冠於阼，醴於客位，以變爲敬也。庶子冠與醮相因，不於阼，亦不於客位，居房外，南面，略庶子也。醮禮繁，醴禮簡，以簡爲貴也。醮三舉，醴一辭，以少爲貴也。醮用酒，醴用醴，以質爲貴也。醮有折俎，醴脯醢而已，不尚味也。酒在房外，醴在房中，以變爲敬也。此皆聖人分別嫡庶，異其儀也。

《鄉射禮》曰：「鄉侯，上个五尋，中十尺。」「上个」者，最上幅也。「中」者，最中幅也。又曰：「侯道五十弓，弓二寸，以爲侯中。」此說中幅所以用十尺者，取之侯道者也。又曰：「倍中以爲躬，倍躬以爲左右舌。」此說躬與舌各一幅也。又曰：「下舌半上舌。」此說上下皆躬舌也。侯中一幅，上二幅，下二幅，幅各闊二尺，則與侯中方矣，《梓人職》所謂「廣與崇方」者也。先量侯道，乃制侯中。既制侯中，乃定躬舌。既定躬舌，乃因侯中之廣而求其崇，必方其足。凡五十弓之侯，其中十尺，其布五幅，躬、舌各一幅也。七十弓之侯，其中丈四尺，其布七幅，躬各二幅，舌各一幅也。九十弓之侯，其中丈八尺，其布九幅，躬與舌各二幅也。其崇則

❶ 按：「醴」，《儀禮注疏》作「禮」。鄭注云：「今文『禮』作『醴』。」

中十尺，崇亦十尺矣；中丈四尺，崇亦丈四尺矣；中丈八尺，崇亦丈八尺矣。謂之中者，正以其居中也。中者，對上之言也。有上有中，則有下矣。九十弓之侯，布九幅，以五爲中。七十弓之侯，布七幅，以四爲中。五十弓之侯，布五幅，以三爲中矣。《大射儀》曰：「大侯之崇見鵠於參，參見鵠於干，干不及地武。」此高下之節也。大侯崇丈八尺，棲鵠於其中，從遠視之，令出於參之右，舌下也。所以必出於舌下者，舌能蔽之，故以見爲節也。干侯之鵠則去地武，武三尺也。世言步武，步六尺，則武三尺。武者，迹之也，兩迹之閒則三尺，武以是名之。干侯之鵠用此爲高，亦幾中矣。其設之次，大侯在東，參次之，干次之，使密不至相掩，踈足以射，其勢參差相入，是謂貍步。鄭云「『中』猶『身』也」，身之外復有躬、舌。躬、舌、身三者異者，則五十弓之侯其崇丈八尺，七十弓之侯其崇二丈二尺，九十弓之侯其崇二丈六尺。既難卷舒矣，至其設之，又令參侯去地一丈五寸少半寸，計其上綱，則三丈二尺五寸少半寸也。大侯去地二丈二尺五寸少半寸，計其上綱，則四丈八尺五寸少半寸也。此之難信，不俟言矣。鄭意以謂不若是則大侯之鵠不見於參，參不見於干。然雖如鄭說，求之大侯之鵠，終不能見於參，參亦終不能見於干也。胡不嘗試以勾股求之？人去干五十步，干去參二十步，干高一丈九尺二寸，令人目高七尺，從干望參，計參侯之鵠去地二丈四尺五分寸之四乃能見之。今鄭所説參侯之鵠去地一丈九尺二寸，高則高矣，欲使鵠裁見，不足二寸；如使鵠盡見，不足四尺八寸五分寸之四。從參視大侯亦然。然則非也。且鄭意謂三侯重張，當使後侯高前侯耳，是與經不合。經令「獲者執旌」，各負其侯。執旌者，欲使射者視之審也。如令大侯在參之背，參在干之背，其去地皆數十尺，雖執旌，安得而負之？而射者亦安得而覩之哉？又經云「貍步張三侯」者，非謂射者之志，謂張之者之法也。而鄭以謂射當如貍之擬物，何預於張侯乎？且鄭不獨誤於此。經曰：「士旅酌，若命復射，❶則不獻庶子。司射命射，惟欲。卿大夫皆降，再拜稽首，公答拜。一發中，三侯皆獲。」是言值一中侯輒釋獲耳。而鄭以謂「矢揚觸而有參中者」，是又失之也，亦惑矣哉！

《喪服》：「無服之殤以日易月。」「以日易月」者，假令長子也，其本服三年，以日易月，則殤之二十五日。餘子也，其本服朞，以日易月，則殤之十三日。

《少牢饋食》曰：「日用丁巳。」❷又曰：「來日丁亥。」此皆取於丁者也。所以取於丁者，以先庚三日、後甲三日，所謂「內事用柔日」也。凡祭祀，卜日不卜辰，故郊卜辛，社卜甲，宗廟卜丁也。若卜辰，則此旬之辰後旬或有不備矣。康成注「丁巳」乃云「來月之巳」，注「丁亥」乃云「苟有亥焉，可也」，皆失禮意。

❶ 按「命」下，《儀禮注疏》有「曰」字。

❷ 按「巳」，《儀禮注疏》作「己」。阮校云：「魏氏曰『己』音『紀』，陸音『祀』。按今本《釋文》『祀』亦誤作『紀』。」

禮　記

《曲禮》曰：「疑事毋質，直而勿有。若夫坐如尸，立如齊。」「若夫」，説者以爲若丈夫，此僻而不辭。予按：曾子曰：「孝子惟巧變，故父母安之。若夫坐如尸，立如齊，弗信不言，言必齊色，此成人之善者也，未得爲人子之道也。」此兩「若夫」之文同，疑《曲禮》本取曾子之言而誤留「若夫」，不然，則當云「若夫坐如尸，立如齊，弗信不言，言必齊色，此成人之善者也」，而全脱一簡，失「弗信」以下一十五字。

「太上貴德，其次務施報。」「太上」者，致極之稱，猶言「大備」、「全德」之人也。全德之人，自得而已，奪之不以爲損，予之不以爲益，愛之不自以爲仁，利之不自以爲義，所謂「不知有之」者也。其次奪之知損，予之知益，愛之爲仁，利之爲義，所謂「親之譽之」者也。故施則必報，是以不可無禮也。自《禮記》、《左氏》、《老子》，凡所言「太上」者，皆若此，繫其人，不繫其時。

「執玉，其有藉者則裼，無藉者則襲。」此直謂朝聘時耳。圭、璋、璧、琮、琥、璜皆玉也，執璧、琮、琥、璜，則與帛、錦、繡、黼同升，所謂「有藉」。有藉則裼，「裼」者，禮差輕，尚文也。執圭、璋則特達，所謂「無藉」，無藉則襲，「襲」者，禮方敬，尚質也。裼、襲繫於有藉無藉，不繫於有繅無繅。又「繅」非「藉」，「藉」非「繅」。「藉」者薦也。「繅」者組也。禮之質文以圭、璋、琥、璜爲輕重，而不在一尺之組屈伸也。

「言謚曰類。」「類」當爲「誄」，聲誤爾，謂「誄而謚之」也。

《檀弓》曰：「聖人之葬人與？人之葬聖人也，子何觀焉？」「與」，語助辭。

「復，盡愛之道也，有禱祠之心焉。」「禱祠」，猶願幸耳。《史記》曰：「此禱祠而求也。」❶

「人喜則斯陶，陶斯咏，咏斯猶，猶斯舞，舞斯愠，愠斯戚，戚斯歎，歎斯辟，辟斯踴。」按人舞宜樂，不宜更愠，又不當漸至辟、踴，此中閒有遺文矣。蓋本曰「人喜則斯陶，陶斯咏，咏斯猶，猶斯舞，舞斯蹈矣。人悲則斯愠，「愠」，憤不足。愠斯戚，戚斯歎，歎斯辟，辟斯踴矣。」自「喜」而下五變而至「蹈」，自「悲」而下亦五變而至「踴」，所謂「孺子慕者」也。

「般，爾以人母嘗巧，「嘗」，試也。則豈不得以其母以嘗巧者乎，「毋」當作「母」，字誤，以恕責之。則病者乎？」

「殷人作誓而民始畔，周人作會而民始疑。」誓、會皆當出於天子爾。殷既衰，諸侯專誓；周既衰，諸侯專盟。

《王制》曰：「千里之内曰甸，千里之外曰采，曰流。」此據綏服居中而言，内千里，外千里，則五服可知。「采」亦當作「蔡」，聲誤也。

「關譏而不征」，謂羈旅士民也，至於商，猶征之。

「五十養於鄉，六十養於國，七十養於學。」「養於鄉」者，鄉飲酒之禮，五十者始預於養也。「六十養於國」者，有命賙餼老者，則及之矣。「養於學」者，則君就行焉。

❶ 按「祠」，今本《史記》（中華書局標點本）作「祀」。

《文王世子》「周人立四代之學」者，❶此直謂一處並建四學耳。周人辟雍，則辟雍最居中，其北爲有虞氏之學，其東爲夏后氏之學，其西爲商人之學。當學羽、籥、干、戈者就東序，學禮者就瞽宗，學《書》者就虞庠，辟雍惟天子養老及出師、成謀與受俘、大射等就焉。當天子至於辟雍，則三學之人環水而觀矣。周人又以有虞氏之庠建之於鄉，故鄉有庠；以夏后氏之序建之於州，故州有序；以商人之校建之於黨，故黨有校。自黨以下皆爲小學，而非四代之制，以教童子而已。擇小學之秀者移之校，擇校之秀者移之序，擇序之秀者移之庠，擇庠之秀者移之太學。太學在郊，以其包四代之制，故記禮者或有指虞庠名之，或有指東序名之，所以紛紛如此之多者，所指之體偏也。

「凡釋奠者，必有合也。有國故則否。」「合」謂「合樂」也，春釋采合舞，秋頒學合聲，釋奠則并合之，以侑神也。「有國故」者，謂凶禮、師旅也，惟是不合。

《郊特牲》曰：「凡飲，養陽氣也；凡食，養陰氣也。故春禘而秋嘗，春饗孤子，秋食耆老，其義一也，而食、嘗無樂。」此五字衍。

《玉藻》曰：「大夫私事使，私人擯則稱名。」鄭云若「晉侯使韓穿來言汶陽之田歸之于齊之類」，非也，此乃謂若趙襄子使楚隆弔吴夫差之類爾。凡大夫聘而傳命，則當稱「寡君」，至於私臣擯於君命，不得言主，故名之也。楚隆之詞曰「寡君之老無卹，使陪臣隆敢展謝之」，此則名者也。

《喪服小記》曰：「禮，不王不禘。」此一句當

❶ 按此句爲《文王世子》孔疏文。

在前文「王者禘其祖之所自出」之上，脱誤在後爾。又曰「庶子王亦如之」，注云庶子「祭天立廟」，❶非也，此一句當承後文「慈母與妾母，不世祭也」之下，脱誤在前耳。又曰「而立四廟」，云天子立四廟，亦非也，此一句上有脱簡耳，文當曰「諸侯及其太祖而立四廟」。

《學記》曰：「發慮憲，求善良，足以謏聞，不足以動衆。」「發慮憲」者，言發動智慮，❷能求憲法也。「動」讀如《中庸》「明則動」之「動」，言此皆從善，未足以動人也。「就賢體遠，足以動衆，未足以化民。」「賢」謂「賢於人」之「賢」，「遠」謂「遠於人」之「遠」，可以動人矣，未能使人化也。凡動者言矜式之，化者言心服之，惟學可以「化民成俗」，謂其所傳者博，所教者衆，見之者詳也。

《樂記》曰：「知音而不知樂者，衆庶是也。惟君子爲能知樂。」所謂君子知樂者，知其「通倫理」也，知其扶性飾情而反之正也，知其創業象功移風俗也。

「《清廟》之瑟，朱弦而疏越，一倡而三歎，有遺音者矣。大饗之禮，尚玄酒而俎腥魚，大羹不和，有遺味者矣。」此皆言貴其本而忘其末也。「遺」者，忘也，棄也。《清廟》之瑟美其德而忘其音，大饗之禮美其敬而忘其味。凡樂以音爲之節，而反忘音焉，意不主於音也，意不主於音，是故朱弦疏越，乃可尚也。凡食饗以味爲之文，而反忘味焉，意不主於味也，意不主

❶ 「云」，原誤作「示」，據《經解》本、《遺書》本、《四庫》本改。

❷ 「智」，《經解》本、《遺書》本、《四庫》本作「知」。

於味，是故元酒大羹乃可尚也。❶主於音則不能遺音，不能遺音則雖繁手淫聲有不足矣，主於味則不能遺味，不能遺味則雖太牢庶羞有不足矣。故孔子曰「禮樂云」。

「散軍而郊射，左射《貍首》，右射《騶虞》。」

「郊射」者，射於郊也。大射三侯，北面東上，故《貍首》爲左，《騶虞》爲右矣。《曲禮》曰：「主人入門而右。」

《雜記》曰：大夫訃於他國之大夫曰：「吾子之外私寡大夫某不禄，使某實。」「實」者，以異國傳聞疑言，使人實之也。

「褎衣」。「褎衣」者，加賜之衣，在數之外者也。

「違諸侯，之大夫，不反服。違大夫，之諸侯，不反服。」此言違而仕者，則不反服舊君，避新君也。然而違而未仕者，聞舊君之喪，則反服爾。《春秋傳》所謂未臣焉，有伐其國者，反死之可矣。既臣焉，而反死之，則不可。鄭玄云：「去諸侯仕諸侯，去大夫仕大夫，乃得爲舊君服。」非也。

「父母之喪，將祭而昆弟死，既殯而祭。如同宫，則雖臣妾，葬而後祭。」按喪不宜有異居，然則「昆」當作「兄」，兄弟或不同居矣。《喪服》曰：「小功以下爲兄弟。」

《喪大記》曰：「復衣不以衣尸，不以斂。」此兩句共一説耳，於文爲駢，然則本但云「復衣以衣尸，不以斂」也。「以衣尸」者，即《士喪禮》「以衣衣尸」者也。「不以斂」者，即《士喪禮》「浴而去之」者也。

《祭義》曰：「周人祭日，以朝及闇。」此言周

---

❶「元」，作者避宋聖祖趙玄朗諱改「玄」作「元」。

人尚赤，大事用日出。先日欲出之初，猶逮及闇，則可行祭事矣，稍後則晝，晝則與殷人日中相亂。故季氏祭，仲由爲宰，「晏朝而退」，仲尼謂之「知禮」也。若曰周人之祭自朝及暮，則孔子無爲多仲由，仲由爲不知禮。

《中庸》曰：「故君子以人治人，改而止。」言迴己而作人，如是而已矣，此所謂「恕」也。

《表記》：「子曰：『君子不失足於人，不失色於人，不失口於人。』」「足」者，足恭也。「色」者，令色也。「口」，巧言也。此仲尼所與左丘明同其恥之三事也，故下自解之曰：「君子貌足畏也，色足憚也，言足信也。」信則不巧矣，憚則不令矣，畏則不足矣。注乃云「足容」、「色容」、「口容」，非也。

「子曰：『惟天子受命于天，士受命于君。』」注者曰「惟」當作「雖」，非也。此言天子之命在天，士之命在君，非天命不爲天子，非君命不爲士也，皆有制之已。

《射義》曰：「諸侯以《貍首》爲節。」鄭玄以《射儀》所引「曾孫侯氏」爲《貍首》之詩，非也。《騶虞》、《采蘋》、《采蘩》皆在二《南》，則《貍首》者亦必其儔矣，疑原壤所歌「貍首之斑然，執女手之卷然」即是其章首，但仲尼刪《詩》之時，樂正已亡此篇，而諸侯朝覲之禮久絶，惡《貍首》之害己，又皆除其籍，故使不在二《南》也。或曰《貍首》，《鵲巢》也，篆文「貍」似「鵲」，「首」似「巢」，《鵲巢》之詩「御之」、「將之」、「成之」，此亦時會之道。

公　羊 國語

《公羊傳》：《桓公二年》「宋督弑其君」，下注全衍。《莊九年》「齊人取子糾殺之，其何」，❶當云「其曰取之何」。《十六年》「公會」諸侯，「同盟于幽」，衍「公」字。《二十六年》「公伐戎」，少一「春」字。《閔公》篇當附《莊公》後。《僖十八年》「宋公會曹伯「伐齊」，衍「會」字。《文十三年》「衛侯會公于沓」，少「公」字。《成二年》「齊侯使國佐如師。己酉，及國佐盟于袁婁」，後又云「及齊國佐盟于袁婁」，前文全衍，後文衍「齊」字。《十五年》「執曹伯歸之于京師」，衍「之」字。《襄二十四年》「大饑」，誤爲「譏」字。今本已作「饑」。《三十一年》「莒人弑其君密州」，下注衍「密州爲君惡」已下十四字。《昭元年》「衛石惡」，當作「衛齊惡」。《二十年》「華定出本陳」，「本」當作「奔」字。今本已作「奔」。《哀七年》「若使他人然」，當云「使若他人然」。

《左傳》曰：「都城過百雉，國之害也。」説者曰：百雉之城，三國之一也，據子、男而言也。又曰「大都不過三國之一，中五之一，小九之一」。然則設鄭伯建小都，才方一百七十餘步，豈有半里之地可爲都者？又其中、大計不過五百畝之田耳，城郭涂巷，三分去一，則僅得三百四十畝，如何建宗廟、社稷，如何居民，如何守禦？此不近人情之尤者。《公羊》云：「五板而堵，五堵而雉。」是也。

❶「其何」，《春秋公羊注疏》作「其取之何」。

《國語》曰：「禘郊宗祖報。」「報」似有壇墠而無廟者。或曰：報者，毀廟之有功德者，祫則亦及之，故云「報」也。

公是先生七經小傳卷中

公是先生七經小傳卷下

論語

「學而時習之，不亦説乎？温故而知新。有朋自遠方來，不亦樂乎？朋，衆也，可以爲師而衆歸之。人不知而不愠，不亦君子乎？」不患人之不己知。

「曾子曰：『吾日三省吾身：爲人謀而不忠乎？與朋友交而不信乎？傳不習乎？』」「傳」者，傳所受於師之道，今無乃不習而以教人乎？爲誤人爾。

「禮之用，和爲貴。君所謂可而有否焉，君所謂否而有可焉，此之謂和。先王之道，斯爲美。小大由之，有所不行。大，君臣也；小，父子也。「有所不行」者，「在醜夷不争」之類是。知和而和，不以禮節之，亦不可行也。」此復説「有所不行」也。「獻可替否」，和也。「在醜夷不争」，禮也。但知貴和爲和而不知禮有常節者，亦不可行也，故臣亦有「三諫而去」之道。若三諫而不去，是又不以禮節者也。

「信近於義，言可復也。恭近於禮，遠恥辱也。因不失其親，亦可宗也。」「親」，近也。「信」者、「恭」者，雖未合於「義」、「禮」，苟能因其性而不失所近，人亦可尊。此欲信者常務近義，恭者常務近禮，皆可宗也。

「林放問禮之本。子曰：『大哉問！禮，與其奢也，寧儉；喪，與其易也，寧戚。』」夫以戚爲喪本可也，以儉爲禮本何哉？曰：林放本問賓客奉養之禮，非兼問五禮也。何以明之？問五禮之本，則不當答以儉，又不當引喪爲之偶，故知所問惟賓客奉養之禮也。賓客奉養之禮以儉爲本者，儉則任誠慤，誠慤乃本也，故《聘禮》曰「幣美則没禮」，又曰「多貨則傷德」。❶「幣」之與「貨」非所以爲本也，損其「美」，却其「多」，乃可謂之儉，儉則「禮」與「德」俱無傷，是本矣。《孟子》曰：「恭敬者幣之未將。」然則「禮」之字當讀如「厚爲之禮」之「禮」。

「子曰：『射不主皮，此《大射禮》篇文也。❷ 爲于僞反。力不同科，古之道也。』」解禮所以如此云者，爲力不同科也，是以君子貴德賤力，取其有威儀也。

儀封人曰：「二三子何患於喪乎？」「喪」讀如「問喪」之「喪」、「喪欲速貧」之「喪」。失位爲喪，是時仲尼去大夫，故云喪也。言喪不足患，是乃天下久無道，而天以夫子爲木鐸於其閒耳，故使之數失位周流也。

「子曰：『里仁爲美。擇不處仁，焉得知？』」「里」猶「居」也，言人爲身謀居，惟居於仁爲美，即擇居而不能居仁，不可謂知。

「仁者安仁，知者利仁。」仁者生而靜，其爲仁，安之而已矣。知者動而復者也，動而復則利而後仁。利者非利於爲仁之可以得利也，利猶動也，智者必動而後仁矣。❸

「惟仁者能好人，能惡人。」以其無好惡，故能定好惡。

「子曰：『苟志於仁矣，無惡也。』」此言人之行事苟能推心於仁，以善爲之，雖不中節，終不爲惡，謂之過可矣。

❶ 按「傷」下，《儀禮注疏》有「于」字。
❷ 按「射不主皮」爲《鄉射禮》文。
❸ 「智」，《經解》本、《遺書》本、《四庫》本作「知」。

「子曰：『我未見好仁者，惡不仁者。好仁者，無以尚之；惡不仁者，其爲仁矣，不使不仁者加乎其身。』」所謂「好仁者」，安仁者也；「惡不仁者」，去不仁而就仁者也。去不仁而就仁，則是不欲使己有不仁之過也，雖不能及安仁者，亦可謂仁矣。

「子曰：『人之過也，各於其黨。觀過，斯知仁矣。』」此言君子有過，小人亦有過，但各自附近爲黨類耳，欲分别之者，小人之過常近利，君子之過常近善，舉其過而推言之，則知仁不仁之情。譬如「陳司敗問昭公知禮乎？孔子曰『知禮』」，此實過也，然仲尼之意非不知過，蓋欲厚其君，不得不受以爲過也。周公使管叔監殷，管叔以殷畔，此實過也，蓋欲親其兄，不得不受以爲過也。推孔子之厚其君、周公之親其兄，則其過也乃所以全其仁也。又曰：人之過或有以善爲之而不知其義者，故當徵黨類，以察其素行是非。

「子曰：『朝聞道，夕死可矣。』」「道」，仁也。所以未可死者，以不聞道也。苟聞夫道，朝聞之則夕死也可，夕聞之則朝死也可。非樂死也，非求死也，安死也。安死者，惟簡之而不得。

「君子懷德，小人懷土。」君子，在上位者也。言君子懷於爲德，導之以德，則小人乃懷土重遷。如君子懷於用刑，導之以政，則小人不復懷土，將懷惠己者而歸之矣，所謂「免而無恥」也。此言小人之性無常，在上導之而已。

「子曰：『不患無位，患所以立。不患莫己知，求爲可知也。』」求知非也，求爲可知是也。知之者人也，莫知者己也。

「子曰：『道不行，乘桴浮於海。從我者，其由與？』子路聞之喜。」此一章意若仲尼真欲浮于海，是懟也，非君子之道矣，且又不當譏子路「無所取材」也。夫譏子路「無所取材」，則足以明浮于海非仲尼意。浮于海非仲尼意，而仲尼爲若言者，蓋言己在天下，道不行則去，周流四方，若乘桴之浮海，隨波轉薄矣。子路失指，謂仲尼真欲浮于海，故仲尼反以「無所取材」戲之也。

「宰予晝寢，子曰：『朽木不可彫也云云。』」學者多疑宰予之過輕而仲尼貶之重，此弗深考之蔽也。古者君子不晝夜居於內，晝居於內則問其疾，所以異男女之節，厲人倫也。如使宰予廢法縱欲，晝夜居於內，所謂亂男女之節，「俾晝作夜」，《大雅》之刺幽、厲是也，仲尼安得不深貶之？然則「寢」當讀爲「内寢」之「寢」，而説者蓋誤爲「眠寢」之「寢」。

「子貢曰：『夫子之文章，可得而聞也；夫子之言性與天道，不可得而聞也。』」此言惟聖人能盡人之性，盡物之性，長短大小深淺。「天道」者，天命也，聖人所獨知也，堯授舜、舜授禹是也。

「子路有聞，未之能行，惟恐有聞。」予謂「聞」讀如「聞斯行諸」之「聞」，「行」讀如「聞斯行諸」之「行」。子路周人之急常若不迨，❶此孔子所以戒其兼人也。

「陳文子有馬十乘，棄而違之。」凡大夫去其位曰「違」，「違」猶「喪」也。《春秋傳》曰：「卿違，從大夫之位。」又曰：「凡諸侯之大夫違，告于諸侯。」

❶「迨」，《經解》本、《遺書》本、《四庫》本作「逮」。

「子曰：『十室之邑，必有忠信如丘者焉，聖人之忠信與人同耳，故雖十室之邑，必有之。不如丘之好學者也。』」❶人之忠信，暫至而已，不如聖人好而學之不倦也，此其所以異。

「有顏回者好學。三月不違仁，是好之。今也則亡，未聞好學者也。」其餘則日月至焉而已矣。

「女爲君子儒，無爲小人儒。」君子儒，將行之，所謂爲己者也。小人儒，將言之，所謂爲人者也。

「質勝文則野，「質」，誠慤也。「文」，儀貌也。由內出，故曰質。由外作，故曰文。野人不爲儀貌而多任誠慤。文勝質則史。「史」者，祝史也，習于儀貌而不任情實。文質彬彬，然後君子。」儀以飾情，外內相副，無所偏任。

「人之生也直，人所以取生者，皆正直之道也，若不由正直，則死矣。罔之生也幸而免。」有不由正直者，名之爲罔，言非人常生之道也，然而得生者，是幸也，非必然。

「樊遲問仁。曰：『仁者先難而後獲，可謂仁矣。』」行之似迂闊，望之似難成，不求近功者也，如是可謂仁。「難」讀如「爲之難」之「難」。難者，踐迹也。不難，未有能獲者也。

「子曰：『知者樂水，仁者樂山。知者動，仁者靜。知者樂，仁者壽。』」知者則利仁者也，仁者則安仁者也。利仁者明而誠之，有似於水漸而進者，故曰「樂水」也；安仁者誠而明之，有似於山自然而高，故曰「樂山」也。凡明而誠之者，本動故也，故曰「知者動」；凡誠而明之者，本靜故也，故曰「仁者靜」。凡利仁者，去不善而就善，萬物皆備於我矣，故曰「樂」；凡安仁者，與造化爲一體，死生不得與之變，故曰「壽」。

「子曰：『齊一變，至於魯；魯一變，至於

❶ 按「學」下，《論語注疏》無「者」字。

道。』」道，王道也。仲尼之時，齊强魯弱，然齊承霸者之餘，其俗尚功名，任權力，不如魯人習禮讓，守儒術，尊尊親親，於王道爲近。

「子曰：『觚不觚，觚哉！觚哉！』」此言作觚不依觚之制，終不成爲觚，猶學君子者不盡其道，終不成爲君子也。

「君子可逝也，「逝」讀如「逝將去汝」之「逝」。不可陷也；君子表微知著，不善斯去矣，可得而逝，不可得而陷。可欺也，可欺以其方。不可罔也。」難罔以非道。❶

「子見南子，子路不説。夫子矢之曰：『予所否者，天厭之！天厭之！』」舊説仲尼見南子，欲因以行道，非也。古者謂其君曰「君」，謂其夫人曰「小君」，仕者自當見小君。是時孔子仕於衛，故以禮見南子也。子路疑衛君無道，夫人無德，夫子不足復仕其朝，故孔子陳之曰：予所不仕者，皆棄絶於天者耳！衛君尚未也。或者子路爲衛君無道，夫人無德，疑夫子内貪仕其朝而外託於禮，故夫子自陳其意曰：我所不用正者，使「天厭之」！「天厭之」！尋子路性鄙，不爲無此，而仲尼自謂「知我者其天乎」，援天陳辭，亦不足怪。

「子貢曰：『如有博施於民而能濟衆，何如？可謂仁乎？』子曰：『何事於仁？必也聖乎！』」「博施」者，言其守約施博而衆皆濟，在上則堯、舜，在下則孔子是已。天地之内，性命之屬，莫不兼而利之、兼而愛之。物無愚智、無大小，皆樂其性而得其生，可謂「濟衆」矣。惟聖人

❶「非」下，《經解》本、《遺書》本、《四庫》本有「其」字。

及之。

「子曰：『默而識之，聖也。學而不厭，智也。誨人不倦，仁也。何有於我哉？』」自謙。謂此三事何有於我者，我何有此三事也？

「子曰：『志於道，據於德，依於仁，游於藝。』」此言以道、德爲内，以仁、藝爲外也。「志於道」者，所以立大本也；「據於德」者，所以盡其性也。「德者，得也」，凡道，苟能志之，又必安於己之自得以爲據。「依於仁」者，所以接萬事也，進退、行止、出處、語默，不可常同，要之仁而已。「游於藝」者，所以行於世也，禮、樂、射、御、書、數，與衆人共之，不可不爲也。此所謂「全德」，無内外之偏矣。

「不圖爲樂之至於斯也！」」「不圖」，不意也。仲尼昔未嘗聞《韶》，乍聞之，樂甚，故曰不意舜之爲樂乃至於如此也。

「子不語怪、力、亂、神。」「語」讀如「吾語女」之「語」。人有挾怪而問者，挾力而問者，挾亂而問者，挾神而問者，皆不語之，此聖人知言也。「怪」讀如「素隱行怪」之「怪」，詭采衆名，非中庸之法者也。「力」，則子路問「君子尚勇」是矣。「亂」者，若孔文子「問軍旅」、白公「問微言」是矣。「神」者，季路問鬼與死是矣。

「文莫吾猶人也。言世多虚文過實，莫肯自謂「吾猶人」也。躬行君子，則吾未之有得。」

「子曰：『泰伯，其可謂至德也已矣。三以天下讓，民無得而稱焉。』」所謂「三以天下讓」者，言自竄荆吴以讓季歷也。所以讓季歷者，以季歷有昌也。所以貴昌者，以昌有發也。太伯見季歷既仁，而文、武又聖，知天之意方大啓周室，必有天下，故默焉而逃，是太伯讓仁人者一，讓聖人者二，故曰「三以天下讓」也。夫深知仁、聖之德，因見天命之運，獨出獨入，而百姓莫知者也，故曰「無得而稱焉」。辟一國之適，離逃竄之名，以自棄於蠻夷，往而不反，求仁得仁者也，故曰「可謂至德」矣。

「子曰：『大哉堯之爲君也！巍巍乎！惟天爲大，惟堯則之。』」此正言堯之讓也。天道，功成者去，爲而不恃，堯始以天下讓，故云「惟堯則之」。

「武王曰：『予有亂臣十人。』孔子曰：『有婦人焉，九人而已。』」舊説婦人即文母，予謂子無臣母之理。或云古文無「臣」字，如此則不成文。按武王即位已八十餘，未知文母猶存否。以義推之，此「亂臣」蓋邑姜，必非文母也。武王使九人者治外而邑姜治内，故得以同之亂臣。

「子罕言利與命與仁。」「罕」者，希也。希言利，「辟其號也」；希言命，所謂「天道不可得而聞也」；希言仁，所謂「中人以下不可以語上也」。既非其人，不言，故問仁者，或曰「仁則吾弗知」，或曰「未知，焉得仁」。

「子絶四：毋意，毋必，毋固，毋我。」或當以「四」作「二」，非也。「毋意」者，不逆詐，「不億不信」也，「億」則「意」也。「毋必」者，言不必信，行不必果，惟義所在也。「毋固」者，無可無不可也。「毋我」者，義陳於前，直服人之口也。

「子貢曰：『有美玉於斯，韞匵而藏諸？求善賈而沽諸？』」此子貢設事以問孔子也，言有美玉者當韞藏之邪？求善賈沽之邪？怪孔子有道不輒仕，故云爾。故孔子曰「沽之哉！沽之哉！我待賈者也」，言玉亦貴，沽之耳，但當待價，❶使人求之，不可衒賣也，故曰「我待賈者也」。世人皆干禄，而孔子應聘，此其操矣。

「子欲居九夷。」蓋徐州莒、魯之閒中國之夷，非海外之夷也。何以言之？仲尼稱「夷狄有君，不如諸夏之亡」，則無緣忽欲去中國而從夷狄矣。周末時，蓋戎夷與中國雜居，仲尼周流，未嘗三年淹，故其羈旅之際，適偶可居九夷耳，非忿懟中國莫能宗己而去之也。

「子曰：『苗而不秀者有矣夫！秀而不實者有矣夫！』」此言人之學譬於禾有苗而不及秀者，❷秀而不及實者，皆中道而畫，惟君子苗則秀，秀則實，所謂「大成之人」也。《管子》曰：夫禾，其始也，眴眴乎何其孺子也！其壯也，莊莊乎何其士也！其成也，由由乎兹免，何其君子也！「眴眴」者，苗也；「莊莊」者，秀也；「由由」者，實也。終此論者，秀與實在禾，而食之在人耳。

「子曰：『法語之言，能無從乎？改之爲貴。巽與之言，能無説乎？繹之爲貴。』」「巽」謂遜于志者也。「法語之言」，雖小人亦能面從，改之難耳。「巽與之言」，雖君子不能不心悦，繹之難耳。《商書》曰：「有言遜于汝志，必求諸非道。」□求也，❸所謂繹也。

「子曰：『可與共學，未可與適道；可與適道，未可與立；可與立，未可與權。』」此言「權」之難也。「共學」也，「適道」也，

❶「價」，《經解》本、《遺書》本、《四庫》本作「賈」。

❷「禾」，原誤作「未」，據《經解》本、《遺書》本、《四庫》本改。

❸「□」，原爲墨丁。其他諸本此處皆無空格。

「立」也,「權」也,四人也。「共學」以況有恒者,有恒者可與共學矣,未及適道也。「適道」以況善人,善人升堂不入於室,可與適道矣,未及於立也。「立」者,言立德立功也,立德立功者以況君子,君子可與立矣,未及於權也。能用「權」者,其惟仁、聖而已矣。權者,反經者也,反經之至,至於動天下、易君王,而當世不疑,後世不非,惟無心而體道者能之,湯、武、伊尹、周公是也。故有湯、武、伊尹、周公之心,則可以行權;無湯、武、伊尹、周公之心,則亂也。曹人欲君子臧,吴人欲君季札,皆辭不從,兩人者自知審矣,以謂己適可以立而未可以權也。❶權之設豈易然乎?

「不時,不食。」如果實未熟之類。

「子曰:『先進於禮樂,野人也;後進於禮樂,君子也。如用之,則吾從先進。』」此言文質之異也。凡誠慤爲質,禮樂爲文。人之舉事能先盡誠慤而後禮樂者,今之所謂野人也。野人猶言郊野之人,郊野之人質多而文少,務實而不務華。其舉事先飾禮樂而後誠慤者,今之所謂君子也。君子謂朝廷之人,習其文而忘其質。仲尼欲救周之敝,復夏之忠,故取「先進於禮樂」者。先進於禮樂者,言誠慤在禮樂之先。《孟子》曰:「恭敬者,幣之未將者也。」

「子曰:『從我於陳、蔡者,皆不及門也。』德行:顏淵、閔子騫、冉伯牛、仲弓;言語:宰我、子貢;政事:冉有、季路;文學:子游、子夏。」自「德行」以上,孔子語也,

❶「謂」,《經解》本、《遺書》本、《四庫》本作「爲」。

自「德行」而下，則弟子緣仲尼之言而記之者也。三千之徒足以升四科者，不惟此十人。此十人乃從我陳、蔡者耳。

「子張問善人之道。子曰：『不踐迹，亦不入於室。』」此言善人資性未能高絶，苟不踐迹，則亦不能入於室；每踐迹，則可以入室矣。「迹」者，禮樂法制也。然則有不待禮樂法制「而未始入於非人」者，雖不踐迹，而入室矣。

「子曰：『論篤是與，君子者乎？色莊者乎？』」「與」讀如「黨與」之「與」。篤於論者而與之，謂之君子乎？謂之色莊乎？蓋謂之君子矣。「莊」言色厲内荏。

「子路率爾而對。」「率爾」者，意氣發動，輕易之貌。又曰：「夫子何哂由也？」曰：「爲國以禮，其言不讓，是故哂之。」「不讓」者，言其不務德化，而貴勇力以當師旅，是争也。「夫子喟然歎曰：『吾與點也。』」按此章仲尼本但問：「如或知爾，則何以哉？」今曾點所言非「知爾」之事也，對不答問矣，而仲尼反自謂與之者點之意，以謂上苟知也，固當以此知之也。此乃所謂「事無事」、「爲無爲」矣，是《易》之「不事王侯，高尚其事」者也。巢、由知於堯、舜，故能全其讓；夷、齊知於武王，故能全其隱；四皓知於漢高，故能全其處。然則不事其事者，乃所以事也；不爲其爲者，乃所以爲也。此全德之所能，非曾點可及。曾點，進取者也，夷考其行而不掩，是以孟子謂之「狂」。

「顔淵問仁。子曰：『克己復禮爲仁。』」「克」者，勝也，勝己而反於禮，是爲仁，此中道也。上焉者不待於禮，然而不得不爲禮；下焉者不及於禮，然而不敢不爲禮。故雖有孔、顔之質，動而顧禮，所以行於世也；雖有庸俗之質，亦動而顧禮，所以免於世也。二者皆克己乃可。不然者，極孔、顔之質，必過；極庸俗之質，必放矣。

「死生有命，賢不必壽，不肖不必夭，是命也。富貴在天。」無犯義以謀富貴，則富貴乃在天而已。「天」者，不可知之原。

「子曰：『片言可以折獄者，其由也與？』」此言非佞折獄，惟良折獄也。子路信義著於人，人服之。所右也，則信以爲右；所左也，則亦信以爲左。兩俱無憾，是能以片言折獄者也，故曰「千乘之國」，可使「不信其盟而信子之言」。若由是推之，片言折獄尚其小者也。古者謂多言爲佞。多言不可以折獄。

「子路無宿諾。」「宿」，舊也，陳也。子路勇於義，其於人有所不諾，已諾之，則必行，故無宿諾也。「宿諾」猶陳言矣。

「夫達也者，質直而好義，察言而觀色。」其言語可察，其容貌可觀。

「子夏爲莒父宰，問政。子曰：『無欲速，無見小利。欲速，則不達；見小利，則大事不成。』」此言王者之功必緩且大也。「欲速」者，不任教化而任賞罰，諸霸者之政、刑名之學是也。「見小利」者，内欺其民以益財，外欺其鄰以益地，諸富國强兵之術是也。

「『人而無恒，不可以作巫、醫。』巫、醫皆主治人，無恒之人不可爲之，爲其反害人也，況可以無恒爲政乎？ 善夫！『不恒其德，或承之羞。』子曰：『不占而已矣。』」據見無恒，必當承之羞，不必占而知之。

「子貢問曰：『鄉人皆好之，何如？』子曰：

『未可也。』『鄉人皆惡之,何如?』子曰:『未可也。不如鄉人之善者好之,其不善者惡之。』」此言人當信己之信也。子貢問「鄉人皆好之」者,言有人於此,鄉人皆好之,可信以賢乎? 孔子曰「未可」者,或鄉原之人,在邦必聞故也。又問「鄉人皆惡之」者,言有人於此,❶鄉人皆惡之,可信以不肖乎? 孔子曰「未可」者,或清士特立,愠于羣小故也。不如以己觀鄉人之行,誠合於善者,我因好之,其不合於善者,我亦惡之,此之謂「信己」。

「『克、伐、怨、欲不行焉,可以爲仁矣?』子曰:『可以爲難矣,仁則吾不知也。』」此言仁者,無克、無伐、無怨、無欲者也,非有之而不行。有之而不行,故可謂之難,未可謂之仁。難可以謂之近,未可以謂之真。子曰:「剛、毅、木、訥近仁。」剛則無欲者也。

「問管仲,曰『人也』。」「人」上當失一字,仲尼必不直曰「人」而已。彼非人而管仲乃獨曰人乎? 不乃管仲外舉非人者? 是豈仲尼之意也? 或曰「人」當作「仁」,亦非也。管仲之功爲仁耳,仁之道非管仲所盡,仲尼亦不輕予之。《荀子》謂之「野人」,亦非也,義不合。

「子路曰:『桓公殺公子糾,召忽死之,管仲不死。』曰:『未仁乎?』」「子貢曰:『管仲非仁者與? 桓公殺公子糾,不能死,又相之。』」子路、子貢皆以管仲不死疑其不仁,然則仁者且必死耶? 世言死君者莫如比干、子胥,比干剖心,孔子謂之仁,子胥鴟夷,世不謂之仁。然則仁不必死,死不必仁明矣。子路、子貢何爲止以死不

---

❶「言」,原在「者」上,據《經解》本、《遺書》本、《四庫》本乙。

死論仁不仁乎？其意以謂仁者不樂生、不惡死也，而管仲可以死而不死，故疑也。夫謂仁者不樂生、不惡死，是也；疑管仲死之爲仁，非也。管仲未仁，雖死之，固亦未仁；管仲苟仁，雖不死，猶仁矣。微子去之，箕子爲之奴，比干諫而死，孔子曰：「殷有三仁焉。」此之謂也。然則管仲功用之臣，自實惜其死，將以其功用施之於世以成其仁功而已，孟子所謂天民者也。

「子曰：『古之學者爲己，今之學者爲人。』」「爲己」者，人知之亦樂之，人不知亦樂之者也。「爲人」者，舍其田而芸人之田者也。

「子曰：『作者七人矣。』」「七人」，所謂長沮、桀溺、丈人、石門、荷蕢、儀封人、楚狂接輿，但取見於《論語》者，❶此說非也。「辟世」、「辟地」、「辟色」、「辟言」不止此七人，七人與孔子同時耳，必同時，又有老聃、子桑伯子，非不能辟言、色者。予謂「作」讀如「作者之謂聖」之「作」。仲尼叙《書》始堯、舜，堯、舜以來始有典籍，故道典籍以來聖人得位而制作者凡七人，即堯也、舜也、禹也、湯也、文也、武也、周公也是矣，其意蓋言己獨不得位而無所制作云爾。此一章孤立，偶與「避世」章相屬，❷學者不曉，故遂穿鑿妄解。一說七人者即伯夷、叔齊、虞仲、夷逸、朱張、柳下惠、少連者也。伯夷、叔齊不降其志，不辱其身，所謂「辟世」；柳下惠、少

❶「取見」至「聖人」凡八十四字，底本殘泐，據《經解》本補。

❷「避」，《經解》本、《遺書》本、《四庫》本作「辟」。

連降志辱身，言中倫，行中慮，所謂「辟色」也，虞仲、夷逸隱居放言，所謂「辟言」也。朱張無事迹，其「辟地」者與？

「衛靈公問陳於孔子。孔子對曰：『俎豆之事，則嘗聞之矣；軍旅之事，未之學也。』」此亦不語亂也。諸侯有朝會、聘享、祭祀、燕射之禮而不得專征伐，故曰「俎豆之事，則嘗聞之；軍旅之事，未之學也」。不斥言其不當問，而自謂「未之學」，所謂「邦無道則愚」。

「子曰：『賜也，汝以予爲多學而識之者與？』對曰：『然，非與？』曰：『非也，予一以貫之。』」「一以貫之」者，仁也。惟仁爲能一，惟一爲能貫。仁者之用心也，「敦兮其若樸」，寂兮其若谷，❶昭兮其若鑑，萬物莫足以嬰其中。萬物莫足以嬰其中，則雖言而未嘗言，雖爲而未嘗爲矣。故終日言而一，終日爲而一，未嘗變而事物爲之應。在上也可，在下也可，耕稼也可，陶漁也可，版築也可，商儈也可，此皆外之變，而非内之一也。故誠守其一，萬物備矣。由是而一可以應萬而萬不可以應一，故曰非「多學而識之者」，「多學」在一之外故也。世之多學者衆矣，鮮能定乎一，得其末不得其本，逐物而不反，而世因謂「可以無學，無學不害」，此原伯魯蹪於前而老、莊敝於後也。

「子曰：『吾猶及史之闕文也。』」世亂，史之記注不明，前代之事有闕文者，仲尼猶及知之。至於編簡俱絶，非仲尼所知也，故《春秋》斷自隱公。

「耕也，餒在其中矣；學也，祿在其中矣。」耕者謀食而無以自樂，常有餒乏之憂；學者謀道而有以

❶ 按「寂」，河上公注《老子》（《四部叢刊》景宋本）作「曠」。

自足。

「子曰：『水火，吾見蹈而死者矣，未見蹈仁而死者也。』」此言蹈仁者未嘗死也。未嘗死者，非不死之謂也，言其安之無死地也。從此論之，仁者必壽明矣。「朝聞道，夕死可矣」。

「子曰：『當仁，不讓於師。』」此言當仁者宜爲人師，當仁者可不復讓於人師。當仁而讓於人師，則道幾乎不傳，此《孟子》所謂樂得英才而教育之。然則才非當仁，亦不可不讓爲人師。

「危而不持，顛而不扶，則將焉用彼相矣？」此以瞽者諭也。❶ 瞽者有相，所以持其危，扶其顛。

「子曰：『性相近也，習相遠也。』」人之性雖有高下而實皆善也，此之謂「相近」。及其習也，則有堯、桀之分，此之謂「相遠」。

「子曰：『惟上知與下愚不移。』」「不移」者，言其稟賦已定，非可強而遷也。「上知」，所謂生而知之；「下愚」，所謂困而不學矣。夫困而不學者，雖學不入，此知困而不能自反者也。知困而不能自反，耳目與人同，而神識與人異，疏之不通，誘之不達，故曰「愚」也，天下之冥冥者是也。然而不害於性善者，愚、智非善、惡故也。

「公山弗擾以費畔，召，子欲往，子路不説，曰：『末之也已，何必公山氏之之也？』子曰：『夫召我者，而豈徒哉？如有用我者，吾其爲東周乎？』」此釋子路之疑也。「吾其爲東周乎」者，言己不爲東周也。東周之俗，家臣則張私室以逼君，陪臣則張公室以逼天子，故所不爲也。此

❶「諭」，《經解》本、《遺書》本、《四庫》本作「喻」。

明雖之公山氏，非助其畔。

「好仁不好學，其蔽也愚。」此無仁者之資而慕仁者之操者，故絶聖棄智，適所以愚。

「子曰：『禮云禮云，玉帛云乎哉？樂云樂云，鐘鼓云乎哉？』」此言禮者敬而已矣，非玉帛之謂也，玉帛所以飾敬也。樂者和而已矣，非鐘鼓之謂也，鐘鼓所以飾和也。苟敬矣，雖畎畝之中，禮亦備矣；苟和矣，雖閑居獨處，樂亦備矣。

「子貢曰：『君子亦有惡乎？』」此「君子」指孔子也。子貢疑孔子道大，故問之。其下曰「賜也亦有惡乎」云者，孔子反問子貢之言也。自「惡徼以爲知」以下，皆子貢答也。

「微子去之，箕子爲之奴，比干諫而死。孔子曰：『殷有三仁焉！』」三人或死或生，其事不同，而同謂之仁者，明死生不足言仁也。夫仁者有成質，略舉其大方而言之，則不遷怒，不貳過，不樂生，不惡死，端而虚，静而一，若是者，「人貌而天」，其有利害、壽夭、成敗者，是寒暑燥濕，春夏秋冬四時之運也。故命仁者，命以其成質，非語其運之變而名之也。成質者，卞氏之玉也。運之變者，或刻以爲璽，或剖以爲璧也。璽與璧則異矣，然而稱寶者，卞氏之玉也。

「天下有道，丘不與易也。」桀溺本謂孔子皇皇者，欲以己易人耳，故曰：「而誰以易之？」孔子更自謂，以天下無道，故欲易之耳。假令天下有道，丘何皇皇求易之乎？

「君子之道，孰先傳焉？孰後倦焉？」此言傳道之難也。孰有不試而輕以教人乎？孰有既知其可傳，而傳之反倦怠乎？

「子夏曰：『仕而優則學，「優」謂優裕過人也，「雖曰未學，吾必謂之學矣」。學而優則仕。』」「施於有政，是亦爲政」。

「曾子曰：『堂堂乎張也，難與並爲仁矣。』」「仁」者，遺物忘形，無所矜者也。爲仁者亦當遺物而忘形，無所矜，有所矜則有所屈矣。子張内修而外矜，所以去仁遠。

「不知命，無以爲君子也。」「臣事君」，「子事親」，命也。

公是先生七經小傳卷下

附録

四庫全書總目七經小傳提要❶

宋劉敞撰。敞有《春秋傳》，已著録。是編乃其雜論經義之語，其曰「七經」者，一《尚書》，二《毛詩》，三《周禮》，四《儀禮》，五《禮記》，六《公羊傳》，七《論語》也。然《公羊傳》僅一條，又皆校正傳文衍字，於傳義無所辨正，後又有《左傳》一條，《國語》一條，亦不應獨以《公羊》標目。蓋敞本欲作《七經傳》，惟《春秋》先成，凡所劄記已編入《春秋傳》、《意林》、《權衡》、《文權》、《説例》五書中，此三條一校衍字，一論「都城百雉」，一論「禘郊祖宗報」，於經文無所附麗，故其文仍在此書中。其標題當爲《春秋》，故得兼及《外傳》。傳寫者見第一條爲《公羊》，第二條末亦有「公羊」字，遂題曰《公羊》，而註曰「《國語》附」，失其旨矣。《論語》諸條有與諸經一例者，又有直書經文而夾註句下如註疏體者，亦註《論語》而未成，以所註雜録其中也。吴曾《能改齋漫録》曰：「慶歷以前，多尊章句註疏之學，至劉原甫爲《七經小傳》，始異諸儒之説，王荆公修《經義》，蓋本於原甫。」案《讀書志》亦載此文，以爲元祐史官之説。晁公武《讀書志》亦證以所説「湯伐桀，升自陑」之類與《新經義》同，爲王安石勦取敞説之證，大旨均不滿於敞。《朱子語類》乃云《七經小傳》甚好，其説不同。

❶ 按此題爲整理者擬加。

今觀其書，如謂《尚書》「愿而恭」當作「愿而荼」，「此厥不聽」當作「此厥不德」，謂《毛詩》「烝也無戎」當作「烝也無戍」，謂《周禮》「誅以馭其過」當作「誅以馭其禍」，「士田賈田」當作「工田賈田」，九簭「五曰巫易」當作「巫陽」，謂《禮記》「諸侯以《貍首》爲節」當作「以《鵲巢》爲節」，皆改易經字以就己説。至《禮記》「若夫坐如尸」一節，則「疑有脱簡」，「人喜則斯陶」九句則「疑有遺文」，「禮不王不禘」及「庶子王亦如之」則「疑有倒句」。而《尚書·武成》一篇考定先後，移其次序，實在蔡沈之前。蓋好以己意改經，變先儒淳實之風者，實自敞始。又如解《尚書》「鳥獸蹌蹌」，謂「古者制樂或法於鳥，或法於獸」，解《毛詩》「葛之覃兮」，謂「葛之茂盛，則有人就而刈之，以爲絺、綌，如后妃在家，德美充茂，則王者就而聘之，以爲后妃」，解《論語》「乘桴浮於海」，謂夫子周流列國，如桴之在海流轉不定，其説亦往往穿鑿，與安石相同，故流俗傳聞，致遭斯謗。然考所著《弟子記》，排斥安石，不一而足，實與新學介然異趣。且安石剛愎，亦非肯步趨於敞者。謂敞之説經開南宋臆斷之弊，敞不得辭；謂安石之學由於敞，則竊鈇之疑矣。且略其卮詞，採其粹語，疏通剔抉，精鑿者多，又何可以末流之失併廢敞書歟？

（《四庫全書總目》，中華書局一九六五年六月影印版）

公是遺書本七經小傳跋❶

先集賢學士敞公、中書舍人攽公與樞

❶ 按此題爲整理者擬加。

密院大學士奉世公兄弟父子，博雅冠代，在有宋號稱「三劉」，時與歐、王、曾、蘇並著芳聲。厥後三公之孫静春公又能鋭志自修，博極羣書，與朱晦菴、張南軒、吕東萊諸大賢講論切劘，宜其人品學問，昭垂百世，不可朽也。

顧我祖所著述，當時或藏於家，不盡刊行於世，學者每以不得見其全書爲恨，而家藏舊本又復分散於撫州、金谿諸族，未暇收拾合刻爲一集，惟《春秋意林》及《三傳權衡》、《七經小傳》，學者傳寫讀之，其餘蓋罕傳焉。至於静春公所著，有《曾子内外襍篇》七卷、《續説苑》十卷、❶《訓蒙》、《墨莊》、《祭義》、《時令書》、《農書》，皆藏於家，世或間有抄録之者。今代遠年湮，兼之兵燹之餘，已刻者不可多得，未刻者多散逸。惟吾先世手録《三劉先生集》一册，世世寶藏，以爲手澤之存，經數百年來，亦僅存什一於千百，而字跡漶滅，帋本摩爛，大懼墜失，未敢輕以示人。今以縣侯與邑大人晏一齋修葺誌書，訪求三劉遺集，乃敢出而觀之。邑侯與晏先生咸三大息焉，以爲此書之幸存，倘遲之又久，不加刊刻，則愈久而愈失其傳也。於是與族中共商，舉賢而有力者斂貲刊刻，請晏先生校其訛而附諸梓，自今以後漸廣其傳，流布人間，俾先賢遺墨芳徽永永勿替，是亦表揚祖德之一助也，尚敢藏之篋中，致滋夫湮没前緒之咎歟！

乾隆十六年歲在辛未冬月吉旦隋國公裔孫安孫敬跋。子仁厚敷訓惟職等仝梓。

（《公是遺書》，乾隆十六年水西劉氏刻本）

❶「續」，原作「讀」，據《宋史》本傳改。

九經古義

〔清〕惠棟 撰
鄧志峰 校點

目録

校點説明

《九經古義》十六卷，清儒惠棟撰。惠棟（一六九七—一七五八），字定宇，號松厓，江蘇吴縣（今蘇州）人。清學吴派大師。其祖周惕、父士奇皆以學問知名，棟幼承家學，長不欲仕，「自經史諸子、百家雜説、釋道二藏，靡不津逮」（錢大昕撰《惠先生棟傳》）。一生著述甚勤，撰有《九經古義》、《周易本義辨證》、《易漢學》、《周易述》、《易微言》、《易例》、《古文尚書考》、《明堂大道録》、《禘説》、《左傳補注》、《後漢書補注》、《九曜齋筆記》、《松厓筆記》等著作多種，以復興漢學著稱於世。

《九經古義》原本十經，計有《周易》、《尚書》、《毛詩》、《周禮》、《儀禮》、《禮記》、《左傳》、《公羊傳》、《穀梁傳》、《論語》十種。或題二十二卷，其中《左傳古義》六卷，以《左傳補注》别行，故餘九經，凡十六卷。或題二十卷，《左傳古義》四卷（參本書目録），其《九經古義》固爲十六卷無異。蓋《左傳補注》卷數嘗有更革也。惠氏自言著書本意：「漢人通經有家法，……經之義存乎訓，識字審音乃知其義，是故古訓不可改也，經師不可廢也。」（《九經古義述首》）錢大昕則以爲其書旨在「討論古字古言，以博異聞，正俗學」（前引《惠先生棟傳》）。蓋清初學者雖不滿於明人之學，以爲游談無根，然尚不欲遽棄宋學，顧炎武因盛倡捨經學則無理學之説；繼則欲駕宋人而上之，其後則不滿於唐人《正義》之學，於是由唐返漢，自東漢至西漢，終則由兩漢上溯先秦。梁啓超所謂「以復古爲解放」是也（《清代學術概論》）。錢氏所云俗學，蓋指並時何焯、沈德潛一輩徒知好古，「尚洽通，雜治經史文辭」（章太炎《檢論・清儒》），而不明其條例者言。王昶云：「自孔、賈奉敕作《正義》，而漢魏六朝老師宿儒專門名家之説並廢；又近時吴中何氏焯、汪氏份以時文倡導學者，而經術益衰。」（王昶撰《惠定宇先生墓志銘》）即直陳其事。唐人之學既混淆家法，何焯輩尚未明大義，惠氏乃於此汗漫牽纏之中，自得乎漢儒家法條例之大端，可謂厥功甚偉。對以自我回溯爲特徵之清代學術而言，實有承上啓下之功。戴震一派學者，以裁斷自居，而譏其墨守，近世學者，或抑或揚，多本章太炎「篤於尊信」、梁啓超「凡漢必真」諸論爲説，似不足以服之。

《九經古義》之撰寫過程頗可一覘惠氏思想之演變，此過程可由上海圖書館所藏《周易古義》稿本推敲得之。此稿本乃惠棟手澤，對於研究惠氏思想極有價值，惜使用者甚罕。蓋本書初名《識小編》，取《論語》「賢者識其大者，不賢者識其小者」之義。除《易》、《書》、《詩》、《論語》以外，其餘諸卷卷首皆題「識小編」，經勾抹後，下題「改九經會最」五字，知《九經會最》一名在《識小編》之後。「識小編」右另題「九經會最卷某」，「會最」右另題「古義」二字，知《九經古義》一名尚在《九經會最》之後。《會最》成書以後，每一卷即稱「某某經考」。由《會最》之卷數及排列次序，可知稿本九卷即形成於《會最》完成之時。卷一《周易考》，卷二《尚書考》，卷三《毛詩考》，卷四《論語考》，卷五《周禮》、卷六《儀禮》，卷七《禮記》，卷八《公羊》，卷九《穀梁》皆稱《識小編》。疑《識小編》諸篇成書在《易》、《書》、《詩》、《論語》諸考之前。所謂「識小」云云，可知惠氏最初僅是出於博學旨趣，雖云自謙，亦未嘗不以餖飣考據視之。由「識小」至「會最」，則已由散殊而漸趨綜匯。由「會最」至「古義」，則由材料之綜匯顯現漢唐經學之内在條理，雖不云師法、家法，而家法之觀念呼之欲出。其後復於《述首》直接點明「漢人通經有家法」，則係順理成章之事。然則《九經古義》一書，於惠氏家法觀念的形成當有着極爲關鍵之地位。

《九經古義》之版本，除手稿本之外（上海圖書館藏），其較早刊刻者，有乾隆中益都李文藻刊潮陽縣署本（《無求備齋易經集成》即據之影印），「故粵中先傳其本也」（錢林輯，王藻編《文獻徵存録》卷五《惠棟傳》）。《四庫全書》收録此本，題「桂林府同知李文藻刊本」，並詳加讎校，對其謬誤頗有是正。其後歷城周永年於乾隆五十四年（一七八九）據李文藻竹西書屋刻板重印，是爲《貸園叢書初集》本（《叢書集成初編》據此重印）。此外，常熟蔣光弼曾參與校訂《四庫全書》，後曾陸續刻《省吾堂四種》及《省吾堂五種》叢書，收入《九經古義》一書，其底本當與貸園本相同，雖偶有是正，然錯謬反增，至有重頁而不自知者。則其未能吸收《四庫》本之校勘成果可知。此書翻刻頗多，流傳較廣。道光中，吴江沈楙悳世楷堂刊本（收入《昭代叢書甲集補》、《叢書集成續編》）、阮元《皇清經解》本（道光學海堂本、咸豐補刊本、鴻寶齋石印本、點石齋石印本）亦微有校勘。光緒十三年（一八八七），吴縣朱記榮所輯《槐廬叢書二編》、《經學叢書初編》，皆收録《九經古義》一書，以李文藻刊本爲底本，「別購副本，重加校勘」（參卷首閔萃祥序及朱記榮識語），惜校勘成果未能與所言相副。由於李文藻係乾隆時知名學者及藏書家，且最早從事《九經古義》之刊刻，《四庫全書》本、省吾堂本、《清經解》本亦迭經學者校正，故此次校點即以國家圖書館藏潮陽縣署本爲底本，以上海圖書館藏惠棟手稿本（簡稱稿本）、復旦大學圖書館藏《貸園叢書初集》本（簡稱貸園本）、臺灣商務印書館影印文淵閣《四庫全書》本（簡稱四庫本）、北京大學藏《省吾堂四種》本（簡稱省吾堂本）、學海堂《清經解》本（上海書店一九八八年影印《清經解》）（簡稱清經解本）、復旦大學圖書館藏《槐廬叢書》本（簡稱槐廬叢書本）爲校本。此外，《九經古義》刊印之後經學者收藏批校，並爲筆者所過眼者，尚有上海圖書館藏清嚴元照校跋潮陽縣署本、清張星鑑批注《貸園叢書》本，國家圖書館藏清朱錫庚批注清刻本、清李慈銘批校《省吾堂五種》本，南京圖書館藏清葉名澧批注《省吾堂四種》本，並吸收了若干校勘成果。除異體字及明顯錯訛之外，凡有重要改動，皆出校勘記。另底本及原目録沿襲古人著書多以小題(篇名)居上,大題(書名)列下的傳統,今改從《儒藏》體例,以書名居上,篇名列下。

本次校點,得到責任編委楊韶蓉女士的極大幫助,通審劉曉東先生指訛糾謬,惠我良多。謹此特致謝忱。由於冗事纏身,校點工作時斷時續,加之水準所限,此次校點仍有許多不盡如人意之處,甚望讀者有以教我。

校點者 鄧志峰

九經古義述首

漢人通經有家法，故有五經師，訓詁之學皆師所口授，其後乃著竹帛。所以漢經師之説立於學官，與經並行。五經出於屋壁，多古字古言，非經師不能辨。經之義存乎訓，識字審音乃知其義，是故古訓不可改也，經師不可廢也。余家四世傳經，咸通古義，守專室、呻槁簡，日有省也，月有得也，歲有記也。顧念諸兒尚幼，日久失其讀，有不殖將落之憂。因述家學，作《九經古義》一書，吾子孫其世傳之，毋隳名家韻也。惠棟識。

九經古義卷弟一

周易古義上

《説文》曰：「《秘書》説日月爲易，象陰陽也。」虞仲翔《易注》引《參同契》，亦云「字从日下月」。《參同契》曰「易謂坎離」，又曰「日月爲易」。所謂《秘書》者，《參同》之類也。

《坤・初六・象》：履霜堅冰，陰始凝也。　案：文「冰」當作「仌」，「凝」當作「冰」。《尒疋・釋器》云：「冰，脂也。」郭璞曰：「《莊子》云『肌膚若冰雪』，冰雪，脂膏也。」孫炎本作「凝脂」，云「膏凝曰脂」。《詩》云「膚如凝脂」，即冰脂也。古文《尚書》亦以冰爲凝，《説文》云：「凝，俗冰字。」

六二，直方大。　鄭注云：「直也，方也，地之性。此爻得中氣而在地上，自然之性廣生萬物，故生動直而且方。」熊氏《經説》云：「鄭氏《古易》云『《坤》爻辭履霜、直方、含章、括囊、黄裳、玄黄，協韻』，故《象傳》、《文言》皆不釋『大』，疑『大』字衍。」

坤至柔，而動也剛。　《九家易》曰：「坤一變而成震，陰動生陽，故動也剛。」宋時臨安僧曇瑩云：「動者，謂爻之變也。坤不動則已，動則陽剛見焉。在初爲復，在二爲師，在三爲謙，自是以往皆剛也。」洪景盧以其言爲善，而不知漢《易》已有是説矣。

《屯》：初九，磐桓，利居貞。　《仲秋下旬碑》作「股桓」。《釋文》云：「本亦作盤。」案古「盤」字皆作「般」，與股同。《尚書・盤庚》蔡邕石經作「般」，此與《漸・六二》「磐」字皆當作「般」。《郊祀志》云「鴻漸于般」，孟康曰：「般，水涯堆也。」

上六，泣血漣如。 棟案：「漣」本波瀾之字，《説文》引作「𢙎」，或古从立心，篆書水、心相近，故誤爲「漣」。陸德明亦引《説文》，而不云字異，明不从水旁。《淮南子》引此經又作「連」，从省文。《毛詩》「泣涕漣漣」，亦當从心，連聲。

《蒙・象》曰：匪我求童蒙，童蒙求我。 高誘引云：「童蒙來求我。」《釋文》云：「一本有來字。」

初六，以往吝。 《説文》引作「遴」，云「行難也」。 棟案：史書「遴」本「吝」字，見《汗簡》。此《易經》古文。《漢書》魯安王「晚節遴」；《王莽傳》「性實遴嗇」。《廣雅》曰：「遴，𨇨也，音良鎮反。」小顏云：「遴讀與吝同。」周伯琦《六書正譌》云：「僯，行難，从人，粦聲。 又謹選也。 別作『遴』，非是。」與《説文》、《漢書》異。

《需・象》曰：君子以飲食宴樂。 棟案：《歸藏易》《需卦》之需作「溽」。《説文・犬部》云：「獳从犬，需聲。讀若槈，奴豆切。」是需有槈音。《禮記・儒行》曰「飲食不溽」，鄭氏注云：「恣滋味爲溽，溽之言欲也。」故《象》言「飲食宴樂」。《左傳》昭十五年傳云：「辱必求之，吾助子請。」《説苑・敬慎篇》云：「諺曰：『誠無垢，思無辱。』」辱與垢協，是讀爲溽。 服虔曰：「辱，欲也。」古文《易》不可攷，然溽字不爲無説。鄭氏注《易》云：「需讀爲秀。」

九二，需于沙。 鄭本「沙」作「沚」。 棟案：「沚」當作「沚」，與沙同。《説文》云：「沙，水散石也。从水，从少，水少沙見。 譚長説沙或作沚，❶从止。」《穆天子傳》云：「天子東征，南絶沙衍。辛丑，天子渴於沙衍，求飲未至。」郭璞云：「沙衍，水中有沙者。」水少沙見，故《象》云「需於沙衍」。或以「衍」屬下句讀，非也。

《訟》：上九，終朝三褫之。　《説文》云：「褫，奪衣也，讀若池。」鄭康成本作「三拕之」，音徒可反。棟案：《淮南·人閒訓》云：「秦牛缺遇盗，拕其衣被。」高誘曰：「拕，奪也。」是「拕」與「褫」字異而義同。晁以道讀爲「拖紳」之拖，楊慎以爲終朝三拕之以誇於人，真小兒强解事也。「拖紳」之「拖」本作袘，見《説文》。

《師》：貞，丈人吉。　康成注云：「丈之言長，能御衆，有正人之德，以法度爲人之長，吉而无咎。」王弼曰：「丈人，嚴莊之稱也。」棟案：《象辭》言「能以衆正，可以王矣」，此有天下之稱也，謂之丈人，可乎？《易緯乾鑿度》：「孔子曰：『《易》有君人五號也。帝者天稱也，王者美行也，天子者爵號也，大君者與上行異也，大人者聖明德備也。變文以著名，題德以別操。』」歷舉五號，獨不及丈人，知丈人非王者之稱也。崔憬曰「《子夏傳》作『大人』，謂王者之師」，斯得之矣。

《比·象》曰：比，輔也。　案鄭氏《尚書》云：「邶成五服，至於五千。」《説文》同作「邶」，云「輔信也」。注云：「敷土既畢，廣輔五服之■而成之，❷至於面方各五

❶「作沚」二字，《説文》及惠棟《惠氏讀説文記》（清借月山房彙鈔本）均無。

❷「之■」，省吾堂本作「之制」，清經解本作「之數」。《毛詩注疏》（清嘉慶二十年南昌府學重刊本）及惠棟《周易述》（文淵閣四庫全書本，下同）均無。

千里，❶四面相距爲方萬里。《禹所受地記書》曰：『崑崙山東南地方五千里名曰神州。』禹邸五服之殘數，亦每服者各五百里，故有萬里之界、萬國之封。」比，輔也，輔成五服，此「建萬國」之象；比，比也，有孚盈缶，此「親諸侯」之象。所謂先王者，其夏后氏乎？

九五，王用三驅。 鄭本作「敺」。案《説文》：「驅，馬馳也。古文作敺，从攴。」《漢書》皆以「敺」爲「驅」。康成傳費氏《易》，費直本皆古字，號「古文《易》」，當从之是正。

《小畜》：九五，有孚攣如。 依字當作「攣」，古「戀」字。《子夏傳》作「戀」。案《隸釋·漢唐公房碑》及《景君碑》，皆以「攣」爲「戀」，知古文「戀」字作「攣」也。❷

《履》：九二，幽人貞吉。 虞翻曰：「訟時二在坎獄中，故稱幽人。」《象》曰「幽人貞吉，中不自亂也」。虞云：「雖幽訟獄中，終辨得正，故不自亂。」荀卿子曰：「公侯失禮則幽。」注云：「如晉文執衛成公，寘諸深室。」《禮説》云：「今學者輒目高士爲幽人，非也。」

九四，愬愬終吉。 《説文》引作「虩虩」，馬季長本同。《吕覽》引作「愬愬」，高誘曰：「愬，讀如虩。」

上九，視履考祥。 《丙子學易編》云：「考祥，古本或作『考詳』。晁氏曰：『荀作詳，審也。』文意尤順。」棟謂：古「祥」字皆作「詳」。石經《尚書》及《左傳》、《公羊》

---

❶「至於」二字，諸本皆闕，據四庫本補。

❷「以攣」、「作攣」之「攣」，原皆作「戀」，誤。據四庫本及《隸釋》改。

猶然。

《泰》：九二，包荒。 《説文》引作「巟」，从川、亡，云「水廣也」。《釋文》云：「本亦作巟，音同。」鄭氏云：「巟讀爲康，虛也。」《穀梁傳》云：「四穀不升謂之康。」康是虛巟之名，其義同也。

六五，帝乙歸妹。 虞翻以帝乙爲紂父，荀爽以帝乙爲湯。見本傳。《易乾鑿度》：「孔子曰：『自成湯至帝乙』，帝乙，湯之玄孫之孫也。此帝乙即湯也。殷録質，以生日爲名，順天性也。玄孫之孫，外絶恩矣。同以乙日生，疏可同名。湯以乙生，嫁妹，本天地，正夫婦，夫婦正則王教興矣。故《易》之帝乙爲成湯，《書》之帝乙六世王，同名不害，以明功。」

《同人》：九五，同人，先號咷而後笑。 毛居正《六經正誤》云：「『後笑』作『笑』誤。案笑字古作『关』，从八，象眉目悦皃。後轉作竹，轉作夭，夭，关之皃。夭本有點，省文作夭，俗訛作笑。東坡謂以竹擊犬有何可笑者，戲言以譏王荆公《字説》之穿鑿耳。」棟案：「笑」字古文皆作「关」，《説文》無「笑」字，李陽冰刊定《説文》始从竹从夭。義云：竹得風，其體夭屈，如人之笑。故毛氏據以爲説，非也。古本《漢書·薛宣傳》云「壺矢相樂」，應劭曰：「以壺矢相樂也。今本云『壹关相樂』。」晉灼曰：「書篆形『壹关』字象『壺矢』，因曰『壺矢』。」然則「关」爲古「笑」字，審矣。李陽冰多臆説，吾所不取。

《謙》：亨，君子有終。 《子夏傳》作「嗛」。案《漢書·藝文志》曰「《易》之嗛嗛」，《封禪文》云「嗛讓而弗發」，《尹翁歸傳》云「温良嗛退」，師古曰「嗛，古謙字」。《史記·樂書》及《馮煥殘碑》皆以「嗛」爲

「謙」。《汗簡》云：「古文《尚書》『謙』作『嗛』。」❶

《象》曰：鬼神害盈而福謙。　京房作「富謙」。後漢《劉修碑》亦云「鬼神富謙」。《郊特牲》云：「富也者，福也。」

《豫·象》曰：四時不忒。　京房「忒」作「貣」。《尚書·洪範》曰「衍忒」，《史記》引作「貣」。《管子》曰「如四時之不貣，如星辰之不變」，皆古「忒」字。《月令》云「無或差貸」，「貸」即「忒」也。《吕覽》正作「忒」，「貸」當爲「貣」字之誤。

九四曰「朋盍簪」。　侯果云：「朋从大合，若以簪篸之固括也。」案《士冠禮》云「皮弁笄」，鄭注云：「笄，今之簪。」《説文》曰：「先，首笄也。从人、匕，象簪形。俗先作簪，从竹、朁。」然則「簪」本作「先」，經、傳皆作「笄」。漢時始有簪名，侯氏之説非也。子夏、鄭玄、張揖、王弼皆訓簪爲疾，或云速，明非簪字。陸德明曰：「古文作貣，京作撍，馬作臧，荀作宗。」虞翻作「戠」，云：「坤爲盍。戠，聚會也。坎爲聚，坤爲衆，衆陰並應，故『朋盍戠』。戠舊讀作撍，作宗。」《禮説》曰：「戠與得協韻，當从虞義。」《玉篇》：「戠音之力切。」鄭氏《尚書》云「厥土赤戠墳」，讀曰熾。

《隨》：初九，官有渝。　蜀才作「館」。案官本古文「館」，《穆天子傳》云：「官人陳牲。」《聘禮》云「管人布幕于寢門外」，鄭注云：「管猶館也，古文管作官。」

《觀》：上九，觀其生，君子无咎。　京房曰：「言大臣之義，當觀賢人，知其性行，

❶「古文尚書謙作嗛」七字，諸本皆闕，據稿本補，四庫本删「汗簡云」三字。

推而貢之。」京以觀之内象陰道已成,威權在臣,故有是象。

《噬嗑·象》:先王以明罰敕法。

《釋文》作「勑」,恥力反,云:「此俗字也。《字林》作『勑』。鄭云:『勑,猶理也,一云整也。』」毛居正《六經正誤》云:「勑法,監本誤作『敕』,舊作『勑』,紹興府注疏本、建安余氏本皆作『勑』。伏觀高宗皇帝御書石經作『勑法』,鄭康成解勑爲理,是漢以來作『勑』字也。」顧氏《金石記》云:「勑者自上命下之辭,前漢皆作敕,後漢始變爲勑。《五經文字》曰:『敕,古勑字,今相承皆作勑。』郭宗昌《金石史》以爲『从來旁力,别音賚』,今《尚書·皋陶謨》、《益稷》、《康誥》、《多士》,《詩·楚茨》,《易·噬嗑》大象之文並作『勑』,又何説也?《周禮·樂師》『詔來瞽皋舞』,注云:『來,勑也。勑爾瞽,率爾衆工,奏爾悲誦,肅肅雍雍,毋怠毋凶。』鄭康成漢人也,其訓來爲勑,又何哉?」棟案:訓「來」爲勑,此先鄭之言,後鄭所不從,顧氏以爲康成,❶誤矣。郭氏訓「勑」爲「賚」,葢本張有《復古編》。案《秦和鍾》云「萬生是敕」,或訓爲賴,是「敕」亦可讀爲賴,則「敕」亦非古字矣。古字省,多借「飭」爲「勑」,或作「飾」。《漢·蓺文志》引《易》云「明罰飭法」,《史記·五帝紀》云「信飭百官」,徐廣曰:「飭,古勑字。」《雜卦》云:「蠱則飭也。」高誘《吕覽注》云:「飾讀爲勑。勑,正也。」離俗皃。

九四,噬乾胏。 胏,《説文》引作「𩚵」,食所遺也。楊雄説𩚵从胏。

《賁》。 傅氏曰:「賁,古斑字,文章

❶「顧」,原作「顏」,諸本同,稿本字跡模糊,據文意改。

貌。」棟案：高誘注《吕覽》曰：「賁，色不純也。《詩》曰『鶉之賁賁』。」張揖《廣雅》云：❶「賁，飾也。」曹憲音「奔」，云：「《周易》賁卦今人多彼寄反，失之。」傅氏以賁爲斑，未聞其説。《京氏易傳》云：「賁者飾也，❷五色不成謂之賁，❸文彩雜也。」故孔子筮得賁卦以爲不吉。詳見《禮説》。

《大畜》：六四，童牛之牿。 劉歆曰：「牿之言角。」案牿爲牛馬牢，非角也。《九家》作「告」。《説文》引云「僮牛之告」，「告者，牛觸人，角著横木，所以告也。从口，从牛。」鄭本作「梏」，謂「施梏於前足」，是也。《鄭志》：「泠剛問：『《大畜·六四》童牛之梏，元吉』，注：『巽爲木，互體震，震爲牛之足，足在艮體之中，❹艮爲手，持木以就足，是施梏。』又，《蒙·初六》注云：『木在足曰桎，在手曰梏。』今《大畜·六四》施梏于足，不審桎梏手足定有别否？ 荅曰：牛無手，以前足當之。」棟案：《釋名》曰：「牛羊之無角者曰童。」《大玄》云「童牛角馬」，明童牛者無角之稱。童牛無角，是牿施於前足。許、鄭二説近之。今作「牿」者非也。

《大過》：九二，枯楊生稊，老夫得其女妻，无不利。《象》曰：老夫女妻，過以相與也。 此爻《象》辭及九五爻辭，漢魏以來諸儒訓詁皆不得其説。謹案《易説》曰：「凡卦皆二應五，初應上，唯大過之象無所不過，故二過應上，五過取初。兑少女，稱女妻；巽長女，稱老婦。聖人觀象繫辭，故

❶「云」，原作「玉」，據稿本及四庫本改。
❷「飾」，原作「失」，據稿本及四庫本改。
❸「色」，原作「代」，據四庫本及《四部叢刊》景明天一閣刊《京氏易傳》改。
❹「中」，原脱，據四庫本補。

有是占，不然，則『過以相與』之語，果何所謂耶？此說見虞仲翔《易解》，獨闢從來謬妄，惜宋元諸儒從未理會及此。」

《坎》：六四，樽酒簋貳。 案：「樽」，俗「尊」字。鄭注《禮器》引作「尊」。或又作「罇」。曹憲《文字指歸》云：「檢字，無此从缶、从木者。《説文》云：『字从酋寸，酒官法度也。』今之尊卑從此得名，故尊亦爲君父之稱。」棟案：《説文》「𢍜」正字，「尊」或字，無「酒官法度」等語，則知今本所傳《説文》非全書也。曹憲説見《尒疋釋文》。

上六，寘于叢棘。 范甯引云「繼用徽纆，繫與繼通。《釋詁》：「係，繼也。」示于叢棘」，云：「古疑獄三年而後斷。」劉表亦作「示」，言衆議於九棘之下。案「示」與「寘」古本通。《毛詩·鹿鳴》云「示我周行」，鄭箋云：「示當作寘。寘，置也。」蓋三家或有作「寘」者，故讀从之。又，《卷耳》詩有「寘彼周行」之語。又，鄭注《中庸》云「示讀如『寘諸河干』之寘。寘，置也」。或作「寘」，或作「示」，是字通之驗。後漢陳寵上疏云：「文王重《易》六爻，而列叢棘之聽。」

《離》：利貞亨，畜牝牛吉。 《九家·説卦》云：「離爲牝牛。」虞翻曰：「坤爲牝牛，乾二五之坤成坎，體頤養象，故畜牝牛吉。俗説皆以離爲牝牛，失之。」棟案：《九家·説卦》如乾後更有四，巛後更有八之類，皆虞氏所不信，故以「離爲牝牛」爲非。然《左傳》卜楚丘曰：「純離爲牛。」離一陰居二陽之中，中美能黃，故六二謂之「黃離」，牝牛之象。畜之者，育其類也。與《九家》合，虞氏失之。

《離》：九四，突如其來如，焚如，死如，棄如。 《説文》引《易》曰：「突如其來如，不孝子突出，不容於内也。」又云：「𠫓，不順忽出也。周伯琦《六書正譌》云：「𠫓，它骨切。子不順生，有𠫓之義。俗用突，乃竈囪也。」或从㐬，倒古文学，即《易》『突』字。」鄭康成曰：「震爲長子，爻失正，不知其所如。不孝之罪，五刑莫大，焉得用議貴之辟刑之，❶若如所犯之罪。焚如，殺其親之刑；死如，殺人之刑也；棄如，流宥之刑。」《周禮·掌戮》云：「凡殺其親者焚之。」《匈奴傳》云：「王莽作焚如之刑。」應劭曰：「《易》有焚如、死如、棄如之言，莽依此作刑名也。」如淳曰：「焚如、死如、棄如者，謂不孝子也。不畜於父母，不容於朋友，故燒殺棄之。莽依此作刑名也。」

《咸》：九五，咸其脢。 「脢」，王肅音「灰」，云「脢在背而夾脊」。案《楚辭·招魂》云「敦脄血拇」，注云：「脄，背也。」脄與脢同。馬融亦云：「背也。」从月，灰聲。故音灰。

上六，咸其輔頰舌。 虞翻本「輔」作「酺」，云「耳目之閒」。《説文》：「酺，頰也。」《玉篇》引《左氏傳》云「酺車相依」，是「酺」與「輔」同，輔近口，在頰前。《淮南子》云「靨輔在頰前則好」。耳目之閒爲權，權在輔上，故《洛神賦》云「靨輔承權」，《夬·九三》「壯于頄」是也。頰所以含物，輔所以持口，孔穎達云：「輔、頰、舌三者並言，則各爲一物，明輔近頰而非頰。」虞以權爲輔，許以輔爲頰，皆失之。《大招》云「靨輔奇牙」，王逸云「頰有靨輔」，明輔非頰。

上六，《象》曰：滕口説也。 鄭、虞皆作「媵」。虞云：「媵，送也。不得之三，山澤通氣，故媵口説矣。」鄭云：「咸道極薄，

❶ 下「之」，原脱，據四庫本補。

徒送口舌言語相感而已，❶不復有志於其閒。」棟案：❷「滕」當讀爲「騰」，騰，傳也。《淮南子》曰「子産騰辭」，《後漢・隗囂傳》云「帝數騰書隴、蜀」，高誘、許慎皆訓騰爲傳。「媵」，本古文「騰」字。《燕禮》曰「媵觚于賓」。鄭注云：「媵，送也。今文媵皆作騰。」是「媵」與「騰」通。又案：《釋詁》云：「滕，虚也。」以虚辭相感，義亦得通。

《遯》。《釋文》云：「字又作遂。」案《歸藏易》「遯卦」字亦作「遂」。《毛詩・雲漢》曰「寧俾我遯」，本亦作「遂」。《漢書・匈奴傳》云「遂逃竄伏」，《敘傳・述贊》曰「攜手遂秦」，小顔皆云「古遁字」。《説文》：「遁，遷也。」「遯，逃也。」

《大壯》：九三，羝羊觸藩，羸其角。馬融曰：「羸，大索也。」王肅本作「縲」，音「螺」。鄭、虞作「纍」。蜀才作「累」。張璠作「虆」。案《説文》：「纍，大索也。」與馬訓同。則羸當爲纍，或古文以羸爲纍，所未詳也。

《晉》。《説文》引作「𣈆」，云「日出萬物進」。周《伯郄父鼎》、《𣈆姜鼎》皆然，今作「晉」者非也。《古文奇字》作「晋」。《釋詁》云：「晉，進也。」《釋文》云：「本又作𣈆。」

康侯用錫馬蕃庶。鄭氏云：「康，尊也，廣也。蕃庶謂蕃遮禽也。庶音止奢反。」棟案：《管子・侈靡篇》云：「六畜遮育，五穀遮熟。」則「蕃遮」猶「蕃育」也。

《明夷》：六二，用拯馬壯。《説文》引作「抍」，云「上舉也」。子夏本同。漢《孔

❶「舌」，原脱，據四庫本補。

❷「案」，原脱，據四庫本、清經解本補。省吾堂本「棟案」徑作「案」。

霊碑》亦以抍爲拯。❶李登《聲類》又作「氶」。《玉篇》。《淮南子》曰「子路撜溺」，高誘曰：「撜，舉也。升出溺人。」《説文》云：「抍又作撜。」徐鉉曰：「今俗作拯，非是。」《列子·黄帝篇》曰「並流而承之」，注云：「音拯。」《方言》：「出溺爲承。」

《睽》：六三，見輿曳，其牛掣。《説文》引作「觢」，云：「一角仰也，从角，㓞聲。」鄭作「㸷」，云：「牛角皆踊曰㸷。」子夏作「𢍉」。荀爽作「觭」。虞翻曰：「牛角一低一仰，故稱觢。」《介疋·牛屬》云：「角一俯一卬，觭。」《字林》音「丘戲反」，云：「一角低一角卬。」樊光云：「傾角曰觭。」《牛屬》又云：「皆踊，觢。」郭璞云：「今豎角牛。」《釋文》云：「字亦作㸷，《字林》音之世反。」❷从虞翻説，當依荀氏作「觭」。从鄭氏説，當依《介疋》作「觢」。張有《復古編》云：「觢，从角、𢍉省，别作掣，非。」觢从角、𢍉，故《子夏傳》作「𢍉」；觭，角一低一仰，故荀爽作「觭」。諸家無作「掣」者。王弼以爲「其牛掣者，滯隔所在不獲進」，是讀爲牽掣之字，失之。《玉篇》觢或作「挈」，或作「𧣾」，从角、折。折與制通。或从角，或从牛，是「掣」字當作「𤛛」，从牛。

上九，先張之弧，後説之弧。《釋文》云：「下弧字本亦作壺，諸家皆作壺。」今作弧者，聲之誤也。《左傳》「狐駘」《禮記》作「壺」。《毛詩》「八月斷壺」，傳云：「壺，瓠也。」虞仲翔曰：「五已變，乾爲先，應在三。坎爲弧，離爲矢，❸

---

❶ 「漢孔」，原作「孔漢」，據四庫本乙正。

❷ 「世」，原作「女」，據《釋文》改。

❸ 「矢」，原作「大腹」，據四庫本改。

張弓之象也，故『先張之弧』。四動震爲後，❶説猶置也。兑爲口，離爲大腹，坤爲器，大腹有口，坎酒在中，壺之象也。之應歷險以與兑，故『後説之壺』。」案《禮説》云：「古説與設通，虞翻云『猶置也』。離上與兑三陰相應，而家道睽乖，故先疑後釋。張弧者，拒之如外寇；三至五象坎，坎爲盜。設壺者，禮之若内賓。壺誤爲弧，失其義矣。揚子《太玄》曰：『家無壺，婦承之姑。』壺者，家之禮法。故家無壺，婦無以承姑，妻無以事夫。上九、六三婚冓之象。始以爲寇也，故『先張之弧』；非寇，乃婚冓，故『後設之壺』。昏禮，設尊於室爲内尊，又尊於房户東爲外尊，❷此之謂設壺。」

《解·象》曰：雷雨作而百果草木皆甲坼。

《釋文》云：「馬、陸坼作『宅』，云『根也』。」鄭康成注云：「木實曰果。皆，讀如人倦之解，解謂坼嘑。火亞反。皮曰甲，根曰宅。宅，居也。」棟案：古文「宅」字作「宒」，與「坼」相似，故誤作「坼」。馬、鄭皆从古文，非改「坼」爲「宅」也。

《損》：曷之用，二簋可用享。「簋」，蜀才本作「軌」。棟案：《公食大夫禮》云「設黍稷六簋于俎西。」鄭氏注云：「古文簋皆爲軌。」《周禮·小史》云「敘昭穆之俎簋」，注云：「故書簋或爲几。鄭司農云：『几讀爲軌，古文也。』」《説文》曰：「古文簋或作匭，或作朹。」蜀才依古文，故作「軌」。又《涣》之九二云「涣奔其朹」，「朹」亦古文「簋」。涣宗廟中，故設簋。

❶「震」，原作「艮」，據李鼎祚《周易集解》及惠栋《周易述》卷五改。

❷「户」，原作「中」，據稿本、四庫本改。

《象》曰：君子以懲忿窒欲。《釋文》「懲」作「徵」。鄭康成云：「徵猶清也。」❶讀從《楚辭》「不清徵其然否」。《左傳》襄廿八年云「以徵過也」，❷杜氏云：「徵，審也。」清，徵也。案「懲」當作「徵」，讀爲「懲」，古「懲」字皆作「徵」。《史記》引《詩》「荆荼是徵」，今《毛詩》及《孟子》皆作「懲」，非也。

《夬》：九五，莧陸夬夬。　虞仲翔曰：「莧，説也。莧讀如『夫子莧爾而笑』之莧。陸，和睦也。震爲笑言，五得正位，兑爲説，故『莧陸夬夬』。舊讀言『莧陸』，字之誤也。馬君、荀氏皆從俗言『莧陸』，非也」。棟案：《論語》「莞爾而笑」，❸「莞」本作「莧」，見《釋文》。邢昺撰《論語疏》，依唐石經作「莞」，从俗作也。古「睦」字亦作「陸」，見《唐扶頌》及《嚴舉碑》。蜀才所訓與虞同。

《萃·象》曰：利見大人，亨，聚以正也。　荀爽本「聚」作「取」。棟案：古「聚」字或作「焣」，或作「取」。《漢書·五行志》云「取不達茲謂不知」，注云：「取讀爲聚，古文省。」

九經古義卷弟一終

益都李文藻覆校

❶「猶」，原脱，據四庫本補。
❷「八」，原作「七」，據《左傳》改。
❸「論」，原作「語」，據稿本、貸園本、四庫本、清經解本改。

九經古義卷弟二

周易古義下

《困》：上六，困于葛藟，于臲卼。《説文》引作「槷䡆」，薛虞作「劓杌」。案文當作「槷杌」。鄭康成注《周禮》云：「槷，古文臬。古文闑亦作「槷」，見《儀禮注》。假借字。」《尚書》曰「邦之杌隉」，孔氏傳云：「杌隉，不安，言危也。」《説文》亦云：「槷䡆，不安也。」「劓」本劓字，「䡆」無攴。槷、杌皆古文，今臬兀從危旁，當是後人所加。

《鼎》：上九，鼎玉鉉，大吉。《説文》曰：「鼏，以木横貫鼎耳而舉之。《周禮》廟門容大鼏七箇，今作扃，即《易》『玉鉉大吉』也。」又云：「鉉，舉鼎也，《易》謂之鉉，《禮》謂之鼏。」案《儀禮·士冠禮》曰「設扃鼏」，注云：「今文扃爲鉉，古文鼏爲密。」又，《士昏禮》注云「扃所以扛鼎，鼏覆之」，是「扃」爲古文「鉉」。許叔重以鼏當之，未詳。

《豐·象》曰：日中則昊。《釋文》从此。今本作「昃」。孟喜本作「稷」。棟案：《尚書中候握河紀》云「昒明禮備，至於日稷」，鄭康成注云：「稷讀曰側。」伏琛《齊地記》云：「齊城西門側系水出，故曰稷門。」古側、稷音相近耳。《穀梁春秋·經》云「戊午，日下稷」，《公羊》、《左傳》皆作「昃」。范甯曰：「稷，昃也。下昃謂晡時。」《靈臺碑》云「日稷不夏」，今《尚書》「稷」作「昊」，「夏」作「暇」，是稷與昃通。依《説文》，昊當作「𣅡」。

《豐·上六》曰：闚其户，闃其無人。

棟案：《説文》無「闅」字，今新附有此字，後人妄增也。惟𥄎部云：「闅，低目視也，从𥄎，門聲。弘農湖縣有闅鄉。」《漢書・戾太子傳》云「湖閿鄉」。孟康曰：「閿，古闅字，从門中𥄎。建安中正作聞。」𥄎，音許密反。闅從𥄎，門聲。門與聞通，今俗猶作聞音也。「闅」當作「闅」，與闃義合。張有《復古編》云：「狊，俗別作闃，靜也。从門、狊，非古義，當只用狊字。」

上六，《象》曰：豐其屋，天際翔也。翔，鄭玄、王肅、虞翻皆作「祥」。孟喜曰：「天降下惡祥也。」

《中孚》：九二，吾與爾靡之。虞翻曰：「靡，共也。」孟喜、韓嬰皆訓靡爲共。

《既濟》：九三，高宗伐鬼方。《汲郡古文》云：「武丁三十二年伐鬼方，次于荊。三十四年，王師克鬼方，氐羌來賓。」故《商頌・殷武》云「撻彼殷武，奮伐荊楚，罙入其阻，裒荊之旅」。竊疑周之荊楚，商時謂之鬼方。《古文》所謂「次于荊」者，蓋鬼方之地也。《世本》云：「陸終娶於鬼方氏之妹，謂之女潰，是生六子，其六曰季連，是爲芊姓。季連者，楚是。」荊楚故屬鬼方，有冥隘、方城之險，故《詩》言「罙入其阻」，《易》言「三年克之」。鬼方克而氏人貢，即《詩》所云「有截其所」也。《丙子學易編》引《蒼頡篇》云：「鬼，遠也。」又云：「鬼方，言其幽昧也。」皆不以地實之，此臆説也。《詩攷補傳》云：「震用伐鬼方，震，摯伯名。」未知何據。愚謂震，奮也，猶《詩》之「奮伐」，不得以其人實之。

《繫辭上》：八卦相盪。案《説文》「盪」爲滌器，當从諸家作「蕩」。後漢惟《蔡湛碑》以「盪」爲「蕩」，从俗作也。《釋名》云：「蕩，盪也，排盪去穢垢也。」則知「盪」非古字。

藏諸用。 鄭本作「臧」，訓爲善，非也。此與「退藏於密」、「知以藏往」皆當作「臧」，讀爲藏。《説文》無「藏」字。新附有之，非也。《漢書》皆以臧爲藏。

聖人有以見天下之賾。 《九家》作「冊」，京房、許慎皆作「嘖」。棟案：經，「賾」字皆當作「嘖」。後漢《范式碑》云「探嘖研機」。揚子《太玄經》云「陰陽所以抽嘖，嘖，情也」。定四年《左氏傳》云「嘖有煩言」，賈逵曰：「嘖，至也。」正義云：「《易・繫辭》云『聖人有以見天下之嘖』，謂見其至深之處，嘖亦深之義也。」是古皆作「嘖」。《釋名》曰：「冊，賾也。」是冊與賾通。

言天下之至嘖而不可惡也。 荀爽本「惡」作「亞」，云「次也」。棟案：古「亞」字皆作「惡」。《尚書大傳》曰：「王升舟入水，鼓鐘惡，觀臺惡，將舟惡，宗廟惡。」鄭康成注云：「惡讀爲亞。」秦惠王《詛楚文》云「告于丕顯大神亞駞」，《禮記・禮器》作「惡駞」。宋時有玉印曰「周惡父印」，劉原甫以爲即條侯亞父。《史記》盧綰孫他之封惡谷侯，《漢書》作「亞谷」。荀氏以惡爲亞，故訓爲次。

聖人以此洗心。 石經作「先心」。虞翻曰：「聖人謂庖羲，以蓍神知來，❶故以先心。」諸家如京房、荀爽、董遇、張璠、范長生等皆作「先心」，唯王肅及韓伯作「洗心」，非也。《管子》云：「聖人先知無形。」《尉繚子》云：「黄帝曰：『先神先鬼，先稽我智。』」皆先心之謂也。

備物致用，立成器以爲天下利。 案：成器謂网罟耒相之屬。《管子・七法篇》曰「成器不課不用」。荀悦《漢紀》引《易》云

❶「蓍」，原作「著」，據稿本及四庫本改。

「立象成器」，非也。

莫大乎蓍龜。 《釋文》「大」作「善」，云「本亦作『莫大』」。案：何休注《公羊》、《漢書·蓺文志》皆引作「莫善」，《儀禮疏》同。《釋文》是也。賈公彦云：「凡草之靈莫善於蓍，凡蟲之知莫善於龜。」《中山》：「江水出焉，其中多良龜。」郭璞云：「良，善也。」

乾坤，其《易》之緼邪。 案：緼者包裹之意。《穀梁傳》云「地緼於晉」，虞翻本作「韞」，云：「易麗乾藏坤，故爲《易》之韞。」

《繫辭下》：聖人之大寶曰位。 孟喜本作「大保」。保，古寶字。漢《尚方鑑》云：「壽比金石之固保。」《春秋》莊六年「齊人來歸衛俘」，《左傳》「俘」作「寶」。《正義》云：「案《説文》，『保从人，孚省聲，古文保不省』。然則古字通用，寶或保字，與俘相似，故誤作俘。」

服牛乘馬。 《説文》引云「犕牛乘馬，从牛，葡聲」。棟案：犕與服古字通。《春秋傳》僖廿四年「王使伯服、游孫伯如鄭請滑」，《史記》作「伯犕」。《後漢書·皇甫嵩傳》「董卓謂嵩曰：『義真犕未乎？』」義作服。《趙世家》云：「武靈王云：『今騎射之備，近可以便上黨之形，而遠可以報中山之怨。」今《戰國策》云「騎射之服」，然則《史記》「備」當作「犕」也。《特牲饋食禮》云「備荅拜焉」，注云：「古備爲復。」《説文》云：「絥，車絥也。或作『鞴』，从革，葡聲。」是古「備」字有服音，「伏」字有葡音。

不封不樹。 虞仲翔曰：「穿土稱封，封，古窆字也。聚土爲樹。」《冢人》云：「以爵等爲邱封之度與其樹數。」《檀弓》云「縣棺而封」，康成曰：「封當爲窆，窆，下棺也。」鄭仲師《周禮・遂人》注云：「窆謂下棺時。《禮記》謂之封，《春秋》謂之堋，皆葬下棺也，聲相似。」封音彼驗反。《説文》曰：「堋，葬下土也，从土，朋聲。《春秋傳》曰『朝而堋』，《禮記》謂之封，《周官》謂之窆。」今讀《易》者皆作府容切，失之。

《易》者，象也。 王伯厚曰：「昔韓宣子適魯見《易》象，是古人以卦爻統名之曰象，故曰『《易》者象也』，其意深矣。」

《説卦》：參天兩地而倚數。 鄭玄注《周禮》引作「奇」，蜀才同。棟案：「倚」本古「奇」字。《荀子・大儒篇》云「倚物怪變」❶，楊倞讀爲奇。《漢書・外戚傳》「欲倚兩女」，《史記》作「奇」。《方言》曰：「倚，奇也。」郭璞曰：「奇耦參兩成五，故云奇。」居宜切。兩，《説文》引作「网」，石經作「网」，《文王命厲鼎》亦然。「兩」乃斤兩字，故漢《定陶》、《上林》諸鼎皆作「兩」。杜子春《周禮・大祝》注云：「奇，讀爲倚。」

妙萬物而爲言者也。 妙，王肅本作「眇」，音妙。董遇曰：「眇，成也。」棟案：「妙」字近老莊語，後儒遂有真精妙合之説。當从王子雍本作「眇」。陸士衡《文賦》云「眇衆慮而爲言」，葢用《説卦》，不作「妙」字，此其證也。《義雲章》妙字作「玅」，見《汗簡》。《説文》云：「玅，急戾也，从弦省，少聲。」

震爲龍。 虞翻本作「駹」，云：「駹，蒼色。震東方，故爲駹。舊讀作『龍』，上已爲龍，非。」棟案：《周禮・犬人職》云：「凡幾、珥、沈、辜，用駹可也。」注云：「故書駹作『龍』。鄭司農云：『龍讀爲駹。』」《周禮》皆

❶「大儒」，諸本同。依《荀子》，當作「儒效」。

以龍爲駹。是古「駹」字皆作「龍」，讀爲駹。

爲旉。　虞本作「尃」，云：「陽在初隱靜，未出觸坤，故尃，則『乾靜也專』。延叔堅說，以尃爲旉，大布，非也。」案「旉」，王肅音孚。干寶云：「花之通名，鋪爲花皃謂之藪。」棟謂「旉」當作「尃」。尃，古布字，見《說文》。延篤說是也。張有《復古編》云：「尃，布也，从寸、甫。別作『旉』，非，芳無切。」棟案：秦《銘勳鐘》尃字作「旉」，是秦以來始从方也。裴松之云：「古敷字與尃相似，寫書者多不能別，古「敷」字亦作「㪟」，从寸不从方，《汗簡》云：「古文敷作『尃』。」故或作『尃』。」《易經》古文十不存一，閒有存者，又經傳寫謬誤，訓詁家不能博攷遺文，隨事釋義，致使三代遺文瞢然莫攷，是可慨也。

其於稼也，爲反生。　虞本作「阪生」，云：「陵，阪也。」陸績云：「阪當爲反。」棟案：反，古阪字。《前漢·地理志》「蒲阪」字作「反」，《劉寬碑》陰同。此當仍經文作「反」，讀爲阪。

巽爲寡髮。　《釋文》云：「寡又作『宣』。」虞翻曰：「爲白，故宣髮。馬君以宣爲寡髮，非也。」棟案：《攷工》曰：「車人之事，半矩謂之宣。」鄭康成曰：「頭髮皓落曰宣。」《易》巽爲宣髮，鄭《易注》云：「宣髮，取四月靡草死，髮在人體猶靡草在地。」

離爲乾卦。　鄭氏云：「乾當爲幹，陽在外能幹正也。」董遇本作「幹」。棟案：《列子》云「木葉幹殼」，張湛云：「幹音乾。」是乾與幹同音，故或作「幹」。

《序卦》云：物不可窮也，故受之以未濟終焉。　鄭玄注《乾鑿度》曰：「夫物不可窮，理不可極，故王者亦常則天而行，與時消息，不可安而忘危，存而忘亡。未濟者，亦無窮極之謂者也。」

《雜卦》云：大畜，時也。无妄，災也。萃聚而升不來也。謙輕而豫怠也。 怠，京房作「治」，虞翻作「怡」。「治」與「怡」皆與「時」「來」協韻。❶小顔《匡謬正俗》曰：「張平子《東京賦》云：『堅冰作於履霜，尋木起於蘖栽。昧旦丕顯，後世猶怠。況初製於甚泰，服者焉能改裁。』李善以「裁」爲去聲，協韻。漢帝《柏梁詩》云『日月星辰和四時』，梁王云『驂駕四馬從梁來』，自斯已下同用一韻，而執金吾云『徼道宮中禁惰怠』。又曹朔作《後漢敬隱后頌》，❷述宋氏之先，云『實先契而佐唐，湯受命而創基，二宗儼以久饗，盤庚儉而弗怠』。是則怠懈之字通有『苔』音矣。」

大有，衆也。 荀爽本「衆」作「終」。案《士相見之禮》曰：「凡與大人言，始視面，中視抱，卒視面，毋改，衆皆若是。」注云：「衆謂諸卿大夫同在此者，今文『衆』爲『終』。」《史記・五帝紀》曰「怙終賊刑」，徐廣曰：「終一作『衆』。」是「衆」有「終」音，故或作「終」也。

惠棟曰：自唐人爲《五經正義》，傳《易》者止王弼一家，不特篇次紊亂，又多俗字。如晉當爲「𣈆」，巽當爲「顨」，从《説文》。垢當爲「遘」，从古文。《乾》「確乎其不可拔」、《繫辭》「確然示人易」，皆當作「隺」。从《説文》。或作「礭」，見《鄭烈碑》。周伯琦曰：「隺，胡沃切，鶴字从此，俗用爲鶴字，非。」《坤・初六・象》「陰始凝也」，「凝」乃俗「冰」字。古「冰」字作

❶ 「作怡」、「與怡」之「怡」，原作「貽」，據四庫本改。

❷ 「朔」，原作「翔」，據四庫本改。

「仌」。見《說文》。《屯·初九》「磐桓」，《漸·六二》「鴻漸于磐」，皆當作「般」。與盤同。六二「乘馬班如」當作「般」，从鄭本。《左傳》「班馬之聲」、「役將班矣」，古皆作般。古文「班」。「匪寇婚媾」當作「昏冓」。从鄭本。上六「泣血漣如」，「漣」本瀾別字，當作「遱」，或省文作「連」。《師·九二象》「承天寵也」，當作「龍」，从王肅。古文「寵」，《毛詩·蓼蕭》云「爲龍爲光」，《左傳》作「寵」。《商頌》「何天之龍」，鄭箋云：「龍當作『寵』。」與邦協韻。邦讀爲丰。《比·初六》「終來有他吉」，當作「它」。《釋文》、宋本皆然。九五「王用三驅」，當作「敺」，古文「驅」。《履·上九》「視履考祥」，本作「詳」，見《釋文》。古「祥」字。古文祥作「詳」，又見蔡邕《尚書石經》。《泰·初九》「以其彙」，古文作「蒷」。《釋文》。九二「包荒」，本作「巟」。《說文》同。六四「翩翩」，古文作「偏偏」。王弼本作「篇篇」，今本與《子夏傳》同。《否·九四》「疇離祉」，當作「𠷎」，从鄭本。古文「疇」。見《說文》。《豫·六二》「介于石」，古文作「砎」。《釋文》。晉孔坦書云：「砎石之易悟。」九四「朋盍簪」，古文作「貣」，或作「戠」。虞翻本。《隨·象》「君子以嚮晦」，當作「鄉」，从王肅。古「嚮」字。《說卦》「嚮明而治」同。《左傳》皆以鄉爲嚮。《无妄·象》「天命不祐」，當作「右」，从馬融。《繫辭》「可與祐神」同。古「祐」字。《大畜·六四》「童牛之牿」，當作「告」，从《說文》、《九家》。或作「梏」。从鄭本。《坎·六三》「險且枕」，古文枕作「沈」。六四「樽酒」，當作「尊」。《離·九三》「日昃之離」，當作「𠩺」。从《說文》。今作「昃」，亦譌。《豐·象》「日中則昃」同。《睽·六三》「其牛掣」，當作「觢」，从《說文》。或作「犎」。从鄭氏。上九「後說之弧」，當作「壺」。諸家皆然。《明夷·六二》「用拯馬」，當作「抍」。从子夏、

《說文》。《渙・初六》同。《解・象》「甲坼」，當作「甲宅」。从馬、鄭、陸諸家。《損》「二簋可用享」，當作「軌」，从蜀才。據此則諸簋字皆當作「軌」。古文「簋」。見《儀禮注》。《損・象》「懲忿窒欲」，當作「徵」，古「懲」字。《夬・九三》「壯于頄」，當作「頯」。从鄭氏。《說文》無頄字。《姤・象》「后以施命誥四方」，當作「告」，从《說文》、京房。古文「誥」。見鄭氏《禮記注》。初六「羸豕孚蹢躅」，古文作「⿰足啻⿰足逐」。啻與商通，逐與蜀古今字。《萃・象》「聚以正」，當作「取」，古「聚」字。《困・六三》「據于蒺藜」，當作「棃」。从唐石經。上六「臲卼」當作「槷杌」。槷，古文臲。杌見薛虞本。《豐・初九》「遇其配主」，當作「妃」。从鄭、虞。《既濟・六四》「繻有衣袽」，古文作「襦」。《釋文》。《繫辭》「八卦相盪」，當作「蕩」。从諸家。「藏諸用」、「退藏於密」、「知以藏往」，皆當作「臧」。从鄭、劉諸本。「聖人有以見天下之賾」，凡「賾」字皆當作「嘖」。从《釋文》。「乾之策」當作「筴」。下同。「引而伸之」，當作「信」，見《釋文》。又，《詩正義》亦引作「信」。《士相見禮》注云：「古文伸作信。」范甯《穀梁解》云：「信，申字，古今所共用。」《律歷志》云：「引者，信也。」古「伸」字。見韋昭《外傳注》。「聖人以此洗心」，漢石經作「先心」。諸家皆同，唯韓伯作「洗」，非。「乾坤，其《易》之緼邪」，當作「韞」。从虞翻。「象也者，像也」，「像」當作「象」。从諸家。「以佃以漁」，「佃」當作「田」。从虞翻。「漁」當作「魚」。見《釋文》。何休《公羊傳》亦云：「田魚，讀如『論語』之『語』。」「斲木爲耜」，當作「相」。从《說文》。「天地絪緼」，當作「壹壺」。从《說文》。《朱龜碑》作「壹緼」，或作「氤氳」，亦俗字。張有《復古編》云：「壹从壺、吉，於悉切。壺从壺、凶，於云切。吉凶在壺中，不得渫也。別作『氤氳』，又作『絪緼』，並非。」「因貳以濟民行」，當作「弍」，从鄭義。貳本「副貳」字。古文「二」。見《説文》。「爲道也屢遷」，當作「婁」。《説文》無屢字，《漢書》皆以婁爲屢。「噫，亦要存亡吉凶」，當作「意」。毛萇曰：「意，歎也。」「兼三才」，當作「材」。石經。又宋本。下同。《説卦》「參天兩地」，當作「㒳」。从《説文》。「兩」本「斤兩」字。「妙萬物而爲言」，當作「眇」。从王肅、董遇。「震爲旉」，當作「尃」。从延篤。「爲的顙」，當作「旳」。从《説文》。又作「馰」。「巽爲寡髪」，「寡」當作「宣」。「離爲乾卦」，「乾」當作「幹」。从鄭氏。董遇作幹。《列子》云「木葉幹殻」，注云：「幹，音乾。」《釋文》所載古文皆薛虞、傅氏之説，必有據依。鄭康成傳費直《易》，多得古字。《説文》云：「其稱《易》孟氏，皆古文。」虞仲翔五世傳孟氏《易》，故所采三家説爲多。諸家異同動盈數百，然此七十餘字，皆卓然無疑，當改正者。

或問曰：「子擅易經字數十餘條，不幾近于僭乎？」荅曰：某安敢塗改聖經，但據漢、魏以來數十家傳《易》字異者而折衷焉。思以還聖經之舊，存什一于千百耳。即如數十字之外，如《噬嗑》「明罰勑法」，《釋文》云「勑俗字，當作『飭』」；《史記·五帝紀》云「信飭百官」，徐廣曰：「古勑字。」《繫辭》「掘地爲臼」，「掘」當作「闕」；如此類者尚多。但漢《易》已亡，改之無據，是用闕疑，以竢來哲。某敢蹈僭妄之咎乎！因賦一詩云：漢元窮《易》已多門，魏晉諸儒又觸藩。若使當年傳漢《易》，王、韓俗字久無存。用以袪守殘之陋。

《易經》古文僅存者，今人皆未之省，或有失讀者。如《屯·六二·象》「以從禽也」，從，古「縱」字。《蒙》「再三瀆」，《説文》作「黷」，云「握持垢也」。崔憬曰：「瀆，古

『黷』字。」《需・象》「位乎天位」，上「位」字讀曰「涖」。从鄭義。《穀梁傳》曰：「涖者，位也。」《比・九五》「失前禽」，「失」，讀如「馬牛風佚」之「佚」。古「佚」字皆作「失」。見《尚書攷》。《小畜》「有孚攣如」，「攣」，古「戀」字，《中孚・九五》同。今音「力專反」。《泰・象》「財成」，古「裁」字。荀爽作「裁」。《隨・初九》「官有渝」，讀爲「管」，古「館」字。《復・六三》「頻復，厲」，古「顰」字。《玉篇》「顰」字下云「《易》本作頻」。上六「有災眚」，籀文「烖」。《明夷》「文王以之」、「箕子以之」，「以」，讀爲「似」，从鄭氏。古「似」字作「以」。見《詩攷》。《夬・九四》「其行次且」，讀爲「趑趄」，古文省。《姤・九二》「包有魚」，「包」，讀爲「庖」，古文省。「包羲」字从此。鄭氏《周禮・庖人》注云：「庖之言包也。」是庖與包通。九五「以杞包瓜」，與「匏」同。《升・六四》「王用亨于岐山」，「亨」，讀爲「享」。《困・象》「剛揜也」，古「掩」字。《艮・九四》「其形渥」，「形」，本古「刑」字。見《楊震碑》陰。《渙・九二》「渙奔其机」，「机」，古文「簋」，宗廟器。《賁卦》之「賁」，讀爲「奔」。《明夷・象》「用晦而明」，「而」，讀曰「如」。从虞義。《蹇・六四》「往蹇來連」，「連」，讀曰「輦」。从虞氏。《損》「二簋可用亨」，「亨」，許庚反。从蜀才。《繫辭》「以佃以漁」，「漁」，讀爲「語」。高誘說。「不封不樹」，「封」，音彼驗反。从虞氏。《說卦》「參天网地而倚數」，倚本「奇耦」字。「震爲龍」，讀曰「駹」。「其于稼也爲反生」，「反」，讀曰「阪」。司馬溫公曰：「凡觀書者，當先正其文，辨其音，然後可以求其義。」可謂知言。

凡經字誤者當仍其舊，作「某字讀若某」，所以尊經也。漢時惟鄭康成不輕改經文，後儒無及之者。如《易・大有・九四・象》「明辨遰也」，鄭注云：「遰，讀如『明星晳晳』❶。」《繫辭》「言天下之至嘖，而不可惡也；言天下之至嘖，而不可亂也」，鄭于下句注云：「嘖當爲動。」「勞而不伐，有功而不置」，鄭云：「置當爲德。」晁氏曰：「案德，古文類『置』字，因相亂。」「聖人之所以極深而研機也」，《范式碑》云「探嘖研機」，是古《易》皆作「機」。鄭云：「機當爲幾。幾，微也。」今王弼本直作鄭所訓字，失其本矣。後儒謂鄭氏好改字，吾未之敢信也。

孔穎達《易正義》多衍字、譌字及脱落字。如《乾卦》「不成乎名」衍「乎」字。「《文言》曰：坤至柔」，定本無「文言曰」三字。《屯・象》「君子以經綸」，定本「綸」作「論」。《蒙・象》曰「匪我求童蒙，童蒙來求我」，脱「來」字。《需・初九・象》「利用恒，无咎」，定本「无咎」二字衍。《泰・九三・象》曰「無往不復」，定本作「无平不陂」。《謙・上六》「征邑國」，衍「邑」字。《剥・六三》「剥之无咎」，衍「之」字。《鼎・象》「聖人亨以享上帝」，定本「上帝」二字衍。「莫大乎蓍龜」，定本作「莫善」。「鮮不及矣」，定本「鮮」作「尟」。上文「君子之道鮮矣」，鄭作「尟」。案《汗簡》，「尟」本古文「鮮」字，見顔黄門《説文》。「刳木爲舟，剡木爲楫」，「刳」當作「挎」，「剡」當作「掞」。《説卦》「水火相逮」，定本「水火不相逮。」《雜卦》「豐多故也」，衍「也」字。

唐時有蘇州司户郭京撰《周易舉正》三卷，家無是書，據洪氏《隨筆》所載二十餘

❶ 「晳晳」，據《釋文》當作「晢晢」，之世反。

則，皆因王輔嗣、韓康伯之注謬加增損。今以李氏所録漢《易》攷之，乃知其妄。如云：《屯・六三・象》曰「即鹿无虞，何以從禽也」，❶今本脱「何」字。案：從，本古「縱」字，故鄭康成、黄穎皆音于用反，❷古蹤字作「縱」，見《隸釋》。不容闌入「何」字，其妄一也。《師・六五》「田有禽，利執之，无咎」，元本「之」字，行書向下引脚，稍類「言」字，轉寫相仍，故誤作「言」。觀注義亦全不作「言」字釋。案虞翻曰：「田爲二，陽稱禽，震爲言，五失位，變之正，艮爲執，故『利執言无咎』。」荀爽曰：「田，獵也。謂二帥師禽五，五利度二之命，❸執行其言，故无咎。」以言爲之，信注而不信經，其妄二也。《比・九五・象》曰「失前禽，舍逆取順也」，今本誤倒其句。案虞翻曰：「背上六，故舍逆；據三陰，故取順。不及初，故失前禽。」二句各有取義，以「失前禽」爲「舍逆取順」，其妄三也。《賁》「亨，不利有攸往」，今本「不」字誤作「小」。案鄭康成曰：「卦互體坎艮，艮止于上，坎險止于下，夾震在中，故不利大行，小有所之則可矣。」虞翻曰：「小謂五，五失正，動得位，體離，以剛文柔，故『小利有攸往』。」改「小利」爲「不利」，其妄四也。「剛柔交錯，天文也；文明以止，人文也」。注云：「剛柔交錯而成文焉，天之文也。」今本脱「剛柔交錯」一句。案此四字是王氏釋「天文也」一句之義，非經文也。虞翻注謂：「五利變之正，成巽體離，艮爲星，離日坎月，巽爲高，五天位，離爲文明。日月星

❶「三」，原作「二」，據四庫本改。

❷「于」，諸本同。通志堂本《經典釋文》作「于」，宋刻宋元遞修本作「手」，盧文弨《考證》作「子」。

❸「五」，原作「之」，據李鼎祚《周易集解》改。

辰高麗于上，故稱『天之文』。」玩虞義，全無以剛柔交錯爲天文之意，其妄五也。《蹇·九三》「往蹇來正」，今本作「來反」。案虞翻曰：「應正歷險，故往蹇；反身據二，故來反。」二在下故云反，改反爲正，其妄六也。《困·初六·象》曰「入于幽谷，不明也」，今本谷下多幽字。案荀爽曰「爲陰所掩故不明」，删去「幽」字，其妄七也。《鼎·象》「聖人亨以享上帝，以養聖賢」，注云：「聖人用之上以享上帝，而下以養聖賢。」今本正文多「而大亨」三字，故注文亦誤增「而大亨」三字。案虞翻曰：「大亨，謂天地養萬物，聖人養賢以及萬民。」此正釋「大亨」之義，以爲誤增，其妄八也。《豐·九四·象》「遇其夷主，吉，志行也」。今文脱「志」字。案虞翻曰：「動體明夷，震爲行，故曰吉行。」若云「志行」，不容不注，其妄九也。《小過·六五·象》曰：「密雲不雨，已止也。」注：「陽已止下故也。」今本正文作「已上」，故注亦誤作「陽已上，故止也」。案虞翻曰：「謂三坎水已之上上六，❶故『已上也』。」鄭本作「尚」，尚與上通，上與長、亢協，改爲止，其妄十也。《雜卦》「蒙稚而著」，今本「稚」誤作「雜」。案虞翻曰：「蒙二陽在陰位，故雜。初雜而交，故著。」改雜爲稚，其妄十一也。京云曾得王輔嗣、韓康伯手寫注，定傳授真本，今所舉正皆謬悠荒唐若此，不待閱全書而知其贋矣。中惟「履霜，陰始凝也」、「君子以居賢德善風俗」，一見《魏文帝紀》注，一見王肅《易》，前人固已言之。又《姤·九四》「包失魚」因王注，《震·象》「出可以守宗廟社稷」，上添「不喪

❶「上上」，依李鼎祚《周易集解》，此處疑衍一「上」字。

匕鬯」四字，《中孚・彖》「豚魚信及也」，《小過・彖》「柔得中，是以可小事也」，《既濟》「亨小，小者亨也」，皆望文爲義，亦無足取。《繫辭》「二多譽，四多懼」，注云：「懼，近也。」尤爲誕妄。京創爲是書，後儒晁昭德、鄭漁仲之輩多有信而從之者，不可以不辨。

《隋經籍志》有卜子夏《周易傳》二卷，殘缺。梁有六卷。《七略》云：「漢興，韓嬰傳。」《中經簿録》云丁寛所作。張璠云：「或馯臂子弓所作，薛虞記。」今所傳《子夏易傳》十一卷，以《釋文》及李氏《集解》校之，無一字相合者，案其文又淺近，或曰唐人張弧僞作，非也，此書與郭氏《易舉正》皆宋人僞撰，托之子夏、郭京者。唐時漢《易》尚存，子夏書雖殘缺，李鼎祚猶及采之。宋以來經典散亡，無可攷證，故令二僞書傳於世，遺誤至今。有志於經學者，急須辭而闢之。

九經古義卷弟二終

順德張錦芳覆校

九經古義卷弟三

尚書古義上

鄭康成《書贊》云：「孔子撰書，乃尊而命之曰《尚書》。尚者，上也。蓋言若天書然。」《尚書緯璿璣鈐》云：「因而謂之《書》，加尚以尊之。」《墨子·明鬼篇》云「《尚書》夏書，其次商、周之書」，則「尚」字爲孔子所加，信矣。孔穎達爲僞孔氏作正義，詘鄭氏之説，以爲伏生傳《書》始加「尚」字，其説非也。

《堯典》：曰若稽古帝堯。 鄭康成曰：「稽，同也。古，天也。言能順天而行，與之同功。」孔安國曰：「若，順。稽，攷也。能順攷古道而行之者帝堯。」此説本賈侍中。安國《傳》晉人所撰，托諸孔氏者。高貴鄉公幸太學，命講《尚書》。帝問曰：「鄭玄云『稽古同天』，言堯同於天也；王肅云『堯順考古道而行之』。二義不同，何者爲是？」博士庾峻對曰：「先儒所執，各有乖異，臣不足以定之。然《洪範》稱『三人占從二人之言』，賈、馬及肅皆以爲『順攷古道』，以《洪範》言之，肅義爲長。」帝曰：「仲尼言『唯天爲大，唯堯則之』，堯之大美在乎則天，順攷古道非其至也。今發篇開義以明聖德，而舍其大更稱其細，豈作者之意邪？」桓譚《新論》曰：「秦延君能説《堯典》，篇目兩字之説，至十餘萬言，但説『曰若稽古』三萬言。」當時《堯典》發篇聚訟若此，宜後世異説之紛紛矣。

欽明文，思安安。《尚書攷靈耀》云：「放勛欽明文，思晏晏。」鄭康成注云：「寬容覆載謂之晏。」《尒疋》云：「晏晏，温和也。」棟案：《春秋》齊景公安孺子，《古今人表》作「晏孺子」，是安與晏通。《釋名》云：「安，晏也。晏晏然和喜無動懼也。」

平章百姓。《史記》作「便章」。《尚書大傳》作「辯章」。《索隱》云：「今文作『辯章』。」案下文「平秩」字，伏生作「便」，鄭玄作「辯」。《說文》云：「釆，辨別也，讀若『辨』。」古文作『乊』，與『平』相似。《于部》云：「古文平作『𠀚』。」孔氏襲古文，誤以「乊」爲「平」，訓爲平和，失之。辨與便同音，故《史記》又作「便」。《汗簡》云：「《古文尚書》『平章』字作『𠀚』。」《玉篇》同。《毛詩·采菽》云「平平左右」，《左傳》作「便蕃」。毛萇曰：「平平，辯治也。」服虔亦云：「平平，辯治不絶之皃。」平亦當从古文作「乊」。鄭注云：「辯，別也。」亦與毛、服義通。

鳥獸孶尾。《史記》作「字微」。字與孶通，微與尾通。《說文》曰：「字者，言孶乳而侵多。❶」《戰國策》有尾生高，高誘以爲魯人，即《論語》之微生高也。《莊子》或作尾，或作微。《說文》曰：「尾，微也。」《汗簡》云：「古文《尚書》『字』作『孶』。」是孶爲古文「字」也。《釋文》云：「孶音字。」案「字」本有孶音。《士冠禮》：「字辭云：昭告爾字。」讀爲「滋」，與宜、之協。《釋名》曰：「尾，微也。承脊之末稍微殺也。」《古今人表》有尾生高、尾生晦，師古曰：「即微生高、微生畝也。」

平秩南訛。《史記》作「南譌」。司馬

❶「侵」，諸本同。依《說文》，當作「浸」。

貞本又作「爲」，云：「爲依字讀。春言東作，夏言南爲，皆是耕作營爲勸農之事。孔氏强讀爲『訛』字，雖則訓化，解釋亦甚紆回也。」棟案：譌與訛古字本通。《毛詩·無羊》曰「或寢或訛」，《韓詩》作「譌」。《説文》引《詩》云「民之譌言」，今《正月》詩作「訛」。《無羊》傳云：「訛，動也。」薛夫子云：「譌，覺也。」《正月》箋又訓訛爲僞，僞亦與訛通。故《王莽傳》又作「南僞」。古文《尚書》作「僞」。《索隱》作「爲」者，古「僞」字皆省文作「爲」，見古文《春秋左氏傳》。但此經「訛」字當與「僞」別，《淮南·天文》曰「歲大旱，禾不爲」，高誘曰：「爲，成也。」禾成於夏，故云「南爲」。此與東作、西成皆言農事，《索隱》本是也。

宅西曰昧谷。 今文《尚書》云：「度西曰柳穀。」臣瓚《漢書注》云：「案古文宅、度同。」伏生《書傳》云「秋祀柳穀」。穀與谷通。《莊子》云：「臧與穀二人相與牧羊。」崔譔本「穀」作「谷」。鄭康成云：「柳，聚也。齊人語。」賈公彦曰：「柳者，諸色所聚。日將没，其色赤，兼有餘色，故云『柳穀』。」今鄭注《尚書》从古文作『昧谷』，故虞仲翔奏鄭解《尚書》違失事目，言古大篆『丣』字讀當爲『桺』，古桺、丣同字，而以爲昧。」棟案：《史記》亦作「桺谷」，此古文也。鄭康成依賈逵所奏定爲「昧谷」，故虞氏駁之。《管子·幼官篇》言春「三丣同事」、秋「三丣同事」。《説文》曰：「丣，冒也。二月萬物冒地而出，象開門之形，故二月爲天門。」古文西从丣，丣爲春門，萬物已出，丣爲秋門，萬物已入。一，閉門象也。故春言三丣，秋言三丣，桺、丣同字。日出于暘谷，入于桺谷。西者，隴西西縣之八充山，一曰兑山。秋門之象，故命居之。

鳥獸氄毛。　《説文》引云「鳥獸䙶髦」，云：「䙶，毛盛也。」古文正作「䙶」。張有《復古編》云：「䙶从毛、隼，《書》曰『鳥獸䙶毛』，别作『氄』，非。」《汗簡》引《尚書》又作「㲝」。案㲝與褎相似，《説文》或从此。髦古毛字，《既夕記》云「馬不齊髦」，鄭注云「今文『髦』爲『毛』」，古文《尚書》「毛」皆作「髦」。

共工方鳩僝功。　《説文》引《虞書》曰「旁逑又作救。孱又作孱。功」，云：「逑，斂聚也。」與孔傳同。疑古文「鳩」字作「逑」耳。許慎、馬融皆云：「孱，具也。」孔氏訓爲見，《史記》又訓爲布。案「孱」，徐邈音撰，許、馬説是，孔訓非也。《尚書》中如「方鳩孱功」、「方施象刑」、「方告無辜」，漢儒皆引作「旁」，見《白虎通》、《論衡》等書。而「方命」之字仍作「方」，讀爲「放」。孔傳于「方鳩」、「方割」皆訓爲方，方是，讀如字。棟謂：「方」當依字讀爲「旁」，鄭注《士喪禮》云「今文旁爲方」。是「旁」爲古文「方」也。薛宣古文「方」字皆作匚。《立政》云「方行天下」，亦讀爲「旁」。傳云「方，四方」，非也。

静言庸違。　《楚辭・天問》曰：「康回馮怒，地何故以東南傾？」王逸曰：「康回，共工名也。」案鄭注《尚書》以爲共工名氏未聞，先祖居此官，故以官爲氏。然則《楚辭》所謂康回者，即《書》所云「静言庸違」也。閼書作「請言」，❶王逸引《書》云「淺請言」，《公羊》亦云「諓諓莫諍言」。❷

---

❶ 葉名灃云：「『閼』字疑有誤。」李慈銘易「閼」爲「周」，易「請言」爲「靖言」。

❷ 「言」，原作「這」，據四庫本改。稿本「言」字旁有走之形記號，故致誤。另，「諓諓」，《公羊傳》文十二年作「諓諓」。李慈銘易「淺淺請」爲「諓諓靖」，易「諓諓莫諍這」爲「諓諓善竫言」。

「違」與「回」通，《詩・大雅》云「厥德不回」，毛傳云：「回，違也。」《春秋傳》「晏子云『君無違德』」，下云「若德回亂」，明「違」與「回」同。回，邪辟也。《論衡》引作「回德」，回，邪辟也。故《史記》云「共工善言其用僻」，是訓「違」爲「辟」，與「回」同也。古「庸」字或作「康」，故《楚辭》言「康回」，秦《詛楚文》云「今楚王熊相康回無道」，董逌釋「康」爲「庸」，是也。或云「康」讀爲「亢龍」之亢，謂亢極邪辟也。

否德忝帝位。 《史記》作「鄙德」。 棟案：「鄙」與「否」古通用。《論語》曰：「予所否者，天厭之。」《論衡》引作「鄙」，訓爲「鄙陋」之鄙。《釋名》云：「鄙，否也。小邑不能遠通。」與《論衡》合。 故陸氏《釋文》又音鄙。《益稷》云「否則威之」，徐邈音鄙。是「否」有鄙音。正義曰：「否，古文不字。」

《序》：虞舜側微。 《玉篇・人部》引作「微」，云：「微，賤也。」案古文「微」字皆作「敚」，見《娟氏鼎》及《敚欒鼎》。《説文》亦然，惟《石鼓文》作「微」。

賓于四門。 鄭康成云：「賓讀爲儐，舜爲上儐以迎諸侯。」案賓爲古文「儐」，見《儀禮・鄉飲酒禮》注。《穆天子傳》云「祭公賓喪」，注：「儐贊禮儀。」又云「内史賓侯」，注：「儐，相。」《史記・蘇秦傳》「必長賓之」，義作「儐」。孔安國以爲「四方諸侯來朝者，舜賓迎之」。讀爲賓客之賓，非也。晁氏《書説》云：「寅賓出日，謂測其出之景而導之；寅餞納日，謂測其入之景而候之。徐邈讀『賓』爲『儐』是也。古文『儐』通作『賓』。孔氏以賓爲導，亦讀曰『儐』，近世乃爲賓客之説，非也。」

舜讓于德弗嗣。 徐廣曰：「今文作『不怡』。」《史記》作「不懌」。怡，懌也。李善《文選注》引《書》云「舜讓于德不台」，台猶怡也。《漢書音義》云：「古文『台』作『嗣』。」案「嗣」與「怡」音義絶異。《毛詩·子衿》曰「子寧不嗣音」，《韓詩》作「詒音」。古「怡」、「詒」字皆省作「台」，古「嗣」字皆省作「司」，《高宗肜日》「王司敬民」，《史記》作「王嗣敬民」。吕大臨《考古圖》載《晉姜鼎》云「余惟司朕先姑」，《集古録》劉原父皆釋「司」爲嗣，是「司」爲古文「嗣」。或古「司」、「台」字相似，因亂之也。「台」本音「怡」，故《史記·自序》云「唐堯遜位，虞舜不台」。

在璿璣玉衡。 案京房《易略例》及《周公禮殿記》、《孟郁脩堯廟碑》皆作「旋機」。《孟郁碑》作「㫃」，與「旋」同。伏生《書傳》曰：「旋機者，何也？傳曰：旋者，還也；機者，幾也，微也。其變幾微，而所動者大，謂之旋機，是故旋機謂之北極。」其説與京房及漢碑字合。

徧于羣神。 《史記》「徧」作「辯」。漢《樊毅脩西嶽廟記》云「辯于羣神」。《儀禮·鄉飲酒禮》云「衆賓辯」，鄭康成云：「今文『辯』皆作『徧』。」是「辯」爲古文，「徧」爲今文也。《荀子·脩身篇》云「扁善之度」，注云：「扁讀爲辨。《韓詩外傳》曰『君子有辨善之度』。」

輯五瑞。 《史記》作「揖」。《魏脩孔子廟碑》亦云「揖五瑞」。《秦本紀》曰「摶心揖志」，義作輯。漢碑皆以「揖」爲「輯」。馬融曰：「揖，斂也。」與孔訓同而字異。古「揖」字有作「輯」者。《晉語》曰「君輯大夫就車」，舊訓「輯」爲「揖」。《漢書·兒寬傳》「寬對曰『陛下統楫羣元』」，臣瓚曰：「『楫』當作『輯』。」師古曰：「『輯』、『楫』與『集』三字並同，《虞書》曰『楫五瑞』，是也。其字从木，瓚曰『當爲輯』，不通。」是「揖」又作「楫」。

歲二月云云。 何休《公羊注》引《尚書》曰：「歲二月東巡守，至于岱宗，柴，望秩于山川，遂覲東后。《史記》亦作遂。協時月正日，同律度量衡。脩五禮、五玉、三帛、二生、一死贄，如五器，卒乃復。五月南巡守，至于南嶽，如岱禮。八月西巡守，至于西嶽，如初。十有一月朔北巡守，至于北嶽，如西禮。還至嵩，如初禮。歸假于禰祖，《尚書》作「藝祖」，馬、王云：「禰也。」用特。」今古文《尚書》無「還至嵩，如初禮」六字。姚方興本云「至于北嶽，如西禮」，馬融本作「如初禮」，明上下有脱文。今文《尚書》不可攷，然何邵公所引不爲無據也。《史記・封禪書》于「岱宗」之下又云：「中嶽，嵩高也。」

協時月。 《白虎通》引作「叶」。《周禮・大史》「讀禮書而協事」。後鄭云：「故書『協』作『叶』。」杜子春云：「叶當爲協，書亦或爲協，或爲汁。」又《大行人》「協辭命」，故書作「叶」。先鄭云：「叶當爲汁。」《方言》曰：「協，汁也。」黑帝汁光紀或作「叶」。後漢《帝堯碑》以叶爲汁。《漢書》載《洪範》曰「叶用五紀」。伏生《書傳》引《書》云：「不叶于極，不麗于咎。」《説文》曰：「旪，古文『協』，从日、十。或作『叶』，从口。」

黎民阻飢。 徐廣曰：「今文《尚書》作『祖飢』。祖，始也。」《史記》作「始」，《漢書》作「祖」。孟康曰：「黎民始飢，命弃爲稷官，古文言阻。」棟案：古文「祖」字皆作「且」。如《祖乙卣》、《盄和鐘》、《文王命厲鼎》、《師毀敦》皆以「且」爲「祖」，故曾子曰：「祖者，且也。」古文作「阻」者，案：《儀禮・大射儀》云「且左還」，鄭玄云「古文『且』作『阻』」，是古文又以「阻」爲「且」。衛宏撰《古文異字》，其以此乎！王肅曰：「阻，難也。」馬融曰：「祖，始也。」二説並通，今文近之。鄭玄曰：「阻讀曰俎，阻厄也。」鄭《尚書》即馬融本，當云「祖讀爲阻」，傳寫之誤也。

教胄子。 《説文》引《虞書》云「教育子」，云「養子使作善也」。《尒疋》曰：「育，長也。」與孔、馬同。《周禮·大司樂》云：「凡有道者、有德者使教焉。」鄭注云：「若舜命夔典樂，教育子。」今《周禮注》仍作「胄」，非也。見《釋文》。是鄭本《尚書》與《説文》同。馬融《書傳》云：「胄，長也。」育亦訓長，見《尒疋》，字異義同。鄭注《尚書》从馬本，知馬本亦當作「育」。《周書》：「王子晉曰：『人生而重丈夫，謂之胄子。胄子成人，能治上官，謂之士。』」然則胄子猶國子與？

分北三苗。 「北」讀爲「別」，古文「北」字从二人，「別」字重八八，爪北八別字相似，因誤作「北」。《説文》於《八部》曰：「八，別也。《孝經説》曰『上下有別』。」又，《艹部》曰：「八，古文『別』。」許君學于賈逵，逵傳古文《尚書》，必得其實。虞翻曰：「鄭注《尚書》『分北三苗』，北，古『別』字。又訓北，言『北猶別也』。若此之類，誠可怪也。」棟謂：「北」字似「別」，非古「別」字。又「北」與「別」異，不得言「北猶別也」。虞、鄭皆失之。苗本一也，分別流之，故有三苗。猶三危本一也，分三苗分三危之地，亦因分別而名。蓋依三居之法離絶之，使不得通也。

《大禹謨》：惟影響。 依字當作「景響」，劉向奏云「神明之應，應若景響」是也。鄒季友曰：「影，古文作『景』，葛洪始加彡，此天寶三載衛包改古文从今文時所易也。」棟案：高誘《淮南子注》曰：「景，古影字。」誘，漢末人，當時已有作景旁彡者，非始于葛洪《字苑》。景旁从彡，已見《顏氏家訓》，亦非衞包所改。

《皋陶謨》：暨稷播奏庶艱食。 《釋文》云：「艱，馬本作『根』。云根生之食，謂百穀。」棟案：《釋名》云「艱，根也，如物根也」，則是《書》本作「艱」，訓爲根，馬説是。古「艱」字作囏。古「艱」讀爲「根」，見《唐扶頌》。

擾而毅。 徐廣曰「擾一作『柔』」，字本作「犪」，从牛，憂聲。《玉篇》云：「犪，馴也。《尚書》『犪而毅』如此。」❶《春秋傳》云「乃擾畜龍」，應劭音柔。《説文》云：「犪，牛柔謹也，从牛，憂聲。」又云：「瓇，玉也，从玉，憂聲。讀若柔。」《管子・地員》云「其木宜擾桑」，擾桑，柔桑也。字書皆音而小反，非也。徐邈音饒，亦誤。

予弗子。❷ 《釋文》云「子如字。鄭氏音將吏反」。案《樂記》云「易直子諒」，注云：「子讀如『不子』之子。」徐邈音「子」爲將吏反，葢從鄭讀。《列子・説符篇》云「禹纂業事讎，唯荒土功，子産弗字，過門不入」云云。《列子》之説葢本《尚書》，讀「子」爲「字」，此在未焚書之前，必得其實。鄭氏之音，非無據矣。

《禹貢》：滎、波既豬。 傳云：「滎澤、波水已成遏豬」。馬、鄭本皆云「滎播既都。」鄭云：「沇水溢出河爲澤，衞、狄戰在此地。今塞爲平地，滎陽民猶謂其處爲滎播。」棟案：滎、波當是二水名。《周書・職方》云豫州「其川滎、雒，其浸波溠」，孔氏以爲滎澤、波水，非也。鄭於《周禮注》依《尚書》讀波爲播，以滎播即滎澤，合爲一亦非。

❶ 「犪」，原作「擾」，據《玉篇》及文意改。
❷ 「予弗子」，稿本前有「《益稷》」篇題。

和夷底績。　鄭康成云：「和讀爲桓。」《地志》曰：「桓水出蜀郡蜀山，西南行羌中。」見《史記》及《水經注》。　案《漢書·酷吏傳》云「桓東少年場」，如淳曰：「陳留之俗言桓聲如和。」❶故桓表或謂之和表。《東京賦》云「敘和樹表」。雙植謂之桓，桓表是也。四植謂之桓，桓楹是也。

嶓冢導漾。　《史記》及鄭本皆作「瀁」。《説文》曰：「漾，古文作『瀁』。」《地理志》曰：「隴西氐道縣，《禹貢》瀁水所出。」皆从古文。孔氏作「漾」，非也。

二百里男邦。　《史記》云「任國」。漢諱「邦」，改爲「國」。　棟案：《白虎通》引《書》云「侯甸任衛作國伯」。今《酒誥》作「男」，古「男」與「南」通，皆訓爲任。故《詩》云「燕燕于飛，下上其音。之子于歸，遠送于南」。又云：「凱風自南，吹彼棘心。」沈重音「南」爲乃林反。《外傳·周語》曰：「鄭伯，南也。」先鄭司農注云：「南謂子男。」《左傳》昭十三年傳：「子産云：『鄭伯，男也。』」賈侍中云：「男當作『南』，謂南面之君。」王肅《家語》亦載子産語，云：「男、南古字通用。」鄭衆从《左傳》改南爲男，賈逵據《外傳》易男爲南，可以知二字之相通矣。《白虎通》又云「南之爲言任也」，故孔安國傳亦云：「男，任也。」今文《尚書》皆以任爲南，太史公以訓詁易經文，故亦爲任。正義云：「男聲近任，故訓爲任。」

二百里蔡。　《地里志》曰：「二百里蔡。」《刊誤》曰：「蔡讀如蔡蔡叔之蔡。」吳仁傑從之，以爲當作「粲」。

《序》：作帝告。　《史記》「告」作

❶「留」，《漢書》如淳注作「宋」。

「誥」。司馬貞曰：「一作佶，從先王居，故作《帝佶》。」棟案：告，古文「誥」。見《禮記注》。《尚書大傳・殷傳》有《帝告篇》，引《書》曰「施章乃服明上下」，此《逸書》之猶存者。《索隱》據孔氏傳以爲《帝佶》，别無所見。

《序》：湯既黜夏命，復歸于亳，作《湯誥》。

《論語》云：「予小子履，敢用玄牡，敢昭告于皇皇后帝。」孔安國注云：「此伐桀告天之文，《墨子》引《湯誓》，其辭若此。」《湯誓》，依《墨子》當云《湯祝》。疏云：「《尚書・湯誓》無此文，而《湯誥》有之，又與此小異。」棟案：《墨子・兼愛篇》云：「湯曰：『惟予小子履，敢用玄牡，告於上天后，曰今天大旱，即當朕身履，未知得罪於上下，有善不敢蔽，有罪不敢赦，簡在帝心。萬方有罪，即當朕身；朕身有罪，無及萬方。』即此言湯，貴爲天子，富有天下，然且不憚以身爲犧牲，以祠祝於上帝鬼神。」《吕氏春秋・九月紀》云：「昔者，湯克夏而正天下，天下旱，五年不收，湯乃以身禱於桑林，曰：『余一人有罪，無及萬夫，萬夫有罪，在余一人。無以一人之不敏，使上帝鬼神傷民之命。』於是翦其髮，鄽其手，以身爲犧牲，用祈福於上帝，民乃甚説，雨乃大至。」《尸子》云：「湯之救旱也，素車白馬布衣，身嬰白茅，以身爲牲。當此時也，弦歌鼓舞者禁之。」韓嬰《詩傳》亦言湯時大旱，禱於山川，以六事自責。《汲郡古文》云：「成湯二十年大旱，禁弦歌舞。二十四年大旱，王禱于桑林，雨。」墨子、吕氏皆見百篇《尚書》，故所載與《論語》同。今《湯誥篇》絶無大旱請禱之事，孔安國親傳古文，其注《論語》，不近攷《尚書》，而遠引《墨子》，竊所未喻。

《咸有一德》：七世之廟可以觀德。

《呂覽》引《商書》曰：「五世之廟可以觀怪。」「怪」字傳寫之誤。《禮緯稽命徵》曰：「唐虞五廟，親廟四，始祖廟一。夏四廟，至子孫五。殷五廟，至子孫六。」注云：「契爲始祖，湯爲受命王，各立其廟，與親廟四，故六。」《孝經緯鉤命決》曰：「唐堯五廟，親廟四，與始祖五。禹四廟，至子孫五。殷五廟，至子孫六。周六廟，至子孫七。」後《魏書・禮志》云：「《禮緯》云『夏四廟，至子孫五。殷五廟，至子孫六。周六廟，至子孫七』。注云：『言至子孫，則初時未備也。』」緯書雖不可盡據，亦以見夏、商無七廟之文。《漢書・韋元成傳》匡衡告謝毀廟曰：❶「往者，大臣以爲在昔帝王，承祖宗之休典，取象於天地。天序五行，人親五屬，天子奉天，故率其意而尊其制。是以禘、嘗之序靡有過五，受命之君躬接于天，萬世不墮。繼烈以下五廟而遷，上陳太祖間歲而祫，自唐以下皆當以五爲則。」呂氏在焚書之前，必得其實。《毛詩・豳風》曰「七月鳴鵙」，王肅傳云：「七當爲五。古五字如七，因訛爲之。」此經「七」字亦當作「五」。

《盤庚》：若顛木之有由蘖。

由，《說文》引作「㽕」，云「木生條也。古史言『由枿』」。❷徐鍇曰：「《說文》無由字，今《尚書》只作『由枿』，蓋古文省𢎘而後人因省之，通用爲『因』、『由』等字，从𢎘，象枝條華函之形。」徐鉉曰：「案孔安國注《尚書》，直訓由作『用』也。『用枿』之語不

❶ 惠氏避清聖祖玄燁諱，將「玄」改爲「元」。

❷ 「史」，諸本同。依《說文》，當作「文」。葉名澧云：「史字疑誤。」

通。」棟案：經傳「由」字皆訓爲生。《毛詩序》云：「由儀，萬物之生各得其宜。」是由訓爲生，儀訓爲宜。《春秋傳》曰「吉凶由人」，言吉凶生乎人也。孔氏《書傳》晉人僞撰，故从俗讀。

予迓續乃命于天。 小顏《匡繆正俗》云：「《商書·般庚》云『予御續乃命於天』，《詩·鵲巢》云『百兩御之』，訓解皆爲迎。」棟案：此經與《牧誓》「弗迓克奔」皆當作「御」。趙宋以來，儒者見孔氏訓御爲迎，遂改作「迓」。或衛包所改。蔡氏撰《書傳》亦仍其謬。嗚呼！古學之亡久矣，吾誰與正之！《列子》云：「鄭氏遇駭鹿，御而擊之。」注：「御音訝，迎也。」

爾謂朕：曷震動萬民以遷？ 蔡邕石經曰：「今爾惠朕，昌祇動萬民以遷？」❶棟案：震與振同。《虞書》「震驚朕師」，《史記》作「振」。又祇、振每通用，《皋陶謨》云「日嚴祇敬六德」，《無逸》云「治民祇懼」，《史記》皆作「振」。《内則》云「祇見孺子」，鄭玄云：「祇，敬也。或作『振』。」

《説命》。 《釋文》云：「説，本又作兑」。《禮記》皆引作「兑」。鄭氏云：「兑當爲説。」案《周易》以兑爲説。《吕覽·四月紀》曰「凡説者兑之也」，是兑與説通。

《西伯戡黎》。 《釋文》云：「伯亦作『柏』。」郭璞《穆天子傳注》云：「古伯字多从木。」戡黎，《尚書大傳》作「𢦟耆」，《説文》作「𢦟黎」，云：「𢦟，殺也。」《漢書》載《左氏傳》泠州鳩曰「王心弗𢦟」，孟康曰：「古堪字。」今《左傳》作「堪」。《釋詁》云：「堪，勝也。」郭璞注引《書》云「西伯堪黎」，

❶「昌」，石經此字殘缺，疑當作「曷」。

是「堪」與「戓」同。孔氏傳云：「戡亦勝也。」案《說文》戡訓刺，非勝也。當从《書傳》作「戓」。

《微子》：天毒降災荒殷邦。《史記》曰：「天篤下菑亡殷國。」漢《平輿令薛君碑》又以竺爲篤，古毒、篤、竺三字皆通。

我舊云刻子，王子弗出。《論衡》引《微子》曰「我舊云孩子，王子不出」，言紂爲孩子之時，微子睹其不善之性。性惡不出衆庶，長大爲亂不變，故云也。後世性惡之說本此。焦氏《易林》曰：「嬰兒孩子，未有知識。彼童而角，亂我政事。」《說文》曰：「咳，小兒笑也。古文作『孩』，从子。」

我不顧行遯。《釋文》云：「顧音故。徐仙民音鼓。」❶毛居正曰：「案顧字，《禮部韻》無上聲，音當從一音用。」棟案：商《詩》「韋、顧既伐」，《古今人表》作「韋、鼓」，是「顧」有「鼓」音。《緇衣》云「君子寡言而行，以成其信」。鄭注云：「寡當爲顧，聲之誤。」是「顧」有上聲。《禮部韻》宋人所撰，焉識古音！毛氏據以駁徐邈，未之得也。

九經古義卷弟三終

欽州馮敏昌覆校

❶「徐」，原作「儉」，據稿本、四庫本、槐廬叢書本改。

九經古義卷弟四

尚書古義下

《泰誓》。 晁氏曰：「儒言《尚書》『泰誓』作『大』，❶開元閒學士衛包受詔成《今文尚書》，乃始作『泰』。或以交泰爲説，真燕書哉！」棟案：顧彪《古文尚書義疏》云：「泰者，大之極也。猶如天子諸侯之子曰大子，天子之卿曰大宰，此會中之大，故稱『泰誓』。」彪字仲文，隋煬帝時爲秘書學士，當時已改爲泰，非始於衛包。《繁陽令楊君碑》「大夫人」字始作「泰」，知大與泰異文始於後漢。

雖有周親，不如仁人。 王伯厚曰：「孔安國《論語注》言有管、蔡爲周親，不如箕子、微子之仁人。與注《尚書》異。《書傳》云：『紂至親雖多，不如周家之多仁人。』朱文公《集注》從《書傳》。」棟案：《書傳》本云「少仁人」，故疏云「多惡不如少善」。上云「受有億兆夷人」，是言至親之多；「予有亂十人」，今本「亂」下有「臣」字，非。王伯厚已辨之。是言仁人之少。故《論語》引之，以爲「才難」。

《牧誓》：乃惟四方之多罪逋逃，是崇是長，是信是使。 谷永引《書》云「四方之逋逃多罪，是崇是長，是信是使」。小顏以爲今文《泰誓》之辭，非也。宗，尊也，故傳訓爲尊。《春秋傳》云「師叔，楚之崇也」，崇

❶ 李慈銘云：「晁氏云云，本《困學紀聞》卷二所引，與此微異。」今查《困學紀聞·易》，「儒言」作「古文」。

亦訓尊。

弗迓克奔，以役西土。《匡謬正俗》曰：「《牧誓篇》云『弗御克奔，以役西土』，孔安國注云：『商衆能奔來降者，不迎擊之。』徐仙民音御爲五所反。案御既訓迎，當音五駕反，不得音御。」案此則孔氏《尚書》本作「御」，訓爲「迎」也。《史記》及馬融本皆作「禦」，王肅又讀御爲禦，非也。古禦字作「御」，古文《春秋傳》皆然。《毛詩·谷風》曰「亦以御冬」，毛傳云：「御，禦也。」御又與迓同。《大雅·思齊》曰「以御于家邦」，傳曰：「御，迎也。」鄭氏于《鵲巢》箋亦訓御爲迎。《曲禮》曰「大夫士必自御之」，注云：「御當爲訝。訝，迎也。」《士昏禮》注同。《春秋傳》曰「跛者御跛者，眇者御眇者」，皆訝也，世人亂之。但御雖爲迓，訓詁家當依本字釋之，無直改經文之理。唐石經亦仍其誤，則知古文之亡久矣。毛傳訓御爲迓，蓋本《尒疋》。今《釋詁》仍作「迓」者，俗儒所竄易也。

《武成》：惟一月壬辰，旁死魄。霸僞《武成》云：「惟一月壬辰，旁死霸。」張《說文》曰：「霸，月始生霸然也。承大月二日，承小月三日，从月，䨣聲。《周書》曰『哉生霸』。普伯切。」❶棟案：古鐘鼎文「魄」字皆作「霸」，或省作「雨」。《公諴鼎》云「惟十有四月，既死霸」，與《說文》合。周伯琦《六書正譌》云：「霸今俗作必駕切，以爲『霸王』字。而『月霸』乃用『魄』字，非本義。『王霸』字本作『伯』，『月魄』字作『霸』，其義始正。䨣音膊，雨濡革也，从雨，从革。」今薛宣「古文魄作『屰』，屰，古『戟』字」，未詳。

至于大王，肇基王迹，王季其勤王家。

❶「普伯切」，稿本作小字。

傳云：「大王修德以翦齊商人，始王業之肇迹。王季纘統其業，乃勤立王家。」棟案：孔説非也。迹，古績字。言不窋失官，社稷不守，至於大王，光復祖宗，始立勳績于王家。王季以八命作牧，勤勞王家之事。文王能繼成其勳，《周禮》：「王功曰勳。」大膺帝命，作西伯以撫六州之衆也。

《洪範》：無偏無陂，遵王之義。 蔡邕石經及《尚書》舊本皆作「頗」。唐玄宗詔曰：「每讀《尚書·洪範》，至『無偏無頗，遵王之誼』，三復斯文，並皆協韻，唯『頗』一字，實則不倫。又，《周易·泰卦》中『無平不陂』，《釋文》『陂』字亦有『頗』音。『陂』之與『頗』，訓詁無別。爲『陂』則文亦會意，爲『頗』則聲不成文。兼訪諸儒，僉以爲然，終非獨斷，宜改『頗』爲『陂』。乃宣示國學。」棟案：此詔及《匡謬正俗》「遵王之義」，義皆作「誼」，故玄宗謂與「頗」字不協，據《周易》改爲「陂」。《楚辭》曰「偭繩墨而不頗」，王逸曰：「頗，傾也。」《易》曰『無平不頗』。」《楚辭》與「差」協韻。是古《易》本作「頗」，故《釋文》又音破河反，改頗爲陂，失所據矣。《説文·言部》云：「詖，古文以爲頗字，音彼義切。」是頗有詖音，古文作「詖」。《周禮·典同》云「陂聲散」，注云：「陂讀爲『險詖』之詖。」是陂與詖同。正與誼字協，何不倫之有邪？古「義」字皆作「誼」，《漢書》猶然。鄭仲師《周禮注》云：「古者書『儀』但爲『義』，今時所謂『義』爲『誼』是也。」吴才老以此經「義」字音俄，謂與『陂』協，而不知本是『誼』字。顔師古又謂誼有宜音，皆好古之過也。《史記》、《吕覽》亦作「義」，當是後人所改。

無有作好，遵王之道；無有作惡，遵王之路。 《吕覽》引云「毋或作好，遵王之道；毋或作惡，遵王之路」。高誘曰：「或，有也，古『有』字皆作『或』。」《商書》曰「殷其弗或亂正四方」，《多士》云「時予，❶乃或言爾攸居」，傳皆云：「或，有也。」鄭康成注《論語》，亦云：「或之言有也。」《韓非子》曰「無或作利，从王之指；無或作惡，从王之路」，文雖異，然皆以「或」爲有。韓子、吕氏皆在未焚書之前，必有所據。王伯厚以爲述《洪範》而失之，未盡然也。《説文》引《商書》曰「無有作妞」。《玉篇》作⿰王丑，云「古文好字」。案《石鼓文》好字从孜，《好畤鼎》从好，篆文女字似丑，故或从左，或从女，文之異也。周伯琦《六書正譌》云：「⿰丑攵，愛而不釋也。从女，丑聲。別作好，乃呼皓切。」

曰蒙。 鄭、王本皆作「雺」，在「曰驛」之下，《史記》亦然。《微子世家》。又作「霿」，與雺通。《尒疋》曰：「天氣下，地不應，曰雺。」孔傳曰「蒙，陰闇」，與《尒疋》合。徐邈云：「蒙音亡鉤反。」明字本作「雺」，轉寫誤爲「蒙」耳。張有《復古編》云：「霚，地气發，天不應，从雨，敄，俗作霧。」蒙，鄭本又作「蟊」。《汗簡》云：「古文《尚書》以⿱亼䖵爲蒙。」古文蟊作「蟊」，从三虫。今與虫同，从三虫，以爲古文「蒙」字，非也。當云古文作⿱亼䖵，今文作「蟊」。

曰驛。 傳云：「氣落驛不連屬。」棟案：驛，古文作「悌」，今文作「圛」。鄭氏《齊詩箋》云「古文《尚書》以悌爲圛」，孔穎達曰：「古文《尚書》即今鄭注《尚書》也，賈逵以今文校之，定以爲圛，故鄭依賈氏所奏，从定爲圛。」《史記》作「涕」，涕即悌也。古書篆字作立心，與水相近，讀者失之，故誤从水。見鄭氏《易注》。大史公从孔安國問，多得古文之説，故作「悌」，後人轉讀，遂爲「涕」也。《説文》曰「圛讀若驛」，今《尚書》

❶ 「予」，原脱，據四庫本補。

作「驛」，是又襲今文而失之。《司馬相如傳》云「昆蟲闓懌」，「闓懌」猶「愷悌」也，亦發明之意。

凡七，卜五占用，二衍忒。　劉昌詩云：「『乃命卜筮，曰雨，曰霽，曰蒙，曰驛，曰克，曰貞，曰悔，凡七。卜五占用，二衍忒』。讀者皆以『占用二』作一句。《史記·宋世家》載箕子之對，謂『卜五，占之用，二衍貳』，鄭玄注曰：『「卜五，占之用」謂雨、霽、圛、雺、克也。「二衍貳」謂貞、悔也。』兆卜之名七，龜用五，《易》用二，然則卜五占者用之，衍貳則非占也。《尚書》省去『之』字，合以『占用』爲一句，『二衍貳』爲一句，則義理明矣。」

五者來備。　王伯厚曰：「《史記》作『五事來備』，《後漢書·荀爽傳》云『五韙咸備』，注：『韙，是也。』《李雲傳》云『五氏來備』。」棟案：經文「曰時五者來備」，時，是也，言是五者皆備至也。孔氏以「曰時」二字屬上句，與漢儒所受《尚書》異讀，後人遂以「五是」爲傳習之譌，非也。「是」又作「氏」者，《覲禮》曰「大史是右」，注云：「古文『是』爲『氏』。」《曲禮》曰「五官之長曰伯是」，《職方》注云「是或爲氏」。《漢書》云「造父後有非子，至玄孫，氏爲莊公」，小顏曰：「氏與是同，古通用字。」古文引經或从簡略，「時五者來備」，則云「五是來備」。《易·坤》之初六「履霜堅冰至。《象》曰：履霜堅冰，陰始凝也」。《三國志注》引云「初六，履霜，陰始凝也」。後人遂以「堅冰」二字爲衍文，可謂無識。上經云「立時人爲卜筮」，此云「時五者來備」，皆訓爲是。

《金縢》：是有丕子之責于天。　鄭注《尚書》曰：「丕讀曰不，愛子孫曰子。」《史記》作「負子」。《索隱》引鄭注云「丕讀曰負」，誤也。棟案：《白虎通》曰：「天子曰不豫，言不復豫政也。諸侯曰負子，子民也，言憂民不復子之也。」《公羊傳》曰「屬負茲」，《禮記音義隱》曰「天子曰不豫，諸侯曰不茲，大夫曰犬馬，士曰負薪」，然則「負子」即「不茲」也。負與丕音相近。負讀爲陪，《禹貢》「陪尾」，《史記》作「負尾」。子又與茲同，諸説不一，鄭氏爲長。《益稷》曰「予不子」，故鄭讀从之。孔訓丕爲大，義所未安。

惟朕小子其親逆。 鄭注云：「新迎，改先時之心，更自新以迎周公。」鄭所傳古文《尚書》乃馬季長本，訓親爲新。《禮記》「在親民」，程子曰「親當作新」，蓋本先儒之説。熊氏朋來作《經説》，以爲漢儒擅改經字，加以音釋惑人，若《大學》「親民」親作「新」，則非漢儒所及，待河南程子而後能言之。真夏蟲之見也。馬本亦作「親迎」，鄭于《東山》箋亦言成王既得金縢之書，親迎周公，而注仍訓爲新，蓋古親與新同也。

予造天役。 王莽作《大誥》，云「予遭天役」。案《史記》，「《甫刑》云『兩遭具備』」，今《尚書》作「造」。《文侯之命》云「嗣造天丕愆」，孔傳亦訓爲遭。

《序》：周公既得命禾，旅天子之命。 《史記》云「魯天子之命」。孔穎達《春秋正義》云：「石經古文魯作『㫃』。」《説文》曰：「㫃，古文旅，古文以爲『魯衛』之魯。」蓋古「旅」字、「魯」字皆作「㫃」，故「旅」字亦作「魯」。《秦和鐘》曰「以受毛魯多釐」，董逌曰：「魯，古文旅。」秦時已誤「魯」爲「旅」，司馬襲秦舊文故也。

《康誥》：王曰：「嗚呼！封，敬明乃罰。人有小罪，非眚。」 王符《潛夫論》云：「《康誥》云：『王曰：於戲！封，敬明乃罰，人有小罪匪省。』」

《酒誥》：盡執拘以歸于周。 拘，《説文》引作「抲」，云：「抲，搗也，从手，可聲。」棟案：可、句字異，古文未有通用者。《説文解字・敘》云：「廷尉説律至以字斷法，『苛人受錢』，苛之字止句也，不合孔氏古文。」然漢時可、句亦有通用者。

《梓材》：戕敗人宥，王啟監，厥亂爲民。 今文《尚書》曰「彊人有王開賢，厥率化民」，王充曰：「言賢人壯彊於禮義，故能開賢，其率化民。」棟案：古「宥」字或作「有」。古「有」字皆作「又」。《王制》曰「王三又然後制刑」，鄭注云：「又當作宥。」《管子》書又以「侑」爲「宥」。「開」本「啟」字，避漢帝諱，故作「開」。以「亂」爲「率」，以「爲」爲「化」，古「貨」字作「賜」，「訛」字作「譌」，或从「化」，或从「爲」，字本相通。古今文之異如此。正義云：「鄭注古文，篇與夏侯等同，而經字多異。夏侯等書『宅嵎夷』爲『宅堣鐵』，「昧谷」曰「柳谷」，「心腹腎腸」曰「憂腎陽」，「劓刵劅剠」云「臏宮劓割頭庶剠」，❶是鄭注不同。

無胥戕，無胥虐。至于敬寡，至于屬婦，合由以容。 孔鮒云：「妾婦之賤者，謂之屬婦。屬，逮也，逮婦之名，言其微也。」《説文》引云「至于媰婦」，媰婦，「姙身」也。案《廣韻》引崔子玉《清河王誄》云「惠於媰孀」，則媰非姙身也。

《洛誥》：無若火始燄燄。 梅福上書成帝曰：「《書》曰『毋若火始庸庸』，勢陵於君，權隆于主，然後防之，亦無及矣。」注云：「庸庸，微小皃也。」今《洛誥》作「燄燄」，傳云「火始然燄燄尚微」。愚謂「燄燄」猶「炎炎」也，古「燄」字皆作「炎」，「炎炎」勢盛，不得謂「始然」，作「庸庸」者是。「庸庸」

❶「宫」，原作「官」，據稿本、四庫本改。

猶「熒熒」，《大公六韜》云「熒熒不救，炎炎奈何」，亦此意也。

《序》：成周既成，遷殷頑民。《史記》作「遺民」，賈侍中亦以爲遷邶、鄘之民於成周，皆古文《尚書》説也。陳亮曰：「臧哀伯云：『武王克商，遷九鼎於雒邑，義士猶或非之。』『義士』即『多士』，所謂『遷殷頑民』者，由周而言則爲『頑民』，由商而論則爲『義士』矣。」《周書·作雒》曰「俘殷獻民，遷于九畢」。孔晁云：「賢民，士大夫也。九畢，成周之地，近王化也。」

《無逸》。《書大傳》作「毋逸」。《論衡》同。《史記》作「無佚」。案漢石經，「逸」字皆作「佚」，《漢書》猶然。王伯厚曰：「毋者，禁止之辭，其義尤切。」棟案：《儀禮·士昏禮》云「夙夜毋違命」，注云：「古文『毋』作『無』。」《史記》從古文，故亦作「無」。「毋」與「無」古今字，非有兩義。

乃或亮陰，三年不言。其惟不言，言乃雍。《正義》引鄭氏注云：「其不言之時，時有所言，則羣臣皆和諧。」《坊記》引此云「三年其惟不言，言乃讙」，《魯世家》載《無逸篇》與《坊記》同。裴駰載鄭氏注云：「讙，喜悦也。言乃喜悦，則民臣望其言久矣。」棟案：《史記》所載者，伏生所傳今文《尚書》也。鄭氏之注不與《正義》同者，當在《書大傳》中。後所注者乃賈氏所傳古文《尚書》也。熊朋來《經説》云：「《坊記》『言乃讙』之注，但知有《説命》之書，不知其爲《無逸》之文，妄稱爲『讙説』之讙，不知本文當爲『雍』。作《釋文》、《正義》者從而遂非傳説，尤爲可恨。」熊氏不攷《尚書》古、今文之異，而妄下雌黄，亦可謂無忌憚矣。

自朝至于日中昃，不遑暇食。遑，當依《國語》作「皇」。《左傳》皆以「皇」爲「遑」。《靈臺碑》云「日稷不夏」，「稷」與「昃」同，詳《易古義》。依字當作「⿸厂日」。鄭本《尚書·多方》云「天惟五年須夏之子孫」，注云「夏之言暇」，是「夏」與「暇」通。《詩正義》。《尚書大傳》「夏之言假也」。古「假借」字止作「叚」，暇从日，叚聲，故「暇」亦作「夏」。

則皇自敬德。 蔡邕石經「皇」作「兄」，「自」作「曰」，上文「無皇曰」同。正義云：「王肅本『皇』作『況』，《秦誓》云「我皇多有之」，《公羊傳》載云「而況乎我多有之」，亦以「皇」爲「況」。❶蔡邕、王肅所載皆古文《尚書》也。況，滋。益用敬德也。」「兄」本古「況」字，《樊毅碑》「況」作「兄」。《管子》書皆以「兄」爲「況」。《漢書》「尹翁歸字子兄」，注云：「兄讀曰況。」《桑柔》詩云「倉兄填兮」，《召旻》云「職兄斯引」，傳皆云「兄，滋也」。《釋文》：「兄音況，本亦作況。」

《君奭》。 《說文》曰：「奭，召公名，讀若郝。《史篇》名醜。」案奭與奭相似，《說文》云：「㗊，古文以爲『醜』字，皆从䀠。」故《史篇》以爲召公名醜。

惟人在。我後嗣子孫，大弗克恭上下，遏佚前人光。 《漢書·王莽傳》引云「嗣事子孫，大不克共上下，遏失前人光」。棟案：古「佚」字皆作「失」。《外傳·周語》云「淫失其身」，《管子·山國軌》曰「未淫失也」，秦《詛楚文》曰「淫失湛亂」。董逌訓「失」爲「佚」。《春秋經》曰「肆大眚」，《穀梁傳》云「肆，失也」。「失」猶「逸」也，「逸」與「佚」同，謂逸囚也。《公羊·經》「齊侯使國佐如師」，傳云：「佚，獲也。」《釋文》曰：「佚，一本作『失』。」《莊子》書皆以「失」爲「佚」。《漢書·地理志》云「漢中淫失枝柱，與巴蜀

❶ 「皇」，原作「王」，據稿本、四庫本改。

同俗」。《杜欽傳》：「《書》云『或四三年』，言失欲之生害也。」小顏云：「失讀曰佚。」《主父偃傳》云「齊王内有淫失之行」，《游俠傳》云「遂行淫失」，皆作「佚」也。

《序》：成王東伐淮夷，遂踐奄。 伏生《書傳》云：「『遂踐奄』，踐之者，籍之也。籍之謂殺其身、執其家、豬其宫。」《史記》「踐」作「殘」，《周禮・大司馬》云「放弑其君則殘之」，逸《禮・王霸記》云「殘滅其爲惡」。

《多方》：乃惟爾辟以爾多方，大淫圖天之命，屑有辭。 案《多士》言桀「大淫泆，有辭」，《釋文》云：「泆，又作『佾』」，注同。馬本作『屑』，云過也。」棟謂：「屑」當作「屑」，與「佾」相近，故誤作「佾」。《説文》云：「屑，動作切切也。」蔡氏以爲「瑣屑有辭」，孔氏又訓「屑」爲「盡」，皆未當。屑，裴光遠《集綴》又作「肙」，見《汗簡》。

《立政》：灼見三有俊石經作「會」。**心。** 灼，《説文》引作「焯」，云：「明也，从火，卓聲。」案《覲禮》「匹馬卓上，九馬隨之」，鄭注云：「卓讀如『卓文君』之卓，猶『的』也。」是「卓」有灼音，故云「从火，卓聲」。《汗簡》云：「古文《尚書》『灼』作『焯』。」

予旦已受人之徽言。 蔡邕石經曰「旦以前人之微言」。《論語撰攷讖》曰「子夏六十四人共撰仲尼微言」。《漢書・蓺文志》云「昔仲尼没而微言絶」，小顏曰：「精微要妙之言。」唐石經亦作「徽」，孔傳以爲「美言」。

以覲文王之耿光。 杜林説：「耿，光也，从光，聖省聲。」《説文》曰：「凡字皆左形右聲，杜説非也。」棟案：蔡邕石經作「鮮光」，故許氏不從其説。《外傳》曰：「其光耿于民矣。」杜伯山傳漆書古文，必得其實，作「鮮光」者非也。王逸《楚辭章句》云：「耿，明也，光也。」

《周官》：以公滅私。 《説文》云：「厶，姦衺也。」「公，平分也，从八，从厶。八猶背也。韓非曰：『蒼頡作字，自營爲厶，背厶爲公。』」

《君陳》。 《汲郡古文》云「成王十一年，王命周平公治東都」。沈約案：「周平公即君陳，周公之子，伯禽之弟。」鄭康成注《坊記》云：「君陳蓋周公子。」

《序》：康王既尸天子，遂誥諸侯。 《史記》作「告」，鄭氏《緇衣》注云：「告，古文『誥』。」

《吕刑》：苗民弗用靈，制以刑，惟作五虐之刑曰法。 《墨子》引云「苗民否用練，折則刑，惟作五殺之刑曰法」。《禮記·緇衣》引曰：「苗民匪用命，制以刑。」「否」，古「不」字。「否用練」，未詳，或傳寫之誤。「折」與「制」古字通，古文《論語》云「片言可以折獄」，《魯論》「折」作「制」，「虐」與「殺」亦通，見《春秋攷》。

皇帝哀矜庶戮之不辜。 王伯厚曰：「皇帝始見于《吕刑》」，趙岐注《孟子》引《甫刑》曰『帝清問下民』。」棟案：孔傳云君帝，帝堯也，是孔氏本作「君帝」。

告爾祥刑。 《後漢書·劉愷傳》引作「詳刑」。鄭康成《周禮注》云：「《書》曰『度作詳刑，以詰四方。』」又鄭《書注》云：「詳，審察之也。」則知古文本作「詳」，「詳」與「祥」古今字。《易·履·上九》曰「視履考祥」，《釋文》云「本亦作『詳』」。此經當依古文作「詳」，訓爲「祥」。下經「監于茲祥刑」，同。《尚書·君奭》云「其終出于不祥」，蔡邕石經云「其道出于不詳」。

惟貨惟來。 《釋文》云：「來，馬本作

『求』，云有求請賕也。」《漢律》云：「諸爲人請求於吏以枉法，而事已行者，皆屬司寇。」《説文》曰：「賕，以財物枉法相謝也，从貝，求聲。」棟案：漢盜律有受賕之條，即經所云「惟貨」也；又有聽請之條，即經所云「惟求」也。孔氏本作「來」，以爲舊相往來，義反紆回矣。

其罰百鍰。　鍰，《史記》作「率」。徐廣曰：「率，即鍰也，音刷。」《説文》作「鍰」，云「鋝也」。《索隱》曰：「舊本『率』亦作『選』。」《漢書·蕭望之傳》：「張敞曰：『《甫刑》之罰，小過赦，薄罪贖，有金選之品』。」應劭曰：「選音刷，金銖兩名。」師古曰：「字本作『鋝』，鋝即鍰也。」蓋古文作「鍰」，今文作「選」。《五經異義》云：「夏侯、歐陽説云：墨罰疑赦，其罰百率。古以六兩爲率。古《尚書》説：百鍰，鍰者率也，一率十一銖二十五分銖之十三也，百鍰爲三斤。鄭氏以爲古之『率』多作『鍰』。」《周禮·職金》疏。《考功記·冶氏》云「重三鋝」，注：「鄭司農云：『鋝，量名也，讀爲「刷」。』」元謂許叔重《説文解字》云『鋝，鍰也』，❶今東萊稱或以大半兩爲鈞，十鈞爲鐶，鐶重六兩大半兩。鍰、鋝似同矣，則三鋝爲一斤四兩。」《説文》云：「鋝，十銖二十五分之十三也。《周禮》曰『重三鋝』，北方以二十兩爲鋝。」

上下比罪。　棟案：漢時有《決事比》，蓋取則于古。

《費誓》。　《説文》云：「《周書》有『⿱北米誓』，從米，北聲。」《廣韻》作「粊」，从米比聲，云「魯東郊地名」。此據孔氏本言之。則知古文本作「⿱此米」。裴駰謂「《尚書》作

❶ 惠氏避清聖祖玄燁諱，將「玄」改爲「元」。

柴」，字之誤也。鄭氏注《周禮・雍氏》、《禮記・曾子問》皆引作「柴誓」。

《序》：東郊不開。 唐石經初刻「開」作「闢」。《匡謬正俗》又作「闢」，云「古闢字」。馬本亦作「闢」。《釋文》云：「闢，舊讀皆作『開』。」小顏以爲孔氏釋云「東郊不開」，不得徑讀「闢」爲「開」。案《說文》、《虞書》「闢四門」作「閞」，从門从𠬞。此經「闢」字亦當從《說文》作「閞」。唐石經作「闢」者，衛包改从今文也。宋以來直作「開」字，非也。

《秦誓》：日月逾邁，若弗云來。 正義曰：「『員』即『云』也。」是《尚書》本作「員」，衛包改古文，始从云。《詩・出其東門》云「聊樂我員」，《釋文》曰：「員，本作『云』。」《詩・正月》云「昏姻孔云」，本又作「員」。《商頌》曰「景員維河」，鄭箋云：「員，古文作『云』。」言古文以「員」爲「云」也。

惟截截善諞言。 《說文》引云「戔戔巧言」。又，《言部》引云「戩戩善諞言」。《公羊》云「諓諓善竫言」。❶賈逵《國語注》云：「諓諓，巧言也。」王逸引《書》云「諓諓靖言」。《漢書・李尋傳》云：「昔秦穆公說諓諓之言，任仡仡之勇。」案此則古文作「戩戩」，今文作「戔戔」也。

惟截截善諞言，俾君子易辭。 《公羊》云：「惟諓諓善竫言，❷俾君子易怠。」案《說文》「籀文辝从台」，《史記・三王世家》齊王策云「俾君子怠」，與《公羊》合，此古文《尚書》也。

是能容之。 《禮記》「是」作「寔」。棟

❶「竫」，原作「諍」，據四庫本改。
❷「竫」，原作「諍」，據《公羊傳》改。

案：古「寔」字皆作「是」。秦惠王《詛楚文》曰：「昔我先君穆公及楚成王，是戮力同心，兩邦若壹。」王之望讀「是」爲「寔」。《戰國策》「蘇厲曰『白起是攻用兵』」，高誘曰：「是，實也。」《公羊》桓五年傳云「寔來者何？猶曰是人來也。」高氏以「是」爲「實」者，古《春秋經》「寔來」，《左傳》作「實來」。今本《左傳》仍作「寔來」。《韓奕》箋云：「『實墉實壑』，『實』當作『寔』。趙、魏之東，『寔』、『實』同聲。」高誘，涿人，故亦以「寔」爲「實」。

惠棟案：《儒林傳》云孔氏有古文《尚書》，孔安國以今文讀之，因以起其家。逸《書》得十餘篇，司馬遷亦從安國問故，遷書載《堯典》、《禹貢》、《洪範》、《微子》、《金縢》諸篇，多古文說。如《堯典》「放勛」，古文「勳」，見《說文》。「辯于羣神」；辯，古文「徧」。見《儀禮注》。《禹貢》「九江入賜大龜」，入，古文「內」，見《南宮中鼎》。《堯典》「夙夜出內朕命」，「內」亦作「入」。賜，古文「錫」，見《儀禮注》。下「賜土姓」同。古文「入」亦作「內」，《郣敦》云「毛伯內門立中庭」，內門，入門也。「嶓冢導瀁」；古文「漾」，見《說文》。《洪範》「曰涕」；「悌」字之誤，古文以「悌」爲「圛」。《微子》「我其發出往」；鄭本亦作「往」，今作「狂」，非。《金縢》周公奔楚事；《論衡》以爲古文家說。皆卓然古文，無可疑者。第其述事欲便于覽者，往往以訓詁之字竄易經文，後之學者無可攷證，反以《史記》爲今文耳。又，《殷本紀》所載《湯征》、《湯誥》，皆逸《書》十篇中文也。今所傳古文《湯誥》與《史記》所載絕不相類，其中如「敢用玄牡」等語，乃湯時大旱請禱之文，見《墨子》及《呂覽》。豈誠孔壁之舊哉！

九經古義卷第四終

益都李文藻覆校

九經古義卷弟五

毛詩古義上

王伯厚云：「近世説《詩》者，以《關雎》爲畢公作，謂得之張超，或謂得之蔡邕，未詳所出。」棟案：《藝文類聚》三十五卷載張超《誚青衣賦》云：「周漸將衰，康王晏起。畢公喟然，深思古道。感彼關雎，德不雙侶。但願周公，妃以窈窕。防微消漸，諷諭君父。孔氏大之，列冠篇首。」案其文云「康王晏起」，與《魯詩》同；「深思古道」，又同《韓詩》。超，漢末人，范書有傳。《古文苑》云：「蔡伯喈作《青衣賦》，志蕩詞淫，故張子並作此以規之。」邕賦亦載集中，無畢公作《關雎》語。

采采卷耳，不盈頃筐。 傳云：「頃筐，易盈之器也。」荀卿子引此詩，亦云：「頃筐易滿也，卷耳易得也，然而不以貳周行。」《大雅·行葦》云「敦弓既堅」，傳云：「天子敦弓。」敦與彫古今字。荀卿子云「天子彫弓，諸侯彤弓」，正義以「天子彫弓」爲事不經見，非也。《經典·序録》云孟仲子傳根牟子，根牟子傳趙人孫卿子，❶孫卿子傳魯人大毛公，此傳及《行葦》傳蓋用其師説。王伯厚曰：「毛傳以『平平』爲『辨治』，又以五十矢爲束，皆與《荀子》同。」鄭氏《詩譜》云：「魯人大毛公爲《故訓傳》於其家，河閒獻王得而獻之，

❶「孫」，原作「荀」，據稿本、四庫本及《經典釋文》改，下「孫」同。

以小毛公爲博士。」徐堅曰：「荀卿授魯國毛亨，作《詁訓傳》以授趙國毛萇，時人謂亨爲大毛公，萇爲小毛公。」後儒以爲毛萇作《詩傳》，非也。

肅肅兔罝，施于中逵。 《韓詩》作「中馗」，薛君曰：「馗中設九交之道也。」案《説文》「馗」正字也，「逵」或字也，當从《韓詩》。《玉篇》：「馗，古文作『旭』。」《釋草》云「中馗，菌」，《釋文》云：「郭音仇，舍人本作『中鳩』。」是「馗」有「鳩」聲，與「仇」協。

南有喬木，不可休息。 《釋文》云：「『休息』並如字，古本皆爾，本或作『休思』，此以意改爾。」案《韓詩外傳》「息」作「思」，《樂記》云「使其文足論而不息」，《荀卿子》「息」作「諰」，《説文》云：「諰，思之意，从言，从思。」《禮記》多古文，或「思」、「息」通也。

江之永矣，不可方思。 《説文》于「羕」字下引《詩》云「江之羕矣」，《韓詩》同。《尒疋》云「羕，長也」，郭璞云「羕，所未詳」，是未攷《韓詩》。《齊侯鎛鐘》云「士女考壽萬年，羕保其身」；又，「子子孫孫羕保用亯」。是「羕」乃古「永」字，《韓詩》从古文，故作「羕」，《説文·永部》別載「羕」字，未之攷也。

《采蘩》云：夙夜在公。 《尉氏令鄭君碑》云「夙夜在公」，即「夙」字。《説文》曰：「𡖊，早敬也，从丮。持事雖夕不休，早敬者也。」《義雲章》及古鐘鼎文皆作「𡖊」。徐鉉曰：「今俗作『夙』，譌。」《春秋》有季孫夙，《左傳》作「宿」，从古文。

《采蘋》云：于以湘之，維錡及釜。 傳云：「湘，亨也。」正義云：「《尒疋》無文，傳以當時驗之。」案《漢書·郊祀志》云「皆嘗鬺亨上帝鬼神」，小顔云：「鬺亨，煮而祀也。」《韓詩》：《采蘋》曰：『于以鬺之，唯錡及釜。』」「湘」訓「亨」無攷，當从《韓詩》作「鬺」。《廣雅》云：「鬺，飪也，音傷。」

白茅純束。 箋云：「純讀如屯。」《戰國策》曰「錦繡千純」，高誘曰：「純音屯，束也。」《左氏傳》云「執孫蒯于純留」，《漢書》作「屯留」，是古文皆以「純」爲「屯」。古文「純」作「屯」，見《虢姜敦》。

威儀棣棣，不可選也。 傳云：「物有其容，不可數也。」案《朱穆集》載《絶交論》云：「威儀棣棣，不可算也。」鄭注《論語》云：「算，數也。」與毛訓同。《漢書·車丞相贊》云：「斗筲之徒，何足選也。」古「選」與「撰」通。《周禮·大司馬》云「撰車徒」，鄭注云：「撰，讀曰算，算車徒，謂數擇也。」

《日月》云：報我不述。 傳云：「述，循也。」箋云：「不循禮也。」《釋文》云：「述，本亦作『術』。」《文選注》引《韓詩》曰：「報我不術。」薛君曰：「術，法也。」棟案：「術」，古文「述」。薛夫子訓爲「法」，非也。《士喪禮》云：「筮人許諾不述命。」注云：「述，循也。既受命而申言之曰述。古文『述』皆作『術』。」《祭義》「術省」，鄭氏云：「『術』當爲『述』，聲之誤也。」

《谷風》云：不遠伊邇，薄送我畿。 傳云：「畿，門内也。」案《呂覽·正月紀》曰：「出則以車，入則以輦，務以自佚，命之曰『招蹷之機』。」高誘曰：「招，至也。蹷機，門内之位也。《士冠禮》注云：「闑，門橜也。閾，閫也。古文『闑』爲『槷』，『閾』爲『蹙』。」《春秋傳》曰：「婦人送迎不出門，見兄弟不踰閾。」《禮記》云：「内言不出于閫。」「蹷」即「橜」也，或「蹙」字之誤，是「蹷」、「閾」字通，「蹷」即「閫」也。乘輦于宫中遊翔，至于蹷機，故曰『務以自佚』也。《詩》曰『不遠伊邇，薄送我畿』，此不過蹷之謂。」「畿」與「機」古字通。

《旄丘》云：狐裘蒙戎。　蒙，徐邈音武邦反，《春秋傳》作「尨茸」，故讀从之。棟案：「蒙」本與「尨」通。《管子・五輔篇》云「敦懞純固」，義作「敦尨」。《荀子》引《詩》曰「受小共大共，爲下國駿蒙」，今《詩》「蒙」作「尨」。《小戎》詩云「蒙伐有苑」，箋云：「蒙，尨也。」

有力如虎，執轡如組。　傳云：「組，織組也。武力比於虎，可以御亂。御衆有文章，言能治衆，動於近成於遠也。」《吕氏春秋》曰：「《詩》曰『執轡如組』，孔子曰：『審此言也，可以爲天下。』子貢曰：『何其躁也！』孔子曰：『非謂其躁也，謂其爲之於此而成文於彼也。聖人組脩其身而成文於天下矣。』」大毛公與吕氏同時，蓋皆有所受之也。

赫如渥赭。　《堯廟碑》云「赫如屋赭」。案《易・鼎・九四》曰「其形渥」，鄭玄本作「剭」，音爲「屋」，云「三公傾覆王之美道，屋中刑之」。古「形」與「刑」通，見漢碑。又傳氏《易・萃・初六》「一渥爲笑」，今《易》作「握」。鄭玄讀爲「夫三爲屋」之屋。蓋古文「渥」字或省文，或「屋」字反从水旁，《五帝紀》「帝嚳溉執中而徧天下」，徐廣曰：「古既字作水旁。」故諸儒訓詁各異也。

《北風》云：其虛其邪。　箋云：「邪讀如徐。」曹大家注《幽通賦》引作「徐」，蓋三家之説也。《弟子職》云「志無虛邪」，亦讀如徐。虛徐，狐疑也。

《柏舟》云：實維我特。　《韓詩》「特」作「直」。高誘注《吕覽》云：「特猶『直』也。」棟案：「直」猶「犆」也。《繁陽令楊君碑》以「犆」爲「特」，故《韓詩》作「直」，義得通也。《穀梁傳》曰「犆言同時」，本亦作「特」。《玉藻》注云：「犆讀皆如『直道而行』之直。」是「犆」與「特」同，又讀爲直。《士相見禮》曰「喪俟事不犆弔」，❶定本作「特」。《義雲切韻》「特」作「犆」。

中冓之言，不可道也。 《玉篇》引作「⿱宀冓」，云「中夜之言」也。《韓》《魯詩》同。《廣雅》曰：「⿱宀冓，夜也。」《大玄·玄攡》曰「晝以好之，夜以醜之」，故下云「言之醜也」。

不可讀也。 傳云：「讀，抽也。」《匡謬正俗》曰：「『抽』當爲『籒』。籒，讀也，从竹，㩅聲。『㩅』即古『抽』字。」皆依《説文》爲説。棟案：《説文》云：「籒，讀書也。」又，《手部》「㩅」或从「抽」。大史公曰「紬史記石室金鐀之書」，「紬」亦讀「抽也」。《王莽傳》云「或紬其兩脅」，師古曰：「『紬』與『抽』同。」《呂覽·十月紀》云「涉血盩肝」，高誘曰：「盩，古『抽』字。」

象服是宜。 傳云：「象服，尊者所以爲飾。」案《説文》曰：「襐，飾也。」史游《急就篇》云「襐飾刻畫無等雙」，《漢書·外戚傳》「襐飾將醫往問疾」，師古曰：「襐，盛飾也。」「象」本「襐」字，古文省，疏以爲象骨飾服，失之。

鶉之奔奔。 高誘注《呂覽》引作「賁」，云「色不純也」。《左傳》、《禮記》皆作「賁」。案漢有虎賁，舊作「奔」，古字通。《白駒》詩云「賁然來思」，傳云：「賁，飾也。」鄭箋引《周易·賁卦》以釋之。徐邈音「賁」爲「奔」，真得古音矣。今人以《賁卦》之「賁」及《詩》「賁然來思」皆音彼義反，失

❶ 按此句見《禮記·少儀》。

之。詳《易攷》。朱育《集字》「奔」作「驥」。

升彼虛矣，以望楚矣。 傳云：「虛，漕虛。」《管子·大匡》曰「狄人伐衛，衛君出致于虛」，注云：「虛，地名。」

《干旄》云：素絲祝之。 箋云：「祝當作『屬』，屬著也。」鄭氏《攷工·函人》注云：「屬讀如『灌注』之注。」《戰國策》曰「一舉而注地於楚」，高誘曰：「注，屬。」又，《周禮·瘍醫職》云「祝藥劀殺之齊」，注云：「祝當爲注，讀如『注病』之注，聲之誤也。注謂附著藥。」《淮南子》曰「冶工之鑄器」，高誘曰：「鑄讀作『祝』。」《禮記·樂記》云「封帝堯之後于祝」，注云：「祝或爲『鑄』。」葢古字祝、屬、注、鑄皆同音。陸氏《釋文》音「祝」爲之蜀反，未詳。

考槃在澗。 《韓詩》「澗」作「干」。棟案：「澗」當作「閒」，與寬、諼協韻。「閒」與「干」古今字。《聘禮·記》「凡庭實，隨入，左先，皮馬相閒可也」，注云：「古文『閒』作『干』。」《文選注》五卷引《韓詩》云「考槃在干」，地下而黄曰干。

庶姜孽孽。 《釋文》云：「孽，魚竭反。徐五謁反。《韓詩》作『钀』，牛遏反，長貌。」《吕覽》云「宋王築爲蘖臺」，高誘曰：「蘖當作『钀』。『蘖』與『钀』其音同。《詩》云『庶姜钀钀』，高長貌也。」

《芄蘭》云：能不我甲。 傳云：「甲，狎也。」徐邈音胡甲反。《匡謬正俗》曰「甲雖訓『狎』，自有本音，不當便讀爲『狎』」，其説非也。漢儒訓故，音義相兼。毛傳如《汝濆》「惄如調飢」，調，朝也；《小星》「維參與昴」，《集韻》引作「昴」。昴，畱也；《騶虞》「彼茁者葭」，茁，出也；《谷風》「亦以御冬」，御，禦也；《葛屨》「摻摻女手」，摻摻，猶「纖纖」；《説文》作「攕攕」。《宛丘》「子之湯兮」，湯，蕩也；《東山》「烝在桑野」，烝，寘也；《破斧》「四國是皇」，皇，匡也；《齊詩》作「匡」。《常棣》「烝也無戎」，烝，填也；《蓼蕭》「爲龍爲光」，龍，寵也；《左傳》作「寵」。《六月》「如輊如軒」，輊，摯也；《正月》「褒姒烕之」，烕，滅也；《左傳》作「滅」。《小旻》「是用不集」，集，就也；《韓詩》作「就」。《小弁》「譬彼壞木」，壞，瘣也；《説文》作「瘣」。《鴛鴦》「摧之秣之」，摧，莝也；《文王》「陳錫哉周」，哉，載也；《左傳》、《國語》作「載」。《大明》「俔天之妹」，俔，磬也；《韓詩》作「磬」。《棫樸》「追琢其章」，追，彫也；《文王有聲》「遹求厥寧」，遹，述也；孫炎《尒疋注》云：「遹，古『述』字。」「王后維翰」，翰，幹也；同音寒。《卷阿》「似先公酋矣」，似，嗣也；《蕩》「侯作侯祝」，作，詛也；《崧高》「往近王舅」，近，己也；《烝民》「古訓是式」，古，故也；「我儀圖之」，儀，宜也；《江漢》「矢其文德」，矢，施也；《禮記》作「弛」，與「施」同。《閔予小子》「繼序思不忘」，序，緒也；《良相》「畟畟良相」，畟畟，猶測測；《烈祖》「鬷假無言」，鬷，總也；《長發》「率履不越」，履，禮也。《韓詩》作「禮」。如此類不可悉舉，皆音義相兼者。《芄蘭》詩「甲」字，《韓詩》本作「狎」。《尚書·多方》「甲于内亂」，鄭、王皆以「甲」爲「狎」。古文省少，以「甲」爲「狎」，遂有狎音，非假借也。經傳中惟徐氏釋音獨得古人之義，小顔輒斥以爲非，何也？

《清人》云：❶河上乎逍遥。《釋文》曰：「逍本又作消，遥本又作摇。」《説文·新附》曰：「逍遥，猶翱翔也。」徐公文曰：

❶ 稿本「清人」上有「鄭風」二字。

「《詩》只用『消搖』字，此二字《字林》所加。」棟案：後漢崔駰撰《張平子碑》已用「逍遥」字，不始于吕忱也。❶但經典中只合用「消搖」耳。近有傖父作字書名《正字通》，謂《莊子·消搖游》篆文已从辵，其妄若此。

《羔裘》字亦作「求」。**云：舍命不渝。**箋云：「舍，猶處也。」王肅云：「舍，受也。」棟案：舍猶釋也。《管子·小問》曰：「語曰：『澤命不渝，信也。』」徐廣《史記注》云：「古『釋』字作『澤』。」《周頌·載芟》曰「其耕澤澤」，《尒疋》作「郝郝」，❷今亦讀爲「釋」。康成《周禮注》曰：「舍即釋也。」又，《士冠禮》注云：「古文『釋』作『舍』。」是「澤命」即「舍命」也，蓋古有是語，《詩》引之以美君子之信。《列子》云：「其人舍然大喜，曉之者亦舍然大喜。」「舍」皆讀爲「釋」。

子之昌兮，俟我乎堂兮。箋云：「『堂』當爲『棖』。」棟案：古文《論語》有「申棖」，《史記》作「申堂」。漢《王政碑》云：「有羔羊之絜，無申棠之欲。」「堂」與「棠」同。見《魯峻碑》。是「堂」本與「棖」通，故讀爲「棖」，非鄭之改字也。

《子衿》。傳云：「青衿，青領也。」正義曰：「《釋器》云：『衣皆謂之襟。』李巡曰：『衣皆，衣領之襟。』孫炎曰：『襟，交領也。』衿與襟音義同。」棟案：張有《復古編》云：「紟，衣系也，从糸、今。古作䋮，别作衿，非。」又云：「䘳，衽也，从衣、金，别作襟，非。」「䘳」與「襟」通，與「衿」異。《正義》混衿、襟爲一，非也。王伯厚云：「漢石經作『子䘳』，得之。」

❶「忱」，原作「諶」，據四庫本改。
❷「郝郝」，原作「釋釋」，據四庫本改。

縞衣綦巾，聊樂我員。 《釋文》曰：「員，本亦作『云』。」《商頌》箋曰：「員，古文作『云』。」言古文以「員」爲「云」也。《韓詩》作「魂」。案「魂」亦與「云」通。《中山經》曰「其光熊熊，其氣魂魂」，魂魂，猶「云云」也。《吕覽・圜道篇》曰「雲氣西行，云云然」。「云」亦古文「雲」字。薛夫子訓「魂」爲「神」，失之。《春秋正義》引《孝經説》云「魄，白也」，「魂，云也」，是「魂」與「云」通。云，動也，《易・繫辭》云「動静云爲」。

敝笱在梁，其魚魴鰥。 箋云：「鰥，魚子也。」古魂反。正義曰：「鰥，魚子，《釋魚》文。今《尒疋》作「鯤」。李巡曰：『凡魚之子總名鯤也。』鯤、鰥字異，葢古字通用，或鄭本作『鯤』。」棟案：《説文》「鰥从魚，罤省聲」。「罤」本「昆弟」字。古魂切。周人謂兄曰「罤」，《尒疋》作「⿱自弟」。从弟爲「罤」，从魚爲「鰥」，與「鯤」同物同音，非通用字也。《汗簡》云：「古《論語》『昆』作『⿱自弟』。」又云：「石經『鰥』作『臮』。」

齊子發夕。 傳云：「發夕，自夕發至旦。」《小宛》詩云「明發不寐」，薛夫子、王叔師皆訓「發」爲「旦」。故焦氏《易林》云「襄送季女，至於蕩道。齊子旦夕，留連久處」。旦夕，猶「發夕」也。《説文》云：「禮，昏鼓四通爲大鼓，夜半三通爲戒晨，旦明五通爲發明。」「發明」猶「旦明」也。下經云「齊子愷悌」，《尒疋》云：「愷悌，發也。」郭璞云：「發，發行也。」

河水清且漣猗。 《釋文》云：「漣，力纏反。」案《説文》，「漣」即「瀾」或字也，音洛干切。《尒疋・釋水》正作「瀾」。《漸漸之石》箋云「與衆豕涉入水之波漣」，「漣」即「瀾」字，故一本作「瀾」。陸氏音連，亦誤。

胡取禾三百億兮。 傳云：「萬萬曰億。」箋云：「十萬曰億。」賈逵、唐固注《國語》皆以萬萬爲億。棟案：徐岳《數術記遺》曰：「黄帝爲法，數有十等，及其用也，乃有三焉。十等者，億、兆、京、垓、秭、壤、溝、澗、正、載。三等者，謂上、中、下也。其下數者，十十變之，若言『十萬曰億』、『十億曰兆』、『十兆曰京』也。中數者，萬萬變之，若言『萬萬曰億』、『萬億曰兆』、『萬兆曰京』也。上數者，數窮則變，若言『萬萬曰億』、『億億曰兆』、『兆兆曰京』也。」甄鸞曰：「毛注曰『萬萬曰億』，此即中數也。鄭注云『十萬曰億』，此即下數也。鄭注以數爲多，故合而言之。上數宏廓，世不可用。」韋昭《楚語》注云：「十萬曰億，古數也。今人乃以萬萬爲億。」是中數之説始於秦、漢也。

三歲貫女。 《魯詩》「貫」作「宦」。外傳《國語》云「入宦於吴」，韋昭曰：「宦爲臣隸也。」《嘯堂集古録》有《臣敷印》，其字作「臣敷」。貫，當讀爲「宦」。徐邈音官，此「宦」字之誤。傳云「貫，事也」，葢本《尒疋》，而與「宦」義亦通。婁壽以爲「宦」即「貫」字，恐未然也。

素衣朱襮。 傳云：「襮，領也。諸侯繡黼丹朱中衣。」箋云：「『繡』當爲『綃』，綃黼丹朱中衣，中衣以綃黼爲領，丹朱爲純。」棟案：鄭氏此説葢从《魯詩》。見《士昏禮》注。焦贛曰：「『素衣朱襮』，衣素表朱也。」

見此粲者。 傳云：「三女爲粲。」案《説文》云：「『三女爲㛑』，㛑，美也，从女，奴省聲。」《字林》从女、奴不省。《廣韻》引此傳亦作「㛑」。周伯琦《六書正譌》云：「《詩》云『見此奴者』，俗用『粲』，非。」

《有杕之杜》云：噬肯適我。 傳云：「噬，逮也。」《韓詩》「噬」作「逝」，云「及也」。案《尒疋·釋言》云「遾，逮也」，與毛傳合。

从辵，不从口。《方言》云：「噬，逮也。北燕曰噬。逮，通語也。」

載獫歇驕。　箋云：「載，始也。始田犬者，謂達其摶噬，始成之也。」朱子謂以車載犬，休其足力，❶恐非重人賤畜之義。張衡《西京賦》云「屬車之箠，載獫獦獢」，寧得謂以副車載犬邪？　葢文似相連而意不屬耳。

《小戎》。　箋云：「此羣臣之兵車，故曰小戎。」案《齊語》及《管子》云「十軌爲里，故五十人爲小戎，里有司帥之」，韋昭曰：「此有司之所乘，故曰小戎。」「古者戎車一乘，步卒七十二人，今齊五十人」。　棟謂：韋氏所據乃《司馬灋》文。❷《六月》詩所謂「元戎」也。　七十二人爲大戎，五十人爲小戎，其周之制與？

《無衣》云：與子同澤。　傳云：「澤，潤澤也。」箋云：「襗，褻衣，近污垢。」案《説文》「襗，絝也」，絝爲脛衣，非褻衣也。《釋名》曰：「汗衣，近身受汗垢之衣也。❸《詩》謂之澤。作之用六尺，裁足覆胷背。」汗衣滋液，故謂之澤。毛説是也。《釋文》不云鄭異字，《正義》謂「易傳爲襗」，非也。

《宛丘》云：子之湯兮。　傳云：「湯，蕩也。」陸氏曰：「舊音他浪反。」棟案：「湯」本古「蕩」字，王逸引此詩正作「蕩」，云：「蕩，猶蕩蕩，無思慮皃也。」古文《論語》云「君子坦蕩蕩」，鄭康成注云「《魯論》作『坦湯』」，是古皆以「湯」爲「蕩」。古又以「蕩」爲「湯」，《地理志》「河内蕩陰縣」，小顏音湯。或音他郎

❶「足力」，原作「無太」，據稿本、四庫本及清經解本改。

❷「文」，原作「云」，據稿本及四庫本改。

❸「垢」，原脱，據四庫本補。

反者非。

穀旦于差。 王肅音嗟，《韓詩》作「嗟」。古「嗟」字或省文作「差」，然此詩「差」字仍當从鄭，音初佳反。

可以棲遲。 《嚴發碑》云「西遲衡門」，《説文》云：「西，鳥在巢上。象形。日在西方而鳥棲，故因以爲東西之西。或作棲，从木、妻。」是「西」爲古文「棲」也。

《防有鵲巢》：卭有旨苕。 《後漢志》注：「《博物記》云：『卭地在陳國陳縣北，防亭在焉。』《詩》云『卭有旨苕』、『防有鵲巢』。」

胡爲乎株林。 毛氏傳云：「株林，夏氏邑。」劉昭曰：「陳有株邑，蓋朱襄之地。」

有蒲與荷。 《正義》曰：「如《介疋》則夫渠之莖曰茄，見《釋草》。此言荷者，意欲取莖爲喻，亦以荷爲大名，故言荷耳。樊光注《介疋》引《詩》『有蒲與茄』，然則《詩》本有作『茄』字者。」案揚雄《反離騷》曰「衿芰茄之緑衣兮，被夫容之朱裳」，師古曰：「『茄』亦『荷』字，見張揖《古今字譜》。」

《檜》。 王符《潛夫論》云：「會在河、伊之閒，其君驕貪嗇儉，滅爵損祿，羣臣卑讓，上下不臨。詩人憂之，故作《羔裘》，閔其痛悼也；《匪風》，冀君先教也。會仲不悟，重氏伐之，上下不能相使，禁罰不行，遂以見亡。」余案：節信此言，蓋本《周書》、《史記》，此高辛時有鄶之君，非《外傳》檜仲也。是以《汲郡古文》云：「帝高辛十六年，帝使重帥師滅有鄶。」左史戎夫所云「重氏伐之，鄶君以亡」是也。《世本》云：「陸終娶鬼方氏妹曰女嬇，生子六人，四曰求言，是爲鄶人。鄶人者鄭是。」宋衷曰：「求言，名也。妘姓所出。鄶，國也。」陸終在高辛之後，或因有鄶之墟而封之，後爲鄭武公所滅耳。王符之說失之。

《素冠》云：棘人欒欒兮。傳云：「棘，急也。」棟案：「棘」，古「瘠」字。《義雲章》作「⿸疒朿」，《義雲切韻》又作「脨」，見《汗簡》。字相似，因誤爲「棘」。《吕覽·任地》曰「肥者欲棘」，高誘曰：「棘，羸瘠也。《詩》云『棘人之欒欒』。」

《東山》云：零雨其濛。王逸引作「蒙」，云「盛皃」。《說文》引作「霝」，「从雨、㗊，象零形」。《石鼓庚文》云「霝雨奔流」。又，鐘鼎文皆以「霝」爲「令」。

周公東征，四國是皇。傳云：「皇，匡也。」董氏曰：「《齊詩》作『匡』。」賈公彦引以爲據，則是「皇」讀爲「匡」。《尒疋》「皇」、「匡」皆訓爲「正」，《白虎通》曰：「言東征述職，周公黜陟而天下皆正也。」《法言》又作「王」。❶

伐木許許。傳云：「許許，柹皃。」《說文》引作「所所」，云「伐木聲也，从斤，户聲」。許、所古字通。❷尋詩意，毛說爲長。朱子《詩傳》引《淮南子》云「舉大木者呼邪許」。案「邪許」者舉木之聲，非伐木也。《漢書·疏廣傳》「數問其家，金餘尚有幾所」，師古曰：「幾所，猶言『幾許』也。」《禮說》曰：「所者削柹，猶斯者析薪，故『斯』、『所』皆从斤。《說文》依毛傳而云『所所，伐木聲』。遠聞其聲，近見其貌，傳言貌者，以伐木之柹興縮酒之茅。」

《天保》云：俾爾單厚。傳云：「單，信也。或曰：單，厚也。」箋云：「單，盡也。」棟案：王符《潛夫論》引此詩本作「亶」，故傳訓爲「信」，鄭本作「單」，故爲「盡」。「亶」

❶ 「王」，原作「主」，據稿本及四庫本改。
❷ 「字通」，原顛倒爲「通字」，據稿本及四庫本乙正。

與「單」古今字。《周頌》云「於緝熙，單厥心」，單，《國語》引作「亶」。

吉蠲爲饎。 《釋文》云：「蠲，舊音圭。」案《吕覽》曰「臨飲食必蠲絜」，高誘曰：「蠲，讀爲『圭』。」葢三家《詩》本作「吉圭惟饎」，故高讀从之。《孟子》曰：「卿以下必有圭田。」趙岐曰：「圭，潔也。」

《采薇》云：歲亦陽止。又，《杕杜》云：日月陽止。 案董仲舒《雨雹對》云：「十月陰雖用事，而陰不孤立，此月純陰，疑于無陽，故謂之陽月。詩人所謂『日月陽止』者也。」鄭《采薇》箋用董説。

由儀，萬物之生各得其宜也。 宜，東晳《補亡詩》引作「儀」，李善注云：「毛萇《詩傳》『儀，宜也』。」《倉頡篇》曰「宜，得所也」。此與《角弓》「如食宜饇」，《文王》「宜鑒于殷」皆當从《韓詩》、《禮記》作「儀」，訓爲「宜」。《尚書·般庚》曰「若顛木之有由蘖」，《説文》「由」作「甹」，云「古文作『由』，木生條也」。是「由」訓爲「生」，故《序》稱「萬物之生」。徐鍇曰：「『由』本古文『甹』，後人通用爲『因』、『由』等字。」

爲龍爲光。 傳云：「龍，寵也。」案「龍」讀爲「寵」，昭十二年傳云：「公賦《蓼蕭》，叔孫昭子曰：『宴語之不懷，寵光之不宣，令德之不知，同福之不受。』」焦氏《易林》曰：「蓼蕭露瀼，君子寵光。鳴鸞噰噰，福禄來同。」是書傳皆讀「龍」爲「寵」。王肅《周易·師》之九二《象》曰「在師中吉，承天龍也」，訓爲「寵」。今《易》作「寵」，知「龍」爲古文「寵」，故傳云「龍，寵也」。《商頌·長發》曰「何天之龍」，箋云：「龍當作『寵』，寵，榮名之謂。」

《六月》云：如輊如軒。 傳云：「輊，摯也。」《攷工》云：「大車之轅摯，其登又難。」注云：「摯，輖也。」《輈人》云：「軒摯之任。」《淮南·人間》云：「道者，置之前而不輂，錯之後而不軒。」高誘曰：「輂音志，从車，不从手。」《既夕禮》云「志矢一乘，軒輖中」，鄭氏云「輖，摯也」，是「輂」又作「墊」。

搏獸于敖。　《水經注》引云「薄狩于敖」，《東京賦》同。徐堅《初學記》引作「搏狩」。棟案：「狩」本古「獸」字，故鄭箋云「田獵，搏獸也」，何休《公羊注》云：「『狩』猶『獸』也。」《淮南·覽冥》云「狡蟲死」，高誘曰：「蟲，狩也。」漢《石門頌》云「蕙虫蔽狩」，婁壽曰：「義作 飍獸。」若經文作「搏獸」，鄭氏之箋不已贅乎？唐石經仍作「搏獸」。

既伯既禱。　《說文》引云「既禡既禂」，云「禱牲馬祭也」。《周禮·大司馬》云「有司表貉」，先鄭云：「貉讀爲禡，禡謂師祭也。」又《甸祝》「表貉」，杜子春讀「貉」爲「百爾所思」之百，書亦或爲「禡」。後鄭《肆師》注云「貉讀爲『十百』之百」。蓋「貉」讀爲「禡」，又讀爲「百」。「百」即「伯」也，字異而音義皆同。《甸祝》又云「禂牲禂馬」，杜子春云：「禂，禱也。《詩》云『既伯既禱』。」後鄭云：「禂，讀如『伏誅』之誅，今『侏大』字。」棟案：《尚書·無逸》曰「譸張爲幻」，馬融本作「輈」，《尒疋》及《詩》又作「侜」。毛傳云：「侜，侜張也。」揚雄《國三老箴》曰「負乘覆餗，姦寇侏張」，李善曰：「『輈』與『侏』古字通。」然則禂、侜、譸、侏四字皆音同。

吉日庚午。　翼奉曰：「南方惡行廉貞，寅午主之；西方喜行寬大，已酉主之。二陽並行，是以王者吉午酉也。《詩》曰『吉日庚午』。」棟案：《穆天子傳》云「天子命吉日戊午」，又云「吉日辛酉，天子升于昆侖之丘」，此王者吉午酉之證也。《穆天子》書出於晉代而奉説與之合，當亦傳之先達者。

鶴鳴于九皋。《韓詩章句》曰「九皋，九折之澤」，《楚辭章句》「澤曲曰皋」，王充亦言「鶴鳴九折之澤。」《孫叔敖碑》云「收九罜之利」，婁壽曰：「本澤字，去水省，非也。『罜』即『皋』字，馬文淵所謂『四下羊』也。」案文當云「四下𢁺」，𢁺音工刀反，从四，𢁺聲。漢時已誤𢁺爲羊，故文淵辨之。

《正月》云：赫赫宗周，褒姒烕之。傳云：「烕，滅也。」案《靈臺碑》云「興烕繼絶」，《騶氏竟銘》云「胋虜殄烕」，《詛楚文》「伐烕我百姓」，皆以「烕」爲「滅」。

《十月之交》云：蕃維司徒。《古今人表》「蕃」作「皮」。案魯國有蕃縣，應劭曰「蕃音皮」，是「蕃」有皮音，故亦作「皮」也。《儀禮・既夕》云「設披」，鄭注云：「今文『披』皆爲『藩』。」案「披」从手，皮聲。見《説文》。「藩」與「蕃」同，故以「披」爲「蕃」，聲之誤也。《鄉射禮》云「君國中射則皮樹中」，注云「今文『皮樹』爲『繁豎』」，是古皮、繁同音，故《韓詩》作「繁」。白裒《魯國記》云：「陳逸子游爲魯相，蕃子也，國人爲諱，改曰『皮』。」白褒晉人，未識古音，故有是説。古蕃、繁皆音婆，《春秋傳》有「蘧罷」音皮，《公羊》作「頗」，是「皮」亦有「婆」音。

家伯維宰。案《古今人表》有太宰冢伯，是「家伯」作「冢伯」，故鄭箋以「冢宰」釋之。

豔妻煽方處。《説文》「煽」作「傓」。傳云：「豔妻，褒姒。美色曰豔。」案《魯詩・十月之交》云「此日而食，于何不臧」，又曰「閻妻扇方處」，言厲王無道，内寵熾盛，政化失理，故致災異，日爲之食，爲不善也。

《中候擿雒戒》曰「剡者配姬以放賢，山崩水潰納小人，家伯罔主異載震」。孔穎達云：「剡、豔古今字，以剡對姬爲其姓，以此知非褒姒也。」鄭从《魯詩》爲厲王時事，是也。下經云「皇父孔聖，作都于向」，《汲郡古文》幽王元年王錫大師尹氏、皇父命，六年皇父作都于向。鄭氏《詩序》箋云：「作《詁訓傳》時移其篇第。」毛公秦人，必有所據，未可盡非。

抑此皇父。 箋云：「抑之言噫，噫是皇父疾而呼之。」徐邈音噫，《韓詩》云「抑，意也」。案「意」即「噫」也。《周頌》「噫嘻成王」，定本作「意」。《淮南・繆稱》曰「意而不戴」，高誘曰：「意，恚聲。」「抑」本與「意」通，蔡邕石經《論語》云「意與之與」，古文「意」作「抑」。《大雅》有《抑》篇，《外傳》作「懿」。韋昭云：「懿，讀曰抑。」

《雨無正》云：若此無罪，淪胥以鋪。 《韓詩》云：「『熏胥以痡』，熏，帥也；❶胥，相也；痡，病也。言此無罪之人，而使有罪者相帥而病之，❷是其大甚。」《後漢書注》。《漢書・敘傳》云：「烏乎史遷，薰胥曰刑。」晉灼曰：「齊、韓、魯《詩》作『薰』，薰，帥也，从人得罪相坐之刑也。」顏籀曰：「《韓詩》『淪』作『薰』，薰者，謂相薰蒸。❸」棟謂：薰，閽也。《春秋傳》云「以韓起爲閽」，「薰」與「閽」通。《易・艮》之九三曰「厲薰心」，荀爽本「薰」作「動」，虞翻本又作「閽」。胡廣《漢官解詁》曰：「光祿勳，『勳』猶『閽』也，《易》曰『爲閽寺』。」是「薰」與「閽」通之證。胥，胥靡也。《漢書・楚元王交傳》云：「申公、白生諫不聽，胥靡之。」應劭引

❶ 此句二「熏」字，原皆作「薰」，據稿本及四庫本改。
❷ 「之」，原脱，據四庫本補。
❸ 「謂」，原脱，據四庫本補。

此詩云「淪胥以鋪」，胥靡，刑名也。《吕氏春秋》曰「傅説，殷之胥靡」，高誘曰：「胥靡，刑罪之名。」《詩》言王赦有罪之辜，而反坐無罪者以薰胥之刑也。三家《詩》得之，毛公誤也。荀爽本云「厲動心」，注云：「互體有震，震爲動。古「動」、「勳」字每相亂，《樂記》「讙以立動」，注云：「動或爲勳。」《淳于長夏承碑》云「策薰著于王室」，劉向《説苑》曰「太王有聖人之恩，故事勳育」。

《小旻》云：謀夫孔多，是用不集。發言盈庭，誰敢執其咎。 傳云：「集，就也。」《韓詩》作「就」。見《外傳》。《尚書·顧命》曰「克達殷集大命」，蔡邕石經「達」作「通」，「集」作「就」，是「集」讀爲「就」，與「咎」協韻也。

如匪行邁謀，是用不得于道。 案《左傳》襄八年子駟引此詩，杜元凱注云：「匪，彼也。行邁謀，謀於路人。不得於道，衆無適從。」顧炎武云：「案《詩》云『謀父孔多，是用不集。發言盈庭，誰敢執其咎』。則杜解爲長。」棟案：此必三家《詩》有作「彼」者，故杜據彼爲説。《雨無正》云「如彼行邁」，其意略同。顧又云：「古有以『匪』字作『彼』者，襄廿七年引《詩》『彼交匪敖』作『匪交匪敖』。」案《漢書》引《桑扈》詩亦作「匪」。又，《荀子·勸學》：「《詩》云『匪交匪紓，❶天子所予』。」今《采菽》詩上「匪」字作「彼」，或古「匪」、「彼」通用，如顧説也。

九經古義卷第五終

益都李文藻覆校

❶「紓」，原作「紆」，據稿本及四庫本改。

九經古義卷弟六

毛詩古義下

《小宛》曰：握粟出卜，是何能穀。

古者，卜筮先用精鑿之米以享神，謂之糈。《南山經》曰「糈用稌米」，❶《淮南・説山》曰「巫用糈藉」，郭璞、高誘皆云「祀神之米」。《楚辭》云「巫咸將夕降兮，懷椒糈而要之」，王逸曰「言巫咸將下，願懷椒糈要之，使筮者占兹吉凶之事」，是也，故《日者列傳》云「卜而有不審，不見奪糈」。詩言貧者不得精鑿之米貞于陽卜，而但持卷握之粟求兆于豬肩、羊膊，雖得吉卜，安能爲善乎？《管子》云「守龜不兆，握粟而筮者屢中」，言無與於吉凶也。糈，王逸、郭璞皆音所。《莊子》云「鼓筴播精」，司馬彪曰「簡米曰精」。《釋文》云「精一音所，則當作數」，「精」非也，此必「糈」字之誤。王伯厚曰「《文選注》作『播糈』」，故音所。崔譔云「鼓筴播精」，言賣卜。《説文》曰：「賫財卜問曰𧶠，从貝，疋聲。讀若所。」然則《日者傳》「奪糈」當作「奪𧶠」，「胥」與「疋」同。《墨子》曰：「『有二生於此，善星一，行爲人筮者，與處而不出者，其精孰多？』公孟子曰：『行爲人筮者其精多。』」精者，精鑿米也。《漢書・五行傳》云：「卜請其漦而藏之，乃吉，於是布幣策告之。」師古曰：「説者以爲策者糈米。」

《巧言》曰：僭始既涵。❷　傳云：「涵，容也。」鄭音咸，云：「涵，同也。」《韓詩》作「減」，減，少也。棟案：古「咸」字作「減」。《春秋傳》云「咸黜不端」，諸本「咸」或作「減」。《説文》云「涵，水澤多也」，毛既

❶「南」，原作「東」，據《山海經》改。四庫本作「中」。

❷「僭」，原作「譖」，據稿本及四庫本改。

訓「涵」爲「容」，當从省文作「函」，「函」本與「咸」通。《周禮・伊耆氏》「共其杖咸」，鄭注云：「咸讀爲函」。司馬相如《封禪文》云「上咸五，下登三」，徐廣曰：「咸一作『函』。」《漢書・天文志》「閒可椷劒」，蘇林曰：「椷音函，容也。」毛音「含」，訓爲「容」；鄭音「咸」，訓爲「同」，義並得通。薛君以爲「減少」之減，失之。

《何人斯》云：爾之安行，亦不遑舍。 熊氏《經説》云：「舍與車、盱協音作『舒』，便合讀作『舒』。《春秋・哀六年》，❶齊人弒其君荼，音舒。《公羊》作『舍』字，音『舒』，自古有之。」棟案：《史記・律書》云：「舍者，日月所舍，舍者，舒氣也。」是「舍」有「舒」義，故有「舒」音。

《大田》云：俶載南畝。 箋云「俶讀爲熾，『載』讀爲『菑栗』之菑」。《地理志》云「梁國甾縣，故戴國。」《春秋正義》曰：「古者甾、戴聲相近，故鄭玄《詩箋》讀『俶戴』爲『熾甾』。」棟案：《詩》「俶載」字不作「戴」，《春秋》戴國，陸氏《釋文》作「載」，石經作「戴」。「戴」與「載」字本通。《絲衣》詩「載弁俅俅」，箋云：「載猶『戴』也。」陳留戴國本亦作「載」，故隋時置載州，顏籀以爲誤而駁，葢未知字之相通也。《釋名》云：「戴，載也。載之於頭也。」

去其螟螣。 《説文》曰：「螟，蟲食穀葉者，吏冥冥犯法即生螟。蟘，蟲食苗葉者，《釋蟲》云「食葉蟘」。吏乞貸則生蟘。吏乞貸者，《周書》所謂「奸吏濟貸」也。《詩》曰『去其螟蟘』。」案「螣」古文作「䲢」，見朱育《集字》，與《毛詩》合。《唐公房碑》作「蟘」，《孫叔敖

❶「哀」，原作「定」，據四庫本改。

碑》作「眘」，與《説文》略同。《吕覽・五月紀》曰「百螣時起」，高誘曰：「螣，讀近殆。兖州人謂蝗爲螣。」❶其音與《説文》説亦同。

《瞻彼洛矣》。 傳云：「天子玉琫而珧珌，諸侯璗琫而璆珌，大夫鐐琫而鏐珌，士珕琫而珕珌。」《正義》云：「傳因琫珌歷道尊卑，所用似有成文，未知所出。」《説文・玉部》云：「《禮》云佩刀，天子玉琫而珧珌，諸侯璗琫而璆珌，士珕琫而珧珌。」又云：「琫，佩刀上飾。」「珌，佩刀下飾。」「天子以玉，諸侯以金。」《説文》所稱《禮》者，葢逸《禮》也。棟聞之，《尒疋》者，六經之訓詁也。其《釋器》，一則云「黄金謂之璗，其美者謂之鏐；白金謂之銀，其美者謂之鐐。」又云「以蜃者謂之珧」，豈非以禮有成文而爲是説與？ 毛公《詩傳》多識故實，可以補傳記之缺，學者省之。

《桑扈》云：兕觵其觩。 《説文》引云「兕觵其觓」，从角、丩，云「角皃」。《良耜》云「有捄其角」，箋云「捄，角皃」。《穀梁傳》云「展觓角而知傷」，范甯云「觓，球球然角皃」，則「觩」與「捄」皆當作「觓」。周伯琦《六書正譌》云：「觓，从角，丩聲，俗作『觩』，非。」

樂酒今夕，君子維宴。 王逸《楚辭章句》引云「樂酒今昔」，云：「昔，夜也。」昔、夕古字通。《穀梁傳》曰「日入至于星出謂之昔」，崔譔《莊子注》云：「昔，夕也。」《管子・小匡》云「旦昔從事」，「旦昔」，猶「旦夕」也。《列子》曰：「尹氏有老役夫，昔昔夢爲國君。」注云：「昔昔，夜夜也。」

❶「百螣」、「曰螣」、「爲螣」之「螣」，原作「蟘」，據四庫本改。

《瓠葉》云：有兔斯首。　箋云：「斯，白也。今俗語斯白之字作『鮮』，齊魯之閒聲近『斯』。有兔白首者，兔之小者也。」《正義》曰：「宣二年《左傳》曰『于思于思』，服虔曰『白頭皃』，字雖異，蓋亦以『思』聲近『鮮』，故爲白頭也。」案《尒疋·釋詁》曰：「鮮，善也。」《釋文》云：「本或作『誓』，沈旋曰古『斯』字。」又，《說文·雨部》云：「𩅿，从雨，鮮聲，讀若『斯』。」此「鮮」與「斯」聲近之證。旋，沈約子。

《漸漸之石》云：山川悠遠，惟其勞矣。　箋云：「山川者，荆舒之國所處也，其道里長遠，邦域又勞勞廣闊，言不可卒服。」《正義》云：「廣闊遼遼之字當從『遼遠』之遼，而作『勞』字者，以古之字少，多相假借，詩又口之詠歌，不專以竹帛相授，音既相近，故遂用之。此字義自得通，故不言當作『遼』也。」案昭七年《左傳》云「隸臣僚」，服虔《解誼》曰：「僚，勞也，共勞事也。」尞、勞古音同，故「潦水」亦作「澇水」。師古注《上林賦》：「潦音牢。」勞勞之語，見孔氏聘辭。「僚」與「遼」皆從「尞」聲，知古字通也。

《文王》云：於昭于天。　《正義》曰：「《尚書》注云鄭注《尚書》。『於者嗚聲』，則於、嗚古今字。」案《說文》及《義雲章》古「烏」字皆作「𢻥」，「烏」本「嗚呼」字，古文《春秋傳》皆然。𢻥、於字相似，因譌爲之。

《大明》云：俔天之妹。　傳云：「俔，磬也。」《說文》曰：「俔，譬諭也。」《韓詩》作「磬」，磬，譬也。傳不訓爲「譬」，而云「磬」者，蓋讀「俔」爲「磬」也。

殷商之旅，其會如林。　《說文》引此詩「會」作「旝」，《春秋傳》云「旝動而鼓」，杜元凱以「旝」爲「旃」，故馬融《廣成頌》曰「旃旝森其如林」。

檀車煌煌，駟騵彭彭。　箋云：「兵車鮮明，馬又彊，則暇且整。」《小疋·出車》云「旂旐央央」，傳云：「央央，鮮明也。」棟案：漢有鮮明騎，見《魯峻石壁殘畫》。又朱浮墓石壁人物有鮮明隊，皆見《隸續》。司馬彪《輿服志》云：「若會耕祠，主縣假給辟車、鮮明卒。」《史記》褚少孫撰《任安傳》云：「小吏上書，❶言任安受太子節發兵，言『幸與我其鮮好者』。」《索隱》云：「鮮音仙，謂太子請其鮮好之兵甲也。」《漢書·辛慶忌傳》云：「慶忌性好輿馬，號爲『鮮明』。」此與《皇矣》箋以「畔援」爲「跋扈」，「畔援」亦作「畔換」，《敘傳》云：「項氏畔換。」注云：「猶言跋扈。」皆當時之語。跋扈將軍，見漢人所撰《梁冀别傳》。范氏作漢史，采入傳中。

會朝清明。　傳云：「會，甲也。」甲朝者，一朝也。古皆以甲爲一，如第爲甲第，觀爲甲觀，令爲甲令，夜爲甲夜。《書》曰「壹戎殷」，言役不再籍也。《戰國策》張儀曰：「昔者，紂爲天子，帥天下將甲百萬，以與周武爲難。武王將素甲三千，❷領戰一日，破紂之國，禽其身，據其地。」高誘曰：「一日，甲子之日也。太公望爲號到牧野便克紂，故曰『一日』。」毛公以意説《詩》，故訓「會朝」爲「甲朝」，又云「不崇朝而天下清明」，不崇朝者，不終朝也。後人泥于訓詁，或訓爲甲子之朝，或訓爲甲兵之甲，皆非毛公之意。

古公亶父。　古公者，故公也。《説文》云：「古，故也。」《穀梁傳》云「踰年不即

❶「吏」，原作「史」，據四庫本改。
❷「千」，原作「兵」，據稿本及四庫本改。

位，是有故公也」，猶言先王先公。《穆天子傳》云「大王亶父」。

周原膴膴。 此名國之始也。《汲郡古文》云：「武乙元年邠遷于岐周，❶三年命周公亶父。」高誘《呂覽注》云：「岐山在右扶風美陽之北，其下有周地，周家因之，以爲天下號也。」

乃慰乃止。❷ 傳云：「慰，安。」案《方言》云：❸「慰，居也。江、淮、青、徐之間曰慰。」是「慰」與「止」同義。

《皇矣》云：其菑其翳。 傳云：「木立死曰菑。」李巡《尒疋注》云「以當死害生曰菑」。棟案：菑者，側立之象。木死不卧，以根著于地，故謂之菑。鄭氏《周禮注》云：「泰山、平原所樹立物爲菑，聲如胾。博立梟棊亦爲菑。」菑猶事也。

患夷載路。 毛讀「患」爲「串」，鄭如本字釋之。《正義》云：「患夷者，患中國之夷。」棟案：董仲舒云：「書文止于一者謂之忠，❹持二忠者謂之患。」混夷之人荒忽無常，故謂之患夷。患夷載路，鴟鴞革響矣。一説《説文》無「串」字，古「患」字作「悹」，「毌」乃古「貫」字。《晉姜鼎》云「令俾串通」，楊南仲訓爲毌，與「貫」同。棟案：《明堂位》云「崇鼎、貫鼎、大璜、封父龜」，鄭氏云：「崇、貫、封父皆國名。」「貫」之與「昆」同物同音，故《緜》詩謂之「混」，《皇矣》詩謂之「串」。《尚書大傳》云「文王受命四年伐犬夷，六年伐崇」，鄭注云：「犬夷，混夷也。」《皇矣》伐崇之詩，時混夷已平，故云

❶「乙」，原作「丁」，據四庫本改。
❷「乃慰乃止」上，稿本原有「瓜瓞云」三字。
❸「云」，原作「也」，據稿本及四庫本改。
❹「文」，原作「云」，據稿本及四庫本改。

「載路」。崇鼎、貫鼎皆伐二國時所得之寶，故與封父同稱，則「串夷」之爲「貫」無疑矣。

度其鮮原，居岐之陽。　《周書・和寤》曰「王乃出圖商，至于鮮原」，孔晁曰：「近岐周之地。」《汲郡古文》曰「帝辛五十二年秋，❶周師次于鮮原」，則鮮原乃商、周之境，鄭訓爲「善」，非也。《正義》及蘇氏皆誤以爲程邑，王氏《地理攷》亦未及引，蓋博物之難如此。

與爾臨衝。　傳云：「臨，臨車也。衝，衝車也。」案文當云「隆」，隆，車也。隆，高也，巢車之類。《鹽鐵論》云「衝隆不足爲强，高城不足爲固。」《韓詩》作「隆衝」。後漢殤帝諱隆，改「隆」爲「臨」。漢有隆慮縣，東京爲臨慮，避諱也。臨慮屬河内郡，亦作「林」。高誘注《淮南》仍作「臨」。❷隆之字曰盛，故「伏隆」爲「伏盛」。見《東觀漢記》。孔穎達以爲「臨者，臨下之名」，失之。《左氏》定八年傳云「主人焚衝」，注云：「衝，戰車。」《釋文》云：「《說文》作『轒』，陷陳車也。」衝車隆高，故可焚。

《下武》云：昭兹來許。　傳云：「許，進。」訓「許」爲「進」，未詳所出。案《後漢・志》載《東觀漢記》引《詩》云「昭兹來御」，蔡邕《獨斷》云「御者，進也」，與傳合，疑傳寫之誤。

《行葦》，忠厚也，周家忠厚仁及草木。　棟案：漢儒皆以《行葦》爲公劉之詩，班叔皮《北征賦》曰「慕公劉之遺德，及《行葦》之不傷」，寇榮曰：「公劉敦行葦，世稱其仁。」王符曰：「《詩》云『敦彼行葦，牛

❶ 「五十二」，原作「十五」，據四庫本改。
❷ 「臨」，原作「林」，據稿本及四庫本改。

羊勿踐履。方苞方體，惟葉握握』。公劉厚德，恩及草木，羊牛六畜且猶感德。」趙長君曰：「公劉慈仁，行不履生草，運車以避葭葦。」長君从杜撫受學，義當見《韓詩》也。

《既醉》云：永錫爾類。 傳云：「類，善也。」王逸曰：「類，法也。」案《荀卿子·禮論》曰：「禮有三本。天地者，生之本也；先祖者，類之本也。」注云：「類，種。」襄廿二年傳云「子展廢良而立太叔，❶曰『請舍子明之類』」。良，子明子，是「類」爲「子」。《呂覽·權勳篇》云「齊王謂觸：子必剗若類」，又云「若殘豎子之類」，皆謂「類」爲「子」。《周語》：「叔向曰：『類也者，不忝前哲之謂也。』」韋昭云：「言能以孝道施於族類，故不辱前哲之人。」《後漢書·劉平傳》云：「平抱弟仲女，云仲不可以絶類。」《郅惲傳》：❷「鄭敬云：『今幸得全軀樹類。』」注云：「樹類，謂有子嗣。」故鄭箋改傳以爲族類是也。

《假樂》云：民之攸塈。 傳云：「塈，息也。」《正義》曰：「《釋詁》云：『呬，息也。』某氏曰：『詩云「民之攸塈」。』郭璞曰：『今東齊呼息爲呬。』則塈與呬古今字也。」棟案：《説文》「塈，仰涂也」，非休息之謂。又，《説文·口部》引《詩》云：「『犬夷呬矣』，東夷謂『息』爲『呬』。」《正義》以「塈」與「呬」爲古今字，未知何據。《釋詁》云：「憩，休；呬，息也。」《尒疋釋文》云：「憩，本或作愒。」《玉篇》云：「屄，息也。今爲憩。」「屄」與「塈」字相似，毛公傳《詩》，多據《尒疋》。《説文》無「憩」字，則《釋詁》「憩」字當依《玉

❶「二」，原作「三」，據四庫本改。
❷「惲」，原作「暉」，據四庫本改。

篇》作「𡲬」，故某氏于此下引《詩》云「民之攸塈」。《大疋・民勞》云「汔可小愒」，傳云：「愒，息。」《甘棠》詩云「召伯所憩」，《釋文》云「憩，本又作揭。」揚雄賦云「度三巒兮偈棠梨」，師古曰：「偈讀曰憩。」《説文・心部》云：「愒，息也，从心，曷聲。」徐鉉曰：「今別作憩，非是。」然則《甘棠》詩「憩」字當作「愒」，《假樂》詩「塈」字當作「𡲬」。❶《洞酌》詩同。❷又，《谷風》詩「伊余來塈」，皆从土、既。或古字假借，以「塈」爲「𡲬」。

《公劉》。 傳云：「巘，小山別於大山也。」劉熙《釋名》曰：「小山別大山曰甗，音彥。甗，甑也。甑一孔，甗形孤出處似之也。」《尒疋》云：「小山別大山，鮮。」與毛傳異。毛於《皇矣》傳仍用《尒疋》此傳，或別有所據。

汔可小康。❸ 箋云：「汔，幾也。」《釋詁》曰：「蟣，汔也。」「蟣」，古「幾」字，見《碧落文》，《汗簡》云。

《板》詩云：天之方難，無然憲憲。 傳云：「憲憲，猶欣欣也。」棟案：「欣」讀爲「軒」，古「憲」、「獻」二字皆有軒音。《樂記》曰「武坐致右憲左」，鄭注云：「憲讀爲軒。」劉熙《孟子注》《文選注》引。曰：「獻猶軒，軒，在物上之稱也。」《左傳》「掀公出於淖」，徐邈云：「掀，許言反。」是古音「欣」與「軒」同。鄭注《內則》云「軒讀爲憲」。二字又反復訓。吴時姚信有《昕天論》，云「昕讀爲軒」，見《月令》正義。《説文》「昕」讀若「希」，與此異。

天之牖民，如壎如篪。 傳云：「牖，道也。」箋云：「王之道民以禮義，則民和合

❶「𡲬」，原作「厩」，據四庫本及清經解本改。
❷「洞酌」，原脱，據稿本及四庫本補。
❸「汔」，原作「汽」，據四庫本改，下「汔」同。

而從之如此。」《説文》曰：「牖，譚長以爲甫上日也，非户也。」棟案：「甫上日」，从昏而明，「道民以禮義」，猶昏而照之以天光也。《尚書大傳》云：「文王有四隣，以免乎牖里之害。」又《商傳》云「太公與三子見文王於羑里」。「羑」本古文「誘」字，《正義》云「牖」與「誘」古今字，《韓詩外傳》「牖」作「誘」。

《抑》詩云：用逷蠻方。　箋云：「逷當作『剔』」，剔，治也。」《泮水》詩云「狄彼東南」，箋云：「狄當作『剔』。」《韓詩》作「鬄」，云「除也」。《士喪禮》云「四鬄去蹄」，注云：「今文『鬄』爲『剔』。」棟案：「逷」古文「逖」，見《説文》。《義雲章》又作「悐」，訓爲「剔」。《左氏》僖廿八年傳云「糾逖王慝」。漢《都鄉正街彈碑》云「糾剔王忒」，「逖」訓「遠」，見《尒疋》。或从狄，省文也。

《桑柔》云：靡所止疑。　傳云：「疑，定也。」《正義》云：「疑音凝。」棟案：《鄉飲酒禮》云「賓西階上疑立」，注云：「疑讀爲『疑然从於趙盾』之疑，疑然，立自定之皃。」音魚乙反。《正義》音凝，非也。

孔棘我圉。　箋云：「圉當作禦。」棟案：《漢書》「强禦」字皆作「强圉」。又，《管子》書多以「圉」爲「禦」。

《雲漢》云：耗斁下土。　箋云：「斁，敗也。」棟案：「斁」當作「殬」，《汗簡》云「古文《尚書》『斁』作『殬』。」故《春秋繁露》引此詩云「耗射下土」，「射」與「斁」通。「斁」本訓「厭」。《毛詩》古文作「殬」，鄭隨文釋之，故訓爲「敗」。

《崧高》云：往近王舅。　傳云：「近，已也。」箋云：「近，辭也，聲如『彼記之子』之記。」毛居正《六經正誤》云：「近，《説文》作『𨑔』，从丌，从辵。丌音基，辵音綽，今作辺，音記，字譌作『近』，不敢改也。」《説文》

云：「䢋者，古之遒人以木鐸記詩言，从辵，从丌，丌亦聲。讀與記同。」《玉篇》云：「䢋，今作『記』。」今《釋文》、唐石經皆作「近」，此傳寫之誤。鄭讀如「彼記」之「記」者，《王風·揚之水》云「彼其之子」，箋云：「其或作『記』，或作『己』。」讀聲相似，故毛訓爲己，鄭讀爲記。

《烝民》云：古訓是式。 傳云：「古，故；訓，道。」箋云：「故訓，先王之遺典也。」《說文》引《詩》作「詁訓」，《言部》。云「訓故言也」。張揖《雜字》云：「詁者，古今之異語也；訓者，謂字有意義也。」郭氏《尒疋》有《釋詁》、《釋訓》，樊、孫等《尒疋》皆爲《釋故》、見《詩釋文》。《釋訓》。《蓺文志》《詩》有《魯故》、《韓故》、《齊后氏故》、《孫氏故》、《毛詩故訓傳》，唐石經及《正義》皆作「詁訓」，❶《釋文》作「故訓」。《正義》云：「定本作『故』。」《書》有大、小夏侯《解故》，皆所謂「故訓，先王之遺典也」。小顏曰：「故者通其指義。」孔穎達以爲「古訓者，故舊之道，故爲先王之遺典」，何其謬與！《周書·大開武》曰：「淫文破典，典不式，教民乃不類。」荀卿子引傳曰：「博聞彊志，不合王制，君子賤之。」皆謂不式古訓者也。《正義》首卷《詁訓傳》下亦引是詩以爲證，與此疏異者，顧君寧人所謂「諸儒義疏，不出一人之手」是也。

《江漢》云：匪疚匪棘。 箋云：「棘，急。」《正義》云：「棘，急。《釋言》文。彼『棘』作『械』，當作「悈」。音義同。」案《釋言》云：「悈，褊急也。」注云：「皆急狹。」《鹽鐵論》引《詩》云「獫允孔熾，我是用戒」，「戒」即「悈」也。《毛詩》「戒」作「棘」，是「棘」與

❶「石」，原作「不」，據稿本、四庫本、省吾堂本、清經解本、槐廬叢書本改。

「戒」古字通。

《瞻卬》云：蟊賊蟊疾。 《釋文》「蟊」作「蛑」，云：「本又作『蝥』。」棟案：「蝥」本作「蟊」，从蟲，不从蚰。昆。古文「蟊」作「蛑」，从虫，从牟。《釋文》是也。

《清廟》。 《釋文》云：「廟，本又作『庿』，古今字也。」棟案：《士冠禮》「廟」字亦作「庿」，《說文》云：「庿，古文廟。」

周公既成洛邑，朝諸侯。 《釋文》「洛」作「雒」，云：「本亦作『洛』字，從水。後漢都洛陽，以火德，爲水尅火，故改爲各傍隹。」棟案：陸氏此說見魚豢《典略》。然案朱育《集字》以「雔」爲「雒」，則古本有此字，非始於後漢也。

維天之命，於穆不已。 《正義》曰：「《譜》云子思論《詩》『於穆不已』，孟仲子曰『於穆不似』。」棟案：《說文》「以」字从反已，《漢書》皆作「㠯」，與「巳」同。《檀弓》注云：「以，已字。」「以」與「已」字本同，又與「似」相通。《易·明夷》曰：「文王以之」、「箕子以之」，鄭氏本「以」皆作「似」。《斯干》詩云「似續妣祖」，箋云：「似讀如『巳午』之巳。」《正義》曰：「直讀爲巳，不云字異，則古者似、巳字同。『於穆不已』師徒異讀，是字同之驗也。」《譜》云：「孟仲子，子思弟子。」

假以溢我。 《說文》引云「誐以溢我」，「誐，嘉善也」。《廣韻》引云「誐以謐我」，《左傳》又云「何以恤我」。襄廿七年。毛傳云：「假，嘉。溢，慎。」案「誐」與「何」音相近，故譌爲「何」。「溢」與「謐」字相類，「謐」又與「恤」通，皆訓爲「慎」。古文《虞書》云「惟刑之恤哉」，伏生《尚書》恤作「謐」，此其證也。

貽我來牟。 《漢書·劉向傳》引作

「麰麳」，云「麰麳，麥也，始自天降」。《說文》云：「來，周所受瑞麥，天所來也，故爲『行來』之來。」棟案：郭㬎卿《字指》後漢中庶子。「麰」字从麰，徐仙民讀與「來」同。

《載芟》云：有略其相。 俗作耜。傳云：「略，利也。」《釋文》云：「《字書》作『畧』。」棟案：「畧」本籀文「鍔」字，故《釋詁》云：「畧，利也。」相有鋒鍔，乃能熾菑其田畝。「略」無訓「利」之文，當从《字書》作「畧」。唐石經亦作「略」，非。

萬億及秭。 《廣韻》云：「秭，千億也。」《風俗通》云：「千生萬，萬生億，億生兆，兆生京，京生秭，秭生垓，垓生壤，壤生溝，溝生澗，澗生正，正生載。載，地不能載也。」

《良相》云：以開百室。 《周書·作雒》曰：「都鄙不過百室，以便野事。」都鄙謂采地井田，六鄉則一族，六遂則一酇，皆百室也。周禮百室之制，都鄙與鄉遂同也。

《絲衣》：鼐鼎及鼒。 《釋文》云：「鼒音茲。徐音災，郭音才。」《說文》曰：「鼒从鼎，才聲。」郭音是也。《史記音義》引此詩「鼒」作「鼒」，云：「鼒音資。」案「鼒」與「才」通。《張平子碑》云「往才女諧」，邢昺曰：「鼒，古文作『才』。」鼒省文作「才」，音資，失之。

《酌》：告成大武也。 案《儀禮》、《漢書》作「勺」。《禮樂志·獲赤鴈歌》云「勺椒漿，靈已醉」，是「勺」與「酌」同。《左傳》作「汋」。《周禮·士師》云「八成，一曰邦汋」，先鄭云：「汋讀如『酌酒尊中』之酌。」陸氏《詩釋文》云：「酌亦作『汋』。」《正義》云古今字。

保有厥士。 棟案：「士」，古文「土」，見《周牧敦》。《史記》云「有邦有士，告汝祥刑」，今《尚書・呂刑》「士」作「土」。《呂覽・任地》云：「后稷曰：『子能使吾士靖而甽浴士乎？』」高誘曰：「士當作『土』。」

《泮水》云：薄采其茆。 傳云：「茆，鳧葵也。」《周禮・醢人》有「茆菹」，鄭大夫讀「茆」爲「茅」，杜子春讀「茆」爲「卯」。《説文》引《詩》云「言采其茆」，徐仙民音柳，與《説文》合。案《汗簡》云：「古文《尚書》以『茆』爲『縮』。」《左傳》「縮酒」，《説文》引作「莤」，「莤」與「茆」同，與鄭大夫説合，不得訓爲鳧葵矣。茆本从丣，不从丣，《周禮》「茆菹」，北人皆音柳，非也。《律歷志》云：「冒茆於卯。」

《閟宫》曰：后稷之孫，實維大王。居岐之陽，實始翦商。 傳云：「翦，齊也。」箋云：「翦，斷也。」鄭注《周禮・翦氏》云：「翦，斷滅之言也。《詩》云『實始翦商』。」棟案：毛、鄭二説皆非也。《尒疋・釋詁》曰：「翦，勤也。」周自后稷受封以來，世有爵土，自不窋失官，社稷幾不血食。至於大王，初遭獯鬻之難，自豳遷岐，始能光復祖宗，脩朝貢之職，勤勞王事。至於文王，三分有二，尚合六州之衆，奉勤于商。見《周書・程典篇》。武王初循服事之誠，末年然後受命，皆所謂「纘大王之緒」也。楊慎據《説文》引《詩》作「戩商」，解云「福也」，以爲大王始受福于商而大其國。案《説文・戈部》云：「戩，滅也。」宋本亦然，説與鄭氏合，無訓「戩」爲「福」之文。惟《尒疋》及《天保傳》云：「戩，福也。」然「實始福商」，其説大鑿，恐未然也。

戎狄是膺，荆舒是懲。 《史記・建元以來侯者年表》云「戎狄是應，荆荼是徵」，裴駰注：「毛傳云：『應，當也。』鄭玄云：『徵，艾。』」《尒疋》云：「應，當也。」故傳从之。《説文》云：「膺，受也。」又，訓「受」與傳異，今作「膺」者，蓋沿《孟子》之誤。《孟子》多俗字，當以《史記》所引爲正。

《玄鳥》云：奄有九有。 傳云：「九有，九州。」《韓詩》作「九域」，訓與毛傳同。棟案：「域」當作「或」，《說文》曰：「或，邦也，从口，从戈，以守一。一，地也。」古「或」字作「有」，「有」字作「又」，亦作「或」。詳《尚書攷》。《商書》云「九有以亡」，又云「以有九有之師」，皆九州也。上云「正域彼四方」，傳云：「域，有也。」案「域」亦當作「或」。

武王載旆。 《史記》：「湯曰『吾甚武』，號曰武王。」旆，《說文》引作「坺」，治也。《荀子》引作「發」，「坺」與「發」通。公叔文子名拔，❶或作「發」，見《檀弓》注。與「下」協韻。《周禮·大司馬》「中夏教茇舍」，鄭注云：「茇讀如『萊沛』之沛。」「沛」與「旆」皆音蒲貝反，與「茇舍」音通，是「旆」亦讀爲「坺」，古音通也。

惠棟曰：王伯厚謂鄭康成先通《韓詩》，故注《三禮》與箋《詩》異。案《鄭志》「荅炅模云：『爲記注時就盧君，先師亦然，後乃得毛公傳記古書義。又且然記注已行，不復改之。』」盧君謂盧子幹也，先師謂張恭祖也。《續漢書》盧植與鄭玄俱事馬融，同門相友。玄本傳云「玄又從東郡張恭祖受《韓詩》」，故記注多依韓說。《六藝論》云：「注《詩》宗毛爲主，毛義若隱略，則更表明，如有不同，即下己意。」案鄭箋宗毛，然亦閒有從韓、魯說者。如《唐風》「素衣朱襮」以「繡黼」爲「綃黼」；《十月之交》爲厲王時；《皇矣》「侵阮徂共」爲三國名；皆从《魯詩》。《衡門》「可以樂飢」，以「樂」爲「𤻲」；《十月之交》「抑此皇父」，「抑」讀爲

❶「叔」，原作「孫」，據四庫本改。

「意」；《思齊》「古之人無斁」，「斁」作「擇」；《泮水》「狄彼東南」，「狄」作「鬄」；皆《韓詩》説也。鄭漁仲以「素衣朱綃」爲《齊詩》，未詳。

鄭漁仲云：「漢氏文字未有引《詩序》者，惟魏黄初四年有曹共公『遠君子近小人』之語，葢《詩序》至是而始行。」棟案：《左傳》襄廿九年季札見歌《秦》，曰：「美哉！此之謂夏聲。」服虔《解誼》云：「秦仲始有車馬禮樂之好，侍御之臣，戎車四牡，田守之事，與諸夏同風，故曰夏聲。」《詩正義》引之。又，蔡邕《獨斷》載《周頌》卅一章，盡録《詩序》，自《清廟》至《般》詩一字不異，何得云至黄初時始行于世耶？漁仲又謂《詩序》作于衞敬仲，亦臆説。

毛公傳《詩》，世謂趙人毛萇撰，而不知爲大毛公也。薛君爲《韓詩章句》，世謂淮陽薛漢撰，而不知爲薛夫子也。大毛公名亨，魯人，著《故訓傳》，見《詩譜》及《初學記》。薛夫子名方回，字夫子，廣德曾孫，漢之父也。見《唐書·宰相世系表》。

九經古義卷弟六終

益都李文藻覆校

九經古義卷弟七

周禮古義上

《天官・腊人》。　注云：「腊之言夕也。」《説文》：「㫺，乾肉也，从殘肉，日以晞之，與俎同意。」籀文作「𦠆」，从肉。㫺、夕古字通。《穀梁傳》云：「日入至于星出謂之㫺。」《管子》云：「旦㫺從事。」王逸《楚辭章句》引《詩》云「樂酒今㫺」，是皆以「㫺」爲「夕」。㫺之爲物，經夕乃乾，故言「夕」或作「久」，「久」猶「㫺」也。《外傳》云「厚味實腊毒」，韋昭曰：「腊讀若廇㫺酒。」漢之酋久白酒亦云「㫺酒」。張參《五經文字》云：「《説文》作『㫺』，石經作『昔』。」

《大宰》：六典，二曰教典，以擾萬民。　注云：「擾猶馴也。」案《春秋傳》云「乃擾畜龍」，應劭曰：《史記注》。「擾音柔，擾，馴也。」《尚書》「擾而毅」，徐廣曰：「擾一作『柔』。」字本作「犪」，見《玉篇》。「犪」有「柔」音，故《史記》或作「柔」。又有「馴」音，故李軌、徐邈皆音尋倫反，或音而小反，失之。

九賦。　注云「賈人倍算」，此漢律也。應劭《漢書注》云：「《漢律》，人出一算，算百二十錢，唯賈人與奴婢倍算。」

《小宰》：八成，一曰聽政役以比居。　先鄭云：「比居謂伍籍也。比地爲五，因内政寄軍令，以伍籍發軍起役者，平而無遺脱也。」李靖曰：「《春秋左氏傳》云『先偏後伍』。又，《司馬法》曰『五人爲伍』。《尉繚子》有『束伍令』。漢制有『尺籍伍符』，後世符籍以紙爲之，於是失其制矣。」

《宮正》：幾其出入。　注云：「謂幾呵其衣服、持操及疏數者。」《釋文》「呵」作「苛」，音呼何反，又音何。毛居正《六經正誤》云：「案《閽人》注『苛其出入』，《比長》注『呵問』，《秋官・萍氏》『苛察』，《環人》『苛留』，凡五處，音義皆同。而字或作『荷』，或作『苛』，或作『呵』，其實一也。古字通用，借用大抵如此。《漢書》『誰問』作『何』，『責問』作『呵』，亦作『訶』，『刻虐』作『苛』，『芙渠』作『荷』。」棟案：「刻虐」之「苛」字本作「荷」，《毛詩序》云「哀刑政之荷」，《春秋傳》云「荷慝不作」，《漢書》「好持荷禮」是也。今本皆作「苛」，非也。「荷擔」之荷本作「何」，《易》「何天之衢」、《論語》「何蕢」是也。責問之呵本作「苛」，《漢乙令》有「呵人受錢」。見陳羣《新律序》。《説文》云：「廷尉説律至以字斷法，苛人受錢，苛之字止句也。」苛从止，从句，則爲⿱止句字，經典所無，然古文可與句通。《康誥》云「盡執拘以歸于周」，《説文》引《書》云「盡執抲」，但苛从艸，从可，不从止，以苛爲「止句」，故《説文》以爲不合孔氏古文。

《内饔》：馬黑脊而般臂，螻。　注云：「般臂，臂毛有文。」疏云：「鄭荅泠剛『童牛之梏』，牛在手曰梏，牛無手，以前足當之。此馬亦然，故言『般臂』。」《北山經》曰：「諸毗之水，其中多水馬，其狀如馬，文臂牛尾。」郭璞云：「臂，前腳也。《周禮》曰『馬黑脊而斑臂，膢』。」

《外饔》：饗士庶子。　注云：「士庶子，衛王宫者，若今時之饗衛士矣。」《續漢書・禮儀志》云：「饗遣故衛士儀：百官會，位定，謁者持節，引故衛士入自端門。衛司馬執幡鉦護行。行定，侍御史持節慰勞，以詔恩問所疾苦，受其章奏所欲言。畢饗，賜作樂，觀以角抵。樂闋罷遣，勸以農桑。」案：前漢饗衞士於曲臺，後漢於平樂觀。

《瘍醫》：以五氣養之。　注云：「『五氣』當爲『五穀』，字之誤也。」何焯云：「氣，《訂義》音餼，則字不必改而義得矣。」棟案：《說文》「饋客芻米曰氣」，「氣」本「餼」字，經傳無五氣之文。《内經》云「五穀爲養，五果爲助，五菜爲充」，故鄭據此「五氣當爲五穀」，《訂義》非也。

《酒正》：四飲，二曰醫。　注云：「醫之字，从殹、从酉省也。」案文當云「从殹从酒省」。《說文》云「殹，病聲，酒所以治病也。《周禮》有醫酒」。

《司裘》。　注：「中秋鳥獸毴毨。」《釋文》云：「毴音毛。」棟案：「毴」當爲「髦」字之誤也。鄭氏《尚書》云「中秋鳥獸髦毨」，「中冬鳥獸毴髦」，涉下而誤耳。

《内司服》。　注：「六服皆袍制，以白縳爲裏，使之張顯。今世有沙縠者，名出于此。」《釋名》曰：「縠，粟也。其形足足而踧，視之如粟也。」又謂：「沙縠，亦取踧踧如沙也。」《說文》云「縠，細縳也」，與鄭說合。

《地官·廛人》。　注：「故書『廛』爲『壇』，杜子春讀『壇』爲『廛』。說云：『市中空地。』玄謂廛，民居區域之稱。」案：《管子·五輔篇》曰「辟田疇，利壇宅」，《荀卿子》云「定廛宅」，是古「廛」字皆作「壇」也。

《土訓》。　注：「鄭司農云：『訓讀爲馴。』」案「訓」與「馴」古今字，《史記·五帝紀》云「帝堯能明馴德」，徐廣曰：「馴，古訓字。」又，《殷本紀》「帝舜命契曰『百姓不親，五品不馴』」，《後漢書》又作「訓」。古文作

「愻」，俗作「遜」。《萬石君傳》「馴行孝謹」，亦作「訓」。《易・坤・初六・象》曰「馴致其道」，鄭注云：「馴，從也。」徐爰音訓，依鄭義。《漢書・韋玄成傳》玄成詩云「惟我節侯，顯德遐聞，左右昭宣，五品巳訓」，「訓」與「聞」協，則知「訓」讀爲「馴」，先鄭之説信矣。

《大司徒》：以土圭之灋測土深，❶正日景以求地中。 注云：「故書『求』爲『救』。杜子春云：『當爲求。』」案「救」當作「殺」，古文「求」。《説文》引《虞書》云「旁殺僝功」，蔡邕石經《般庚》云「器非殺舊」，皆以「殺」爲「求」。古「救」字作「捄」，「裘」字作「求」。

其附于刑者，歸于士。 注云「士謂主斷刑之官」，「或謂歸于圜土」。鄭以古「土」字有作「士」者，故復以「圜土」釋之。《詩・周頌》云「保有厥士」，義作「土」。《世本・作篇》云「相士作乘馬」，即相土也。《呂覽・任地》云：「后稷曰：『子能使吾士靖，而甽浴士乎？』」高誘曰：「士當爲土。」《周牧敦》亦以「士」爲「土」。

《小司徒》：及三年，則大比。 注云：「大比謂使天下更簡閲民數及其財物也。鄭司農云：『五家爲比，故以比爲名，今時八月案比，是也。』」《東觀漢記》元初四年，詔曰：「方今八月，案比之時。」李賢《後漢書注》云：「案比，謂案驗户口，次比之也。」《續漢書・禮儀志》云：「仲秋之月，縣道皆案户比民。」疏云：「漢時八月案比，而造籍書。周以三年大比，未知定用何月。」案《管子・度地篇》云：「令曰：常以秋歲末之時閲其民，案家人，比地，定什伍口數，別男女

❶ 「測」，原作「則」，據稿本、四庫本、省吾堂本及清經解本改。

大小。其不爲用者，輒免之。有錮病不可作者，疾之。可省作者，半事之。」

《鄉大夫》：以鄉射之禮五物詢衆庶，五曰興舞。 注云：「故書『舞』爲『無』。杜子春『無』讀爲『舞』，謂能爲六舞。」古「無」與「武」同音，「武」又與「舞」通。《禮器》云「周坐尸，詔侑武方」，注云：「武當爲『無』，聲之誤也。」《論語》「射不主皮」，馬融云：「射有五善焉：一曰和志，體和；二曰和容，疑「和」字衍。有容儀；三曰主皮，能中質；四曰和頌，合《雅》、《頌》；五曰興武，與舞同。」漢《武梁祠堂畫象》云「秦武陽」，今史記作「秦舞陽」，知古字通。

《牛人》：共兵車之牛，以載公任器。 注：「任猶用也。」《二老堂雜誌》云：「宋景文公博極羣書，其筆記云：『余見今人爲學不及古人之有根柢，每亦自愧。常讀《式目》中有「任器」字，注云未詳。其「任器」乃荷擔之具，雜見子史中，何言未詳？』予謂《禮·牛人》『以載公任器』乃六經語，而景文但引子史，何邪？」

《師氏》：掌國中失之事，以教國子弟。 注云：「中，中禮者也；失，失禮者也。故書中爲得，杜子春云：『當爲得，記君得失若《春秋》是也。』」《三倉》曰：「中，得也。」《史記索隱》。《封禪書》云「康后與王不相中」，《周勃傳》「勃子勝之尚公主，不相中」，皆訓爲得。《呂覽》云：「禹爲司空，以通水潦，顔色黎黑，步不相過，竅氣不通，以中帝心。」高誘曰：「中猶得。」然則「中失」猶「得失」，故鄭用杜説而不改字。

《保氏》：五射。 注：「鄭司農云：『五射，白矢、參連、剡注、襄尺、井儀也。』」《釋文》云：「襄音讓，本作『讓』，諸音非。」

棟案：「讓」亦音襄，古字通。《大戴記・投壺篇》本云「弓既平張，四侯且良，決拾有常，既順乃讓。乃揖乃讓，从言，聲。乃隮其堂，乃節其行，既志乃張」。是「讓」有「襄」音。《詩・角弓》「讓」與「亡」叶。

《調人》云：**凡有鬬怒者，成之。** 鄭司農云：「成之，謂和之也。和之，猶今二千石以令解仇怨，後復相報，移徙之。此其類也。」何休《公羊注》云：「古者，諸侯有難，王者若方伯和平之後，後相犯，復故罪。」此調人成之之法也。成之者何？和之也。《王褒集・僮約》注云：「漢時官不禁報怨，引見《御覽》。故二千石以令解之。」令者，漢令有和難之條。鄭云「後復相報，移徙之」者，案後漢桓譚疏曰：「今人相殺傷，雖已伏法，而私結怨讎，子孫相報，後忿深前，至於滅户殄業，而俗稱豪健。故雖怯弱，猶勉而行之。此爲聽人自理，而無復法禁者也。今宜申明舊令，若已伏官誅，而私相傷殺者，雖一身逃亡，皆徙家屬於邊，其相傷者加常二等，不得雇山贖罪。如此則仇怨自解。」譚所云「舊令」，即先鄭所云「移徙」之法也。

《質人》：**同其度量，壹其淳制。** 注：「杜子春云：『淳當爲純，純謂幅廣，制謂匹長。』」案《管子》作「綧制」，《制分篇》云「衡石一稱，斗斛一量，丈尺一綧制，戈兵一度」。❶ 上經注云：「量度若今處斗斛及丈尺。」愚謂斗斛屬量，戈兵屬度，《管子》是也。

《掌節》：**皆有期以反節。** 注云：「將送者執此節以送行者，皆以道里日時課，如今郵行有程矣。」《漢書・趙充國傳》云：

❶ 按此句見《君臣篇》。

「充國陳兵利害，六月戊申奏，七月甲寅，璽書報從充國計。」此「郵行有程」之證。

《遂師》：及窆，抱磨。　注云：「磨者，適歷執綍者名也。」疏云：「天子千人，分布六綍之上，分布稀疏得所，名爲『適歷』。」棟謂：「歷」當作「秝」。《說文》：「秝，稀疏適也，讀若歷。」稀疏適均，故謂之「適歷」。

《稍人》：掌令丘乘之政令。　注云：「丘乘，四丘爲甸。甸讀與『維禹敶之』之敶同，其訓曰乘，由是改云。」疏云：「案《毛詩》云『惟禹甸之』，不爲『敶』者，鄭先通《韓詩》，此據《韓詩》而言『敶』。『敶』是軍陳，故訓爲『乘』，由甸出車一乘，可以爲軍，故改云『乘』，不爲『甸』也。」棟案：「敶」古文「陳」，見《義雲章》。《小司徒》注云：「甸之言乘也，讀如『中甸』之甸。」又，《甸祝》注云「甸之言田也」，《小宗伯》注云「甸讀爲田」，古陳、田字同。「陳」又訓「乘」，又與「甸」通。

《司稼》：巡野觀稼，以年之上下出斂灋。　注云：「斂灋者，豐年從正，凶荒則損。若今十傷二三，實除減半。」疏云：「鄭舉漢灋以況義，『十傷二三』者，謂漢時十分之内傷二分、三分，餘有七分、八分在。『實除減半』者，謂就七分、八分中爲實在，仍減去半不税，於半内税之。」案《後漢紀》云：「永元五年詔：『今年郡國秋稼爲旱蝗所傷，其什四以上勿收田租，有不滿者，以實除之。』」注云：「所損不滿四者，以見損除也。」然則不滿四者，謂十傷二三也。十四以上勿收田租，則不在斂灋之内矣。

《春官·司几筵》。　注云：「筵亦席也。鋪陳曰筵，藉之曰席。然其言之『筵』、『席』通矣。」《大射儀》曰「賓升就席」，注云：「今文『席』爲『筵』。」是「筵」與「席」古今字，故云「筵」、「席」通。

《職喪》。　注云：「職，主也。」《周書·大聚》云：「立職喪以恤死。」

《大宗伯》：以血祭祭社稷、五祀、五嶽。　注云：「故書『祀』作『禩』。鄭司農云『禩當爲祀』。」案《小祝》「保郊禩于社」，杜子春讀「禩」爲「祀」。《説文》云：「祀或从禩。」《汗簡》云：「古文《尚書》以『禩』爲『祀』。」

五命賜則。　注云：「王莽時以二十五成爲則，方五十里，合今俗説子男之地。」《王莽傳》云：「諸公一同，有衆萬户，土方百里；侯伯一國，衆户五千，土方七十里；子男一則，衆户二千有五百，土方五十里。附城大者，食邑九成，衆户九百，土方三十里。自九以下，降殺以兩，至於一成。五差備具，❶合當一則。」案十里爲成，成百户，故方百里爲萬户，方七十里爲四千九百户，言五千，舉成數也。方五十里爲二千五百户，皆與《王制》合。「附城」猶周之附庸，自九成至一成，降殺以兩，五差計之，合一則二十五成之數。《呂覽·慎勢》云：「王者之封建也，彌近彌大，彌遠彌小，海上有十里之諸侯。」附城一成，其古制與！康成謂唯劉子駿識之爾。

《小宗伯》云：凡王之會同、軍旅、甸役之禱祠，肆儀爲位。　注云：「若今時肆司徒府也。」《漢書·淮南王傳》云「與諸侯王、列侯會肆丞相、諸侯議」，注云：「肆，詣也。」《漢舊儀》曰：「哀帝元壽二年，以丞相爲大司徒。」

《肆師》。　注：「《尚書傳》曰：『王升舟入水，鼓鐘亞，觀臺亞，將舟亞，宗廟亞。』」案《尚書大傳》「亞」作「惡」，鄭注云：「惡讀爲

❶「具」，原作「其」，據稿本及四庫本改。

亞。」施宿《石鼓文釋》云：「亞，《汗簡》作『亞』，云《古孝經》作『惡』。」詳《易古義》。

凡師不功，則助牽主車。　注云：「故書『功』爲『工』，鄭司農『工』讀爲『功』。古者『工』與『功』同字。」

凡國之大事，治其禮儀。　注云：「故書『儀』爲『義』，鄭司農云『義讀爲儀』。古者書『儀』但爲『義』，今時所謂『義』爲『誼』。」

《司几筵》：設莞筵紛純。　注云：「紛如綬，有文而狹者。」《漢官儀》云「綬長一丈二尺，闊三尺」，故云「有文而狹」。

《冢人》：以爵等爲丘封之度與其樹數。　注云：「別尊卑也。王公曰丘，諸臣曰封。《漢律》曰：『列侯墳高四丈，關內侯以下至庶人各有差。』」《易大傳》云「不封不樹」，虞翻注云：「穿土稱封，封，古『窆』字也。聚土爲樹。」其說與《冢人》合。丘者丘隧，故曰「王公曰丘」；封者葬下棺，故曰「諸臣曰封」。樹數高下無明文，因引《漢律》以證之。《疏》以封爲聚土，樹爲樹木，皆失之。鄭注《檀弓》，仍以封爲高下之數，非也。

《大司樂》：凡有道者有德者，使教焉。　注云：「道，多才蓺者；德，能躬行者。若舜命夔典樂教育子是也。」《釋文》云：「育音胄，本亦作『胄』。」《說文》引《虞書》云「教育子」，云「養子使作善也」。今薛宣《書古文》亦作「育」，《尒疋》育、胄皆訓「長」，故馬季長注《尚書》亦云「胄，長也。教長天下之子弟」。詳《尚書攷》。

以樂德教國子中、和、祗、庸、孝、友。　注云：「中猶忠也。」案「中」與「忠」通。漢《呂君碑》云「以中勇顯名」❶，義作「忠」。

❶「漢」，諸本同。依《隸釋》，當作「魏」。

後漢王常爲漢忠將軍，《馮異傳》作「中」。古文《孝經》引《詩》云「忠心藏之，何日忘之」，見《釋文》。今《毛詩》作「中」。《曾子大孝篇》云：「仁者，仁此者也；義者，宜此者也；忠者，中此者也。」知「忠」與「中」同。

凡六樂者，文之以五聲，播之以八音。　注云：「故書『播』爲『藩』。杜子春云：『藩當爲播，讀如「后稷播百穀」之播。』」棟案：古「藩」字亦作「播」。《尚書大傳》《五行傳》。云「播國率相行事」，鄭注云：「播讀爲藩。」

令去樂。　注云：「去樂，藏之也。《春秋傳》曰『壬午猶繹，萬入去籥』。萬言入，則去者不入，藏之可知。」案古人皆謂「藏」爲「去」。《春秋傳》云「去樂卒事」，又云「紡焉以度而去之」，《公羊傳》云「去其有聲者」，皆訓爲「藏」。顧炎武云：「《漢書·蘇武傳》『掘野鼠，去中實而食之』。師古曰：『去謂藏之也。』《陳遵傳》『皆藏去以爲榮』，師古曰：『去亦藏也。』《魏志·華陀傳》『去藥以待不祥』，臣松之案：『古語以「藏」爲「去」。』」

《樂師》：詔來瞽皋舞。　注云：「鄭司農云：『皋當爲告。』玄謂：皋之言號，告國子當舞者舞。」《説文》曰：「禮：祝曰皋，登謌曰奏。故皋、奏皆从夲。《周禮》曰『詔來鼓皋舞』，皋，告之也。」先鄭讀「皋」爲「告」者，《戰國策》曰「商君告歸」，延篤以爲「告歸，今之歸寧也」。《東觀漢記·田邑傳》云：「邑年三十，歷卿大夫，號歸罷，厭事，少所嗜欲。」「號歸」即「告歸」也。「皋」讀爲告，「告」讀爲號，皋、告同音，故《大祝》注云：「皋讀爲『卒嗥呼』之嗥。」《漢書》記云，高祖嘗告歸之田。服虔云：「告音如『嗥呼』之嗥。」是「告」又讀爲嗥，然則「皋」、

「告」、「嗥」三字同物同音，故二鄭所讀亦無兩義。顏籀注《漢書》以爲「告」字假爲「嗥」音，並無別義。熊朋來《經説》又以鄭氏前後異讀，皆不識古音，而妄下雌黄者也。

《大胥》。注：「漢《大樂律》曰：『卑者之子，不得舞宗廟之酎。除吏二千石到六百石及關内侯到五大夫子，先取適子，高七尺已上，年十二到年三十，❶顏色和順，身體脩治者，以爲舞人。」《疏》云：「既云取七尺以上，而云十二到三十，則十二者誤，當云二十至三十。」又引《鄉大夫職》以爲證。棟案：劉昭《後漢書補注》引盧植《周禮注》所載《大樂律》，「七尺」作「五尺」，鄭注《論語》云「六尺，謂年十五以上」，則五尺爲十二，審矣。賈《疏》失之。

《鎛師》：凡軍之夜三鼜，皆鼓之，守鼜亦如之。注云：「守鼜，備守鼓也。杜子春云：『一夜三擊，備守鼜也。《春秋傳》所謂「賓將趨」者，音聲相似。』」《夏官・掌固》云「夜三鼜以號戒」，杜子春云：「讀鼜爲『造次』之造，爲擊鼓行夜戒守也。《春秋傳》所謂『賓將趨』者，『趨』與『造』音相近，故曰『終夕與燎』。」案「鼜」，《説文》作「𪔂」，云：「夜戒守鼓也，从壴，蚤聲。禮，昏鼓四通爲大鼓，注作「鼜」，引《司馬法》云云。夜半三通爲戒晨，旦明五通爲發明，注作「昫」。讀若戚。」鄭於《鼓人》注用叔重之説。杜子春又云「鼜讀爲『憂戚』之戚」，與《説文》合。賈《疏》云：「言鼜者，聲同憂戚，取軍中憂懼之意。」趨、造音相近，長言爲趨，短言爲戚。

《鞮鞻氏》：掌四夷之樂。注云：「四夷之樂，東方曰《韎》，南方曰《任》，西方曰

---

❶「三十」下，原衍「一」字，據四庫本刪。

《株離》，北方曰《禁》。《詩》云『以《雅》以《南》』是也。」《後漢書・陳禪傳》云：「尚書陳忠劾禪曰：『古者合歡《白虎通》作「觀」。之樂舞於堂，四夷之樂陳於門。故《詩》云「以《雅》以《南》」，《韎》、《任》、《朱離》」。』」注云：「《毛詩》無『韎任朱離』之文，蓋見齊、魯之《詩》也，今亡。」

《太卜》：原兆。 注云：「原，原田也。」《周易・比卦》云「原筮元永貞」，干寶曰：「原，卜也。《周禮》三卜，一曰原兆。」《春秋傳》曰「原田每每」，《説文》云：「每，艸盛上出也。」高印之田坼如龜文，故曰「原田」。兆之璺罅有似高印之田，《尒疋》云：「高平曰原。」故曰「原兆」。賈《疏》以爲原與「原田」字同，恐大憒憒也。

《大祝》：六號，五曰齍號。 注云：「齍號，爲黍稷皆有名號也。❶《曲禮》曰『黍曰薌合，粱曰薌萁，稻曰嘉蔬』。」案《禮記正義》云隋祕書監王劭勘晉、宋古本，皆無「稷曰明粢」一句，立八疑十二證，以爲無此一句爲是。今此注所引亦無是句，當在十二證之一也。又，獻帝《宗廟祝嘏辭》所薦一元大武、柔毛、剛鬣、商祭、明眎、香合、嘉疏、鹹鹺、豐本，而不及明粢；又，蔡氏《獨斷》載祭宗廟禮牲之別名及祭號等，皆與《曲禮》同，獨無「稷曰明粢」一句。

九𢷬。三曰空首。 《穆天子傳》云：「天子賜許男駿馬十六，許男降，再拜空首。」郭璞云：「空首，頭至于地。」

九經古義卷弟七終

益都李文藻覆校

❶「爲」，《周禮注》作「謂」。

九經古義卷弟八

周禮古義下

《夏官·司爟》。《説文》曰：「爟，取火於日，官名。舉火曰爟。《周禮》曰『司爟掌行火之政令』，从火，雚聲。或作『烜』，从亘。」案《司爟》注：「讀如『予若觀火』之觀。」古喚反。《秋官》司烜氏，音燬。「讀如『衛侯燬』之燬」。鄭氏兩讀，許君合而一之，葢本賈侍中之説。高誘曰：「爟讀如權字。」《漢·郊祀志》云：「通權火。」

《羅氏》云：中春，羅春鳥。注云：「春鳥，蟄而始出者，若今南郡黄雀之屬。」郭義恭《廣志》云：「黄雀脂肥絶美，江夏、竟陵常給獻大官。」《御覽》。

《司右》。注：「《司馬灋》曰：『弓矢圍，殳矛守，戈戟助。凡五兵，長以衛短，短以救長。』」案：今《司馬灋》曰：「右兵，弓矢禦，殳矛守，戈戟助。凡五兵五當，長以衛短，短以救長。」賈公彦曰：「弓矢圍者，圍城時也。」愚謂：「圍」當作「圉」，古「禦」字作「圉」，《管子》、《墨子》書皆然。鄭注作「圍」，傳寫之誤。今《司馬灋》爲「禦」字，从俗作也。

《方相氏》：掌蒙熊皮。注云：「冒熊皮者，以驚敺疫癘之鬼，如今魌頭也。」應劭《風俗通》曰：「俗説亡人魂氣游揚，故作魌頭以存之，言頭魌魌然盛大也。或爲魌頭爲觸壙，殊方語也。」《御覽》。《説文》云：「今逐疫有䫏頭。」

《大僕》：建路鼓于大寢之門外，以待達窮者與遽令。 注云：「鄭司農云：『窮謂窮寃失職，則來擊此鼓，若今時上變事擊鼓矣。遽，傳也。若今時驛馬軍書當急聞者，亦擊此鼓。』玄謂：遽令，郵驛上下程品。」棟案：《漢厩律》有「上變事」及「驚事告急」，《漢厩律》魏改爲《郵驛令》。《漢書·梅福傳》云：「數因縣道上言變事，求假軺傳，詣行在所條對急政，輒報罷。」師古曰：「變謂非常之事。」《黥布傳》賁赫上變事，乘傳詣長安。

《職方氏》。 《樊毅脩華嶽碑》云「《周禮》識方氏」。歐陽永叔云：「識字字畫分明，非譌闕，疑當時《周禮》之學自如此。」棟案：《周禮》多古字，如「織」字作「職」，「職」字作「識」，「識」字作「志」，漢時已不能盡攷，況後世乎！

《秋官·司圜》。 注：「鄭司農云：『圜，謂圜土也；圜土，謂獄城也。今獄城圜。』」《春秋元命苞》曰：「爲獄圜者，象斗運。」宋均注云：「作獄圜者象斗運也。」《初學記》引。

《冥氏》。 注：「鄭司農云：『冥讀爲「冥氏春秋」之冥。』」王伯厚云：「漢泰山冥都傳《春秋》，故云《冥氏春秋》。」案《夏本紀》，禹，姒姓，後有冥氏。

《薙氏》。 注云：「書『薙』或作『夷』。鄭司農云：『今俗閒謂「麥下」爲「夷下」，言芟夷其麥，以其下種禾豆也。』玄謂：薙讀如『鬀小兒頭』之鬀。」《説文》云：「鬀，鬄髮。大人曰髡，小兒曰鬀，盡及身毛曰鬄。」案《甘泉賦》云「列新雉於林薄」，服虔曰：「新雉，香草也，雉、夷聲相近。」師古曰：「新雉即辛夷。」《春秋傳》曰：「五雉，爲五工正夷民者也。」服虔曰：「雉者，夷也。夷，平也。」孔穎達云：「雉聲近夷，雉訓夷，夷爲平。」「薙」讀如鬀者，《説文》云：「古文雉从弟。」篆文弟、夷字相似。《荀氏易・渙・六四》云「匪弟所思」，今本作「夷」。

《蟈氏》。 注：「鄭司農云：『蟈讀爲蜮，蜮，蝦蟇也。《月令》曰「螻蟈鳴」。』玄謂：蟈，今御所食蛙也，字从虫，國聲。蜮乃短狐與！」案：《説文》「蜮」正字也，「蟈」或字也，許氏以爲短狐。

《壺涿氏》。 注云：「故書『涿』爲『獨』。鄭司農云：『獨讀爲「濁其源」之濁，音與涿相近，書亦或爲濁。』」

《大司寇》：凡庶民之獄訟，以邦成弊之。 注云：「邦成，八成也。鄭司農云：『邦成，謂若今時《決事比》也。』」《士師職》云「掌士之八成」，先鄭云：「行事有八篇，若今之《決事比》。」則「八成」謂「邦汋」、「邦賊」以下八事。賈《疏》以爲《小宰》之「八成」，非也。《東觀漢記・鮑昱傳》云：「時司徒例訟久者至十數年，比例輕重，非其事類，錯雜難知。昱奏定《決事都目》八卷，以齊同法令，息遏民訟。」則知漢時決事雖多，至三百餘篇，其都目以八篇爲卒，故先鄭引以爲證。

《小司寇》云：凡命夫命婦，不躬坐獄訟。 注云：「不身坐者，必使其屬若子弟也。」杜預僖廿八年《傳》注云：「《傳》曰王叔之宰與伯與之大夫坐獄於王庭，各不身親，蓋今『長吏有罪，先驗吏卒』之義。」

以八辟麗邦灋。 注云：「杜子春讀『麗』爲『羅』。玄謂：麗，附也。《易》曰『日月麗乎天』。」案麗者離也，離猶罹也，「羅」當作「罹」。《洪範》云「不罹于咎」，《史記》

引作「離」，《尚書大傳》引作「麗」，古字並通。

議親之辟。 注：「鄭司農曰：『若今時宗室有罪，先請是也。』」《漢書・平帝紀》：「元始元年，令公、列侯嗣子有罪耐以上，先請。」《續漢書・百官志》云：「宗室若有犯法當髡以上，先詣宗正，宗正以聞，乃報決。」

議賢之辟。 注：「鄭司農云：『若今時廉吏有罪，先請是也。』」宣帝黄龍元年詔曰：「舉廉吏，誠欲得其真也。吏六百石，位大夫，有罪先請。」

議能之辟。 《説文》曰：「罷，遣有辠也，从网、能。言有賢能而入网，而貫遣之。《周禮》曰『議能之辟』。」

議貴之辟。 鄭司農云：「若今時吏墨綬有罪，先請是也。」《後漢・光武紀》云：「建武二年詔曰：『吏不滿六百石，下至墨綬長相，有罪先請。』」蔡邕《橋公碑》云：「遷齊相，臨淄令賂財贓多，罪正受鞫就刑，竟以不先請免官。」

大賓客，前王而辟。 鄭司農云：「若今時執金吾下至令尉奉引矣。」《續漢書・輿服志》云：「乘輿大駕，公卿奉引，大僕御，大將軍參乘。乘輿灋駕，八卿不在鹵簿中。河南尹、執金吾、雒陽令奉引，奉車郎御，侍中參乘。」

《士師》：掌士之八成，一曰邦汋。 鄭司農云：「汋讀如『酌酒尊中』之酌。國汋者，斟汋盜取國家密事，若今時刺探尚書事。」《詩正義》云：「汋與酌古今字。」《周頌》「酌」，《左傳》作「汋」。《公羊》僖八年經云「鄭伯乞盟」，傳云「蓋酌之也」，注云：「酌，挹也。」《穀梁》作「汋」。是「汋」爲挹取之義。沈約曰：「寫書謂之刺，漢制不得刺尚書事是也。」《後漢書·楊倫傳》：「尚書奏倫探知密事。」應劭《風俗通》云：「司徒韓演伯南爲丹楊大守，❶坐從兄季朝爲南陽太守刺探尚書，演法車徵。」蓋《漢律》有此條，故鄭據以爲説。

《訝士》云：凡四方之有治於士者，造焉。 注云：「如今郡國亦時遣主者吏，詣廷尉議者。」棟案：此請讞之法，當在《漢興律》篇中。胡廣《漢官篇解詁》曰「廷尉當疑獄」。《北堂書鈔》引。❷《漢書·景帝紀》後元年詔曰：「獄疑者讞有司，有司所不能決，移廷尉。有令讞而後不當，讞者不爲失。」《杜周傳》云：「周爲廷尉，二千石繫者新故相因，不減百餘人。郡吏大府舉之廷尉，一歲至千餘章。大者連逮證案數百，小者數十人，遠者數千里，近者數百里，會獄。」注云：「舉，皆也。言郡吏大府獄事皆歸廷尉也。」《陳湯傳》：「廷尉增壽議，以爲臣下承用失其中，故移獄廷尉。」如淳曰：「移獄廷尉，如今讞罪輕重。」《于定國傳》：「定國爲廷尉，冬月，治請讞，飲酒益精明。」是漢時疑獄皆讞於廷尉。後漢襄楷上疏曰：「頃數十歲以來，州郡玩習，又欲避請讞之煩，輒託疾病，多死牢獄。」蓋自安、順而後，請讞之法稍弛矣。

《朝士》：凡士之治有期日。期内之治聽，期外不聽。 注：「鄭司農云：『若今時徒論決，滿三月，不得乞鞫。』」鄧展曰：「《漢律》有故乞鞫。」司馬貞案：「《晉令》云：『獄結竟，呼囚鞫語罪狀，囚若稱枉欲

❶「楊」，四庫本作「陽」。
❷「鈔」，諸本皆闕，據文意補。

乞鞫者，許之也。』」《新律序》云：「二歲刑以上，除以家人乞鞫之制，省所煩獄也。」二歲刑謂耐以上，此魏世所改。

凡民同貨財者，令以國灋行之。犯令者刑罰之。 注云：「若今時加貴取息坐臧。」《漢書・王子侯表》云：「旁光侯殷坐取息過律，免。陵鄉侯訢坐貸穀息過律，免」。息有程限，過律則坐臧也。

《司刑》。 注：「鄭司農云：『漢孝文帝十三年，除肉刑。』」疏云：「所赦者，唯赦墨、劓與刖三者，其宮刑至隋乃赦也。」《尚書正義》曰：「漢除肉刑，除墨、劓、剕耳，宮刑猶在。大隋開皇之初，始除男子宮刑，婦人猶閉於宮。」崔浩《漢律序》曰：「文帝除肉刑，而宮不易。」張斐《律注》云：「以淫亂人族序，故不易也。」棟案：《漢書》鼂錯對策曰「除去陰刑」，張晏曰：「宮刑也。」則漢文亦除宮刑矣，或後仍復之，賈、孔之説蓋本崔、張。

《司刺》：三赦。 注云：「若今時律令年未滿八歲，八十以上，非手殺人，他皆不坐。」《光武紀》：「建武三年詔曰：『男子八十以上、十歲以下，及婦人從坐者，自非不道、詔所名捕，皆不得繫。』」鄭氏《孝經注》云：「手殺人者大辟，即《漢律》所云不道也。」

《司厲》：其奴，男子入于罪隸，女子入于舂稾。 注云：「鄭司農云：『今之爲奴婢，古之罪人也。』玄謂：奴，從坐而没入縣官者，男女同名。」高誘曰：「《漢律》，坐父兄没入爲奴。」《魏志・毛玠傳》：「《漢律》，罪人妻子没爲奴婢，黥面。」《説文》曰：「男入罪曰奴，女入罪曰婢。」《初學記》引。《風俗通》曰：「古制本無奴婢，即犯事者或原之。臧者，被臧罪没入爲官奴婢。獲者，逃亡獲得爲奴婢也。」《初學記》引。

《掌戮》：**殺王之親者，辜之。** 注云：「辜之言枯也，謂磔之。」《荀子·正論》云「斬斷枯磔」，注云：「韓子曰：『采金之禁，得而輒辜磔。』《内儲説》。 辜即枯也。」又，《莊子》有辜人巫咸，文云「暴虐不姑」，「姑」與「枯」通。《易·大過》之九二云「枯楊生荑」，鄭讀「枯」爲「姑」，謂「無姑，山榆」，是辜、枯、姑三字古皆通也。《壺涿氏》注：「杜子春云：『橭讀爲枯，枯，榆木名。』」與鄭注《易》同。

《條狼氏》：**掌執鞭以趨辟。** 注云：「若今卒辟車之爲也。」《續漢書·志》云：「大使車，立乘駕駟，從伍百，璅弩十二人，辟車四人。」

《薙氏》：**掌殺草。秋繩而芟之。** 注云：「含實曰繩。」❶《釋文》曰：「繩音孕。」棟謂：「繩」當爲「⿰月黽」字之誤也。《管子·五行篇》「⿰月黽婦不銷弃」，注云：「⿰月黽，古孕字。」《大玄·馴首》曰「⿰女黽其膏，人一月而膏。」「⿰女黽」與「⿰月黽」同。《玉篇》云「⿰月黽或孕字」，《汗簡》云「古文《尚書》以⿰月黽爲孕」。孕讀如繩。《易·漸·九三》「婦孕不育」，荀爽本「孕」作「乘」。乘、繩聲近，故《漸·九五》云：「鴻漸于陵，婦三歲不孕，終莫之勝。」

《伊耆氏》：**共其杖咸。** 注云：「咸讀爲函。」古「咸」與「函」通。《毛詩·巧言》曰「僭始既涵」，《韓詩》作「既減」，減猶涵也。司馬相如《封禪文》云「上咸五，下登三」，徐廣曰：「咸一作『函』。」《漢書·天文志》「閒可械劒」，蘇林曰：「械音函。」

《大行人》云：**諸侯之禮，立當前疾。** 毛居正《六經正誤》云：「案車上無名疾者。《説文》：『軓，車軾前也，从車，凡

❶「含」，原作「舍」，據稿本及四庫本改。

聲。《周禮》曰「立當前軓」，音範。』疑此近是。」棟謹案：《禮説》云：「諸矦來朝，行享於廟，入大門下車，所立之位：上公立當車軹，侯伯立當前侯，子男立當車衡。」案：「侯」俗作「疾」。唐石經及宋本皆同。《論語》邢昺疏《鄉黨》。引《周禮》作「前矦」，云「侯伯立當前矦胡下。」又，《小雅·蓼蕭章》孔《疏》引《大行人》，亦作「前矦」。蓋《説文》「疾」作「疾」，古文「矦」作「𥎦」，相似易亂，故「前矦」譌爲「前疾」。賈《疏》不詳，莫能辨正，俗本流傳，誤人久矣。又案：《説文》引《周禮》作「前軓」，云「軓，車軾前也」。《詩·小戎》「陰靷」，傳云：「陰，揜軓也。」孔《疏》謂以板木橫側車前，陰映此軓，故謂之陰。《考工記》「軓前十尺」，謂軾前曲中下垂柱地，如人之頸，故謂之矦，矦猶胡也，故鄭注訓爲胡。以其在軓前，故曰「前矦」。然則陰也、矦也、胡也，皆前軓之名。揜軓曰陰，曲中曰矦，下垂曰胡，總名爲軓。當依《説文》定作「軓」，則前衡後軹，而軓在其閒，讀者一見而心目了然矣。

凡諸侯之王事。 注云：「《孟子》曰『諸侯有王』。」毛氏《正誤》曰：「諸本皆云『《孟子》曰諸侯有王』，案《孟子》無此句。《小行人》注引《春秋傳》曰『宋公不王』，又曰『諸侯有王，王有巡守』，此注是也。」棟案：《蓺文志》，《孟子》十一篇。趙臺卿《題辭》云：「著書七篇，又有《外書》四篇，《性善辨》、《文説》、《孝經》、《爲正》，其文不能弘深，不與《内篇》相似。」《外篇》今亡，秦、漢諸人引《孟子》者，今《孟子》皆無之。見王伯厚《攷證》。鄭氏所引，安知不在《外篇》乎！毛説未是。劉昌詩云：新喻謝氏多藏古書，有《性善辯》一帙，則知與《文説》、《孝經》、《爲正》是謂四篇。然則

《孟子》逸書宋時猶有存者，唐時尚未亡也。

《小行人》云：令諸侯春入貢，秋獻功。 注云：「秋獻功，若今計文書斷於九月，其舊法。」盧植曰：「計斷九月，因秦以十月爲正故。」劉昭《注補》。

《司儀》：問君，客再拜對；君問大夫，客對；君勞客，客再拜稽首。 注云：「問君曰：『君不恙乎？』對曰：『使臣之來，寡君命臣于庭。』問大夫曰：『二三子不恙乎？』對曰：『寡君命使臣于庭，二三子皆在。』勞客曰：『道路悠遠，客甚勞。』勞介則曰：『二三子甚勞。』」王伯厚曰：「此亦見《說苑》。鄭氏所述葢古禮也。賈《疏》云：『未知所出何文，或云是孔子聘問之辭。』」棟案：襄廿七年《春秋傳》曰：「仲尼使舉是禮也，以爲多文辭。」服虔云：「以其多文辭，故特舉而用之。後世謂之《孔氏聘辭》。」此書漢時猶存，故鄭引之，或說非無據也。

《行夫》：居於其國，則掌行人之勞辱事，焉使則介之。 注云：「使謂大、小行人也。故書曰『夷使』。鄭司農云：『夷使，使於四夷。』玄謂夷，發聲。」案此則「夷使」猶「焉使」也。《晉語》云「焉作爰田」、「焉作州兵」，《淮南子》云「天子焉始乘舟」，《禮記》云「故先王焉爲之立制」，又云「焉使倍之」，《公羊傳》云「比託始焉爾」，又云「吾將焉致乎魯國」，皆訓爲「於」。篆文「焉」、「於」相似，故「於」亦作「焉」。「焉使」者，言於行人之使則爲之介。劉氏音「焉」爲「夷」，非也。或以「焉」屬上句，尤誤。

《考工記》：作舟以行水。 注云：「故書『舟』作『周』。鄭司農云：『周當爲舟。』」隸法「周」作「用」，又作「月」；「舟」作「皃」，或作「𠕁」。字本相類。謹案：《詩説》云：「《大東》『舟人之子』，鄭曰：『舟當作周。』案《集古録·庚父敦銘》有伯庶父作《王姑舟尊敦》，或謂『舟』爲『丹』，又以爲『井』，董廣川以爲朱鮪《集字》『舟』爲古文『周』字。《汗簡》云朱育《集字》。顧埜王釋亦引《詩》爲証。又，《史伯碩父鼎銘》亦有『王母舟母』四十二字，則『舟』即爲『周』，『舟人之子』即上文『西人之子』也。」《詩》以「舟」爲「周」，《考工》以「周」爲「舟」，義並通。

《輪人》：以其圍之防捎其藪。 鄭司農云：「藪讀爲『蜂藪』之藪，謂轂空壺中也。」案《説文》曰：「橾，車轂中空也，从木，喿聲，讀若藪。」然則「藪」本作「橾」，讀爲「藪」也。

參分其輻之長，而殺其一。 注云：「殺，衰小之也。」案「殺」猶「衰」也，見《儀禮注》。「衰」亦訓「小」。《春秋傳》云：「其周德之衰乎！」注云：「衰，小也。」小猶殺也。

《輈人》：大車之轅摯。 注云：「摯，輖也。」案「摯」本「軒輊」字，或作「𨊠」，見《淮南子》。或作「墊」，見《儀禮注》。《既夕》云：「志矢一乘，軒輖中。」《廬人》注云：「反覆猶軒輖也。」軒輖猶軒摯。《毛詩》「如輊如軒」，傳云：「輊，摯也。」張有《復古編》云：「𨊠，抵也，从車、執，别作輊，非。」

輈欲頎典。 注云：「頎典，堅刃貌。鄭司農云：『頎讀爲懇，典讀爲殄。駟車之轅，率尺所一縛，懇典似謂此。』」棟案：殄，古文「腆」字。腆，善也。尺許一束，一輈五束，故爲善也。❶《毛詩》「籧篨不殄」，箋：

---

❶「爲」，原作「謂」，據稿本及四庫本改。

「殄當爲腆。」《燕禮》「不腆之酒」，注云：「古文『腆』作『殄』。」

終日馳騁，左不楗。 注云：「書『楗』或作『券』。玄謂：券，今『倦』字也。」《說文》「券，勞也」。漢《涼州刺史魏君碑》云「施舍不券」，是「券」與「倦」同。毛居正《六經正誤》云：「券、契字皆从刀，古者刻木爲之，故从刀。从力者，古倦字。《考工記・輈人》『左不券』是也。」

冶氏。 案周有函冶氏，爲齊大公置良劒，見《戰國策》。高誘注曰：「函，姓；冶，官名也，因以爲氏。知鑄劒，曉鐵理，能相劒。」

《鮑人》云：察其線，欲其藏也。 注云：「故書『線』或作『綜』。杜子春云：『綜當爲糸旁泉，讀爲綖，謂縫革之縷。』」《說文》：「綫，縷也。古文作『線』。線。」與「綜」相似。《漢書・功臣表》云「不絕如綫」，晉灼曰：「綫，今線縷字。」以「線」爲今文，未之攷也。

《韗人》：爲皋陶，穹者三之一。 鄭司農云：「穹讀爲『志無空邪』之空。」案：《弟子職》云「志無虛邪」，或古本「虛」作「空」，故讀从之。古「穹」與「空」同。《韓詩・白駒》云「在彼穹谷」，《文選注》。今《詩》「穹」作「空」。薛君曰：「穹谷，深谷也。」

《玉人》：天子用全，上公用龍，侯用瓚，伯用將。 注云：「玉多則重，石多則輕。公侯四玉一石，伯子三玉二石。」《說文》曰：「全，純玉也。龍，四玉一石也。瓚，三玉二石也。」將，《說文》作「埒」，埒，「玉石半相埒」。棟案：鄭氏之說本《逸禮・王度記》，引見《白虎通》。許氏之說蓋本賈逵。逵作《周官解故》，許从之受學，故

《說文》多依其說。

《矢人》：凡相笴，欲生而摶。　「生」謂材生也，古謂初取之材爲生。《管子》曰「棟生橈」，《韓非子》曰「涂濡而椽生」，皆謂初取之材也。生而摶者，燥則直，是良材也。

《梓人》：爲飲器：勺一升，爵一升，觚三升。　趙明誠曰：「大觀中，濰之昌樂丹水岸得爵及觚二器，以觚量之，適容三爵，與《攷工記》合。」鄭氏據《韓詩》以爲「觚」當作「觶」。《七經小傳》云：「一獻而三酬者，獻以一升，酬以三升也。并而計之爲四升，四升爲豆，豆雖非飲器，其計數則然。」此劉氏欲闢鄭氏改豆爲斗之說。案：文云「爵一升，觚三升」，「一獻而三酬」，適合一斗之數，故鄭云「豆當爲斗」。如劉氏之說，當云「一獻而一酬」乃合一豆之數。

《廬人》：灸諸牆。　注云：「灸猶柱也。」《釋文》云：「灸音救，尌也，音樹。」灸，《說文》引作「久」，云「从後灸之，象人兩脛後有距也。」案《既夕》云「木桁久之」，注云「久當爲灸」。《士喪禮》云「冪用疏布，❶久之」，注云：「久讀爲灸，謂之蓋塞其口。」❷下注云「以柱兩牆之閒，輓而内之」，與《儀禮》「久之」同義，是「久」爲古文，「灸」爲今文也。灸从火，久聲。古文省火。

《車人》：爲耒，庛長尺有一寸。　鄭司農云：「庛讀爲『其顙有疵』之疵，謂耒下岐。」《疏》云：「俗人謂顙額之上有疵病，故讀從之。」棟謂：「其顙有疵」當在《孟子》，今書「疵」作「泚」，或先鄭所據本與趙氏異耳。賈《疏》失之。

❶「布」，原脱，據省吾堂本補。
❷「之」，《儀禮》鄭注作「以」。

《弓人》：菑栗不迆。 注云：「栗讀爲『裂繻』之裂。」《毛詩·東山》曰「烝在栗薪」，箋云：「栗，析也。古者聲栗、裂同也。」

九經古義卷弟八終

潮陽鄭安道覆校

九經古義卷弟九

儀禮古義上

《士冠禮》：旅占。　注云：「古文『旅』作『臚』。」案《周禮・司儀》「旅擯」，先鄭曰：「旅讀爲『旅於泰山』之旅。」後鄭云：「旅讀爲『鴻臚』之臚，陳之也。」班固《述贊》曰「大夫臚岱，侯伯僭畤」，鄭德云：「臚岱，季氏旅於泰山是也。」顏監曰：「旅，陳也，臚亦陳也。臚、旅聲相近，其義一耳。」《禹貢》曰「蔡、蒙旅平」，傳云：「祭山曰旅。」韋昭音盧，盧，籀文「臚」。《周書・謚法》曰：「惟三月既生魄，周公旦、太師望相嗣王發，既賦憲，受臚于牧之野。」臚即旅也。

兄弟畢袗玄。　注云：「袗，同也。玄者，玄衣玄裳也。古文『袗』爲『均』。」棟案：袗玄即漢之袀袨。司馬彪《輿服志》云「郊祀之服皆以袀玄。」《淮南子》云「尸祝袀袨」，高誘曰：「袀，純服。袨，墨齋衣也。」篆書「袗」與「袀」相似，古文作「均」，故《左氏》僖五年傳云「均服振振」。祭服上下皆玄，故謂之袀玄；戎事上下同服，故謂之均服。服虔注《左傳》，以均服爲黑服。《月令》曰「乘玄路」，鄭注云：「今《月令》曰『乘軫路』，似當爲『袗』字之誤。」是鄭意亦以「袗」爲「玄」。

將冠者采衣紒。　注云：「紒，結髮。古文『紒』爲『結』。」《廣雅》曰：「䯏，結也。」曹憲曰：「案《說文》，即籀文『髻』字也。」古「髻」字皆作「結」。漢有假結、安籥結、大手結。《周禮注》「結」作「紒」，俗作「髻」。

主人酬賓，束帛儷皮。　注云：「儷皮，兩鹿皮也。古文『儷』爲『離』。」《説文》云：「麗，旅行也。鹿之性見食急則必旅行。从鹿，丽聲。禮，麗皮納聘，葢鹿皮也。」譙周《古史考》云：「伏犧制嫁娶，以儷皮爲禮。」古文作「離」者，《易・離・彖》云：「離者，麗也。」《禮・月令》云「宿離不貸」，注云：「離讀如『儷偶』之儷。」兩鹿皮者，《士昏禮》注云：「麗，兩也。」《春秋傳》云「鳥獸猶不失儷」，是「儷」爲「兩」也。

再醮，攝酒。　注云：「攝猶整也，整酒謂撓之。」《漢書・匈奴傳》云：「單于以徑路刀金留犂撓酒。」應劭曰：「撓，和也。」鄭以攝酒有攪撓之事，故舉漢法以明之。

眉壽萬年。　注云：「古文『眉』作『麋』。」《大戴禮・王言》云「孔子愀然揚麋」，盧辨注云：「麋一作『眉』。」《荀卿子・非相》云：「伊尹之狀，面無須麋。」楊倞云：「麋與眉同。」《漢書》皆以「麋」爲「眉」。歐陽公《集古録》云：「漢《故北海相景君碑》有云『不永麋壽』。余家集録三代古器銘，❶有云『眉壽』者皆爲『麋壽』。蓋古字簡少通用，至漢猶然也。」

永受胡福。　注云：「胡猶遐也，遠也。」案《詩・隰桑》云「心乎愛矣，遐不謂矣」，《禮記》引此詩，「遐」作「瑕」。鄭注云：「瑕之言胡也。」遐、胡互訓，古音通。詩言胡，考周禮《謚法》，「彌年壽考曰胡」。

令月吉日，昭告爾字。爰字孔嘉，髦士攸宜。　《釋文》云：「字，叶音滋。」案《虞書》「鳥獸孳尾」，《史記》作「字微」，郭忠恕《汗簡》云：「古文《尚書》『字』作『孳』。」是「字」本有「滋」音，毋容叶也。

❶「余」，原作「全」，據省吾堂本改。

《記》：毋追，夏后氏之道也。　注云：「毋，發聲也。『追』猶『堆』也。」案：「追」，古「堆」字。枚乘《七發》曰「踰岸出追」，李善曰：「追亦堆字。」今爲「追」古字，假借之也。《説文》云：「𠂤，小阜也。」徐鉉曰：「今俗作堆。」河東風陵堆，戴延之謂之風塠。

以官爵人，德之殺也。　注云：「殺猶衰也。」《繫上》曰「古之聰明睿知神武而不殺者夫」，虞翻注云：「乾坤坎離反復不衰。」亦讀「殺」爲「衰」。《淮南·説山》云「上有三衰，下有九殺」，衰音近殺，故云「殺猶衰也」。棟案：衰猶差也。《荀卿子》云「相地而衰政」，注：「衰，差也。」《九章算術》謂「差分」爲「衰分」。《説林》云「大小之衰然」，注云：「衰，差也。」《春秋傳》云「遲速衰序」，❶又云「其周德之衰乎」，注云：「衰，小也。」小猶殺也，彼此互訓。《文王世子》云「親親之殺也」，注云：「殺，差也。」是「差」與「衰」同。

《士昏禮》。　鄭《目録》云：「日入三商爲昏。」賈《疏》云：「商謂商量，是漏刻之名。故《三光靈曜》亦日入三刻爲昏，不盡爲明。」孔氏《詩正義》云「《尚書緯》謂刻爲商」，然則「三光靈曜」當作「考靈曜」。漢《三神鑑銘》曰「吾作明鏡，幽鍊三商」，葢本《書緯》。

皇舅某子。　《日知録》云：「《士昏禮》『皇舅某子』，此或謚或字之稱，與《聘禮》『皇考某子』同。《疏》以爲若『張子』、『李子』。婦人内夫家，豈有稱其舅爲『張子』、『李子』者哉？」案：經云：「婦執筓菜，祝帥婦以入。祝告，稱婦之姓，曰：『某氏來婦，敢奠嘉菜于皇舅某子。』」張稷若《儀

❶「云」，原作「曰」，據稿本及四庫本改。

禮節解》云：「《疏》之意或以婦新入門，稱姓以告，故亦以姓稱其舅。」❶《春秋傳》云「男女辨姓」，其此之謂。

《記》：父醮子，命之辭曰。　《荀子》云：「禮，父南鄉而立，子北鄉而跪，醮而命之。」

勗帥以敬，先妣之嗣。　《荀子》云：「隆帥以敬先妣之嗣。」案文「隆」訓「盛」，義亦通。鄭注《儀禮》作「勗」者，當由避殤帝諱，改「隆」爲「勗」。如《毛詩》「隆衝」爲「臨衝」，《郡國志》「隆慮」爲「臨慮」之類。《荀子》亦以「隆慮」爲「臨慮」。漢時經學皆受之師，時君之諱既經改易，隨文釋之，非復故書之義。許叔重《説文解字》每載上諱，不更箋釋，亦此例也。上文「贊啓會」，注云：「今文啓爲開」，《既夕》「請啓期」同。賈公彦云：「高堂生所傳者爲今文。」案生爲漢初人，不應爲景帝諱，明經師相傳，遂爲故實，非盡高堂之舊也。

視諸衿鞶。　注云：「視乃正字，今文作示，俗誤行之。」《曲禮》曰「幼子常視無誑」，注云：「視，今之示字。」《詩・鹿鳴》曰「視民不恌」，箋云：「視，古示字也。」古文《春秋傳》皆以「視」爲「示」，賈公彦曰：「古人字少，眼目視瞻與以物示人皆作視字。」棟案：「示」本神祇字，古「視瞻」之視皆作「眡」，《周禮》、《説文》皆同。《啓母廟石闕銘》云「昭眡後昆」，以「眡」爲「示」。鄭所據古文《儀禮》，知「視」爲古「示」字。郭忠恕撰《佩觿》，以鄭氏此説大與《説文》、石經相乖，竊所未喻。

❶ 按此句實見張爾岐《儀禮鄭注句讀》，《儀禮節解》爲明郝敬所撰，惠氏誤記。

《士相見禮》：衆皆若是。　注云：「今文衆爲終。」《易・雜卦》云「大有，衆也」，荀爽本「衆」作「終」。《史記・五帝紀》云「怙終賊刑」，徐廣曰：「終，一作『衆』。」《春秋傳》有魯大夫「衆仲」，《明堂月令》云「衆雨蚤降」，《釋草》云「濼貫衆」，❶皆讀爲「終」。仙人「韓終」亦作「韓衆」，古「衆」字皆作終音。❷

《鄉飲酒禮》：衆賓辯有脯醢。　注云：「今文『辯』皆作『徧』。」古辯、徧通用。《史記》曰「辯于羣神」，今《尚書》作「徧」。《春秋傳》云「子言辨舍爵于季氏之廟」，杜氏云：「辨，徧也。」《荀子・脩身篇》云「扁善之度」，注云：「扁讀爲辨。」《韓詩外傳》云「君子有辨善之度」，古「徧」字皆作「辯」。司馬遷從孔安國問故，遷書多古文，《春秋傳》多古字古言，故皆以「辯」爲「徧」。《鄉射禮》云「司射乃比衆耦，辯」，注云：「衆賓射者降，比之耦，乃徧。」是鄭亦讀辯爲徧。

遵者降席，東南面。　注云：「遵者，謂此鄉之人仕至大夫者也。今文『遵』爲『僎』，或爲『全』。」《論語》云「異乎三子者之僎」，鄭注云：「僎，讀爲詮，詮之言善也。」《禮記・冠儀》曰「介僎，象陰陽也」。注云：「古文《禮》，僎皆作遵。」又，《少儀》「僎爵」，注云：「僎或作『騶』。本亦作「馴」。古文《禮》，『僎』作『遵』。」《鄉射禮》注云：「謂之遵者，方以禮樂化民，欲其遵法之也。」

公如大夫入。　注云：「如讀若今之若。」《周禮・旅師職》云「而用之，以質劑致民。」注云：「而讀爲若，聲之誤也。」棟案：古「而」與「如」通，「如」猶「若」也，故「如」、

❶「濼」，原作「樂」，據《爾雅》改。
❷「作」，原脱，據稿本及四庫本補。

「而」或讀爲「若」。鄭以爲聲之誤，則古讀「而」如「若」也。

主人釋服。　注云：「古文『釋』作『舍』。」《大射儀》云「獲而未釋獲」，注曰：「古文『釋』爲『舍』。」《周禮·大胥職》云「春入學舍采」，注云：「舍即釋也。」《占夢職》云「乃舍萌于四方」，注云：「舍讀爲釋。『舍萌』猶『釋菜』也。古書『釋菜』、『釋奠』多作『舍』字。」

《鄉射禮》：不貫不釋。　注云：「古文『貫』作『關』。」棟案：《呂氏春秋》云「中關而止」，謂關弓弦正半而止，即《儀禮》所謂「不貫」也。「貫」與「關」古今通。《史記·伍子胥傳》云「伍胥貫弓執矢嚮使者」，❶注云：「貫，烏還反。」《後漢·祭肜傳》「能貫三百斤弓」，司馬貞曰：「滿張弓。一云『貫』，謂上弦也。」古「串」與「患」通，又讀爲「貫」，故古文「患」作「悶」，从心，關省聲也。

箭籌八十，長尺有握，握素。　注云：「握本所持處也，素謂刊之也。握本以作膚。」張稷若《節解》曰：「『握本以作膚』，『以』字疑誤，別本『刊本一作膚』亦費解。或『刊本』一讀義屬上句，『一作膚』指握字有作膚者。四指曰膚，與握義同。握四指即四寸，籌長尺四寸，其四寸則刊之使白也。」愚謂：案文當云「握本或作膚」，張氏以爲「刊本」一讀屬上句，非也。

唯君有射于國中。　注云：「古文『有』作『又』。」《汗簡》云：「古文《尚書》『有』作『又』。」《石鼓戊文》一作甲文。云「澫澫又魚」，董逌曰：「『又』通作『有』。」秦惠王《詛楚文》云「又秦嗣王」，義作「有」，古文

❶「伍子胥」、「伍胥」之「伍」，原作「五」，據四庫本改。

「又」又作「有」。《周易・繫辭》曰「履信思乎順，又以尚賢也」，鄭氏《易》「又」作「有」。《詩・長發》云「有虔秉鉞」，箋云：「有之言又也。」《内則》云：「凡養老，五帝憲，三王有乞言。」注云：「『有』讀爲『又』。」《戰國策》公子他謂趙王曰「今又案兵」，劉、錢本「又」作「有」。《説文》云：「有者，不宜有也。从月，又聲。《春秋傳》曰：『日月有食之。』」

《燕禮》云：更爵。 注云：「古文『更』爲『受』。」《大射儀》同。《周禮・巾車》云「歲時受讀」，杜子春云：「受當爲更。」《春秋》昭廿九年傳云「以更豕韋之後」，《史記》「更」作「受」，知古文「更」字皆爲「受」。

升，媵觚于賓。 注云：「媵，送也。讀或爲揚，揚，舉也。今文『媵』皆作『騰』。」《檀弓・下篇》云「杜蕢洗而揚觶」，注云：「《禮》『揚』作『媵』。宋本作「騰」，非。揚，舉也。媵，送也。揚近得之。」

升媵觚于公。 注云：「此當言『媵觶』，酬之禮皆用觶。言觚者，字之誤也。古者觶字或作角旁氏，由此誤爾。」上經云「主人坐奠觚與篚」，注云：「古文觚皆爲觶。」又云「主人拜受「受」字當作「送」。觶」，注云：「今文觶作觚。」《説文》曰：「觗，《禮經》『觶』。」《漢書・高帝紀》云「上奉玉卮」，應劭曰：「飲酒禮器也，古以角作，受四升。」《韓詩説》云「三升曰觶，四升曰角」，《大射儀》云「侍射者降洗角觶」。《疏》云「角觶，以兕角爲之，非謂四升曰角者也」。古「卮」字作「觗」。鄭氏《駁五經異義》曰：「觶，角旁氏，汝、潁之間，師讀所作。今《禮》角旁單，古書或作角旁著氏，則是與觚相涉，學者多聞觚，寡聞觗，寫此書亂之而作『觚』耳」。

對曰：寡君，君之私也。　注云：「私，謂獨受恩厚也。」棟謂：私猶屬也，若邾、滕之于齊、宋，故叔孫豹云：「邾、滕，人之私也。」上介致辭，謙言屬國。

《大射儀》云：西階之西，頌磬東面。　注云：「言成功曰頌，西爲陰中，萬物之所成。古文『頌』爲『庸』。」鄭氏《尚書》云「笙庸以閒」，注云：「西方之樂謂之庸，庸，功也。西方物孰有成功亦謂之頌，頌亦是頌其成也。」

綴諸箭。　注云：「箭，篠也。古文『箭』作『晉』。」《周禮・大行人》❶云「揚州。其利金錫竹箭」。注云：「故書『箭』爲『晉』。杜子春曰：『晉當爲箭，書亦或爲箭。』」古讀「晉」如「箭」，故「搢紳」亦作「薦紳」。

且左還。　注云：「古文『且』爲『阻』。」棟案：古鐘鼎文「祖」字皆作「且」，如《祖乙卣》、《盄和鍾》、《文王命癘鼎》、《師毁敨》皆然。《尚書》「黎民阻飢」，今文作「祖飢」。徐廣曰：「祖，始也。」孟康曰：「古文言阻。」古文「祖」作「且」，且、阻同字，故《儀禮》、《尚書》皆作「阻」。

奏《貍首》。　注云：「《貍首》，逸《詩》『曾孫』也。貍之言不來也。」《漢書・郊祀志》云：「周靈王即位時，諸侯莫朝周。萇弘迺明鬼神事，設射不來。『不來』者，諸侯之不來朝者也。」《封禪書》云「設射《貍首》」，徐廣曰：「貍，一名不來。」棟謹案：《禮説》云：「不來反爲貍，猶并夾爲籋，終葵爲椎，❷邾婁爲鄒，勃鞮爲披，周伯琦云：「鄒，古邾婁國。」《外傳》「勃鞮」，

❶「大行人」，諸本同。當爲「職方氏」之誤。

❷「椎」，原作「推」，據省吾堂本、清經解本改。

《内傳》作「披」。壽蓼爲乘，不可爲叵。羊舌職，《説苑》作「羊殖」。「舌職」爲「殖」也。顓孫師之子爲「申祥」，「顓孫」爲「申」也。後世反切之學出之。此《貍首》之詩與祭侯之辭，皆言諸侯來朝之禮，不來者不寧侯，故抗而射之。然則萇弘行古禮，説者謂依物怪以致諸侯，妄矣。康成《詩譜》云：「射禮：天子以《騶虞》、諸侯以《貍首》、大夫以《采蘋》、士以《采蘩》爲節。今無《貍首》，周衰，諸侯並僭而去，孔子録《詩》不得。」熊氏《經説》云：「《貍首》之詩，古人以爲射節。《小戴·射儀》❶所記《詩》曰：『曾孫侯氏，四正具舉。大夫君子，凡以庶士。小大莫處，御於君所。以燕以射，則燕則譽。』此《貍首》之詩也。《大戴·投壺篇》所記，上章本同，而前一句『曾孫侯氏』爲數句隔斷，恐『泰射』、『張侯』等語本以解説侯氏，因亂入正文爾。下文又換韻曰『弓既平張，四侯且良。決拾有常，既順乃讓。乃揖乃讓，乃隮其堂。乃節其行，既志乃張』。此亦《貍首》之詩也。」劉原父《七經小傳》云：「或曰《貍首》，《鵲巢》也。篆文貍似鵲，首似巢，《鵲巢》之詩『御之』、『將之』、『成之』。此亦附會之過。」

九經古義卷弟九終

欽州馮敏昌覆校

❶「射儀」，諸本同，《禮記》通行本作「射義」。

九經古義卷弟十

儀禮古義下

《聘禮》云：管人布幕於寢門外。注云：「管猶館也，古文『管』作『官』。今文『布』作『敷』。」《易・隨・初九》云「官有渝」，蜀才本「官」作「館」。《穆天子傳》云「官人陳牲」，義作「館」。

及廟門，公揖入，立於中庭。棟案：立讀爲位。《周禮》「小宗伯之職，掌建國之神位」。注云：「故書『位』作『立』。鄭司農云：『立讀爲位，古者立、位同字。古文《春秋經》「公即位」爲「公即立」。』」《史記・周本紀》云「武王既入，立于社南」，今《周書・克殷解》文也。案其文云「王入即位于社」，是「立」字當作「位」也。古鐘鼎文如《周毛父敦銘》及《盉和鍾》「立」字釋者皆訓爲「位」。又《周邢敦銘》云「毛伯内門立中庭」，《周敔敦銘》云「蘇公入右敔，立中庭，北鄉」。韋弘嗣、許叔重皆云「列中廷之左右曰位」。明「立」字亦當作「位」，釋者仍訓爲本字，非也。

賓進訝。注云：「今文『訝』爲『梧』。」《公食大夫禮》云「上介受賓幣，從者訝受皮」。注云：「今文曰『梧受』。」《既夕》「若無器則梧受之」，注云：「謂對相授。」《疏》云：「梧即逆也，對面相逢受。」案：「梧」本作「牾」，訓爲逆，訝亦逆也。《既夕》注不疊古文，明古文「訝」亦有作「梧」也。《漢書・司馬遷傳贊》云「或有抵梧」，如淳曰：「梧讀曰迕。」《戰國策》「樓梧」亦作「樓鋙」。

歸饔餼五牢。 注云：「今文『歸』或爲『饋』。」案古文《論語》如「詠而饋」、「饋孔子豚」，《魯論》皆作「歸」。《士虞禮》注云：「饋，猶歸也。」

車秉有五籔。 注云：「籔讀若不數之數，今文『籔』或爲『逾』。」下《記》曰「十六斗曰籔」，注云：「今江、淮之閒量名有爲籔者，今文『籔』爲『逾』。」包咸《論語注》云「十六斗曰庾」。庾即逾也，古文作「籔」。

醙、黍、清，皆兩壺。 注云：「醙，白酒也。凡酒，稻爲上，黍次之，粱次之，皆有清、白。以黍閒清白者互相備，明三酒六壺也。」《漢律》曰：「稻米一斗，得酒一斗，爲上尊；稷米一斗，得酒一斗，爲中尊；粟米一斗，得酒一斗，爲下尊。」顏師古曰：「稷即粟也，中尊者宜爲黍米，不當言稷。」蓋據此注而言。邢昺曰：「稷粟一物，而《本草》稷米在下品，別有粟米在中品，又似二物。故先儒甚疑焉。」

侑幣。 注云：「古文『侑』皆作『宥』。」案《春秋傳》「侑」皆作「宥」。又，《周禮》「三宥」，《管子》作「三侑」，古字通用。

《記》云：「百名以上書於策，不及百名書於方。」 注云：「名，書文也，今謂之字。策，簡也。方，板也。」《疏》云：「鄭作《論語序》云：『《易》、《詩》、《書》、《禮》、《樂》、《春秋》策皆尺二寸，《孝經》謙半之，《論語》八寸策者，三分居一，又謙焉。』是其策之長短。鄭注《尚書》，三十字一簡之文。服虔注《左氏》，云『古文篆書一簡八字』，是一簡容字多少者。」「策」當作「筴」，「板」當作「版」。

問幾月之資。 注云：「資，行用也。古文『資』作『齎』。」《周禮·外府》云「財用之幣齎」，先鄭云：「齎或爲資，今禮家定齎作『資』。」後鄭云：「玄謂齎、資同耳。其字以齊次爲聲，從貝變易，古字亦多或作資。」❶

《公食大夫禮》云：宰夫設黍稷六簋于俎西。 注云：「古文『簋』皆作『軌』。」《周禮·小史》云「敘昭穆之俎簋」，注云：「故書『簋』或爲『几』。鄭司農云：『几讀爲軌，古文也。』」《易·損卦》云「二簋可用享」，蜀才本「簋」作「軌」，從古文。

《覲禮》云：侯氏降階，東北面再拜稽首，擯者延之，曰「升」。 注云：「從後詔禮曰延，延，進也。」案《漢舊儀》云「丞相、御史大夫初拜皇帝，延登親詔」，登猶升也。《書》逸《嘉禾》篇曰：「周公奉鬯立于阼階，延登贊曰：『假王莅政，勤和天下。』」此關中古文，與《覲禮》「儐者延升」合。「假」讀爲「格」，正也。

四享皆束帛加璧。 注云：「四當爲三。古書作三、四或皆積畫，此篇又多四字，字相似，由此誤也。」《鄭志》答趙商曰：「古三、四積畫。」《説文》曰：「亖，籀文四。」賈公彦云：「古書作三、四之字，或皆積畫者。《堯典》云『帝曰：咨，亖岳』；《皋陶》云『外薄亖海』；《泰誓序》云『作《泰誓》三篇』，是古書三、四皆積畫也。」《春秋傳》子革云：「是四國者，專足畏也。」劉光伯《規過》云：「《楚語》云『今吾城亖國』，無四國也。炫謂古四字積畫，四當爲亖。」

大史是右。 註云：「古文『是』爲『氏』。」《曲禮》曰「五官之長曰伯是」，《職方》注云：「是或爲氏。」《漢書》云：「造父後有非子，玄孫氏爲莊公。」顏監曰：「氏與是

❶「作資」二字，原無，惟四庫本多此二字，義長，據補。

同。」《韓勑脩孔廟後碑》以「於氏」爲「於是」，漢末有「是儀」，亦作「氏」。陳承祚撰《魏志》，以爲孔文舉改「氏」爲「是」，殊不知營陵「是」姓，順帝前已見于碑，見洪适《隸續》。何至漢季始改「氏」爲「是」乎？當時以「是」、「氏」兩字本通，故或稱「氏」，或稱「是」，非有異義。白褎不識「蕃」、「皮」，陳壽不辨「是」、「氏」，古字古音皆亡于晉，惜哉！

《士喪禮》云：陳襲事于房中，西領南上不綪。 注云：「綪讀爲𦄼，屈也。江、沔之閒謂縈收繩索爲𦄼，古文『綪』皆爲『精』。❶」《說文》云：「𦄼，紆未縈繩，讀若旌。」案：《孟郁脩堯廟碑》「精」字作「旌」，與古音合。《釋文》音𦄼，爲側庚反，非也。

布巾環幅不鑿。 注云：「古文『環』作『還』。」案古「環」字皆作「還」。《春秋傳》云「諸侯之師還鄭而南」，又，哀三年傳云「道還公宮」，《公羊傳》云「以地還之也」，又云「師還齊侯」，《漢書·食貨志》云「還廬樹桑」，皆讀爲環。

決用正，王棘。 注云：「世俗謂王棘矺鼠。」言王棘可以矺鼠也。「矺」，古「磔」字。《史記·李斯列傳》云「十公主矺死於杜」，張守節云：「矺音貯格反。」司馬貞曰：「矺音宅，與磔同。古今字異耳。」司馬公《類篇》云「王棘，一名矺鼠」，劉昌宗音「矺」爲托，皆失之。磔鼠見《張湯傳》。

竹笏。 注云：「今文『笏』作『忽』。」案《說文》無「笏」字，注「今文」當作「古文」，傳寫之誤。古「笏」字本作「曶」，鄭氏《尚書》曰「予欲聞六律五聲八音在治曶」，注

❶「爲」，原脫，據稿本、四庫本及槐廬叢書本補。

云：「曶者，臣見君所秉，書思對命者也。」《穆天子傳》曰「帪帶搢曶」，郭璞曰：「曶長三尺，杼上椎頭，❶一名珽，亦謂之大圭。从曰，勿聲。」《六書正譌》云：「𦣞，呼骨切，俗作『笏』，非。」《説文》曰：「曶，出氣詞也。从曰，象氣出形。《春秋傳》有鄭大子曶。」《説文》又云：「曶，籀文作『𦣞』，一曰佩也，象形。」「曶」又與「忽」通，故《儀禮》一作「忽」是也。今「治忽」字古皆作「曶」。《論語》「仲忽」，《古今人表》作「仲曶」。揚雄《甘泉賦》云「翕赫曶霍」，《河東賦》云「鑾曶如神」，師古曰：「曶讀與忽同。」

設決麗于掔。 注云：「古文『掔』作『捥』。」案「掔」，依字當作「掫」，傳寫之誤。《説文》曰：「掫，手掫。从手，取聲。」《漢書·郊祀志》云：「海上燕、齊之閒，莫不搤掫。」《游俠傳》云：「搤掫而游談。」高誘《呂覽注》云「掫讀如『棬椀』之椀，古文作『捥』」。《春秋傳》云「捘衛侯之手及捥」，《史記》「樊於期偏袒搤捥」。《左傳》、《史記》多古文，故皆作「捥」，俗作「腕」，非也。

冪用疏布久之。 注云：「久讀爲灸，謂以蓋塞鬲口也。」《既夕》曰「木桁久之」，注云：「久當爲灸。」《説文》云：「久，从後灸之，象人兩脛後有距也。《周禮》曰『久諸牆以觀其撓』。」今《考工記》作「灸諸牆」，當是後鄭所易。

冪奠用功布。 注云：「古文奠爲尊。」案古「尊」字作「䢍」，與「奠」相似，故譌从之。奠从丌，讀若箕。䢍从廾，讀若拱。

四鬄去蹄。 注云：「鬄，解也。今文『鬄』作『剔』。」案「剔」與「鬄」同。《大雅·

❶ 「椎」，原作「推」，據稿本、省吾堂本及清經解本改。

抑》詩云「用遏蠻方」,《魯頌・泮水》云「狄彼東南」,箋云:「遏、狄皆當作『剔』。」《韓詩》云「鬄彼東南」,葢从古文。

筮人許諾,不述命。 注云:「古文『述』皆作『術』。」「術」與「述」古今字。《毛詩・日月》云「報我不述」,《韓詩》作「術」。《祭義》「術省」,注云:「術當爲述,聲之誤也。」

《既夕》云:設披。 注云:「披輅柳棺上,貫結於戴,人居旁牽之以備傾。❶今文『披』皆爲『藩』。」案「披」从手,皮聲。古音皮,與「蕃」同。「蕃」又「藩」通,故今文「披」作「藩」,聲之誤也。辨見《詩攷》。

《記》云:御以蒲菆。 注云:「蒲菆,牡蒲莖也。古文『菆』作『騶』。」《疏》云:「案宣十二年,『楚熊負羈囚知罃,知莊子以其族反之,廚武子御,每射,抽矢菆,納諸廚武子之房』。杜注云:『菆,好箭。』又云:『廚子怒曰:非子之求,而蒲之愛。』注云:『蒲,楊柳,可以爲箭。』」「古文『菆』作『騶』」者,《漢書・鼂錯傳》云錯上兵事,云「材官騶發,矢道同的」。如淳曰:「騶,矢也。」顏監曰:「騶謂矢之善者也。」《春秋左氏傳》作「菆」字,其音同耳。騶發,騶矢以射也。手工矢善,故中則同的,是「菆」與「騶」同也。

《士虞禮・記》云:明日以其班祔。 注云:「班,次也。古文『班』或爲『辨』,辨氏姓或然。今文爲『胖』。」楝案:古「辨」字或讀爲「班」,故古文「班」亦作「辨」。《史記・五帝紀》云「辯于羣神」,徐廣曰:「辯音班。」《漢書・王莽傳》云「辨社諸侯」,師

❶「居」,原作「君」,據清經解本及《儀禮注》改。

古曰：「辨讀爲班。」《春秋傳》襄廿五年云「男女以班賂晉侯」，此今文也。哀元年云「蔡人男女以班」，此古文也。説見劉光伯《規過》。今文爲「胖」者，鄭注《王制》云：「頖之爲言班也。」「頖」與「胖」字雖異而義同，是「胖」猶「班」也。

朞而小祥。　注云：「古文『朞』皆作『基』。」案《堯母碑》「朞」字亦作「基」。

中月而禫。　注云：「自喪至中，凡二十七月。古文『禫』或爲『導』。」《説文》曰：「囟，古文西，讀若『三年導服』之導。」又，《木部》「棪」字下所讀同。　棟案：「導服」即「禫服」，从古文，故曰導。則是「囟」與「棪」皆讀爲「禫」。近有妄人作字書名《正字通》，斥許君説爲妄，是未讀《儀禮》。（《喪服記》云「禫而内無哭者」，注云：「禫或皆作『道』。」）

《特牲饋食禮》云：主婦視饎，爨于西堂下。　注云：「炊黍稷曰饎，古文『饎』作『糦』。《周禮》作『⿰食熙』。」《説文》曰：「饎，酒食也。或作『⿰食巸』从巸，或作『糦』从米。」

主人左執角，再拜稽首，受，復位。詩懷之。　注云：「詩猶承也，謂奉納之懷中。」《詩正義》云：「《内則》説負子之禮，云『詩負之』，注云：『詩之言承也。』」《春秋説題辭》云『詩之爲言志也』，《詩緯・含神霧》云『詩者，持也』，然則詩有三訓。」

《有司》云：二手執挑匕枋，以挹湆。　注云：「挑謂之歃，讀如『或舂或抗』之『抗』字。或作『挑』者，秦人語也。今文『挑』作『抗』。」《疏》云：「讀从《詩》『或舂或抗』，彼注『抗，抒臼也』。」案今《毛詩・生民》云「或舂或揄」，毛傳云：「揄，抒臼也。」不作「抗」者。《周禮・地官》「女舂抗二人」，注云：「女奴能舂與抗者。抗，抒臼也。

《詩》云：『或舂或抗。』」董氏引《韓詩》「揄」作「抗」，鄭先通《韓詩》，故讀从之。《説文》云：「舀，抒臼也。从爪、臼。《詩》云『或簸當作「舂」。或舀』。或作『抗』，从手，从宂。或作『䑏』，从臼、宂」。案《詩釋文》云：「揄，説文作『舀』。」「舀」訓又與「揄」同，明「簸」當作「舂」。姚令威謂後人改「舀」爲「蹂」，則是宋時《説文》已誤「舂」爲「簸」矣。

九經古義卷弟十終

益都李文藻覆校

九經古義卷弟十一

禮記古義上

《曲禮》云：若不得謝。　注云：「謝猶聽也。」棟案：謝，猶去位也。《説文》：「謝，辭去也。」《楚辭・大招》云「青春受謝」，王逸云：「謝，去也。謝一作『謝』。」《史記》蔡澤謂范雎云「夫四時之序，成功者去」。今時有「代謝」之語，葢本于《楚辭》。顧炎武訓謝爲序。案《招魂》云：「若必筮予之，恐後之謝，不能復用巫陽焉。」注亦云：「謝，去也。」若訓爲序，不合事理。《戰國策》云：「靖郭君七日謝病，强辭不得，三日而聽。」

拾級聚足。　注云：「拾當爲涉，聲之誤也。」案《周書・嘗麥》云「王涉階」，故讀从之。「涉階」，❶猶「歷階」也。

毋勦説。　注云：「勦由擥也。」今本「由」作「猶」。　曹憲曰：「『勦説』之勦，當从刀，《左傳》『焉用築城以勦民』乃从力，訓爲勞。」

跪而遷屨。　注云：「遷或爲還。」《公羊春秋》云「宋人遷宿」，傳云：「遷者何？以地還之也。」「遷」與「還」義得通，故或爲「還」。

離坐離立，毋往參焉。　注云：「離，兩也。」離與麗俗作「儷」。同，故訓爲兩。説見《儀禮》。《周書・武順》曰「人有中曰參，無中曰兩」。《戰國策》犀首與張儀參坐於衞君之前。

笑不至矧。　注云：「齒本曰矧，大笑

❶「涉」，原作「陟」，據四庫本改。

則見。」《倉頡篇》云：「齗，齒根也。」與鄭異。《釋文》云：「矧，本又作『哂』。」《說文》云：「笑不壞顏曰弞，从欠，引省聲。」張有《復古編》曰：「弞，古哂字。」

禮不諱嫌名。 注云：「嫌名謂聲相近，若『禹』與『雨』，『丘』與『區』也。」《釋文》云「丘與區並去求反」，非也。古「丘」字皆讀爲「區」，故鄭云「聲相近」。《毛詩》「丘」與「詩」協，《左傳》「丘」與「旗」協。《戰國策》齊嬰兒謠曰：「大冠若箕，脩劍拄頤。攻狄不能，下壘枯丘。」《荀卿子》曰：「言之信者，在乎區蓋之閒。」《漢・儒林傳》作「丘蓋」。顏籀《匡謬正俗》曰：「今江、淮田野之人，猶謂『區』爲『丘』，亦古之遺音也。」

左右攘辟。 注云：「攘，卻也。或者『攘』古『讓』字。」《漢書・禮樂志》云「隆《雅》、《頌》之聲，盛揖攘之容」，師古曰：「攘，古讓字。」《廣韻》云「攘」，《文字指歸》云「揖攘」。

入里必式。 注云：「不誣十室。」《正義》云：「《論語》云『十室之邑，必有忠信如丘者焉』，是『不誣十室』。」棟案：《荀子・大略篇》云：「禹見耕者，耦立而式。過十室之邑必下。」《大戴禮》亦云：「禹過十室之邑則下，爲秉德之士存焉。」故云「不誣十室」。

眕於鬼神。 注云：「眕，致也。眕或爲祇。」張揖《埤蒼》曰：「聜，告也。《禮記》曰『聜於鬼神』。」《玉篇》引。是「祇」當作「聜」。《尒疋》云：「眕，告也。」

天子之五官云云。 注云：「此亦殷時制也。」《史記・周本紀》云「古公乃貶戎狄之俗，作五官有司」，故鄭據以爲說。

問大夫之富，曰「有宰食力」。 「力」當爲「加」，壞字也。《晉語》曰「庶人食力，官宰食加」，加，加田也。《周禮・司勳》「加田無國征」，劉敞以爲「無國征」者，不征于國。

四足曰漬。 注云：「漬謂相瀸汙而死也。」《公羊春秋》云「莊十七年齊人瀸于遂」，傳云：「瀸者何？瀸，漬也。」鄭注本此。

納女於天子，曰備百姓。 注云：「姓之言生也，天子皇后以下百二十人，廣子姓也。」《吴語》曰：「越行成于吴，曰『一介嫡女，執箕箒以晐姓于王宫』。」韋昭曰：「晐，備也。姓，庶姓也。」時越以王禮尊吴，故云「晐姓」。《説文》曰：「姓，人所生也。」古之神聖母感天而生子，故稱天子，从女，从生，生亦聲。《春秋傳》云：「天子因生以賜姓。」又，昭四年《傳》云：「問其姓，對曰：『余子長矣。』」《漢書・田蚡傳》「跪起如子姓」，注：「姓，生也。」

《檀弓》曰：何居，我未之前聞也。 注云：「居讀爲『姬姓』之姬，齊、魯之閒語助也。」《列子・黄帝篇》云：「關尹謂列子曰：『姬，魚語女。』」張湛曰：「姬音居，『魚』當作『吾』。」楝案：《左傳》「誰居」之居，亦音基。《孝經》及《論語》皆云「居，吾語女」。古人讀「居」爲「姬」，讀「吾」爲「魚」，《外傳・晉語》云「暇豫之吾吾，不如鳥烏」，韋昭曰：「吾讀爲魚。」《列子》因之，遂以「居」爲「姬」，「吾」爲「魚」，皆聲之誤也。《易・繫辭》云「則居可知矣」，鄭云：「居讀爲姬。」

孔氏之不喪出母，自子思始也。 注云：「記禮所由廢，非之。」《淮南子》曰：「孔氏不喪出母，此禮之失者。」

細人之愛也，以姑息。 注云：「息猶安也，言苟容取安也。」案《吕覽・先識篇》

云：❶「周武王告諸侯曰：『商王大亂，沈于酒德，辟遠箕子，爰近姑與息。』」

子夏喪其子，而喪其明。　注云：「明，目精。」《冀州從事郭君碑》云「卜商號咷，❷喪子失名」。或疑借「名」爲「明」，愚案：《尔疋·釋訓》云：「『猗嗟名兮』，目上爲名。」名在眉目之間，失名者，失其珠子也。

池視重霤。　注云：「如屋之有承霤也。承霤以木爲之，用行水，亦宮之飾也。今宮中有承霤，云以銅爲之。」《漢書·宣紀》神爵元年詔曰：「金芝九莖，産於函德殿銅池中。」如淳曰：「銅池，承霤也。」

我喪也斯沾。　注云：「斯，盡也。沾讀曰覘，覘，視也。國昭子自謂齊之大家，有事人盡視之。」此解非是。斯，此也。沾，薄也。國子蓋言我母之喪，而使婦人從賓位，斯爲薄矣。「沾」訓薄，見張揖《廣雅》。俗作「添」，非是。曹憲云：「沾，他緤反。世人水傍著忝，失之。又以此占字爲霑，亦失之。」鄭氏改「沾」爲「覘」，恐未安。

人喜則斯陶，陶斯咏，咏斯猶，猶斯舞，舞斯慍，慍斯戚，戚斯歎，歎斯辟，辟斯踊。　《七經小傳》云：「案人舞宜樂，不宜更慍，又不當漸至辟踊，此中閒有遺文矣。蓋本曰：『人喜則斯陶，陶斯咏，咏斯猶，猶斯舞，舞斯蹈矣。人悲則斯慍，慍斯戚，戚斯歎，歎斯辟，辟斯踊矣。』自喜而下五變而至蹈，自悲而下亦五變而至踊，所謂孺子慕者也。」棟謂：劉氏之説是也，而以爲中間有遺文者非，蓋衍文也。案古本《禮記》無

❶「先識」，原作「覩世」，據四庫本改。
❷「號」，原作「唬」，據四庫本及洪适《隸釋》改。

「舞斯愠」及注「愠猶怒也」七字。故陸氏《釋文》云：「此喜怒哀樂相對。本或於此句上有『舞斯愠』一句，并注皆衍文。」「喜則陶」以下敘樂之節也，「愠斯戚」以下敘哀之節也，文自相配，不須增入「人悲則斯愠」五字。古文文簡而意備，非若後世之繁重也。《釋文》具在，何不以取正之，而爲是臆説邪？何嗣曰「樂終則愠起」，則其誤已始于六朝，陸氏所據當是晉、宋古本。

咏斯猶。 注云：「猶當爲摇，聲之誤也。摇謂身動摇也，秦人『猶』、『摇』聲相近。」《介疋》云：「繇，喜也。」郭璞曰：「『詠斯猶』，猶，繇也。古今字耳。」

設蔞翣。 注云：「蔞翣，棺之牆飾。《周禮》『蔞』作『柳』。」《縫人職》云「衣翣柳之材」，注云：「柳之言聚，諸飾之所聚。故書『翣柳』作『接櫕』。鄭司農云：『接讀爲歰，櫕讀爲柳，皆棺飾。』」蔞與樓通，《介疋》云：「樓，聚也。」又與僂通，《莊子・達生》云「死得於腞楯之上，聚僂之中」，《釋文》云：「謂殯於菆塗蔞翣之中。」❶《荀子・禮論》云：「無、帾、絲、歶、縷、翣，其須以象菲、帷、幬、尉。」注云：「縷讀爲柳。」

衛有大史曰柳莊。 案《古今人表》作「柳壯」。師古曰：「壯讀曰莊。」棟案：《晉語》曰「趙簡子問于壯馳兹」，義作「莊」。《嚴訢碑》云「兆自楚壯」，即楚莊王也。漢諱「莊」，改曰「嚴」。漢時「莊」作「壯」，「盈」作「盁」，疑皆爲避諱而作，非正字。

洿其宫而豬焉。 注云：「豬，都也。南方謂都爲豬。」《尚書大傳》曰：「遂踐奄。踐之者，籍之也。籍之謂殺其身，執其家，

❶「翣」，原作「翌」，據稿本及四庫本改。

豬其宮。」「豬」本與「都」通。《禹貢》「大野既豬」，《史記》作「既都」。又，「孟豬」亦爲「明都」。

趙文子與叔譽觀乎九原。　注云：「叔譽，叔向也。」知叔譽是叔向者，《晉語》云「趙文子與叔向游於九京」，故知叔譽是叔向。《周書·大子晉》云：「晉平公使叔譽于周，見大子晉而與之言，五稱而五窮。」孔晁云：「叔譽者，大夫叔向也。」春秋時大夫有兩字者，如子産一字子美是也。

文子其中追一作「退」。**然如不勝衣。**　注云：「中，身也。《鄉射·記》曰：『弓二寸以爲侯中。』」《楚語》「左執鬼中」，韋昭曰：「中，身也。《禮》曰『其中退然』。」

《王制》：西方曰棘。　注云：「棘當爲僰，僰之言偪。」高誘《呂覽》注云：「僰讀如『匍匐』之匐。」

王三又。　注云：「又，當作『宥』。」古「侑」字作「宥」，見《儀禮》注。古「宥」字作「有」，見今文《尚書》。《論衡》引。古「有」字作「又」，「宥」字作「文」，見《周伯映彝》。《嘯堂集古録》。「又」當爲「宥」，壞字也。

執左道以亂政，殺。　盧植曰：「左道謂邪道。」案古「左」與「邪」通。《子虚賦》云「邪與肅慎爲鄰」，師古曰：「邪讀爲左。」《漢書》引《周書》云「以左道事君者誅」。

有圭璧金璋，不粥於市。　皇侃以爲用金爲印章。案此則「璋」字古本作「章」，今從玉旁者，非也。

《月令》：其器疏以達。　注云：「器疏者，刻鏤之，象物當貫土而出也。」《玉篇》引云「其器𤕟以達」，《説文》云：「𤕟，通也，从爻，从疋，疋亦聲。」《大玄經》有《𤕟首》。

還反賞公卿諸侯大夫於朝。　《呂覽》

「反」作「乃」，下同。或云「反」當依《吕氏》作「乃」。案《穆天子傳》云「天子還返」，「還返」連文，《月令》是也。

命相布德和令。《後漢・禮儀志》云：「立春之日，下寬大書，曰：制詔三公，方春東作，敬始慎微，動作從之。罪非殊死，且勿案驗，皆須麥秋。退貪殘，進柔良，下當用者如故事。」劉昭曰：「《月令》『命相布德和令』，蔡邕曰：『即此詔之謂也。』」

孟春，天子乃以元日祈穀于上帝，乃擇元辰，躬耕帝藉。注云：「元辰蓋郊後吉亥也。」俗本作「吉辰」。《正義》曰：「知用亥者，以陰陽式法，正月亥爲天倉，以其耕事，故用天倉也。盧植、蔡邕竝云郊天是陽，故用日；耕藉是陰，故用辰。元者，善也。皇氏云：『正月建寅，日月會辰在亥，故耕用亥也。』」《南齊志》：大學博士劉蔓議：「禮，孟春之月立春迎春，❶又於是月以元日祈穀，又擇元辰躬耕帝藉。盧植説禮通辰日，日，甲至癸也；辰，子至亥也。郊天陽也，故以日；藉田陰也，故以辰。陰禮卑後，必居其末。亥者辰之末，故《記》稱『元辰』，注曰『吉亥』。又據五行之説，木生于亥，以亥日祭先農，又其義也。」太常丞何諲之議：❷「鄭注云『元辰，蓋郊後吉亥也』，亥水辰也，凡在墾稼，咸存灑潤。五行説十二辰爲六合，寅與亥合，建寅月東耕，取月建與日辰合也。」國子助教桑惠度議：「尋鄭玄以亥爲吉辰者，陽生于子，元起于亥，取陽之元，以爲生物。亥又爲水，十月所建，百穀賴茲沾潤畢熟也。」

❶ 「月」，原作「日」，據文意及《南齊書》（武英殿本）改。
❷ 「議」，原作「義」，據文意及《南齊書》改。

天子乃鮮羔。 注云：「鮮當爲獻，聲之誤也。」今《吕覽》「鮮」作「獻」，故鄭讀从之。「獻」有「軒」音，故云聲之誤。

是月也，祀不用犧牲。用圭璧，更皮幣。 蔡氏《章句》云：「此『祀不用犧牲』者，祈不用犧牲。」案《春秋傳》云「祈以幣更」，故蔡據爲說。《月令問荅》曰：「問者曰：『仲春令不用犧牲，以圭璧，更皮幣。不用犧牲，何也？』曰：『是月獻羔，以大牢祀高禖，宗廟之祭以中月，安得用犧牲？祈者，求之祭也。著令者豫設水旱疫癘當禱祈，用犧牲者，是用之助生養。傳祈以幣代牲，章因於高禖之事乃造說曰：「更者刻木代牲，如廟有祧更。」此說自欺極矣。經典傳記無刻木代牲之說，蓋書有轉誤，三豕渡河之類也。』」

是月也，乃合累牛騰馬，遊牝于牧。 高誘曰：「累牛，父牛也。騰馬，父馬也。皆將羣遊從牝於牧之野，風合之。」服虔《左氏解誼》云：「牝牡相誘謂之風。」

淫雨蚤降。 注云：「今《月令》曰『衆雨』。」案《吕覽》亦作「淫雨」。《說文·雨部》云：「䨶，小雨也，从雨，衆聲。《明堂月令》曰『䨶雨』，職戎切。」鄭所云「今《月令》」皆《明堂月令》也。

腐草爲螢。 《明堂月令》曰「腐草爲蠲」，《說文》云：「馬蠲也。」《時則訓》作「腐草化爲蚈」。高誘注曰：「蚈，馬蚿，一曰螢火。」

無或差貸。 案「貸」，依字當作「貣」，古「忒」字。《吕覽》正作「忒」。《易·豫·象》云「四時不忒」，京房本作「貣」。《尚書·洪範》「衍忒」，《史記》作「衍貣」。又，《管子》書皆以「貣」爲「忒」，今皆讀爲「二」

者，非。張參《五經文字》云：「貸，相承或借爲『貣』字。」是「貸」與「貣」通。又，漢《張表碑》「苛忒」字作「荷岱」，此其證也。

季夏行春令，則穀實鮮落。　案《呂覽》、《淮南》「鮮」皆作「解」。

順彼遠方。　《呂覽》云「巡彼遠方」。案「巡」當作「循」，聲之誤也。《儀禮注》云「古文『循』作『順』」，故《月令》作「順」。高誘《淮南注》云：「順，循也。」鄭氏云「順猶服也」，是讀爲馴。

養衰老，授几杖，行麋粥飲食。　高誘曰：「陰氣發，老年衰，故共養之，授其几杖，賦行飲食麋粥之惺。❶今之八月比户賜高年鳩杖，粉楶是也。《周禮》大羅氏掌獻鳩以養老。又，伊耆氏掌共老人之杖。」《王制》云「凡三王養老皆引年」，注云：「引户校年，當行復除也。」《續漢書·禮儀志》云：「仲秋之月，縣道皆案户比民，年始七十者授之以王杖，餔之麋粥。八十九十禮有加賜。」《後漢書·江革傳》云「每至歲時，縣當案比，革以母老，不欲摇動，自在轅中輓車」。此鄭氏所云「引户校年，當行復除」是也。

無不務内。　《呂覽》「内」作「入」。内，古文入。

固封疆。　注云：「今《月令》『疆』或謂『壐』。」案《呂覽》亦作「壐」，高誘讀爲「移徙」之徙。

天子乃命將帥講武、習射御、角力。　盧植曰：「角力，如漢家乘之引闘、蹋踘之屬也。」

❶「惺」，諸本同。《呂氏春秋·仲秋紀》作「禮」。據蔣維喬、陳奇猷等云，本或誤作「惺」。

水泉咸竭。《呂覽》「咸」作「減」。《春秋傳》云「咸黜不端」，《正義》云：「諸本『咸』或作『減』。」是「咸」與「減」通。

水澤腹堅。《釋文》云：「『腹』本又作『複』。又，方服反。」案《呂覽》作「復」，高誘曰：「復亦盛也，『復』或作『複』，凍重累也。」

《文王世子》：問内豎之御者。注云：「御如今小史直日矣。」《外傳》史黯謂趙簡子曰：「臣敢煩當日。」韋昭曰：「當日，直日也。」《戰國策》云「郢之登徒直使」，高誘曰：「直，當日直使也。」

夢帝與我九齡。《釋文》作「聆」，云「本或作『齡』」。案《説文》無「齡」字。《樊毅修華嶽碑》云「垂曜萬軨」，婁壽曰：「漢碑『齡』皆作『軨』。」「軨」亦借用字，下文云「古者謂年齡，齒亦齡也」，故字从齒。未詳當攷。《廣雅》曰：「齡，年也。」《九經攷異》云「九齡」，石經作「秢」。案漢石經《禮記》無攷，未詳何據。

況于其身以善其君乎。注云：「于讀爲迂。迂猶廣也，大也。」案鄭氏《論語》云「子之于也」，何晏本「于」作「迂」，蓋古字通。

纖剸。注云：「纖讀爲殲。」《釋文》云：「纖依注音鍼，❶之林反。徐子廉反，注本或作『纖』，讀爲殲者，是依徐音而改也。」案此則當云「纖讀爲鍼」，故下注訓爲刺。今本皆从徐音誤爲殲。

告于甸人。注云：「告讀爲鞠，讀書用法曰鞠。」依字當作「鞫」。《正義》云：「讀書，讀囚人之所犯罪狀之書；用法，謂以法律平斷其罪。」案《秋官·小司寇》「讀書用

❶「音」，原作「者」，據稿本及四庫本改。

法」，先鄭云：「如今讀鞫已乃論之。」賈公彦曰：「鞫謂劾囚之要辭，讀已乃行刑。」《漢書・功臣表》云「新時侯趙弟坐鞫獄不實」，如淳曰：「鞫者，以其辭決罪也。」《張湯傳》云「訊鞫論報」，張晏曰：「鞫，一吏爲讀狀，論其報行也。」《刑法志》云「遣廷史與郡鞫獄」，如淳曰：「日囚辭決獄事爲鞫，謂疑獄也。」

三老、五更。 注云：「三老、五更各一人，皆年老更事致仕者也。名以三、五者，取象三辰、五星，天所因以照明天下者。」又，《樂記》注云：「三老、五更，互言之耳。皆老人更知三德五事者也。」案三老五更，諸儒之説各異，宋均《援神契注》云：「三老，老人知天地人事者；五更，老人知五行更代之事者。」應劭《漢官儀》曰：「三老、五更，三代所尊也。三者道成於天、地、人。老者久也，舊也。五者訓於五品。更者五世長子更相代，言其能以善道改更已也。」盧植《禮記注》云：「選三公老者爲三老，卿大夫中之老者爲五更。」蔡邕以更字爲「叟」，云：「三老，國老也。五叟，庶老也。叟，長老之稱。」又以三老爲三人，五叟爲五人。案《蔡集・問荅》云：「三老、五更，子獨曰五叟，何也？曰：『字誤也。叟，長老之稱，其字與「更」相似，書者轉誤，遂以爲更。嫂字女旁，瘦字从叟，今皆以爲更矣。立字法者，不以形聲，何得以爲字？以嫂、瘦推之，知是更爲叟也。』」棟案：《列子・黄帝篇》云「禾生子伯宿於田更商丘開之舍。」注云：「更當作『叟』。」然則蔡説不爲無據。

《禮運》：孔子曰：「大道之行也，與三代之英，丘未之逮也，而有志焉。」 注云：

「志謂識古文。」

諸侯非問疾弔喪而入諸臣之家，是謂君臣爲謔。《荀子・大略》曰：「君於大夫三問其疾，三臨其喪，於士一問一臨。諸侯非問疾弔喪不之臣之家。」

故聖人耐以天下爲一家。注云：「耐，古『能』字。傳書世異，古字時有存者，則亦有今誤者。」《樂記注》云：「耐，古書『能』字也。後世變之，此獨存焉，古以能爲三台字。」《王莽傳》云「三能文馬」是也。棟案：古三台字作「能」，古「能」字作「耐」，又作「而」。古「耐」字作「耏」。《說文》云：「耏，罪不至髡也，从而，从彡。或作『耐』，从寸。諸法度字从寸。」應劭《漢書注》云：「輕罪不至于髡，完其耏鬢。❶《說文》曰：「而，頰毛也，象毛形。《周禮》曰『作其鱗之而』。」故曰『耏』。」古「耐」字从彡，髮膚之意也。杜林以爲「法度之字皆從寸」，後改如耐，音若能。孔穎達曰：「不虧形體，猶堪其事，故謂之耐。」鄭云「則亦有今誤者」，正義云：「今書雖存古字爲耐，亦有誤不安『寸』，直作而字，則《易・屯・彖》云『利建侯而不寧』，及劉向《說苑》『能』字皆爲『而』也。」《呂覽・正月紀》云：「晉平公問於祁黄羊曰：『南陽無令，其誰可而爲之？』」高誘注云：「而能爲治。」又，《士容論》云：「柔而堅，虚而實。」注：「而，能也。」《淮南子》曰「轉化推移得之道，而以少勝多」。高誘曰：「而，能也。能以寡統衆。」是秦、漢之書皆以「而」爲「能」。

九經古義卷弟十一終

順德張錦芳覆校

❶「耏」，原作「耐」，據稿本及四庫本改。

九經古義卷弟十二

禮記古義下

《禮器》：次路繁纓七就。 七當爲五，古五字如七，見王肅《詩傳》。因誤爲之。《郊特牲》云「次路五就」，注云：「《禮器》言『次路七就』，與此乖。字之誤也。」

大圭不琢。 注云：「琢當爲篆，字之誤也。」《漢書·董仲舒傳》云「良玉不瑑」，注云：「瑑謂彫刻爲文也。」

晉人將有事於河，必先有事於惡池。 注云：「惡當爲呼，聲之誤也。呼池、嘔夷，并州川。」秦惠王《詛楚文》云「告于不㬎大神亞駝」，亞駝即惡池也。亞與惡通。詳《易古義》。

配林。 注云：「配林，林名。」盧植云：「配林，小山林麓，配泰山者也。」《風俗通》云：「配林。林，樹木之所聚生也。今配林在泰山西南五六里。」何休注《公羊》引作「蜚林」。「蜚」聲近「妃」，古「配」字作「妃」，聲之誤也。

《郊特牲》：鄉人裼。 注云：「裼或爲獻，或爲儺。」鄭氏《論語》曰「鄉人儺」，注云：「十二月，命方相氏索室中，驅疫鬼。魯讀儺爲獻，今从古。」案此則古文《論語》作「鄉人儺」，《魯論語》作「鄉人獻」，故此注云「或爲獻，或爲儺」。禮家所傳，亦有異同也。「獻」讀爲「莎」，又讀爲「義」。「義」音「莪」，聲近「儺」。

而流示之禽，而鹽諸利。 注云：「鹽讀爲艷，行田示之以禽，使歆艷之，觀其用命不也。」楝案：《古樂府》有《昔昔鹽》、《三婦鹽》，亦作「艷」，古字通。

《内則》：柔色以温之。 注云：「温，藉也。承尊者必和顔色。」《匡謬正俗》曰：「案文當云柔和顔色以温悦尊者之心，不當改讀爲藴。」此説非也。古「藴藉」字皆作「温」，其「藴藻」、「藴蓄」之字則从艸，温聲。《正義》云：「言子事父母，❶當和柔顔色，承藉父母，若藻藉承玉然。」斯説得之。《詩》云「飲酒温克」，《易》云「藉用白茅」，皆取和柔之義。《詩・小宛》「温克」，箋云：「飲酒雖醉，猶能温藉以持以勝。」《正義》云：「定本及箋作温字。舒瑗云：『包裹曰藴。』謂藴藉自持，含容之義。經中作『温』者，蓋古字通用。」《經籍志》舒瑗撰《毛詩義疏》。

三牲用藙。 注云：「藙，煎茱萸也。《漢律》會稽獻焉。」《説文》云：「《漢律》會稽獻藙一斗，从艸，顡聲。」

接以大牢。 注云：「接讀爲捷。捷，勝也。謂食其母，使補虚强氣也。」楝案：「接」與「捷」通，故訓爲捷。鄭氏《周易・晉卦》云「晝日三接」，注云：「接，勝也。」音捷。是讀爲捷。《春秋經》云「宋萬弑其君捷」，賈逵云：「《公羊》、《穀梁》曰『接』。」《大戴禮・官人》云「九用」，「八曰取接給而廣中者」，「接給」猶「捷給」也。

祇見孺子。 注云：「祇，敬也。或作『振』。」古祇、振字通。《史記・夏本紀》臯陶述其謀曰「日嚴振敬六德」，今《尚書》「振」作「祇」。振又與震通。❷《魯世家》周公作《毋逸》，云「治民震懼」，今《無逸》作「祇懼」。蔡邕石經《般庚》云「今爾惠朕：曷祇動萬民以遷」。今《盤庚》云「爾謂朕：

❶「子」，原作「于」，據稿本、四庫本及清經解本改。

❷「又」，原作「文」，據稿本、四庫本及清經解本改。

曷震動萬民以遷」。祇與振義同而音異。《粊誓》云「祇復之」,《魯世家》《肸誓》云「敬復之」。徐廣云:「敬,一作『振』。」

《玉藻》:諸侯荼前詘後直。　注云:「荼讀爲『舒遲』之舒,舒懦者,所畏在前也。」《考工・弓人》云「寬緩以荼」,注云:「荼,古文舒,假借字。鄭司農云:『荼,讀爲舒,舒,徐也。』」

趨以采齊。　注云:「齊當爲『楚薺』之薺。」案《詩》作「楚茨」,王逸《楚辭章句》引《詩》云「楚楚者薺」,其字皆以齊次爲聲,同物同音。故《大戴禮・保傅篇》云「行以《采茨》,趨以《肆夏》」,又云「揚中《采茨》,趨中《肆夏》」。鄭从《周禮》作「薺」,又引「楚茨」以證之,明同物也。

大夫佩水蒼玉而純組綬。　注云:「純當爲緇,古文緇字或作絲旁才。」絲當作「糸」。《周禮・媒氏》曰:「入幣純帛,無過五兩。」注云:「純,實緇字也。古緇以才爲聲。」賈公彦曰:「古之緇有二種,其『緇布』之緇,糸旁甾,後不誤,故禮有緇布冠、緇布衣,存古字。若以絲帛之緇,則糸旁才。」案毛公《行露》傳曰「昏禮紂帛不過五兩」,故鄭據爲説。

《學記》:善待問者如撞鐘。　《墨子》曰:「君子如鐘,扣則鳴,不扣則不鳴。」《荀子》曰:「不問而告者,謂之傲;問一而告二,謂之囋。朱新仲云:「今人謂屢説曰『暫』,蓋『囋』字也。」傲非也,囋非也,君子如嚮矣。」如嚮者,即《繫辭》所云「問焉而以言,其受命也如嚮」是也。二説可與「善待問者如撞鐘」相發明。

《樂記》:竹聲濫,濫以立會,會以聚衆。　注云:「濫之意猶擥聚也,會猶聚也。聚或爲最。」古「最」、「聚」通用。《管子·禁藏篇》曰「冬收五藏，最萬物」，注：「最，聚也。」《史記·殷本紀》云：「大最樂，戲於沙丘。」徐廣曰：「最，一作『聚』。」又，《周本紀》有「周聚」，徐廣曰：「一作『最』，最亦古之聚字。」《公羊》隱元年傳云：「會猶最也。」何休云：❶「最之爲言聚，若今聚民爲『投最』。」

武坐致右憲左。 注云：「憲讀爲軒，聲之誤。」古「憲」、「軒」二字音相通。《詩》云「天之方難，無然憲憲」，毛傳云：「憲憲，猶欣欣也。」「欣」讀爲「軒」，與「難」合韻。鄭注《内則》云「軒讀爲憲」。揚雄《河東賦》云「麾城摲邑」，李奇曰：「摲音『車幰』之幰。」幰从巾，憲聲。反復相訓，蓋古音通也。《内則》亦讀「憲」爲「軒」。

封帝堯之後於祝。 注云：「祝或爲鑄」。《周本紀》云「封黄帝之後於祝」，張守節以爲東海祝其縣，非也。《汲郡古文》云「平王三年齊人滅祝」，此東海縣也。古祝、鑄同音。《淮南子·俶真訓》曰「冶工之鑄器」，高誘曰：「鑄讀作祝。」《續漢志》云「濟北蛇邱有鑄鄉城」，劉昭曰：「周武王未及下車，封堯後於鑄。」《春秋傳》云「臧宣叔娶于鑄」，❷杜注：❸「鑄國，濟北蛇丘縣所治。」《吕氏春秋·慎大覽》云：「武王勝殷，入殷未下轝，命封黄帝之後於鑄，封帝堯之後於黎，封帝舜之後於陳。」高誘曰：「鑄，國名。」

曲直、繁瘠、廉肉、節奏。 《荀子》「瘠」作「省」。棟案：「省」與「眚」通，眚猶

---

❶「休」，原作「林」，據清經解本改。
❷「娶」，原作「聚」，據稿本及四庫本改。
❸「注」，原作「氏」，據四庫本改。

瘠也，故字亦作「瘠」。尋文義，「繁省」爲長。

《雜記》：訃於適者。 依《説文》，「訃」當作「赴」。注云：「適讀爲『匹敵』之敵，謂爵同者也。」鄭氏《論語》云「無敵也，無莫也」，古文《論語》「敵」作「適」。《荀卿子・君子篇》云「天子四海之内無客禮，告無適也」。注云：「適，讀爲敵。」《史記・范雎傳》「攻適伐國」，❶《田單傳》「適人開户」，《李斯傳》「羣臣百官皆畔，不適」，徐廣皆音征敵之敵，是「適」爲古文「敵」也。

注：「六服皆袍制，不禪，以素沙裏之，如今袿袍襈重繒矣。」 《正義》云：「漢時有袿袍，其袍下之襈，以裏繒爲之。」《釋名》云：「婦人以絳作衣裳，上下連，四起施緣，亦曰袍。」賈公彦曰：「男子袍既有衣裳，今婦人衣裳連則非袍。而云『袍制』者，正取衣複不單，與袍制同。」袿袍，猶圭衣也。鄭注《内司服》云：「今世有『圭衣』者，蓋三翟之遺俗。」《釋名》曰：「婦人上服曰袿，其下垂者上廣下狹，如刀圭也。」《江充傳》云「曲裾後垂交輸」，❷如淳曰：「交輸，割正幅，使一頭狹若燕尾，垂之兩旁，見於後，是《禮・深衣》『續衽鉤邊』。賈逵謂之衣圭。」亦舉漢法以明之。蘇林曰：「交輸，如今新婦袍上挂全幅繒角割。」《續漢志》云：「諸古麗圭襂閨緣加上之服，建武、永平禁絶之。」麗圭襂閨緣，即圭衣之類。袍所以苞内衣，故云加上之服。皆重繒厚練。永平初惟中宮皇大子得服之，蓋以儉化俗也。《釋名》

❶ 「雎」，原作「睢」，據省吾堂本及《史記・范雎本傳》（點校本二十四史修訂本）改。下同，不再出校。

❷ 「裾」，原作「裙」，據稿本、四庫本及省吾堂本改。

曰：「襈，撰也，青絳爲之緣。」《玉篇》曰：「襈，緣襹。緣襹，襹施緣也。」

諸侯出夫人，有司官陳器皿。 注云：「器皿，其本所齎物也。《律》：弃妻畀所齎。」《韓非子·説林》曰：「衛人嫁其子，而教之曰：『必私積聚。爲人婦而出，常也；其成居，幸也。』其子因私積聚，其姑以爲多私而出之。其子所以反者倍其所以嫁。」妻有三不去：一曰有所取，無所歸。

《喪大記》：君大夫鬠爪，實于綠中。 注云：「綠當爲角，聲之誤也。角中謂棺内四隅也。」

《坊記》：高宗云：「三年其惟不言，言乃讙。」 注云：「讙當爲歡，聲之誤也。其既言，天下皆歡喜，樂其政教也。」熊朋來《經説》云：「《坊記》『言乃讙』之注但知有《説命》之書，不知其爲《無逸》之文，妄指爲『讙説』之讙。不知本文當爲『雍』，作《釋文》、《正義》者從而遂非傳説，尤爲可恨。」棟案：鄭未嘗以此書爲《兑命》之篇，此《正義》之誤。鄭氏《尚書·無佚》篇云：「乃或梁闇，三年不言，其維不言，言乃雍。」注云「楣謂之梁，闇讀如鵪，鵪謂廬也。其不言之時，時有所言，則羣臣皆和諧。」是鄭非不知《無佚》之篇「讙」作「雍」。以《記》稱高宗，《書序》又有《高宗之訓》，此篇已亡，何知不在《商書》而猥舉《無佚》之篇改「讙」爲「雍」也！且馬遷從孔安國問，多得古文之説，其所作《魯世家》稱《無逸》云：「乃有亮闇，三年不言，言乃讙。」正與《坊記》所載同。古今異文，師徒異讀，必欲執一説以繩之，此井鼃夏蟲之見也。吴興張謙中《復古編》云：「闇，治喪廬也，从門，音。高宗梁闇，三年不言。何謂梁闇？伏生《書大傳》：『楣謂之梁，闇讀如鵪。』《禮·喪服四制》卒哭後『翦屏柱楣』，謂之梁闇。晉賈后取妹丈韓壽子養之，託梁闇所生。別作庵，非。烏含切，又烏紺切。」

《中庸》：壹戎衣。 注云：「戎，兵也。衣讀如殷，聲之誤也。齊人言殷聲如衣。虞、夏、商、周氏者多矣，今姓有衣者，殷之胄與？」案《康誥》云「壹戎殷」，故鄭讀从之。古「依」字作「㐆」，从反身，殷字从此，故讀「殷」爲「㐆」，聲如依也。《吕覽・慎大篇》云「親郼如夏」，❶高誘曰：「郼讀如衣，今兖州人謂殷氏皆曰衣。」

治國其如示諸掌乎。 注云：「示讀如『寘諸河干』之寘。寘，置也。物而在掌中，易爲知力者也。」古「寘」字多作「示」。《易・坎》之上六云「寘于叢棘」，劉表「寘」作「示」。范甯注《穀梁》引《易》云「繼用徽纆，示于叢棘」。《毛詩・鹿鳴》云「示我周行」，箋云：「『示』當作『寘』。」

仁者，人也。 注云：「人也，讀如『相人偶』之人，以人意相存問之言。」案《公食大夫禮》云「賓入三揖」，注云：「每曲揖及當碑揖，相人偶。」蓋賓主揖讓互相親偶，親親之意亦如之也。《老子・道經》曰「如嬰兒之未孩」，河上公注云：「如小兒未能答偶人時也。」

好學近乎知。 《説苑・建本篇》云：「《中庸》曰：『好問近乎智，力行近乎仁，知恥近乎勇。』」《漢書》公孫弘上書引《禮記》亦云「好問近乎知」，師古曰：「疑則問之，故成其智。」

《表記》：仁者，人也。 注云：「人也，謂施以人恩也。《春秋傳》曰：『執未有言舍之者，此其言舍之何？人也。』」正義

❶「慎大」，原作「權動」，據四庫本改。

云：「施人以恩，謂意相愛偶人也。引《春秋傳》者，成十六年《公羊傳》文。傳稱欲人愛此行父，故特言『舍之』。引之者，證人是人偶相存愛之義也。」

義而順，文而靜。 注云：「靜或爲情。」古「靜」與「情」每相通。《周書・官人》云「情忠而寬，貌莊而安」，《大戴禮・官人》「情」作「靜」。《周書》又云「飾貌者不靜」，《大戴禮》作「不情」。

《緇衣》：信以結之則民不倍，恭以涖之則民有孫心。 □□□ 《禮記》「孫心」作「愻」。棟謂：《緇衣》「孫心」當作「愻」，猶《祭義》「見間」當爲「覸」，《史記》「刺齒」當爲「齧」，《孟子》「正心」當爲「忘」，皆一字誤爲二字也。《説文》：「愻，順也。《書》云『五品不愻』。」今文《尚書》作「訓」。《史記・魯世家》云「宣王伐魯，殺其君伯御而問魯公子能道順諸侯者」，徐廣曰：「順一作『訓』。」張守節云：「順音訓。」古文《尚書》作「愻」。今孔氏本作「孫」。衛包又改作「遜」。古文亡矣，薛宣《尚書》作「愻」。《緇衣》猶存古字。毛居正作《正誤》又從而改之，益歎識字之難。訓讀爲馴，愻解爲順。順猶馴也，義本不殊。

葉公之顧命。 注云：「楚縣公葉公子高也。臨死遺書曰顧命。」棟案：其辭有「莊后」、「大夫」、「卿士」，非葉公之言也，此《周書》祭公謀父之辭。穆王時祭公疾不瘳，王曰：「公其告予懿德。」祭公拜手稽首，曰：「嗚呼，天子！女無以嬖御固莊后，女無以小謀敗大作，女無以嬖御士疾大夫卿士。」祭公將殁，而作此篇，故謂之《顧命》。其事亦見《汲郡古文》。王伯厚已有是説，余特表而出之。此傳寫之誤，非傳《禮》之誤。二《禮》如《明堂位》、《文王官人》皆采自《周書》，王氏以爲傳《禮》之誤，非也。

故君子寡言而行，以成其信。 注云：「寡當爲顧，聲之誤也。」《釋文》云：「寡音顧，出注。」棟案：「寡」當音「鼓」。《尚書・微子》云「我不顧行遯」，徐仙民云：「顧音鼓。」《商詩》「韋、顧既伐」，《古今人表》作「韋、鼓」。「顧」有「鼓」音，與「寡」聲近，故鄭氏云「聲之誤」。

《三年問》：故先王焉爲之立中制節。 棟案：焉，於也。《呂氏・月令》曰「天子焉始乘舟」，高誘曰：「焉猶『於此』。」高注《淮南》云：「焉，於也。」《外傳・晉語》曰「焉作轅田」、「焉作州兵」，皆訓爲於，言於是始作轅田、州兵也。《荀子》「焉」作「安」，楊倞曰：「安，語助，猶言抑也。或作『安』，或作『案』，《荀子》多用此字。《禮記・三年問》作『焉』。《戰國策》：『謂趙王曰：「秦與韓爲上交，禍案移於梁矣。今《戰國策》「案」作「安」。秦與梁爲上交，秦禍案攘於趙矣。」』《呂氏春秋》：『吳起謂商文曰：「今置質爲臣，其主安重；釋璽辭官，其主安輕。」』蓋當時人通以安爲語助，或方言耳。」

《投壺》：籌，室中五扶，堂上七扶，庭中九扶。 注云：「籌，矢也。 輔四指曰扶，《韓非子》云：「上失扶寸，下得尋常。」注云：「四指爲扶。」一指按寸。《春秋傳》曰『膚寸而合』。」鄭知「扶」與「膚」同者，《尚書大傳》云：「五岳皆觸石出雲，扶寸而合，不崇毛萇《詩傳》云：「崇，終也。」朝而雨天下。」彼注云「四指爲扶」，音膚。《書傳》所載與《公羊》同，而其字作「扶」，故「扶」爲「膚」。 何休云：「側手爲膚，案指爲寸。」《玉篇》引《公羊傳》云「扶寸而合」，《廣韻》同。 又引注云「側手曰扶，案指曰寸」，是古本《公羊》「膚」皆作「扶」。

《儒行》：其飲食不溽。　注云：「恣滋味爲溽，溽之言欲也。」案《歸藏易·需卦》之需作「溽」，見胡氏《啟蒙》。《周易·象》云「君子以飲食宴樂」。「溽」音「辱」。《春秋傳》云「辱必求之，吾助子請」。服虔《解誼》云：「辱，欲也。」

《大學》：致知在格物。　《文選注》：「《倉頡篇》云：『格，量度之也。』」量度事物，致知之道也。

此之謂自謙。　注云：「謙讀爲慊，慊之言厭也。」《詩·湛露》云「厭厭夜飲」，傳云：「厭厭，安也。」安靜之意。故書本作「謙」，鄭讀爲「慊」。今《集注》本直作「慊」字，非也。鄭下注「命也」之命，讀爲慢。朱子从之，仍依本字，訓爲慢。此「謙」字亦當依本字，訓爲慊。

《射義》：古者天子之制，諸侯歲獻，貢士於天子。　注云：「歲獻，獻國事之書及計偕物也。《漢書》元光四年，徵吏民有明當時之務、習先聖之術者，❶縣次續食，令與計偕。蓋取法三代因歲獻而貢士之意。　**三歲而貢士。**　舊説云：大國三人，次國二人，小國一人。」何休注《公羊》云：「禮，諸侯三年一貢士於天子，天子命與諸侯輔助爲政，所以通賢共治，示不獨專，重民之至。大國舉三人，次國舉二人，小國舉一人。」

九經古義卷弟十二終

連平顔德潤覆校

❶「者」，原作「署」，據稿本及四庫本改。

九經古義卷弟十三

公羊古義上

《公羊》有嚴、顏二家，蔡邕石經所定者，《嚴氏春秋》也。何邵公所注者，《顏氏春秋》也。何以知之？以石經知之。石經載《公羊》云桓公二年顏氏有「所見異辭，所聞異辭」云云，是《嚴氏春秋》已見于隱元年，於此不復發傳也。今何本有之。又云卅年顏氏言「君出則已入」，此僖三十年傳也。又云顏氏無「伐而不言圍者，非取邑之辭也」，今何氏本亦無，以此知何所注者蓋《顏氏春秋》也。鄭康成注《三禮》，引隱五年傳云「登戾之」，又引桓十一年傳云「遷鄭焉，而鄙留」，又引隱二年傳「放於此乎」，與石經同，與何氏異，蓋所據者嚴氏本也。《蓺文志》云《公羊顏氏記》十一篇，後漢張伯饒又減定爲二十萬言。顏氏説經，以襄公廿一年之後孔子生訖，即爲所見之世；又以爲十四日日食，周王爲天囚之類，倍經違戾，皆何邵公所不取。

康成《六蓺論》云：「治《公羊》者胡母生、董仲舒。董仲舒弟子嬴公，嬴公弟子眭孟，眭孟弟子莊彭祖及顏安樂，安樂弟子陰豐、《儒林傳》作「泠豐」。劉向、本傳不載。王彦。」無攷。劉子政從顏公孫受《公羊春秋》，本傳不載，然封事多用《公羊》説。

閔因敘云：「昔孔子受端門之命，制《春秋》之義，使子夏等十四人求周史記，得百二十國寶書，九月經立。《感精符》、《考異鄭》、《説題辭》具有其文。」沈文何云：「《嚴氏春秋》引《觀周篇》，云孔子將脩《春秋》，與左丘明乘如周，觀書於周史，歸而脩《春秋》之經，丘明爲之傳，共爲表裏。」《周禮》「小史掌邦國之志」，先鄭云「《春秋傳》所謂《周志》，《國語》所謂《鄭書》之屬」。「外史掌四方之志」，後鄭云「謂若魯之《春秋》、晉之《乘》、楚之《檮杌》」。《墨子·明鬼篇》有《周春秋》、韋昭注《國語》引之。《燕春秋》、《宋春秋》、《齊春秋》。何氏莊七年注云：「古者謂史記爲《春秋》。」其言百二十國寶書者，案唐虞萬國，殷三千，見《周書》。周千七百有七十三，《春秋》以下兼國多矣。故魯大夫對孟孫曰：「禹合諸侯，執玉帛者萬國，今其存者無數十焉。」《公羊》疏：「問曰：今經止有五十餘國，通戎夷宿潞之屬，僅有六十。」然當時外史之所掌尚得百二十國，故墨子亦云「吾見百國《春秋》」是也。

《六藝論》云：「《春秋》者，國史所記人君動作之事。左史所記爲《春秋》，右史所記爲《尚書》。」是以《玉藻》云「動則左史書之，言則右史書之」。鄭注云：「其書，《春秋》、《尚書》具存者。」記文先言左史。鄭注先言《春秋》，明以左史爲《春秋》矣。《周書·史記篇》云：「維正月，王在成周。昧爽，召三公、左史戎夫，乃取遂事之要戒，俾戎夫言之。」《汲郡古文》亦云：「穆王廿四年，命左史戎夫作記。」《古今人表》云「右史戎夫」。然則左史所記爲《尚書》，是以荀悦《申鑒》云：「古者，天子諸侯有事必告于廟，朝有二史，左史記言，右史書事，事爲《春秋》，言爲《尚書》。」《禮記正義》引《六藝論》云「右史記事，左史記言」。先儒皆據《玉藻》之文，以《春秋》屬左史，《尚書》屬右史。熊安期《禮記義疏》

云：「按《周禮》大史之職云『大師，抱天時，與太師同車』。又，襄廿五年傳曰：『大史書曰：崔杼弑其君。』是大史記動作之事，在君左廂記事，則大史爲左史也。案《周禮》內史『掌王之八枋』，其職云『凡命諸侯及孤卿大夫，則策命之』。僖廿八年傳曰：『內史叔興父策命晉侯爲侯伯。』是皆言誥之事，是內史所掌，在君之右，故爲右史。是以《酒誥》云『矧大史友，內史友』，鄭注：『大史、內史掌記言、記行。』是內史記言，大史記行也。此論正法。若其有闕，則得交相攝代，故《洛誥》史佚命周公，伯禽，服虔注文十五年傳云：『史佚，周成王大史。』襄廿年鄭使大史命伯石爲卿，皆大史主爵命，以內史闕故也。」以上皆熊說。

蔡邕《公羊》石經隱十年下云「此公子翬也」云云；又，哀十有四年下云「何以書？記異也」云云，皆無經文。案孔穎達《詩正義》云：「漢初爲傳訓者，皆與經別行。三傳之文不與經連，故石經書《公羊》皆無經文。」是也。

隱元年傳云：會猶最也。 注云：「最之爲言聚。❶若今聚民爲『投最』。」古最、聚通，見《禮記古義》。

如勿與而已矣。 注云：「如即不如，齊人語也。」

惠公者何？隱之考也。 注云：「生稱父，死稱考，入廟稱禰。」《疏》云：「舊說云禰字示旁爾，言雖可入廟，是神示，猶自最近于己，故曰禰。」郭景純注《尒疋》云：「《禮記》曰『生曰父母，死曰考妣』。《說文》云：「妣，殁母也。」今世學者從之。」案《尚書》曰「大傷厥考心」、「事厥考

❶「之」，原作「乏」，據稿本、四庫本及省吾堂本改。

厥長」、「聰聽祖考之彝訓」、「如喪考妣」。《公羊傳》曰：「惠公者何？ 隱公之考也。仲子者何？ 桓之母也。」《倉頡篇》曰：「考妣延年。」明此非死生之異稱矣。 顧寧人云：「古人曰父曰考，一也。自《檀弓》定爲『生曰父，死曰考』之稱，而爲人子者當有所諱矣。」

王者据土，與諸侯分職，俱南面而治，有不純臣之義。故異姓謂之伯舅、叔舅，同姓謂之伯父、叔父。 許叔重《五經異義》云：「《公羊》説諸侯不純臣，《左氏》説諸侯者天子蕃衛，純臣。 謹案：禮，王者所不純臣者，謂彼人爲臣皆非己德所及。《易》曰『利建侯』，侯者王所親建，純臣也。」「玄之聞也：已下鄭駁。 賓者，敵主人之稱。 而禮，諸侯見天子稱之曰賓，不純臣諸侯之明文矣」。 是鄭據《周禮·大行人》以爲不純臣之證，與何氏合。《白虎通》云：「王者不純臣諸侯何？ 尊重之，以其列土傳子孫，世世稱君，南面而治。 凡不臣異，朝則迎之於著，覲則待之於阼階。 升降自西階，爲庭燎，設九賓，享禮而後歸，是異于衆臣也。」

二年傳：始滅昉於此乎？ 注云：「昉，適也。 齊人語。」《疏》云：「胡母生齊人，故知之。 若鄭《譜》云『然則《詩》之道放于此乎』之類。」棟案：五年傳云「始僭諸公昉於此乎」，蔡邕石經《公羊》「昉」作「放」。 鄭康成注《考工記》云「旊，讀如『放於此乎』之放」。 是漢時《公羊》「昉」皆作「放」。

三年傳云：其稱尹氏何？ 貶。 曷爲貶？ 譏世卿。 世卿，非禮也。 宣十年齊崔氏傳同。《五經異義》「卿得世」云：「今《春秋公羊》、《穀梁》説云：卿大夫世位則權并一姓，妨塞賢路，事政犯君，❶故經譏周

❶ 「事」，陳壽祺《五經異義疏證》（三山陳氏本）云當作「專」。

尹氏、齊崔氏是也。而古《春秋左氏》説：卿大夫皆得世禄，不得世位。父爲大夫死，子得食其故采地，而讀爲如。有賢才則復升父故位，故傳曰『官有世功，則有官族』。謹案：《易》爻位三爲三公，二爲卿大夫，曰『食舊德』。食舊德，謂食父故禄也。《尚書》云『古我先王曁乃祖乃父胥及佚勤，予不敢動用非罰，世選爾勞，予不絶今《尚書》作「弇」，俗本作「掩」。爾善』。《論語》曰『興滅國，繼絶世』，國謂諸侯，世謂卿大夫。《詩》云『惟周之士，不顯亦世』，《孟子》曰『文王之治岐也，仕者世禄』。知周制世禄也，从《左氏》義。」鄭氏亦云：「《尚書》『世選爾勞』，《詩》刺幽王絶功臣之世。然則興滅繼絶，王者之常，譏世卿之文，其義何在！」傳當云：「世禄禮也，世卿非禮也。」三傳之説未甚牴牾，詁訓者失之。

四年傳：石碏立之。 蔡石經「碏」作「踖」。案《説文》無「碏」字，當从石經作「踖」。《潛夫論》云：「石氏，衛公族。」

五年傳：登來之也。 注云：「登，讀言『得來』。『得來』之者，齊人語也。齊人名『求得』爲『得來』。作『登來』者，其言大而急，由口授也。」案《禮記·大學》云「一人貪戾」，鄭注云：「戾之言利也。《春秋傳》曰『登戾之』。」《正義》云：「以來爲戾，與《公羊》本不同。」下傳云「百金之魚，公張之」，注云：「百金猶百萬。古者以金重一斤，若今萬錢矣。」則「登戾」之説信矣。

百金之魚，公張之。 注云：「百金猶百萬也。古者以金重一斤，若今萬錢矣。」《食貨志》云：「漢興，更令民鑄莢錢，黄金一斤。」如淳曰：「時以錢爲貨，黄金一斤直萬錢。」《食貨志》又云「米至石萬錢」、「馬至匹百金」，薛瓚曰：「秦以一溢爲一金，漢以一斤爲一金。」一斤爲萬錢，則百金爲百萬錢矣。何注與如、薛二説皆合，而司馬貞《索隱》取瓚注而非如説，蓋未之攷也。顔遊秦《漢書注》云：「一金萬錢」，見《平準書》注。《戰國策》云「公孫閈使人操十金，而往卜於市」。高誘曰：「二十兩爲一金。」又云：「趙王封蘇秦爲武安君，黄金萬溢。」高誘曰：「萬溢，萬金也。二十兩爲一溢。」

經：初獻六羽。 注云：「羽者，鴻也。所以象文德之風化疾也。」《五經異義》云：「《公羊》説：樂萬舞以鴻羽，取其勁輕，一舉千里。《詩》毛説：萬以翟羽。《韓詩》説：以夷狄大鳥羽。謹案：《詩》云『右手秉翟』，《尒疋》説『翟，鳥名，雉屬也』，知翟羽舞也。」

經：六年春，鄭人來輸平。 傳云：「輸平者何？輸平猶墮成也。何言乎墮成？敗其成也。」《左傳》作「渝平」，云「更成也」。服虔曰：「公爲鄭所獲，釋而不結平，於是更爲約束以結之。故曰『渝平』。」平猶成也，成猶盟也。桓元年傳云「渝盟無享國」。秦、晉爲盟，成而不結。宋及楚平，傳載盟辭。「渝盟」猶「渝成」也，「渝成」猶「渝平」也。公與鄭絶，鄭來渝平，隱不享國，桓、莊結成，以隱爲辭，則渝平不得爲成明矣。《秦誓文》云即《詛楚文》。「變輸盟刺」，《廣雅》曰：「輸，更也。」「渝」與「輸」同，朱子云。輸亦訓墮，故《左氏》謂之「更成」，《公羊》謂之「墮成」，其義一耳。孫復以「輸平」爲「輸誠」，尤誤。劉原父以「更成」爲非，从《公羊》改「渝」爲「輸」，蓋未攷字義。

八年經：公及莒人盟于包來。 《釋文》云：「包來，《左氏》作『浮來』。」古浮、包字同。秦有儒生浮邱伯，見《漢書·楚元王傳》。而《鹽鐵論》作「包邱子」，蓋古音通也。

十有一年傳：「何隱爾？弒也。」蔡邕石經「弒」作「試」。《白虎通》引《春秋讖》曰：「弒者，試也。欲言臣子殺其君父。殺音試。《釋文》云：「弒从式，殺从殳，不同。君父言弒，積漸之名；臣子云殺，卑賤之意。字多亂，故時復音之。」不敢卒，候間司事，可稍稍弒之。」《荀卿子·議兵》曰：「傳曰『威厲而不試，刑措而不用』。」《鹽鐵論》曰「威厲而不殺」，「殺」音「試」，古音同。

桓三年，齊侯、衛侯胥命于蒲。《荀子·大略篇》曰：「《春秋》善胥命，而《詩》非屢盟，其心一也。」

四年，有年。朱新仲曰：「有年，大有年，桓、宣時也。有者，不宜有。二公行事不宜有此，皆貶也。《春秋》二百四十二年之間，豈止此二三年豐熟哉！以是知二公不宜有此也。昭元年，秦后子奔晉云云，國無道而年穀和熟，天贊之也。與此意合。」

六年經：蔡人殺陳佗。傳云：「淫于蔡，蔡人殺之。」注云：「蔡稱人者，與使得討之。猶律文立子姦母，見乃得殺之也。」《疏》云：「猶言對子姦母也。」

八年。注云：「天子之牲角握，諸侯角尺，卿大夫索牛。」《疏》云：「皆指祭宗廟之牲也。」襄元年《左氏傳》云「萊人賂夙沙衛，以索馬牛」，❶杜氏云：「索，簡擇好者。」《周禮·牛人》「祭祀共求牛」，求牛，猶索牛也。

十一年傳云：古者，鄭國處於留。先

❶「襄元年」，當作「襄二年」，諸本皆誤。

鄭伯有善于鄶公者，通乎夫人以取其國，而遷鄭焉，而野留。 案鄶公者，鄶仲也。夫人者，叔妘也。《周語》富辰曰：「鄶之亡也，由叔妘。」注云：「鄶，妘姓之國。叔妘，同姓之女，爲鄶夫人。」《鄭語》史伯云：「子男之國，虢、鄶爲大。虢叔恃勢，鄶仲恃險。君若以周難之故，寄帑與賄焉，無不克矣。」寄帑與賄，故得通於夫人而取其國。康成《發墨守》云：「鄭始封君曰桓公者，周宣王之母弟，國在宗周畿内，今京兆鄭縣是也。桓公生武公，武公生莊公，遷居東周畿内，國在虢、鄶之間，今河南新鄭是也。武公生莊公，因其國焉。留乃在陳、宋之東，《左傳》「侵宋吕、留」。後漢彭城有留縣，張良所封。鄭受封至此適三世，安得古者鄭國處於留、祭仲將往省留之事乎？」愚案：桓公寄帑與賄于虢、鄶及十邑，幽王之亂，東京不守，當有處留之事。其後滅虢、鄶十邑，而居新鄭，則以留爲邊鄙，當在武公之時。故云「古者鄭國」，又云「先鄭伯」，《公羊》之言正與《外傳》合。鄭氏不攷而驟非之，過矣。

莊四年傳：九世猶可以復讎乎？雖百世可也。 《五經異義》曰：「《公羊》說：復百世之讎。《古周禮》說：復讎可盡五世之内，五世之外施之於己則無義，施之於彼則無罪。謹案：魯桓公爲齊襄公所殺，其子莊公與齊桓公會，《春秋》不譏。又，定公是魯桓公九世孫，孔子相定公，與齊會於夾谷，是不復百世之讎也，从《周禮》說。」

七年傳：不脩《春秋》曰：雨星不及地尺而復。 王伯厚云：「《晉語》司馬侯曰『羊舌肸習於《春秋》』，《楚語》申叔時曰『教之《春秋》』，皆在孔子前，所謂《乘》、《檮杌》也。魯之《春秋》韓起所見，所云『不脩《春秋』也。」

八年經：甲午祠兵。《五經異義》曰：「《公羊》説：甲午祠兵，師出曰祠兵，入曰振旅。祠者，祠五兵矛、戟、劒、楯、弓、鼓，及祠蚩尤之造兵者；《左氏》説：甲午治兵爲授兵于廟。謹案：《三朝記》曰：『蚩尤，庶人之强者，何兵之能造。』」「玄之聞也，以下鄭駁。祠兵者，《公羊》字之誤，以治爲祠，因而作説之。於周《司馬職》曰『仲夏教茇舍』，『仲秋教治兵』，其下皆云『如戰之陳』。『仲冬教大閲、脩戰法，虞人萊所田之野』，乃爲之。如是，治兵之屬皆習戰，非授兵於廟，又無祠五兵之禮。」鄭以《公羊》「祠」當爲「治」，故《詩・采芑》箋引此傳，直作「治」。

夏，師及齊師圍成。傳云：成者，盛也。盛則曷爲謂之成？諱滅同姓也。案：成本盛國，「成」與「盛」通，故《釋名》云：「成，盛也。」《穆天子傳》云：「盛姬，盛伯之子。」郭璞云：「盛，國名。」文十二年盛伯來奔，是盛國伯爵，二傳皆作「郕」。僖廿四年《左氏傳》云「管、蔡、郕、霍，文之昭也」，是盛爲姬姓，故《穆天子傳》云「天子賜盛伯爲上姬之長」。郕後爲魯邑，昭七年《左氏傳》云「晉人來治杞田，季孫將以成與之」。《説文》云：「郕，魯孟氏邑。」是郕與成一也。故此傳云「諱滅同姓」。《郡國志》云：「濟北成縣本國成，舊屬泰山郡。」《地理志》泰山有式縣，「式」當爲「成」。

十年。注云：「律，一人有數罪，以重者論之。」案昭卅一年傳與此同，蓋《漢律》也。《史記・李斯傳》云：「具斯五刑。」《漢書・刑法志》云：「漢興之初，尚有夷三族之令，令曰：『當三族者，皆先黥、劓，斬左右止，笞殺之，梟其首，菹其骨肉於市。

其誹謗詈詛者，又先斷舌。』故謂之具五刑。彭越、韓信之屬皆受此誅，暴秦之爲禍也烈矣。❶ 高后元年乃除三族罪、祆言令。」《尚書・甫刑》傳：「子張曰：『堯舜之主，二人刑而天下治，何則？ 教誠而愛深也。 一夫而被此五刑。』子龍子曰：『未可謂能爲《書》。』」康成注云：「二人俱罪，吕侯之説刑也，被此五刑，俞犯數罪也。」「孔子曰：不然也，五刑有此教」，注云：「教然耳，數罪猶以上一罪刑之。」此與《漢律》「一人數罪，以重者論之」同義。

十有二年傳：「閔公矜此婦人，妒其言，顧曰：『此虜也，爾虜焉故。句。**魯侯之美惡乎至！』」** 董仲舒《春秋繁露》云：「『此虜也，爾虜焉知魯侯之美惡乎致！』萬怒搏閔公，絶脰。」《韓詩外傳》引此云：「閔公矜此婦人，妒其言，顧曰『爾虜焉知魯侯之美惡乎』！」何氏以「爾虜焉故」爲句，注云：「女嘗執虜於魯侯，故稱譽爾。」又云「魯侯之美惡乎至」，注云：「惡乎至，猶何所至。」意反迂回。❷

十有七年經：鄭瞻自齊逃來。 傳云：「何以書？ 書甚佞也。曰：佞人來矣，佞人來矣。」案：甚佞，猶「孔壬」也。《尒疋・釋言》云：「孔，甚也。」《釋詁》云：「壬，佞也。」《虞書》云「何畏乎巧言令色孔壬」，孔氏傳訓爲「甚佞」，佞讀爲年。「天王殺其弟年夫」，《左傳》作「佞夫」。 故《國語》輿人誦曰：「佞之見佞，果喪其田。」「佞」與「田」協，故讀爲年。年讀爲壬，《説文》：「郒，从邑，年聲，讀若寧。」又，「年，从禾，千聲」，千與年同音。「田」讀爲「陳」，故「甚佞」謂之「孔壬」，後人疑「孔壬」之説，遂以爲共工名，其妄如此。王逸《天問》注云：「康回，共工名。」亦

❶「暴秦」至「烈矣」八字，《漢書・刑法志》無。

❷「回」，原作「面」，據稿本改。

誤。「齊田」謂之「齊陳」，既同物又同音，是之謂古訓。「訓」讀爲「馴」。

廿三年經：公如齊觀社。 鄭氏《六經奥論》云：「『公如齊觀社』。《左氏》曰『非禮也』，《公羊》曰『蓋以觀齊女也』，《穀梁》曰『非常曰觀，觀，無事之辭也』。案《墨子》曰：『燕之祖，齊之社稷，宋之桑林，男女之所聚而觀之也。』則觀社之義，《公羊》爲長。」以上皆鄭氏説。 棟案：《左傳》襄廿四年云：「齊社，蒐軍實，使客觀之。」《外傳》云：「夫齊棄大公之法，而觀民於社。」然則觀社非古也，故《左氏》以爲非禮。

廿四年傳：「戎將侵曹，曹羈諫曰：『君請勿自敵也。』」 《春秋繁露》曰：「曹羈曰：『戎衆以無義，君無自適。』君不聽，果死戎寇。」棟案：「適」讀爲「敵」，古文也。《禮記·雜記》注云：「適讀爲『匹敵』之敵。」《荀卿子》云：「天子四海之内無客禮，告無適也。」注云：「適讀爲敵。」《史記·范睢傳》「攻適伐國」，《田單傳》「適人開户」，《李斯傳》「羣臣百官皆畔不適」，徐廣皆音「征敵」之敵。董氏所據《公羊》，依古本以「適」爲「敵」。

卅年傳：「子司馬子曰：『蓋以操之爲已蹙矣。』」 注云：「操，迫也。已，甚也。蹙，痛也。迫殺之甚痛。」《攷工記》云：「凡察車之道，不微至，無以爲戚速也。」康成云：「齊人有名疾爲戚者，《春秋傳》曰『蓋以操之爲已蹙矣』。」《疏》云「鄭氏以蹙爲疾，與何別」，非也。古戚、蹙同音，《詩·小明》云「曷云其還，政事愈蹙。歲聿云莫，采蕭獲菽。心之憂矣，自貽伊戚」。是戚讀爲蹙。《公羊》作「蹙」，故訓爲痛。「戚」有「蹙」音，故訓爲疾。

卅有一年經：築臺于郎。注云：「禮，天子有靈臺，以候天地；諸侯有時臺，以候四時。」《五經異義》云：「《公羊》説：天子有三臺，諸侯二。天子有靈臺，所以觀天文。有時臺，以觀四時施化。有囿臺，所以觀鳥獸魚鼈。諸侯當有時臺、囿臺，諸侯卑不得觀天文，無靈臺。皆在國之東南二十五里，東南少陽用事，萬物著見。用二十五里，吉行五十里，朝行暮反也。」

卅二年傳：未踰年之君也，有子則廟，廟則書葬；無子不廟，不廟則不書葬。《五經異義》云：「《春秋公羊》説云：未踰年君，有子則書葬立廟，無子則不書葬，恩無所録也。《左氏》説云：臣之奉君，悉心盡恩，不得緣君父有子則爲立廟，❶無子則廢也。或議曰。缺文。案：《禮》云臣不殤君，子不殤父。君無子而不爲立廟，是背義弃禮，罪之大者也。」「玄之聞也，以下鄭駁。未踰年君者，魯子般、子惡是也，皆不稱公，書卒，弗謚，不成於君也。廟者，當序於昭穆，不成於君，則何廟之立？凡無廟者，爲壇祭之。近漢諸幼小之帝，尚皆不立廟而祭於陵，云『罪之重者』，此何故不罪？殤者十九向下，未踰年之君未必未冠，引殤欲以何明也？」蔡邕云：「見孝殤、孝冲、孝質皇帝以幼弱在位，未踰年不列於廟，大尉、司徒分視三陵，皆宗廟典制也。」

閔元年傳注云：「律，親親得相首匿。」《漢書》：「地節四年詔曰：父子之親，夫婦之道，天性也。雖有患禍，猶蒙死而存之，誠愛結于心，仁厚之至也。豈能違之哉！自今子首匿父母，妻匿夫，孫匿大

❶「緣」，原作「録」，據省吾堂本改。

父母，皆勿坐。其父母匿子，夫匿妻，大父母匿孫，罪殊死，皆上請廷尉以聞。」

僖四年傳：古者周公東征則西國怨，西征則東國怨。 注云：「此道黜陟之時也。《詩》云『周公東征，四國是皇』。」《白虎通》云：「傳曰：『周公入爲三公，出爲二伯，中分天下，出黜陟。《詩》曰『周公東征，四國是皇』，言東征述職，周公黜陟而天下皆正也。」經典無西征之文。《荀卿子·王制篇》曰：「周（原本作「用」，誤。）公南征而北國怨，曰：何獨不來也？東征而西國怨，曰：何獨後我也！」《吕氏春秋·古樂篇》云：「成王立，殷民反王命，周公踐伐之。商人服象，爲虐于東夷，周公遂以師逐之，至于江南，乃爲三象以嘉其德。」此南征之文也。

十年傳：踊爲文公諱也。 注云：「踊，豫也，齊人語。若關西言渾矣。」

十有四年傳：曷爲城杞？滅也。孰滅之？蓋徐、莒脅之。 注云：「言脅者，杞，王者之後，尤微，是見恐曷而亡。」曷，火葛反。案：恐曷，即《漢律》「恐猲」也。陳羣《新律序》曰：「《盜律》有『恐猲』。《漢書·王子侯表》曰：『葛魁侯戚坐縛家吏，恐猲受賕，棄市。平城侯禮坐恐猲取雞，免。承鄉侯德天坐恐猲國人，受財臧五百以上，免。籍陽侯顯坐恐猲國民，取財物，免。』」師古曰：「猲者，謂以威力脅人也，音呼葛反。」《戰國策》云「恫疑虚猲」，高誘曰：「猲，喘息懼皃。」

十有六年傳：「霣石記聞。聞其磌然，視之則石，察之則五。」 楊士勛云：「磌字，《説文》、《玉篇》、《字林》等無其字，學士多讀爲砰。《公羊釋文》云：「本或作砰，八耕反。」據《公羊》古本，竝爲磌字，張揖讀爲磌，是石聲之類。不知出何書也。」

十有九年傳：「蓋叩其鼻以血社也。」

楝案：「血」當爲「衈」，壞字也。《穀梁》作「衈社」。《山海經》云「祈䎶用魚」，郭璞云：「以血塗祭爲䎶也。」《公羊傳》云「蓋叩其鼻以䎶社」，音「釣餌」之餌。《禮説》曰：「『以牲告神，欲神聽之，曰䎶』。蓋兼取膟膋，故耳从血。用祈神聽，故䎶从申。」

卅有三年傳：宰上之木拱矣。 注云：「宰，冢也。」《列子》：「孔子曰：『望其壙，宰如也，墳如也，鬲如也。』」注云：「宰，冢也。」《穀梁》云：「子之冢木已拱矣。」

南海馮經覆校

九經古義卷弟十三終

九經古義卷弟十四

公羊古義下

文二年傳：「虞主用桑。」 注云：「期年練祭，埋虞主于兩階之間，易用栗也。」《五經異義》云：「戴《禮》及《公羊》説：虞主埋於壁兩楹之間，一説埋之於廟北牖下。《左氏》説：虞主所藏無明文。」鄭駁之云：「案《士喪禮》重與柩相隨之禮，柩將出，則重倚於道左。柩將入於廟，則重止於門西。虞主與神相隨之禮亦當然。練時既特作栗主，則入廟之時，祝奉虞主於道左。練祭訖，乃出就虞主而埋之，如既虞埋重於道左。」

注：「虞祭，天子九，諸侯七，卿大夫五，士三。」《疏》云：「自『諸侯七』以下，《雜記》文。其天子九虞者，何氏差之耳。《異義》《左氏》説亦有成文。」案《五經異義》云：「《公羊》説：虞而作主。古《春秋左氏》説：既葬反虞，天子九虞，九虞者，以桑主。❶九虞十六日也，諸侯七虞，十二日也。❷大夫五虞，八日也。士三虞，四日也。既虞，然後祔死者於先死者，祔而作主，謂桑主也。期年然後作栗主。謹案：《左氏》説與《禮》同。」

練主用栗。 注云：「夏后氏以松，殷人以柏，周人以栗。」案古文《論語》云：「哀

❶「桑主」，《五經異義疏證》作「柔日」。

❷「二」，原作「一」，據文意及《五經異義疏證》改。

公問主於宰我」，康成注云：「田主謂社。」《春秋正義》云：「案古《論語》及孔、鄭皆以爲社主，張、包、周等竝爲廟主。」《五經異義》云：「今《春秋公羊》説祭有主者，孝子之主繫心，夏后氏以松，殷人以柏，周人以栗。《周禮》説虞主用桑，練主以栗，無夏后氏以松爲主之事。謹案：從《周禮》説。《論語》所云，謂社主也。」是許氏亦據古文，以主爲社主。何晏《集解》本直作「社」字，後人承其誤，遂以爲古文作「問社」，今文作「問主」，《公羊疏》亦云。其説非也。

十有二年傳：何賢乎繆公？以爲能變也。《荀子·大略篇》曰：「《易》曰『復自道，何其咎』，《春秋》賢繆公，以爲能變也。」

惟諓諓善竫言，《説文》引《書》云「戔戔巧言」，《李尋傳》云：「昔秦穆説諓諓之言，任仡仡之勇。」王逸《楚辭章句》引《書》云「諓諓靖言」，靖與竫同。**俾君子易怠。**《尚書》「怠」作「辭」，籀文辝，从台。《史記·三王世家》齊王策云「俾君子怠」，與《公羊傳》合。**而況乎我多有之。**《尚書》「況」作「皇」，依字當作「兄」。兄，滋也。《無逸》云「無皇曰」，又云「則皇自敬德」。漢石經《無佚》皆作「兄」。《詩·桑柔》云「倉兄填兮」，義作況。**惟一介斷斷焉，**焉與夷同，見《周禮·行夫》注。夷聲近猗，故《尚書》作「猗」。**無他技，**技與伎同。《尚書》或作「技」。**其心休休能有容。**《尚書》云「如有容」，古「如」字作「而」，「而」讀爲「能」，「能」讀曰「如」。《詩·民勞》云「柔遠能邇」，箋云：「能猶伽也。」伽當作如，如其意也。此述《秦誓》之詞而字多異。然反覆案之，與《尚書》無大牴牾，葢古、今文之殊爾。

十有三年經：世室屋壞。傳云：「世室者何？魯公之廟也。周公稱大廟，魯公稱世室，羣公稱宮。」二傳作「大室」。賈逵、服虔等皆以爲大廟之上屋。《禮説》曰：「清廟之制如明堂，明堂五室，故清廟五寢，中央曰大室，亦曰大寢。大室屋壞者，室上重屋，《明堂位》所謂『復廟重檐，天子之廟室』、《洛誥》『王入大室祼』是也。」孔穎達曰：「《左傳》不辨此是何公之廟，而經謂之大室，則此室之最大者，故知是周公之廟，非魯公也。《明堂位》曰：『魯公之廟，文世室也；武公之廟，武世室也。』世室非一君，不宜專屬伯禽。」棟案：《公羊》皆以世爲大，如衛「大叔儀」爲「世叔齊」，宋「樂大心」爲「樂世心」。又推而廣之，如鄭大夫子大叔，《論語》作「世叔」。天子之子稱大子，《春秋傳》云「會世子于首止」。諸侯之子稱世子，而晉有大子申生，鄭有大子華。《春秋經》「齊世子光」，《左傳》云「大子光」，明古世與大同義，是世室猶大室也。《樊毅復華下民租田口算碑》云：「魯不脩大室，《春秋》作譏。」又，《樊毅脩華嶽碑》云：「世室不脩，《春秋》作譏。」二碑同時所立，或作世，知字本通也。

往黨，衛侯會公于沓，至得與晉侯盟。反黨，鄭伯會公于斐。 注云：「黨，所也，『所』猶『時』，齊人語也。」棟案：《荀卿子》云「怪星之黨見」，「黨見」猶「所見」也。楊倞訓黨爲頻，無攷。何氏説是。

十有四年傳：「納者何？入辭也。」

莊元年傳云：「錫者何？賜也。」 棟案：「納」當作「内」，古文「賜」作「錫」，「入」作「内」。

宋子哀者何？無聞焉爾。 棟案：《公羊》主内娶之説，故以子哀書字爲無聞。

十有五年經：齊人歸公孫敖之喪。

傳云：「脅物而歸之，筍將而來也。」注云：

「筍者，竹箯，一名編輿。《説文》：「箯，竹輿也。」齊、魯以北名之曰筍。將，送也。取其尸置編輿中，傳送而來也，脅魯令受之。」《史記·張陳列傳》云「上使泄公持節問貫高箯輿前」，徐廣曰：「箯音鞭。」服虔曰：「箯音編，編竹木如今峻，可以糞除也。」韋昭音如頻反，云「輿如今輿牀，人輿以行」。郭璞《三倉解詁》云：「箯，畚土器，音步典反。」案服氏云「箯如今峻」，峻即筍也，同物同音。小顏云：「形如今之食輿。」師古唐人，豈識漢時箯輿諸説？唯服子慎與何邵公合，蓋目擊之與耳食異也。

入郛不書，此何以書？動我也。其實我動焉爾。 注云：「動，懼我也。」案：動爲拜，非懼也。

十有六年傳：大夫弑君稱名氏，賤者窮諸人。大夫相殺稱人，賤者窮諸盜。 注云：「降大夫使稱人，降士使稱盜者，所以別死刑有輕重也。無尊上、非聖人、不孝者，斬首梟之；無營上、犯軍法者，斬要；殺人者，刎頭。」棟案：「無尊上」，《漢律》所云「罔上不道」也；「非聖人」，《漢律》所云「非聖無法」也；「不孝」者，《商書》曰「刑三百，罪莫大於不孝」。見《吕覽》。《孝經》云：「五刑之屬三千，罪莫大於不孝。」《風俗通》曰：「賊之大者有惡逆焉，決斷不違時，凡赦不免。❶」又有不孝之罪，竝編十惡之條。「斬首梟之」者，梟當作県。《玉篇》云：「賈侍中云：『県謂斷首倒縣也。』野王謂縣首於木竿頭，以肆大辠，秦刑也。」云「無營上、犯軍法」者，陳羣《新律序》云：「《廐

❶「凡」，原作「兄」，據稿本、四庫本改。李慈銘云：「案『凡』字誤。」

律》有『乏軍之興』及舊典有『奉詔不謹、不承用詔書』。漢氏施行有小愆之反不如令，輒劾以『不承用詔書、乏軍要斬』。」胡建案：《軍法》曰：「正亡屬將軍，將軍有罪曰聞，二千石曰下行法焉。」云「殺人者刎頭」，高祖約法三章所云「殺人者刑」也。何氏所據皆本《漢律》，《漢律》已亡，舉其大略如此耳。

宣元年傳：古者大夫已去，三年待放。君放之，非也；大夫待放，正也。《白虎通》云：「諸侯諍不從得去，去曰：『某質性頑鈍，言愚不任用，請退避賢。』如是之是待以禮，❶臣待放。君待之以禮曰：『予熟思夫子言，未得其道，今子不且留。聖王之制，無塞賢之路，夫子欲何之？』則遣大夫送至于郊。」所謂「君放之，非也；大夫待放，正也」。

齊人取濟西田。 傳云：「爲弑子赤之賂也。」注云：「子赤，齊外孫。宣公篡，弑之。恐爲齊所誅，爲是賂之。故諱，使若齊自取之者，亦因惡齊取篡者賂，當坐取邑。未之齊坐者，由由與猶同。《律》行言許受賂也。」案《漢律》有受賕之條，又有聽請之條，魯賂齊不當坐取邑。且未之齊而坐者，由齊聽請故也。《漢律》行言許受賂，亦得坐受賕之條，故舉以況之。

五年經：齊高固及子叔姬來。 傳云：「子公羊子曰：『其諸爲其雙雙而俱至者與！』」《疏》云：「舊説云『雙雙之鳥，一身二首。尾有雌雄，隨便而偶。常不離

❶「之是待」，諸本同，李慈銘易爲「君待之」，且云：「案《白虎通》各本皆誤如是，今據盧氏校本改正。」

散』。」案《大荒南經》云：「南海之外，赤水之西，流沙之東，有獸，左右有首，名曰『跊踢』。有三青獸相并，名曰『雙雙』。」郭璞曰：「言體合爲一也。《公羊傳》所云『雙雙而俱至者』，蓋謂此也。」

八年經：夫人熊氏薨。九年春，王正月，公如齊。 注云：「月者，善宣公事齊合古禮。」《五經異義》曰：「《春秋公羊》説：妾子爲諸侯，不敢以妾母之喪廢事天子、大國，出朝會，禮也。魯宣公如齊，有妾母之喪，經書善之。《左氏》説云：妾子爲君，當尊其母，有三年之喪，而出朝會，非禮也。故譏魯宣公。案：禮，妾母無服，貴妾子不立，而他妾之立者也，❶不敢以卑廢事尊者，禮也。即妾子爲君，義如《左氏》。」「玄之聞也，以下鄭駁。《喪服》緦麻『庶子爲後其爲母』，此義自天子下至庶人，同不三年。魯宣公所以得尊其妾母敬嬴爲夫人者，以夫人姜氏已歸齊不反故也。因是言妾子立，母卒得爲之三年，於禮爲通乎！其服之間，其出朝會，無王事，與鄭伯伐許何異！」

十有六年經：成周宣榭災。 《釋文》云：「《左氏》作『宣榭火』。」棟案：《左氏》古文，「榭」本作「射」。《郙敦銘》曰「王格于宣射」是也。劉逵引《國語》云「射不過講軍實」，今本作「榭」。《説文》無「榭」字，經傳通作「謝」。《荀卿子》曰「臺謝甚高」，《泰誓》云「惟宮室臺榭」，《釋文》云：「本又作『謝』。」吴「射慈」亦作「謝慈」，是「射」與「謝」通。摯虞《三輔決録注》云：「漢末大鴻臚射咸，本姓謝，名服。天子以爲將軍出征，姓謝名服不祥，改之爲

❶「之」，諸本同。《五經異義》作「子」。

射氏，名咸。」載見《廣韻》。此由晉時不識古文，曲爲之說。陳壽撰《三國志》以「是儀」爲「氏儀」，孔融所改亦此類也。

成二年，齊侯使國佐如師。傳云：「君不使乎大夫，此其行使乎大夫何？佚獲也。」注云：「佚獲者，已獲而逃亡也。」《釋文》云：「佚，一本作『失』。」案古「佚」字皆作「失」，詳見《尚書攷》。「佚」又與「逸」同，《尚書·無逸》漢石經作「佚」。《春秋經》曰「肆大眚」，《穀梁》云：「肆，失也。」失猶佚也，佚與逸同，謂逸囚。

使耕者東畝，是則土齊也。注云：「以齊爲土地。」案：「土」讀曰「杜」，古「杜」字皆作「土」。《周禮》及《司馬法》曰「犯令陵政則杜之」，注云：「《王霸記》曰：『杜之者，杜塞使不得與隣國交通。』」詳具《禮說》。

四年經：鄭伯臤卒。《疏》云：「《左氏》作『堅』字，《穀梁》作『賢』字，今《穀梁》仍作「堅」。今定本亦作『堅』字。」《公羊釋文》云：「臤，本或作『堅』。」棟案：《公羊》作「臤」，《穀梁》作「賢」，本一字也。《說文》云：「臤，古文以爲賢字。」漢《潘乾校官碑》云「親臤寶智」，《國三老袁良碑》云「優臤之寵」，今文《大誓》云「優賢揚歷」，見《三國志注》。是「優臤」即「優賢」也。《玉篇》又引作「鉅」，鉅與堅同。「臤」亦爲古「堅」字，「堅」又與「賢」通，《東觀漢記》云《後漢紀注》。「陰城公主名賢得」，《續漢書·天文志》作「堅得」。疑古「堅」字、「賢」字皆省作「臤」，《公羊》從古文作「臤」，《穀梁》以爲「賢」，《左氏》以爲「堅」，師讀各異故也。《廣韻》引《孝經說》云：「臣者，堅也。」

十有一年經：晉侯使郤州來聘。

《世本》曰：「郤豹生義，義生步揚，步揚生州。」州即犨也。與《公羊》合。《左氏傳》魏武子「犨」，《世本》亦作「州」。司馬貞云：「州、犨聲相近，字異耳。」

十有七年傳：「郊用正月上辛。」《五經異義》曰：「《春秋公羊》説：禮，郊及日皆不卜，常以正月上辛也。❶魯于天子竝事變禮，今成王命魯使卜從郊，❷不從即以，❸下天子也。魯以上辛郊，不敢與天子同也。」《御覽》。

十有八年經：晉侯使士彭來乞師。《釋文》云：「二傳作『士魴』。」古「彭」、「旁」通用，「旁」與「魴」同音，故亦作「彭」，聲之誤也。襄十二年《疏》云：「攷諸正本，皆作『士魴』，字若作『士彭』者誤矣。」

襄二年經：鄭伯睔卒。《釋文》云：「睔，古困反。」《古今人表》鄭成公綸。師古曰：「綸音工頑反，《左傳》作『睔』。」案：《古今人表》又有泠淪氏，服虔曰：「淪音鰥。」「鰥」與「昆」同音。古「昆」字作「罤」，故《毛詩·敝笱》云「其魚魴鰥」，即箋云：「鰥，魚子也。」《魯語》云：「魚禁鯤鮞。」《尒疋》云：「鯤，魚子。」孔穎達云：「鯤、鰥字異，葢古字通用。」是「鰥」本音古魂反，故「泠淪」、「綸巾」諸字皆讀爲鰥。師古以「鰥」有「關」音，遂釋「綸」爲工頑反，非也。今人讀綸巾字爲關音，自謂合古音，失之甚者。

七年傳：「鄭伯將會諸侯於鄬。」《説文》引作「隔」，云「鄭地阪」。

鄭伯髠原何以名？傷而反，未至乎舍

❶ 「辛」，原作「下」，據四庫本改。
❷ 「從」下，《太平御覽》卷五二七（四部叢刊三編景宋本，下同）有「乃」字。
❸ 「以」，《太平御覽》作「已」。

而卒也。　注云：「云爾者，古者保辜，諸侯卒名，故於如會名之。明如會時爲大夫所傷，以傷辜死也。君親無將，見辜者，辜内當以弑君論之，辜外當以傷君論之。」《疏》云：「其『弑君論之』者，其身梟首，其家執之；其『傷君論之』，其身斬首而已，罪不累家。《漢律》有其事。然則『古者保辜』者，亦依《漢律》，律文多依古事。」《疏》知然者，史游《急就章》曰：「疻痏保辜謕呼號。」師古曰：「保辜者，各隨其狀輕重，令毆者以日數保之，限内致則坐重辜也。」❶《漢書・功臣表》云：「昌武侯單德元朔三年坐傷人，二旬内死，棄市。」然則保辜以二旬爲限歟！以平人言之，限内當以殺人論之。《漢律》所云「殺人者刑」是也。限外當以傷人論之，《漢律》所云「傷人抵罪」是也。服虔曰：「抵罪者，隨輕重制法。」李奇曰：「傷人有曲直，罪名不可豫定。」故《漢律》又云：見《薛宣傳》。「鬬㠯刃傷人，完爲城旦。其賊加罪一等，與謀者同罪。」是輕重制刑之義也。

十年經：遂滅偪陽。　《疏》云：「《左氏》經作『偪』字，音夫目反。《詩・小雅・采菽》云「邪幅在下」，毛傳云：「幅，偪也，所以自偪束也。」一音『逼近』之逼。」《釋文》云：「偪音福。」棟案：《古今人表》作「福陽」，知古音「福」，从彼力反者，非也。《穀梁》、《漢書・地理志》及《續漢志》皆作「傅陽」。棟案：古「福」字亦讀作「副」，《豫州從事尹宙碑》云「位不福德」是也。「傅」本古「敷」字，今亦讀作「副」。

十有一年經：同盟于京城北。　疏云：「《穀梁》與此同。《左氏》經作『亳城

❶ 「致」下，《急就篇》（《四部叢刊續編》景明鈔本）有「死」字。

北』。服氏之經亦作『京城北』，乃與此傳同。」棟案：京，鄭地，在滎陽。隱元年傳謂之「京城大叔」是也。亳城無攷，此傳寫之譌，當从《公》、《穀》是正。

十有七年經：邾婁子瞯卒。《釋文》云：「瞯，《左氏》作『牼』。」案《攷工·梓人》云「數目顧脰」，注云：「故書『顧』或作『牼』。鄭司農云：『牼讀爲鬜頭無髮之鬜。』」是「牼」有「瞯」音，故或作「瞯」。劉昌宗《周禮音》云：「牼音苦顏反。」今《左傳》音苦耕反，非也。「瞯」音閑，或下姧反。

廿年經：陳侯之弟光出奔楚。《釋文》云：「弟光，《左氏傳》作『弟黃』。」案《説文》：炗，古文光；灸，古文黃。字相似。《白虎通》云「黃之爲言光也」，《風俗通》云：「黃，光也。」

廿有三年經：邾婁鼻我來奔。《釋文》云「二傳作『畀我』」，古鼻、畀同音。

廿有五年經：吴子謁伐楚，門于巢，卒。　注云：「書伐者，明持兵入門，乃得殺之。」

卅年經：天王殺其弟年夫。《釋文》云：「年音佞，又如字。二傳作『佞夫』。」棟案：古「佞」讀爲「壬」，故《晉語》輿人誦云：「佞之見佞，果喪其田。」「佞」與「田」協，是讀爲年。殊不知「年」讀爲「寧」，「田」讀爲「陳」，故《詩·信南山》云：「畀我尸賓，壽考萬年。」然《公羊》不作「壬」而作「年」，何也？《詩·甫田》云：「倬彼甫田，歲取十千。我取其陳，食我農人。自古有年。」是「陳」讀爲「田」，「年」讀如字。

昭十有一年經：盟于侵羊。《疏》云：「《穀梁傳》作『侵祥』字，❶服氏注引者

❶「侵」，原作「祲」，據稿本及四庫本改。

直作『詳』，無『侵』字，皆是所見異也。」棟案：古「祥」字皆作「詳」，《易·履·上九》「視履考祥」，《釋文》云：「本又作『詳』。」《尚書·君奭》云「其終出于不祥」，蔡邕石經云「其道出于不詳」。《呂刑》「告爾祥刑」，《後漢·劉愷傳》引作「詳刑」。鄭氏《周禮注》亦云「度作詳刑，以詰四方」，皆古「祥」字。故《左傳》「祲祥」，服虔引《公羊》作「詳」，今《公羊》作「侵羊」者，《春秋繁露》云：「羊之爲言猶祥與。」鄭衆《百官六禮辭》亦云：「羊者，祥也。」疑古「祥」字、「詳」字皆省作「羊」。詳，善也。鄭注《車人》亦云：「羊，善也。」祥亦訓善，見《說文》。

屈銀。 《釋文》云：「二傳作『厥憖』。」案《左傳》「厥憖」，徐仙民音五巾反。《說文》「猌」讀若「銀」，又云：「憖从心，猌聲。」《公羊》本口授，故以「厥」爲「屈」，《公羊》「厥」字皆作「屈」。「憖」爲「銀」，字異而音同。凡《公羊》異字若此者多，余每校三傳而得古音，習鄭學而識古文。後之學者忽而不察，妄有論辨，竊所未喻。

廿有三年經：尹氏立王子朝。 注云：「尹氏貶，王子朝不貶者，年未滿十歲，未知欲富貴，不當坐，明罪在尹氏。」棟案：《漢律》年未滿八歲，非手殺人，他皆不坐。罪尹氏者，《漢律》所謂率也。何氏注「王子朝奔楚」下云「明本在尹氏，當先誅渠率，後治其黨」。❶ 張斐《律表》曰：「制衆建計謂之率。」《漢書·萬石君傳》：「上報石慶曰：『孤兒幼年，未滿十歲，無罪而坐率。』」服虔曰：「率，坐刑法也。」如淳曰：「率，家長也。」《鹽鐵論》云「《春秋》刺譏，不及庶人，責其率也」。

❶「注」，原作「法」，據稿本、四庫本及省吾堂本改。

廿有五年傳：「以人爲菑。」注云：「菑，周埒垣也。所以分別内外，衛威儀。今大學辟雍作『側』字。」

卅有一年傳：「珍怪之食。」《荀子・正論篇》曰：「食飲則重大牢，而備珍怪，期臭味。」楊倞注：「珍怪，奇異之食。」

定四年經：「公及諸侯盟于浩油。」《釋文》云：「二傳作『皋鼬』。」古讀皋爲浩，鼬爲由。《鹽鐵論》又作「誥鼬」。《尒疋・釋訓》云：「皋皋琄琄，刺素食也。」樊光本「浩浩琄琄」。

注：「禮，天子雕弓，諸侯彤弓，大夫嬰弓，士盧弓。」《疏》云：「古禮無文。」案《荀卿子・大略》曰：「天子彫弓，諸侯彤弓，大夫黑弓，禮也。」嬰弓無攷。《釋文》云：「見《司馬法》。」「盧弓」即「黑弓」，《春秋傳》謂之「旅弓」。《詩・行葦》云「敦弓既堅」，敦音彫。毛傳云「天子敦弓」，蓋本《荀卿子》。《正義》引何休注以爲「事不經見」，未之攷也。《經典・序録》云「孫卿子傳魯人大毛公」，即毛亨也。今毛傳多用荀卿說。

六年傳：「此仲孫何忌也，曷爲謂之仲孫忌？譏二名。二名非禮也。」《五經異義》云：「《公羊》說：譏二名謂二字作名，若魏曼多也。《左氏》說：二名者，楚公子弃疾殺其君，❶即位之後改爲熊居，❷是爲二名。謹案：文、武賢臣有散宜生、蘇忿生，則《公羊》之説非也，从《左氏》義。」

八年注：「定公從季孫假馬，孔子曰：『君之於臣，有取無假，而君臣之義立。』」棟案：此事竝見《説苑》、《家語》及《韓詩外傳》。《續漢書・律歷志》云：「昔仲尼順假

❶「疾」，原脱，據四庫本及省吾堂本補。

❷「居」，原作「君」，據四庫本及省吾堂本改。

馬之名，以崇君之義。」近人不攷，以《論語》「有馬者借人乘」當之，誤之甚者。

哀六年經：齊陳乞弑其君舍。《釋文》云：「舍，二傳作『荼』，音舒。」熊朋來云：「《詩》云『爾之安行，亦不遑舍』，與車、盱協，知『舍』讀作『舒』。」棟案：《史記·律書》云：「舍者，日月所舍。舍者，舒氣也。」是「舍」有「舒」義，故有「舒」音。

十有四年經：「西狩獲麟。」案孔舒元《公羊傳》本云：「十有四年春，西狩獲麟。何以書？記異也。今麟非常之獸，其爲非常之獸奈何？有王者則至，無王者則不至。然則孰爲而至？爲孔子之作《春秋》。」孔穎達曰：「何休注《公羊》，無作《春秋》之事，案孔氏本，是有成文。」棟案：蔡邕石經云：「何以書？記異也。」何異云云，與今本合。

傳：「有麇而角者。」唐石經「麏」作「麕」。郭璞引此傳與石經同。蔡邕石經作「麕」。

祖之所逮聞也。漢石經「逮」作「遝」。《説文》：「遝，迨也。」《玉篇》：「迨，遝，行相及，从辵，眔聲。」又《目部》：「眔，目相及，从目，从隶省。」《方言》云：「迨，遝，及。東齊曰迨，關之東西曰遝，或曰及。」

九經古義卷弟十四終

益都李文藻覆校

九經古義卷弟十五

穀梁古義

《孝經説》云：孔子曰：「吾志在《春秋》，行在《孝經》。以《春秋》屬商，《孝經》屬參。」故應劭《風俗通》言穀梁爲子夏門人，楊士勛謂受經于子夏。余案：桓譚《新論》云：「《左氏》傳世，遭戰國寢藏，後百餘年，魯穀梁赤爲《春秋》，殘略，多所違失。」然則穀梁子非親受經于子夏矣。古人親受業者稱弟子，轉相授者稱門人，則穀梁子于子夏，猶孟子之于子思。故魏麋信注穀梁，以爲與秦孝公同時也。楊士勛言「穀梁爲經作傳，傳孫卿，卿傳魯人申公，申公傳博士江翁」。案孫卿齊湣、襄時人，當秦之惠王，則在其後。又，卿著書言天子廟數，僖十五年傳「天子七廟」云云，「是以貴始德之本也」。荀卿《禮論》同。及賻、賵、襚、含之義；隱元年「乘馬曰賵」云云，在《大略篇》。述《春秋》善胥命，而言盟詛不及三王；隱八年傳，亦在《大略篇》末。諸侯相見仁者居守，二年傳「知者慮，義者行，仁者守」。又以大上爲天子，隱三年傳「大上故不名」，❶今在《君子篇》。皆本《穀梁》之説。其言傳孫卿，信矣。又，隱元年傳云「成人之美，不成人之惡」，僖廿二年傳云「過而不改是謂之過」，廿三年傳云「以不教民戰則是弃其師」，今皆在《論語》中。鄭《論語序》云「仲弓、子夏等所撰」，《論語讖》亦言子夏等七十二人共

❶「三」，原作「二」，據《穀梁傳》改。

撰仲尼微言，其諸聖人之徒私淑諸人者乎！又傳中所載與《儀禮》、《禮記》諸經合者不可悉舉，故鄭康成《六蓺論》云《穀梁》善於經。

《經典序録》云：「《穀梁》有段肅注十二卷，不詳何人。」《隋・經籍志》云「《春秋穀梁傳》十四卷，段肅注。疑漢人」。棟案：《後漢・班固傳》：「固奏記東平王云：『弘農功曹史殷肅，達學洽聞，才能絶倫，誦《詩》三百，奉使專對。』」章懷注云「《固集》『殷』作『段』」，然則殷肅即段肅也。劉氏《史通》言肅與京兆祭酒晉馮馮亦見奏記。嘗撰《史記》，以續史遷之書。❶

隱元年傳：「《春秋》貴義而不貴惠，信道而不信邪。」 注：「信，申字。古今所共用。」韋昭《國語注》云：「信，古伸字。」《士相見禮》注云：「古文伸作信。」康成《儒行》注云：「信讀如『屈伸』之伸，假借字也。信或爲身。」

三年經：日有食之。 傳云：「其日有食之何也？吐者外壤，食者内壤，闕然不見其壤，有食之者也。」注云：「凡所吐出者，其壤在外；其所吞咽者，壤入於内。」《疏》云：「壤字，爲《穀梁》音者，皆爲傷。徐邈亦作『傷』。麋信云齊、魯之間謂鑿地出土、鼠作穴出土皆曰壤。或當字從壤。蓋如麋信之言。」《九章算術》：「穿地四，爲壤五，爲堅三。」❷壤爲息土。《尚書正義》。

有，内辭也。或，外辭也。「或」與「有」同義，故以内外别之。

四年。衛祝吁。 《釋文》云：「《左氏》、《公羊》及《詩》作『州吁』。」案「州」有

❶「續」，原作「讀」，據四庫本及清經解本改。

❷「三」，原作「五」，據《九章算術》(《四部叢刊》景清《微波榭叢書》本)改。

「祝」音，故或作「祝」，聲之誤也。

五年傳：「尸子曰：『舞夏，自天子至諸侯皆用八佾，初獻六羽，始厲樂矣。』」《釋詁》云：「厲，作也。」郭氏引此傳以證之。《方言》曰：「厲，卬，爲也。甌越曰卬，吴曰厲。」郭氏云：「作亦爲也。」僖廿年「新作南門」，傳云：「作，爲也。」

八年經：鄭伯使宛來歸邴。《釋文》云：「《左氏》作『祊』。」《穆天子傳》云：「戊戌，天子北入于邴。」郭璞曰：「邴，鄭邑。」《左傳》作「祊」，古方、丙同字。

注：「周有千八百諸侯，盡京師之地不足以容，不合事理。」《疏》云：「見《孝經説》。」棟案：范注「諸侯有大功盛德於王室」已下，皆采許叔重《五經異義》之文。《疏》言見《孝經説》，非也。

九年經：天王使南季來聘。傳云：「南，氏姓也。顧炎武云：「南非姓，姓字衍文。」季，字也。」《白虎通》引《詩傳》「文王十子」，末云南季載。南，采也。猶祭伯、毛伯之謂。《左傳》作「聃季」，《史記》作「冉季」，「冉」與「南」同音，故亦作「南」。周公爲大宰，康叔爲司寇，聃季爲司空，周、康、南皆畿内地。《荀子》云：「周公歸周」，注云：「畿内之國亦名周，周公黑肩其後也。❶」康叔後封于衛，聃季未改封，世爲卿士也。司馬遷云「冉季載其後世無所見」，未之攷耳。

桓二年傳：「何以知其先殺孔父也？曰：子既死，父不忍稱其名；臣既死，君不忍稱其名。以是知君之累之也。孔，氏；父，字也。」《五經異義》云：「《公羊》説：臣子先死，君父猶名之。何休注桓二年傳云：「禮，臣死君字之。」與此異。孔子曰『鯉也死』，是

❶「肩」，原脱，據四庫本補。

已死稱名。《左氏》説：既没稱字而不名。杜預以爲孔父稱名，與賈逵異。桓二年，『宋督弒其君與夷及其大夫孔父』。先君死，故稱其字，《穀梁》同《左氏》説。謹案：《論語》稱『鯉也死』，實未死，假言死。从《左氏》、《穀梁》説。」「玄之聞也，以下鄭駁。《論語》云『鯉也死，有棺而無椁』，是實死未葬前也。設言死，凡人於恩猶不然，況賢聖乎？」

桓四年傳：「春曰田，夏曰苗，秋曰蒐，冬曰狩。」 何休《廢疾》曰：「《運斗樞》曰『夏不田』，《穀梁》有夏田，於義爲短。」鄭君釋之云：「四時皆田，夏、殷之禮。《詩》云『之子於苗，選徒囂囂』，夏田明矣。孔子雖有聖德，不敢顯然改先王之法，以教授於世。若其有所欲改，其陰書於緯，藏之以傳後王。《穀梁》四時田者，近孔子故也。《公羊》正當六國之亡，讖緯見讀，❶而傳爲三時田。《公羊》桓四年傳無「夏田」之語。作傳有先後，雖異，不足以斷《穀梁》也。」《王制》正義。

莊元年，夫人孫于齊。 傳云：「孫之爲言猶孫也。」注云「孫，孫遁而去」，非也。《公羊傳》云：「孫者何？孫猶孫也。」何休曰：「孫猶遁也。」棟案：「遁」讀爲「循」。《釋文》音「徒困反」，非也。今文《尚書》云「五品不訓」，《後漢書》。「訓」讀爲「馴」，《周禮注》。書亦或作「馴」。《史記》。「馴」與「循」同音，循猶巡也，巡猶遁也。古「逡巡」字皆作「逡遁」，見《儀禮注》。又作「逡循」，顧炎武論之詳矣。是「循」與「遁」同。又與「孫」通。古文《尚書》云「五品不遜」，《説文》引作「愻」。愻猶孫也，古「遜」字皆作「孫」，與遁、巡、訓、馴、循皆同音。劉向《説苑》曰：「大學之教也，時

❶「讖」，原作「纖」，據四庫本改。

禁於未發之曰預，因其可之曰時，相觀於善之曰磨，學不陵節而施之曰馴。」今《學記》「馴」作「遜」。

七年經：辛卯昔。 傳：「日入至于星出謂之昔。」王逸云：「昔，夜也。《詩》云『樂酒今昔』。」今《詩》作「夕」。崔譔《莊子注》曰：「昔，夕也。」《天官・昔人》注云：「昔之言夕也。」《管子・小匡》云「旦昔從事」，「旦昔」，猶「旦夕」也。昔亦訓夜者，《列子》曰：「尹氏有老役夫，昔昔夢爲國君。」張湛云：「昔昔，夜夜也。」

十七年，鄭詹自齊逃來。 傳云：「逃義曰逃。」義謂君臣之義。仲尼曰：「天下有大戒二：其一命也，其一義也。子之愛親，命也，不可解于心。臣之事君，義。無適而非君也，無所逃於天地之間。是之謂大戒。」楚箴尹克黄亦言：「君，天也，天可逃乎！」是逃義也。

廿有二年，肆大眚。 傳云：「肆，失也。」失，古「佚」字。「佚」與「逸」同，謂逸囚也。

廿有四年傳：「禮，天子之桷斲之礱之，加密石焉。諸侯之桷斲之礱之，大夫斲之，士首本。」 《晉語》「張老云：『天子之室，斲其椽而礱之，加密石焉。』」注云：「密，密理也。石謂砥也。先粗礱之，加以密砥。」「諸侯礱之」，注云：「無密石也。」「大夫斲之」，注云：「不礱也。」「士首」，注云：「斲其首也。」《尚書大傳》曰：「天子之堂，其桷，天子斲其材而礱之，加密石焉。大夫達稜，士首本，庶人到加。」鄭氏注云：「礱，礪之也。密石，砥之也。稜，菱也。」何休《公羊注》云：「禮，天子斲而礱之，加密石焉。諸侯斲而礱之，不加密石。大夫斲之，士首本。」

卅年傳：「燕，周之分子也。」分子猶別子。《禮記・大傳》云「別子爲祖」，注云：「別子謂公子。」然則王所生者爲王子，謂之別者，別于世子也。《燕世家》云：「召公奭與周同姓。」譙周曰「周之支族」，孔穎達以爲譙周考校古史，不能知其所出。皇甫謐以爲文王庶子。《白虎通》云：「召公，文王子。」王充曰：「召公，周公之兄。」《穀梁》以爲「分子」者，葢長庶歟！

閔元年經：盟于洛姑。《釋文》云：「一本作路姑。」案「路」、「洛」同音。《漢書》揚雄《校獵賦》曰「爾乃虎路三嵏，以爲司馬」。晉灼曰：「路音洛。」

僖三年，公子季友如齊莅盟。傳云：「莅者，位也。」鄭氏《易・需・象》云「位乎天位」，上「位」字讀爲「涖」，「涖」與「莅」同。

廿有八年經：公朝于王所。傳云：「朝不言所，言所者非其所也。」案《攷工記》載祭侯之辭曰：「惟若寧侯，毋或若女不寧侯，不屬于王所，故抗而射女。」鄭氏注云：「屬，猶朝會也。」故《白虎通》引《禮》射祝曰：「嗟爾不寧侯，爾不朝于王所，以故天下失業，亢而射爾。」然則「王所」者，猶漢時所謂行在所也。天子所在曰王所，《吉日》云「天子之所」，此臨天下之言也。諸侯所在曰公所，《鄭詩》「獻于公所」，《齊侯鎛鐘》云「有共于公所」。此臨一國之言也。下經云「天王守于河陽，壬申，公朝于王所」。傳云：「朝於廟，禮也。於外，非禮也。」棟謂：天子巡守，有朝諸侯之禮，故《尚書》云「五載一巡守，羣后四朝」。馬融、王肅皆云「四面朝於方岳之下」。王巡守而朝之，正也；召王，非正也。故仲尼書云「天王守于河陽」，所以正君臣之禮。

宣八年，葬我小君頃熊。《疏》云：「案文十八年注云『宣母敬嬴』，此云『頃熊』者，一人有兩號故也。」棟謂：「頃」聲近「敬」，「熊」聲同「嬴」，二傳由口授，故字異而音同。而云「一人有兩號」，非也。

成元年傳：「古者有四民：有士民，有商民，有農民，有工民。」棟案：古者四民，商、農、工、賈。士民始于齊之管子，管子制國，始有士鄉。故《地理志》云：「齊地臨菑，其中具五民。」服虔曰：「士、農、工、商、賈也。」《禮説》論之詳矣。

襄十有一年傳：「古者天子六師。」

《公羊》隱五年傳注云：「禮，天子六師，方伯二師，諸侯一師。」昭五年傳：「舍中軍者何？復古也。」魯于春秋不得爲方伯，以二軍爲復古，則諸侯一軍之説非矣。《三略》曰：「聖王御世，觀盛衰，度得失，而爲之制。故諸侯二師，方伯三師，天子六師。」諸侯二師，故舍中軍爲復古。古者一、二皆積畫，傳寫之誤也。六師即六軍也。《大雅·棫樸》云「周王于邁，六師及之」，毛傳云：「天子六軍。」《鄭志》趙問此詩引《常武》詩云「整我六師」，不稱六軍而稱六師，不達其意。答曰：「師者衆之通名，故人多云焉。欲著其大數，則乃稱軍耳。」林孝存引《詩》「六師」之文以難《周禮》，鄭答之云：「軍者，兵之大名。軍禮重言軍，爲其大悉。故《春秋》之兵雖有累萬之衆，皆稱師，《詩》云六師，即六軍也。」

昭十九年傳：「許世子不知嘗藥，累及許君也。」注云：「許君不授子以師傅，使不識嘗藥之義，故累及之。」《公羊傳》云：「進藥而藥殺，則曷爲加弑焉爾？譏子道之不盡也。」❶棟案：《墨子·非攻篇》云：「今有醫於此，和合其祝藥之於天下之有病者而藥之，萬人食此，若醫四五人得利焉，猶謂之非行藥也。故孝子不以食其親，忠臣不以食其君。」夫就師學問無方，心志不通，雖有愛父之心而適以賊之，墨氏此論可謂知言。

昭廿有五年，宋公佐卒于曲棘。傳云：「邡公也。」注云：「邡當爲訪。訪，謀也。謀納公。」

九經古義卷弟十五終

順德張錦麟覆校

❶「譏」，原作「誠」，據《公羊傳》改。

九經古義卷弟十六

論語古義

有酒食先生饌。 鄭氏《論語》「饌」作「餕」，云「食餘曰餕」。案《儀禮注》云：「古文『籑』皆作『餕』。」《說文》曰：「籑，具食也。或作饌，从巽。」則「餕」爲古文「饌」也。《漢書》皆以「籑」爲「饌」。

子曰：《書》云「孝乎惟孝，友于兄弟」。 《釋文》作「孝于」，云「一本作『孝乎』」。唐石經同。案蔡邕石經亦作「于」，故包咸注云：「『孝于惟孝』，美大孝之辭。」後世儒者據晉世所出《君陳篇》改「孝于」爲「乎」，以「惟孝」屬下句以合之，若非漢石經及包氏注，亦安从而是正邪！ 華嶠《後漢書·劉平江革傳序》云：「此殆所謂『孝乎惟孝，友于兄弟，施于有政，是亦爲政也』。」則知晉以前無以「孝乎」爲絶句者，但「于」誤爲「乎」，其來已久。

季氏旅於泰山。 班固《述贊》曰：「大夫臚岱，侯伯僭畤。」鄭氏曰：「臚岱，『季氏旅於大山』是也。」小顏曰：「旅，陳也，臚亦陳也。臚、旅聲相近，其義一耳。」《禹貢》曰「蔡、蒙旅平」，傳云：「祭山曰旅。」韋昭音盧。盧，籀文臚。《士冠禮》注曰：「古文『旅』作『臚』。」《周禮·司儀》「旅擯」，先鄭曰：「旅讀爲『旅於泰山』之旅。」後鄭云：「旅讀爲『鴻臚』之臚，臚，陳之也。」《周書·謚法》曰「惟三月既生魄，周公旦、太師望相嗣王發既賦憲，❶受臚于牧之野」。臚即旅也。

❶ 「王」，原作「主」，據稿本、四庫本及省吾堂本改。

郁郁乎文哉。《汗簡》云：「古《論語》『郁』作『䧅』。」漢石經仍作「郁」。

哀公問社於宰我。鄭本「社」作「主」，云「田主謂社」。案《三王世家》載《春秋大傳》曰：「天子之國有泰社，將封者各取其物色，裹以白茅，封以爲社，此之謂主土。主土者，立社而奉之也。」《公羊傳》云：「虞主用桑，練主用栗，用栗者，藏主也。」何休云：「夏后氏以松，殷人以柏，周人以栗。松猶容也，想見其容貌而事之，主人正之意也；柏猶迫也，親而不遠，主地正之意也；栗者猶戰栗，謹敬貌，主天正之意也。」《疏》云：「夏后氏以下出《論語》，而鄭氏注云「謂社主」，正以古文《論語》『哀公問社於宰我』故也。今文《論語》無『社』字，是以何氏以爲廟主耳。」

管仲之器小哉。《管子・小匡篇》：❶「施伯謂魯侯曰：『管仲者，天下之賢人也，大器也。』」葢當時有以管仲爲大器者，故夫子辨之。

里仁爲美。擇不處仁。王伯厚曰：「張衡《思玄賦》引《論語》云『里仁爲美，宅不處仁』，里、宅皆居也，葢古文云然。今以宅爲擇，而謂里爲所居，乃鄭氏訓解，而何晏從之。當以古文爲正。」棟案：《釋名》曰：「宅，擇也，擇吉處而營之。」是宅有擇義，或古文作「宅」，訓爲擇，亦通。《孟子》亦作「擇」，趙岐曰：「簡擇不處仁爲不智。」

無適也，無莫也。鄭本「適」作「敵」，莫音慕，無所貪慕也。棟案：古「敵」字皆作「適」。《禮記・雜記》曰「赴於適者」，鄭注云：「適讀爲『匹敵』之敵。」《史記・范雎

❶「小」，原作「中」，據《管子》改。

傳》「攻適伐國」，《田單傳》「適人開户」，《李斯傳》「羣臣百官皆畔不適」，徐廣皆音「征敵」之敵。《荀卿子·君子篇》云「天子四海之内無客禮，告無適也」。注讀爲「敵」。《白虎通》云：「君所以不爲臣隱何？以爲君之于臣，無適無莫，義之與比。賞一善而衆臣勸，罰一惡而衆臣懼。若爲卑隱，爲不可殆也。」

瑚璉也。　棟案：二字从玉旁，俗所作也。當爲「胡連」。《春秋傳》曰「胡簋之事」，《明堂位》曰「夏后氏之四連」，皆不从玉旁。《孔廟禮器碑》又作「胡輦」，古「連」、「輦」字通。《易·蹇》之六四曰「往蹇來連」，虞翻曰：「連，輦也。」《周禮·鄉師》「輂輦」，注云：「故書『輦』作『連』。」先鄭云：『連讀爲輦。』」《巾車職》云「輦車組輓」，陸氏云：「輦，本又作『連』，音輦。」《管子·海王》曰「行服連、軺輂」，《漢書》「蓮勺縣」，如淳音「輦酌」，則知「連」與「輦」音義皆同也。《莊子》「連」字皆音「輦」。《説文》「胡連」字又作「槤」。徐鉉云：「俗作璉。」

吾與女弗如也。　《論衡》引云「吾與女俱不如也」。陳耀文曰：「《鄭玄别傳》，玄從馬融學，季長謂盧子幹曰：❶『吾與女皆不如也。』曹操祭橋玄云『仲尼稱不如顔淵』，李賢注引《論語》『吾與女俱不如也』。」

崔子。　鄭氏注云：「魯讀崔爲高。今从古。」王充《論衡》曰：「仕宦爲吏，亦得高官將相長吏，猶吾大夫高子也，安能别之！」蓋用《魯論語》之言。微鄭氏之注，幾不知充語何所指也。

夫子矢之。　孔、鄭、繆播皆云「矢，誓也」。虞翻《周易注》云：「矢，古誓字。」

❶「長」，原作「子」，據稿本、四庫本及省吾堂本改。

古之賢人也。 古本作「賢仁」。故鄭注云：「孔子以伯夷、叔齊爲賢且仁。」徐彦云：「古之賢仁也，言古之賢士且有仁行。」若作「仁」字，如此解之。若作「人」字，不勞解也。

五十以學，易可以無大過矣。 《魯論》「易」爲「亦」。君子愛日以學，及時而成，五十以學，斯爲晚矣。然秉燭之明，尚可寡過，此聖人之謙辭也。或云古「五」字如「七」，見王肅《詩傳》。孔子晚而好《易》，故有是語，《史記》亦云。

三人行，必有我師焉。 唐石經及《釋文》皆云「我三人行，必得我師焉」。何晏注云：「言我三人行，本無賢愚。」依注當有「我」字。江熙注《穀梁》亦云「我三人行，必有我師」，顧炎武《金石文字記》載：「唐石經云『三人行』三上多一『我』字，『必有我師焉』，『有』誤爲『得』，蓋習于俗而忽不攷耳。」《釋文》云：「『我三人行』，一本無『我』字。『必得』本亦作『必有』。」

陳司敗。 鄭氏以「司敗」爲人名，齊大夫。棟案：古「陳」、「田」字通，故以爲齊大夫。

揖巫馬期而進之。 《仲尼弟子列傳》云：「巫馬施，字子旗。」《吕氏春秋》亦云「巫馬旗」。今《論語》作「期」。孔安國注云：「弟子名施。」案《説文》云：「施，旗貌。齊欒施字子旗，知施者旗也。」古人名字相配，故《白虎通》云：「聞名即知其字，聞字即知其名。」古「旍旗」字無作「期」者，當从《史記》作「旗」。

《誄》曰。 孔注云：「誄，禱。篇名。」案《説文》引作「讄」，云：「讄功德以求福，从言，纍省聲。」鄭氏《小宗伯》注云：「《讄》

曰：禱爾于上下神祇。」則知古文《論語》本作「讄」。

君子篤於親。 《汗簡》云：「古《論語》『篤』作『竺』。」《尚書・微子之命》云「曰篤不忘」，《釋文》云：「篤，本又作竺。」《説文》曰：「竺，厚也。」

如有周公之才之美，使驕且吝。 《周書・寤敬篇》：「周公曰：『不驕不悋，時乃無敵。』」陸氏《論語釋文》云：「吝，本亦作『悋』。」此周公生平之學，所以裕制作之原也。夫子因反其語，以誡後世之爲人臣者。

予有亂臣十人。 案《釋文》及唐石經無「臣」字。陸氏云：「本或作『亂臣十人』，非。」後世因晉時所出《大誓》以益之邪！劉原父遂闢馬鄭之説，以邑姜易文母，真臆説也。原父又云「或云古文無臣字」，如此則不成文，尤謬。王伯厚已辨之。古「亂」字皆作「治」，《𢦏敦》云「𤔔土官」。

子畏於匡。 注：「包咸曰：『陽虎嘗暴於匡，夫子弟子顔尅時又與虎俱行，後尅爲夫子御，至於匡，匡人相與共識尅。又，夫子容貌與虎相似，故匡人以兵圍之。』」《孔子世家》云：「孔子過匡，顔刻爲僕。」《大雅・雲漢》云「后稷不克」，箋云：「克當爲刻，刻，識也。」然則「克」與「刻」同。《釋文》云：「諸書或作顔亥。」《家語》云：「顔刻字子驕，孔子適衞，子驕爲僕。」《仲尼弟子列傳》無刻名，云：「顔高字子驕。」疑高即尅也。《春秋傳》有顔高，或以爲即子驕。案顔黃門《家訓》云：「《春秋》之世，顔高、顔鳴、顔羽之徒，皆一鬭者爾。」則高非子驕明矣。

冕衣裳者。 冕，鄭本作「弁」，云：「魯讀弁爲絻，今从古。」《鄉黨篇》亦然。《大戴禮》「孔子曰：『古者絻而前旒，所以蔽明也。』」《説文》曰：「冕或作絻，从糸。」李善曰：「絻，古冕字。」今《論語》作「冕」，蓋从《魯論》。又，《説文》「弁」作「覍」。「覍」與「冕」字相似，包咸以「冕」爲「冠」，或「覍」之誤。《衛靈篇》包咸注云：「冕，禮冠。」明此非冕。

求善賈而沽諸。　蔡邕石經「沽」作「賈」。唐石經及《釋文》仍作「沽」。《玉篇》又引作「夃」，《説文》曰：「秦以市買多得爲夃。」

與衣狐貉者立。　陸德明云：「貉，依字當作『貈』。」《汗簡》云：「古《論語》『貉』作『貈』。」《鄉黨篇》同。高誘《淮南注》云：「貈音涸。」

不使勝食氣。　《説文》曰：「既，小食也，从皀，旡聲。《論語》曰『不使勝食既』。」棟案：「氣」本古「餼」字，詳見《左傳補注》。「餼」又與「既」通。《禮記·中庸》云「既廩稱事」，鄭注云：「既讀爲餼。」是「既」與「氣」同。古既字作「既」，或省文作「旡」，見《史記》及《説文》。

人不閒於其父母昆弟之言。　《後漢書》范升奏記王邑曰：「升聞：子曰人不閒於其父母爲孝，臣曰下不非其君上爲忠。」注：「《論語》云云。閒，非也。言子騫之孝化其父母兄弟，言人無非之者。忠臣事君有過即諫，在下無有非君者，是忠臣也。」家君曰：「《論語》依此説爲允，若如朱注，未足爲孝也。」

仍舊貫。　《釋文》云：「魯讀『仍』爲『仁』，今从古。」揚雄《將作大匠箴》曰「或作長府而閔子不仁」，用《魯論》也。

季子然問：仲由、冉求可謂大臣與。　《釋文》「臣」作「恴」，云：「古文臣字，本今作『臣』。」唐石經作「臣」。棟案：唐天后以丙、坔、乙⃝、卍⃝、又作「匜」。〇、𠺞、𢘑、𡕀、𡔈、𠡦、𠙺、又作「缶」。曌、𤯔、𨲢、𥠢、𢦼、圀，代天、地、日、月、星、君、臣、載、初、年、正、照、證、聖、授、戴、國等字。以《論語》「𢘑」字攷之，亦非盡出臆造。「丙」本篆書，「坔」字見《管子》、《戰國策》、《鶡冠子》等書。《戰國策》：「宋使者曰：『𢘑曾、錢本。請受邊城，徐攻而留其日。』」《續玉篇》云：「圀，古文國字。」《義雲章》以「𡇈」爲「國」。

詠而歸。 歸，鄭本作「饋」，云：「饋酒食也。魯讀『饋』爲『歸』，今从古。」王充曰：「『詠而饋』，詠歌饋祭也。」何晏从《魯論》作「歸」，故不載孔注。《史記·仲尼弟子傳》云「咏而歸」，徐廣曰：「一作『饋』。」大史公采古文《論語》，故作「饋」。

居之無倦。 《釋文》云：「倦亦作『卷』。」棟案：「卷」，當作「券」。《說文》曰：「券，勞也。」漢《涼州刺史魏君碑》云「施舍不券」，鄭氏《攷工》注云：「券，今倦字也。」

一朝之忿，忘其身以及其親。 《荀子·不苟篇》曰：❶「鬭者忘其身者也，忘其親者也。行其少頃之怒，而喪終身之軀，然且爲之，是忘其身也。室家立殘，親戚不免乎刑戮，然且爲之，是忘其親也。」楊倞曰：「蓋當時禁鬭殺人之法戮及親戚。」《尸子》曰：「『非人君之用兵也，以爲民傷鬭，則以親戚殉，一言而不改之也。❷』」

人之言曰：予無樂乎爲君，惟其言而莫予違也。 《韓非子·外儲說》曰：「晉平公與羣臣飲，飲酣，乃喟然歎曰：『莫樂

❶ 「不苟篇」，諸本同，當爲「榮辱篇」之誤。
❷ 「改」，《古逸叢書》景宋臺州本《荀子》作「顧」。

爲人，❶惟其言而莫之違。』」

鄙哉，硜硜乎。 案《説文》：「硜，古文磬。」故何晏注云：「此硜硜者，謂此磬聲也。」《史記》載《樂記》云「石聲硜硜」，即「磬」字。今《禮記》作「磬」。

工欲善其事，必先利其器。 《漢書》梅福云：「孔子曰：『工欲善其事，必先厲其器。』」古文《論語》「厲」作「利」。案《春秋》文七年傳云「訓卒利兵」，是「利」與「厲」同。

好行小慧。 鄭氏云：「小慧謂小小之才知。魯讀慧爲惠，今從古。」案：篆文「叀」與「彗」同。《漢書》「昌邑王清狂不惠」，義作慧。

且在邦域之中矣。 《漢書·王莽傳》云「封域之中」，依孔注，「邦」當作「封」，古字「邦」、「封」同。或云「封」當作「邦」，漢諱「邦」改爲「封」，非也。《尚書序》「邦諸侯」、「邦康叔」，義皆作封。漢有上邦、下邦縣，字如「封」字。下文「邦内」，鄭本作「封内」，明此「邦域」，亦當作「封域」也。《論語釋文》云：「邦或作『封』。」

友便辟。 馬、鄭皆讀「辟」爲「譬」，謂巧爲譬諭，以求容媚。徐彦曰：「今世間有一《論語》音『便辟』爲『便僻』者，非鄭氏之意，通人所不取矣。」

生而知之者，上也。 楊方《五經鉤沉》曰：「生而知之者，上也。問曰：孰生而知之乎？荅曰：聖人。二儀既判，縣象列暉，八風有序，四氣錯御，覽日月而達陰陽之數。消摇八節，俯仰玄黄，彌綸天地之體，窮竟有生之機。瞻天爲師，用醒己心。故曰『生知』，不亦審乎！」《初學記》

❶ 「人」下，《四部叢刊》景宋鈔本《韓非子》有「君」字。

夫子莞爾而笑。 《釋文》「莞」作「莧」，云：「本今作『莞』。」《周易・夬》之九五曰「莧陸夬夬」，虞翻注云：「莧，悦也。讀如『夫子莧爾而笑』之莧。」是漢以來皆作「莧」，唐石經仍作「莞」，非也。《廣雅》曰：「莧，笑也。」疑「莧」字之誤。「莧」亦訓笑，故何晏云：「莧爾，小笑貌。」

吾其爲東周乎。 何晏注云：「興周道於東方，故曰東周。」此與《公羊》黜周王魯之説合。

鑽燧改火。 注：「馬融曰：『《周書・月令》有更火之文。』」邢昺曰：「其辭今亡。」隋牛弘云：「蔡邕、王肅云周公作，《周書》有《月令》第五十三，即此也。」與今本同，今作《汲冢書》，非也。 又云：「《周書・月令》論明堂之制：殿垣方在内，水周如外，水内徑三百步。」《尚書正義》引《月令》云「三日曰朏」，唐《大衍歷議》曰：「七十二候原于周公《時訓》，《月令》雖頗有增益，然先後之次則同。」然則《月令篇》歷隋、唐猶在也。

惡居下流而訕上者。 蔡邕石經無「流」字，當因《子張篇》「惡居下流」涉彼而誤。《鹽鐵論》：「大夫曰：『文學居下而訕上。』」《漢書・朱雲傳》云「小臣居下訕上」，是漢以前皆無「流」字。

惡果敢而窒者。 鄭氏曰：「《魯論》『窒』作『室』，今從古。」案《韓勑脩孔廟後碑》亦以窒爲室，《漢書・功臣表》有清簡侯窒中同，❶《史記》作「室中」，徐廣曰：「室，一作『窒』。」知「室」與「窒」通。

年四十而見惡焉。 蔡邕石經「四十」字作「卌」，古鐘鼎文「四十」字皆从卌，今石

---

❶ 「窒」，原作「室」，據省吾堂本改。

經猶然。鄭注古文《孝經》云：「卌彊而仕，行步不逮，縣車致仕。」

何德之衰。　唐石經云「何德之衰也」。案蔡邕石經云：「鳳兮，鳳兮，何而德之衰也！往者不可諫也，來者猶可追也。」下二「也」字，唐石經無。《莊子》云「孔子適楚，楚狂接輿遊其門，曰：『鳳兮，鳳兮，何如德之衰也！』」如與而古字通。

夫執輿者爲誰。　蔡邕石經云「執車者爲誰，子路」云云。案「車」、「輿」古通用。《毛詩·出車》云「我出我車」，《荀子》引作「輿」。下章云「出車彭彭」，《史記》引作「出輿」。《孟子》曰「十月，輿梁成」，本亦作「車梁」。

植其杖而芸。　蔡邕石經云「置其杖而耘」。案《商頌·那》詩「置我鞉鼓」，箋云：「置讀曰植。」《正義》云：「《金縢》云『植璧秉圭』，鄭注云：『植，古置字。』然則古者置、植字同。」《説文》曰：「植或作『㯰』，从置。」

君子不施其親。　《釋文》「施」作「弛」，云：「舊音絁。」蔡邕石經仍作「施」。《左傳》曰「乃施邢侯」，《正義》云：「《晉語》『施邢侯氏』，孔晁云：『廢其族也。』則《國語》讀爲弛，訓之爲廢。《家語》説此施亦爲弛。❶王肅曰：『弛宜爲施。施，行也。』服虔云：『施罪于邢侯。施，猶劾也。』」楝案：劾者，謂罪法之要辭。不劾其親者，所以隱其罪，親親之義也。古「施」、「弛」字通，見《周禮注》。

叔夜。　楝案：周有叔液鼎，即「八士」之叔夜也。古文「液」或省作「夜」。《尚

❶「施」，原作「事」，據四庫本改。

書大傳》曰：「思之不容，是謂不睿，時則有脂夜之妖。」鄭康成注云：「夜讀爲液。」是古「液」字作「夜」。今《五行志》「脂夜」字皆作「液」。

子游曰。 蔡邕石經「游」作「斿」。《説文》云：「㫃，旌旗之游，讀若偃。古人名㫃，字子游。」「游，旌旗之流也，从㫃，汓聲。」「游」與「斿」通。《大宰》九貢，八曰斿貢。注云：「斿讀如『囿游』之游。」漢《武班碑》亦以斿爲游。

子夏之門人小子當洒埽。 陸德明云：「洒正作灑，埽本今作『掃』。」棟案：陸説非也。《説文》曰：「洒，古文以爲灑埽字。」《周禮・隸僕》「掌埽除糞洒」。先鄭以爲「洒當爲灑」，後鄭據古文《論語》定爲「洒」。經傳中如《毛詩》「弗洒弗埽」、「洒埽穹窒」、「於粲洒埽」、「洒掃庭内」，《晉語》「供備洒埽之臣」，皆古文也。周伯琦《六書正譌》以「灑埽」字俗用洒，失之。

君子之道，焉可誣也。 《漢書・薛宣傳》云：「君子之道，焉可憮也。」蘇林曰：「憮，同也，兼也。」晉灼曰：「憮音誣。」師古曰：「《論語》載子夏之言，謂行業不同，所守各異，唯聖人爲能體備之。」家君曰：「蘇解得之。」

賢者識其大者。 蔡邕石經「識」作「志」。《述而》云「多見而識之」，《白虎通》引作「志」。鄭玄注《周禮・保章氏》云：「志，古文識。」《春秋》僖廿四年傳云「以志吾過」，又昭四年傳云「且曰志之」，十三年傳云「歲聘以志業」，皆古文「識」。《論語》、《左傳》皆出孔壁中，故多古文。賈公彦曰：「古之文字少，『志意』之志與『記識』之志同。後代自有記識之字，不復以志爲識。」何晏晉人，改「志」爲「識」，而古文遂不可攷。後人因循，莫能是正，可嘅也。

周有大賚，善人是富。《戰國策》云：「制海内，子元元，非兵不可。」高誘曰：「元元，善也。」姚察《漢書訓纂》曰：「古者謂人云善人，因善爲元，故云黎元。其言元元者，非一人也。」棟案：《大誓》云：「大賚于四海，而萬姓悦服。」則善人爲黎元，審矣。何晏以爲「有亂十人」，失之。

惠棟曰：夫子言「述而不作」，信哉！《鄉黨》一書，半是禮經；《堯曰》數章，孔壁《論語》《子張》已下别爲一篇。全書訓、典。論君臣，雖人言不廢；言恒德，則南國有人。於善人爲邦，則曰「誠哉是言」；於隱居行義，則曰「吾聞其語」。素絢唐棣，逸《詩》可頌；百官冢宰，逸典可稽。「出門如見大賓，使民如承大祭」，此胥臣多聞之所述也；「視其所以，觀其所由，察其所安」，此《文王官人》之所記也。《文王官人》本載《周書》，大戴采之以爲記。克己復禮爲仁，《左氏》以爲「古志」；「己所不欲，勿施於人」，《管子》以爲「古語」。見《小問篇》。「參分天下而有其二」，《周志》之遺文也；今《逸周書》即《周志》也，在《程典篇》。「陳力就列，不能者止」，周任之遺言也。推此言之，聖人豈空作邪？但經傳散佚，不能一一舉之耳。

九經古義卷弟十六終

長寧趙希潢覆校

鳴謝

《儒藏》精華編惠蒙善助，共襄斯文；謹列如左，用伸謝忱。

本煥法師　壹佰萬元

智海企業集團董事長　馮建新先生　壹佰萬元

NE・TIGER 時裝有限公司董事長　張志峰先生　壹佰萬元

張貞書女士　壹佰萬元

北京大學《儒藏》編纂與研究中心

本册審稿人　王振華　張衍田　陳新　王豐先　沙志利　劉曉東

本册責任編委　張麗娟　楊韶蓉

圖書在版編目(CIP)數據

儒藏.精華編.九六/北京大學《儒藏》編纂與研究中心編.—北京：北京大學出版社，2018.1

ISBN 978-7-301-11814-6

Ⅰ.①儒… Ⅱ.①北… Ⅲ.①儒家 Ⅳ.①B222

中國版本圖書館CIP數據核字（2018）第013122號

書　　名	儒藏（精華編九六） RUZANG
著作責任者	北京大學《儒藏》編纂與研究中心　編
責任編輯	周　粟　趙　新　吴冰妮　翁雯婧　吴遠琴
標準書號	ISBN 978-7-301-11814-6
出版發行	北京大學出版社
地　　址	北京市海淀區成府路205號　100871
網　　址	http://www.pup.cn　　新浪微博：@北京大學出版社
電子信箱	dianjiwenhua@163.com
電　　話	郵購部62752015　發行部62750672　編輯部62756449
印 刷 者	北京中科印刷有限公司
經 銷 者	新華書店
	787毫米×1092毫米　16開本　58.25印張　764千字
	2018年1月第1版　2018年1月第1次印刷
定　　價	1200.00元

ISBN 978-7-301-11814-6

9 787301 118146 >

定價：1200.00元